Die Besteuerung in- und ausländischer Investmentfonds nach dem Investmentsteuergesetz

Schriften zum Wirtschafts- und Medienrecht, Steuerrecht und Zivilprozeßrecht

Herausgegeben von Jürgen Costede
und Gerald Spindler

Band 34

PETER LANG
Frankfurt am Main · Berlin · Bern · Bruxelles · New York · Oxford · Wien

Sascha Teichert

Die Besteuerung in- und ausländischer Investmentfonds nach dem Investmentsteuergesetz

Unter besonderer Beachtung
der steuerrechtlichen Behandlung
der Veräußerungs- bzw. Rückgabegewinne
i.S. des § 8 InvStG
sowie des Sondervermögens
mit zusätzlichen Risiken (Hedgefonds)
i.S. der §§ 112 ff. InvG

PETER LANG
Internationaler Verlag der Wissenschaften

Bibliografische Information der Deutschen Nationalbibliothek
Die Deutsche Nationalbibliothek verzeichnet diese Publikation in der Deutschen Nationalbibliografie; detaillierte bibliografische Daten sind im Internet über <http://www.d-nb.de> abrufbar.

Zugl.: Kiel, Univ., Diss., 2008

D 8
ISSN 1614-2071
ISBN 978-3-631-57993-0

www.peterlang.de

Vorwort

Die vorliegende Arbeit wurde im Wintersemester 2007/2008 von der Rechtswissenschaftlichen Fakultät der Christian-Albrechts-Universität zu Kiel als Dissertation angenommen. Rechtsprechung und Literatur konnten bis Mai 2008 Berücksichtigung finden.

Wie über vielen steuerrechtlichen Arbeiten schwebte auch über meiner Dissertation während der gesamten Bearbeitungszeit seit 2004 das Damokles-Schwert der Abgeltungssteuer. Bereits im Jahr 2004 wurde vor dem Hintergrund der Verfassungswidrigkeit von Kapitalerträgen in ersten Ansätzen deutlich, dass eine solche Art der Pauschalbesteuerung mit Abgeltungswirkung geplant ist. Das Unternehmensteuerreformgesetz 2008, mit dem nunmehr die Abgeltungssteuer eingeführt wird, lag indes erst vor, nachdem die vorliegende Arbeit bereits im Wesentlichen abgeschlossen war. Gleichwohl habe ich mich wegen der Aktualität des neuen Systems der Besteuerung von Kapitaleinkünften entschieden, die vorrangigsten Überlegungen des Unternehmensteuerreformgesetzes 2008 sowie des Jahressteuergesetzes 2008 ohne einen Anspruch auf Vollständigkeit in diese Dissertation aufzunehmen.

An dieser Stelle möchte ich meinem Doktorvater Herrn Prof. Dr. Michael Fischer sehr herzlich für die akademische Betreuung der Dissertation und der damit verbundenen zahlreichen Diskussionen und kritischen Anmerkungen danken. Herrn Prof. Dr. Dietmar Gosch (Vorsitzender Richter am Bundesfinanzhof) danke ich für die Erstellung des Zweitgutachtens.

Für die kritische Durchsicht des Manuskripts und die „Begleitung“ des Dissertationsverfahrens mit Diskussionen und Ratschlägen möchte ich Dr. Oliver Moosmann, Dr. Bernd Fleischer, Frank Bauchrowitz, Gönke Bünger sowie Klaus Adler danken.

Mein besonderer Dank gilt meinen Eltern, ohne deren langfristiger Unterstützung ich die vorliegende Arbeit nicht hätte realisieren können. Ganz besonders danke ich außerdem meiner Frau und Freundin, Ulrike Bluhm-Teichert, die mir erst den Anstoß gegeben hat, diese Arbeit zu schreiben und dafür viele Entbehrungen in Kauf nehmen musste. Ihr widme ich das vorliegende Werk.

Hamburg, im Juli 2008 Sascha-P. Teichert

Inhaltsübersicht

Inhaltsverzeichnis

Abbildungsverzeichnis

Abkürzungsverzeichnis

AIG	Auslandinvestmentgesetz
AöR	Archiv für öffentliches Recht (Zeitschrift)
AO	Abgabenordnung
AO-StB	Der AO Steuerberater (Zeitschrift)
AStG	Außensteuergesetz
AuslInvestmG	Auslandinvestmentgesetz
BaFin	Bundesanstalt für Finanzdienstleistungsaufsicht
BB	Betriebs-Berater (Zeitschrift)
BDI	Bundesverband der Deutschen Industrie e.V.
BFH	Bundesfinanzhof
BFHE	Entscheidungen des Bundesfinanzhofs
BGBl.	Bundesgesetzblatt
BKR	Zeitschrift für Bank- und Kapitalmarktrecht (Zeitschrift)
BR-Drucks.	Bundesratsdrucksache
BStBl.	Bundessteuerblatt
BT-Drucks.	Bundestagsdrucksache
BVerfGE	Entscheidungen des Bundesverfassungsgerichts
BVI	Bundesverband Deutscher Investmentgesellschaften
DB	Der Betrieb (Zeitschrift)
DBA	Doppelbesteuerungsabkommen
DStR	Deutsches Steuerrecht (Zeitschrift)
DStRE	Deutsches Steuerrecht Entscheidungsdienst (Zeitschrift)
DStZ	Deutsche Steuer-Zeitung (Zeitschrift)
DVBl	Deutsches Verwaltungsblatt (Zeitschrift)
EFG	Entscheidungen der Finanzgerichte (Zeitschrift)
EGV	Vertrag zur Gründung der Europäischen Gemeinschaft
ErbStB	Der Erbschaft-Steuer-Berater (Zeitschrift)
ESt	Einkommensteuer
EStB	Der Ertragsteuerberater (Zeitschrift)
EStDV	Einkommensteuer-Durchführungsverordnung 2000
EStG	Einkommensteuergesetz
EStR	Einkommensteuer-Richtlinien 2006
EU	Europäische Union
EuGH	Europäischer Gerichtshof

EURLUmsG	Gesetz zur Umsetzung von EU-Richtlinien in nationales Steuerrecht und zur Änderung weiterer Vorschriften vom 09.12.2004 (Richtlinien- Umsetzungsgesetz)
EWG	Europäische Wirtschaftsgemeinschaft
FB	Finanz-Betrieb (Zeitschrift)
FMFG	Finanzmarktfördergesetz
FR	Finanzrundschau (Zeitschrift)
GewStG	Gewerbesteuergesetz
GmbHR	GmbH-Rundschau (Zeitschrift)
GoB	Grundsätze ordnungsgemäßer Buchführung
GuV	Gewinn- und Verlustrechnung
HEV	Halbeinkünfteverfahren
IAG	Investmentaktiengesellschaft
INF	Die Information über Steuer und Wirtschaft (Zeitschrift)
IStR	Internationales Steuerrecht (Zeitschrift)
InvG	Investmentgesetz
InvStG	Investmentsteuergesetz
JStG	Jahressteuergesetz
JZ	Juristenzeitung (Zeitschrift)
KAG	Kapitalanlagegesellschaft
KAGG	Gesetz über Kapitalanlagengesellschaften
KFR	Kommentierte Finanzrechtsprechung (Zeitschrift)
KÖSDI	Kölner Steuerdialog (Zeitschrift)
Korb II	Gesetz zur Umsetzung der Protokollerklärung der Bundesregierung zur Vermittlungsempfehlung zum Steuervergünstigungsabbaugesetz vom 22.12.2003
KStG	Körperschaftsteuergesetz
KStR	Körperschaftsteuer-Richtlinien
KWG	Kreditwesengesetz
NJW	Neue Juristische Wochenschrift (Zeitschrift)
NVwZ	Neue Zeitschrift für Verwaltungsrecht (Zeitschrift)
NWB	Neue Wirtschaftsbriefe für Wirtschafts- und Steuerrecht (Zeitschrift)
OFD	Oberfinanzdirektion
PISTB	Praxis Internationale Steuerberatung (Zeitschrift)
REITs	Real Estate Investment Trusts
RIW	Recht der internationalen Wirtschaft (Zeitschrift)
SolZ	Solidaritätszuschlag
SolZG	Solidaritätszuschlagsgesetz 1995

StB	Der Steuerberater (Zeitschrift)
StBerG	Steuerberatungsgesetz
Stbg	Die Steuerberatung (Zeitschrift)
StBp	Die steuerliche Betriebsprüfung (Zeitschrift)
StEntlG	Steuerentlastungsgesetz 1999/2000/2002 vom 24.03.1999
StJB	Steuerberater-Jahrbuch (Zeitschrift)
StMBG	Missbrauchsbekämpfungs- und Steuerbereinigungsgesetz vom 12.12.1993
StuB	Steuern und Bilanzen (Zeitschrift)
StSenkG	Steuersenkungsgesetz vom 23.10.2000
StuW	Steuer und Wirtschaft (Zeitschrift)
StVergAbG	Steuervergünstigungsabbaugesetz vom 20.11.2002
SWI	Steuer & Wirtschaft International (Zeitschrift)
UmwStG	Umwandlungssteuergesetz
UntStFG	Unternehmensteuerfortentwicklungsgesetz vom 20.12.2001
UntStRefG	Unternehmensteuerreformgesetz
URefSenkG	Unternehmensteuerreform- und Steuersenkungsgesetz vom 11.01.2000
UStG	Umsatzsteuergesetz
UStR	Umsatzsteuer-Richtlinie 2000
VDStJG	Veröffentlichungen der Deutschen Steuerjuristischen Gesellschaft e.V.
WM	Wertpapiermitteilungen (Zeitschrift)
ZASt	Zinsabschlagsteuer
ZRP	Zeitschrift für Rechtspolitik (Zeitschrift)

Des Weiteren wird hinsichtlich hier nicht aufgeführter Abkürzungen ausdrücklich auf

Kirchner, Hildebert/ Butz, Cornelie
Abkürzungsverzeichnis der Rechtssprache
5. Auflage, Berlin 2003

und

Duden, Konrad
Die deutsche Rechtschreibung
24. Auflage, Mannheim/Leipzig/Wien/Zürich 2006

Bezug genommen.

1. Kapitel: Einleitung

A. Grundsätzliche Bedeutung der Investmentfonds und des Investmentsparens

Investmentfonds stehen in der Gunst privater Anleger. Bereits Mitte der Fünfziger Jahre nahm das Investmentsparen in Deutschland einen für damalige Verhältnisse erheblichen Umfang an.[1] Durch eine Geldanlage in Investmentanteile wurden einer breiten Bevölkerungsschicht Möglichkeiten beim Wertpapierhandel eingeräumt, die zuvor nur Investoren mit einem erheblichen Vermögen zugestanden haben.[2] Der Grundgedanke der Investmentfonds besteht darin, dass das Kapital der Anleger nach dem Prinzip der Risikodiversifikation investiert wird, um eine Gewinn- und Ertragserhöhung der einzelnen Anteile zu erreichen.[3] Als Risikodiversifikation bezeichnet man die Streuung des eingesetzten Kapitals auf verschiedene Anlagen, um den Wertverlust der einen Anlage durch den Wertgewinn einer anderen Anlage auszugleichen und dadurch das Risiko eines Investitionsfehlgangs zu minimieren.[4] Neben der Risikodiversifikation sind aber auch die Fremdverwaltung und die kollektive Anlage tragende Elemente eines Investmentfonds.[5]

Die Bedeutung der Investmentfonds wird durch die noch nicht abgeschlossene[6] positive Entwicklung[7] des Investmentsparens und des verwalteten steigenden Fondsvermögens deutlich.[8]

---

1 *Reuter*, Rechtsstellung, 1965, S. 31.

2 *Ohl*, Rechtsbeziehungen, 1989, S. 9f.

3 *Roth*, Das Treuhandmodell des Investmentrechts, 1972, S. 10; *Abdala*, Investmentfonds, 2001, S. 43, *Altfelder*, FR 2000, 299 (300).

4 *Baur*, Investmentgesetze, 1. Teilband, Einl. I, Rn. 5; *Schäcker*, Entwicklung und System des Investmentsparens, 1961, S. 10; *Barocka*, Investment-Sparen, 1956, S. 13; *Abdala*, Investmentfonds, 2001, S. 43.

5 *Köndgen*, in: Schimanski/Bunte/Lwowski, Bankrechts-Handbuch, § 113 Rn. 1; Vgl. ebenso unten Kapitel 2, A, I.

6 Vgl. OECD-Bericht, Taxation of Cross-Border Portfolio Investment, Mutual Funds and Possible Tax Distortions, OECD 1999, S. 8, der von einem weiteren Anstieg des Fondsinvestments in den kontinentaleuropäiischen Staaten ausgeht.

7 *Altfelder*, FR 2000, 299 (299); *Kronat*, Besteuerung von Wertpapier-Investmentfonds, 2002, S. 1.

8 Nach einer Darstellung des BVI Bundesverband Investment und Asset Management e.V. (Bundesverband Deutscher Investmentgesellschaften) vom 29.01.2004, Das Investmentmodernisierungsgesetz, Neue Chancen für Anbieter und Anleger, bestand 2003 ein vorläufiger Rekordhöchststand des verwalteten Fondsvermögens von 954,4 Mrd. Euro, der im Jahr 2004 sogar mehr als eine Billion Euro erreichte. Dieses bestätigt ebenso die FAZ in ihrer Ausgabe Nr. 17 vom 21.01.2005, S. 21, allerdings berich-

Darüber hinaus ist das Investmentsparen besonders für den privaten Anleger politisch gewollt, da Investmentfonds unter anderem die immer wichtiger werdende Funktion der privaten Altersvorsorge übernehmen.[9] Denn die klassische Altersvorsorge verlagert sich immer mehr von dem traditionellen Drei-Säulen-System[10] auf die eine Säule der privaten Vorsorge. Die Entwicklung der Rentensituation ist auf Grund ausgehender finanzieller Mittel der Rentenkassen negativ prognostiziert. Dies steht vor allem mit der demografischen Entwicklung in Deutschland in Zusammenhang. Die Geburtenrate sinkt, während die Lebenserwartung steigt.[11] Als Folge ergibt sich daraus, dass sich die Anzahl der Beitragszahler in die Rentenkasse vermindert, während sich die der Rentenbezieher erhöht. Eine vollständige Absicherung künftiger Rentenbezieher ist bereits seit längerem nicht mehr gewährleistet. Hierdurch wird der Generationenvertrag in Frage gestellt. Gleichzeitig werden Forderungen nach einer Umstellung der gesetzlichen Rentenversicherung auf einen Kapitalstock bzw. der Einführung einer kapitalgedeckten Privatvorsorge, die von demographischen Bevölkerungsentwicklungen weitgehend unabhängig ist und Einbußen der gesetzlichen Rentenversicherung auffangen kann, laut.[12] Bei dem Aufbau der privaten Altersvorsorge kann das Investmentsparen erheblich dazu beitragen, Vermögen über Jahre aufzubauen und dieses als Alterssicherung zu verwenden. Diese Möglichkeit als Alterssicherung ist auch in den Regelungen der §§ 87 – 90 InvG zum Altersvorsorge-Sondervermögen vorgesehen.

Ferner ist das Investmentsparen für die Kapitalmärkte und somit auch finanzpolitisch von Bedeutung. Die große Anzahl von bestehenden Kapitalanlagegesellschaften investiert für ihre Anleger und die jeweiligen Investmentfonds direkt

---

tet die FAZ weiter, dass trotz Rekords beim verwalteten Fondsvermögens ein Einbruch des Mittelzuflusses zu verzeichnen sei. Im Jahrbuch 2006 des BVI Bundesverband Investment und Asset Management e.V. wird weiter beschrieben, dass die positive Entwicklung der Investmentfonds auch im Jahr 2005 ungebrochen gewesen sei und dieses Jahr vorläufig zu einem der besten Jahre der fünfzigjährigen Geschichte der deutschen Investmentbranche sowohl in Bezug auf die erreichten Wertsteigerungen als auch für die Mittelzuflüsse gezählt habe. Das verwaltete Gesamtvermögen deutscher Investmentfonds hätte Ende 2005 eine neue Rekordmarke erreicht. Im Jahresverlauf 2005 sei das Volumen um etwa 16 Prozent auf 1.160 Milliarden Euro gestiegen.

9 *Otte*, Geleitwort, in: *Bölter/Linner/Otto*, Handbuch, 1998, S. VII.

10 Vgl. dazu *Hauck*, The Equity Market in Germany, S. 556ff.; *Vogelsang*, Investmentfonds für die private Altersvorsorge, 2002, S. 52ff., die die drei Säulen der deutschen Altersvorsorge in die gesetzliche Altersvorsorge, die betrieblichen Pensionskassen und die private Altersvorsorge unterteilen.

11 *Kronat*, Besteuerung von Wertpapier-Investmentfonds, 2002, S. 3; *Vogelsang*, Investmentfonds für die private Altersvorsorge, 2002, S. 61ff.

12 *Vogelsang*, Investmentfonds für die private Altersvorsorge, 2002, S. 67.

am Kapitalmarkt. Dadurch bietet sich Unternehmen, die am Kapitalmarkt auftreten, eine effizientere und günstigere Möglichkeit, liquide Mittel aus den Investitionen der Investmentfonds zu erhalten, als dies bei einem herkömmlichen Kreditgeschäft der Fall wäre.[13]

Dem Staat sollte ein funktionierendes Investmentwesen aus eigenem Interesse so wichtig sein, dass er durch eine moderate und ausgewogene Steuerpolitik diesen Zweig der Kapitalwirtschaft nicht in seiner Entwicklung behindert, sondern fördert und somit florieren lässt.[14] Die Sicherstellung eines günstigen und geeigneten Umfelds für Investmentfonds erfolgt u.a. durch die bestehenden Investmentgesetze und jüngst auch durch das Investmentmodernisierungsgesetz. Hierdurch sollte sowohl die Wettbewerbsfähigkeit deutscher Investmentprodukte im internationalen Vergleich als auch der Finanzstandort Deutschland weiter verbessert werden.[15]

In dieser Hinsicht muss abschließend festgehalten werden, dass sich der Fiskus das eigene Steuereinkommen durch eine starke Investmentwirtschaft mit einer angemessenen Besteuerung sichert.

B. Investmentmodernisierungsgesetz

Mit dem Investmentmodernisierungsgesetz vom 15.12.2003[16] sind die zuvor in verschiedenen Gesetzen geregelten aufsichts- und steuerrechtlichen Vorschriften für in- und ausländische Investmentfonds zum 1.1.2004 vereinheitlicht und modernisiert worden.[17] Insbesondere wurden die Vorschriften des Gesetzes über Kapitalanlagegesellschaften (KAGG) und die des Auslandinvestmentgesetzes (AuslInvestmG) im Investmentmodernisierungsgesetz zusammengeführt.

---

13 *Kronat*, Besteuerung von Wertpapier-Investmentfonds, 2002, S. 3.

14 Im Gegensatz dazu mussten sich in den Anfängen des deutschen Investmentgeschäfts die Kapitalanlagegesellschaften, insbesondere der Deutsche Kapitalverein, rechtliche Konstruktionen als Nischen suchen, um „Steuerhürden" durch Mehrfachbesteuerungen zu entgehen und damit die eigene Rentabilität zu sichern. Vgl. dazu mit weiteren Nachweisen: *Kronat*, Besteuerung von Wertpapier-Investmentfonds, 2002, S. 1, Fußnote 4.

15 So auch schon im 4. Finanzmarktförderungsgesetz (FMFG) vorgesehen, welches zum 01.07.2002 in Kraft getreten ist. Vgl. ebenso Begründung zum Investmentmodernisierungsgesetz zu A. Allgemeiner Teil (Vorbemerkungen) S. 1; BT-Drucks. 15/1553; auch *Beckmann/Scholtz/Vollmer*, Investment-Handbuch, 2005, Ordnungsziffer 582.

16 BGBl. I 2003, S. 2676ff.

17 Vgl. zur Systematik *Maier/Wengenroth*, ErbStB 2004, 56 (56ff.).

Hierbei sind die aufsichtsrechtlichen Vorschriften im Investmentgesetz (InvG)[18] und die steuerrechtlichen Vorschriften im Investmentsteuergesetz (InvStG) kodifiziert worden.[19]

Abbildung 1: Investmentmodernisierungsgesetz

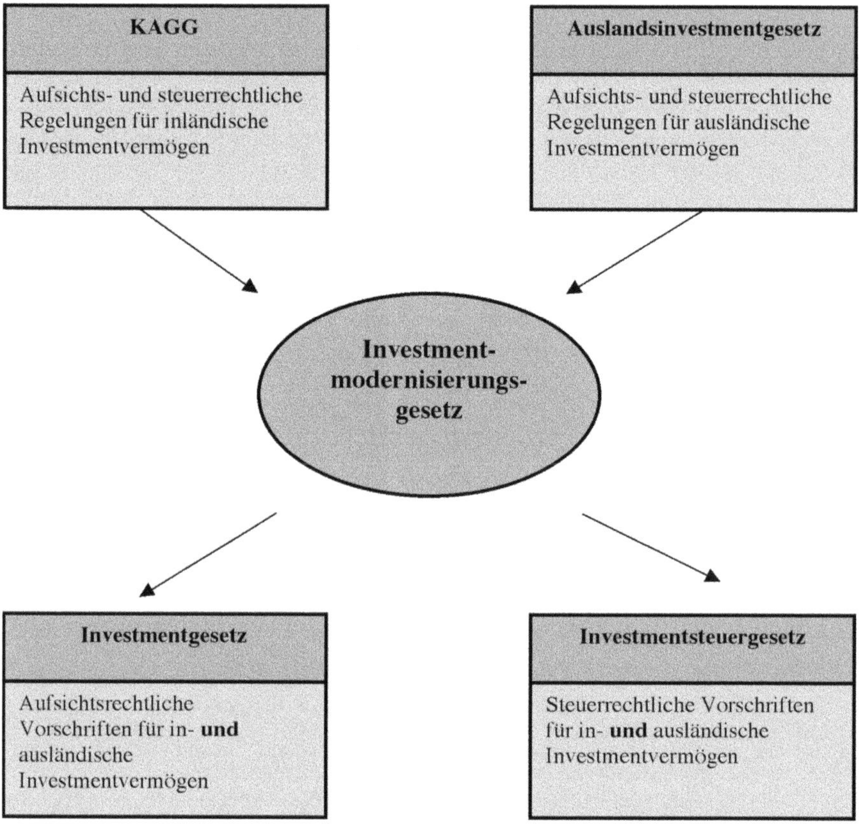

Das Hauptanliegen der Reform war neben der Modernisierung und Vereinheitlichung des Investmentrechts sowohl die steuerrechtliche Gleichbehandlung in-

18 Zur Übersicht zum Investmentgesetz vgl. *Leistikow/Ellerkmann,* BB 2003, 2693 (2693ff.).

19 *Wagner,* Stbg 2005, 298 (298); *Klein,* SWI 2004, 612 (615); *ders.,* PISTB 2006, 291 (291).

und ausländischer Investmentfonds[20] als auch die erstmalige Schaffung eines rechtlichen Rahmens für so genannte Hedgefonds, die im Gesetz (§§112ff. InvG) als „Sondervermögen mit zusätzlichen Risiken" bezeichnet werden. Der Hintergrund beider Neuerungen war zum einen die Anpassung an europarechtliche Vorgaben und zum anderen die Absicht, den Finanzstandort Deutschland gegenüber ausländischer Konkurrenz zu stärken.[21]

Weitere Neuerungen des Investmentmodernisierungsgesetzes sind im Wesentlichen die Ausweitung der Anlagemöglichkeiten, der verbesserte Einsatz von Derivaten, das erleichterte Genehmigungsverfahren, die Erstellung eines vereinfachten Verkaufsprospekts, die Zulassung von „Umbrellafonds",[22] die Möglichkeit von Fonds- (Sondervermögen) Übertragungen, die Vorschriften für den Ausweis von Kosten, die neue Ausgestaltung von Investmentaktiengesellschaften und die Schaffung eines EU-Gesellschaftspasses.[23]

C. Grundlagen der Investmentfonds im Überblick

Die für Investmentfonds wichtigen gesetzlichen aufsichtsrechtlichen Bestimmungen finden sich im Investmentgesetz (InvG) und im Gesetz über das Kreditwesen (KWG). In beiden Gesetzen wird neben der Aufsicht der Kapitalanlagegesellschaft (KAG) auch deren Organisation geregelt. Durch die Regelungen sollen besonders die Risikomischung der Kapitalanlagen und der Anlegerschutz gewährleistet sein.[24]

Vor dem In-Kraft-Treten des Investmentmodernisierungsgesetzes waren die steuerrechtlichen Regelungen zur Ertragsbesteuerung der Investmentfonds im selben Gesetz wie die aufsichtsrechtlichen Regelungen enthalten. Seit dem 1.1.2004 befinden sich die Besteuerungsvorschriften ausschließlich im Invest-

---

20 *Sradj/Mertes*, DStR 2004, 201 (201); *Dannecker* DStZ 2004, 67 (67); *Lübbehüsen/Schmitt*, DB 2003, 1696 (1696); *Lübbehüsen/Schmitt*, DB 2004, 268 (268).

21 So auch schon im 4. Finanzmarktförderungsgesetz (FMFG) vorgesehen, welches zum 01.07.2002 in Kraft getreten ist.

22 Mit dem 4. Finanzmarktförderungsgesetz (FMFG) wurde die rechtliche Möglichkeit zur Bildung von Anteilsklassen für Sondervermögen eingeführt. Als Konsequenz daraus sieht das Investmentgesetz die Einführung von Umbrellafonds vor. Der Umbrella stellt den rechtlichen Mantel für mehrere Teilfonds dar, die jeweils eigenständige Sondervermögen sind. Mit der Umbrellastruktur ist im Wesentlichen der Vorteil verbunden, kostenlos die Anteile an den einzelnen Teilfonds umtauschen zu können.

23 Zu allen wesentlichen Neuerungen vgl. Monatsbericht 09.2003 des Bundesministeriums der Finanzen, 73, (74ff.).

24 Vgl. *Thorn/Otto/Geese*, Handbuch für die Besteuerung von Fondsvermögen, 2002, S. 3.

mentsteuergesetz (InvStG). Das Investmentmodernisierungsgesetz setzt die beiden Änderungsrichtlinien 2001/108EG, die so genannte „Produktrichtlinie", und 2001/107/EG, die so genannte „Verwaltungsrichtlinie", zur OGAW-Richtlinie (Richtlinie 85/611/EWG zur Koordinierung der Rechts- und Verwaltungsvorschriften betreffend bestimmte Organismen für gemeinsame Anlagen in Wertpapiere) in deutsches Recht um.[25]

Investmentfonds lassen sich in unterschiedliche Kategorien einteilen. Dabei wird hauptsächlich auf die Kriterien nach der Anzahl der Anleger, der Laufzeit, der Anlageausrichtung und dem Anlagezweck zurückgegriffen.[26] Investmentfonds, die nach der Anzahl ihrer Anleger keiner Einschränkung unterliegen und somit unbegrenzt vielen Anteilscheininhabern offen stehen, werden als Publikumsfonds bezeichnet.[27] Im Gegensatz dazu existieren Spezialfonds, die bereits nach der gesetzlichen Definition des § 2 Abs. 3 InvG von nicht mehr als 30 Anlegern, die nicht natürliche Personen sind, gehalten werden dürfen. Die Kapitalanlagegesellschaft muss entweder in der Rechtsform einer Aktiengesellschaft oder einer Gesellschaft mit beschränkter Haftung errichtet werden. Die dementsprechend geschaffenen Kapitalanlagegesellschaften gelten als Kreditinstitute i.S. des KWG und benötigen daher eine Erlaubnis und unterliegen der Aufsicht der Bundesanstalt für Finanzdiestleistungsaufsicht (BaFin).

Des Weiteren eröffnet das Investmentgesetz die Möglichkeit, unter einem Schirm (Umbrella) mehrere Teilfonds als individuelle Sondervermögen mit unterschiedlicher Anlagepolitik zu vereinen.[28]

Während das Gesetz über Kapitalanlagegesellschaften (KAGG) klar abgegrenzte Fondstypen kodifizierte, sind diese strikten Trennungen im Investmentgesetz aufgehoben. Es wird vielmehr nur noch zwischen richtlinien- und nicht richtlinienkonformen Sondervermögen unterschieden. Hierbei werden solche Investmentvermögen als richtlinienkonform betrachtet, die der OGAW-Richtlinie entsprechen und in bestimmte Vermögensgegenstände investieren. Dies sind im Wesentlichen Wertpapiere, Geldmarktinstrumente, Derivate, bestimmte Bankguthaben und Anteile an inländischen und ausländischen Investmentvermögen.

Da nur noch die Richtlinienkonformität gefordert wird, besteht seit dem In-Kraft-Treten des Investmentmodernisierungsgesetzes die Möglichkeit, richtlinienkonforme Vermögensgegenstände zu kombinieren. Das Investmentgesetz

---

25 Eine genaue Betrachtung dieser EU-Richtlinien erfolgt nicht, da steuerrechtliche Problemfelder den Schwerpunkt der vorliegenden Arbeit bilden.

26 *Thorn/Otto/Geese*, Handbuch für die Besteuerung von Fondsvermögen, 2002, S. 5.

27 *Thorn/Otto/Geese*, Handbuch für die Besteuerung von Fondsvermögen, 2002, S. 5.

28 Vgl. bereits Fn. 22.

enthält darüber hinaus aber auch Bestimmungen für nicht richtlinienkonforme Sondervermögen, in die investiert werden kann. Dazu gehören hauptsächlich gemischte Sondervermögen, Immobilien-Sondervermögen, Altervorsorge-Sondervermögen und Spezial-Sondervermögen.

D. Gang und Ziel der Untersuchung

Den Schwerpunkt der folgenden Untersuchungen bildet die Frage nach einer gelungenen Umsetzung des Investmentsteuergesetzes zur Besteuerung von (Publikums-)Investmentfonds und somit der Stärkung des Finanzstandorts Deutschland. Hierbei wird der Frage nachgegangen, ob der Gesetzgeber das Investmentmodernisierungsgesetz und insbesondere das Investmentsteuergesetz praxisgerecht und in verständlicher Form verwirklicht hat. In diesem Zusammenhang werden hauptsächlich die Probleme der Besteuerung von in- und ausländischen Investmentvermögen durch das Investmentsteuergesetz (InvStG) betrachtet. Gleichzeitig wird untersucht, ob durch die Reform ursprünglich im Kapitalanlagegesellschaftsgesetz bestehende Besteuerungsprobleme behoben worden sind oder nicht vielmehr neue Unklarheiten und Rechtsanwendungsprobleme geschaffen wurden. Im weiteren Verlauf werden Probleme des Veräußerungs- bzw. Rückgabegewinns gem. § 8 InvStG dargestellt. Im Anschluss an die „allgemeinen“ steuerrechtlichen Fragen erfolgt eine Analyse der Problemfelder in der Besteuerung von Hedgefonds.

Zum Verständnis der Investmentbesteuerung werden zunächst die systematischen Grundlagen in Kapitel 2 kurz erläutert. An dieser Stelle werden sowohl die Grundstrukturen des Investmentfonds im Investmentdreieck als auch die zugrunde liegenden zivilrechtlichen Beziehungen der Beteiligten und deren Ausgestaltung dargestellt. Dadurch wird das Investmentsteuergesetz steuersystematisch eingeordnet, um die dahinter liegenden steuerrechtlichen Probleme verständlich zu machen. Im Vordergrund steht aber die Frage nach Einordnung, Bedeutung und Umsetzung des Transparenzprinzips (Durchsichtigkeit der Fondskonstruktion). Diesbezüglich wird verdeutlicht, dass eine Besteuerung ohne das Transparenzprinzip wenig sinnvoll ist und in der Praxis weitreichende Probleme aufwirft.

In Anbetracht der Aktualität wird ebenfalls auch auf die besonders wichtigen Änderungen durch das Unternehmensteuerreformgesetz 2008[29] sowie das Jahressteuergesetz 2008[30] vor dem Hintergrund der Abgeltungssteuer, die am

---

29 BGBl. I 2007, S. 1912.
30 BGBl. I 2007, S. 3150.

01.01.2009 in Kraft tritt, eingegangen.[31] Danach werden nicht nur Zinsen und Dividenden einer pauschalen Quellenbesteuerung mit einem einheitlichen Steuersatz von 25 % unterworfen, sondern nahezu alle Vermögenszuwächse von Kapitalanlagen und Finanzinstrumenten, die in der derzeit noch geltenden Rechtslage innerhalb einer Jahresfrist zwischen Kauf und Veräußerung gem. § 23 Abs. 1 Satz 1 Nr. 2 EStG steuerfrei sind.

Im 3. Kapitel wird schwerpunktmäßig auf Probleme der Besteuerung der Anteilscheininhaber eingegangen, die sich aus deren Beteiligung an Investmentvermögen ergeben. Dies stellt gleichzeitig den Hauptteil der Arbeit dar. Fragestellungen, die sich mit der Besteuerung der Kapitalanlagegesellschaften befassen, werden deshalb nur kurz dargestellt. Eine darüber hinausgehende Auseinandersetzung findet nur statt, soweit es für die vorliegende Arbeit notwendig ist.

Bei den Erörterungen wird das Verhältnis allgemeiner ertragsteuerrechtlicher Vorschriften zu den investmentsteuerrechtlichen Vorschriften angesprochen werden, um zu klären, welche Regeln im Grundsatz bei den jeweiligen unterschiedlichen Problemkreisen anzuwenden sind.

Zuerst werden die Grundlagen der Besteuerung der laufenden Erträge dargestellt, die die Ermittlungsproblematik der Erträge nach dem Investmentsteuergesetz enthalten. Des Weiteren soll auf bilanzrechtliche Fragestellungen eingegangen werden.

Nur kurz nach In-Kraft-Treten des Investmentsteuergesetzes wurden erste und zum Teil erhebliche Änderungen z.B. durch das Richtlinien-Umsetzungsgesetz (EURLUmsG) vom 09.12.2004 in das Investmentsteuergesetz eingefügt. Die sich daraus ergebenden Konsequenzen mit ihren Folgen sind Teil dieser Arbeit, wobei die bedeutsamen Probleme an den entsprechenden Stellen getrennt voneinander geklärt werden. Ebenso wird auf das Einführungsschreiben des Bundesfinanzministeriums vom 02.06.2005, - IV C 1 – S 1980 – 1 87/05 eingegangen.

Vor dem Hintergrund der Unternehmensteuerreform 2008[32] sowie des Jahressteuergesetzes 2008[33] wird jeweils an geeigneter Stelle auf die neue Rechtslage besonders in Bezug auf die ab dem 01.01.2009 geltende Abgeltungssteuer, wie

---

31 Allerdings erfolgt hierbei keine dezidierte und vertiefende Auseinandersetzung mit den Problemen und Fragestellungen, die durch die Unternehmensteuerreform 2008 sowie das Jahressteuergesetz 2008 aufgeworfen werden.

32 BGBl. I 2007, S. 1912.

33 BGBl. I 2007, S. 3150.

sie bereits im 2. Kapitel dargelegt wurde, hingewiesen werden. Zugleich sollen auch andere Aspekte der Unternehmensteuerreform 2008 sowie des Jahressteuergesetzes 2008 an den entsprechenden Stellen Erwähnung finden.

Ein Schwerpunkt des 3. Kapitels liegt in der Darstellung der Besteuerung von Rückgabe- und Veräußerungsgewinnen mit den dort zugrunde liegenden Problemen. So stellt sich beispielsweise für Privatanleger in Investmentfonds die Frage der Anwendbarkeit der Spekulationssteuer nach § 23 Abs. 1 Satz 1 Nr. 2 EStG,[34] wenn Investmentanteile innerhalb der Jahresfrist veräußert werden. Weiterhin stellt sich die Frage, ob das des Halbeinkünfteverfahren auf solche Gewinne anwendbar ist. Dieses soll geklärt werden.

Weiter wird neben der Ausführung und der kritischen Auseinandersetzung mit den geltenden steuerrechtlichen Regelungen für Investmentfonds anhand des aktuellen Diskussionsstands in der Fachliteratur, wie es hauptsächlich im 3. Kapitel geschieht, auch im 4. Kapitel die steuerrechtliche Behandlung der Hedgefonds mit den bestehenden Problemen dargestellt. Hier soll deutlich werden, dass bis auf wenige Sonderregelungen, die nur für Hedgefonds gelten, die grundsätzliche Besteuerung der herkömmlichen Investmentfonds Anwendung findet.

Da von einer stetigen positiven Entwicklung der Hedgefondsbranche in Deutschland auszugehen ist, sollen die in den Sonderregelungen liegenden Fragestellungen in einem eigenen Kapitel behandelt werden. Dies gilt gerade auch im Hinblick auf die Tatsache, dass Hedgefonds erst seit dem 01.01.2004 in Deutschland aufgelegt werden dürfen. Als weiteres Ziel besteht durch dieses Kapitel die Absicht, grundlegende Fragen zu klären. Darüber hinaus wird das Verständnis hinsichtlich der Hedgefonds gefördert.

Des Weiteren werden Hedgefonds verstärkt in den öffentlichen Medien diskutiert, so dass es einer Auseinandersetzung mit dieser Anlageform bedarf. In der Öffentlichkeit fehlt es an einer Aufklärung, was genau unter Hedgefonds zu verstehen ist. Durch die Auseinandersetzung mit diesem Thema kann möglicherweise auch die Toleranz gegenüber derartigen Anlagen erhöht und die Branche insgesamt gestärkt werden. Im Vordergrund der Analyse stehen dabei

---

34 Diese Frage bezieht sich auf die Rechtslage vor der Reform der Unternehmensbesteuerung durch das Unternehmensteuerreformgesetz 2008, da durch die Unternehmensteuerreform 2008 der § 8 Abs. 5 InvStG insoweit geändert wurde, als das Gewinne aus der Rückgabe oder Veräußerung von Investmentanteilen im Privatvermögen nunmehr den Einkünften aus Kapitalvermögen zugeordnet werden und sich dementsprechend die Frage der Anwendbarkeit der Spekulationsfrist im § 23 EStG nicht mehr stellen wird.

steuerrechtliche Aspekte, die anhand einiger Strategien von Hedgefonds für die Besteuerung des Anlegers aufgezeigt werden. Aufsichtsrechtliche Problemkreise werden nur angesprochen, soweit es für das Verständnis der Arbeit wichtig ist.

Da nach § 113 InvG allerdings nur Dach-Hedgefonds öffentlich vertrieben werden dürfen, wird diesbezüglich auf spezifische Fragen aus der Zwischenschaltung eines Dachfonds, was bereits im 3. Kapitel thematisiert wird, eingegangen.

Darüber hinaus konnten sich Anleger vor dem In-Kraft-Treten des Investmentmodernisierungsgesetzes nur über so genannte Hedgefondszertifikate mittelbar an ausländischen Hedgefonds beteiligen, was einen Vergleich zu Hedgefonds i.S. der §§ 112 ff. InvG rechtfertigt.

Im 5. Kapitel werden die wichtigsten Ergebnisse der Arbeit in Thesenform zusammenfassend dargestellt.

Außerhalb der Erörterungen bleibt eine Betrachtung der Investmentaktiengesellschaften nach den §§ 96 – 111 InvG, die im Grundsatz seit dem 3. FMFG zugelassen sind. Mangels praktischer Relevanz[35] kann jedoch auf die Darstellung der vorhandenen Probleme verzichtet werden.[36]

35 Investmentaktiengesellschaften werden durch die Investmentbranche bislang nicht angenommen. Neugründungen von Kapitalanlagegesellschaften, die Fonds neu auflegen, finden in Form dieser Gesellschaftsform so gut wie nicht statt. So ebenfalls *Lübbehüsen/Schmitt,* DB 2003, 1696 (1696).

36 Investmentaktiengesellschaften sind, wie dargelegt, in den §§ 96ff. InvG normiert. Nach § 99 Abs. 1 InvG unterliegen diese Gesellschaften in der Regel den gleichen Vorschriften wie Aktiengesellschaften, soweit dies nicht anders geregelt ist. Für sie gelten daher die allgemeinen steuerrechtlichen Vorschriften für Aktiengesellschaften. Sie sind folglich im Grundsatz körperschaft- und gewerbesteuerpflichtig. Der § 11 Abs. 1 Satz 3 i.V.m. Satz 2 InvStG sieht jedoch diesbezüglich eine Befreiung vor.

2. Kapitel: Steuersystematische Einordnung des Investmentsteuergesetzes

A. Einordnung des Investmentsteuergesetzes in einen gesamtsystematischen Zusammenhang

Im Nachfolgenden werden die investmentrechtlichen Grundlagen in einem gesamtsystematischen Zusammenhang dargestellt. Hierdurch soll das grundlegende Verständnis für die steuerrechtlichen Probleme, die im 3. Kapitel genauer betrachtet werden, erhöht werden.

I. Investmentrechtliche Grundlagen und zivilrechtliche Strukturen

Jeder Investmentfonds erfüllt die folgenden Merkmale:[37]

- Kapitalsammlung
- Kollektive Kapitalanlage
- Risikostreuung
- Fremdverwaltung

Bevor eine Investmentgesellschaft oder auch Kapitalanlagegesellschaft (KAG) auf dem Kapitalmarkt tätig werden kann, muss diese notwendigerweise zunächst Kapital aufbringen, um die beabsichtigten Vermögensgegenstände erwerben zu können.[38] Hierzu werden Anleger geworben, die sich mit unterschiedlich hohen Einlagen an den Geschäften der Investmentgesellschaft beteiligen.[39] Über die Rechte, die sich aus der Beteiligung ergeben, werden Urkunden in Form von Anteilsscheinen ausgegeben.[40] Durch die kollektive Kapitalanlage werden die erworbenen Vermögensgegenstände des Fonds der Anlegergemeinschaft zugeordnet.[41]

---

37 Statt vieler vgl. *Stotz*, Besteuerung von Wertpapier-Investmentfonds, 1998, S. 9ff. m.w.N., der ausführlich die unterschiedlichen Merkmale darstellt, und *Otterbach*, Verwaltung und Besteuerung von Spezialfonds nach dem KAGG, 2004, S. 10ff.

38 *Stotz*, Besteuerung von Wertpapier-Investmentfonds, 1998, S. 10.

39 Wobei die Anzahl der Anleger je nach Fonds und Anlagezweck variieren kann. Für Spezialfonds ist der Anlegerkreis gem. § 2 Abs. 3 InvG bereits durch den Gesetzgeber auf höchstens 30 nicht natürliche Personen beschränkt. Vgl. bereits oben Kapitel 1, C.

40 *Stotz*, Besteuerung von Wertpapier-Investmentfonds, 1998, S. 10; *Otterbach*, Verwaltung und Besteuerung von Spezialfonds nach dem KAGG, 2004, S. 10; vgl. dazu ebenso unten Kapitel 2, A, I, 1, c und Kapitel 3, F, I, 1.

41 *Otterbach*, Verwaltung und Besteuerung von Spezialfonds nach dem KAGG, 2004, S. 10.

Wesentliches Prinzip der Investmentidee ist die Risikodiversifikation.[42] Durch eine Streuung des Anlagekapitals soll eine Reduzierung des Risikos erreicht werden, um Verluste zu kompensieren bzw. zu vermeiden. Der herkömmliche Anleger, der nicht über beträchtliches Eigenkapital verfügt, kommt als Investmentanteilscheininhaber in den Genuss der Vorteile, die ihm eine Direktanlage mangels ausreichender Liquidität nicht eingebracht hätte.[43]

Das Fondsmanagement nimmt die Fremdverwaltung des Investmentvermögens für die Anleger wahr.[44] Zwar hat der Anleger wegen der Form der Fremdverwaltung keinen Einfluss auf die laufenden Geschäfte des Fonds, dennoch bietet sich aber gerade für den nicht institutionellen Anleger der Vorteil der Verantwortungsabgabe. Kapitalmarkt- und fondsrelevante Informationen müssen nicht sondiert und die Investition nicht ständig überwacht werden.[45] Diese Verantwortungsabgabe kann durch den Anleger bedenkenlos erfolgen, da das unabhängige Fondsmanagement die Basis für eine „vernünftige Kapitalanlage“ schaffen muss.[46] Gleichzeitig muss im Rahmen der Fremdverwaltung der Anlegerschutz beachtet werden. Aus diesem Grund hat das Management bei der Auswahl der Kapitalanlagen bzw. bei den zu erwerbenden Vermögensgegenständen sorgfältig und fachmännisch zu verfahren.[47]

1. Investmentdreieck

In Deutschland schließt der jeweilige, meist private Anleger mit der Kapitalanlagegesellschaft einen Vermögensverwaltungsvertrag ab.[48]

Beteiligt an diesem Investmentgeschäft ist neben der Kapitalanlagegesellschaft und dem Anleger auch die Depotbank.[49] Daraus entsteht das so genannte Investmentdreieck.[50]

---

42 *Roth*, Das Treuhandmodell des Investmentrechts, 1972, S. 10; *Abdala*, Investmentfonds, 2001, S. 43, *Altfelder*, FR 2000, S. 299 (300); *Baur*, Investmentgesetze, 1. Teilband, Einl. I, Rn. 5; *Schäcker*, Entwicklung und System des Investmentsparens, 1961, S. 10; *Barocka*, Investment-Sparen, 1956, S. 13. So schon oben Kapitel 1, A.

43 *Ohl*, Rechtsbeziehungen, 1989, S. 9f.

44 *Stotz*, Besteuerung von Wertpapier-Investmentfonds, 1998, S. 11; *Otterbach*, Verwaltung und Besteuerung von Spezialfonds nach dem KAGG, 2004, S. 11.

45 *Otterbach*, Verwaltung und Besteuerung von Spezialfonds nach dem KAGG, 2004, S. 11.

46 *Stotz*, Besteuerung von Wertpapier-Investmentfonds, 1998, S. 11.

47 *Stotz*, Besteuerung von Wertpapier-Investmentfonds, 1998, S. 11.

48 Vgl. auch unten Kapitel 2, A, I, 1, a und b; *Lindemann*, Besteuerung von Aktienfonds nach der Unternehmensteuerreform, 2004, S. 38.

49 *Otterbach*, Verwaltung und Besteuerung von Spezialfonds nach dem KAGG, 2004, S. 22; *Ohl*, Rechtsbeziehungen, 1989, S. 12; *Baur*, Investmentgesetze, 1. Teilband, § 12, Rn. 10ff.

a. Kapitalanlagegesellschaft

Nach der Legaldefinition des § 6 Abs. 1 InvG sind Kapitalanlagegesellschaften „Kreditinstitute, deren Geschäftsbereich darauf gerichtet ist, Sondervermögen zu verwalten und Dienstleistungen oder Nebendienstleistungen nach § 7 Abs. 2 (InvG) zu erbringen. Kapitalanlagegesellschaften dürfen nur in der Rechtsform der Aktiengesellschaft oder der Gesellschaft mit beschränkter Haftung betrieben werden. Sie müssen ihren satzungsmäßigen Sitz und die Hauptverwaltung im Geltungsbereich dieses Gesetzes haben."

Voraussetzung für die Aufnahme des Geschäftsbetriebs für Kapitalanlagegesellschaften ist nach § 7 Abs. 1 InvStG die Erlaubnis der Bundesanstalt für Finanzdienstleistungsaufsicht (BaFin).[51]

In der Praxis werden Kapitalanlagegesellschaften überwiegend von Banken oder Bankengruppen in der Rechtsform der GmbH gegründet,[52] obwohl nach den durch den Gesetzgeber eingeräumten Möglichkeiten daneben die Rechtsform der Aktiengesellschaft zugelassen ist.[53] Kapitalanlagegesellschaften verwalten üblicherweise mehrere Investmentfonds durch jeweils unterschiedliche Sondervermögen.[54] Die Kapitalanlagegesellschaften schließen mit den Anlegern Investmentverträge über die Verwaltung des eingelegten Geldes ab und verpflichten sich, diese in ein bestimmtes Sondervermögen eines bestimmten Investmentfonds einzubringen.[55] Bei diesen Verträgen handelt es sich um ent-

---

50 Anders *Lindemann,* Besteuerung von Aktienfonds nach der Unternehmensteuerreform, 2004, S. 38, der von einem Investmentviereck ausgeht, indem er das Sondervermögen in die Rechtsbeziehungen der Beteiligten einbezieht. Dies erscheint in Anbetracht der Wichtigkeit des Sondervermögens für die rechtliche Betrachtung von Investmentfonds zwar durchaus nachvollziehbar. Dennoch muss dabei aber beachtet werden, dass das Sondervermögen zivilrechtlich keine eigene Rechtspersönlichkeit besitzt und deshalb nicht in die Rechtsbeziehungen der Beteiligten eingebunden werden sollte. Noch anders *Laux/Päsler*, Wertpapier-Investmentfonds, 1992, S. 28ff, die ein Investmentdreieck zwischen Kapitalanlagegesellschaft, Investmentfonds und Depotbank sehen.

51 *Lindemann,* Besteuerung von Aktienfonds nach der Unternehmensteuerreform, 2004, S. 39.

52 *Lindemann,* Besteuerung von Aktienfonds nach der Unternehmensteuerreform, 2004, S. 40.

53 Dabei handelt es sich insbesondere um die Investmentaktiengesellschaft i.S. der §§ 6 Abs. 1, 104ff. InvG.

54 *Canaris*, Bankvertragsrecht, Rn. 2438f.; *Lindemann,* Besteuerung von Aktienfonds nach der Unternehmensteuerreform, 2004, S. 40.

55 *Lindemann,* Besteuerung von Aktienfonds nach der Unternehmensteuerreform, 2004, S. 40.

geltliche Geschäftsbesorgungsverträge i.S. der §§ 675, 611, 670 BGB.[56] Die Entgeltlichkeit dieses Vertrages besteht in der auf der „jährlichen Basis berechneten Vergütung, die sich prozentual nach der Höhe des Fondsvermögens richtet".[57] Dabei muss die Basis bereits in den Vertragsbedingungen festgesetzt werden und ebenso im Verkaufsprospekt enthalten sein.[58] Weiterhin steht der Kapitalanlagegesellschaft regelmäßig ein Aufwendungsersatz zu, der wie die jährliche Vergütung dem Fondsvermögen i.S. des § 31 Abs. 3 InvG entnommen wird. Zudem wird von den meisten Investmentfonds ein Ausgabeaufschlag verlangt.[59] Vergütung, Aufwendungsersatz und Ausgabeaufschlag stellen den wesentlichen Teil der Einnahmen auf Seiten der Kapitalanlagegesellschaft für die Verwaltung des Fonds in der Form des Sondervermögens dar.

Kapitalanlagegesellschaften sind gem. § 6 Abs. 1 InvG, wie bereits oben dargestellt, Kreditinstitute. Daher hat die Bundesanstalt für Finanzdienstleistungsaufsicht (BaFin) wegen der Regelung in § 1 Abs. 1 S. 2 Ziff. 6 KWG, die das Investmentgeschäft in den Anwendungsbereich des KWG zieht, nach § 6 Abs. 1 KWG die Aufsicht über diese auszuüben. Dabei wird die Einhaltung der Vorschriften des InvG und des KWG von Amts wegen überwacht.[60] Die Bundesanstalt für Finanzdienstleistungsaufsicht (BaFin) hat im Rahmen des gesetzlichen Auftrags bei der Aufsicht jedoch die Vorrangwirkung des InvG zu beachten. Soweit der Anwendungsbereich des InvG eröffnet ist, ist es gegenüber dem KWG lex specialis.[61] In diesem Fall ist das KWG nicht mehr anzuwenden. Denn das Investmentgeschäft ist nicht vollständig mit anderen Bankgeschäften i.S. des KWG vergleichbar.[62] Gerade aus diesem Grunde wurden die speziellen Regelungen des InvG geschaffen.

b. Depotbank

Die Depotbank nimmt im Investmentrecht durch die ihr obliegenden Aufgaben eine wichtige Rolle ein.[63] Der Gesetzgeber bestimmt die Rechte, Pflichten und Aufgaben der Depotbank in den §§ 20 - 29 InvG. Danach hat die Kapitalanlage-

---

56 *Abdala*, Investmentfonds, 2001, S. 122 und 127; *Fischer*, WM 2001, 1236 (1237); *Lindemann*, Besteuerung von Aktienfonds nach der Unternehmensteuerreform, 2004, S. 40.

57 *Lindemann*, Besteuerung von Aktienfonds nach der Unternehmensteuerreform, 2004, S. 40.

58 *Abdala*, Investmentfonds, 2001, S. 122.

59 *Lindemann*, Besteuerung von Aktienfonds nach der Unternehmensteuerreform, 2004, S. 40.

60 *Ohl*, Rechtsbeziehungen, 1989, S. 39.

61 *Ohl*, Rechtsbeziehungen, 1989, S. 39.

62 *Ohl*, Rechtsbeziehungen, 1989, S. 39.

63 *von Caemmerer*, JZ 1958, 41 (48).

gesellschaft gem. § 20 Abs. 1 InvG ein anderes Kreditinstitut als Depotbank mit der Verwahrung des Investmentvermögens zu beauftragen. Dieses ist von der beauftragenden Investmentgesellschaft nach § 22 Abs. 1 InvG unabhängig und handelt ausschließlich im Interesse der Anleger. Weisungen der Kapitalanlagegesellschaft müssen jedoch ausgeführt werden, wenn sie nicht gegen den Anlegerschutz oder die Vertragsbedingungen verstoßen. Weiterhin hat die Depotbank die Ausgabe und die Rücknahme von Anteilen eines Sondervermögens i.S. des § 23 Abs. 1 InvG vorzunehmen und die zum Investmentvermögen gehörenden Wertpapiere und Einlagezertifikate auf ein gesperrtes Depot anzulegen. Ebenso sind nach § 24 Abs. 1, 2 InvG zum Investmentvermögen gehörende Guthaben von der Depotbank auf Sperrkonten zu verwahren.[64] Um das Sondervermögen zugunsten der Anleger zu schützen, hat die Depotbank umfassende Kontrollfunktionen gegenüber der Kapitalanlagegesellschaft nach den §§ 26, 27 InvG vorzunehmen. Der Anlegerschutz wird schließlich auch dadurch verstärkt, dass die Depotbank gem. § 29 Abs. 1 InvG vom Fondsvermögen nur die für die Verwaltung des Sondervermögens zustehende Vergütung und den Aufwendungsersatz an die Kapitalanlagegesellschaft auszahlen darf.

Der Beauftragung der Depotbank liegt ein Dienstvertrag gem. §§ 675, 611 ff. BGB zugrunde, der die Aufbewahrung und Geschäftsbesorgung für die Kapitalanlagegesellschaft zum Gegenstand hat.[65] Darüber hinaus liegen in dieser Vereinbarung Elemente eines Vertrags zugunsten Dritter (gegenüber den Anlegern) gemäß § 328 BGB.[66]

---

64 *von Caemmerer*, JZ 1958, 41 (48).

65 *Reuter*, Rechtsstellung, 1965, S. 152; *Schäcker*, Entwicklung und System des Investmentsparens, 1961, S. 68; *Geßler*, WM 1957, Sonderbeilage Nr.4/1957, 10 (20); *Klenk, Rechtliche Behandlung, 1967, S. 15;* anderer Ansicht ist *Ohl*, Rechtsbeziehungen, 1989, S. 12, 64, 66, 82ff., 93f., der in der Rechtsbeziehung der Kapitalanlagegesellschaft zur Depotbank eine gesellschaftsrechtliche Verbindung nach § 705 BGB in Form einer Innengesellschaft erkennt.

66 *Reuter*, Rechtsstellung, 1965, S. 152; *Schäcker*, Entwicklung und System des Investmentsparens, 1961, S. 69f.; a.A. ist *Ohl*, Rechtsbeziehungen, 1989, S. 12, 94ff., 97ff., der zwischen der Depotbank und dem Anleger keinen Vertrag zugunsten Dritter gem. § 328 BGB sieht, sondern vielmehr ein gesetzliches Schuldverhältnis annimmt. Die Ansätze *Ohls,* sowohl hinsichtlich der Darstellung der Rechtsbeziehung zwischen Depotbank und Kapitalanlagegesellschaft als auch zwischen Depotbank und dem Anleger sollen außerhalb der Betrachtung bleiben. Erörterungen zu dieser Problematik gingen über das Ziel hinaus, nur einen kurzen Einblick in die grundsätzlichen Rechtverhältnisse zu gewähren.

c. Anleger

Der Anleger schließt durch den Kauf von Investmentanteilen einen Investmentvertrag mit der jeweiligen Kapitalanlagegesellschaft.[67]

Über dieses Geschäft der erworbenen Investmentanteile wird ein Zertifikat (Fondsanteil) ausgestellt, das als Inhaber-Wertpapier eigener Art i.S. des § 33 Abs. 1 und 2 InvG das Eigentum an allen Anlagegegenständen des Investmentfonds verbrieft[68] und je nach rechtlicher Ausgestaltung und Strukturierung eines Investmentfonds als Sondervermögen unterschiedlich entweder den Anlegern direkt oder aber für die Anleger treuhänderisch der Kapitalanlagegesellschaft zugerechnet wird.[69] Gleichzeitig ist bei der zuvor genannten zweiten Möglichkeit, der Treuhandalternative, darauf hinzuweisen, dass durch dass Zertifikat bei dieser Strukturierung des Fonds lediglich das Miteigentum an den Anlagegegenständen des Investmentfonds verbrieft sein kann.[70]

Die Investmentanteilscheine können nach § 33 InvG als Inhaber- oder als Namensanteilsschein ausgestaltet sein,[71] wobei der Inhaberanteilschein den Regelfall darstellt.[72] Eine Übertragung der Investmentanteilscheine richtet sich nach den §§ 929ff. BGB. Insgesamt verbriefen die Zertifikate die gesamte Rechtstellung des Anlegers und nicht bloß die obligatorischen Ansprüche gegen die Kapitalanlagegesellschaft.[73]

---

67 *Lindemann,* Besteuerung von Aktienfonds nach der Unternehmensteuerreform, 2004, S. 43.

68 *Baur,* Investmentgesetze, 1. Teilband, § 1 KAGG, Rn. 25; 18; 2; 4; *Hellner/Steuer,* Bankrecht und Bankpraxis, Band 5, Stand 2001, Rn. 9/424; *Hueck/Canaris,* Recht der Wertpapiere, 1986, S. 224; *Lindemann,* Besteuerung von Aktienfonds nach der Unternehmensteuerreform, 2004, S. 43; *Claussen,* Bank- und Börsenrecht, 2003, S. 450, Rn. 191. Teilweise werden Investmentanteilscheine auch als Inhaberschuldverschreibungen angesehen. Dieser Ansicht wird jedoch nicht gefolgt und ist überdies für die rechtliche Bewertung nachfolgender Fragen unerheblich, da die Wertpapiereigenschaft gerade nicht problematisch ist. Der Vollständigkeit halber soll jedoch exemplarisch hierzu auf die Ausführungen von *Gericke,* DB 1959, 1276 (1276f.); *Zöllner,* Wertpapierrecht, 1987, S. 189f., § 30 III 3; *Geßler,* WM 1957, Sonderbeilage Nr.4/1957, 10 (24f.); *Consbruch,* DB 1957, 337 (340) hingewiesen werden.

69 *Claussen,* Bank- und Börsenrecht, 2003, S. 450, Rn. 190.

70 Vgl. zur Zurechnung nach der Miteigentums- oder Treuhandlösung unten Kapitel 2, A, I, 2, c.

71 *Schödermeier/Baltzer* in: Brinkhaus/Scherer, KAGG, § 18, Rn. 5; *Hellner/Steuer,* Bankrecht und Bankpraxis, Band 5, Stand 2001, Rn. 9/423.

72 *Claussen,* Bank- und Börsenrecht, 2003, S. 450, Rn. 191; *Hellner/Steuer,* Bankrecht und Bankpraxis, Band 5, Stand 2001, Rn. 9/423.

73 *Claussen,* Bank- und Börsenrecht, 2003, S. 450, Rn. 191.

Sofern Investmentanteilscheine als Namensanteilscheine von der Kapitalanlagegesellschaft herausgegeben werden, sind diese entsprechend des Verweises im § 33 Abs. 1 Satz 2 InvG auf die §§ 67, 68 AktG rechtlich wie Namensaktien zu behandeln.[74] Dies bedeutet, dass danach entsprechend des § 68 Abs. 1 Satz 1 AktG eine Übertragung durch Indossament möglich ist.[75] Als Namensanteilscheine ausgestaltete Investmentanteilscheine stellen demnach Orderpapiere im Sinne der aktienrechtlichen Regelungen dar.[76] Ebenfalls hat die Kapitalanlagegesellschaft beispielsweise gem. § 67 AktG über Namensanteilscheine ein Anteilscheinbuch zu führen.[77]

Werden die Investmentanteilscheine als Inhaberanteilschein ausgegeben, so sind die Anteilscheine echte Inhaberpapiere.[78] Dies bedeutet, dass der Anteilscheininhaber auch privatrechtlicher Eigentümer des Anteilscheins ist.[79] Dementsprechend ist derjenige legitimiert die Rechte aus dem Anteilschein geltend zu machen, der diesen vorlegen kann.[80]

Der Investmentsparer wird im Ergebnis durch den Empfang des Zertifikats Anteilscheininhaber und dadurch gleichzeitig Anteilsinhaber des Sondervermögens des Investmentfonds.[81] Diese Investmentanteilsscheine sind nicht börsenfähig und besitzen daher keinen Börsenkurs.[82] Möglich ist somit einzig die Bildung eines Preises, der börsentäglich von den Kapitalanlagegesellschaften gem. § 36 InvG auf der Grundlage der Tageskurse der Fondswerte neu errechnet wird.[83]

---

74 *Schödermeier/Baltzer* in: Brinkhaus/Scherer, KAGG, § 18, Rn. 5; *Hellner/Steuer,* Bankrecht und Bankpraxis, Band 5, Stand 2001, Rn. 9/423.

75 *Schödermeier/Baltzer* in: Brinkhaus/Scherer, KAGG, § 18, Rn. 5.

76 *Schödermeier/Baltzer* in: Brinkhaus/Scherer, KAGG, § 18, Rn. 5.

77 *Schödermeier/Baltzer* in: Brinkhaus/Scherer, KAGG, § 18, Rn. 5.

78 *Baur,* Investmentgesetze, 1. Teilband, § 18 KAGG, Rn. 4; *Schödermeier/Baltzer* in: Brinkhaus/Scherer, KAGG, § 18, Rn. 5; *Hellner/Steuer,* Bankrecht und Bankpraxis, Band 5, Stand 2001, Rn. 9/423.

79 *Hellner/Steuer,* Bankrecht und Bankpraxis, Band 5, Stand 2001, Rn. 9/423.

80 *Geßler,* WM 1957, Sonderbeilage Nr.4/1957, 10 (25); *Schödermeier/Baltzer* in: Brinkhaus/Scherer, KAGG, § 18, Rn. 5; *Hellner/Steuer,* Bankrecht und Bankpraxis, Band 5, Stand 2001, Rn. 9/423.

81 *Lindemann,* Besteuerung von Aktienfonds nach der Unternehmensteuerreform, 2004, S. 43.

82 *Claussen,* Bank- und Börsenrecht, 2003, S. 450, Rn. 192.

83 *Claussen,* Bank- und Börsenrecht, 2003, S. 450, Rn. 192; *Abdala,* Investmentfonds, 2001, S. 125.

2. Fondsvermögen in der Form des Sondervermögens

a. Sondervermögen als solches

Zum Schutz der Anleger müssen in Deutschland die in einem Fonds eingebrachten Mittel durch ein Sondervermögen verwaltet werden.[84] Dieses ist gem. § 30 Abs. 1 InvG separat vom Vermögen der Kapitalanlagegesellschaft zu trennen.[85] Nach der Begriffsdefinition in § 2 Abs. 2 InvG sind Sondervermögen Investmentfonds, die von einer Kapitalanlagegesellschaft für Rechnung der Anleger nach Maßgabe der zugrunde liegenden Vertragsbedingungen und des InvG verwaltet werden und bei denen den Anlegern ein Recht zur Rückgabe der Anteilsscheine eingeräumt ist.[86]

Dem Anlegerschutz entsprechend sind die im Sondervermögen eingebrachten Geldmittel der Anleger vor Belastungen, Sicherungsübereignungen, Sicherungsabtretungen und Aufrechnungen gem. § 31 Abs. 5 und 6 InvG geschützt. Zudem besteht nach § 31 Abs. 2 InvG kein Haftungszugriff für Dritte. Dies gilt sowohl für Verbindlichkeiten der Kapitalanlagegesellschaft als auch für Verpflichtungen einzelner Anteilsinhaber.[87] Das Sondervermögen haftet i.S. des § 31 Abs. 2 InvG selbst dann nicht für Verbindlichkeiten der Kapitalanlagegesellschaft, wenn die Verbindlichkeiten der Kapitalanlagegesellschaft aus Rechtsgeschäften stammt, die sie für die gemeinschaftliche Rechnung der Anleger geschlossen hat. Insbesondere ist die Kapitalanlagegesellschaft nicht berechtigt, im Namen der Anleger Verbindlichkeiten einzugehen. Vereinbarungen, die entgegen § 31 Abs. 2 InvG einen Haftungszugriff Dritter ermöglichten sind unwirksam.

Der Schutz der Anleger wird zudem gegenüber der Kapitalanlagegesellschaft dadurch gestärkt, dass sich die Kapitalanlagegesellschaft gem. § 31 Abs. 3 InvG wegen ihrer eigenen Ansprüche auf Vergütung und auf Ersatz von Aufwendungen aus den für gemeinschaftliche Rechnung der Anleger getätigten Geschäften nur aus dem Sondervermögen befriedigen darf; die Anleger aber in keinem Fall gegenüber der Gesellschaft persönlich haften.

---

84 Zur Errichtung des Sondervermögens vgl. *Reuter*, Rechtsstellung, 1965, S. 86ff., der die „cash method" und die „appropriation method" mit weiteren Nachweisen darstellt.

85 *Otterbach*, Verwaltung und Besteuerung von Spezialfonds nach dem KAGG, 2004, S. 35; *Ohl*, Rechtsbeziehungen, 1989, S. 26; *Lindemann*, Besteuerung von Aktienfonds nach der Unternehmensteuerreform, 2004, S. 42.

86 Nach *Ohl*, Rechtsbeziehungen, 1989, S. 27, handelt es sich bei dem Sondervermögen um einen „rechtlich unselbstständigen Inbegriff von Vermögensgegenständen i.S. des § 260 Abs. 1 BGB". Vgl. auch *Otterbach*, Verwaltung und Besteuerung von Spezialfonds nach dem KAGG, 2004, S. 35.

87 *von Caemmerer*, JZ 1958, 41 (46).

Das wirtschaftliche Risiko einer Anlage in Investmentfonds beschränkt sich daher für den Anleger auf den Verlust des Wertes des den Anteilswert der Beteiligung repräsentierenden Anteilsscheines, den dieser zum Zeitpunkt eines möglichen Verlustes hatte.[88] Ein darüber hinausgehendes Verlustrisiko wird dementsprechend nach der Konzeption des Investmentgesetzes von der Kapitalanlagegesellschaft getragen.[89]

Dieses Ergebnis einer geschützten Vermögensmasse wird dadurch erreicht, dass das Fondsvermögen als zivilrechtlich nicht rechtsfähig gilt, kein Träger eigener Rechte ist und keine eigene Rechtspersönlichkeit besitzt.[90] In steuerrechtlicher Hinsicht hingegen ist das Sondervermögen gem. § 1 Abs. 1 Nr. 5 KStG auf Grund der Zweckvermögensfiktion des § 11 Abs. 1 Satz 1 InvStG gleichwohl rechtsfähig,[91] damit es für eine Besteuerung erfasst werden kann. Im Ergebnis werden die Erträge dennoch nicht auf der Ebene des Fonds besteuert, da das Sondervermögen als Zweckvermögen gem. § 11 Abs. 1 Satz 2 InvStG ausdrücklich von der Körperschaftsteuer und der Gewerbesteuer befreit ist.[92]

b. Vertrags- oder gesellschaftstypische Ausgestaltung des Investmentfonds

International ist die rechtliche Ausgestaltung von Investmentfonds grundsätzlich in zwei strukturell unterschiedlichen Formen möglich. Dogmatisch können die Strukturen zwischen dem Vertragstypus und dem Gesellschaftstypus unterschieden werden.[93]

---

88 So wohl auch *Oldenburg,* Marktprozeßansatz, 1999, S. 262.

89 So auch noch für das KAGG *Oldenburg,* Marktprozeßansatz, 1999, S. 262.

90 *Beckmann/Scholtz/Vollmer,* Investment-Handbuch, 2005, 425, § 6, Rn. 2; *Ohl,* Rechtsbeziehungen, 1989, S. 27; *Kuhn/Schaber,* StuB 2002, 128 (130); *Oldenburg,* Marktprozeßansatz, 1999, S. 74; *Otterbach,* Verwaltung und Besteuerung von Spezialfonds nach dem KAGG, 2004, S. 35; *Zinkeisen,* DB 1996, 497 (499).

91 *Lindemann,* Besteuerung von Aktienfonds nach der Unternehmensteuerreform, 2004, S. 42; *Hamacher* in: *Korn*, EStG, § 1 InvStG, Rn. 9 [Dezember 2004].

92 *Thorn/Otto/Geese*, Handbuch für die Besteuerung von Fondsvermögen, 2002, S. 5.

93 *Stotz,* Besteuerung von Wertpapier-Investmentfonds, 1998, S. 13; *Bischoff,* Besteuerung, von Investmentgesellschaften, 1967, S. 17ff.; *von Caemmerer, JZ 1958, 41 (41); Cox*, Investment Handbuch, 1971, S. 53f.; *Eberstadt*, Investment Trusts, 1930, S. 6; Goldschmidt, Investment Trusts, 1932, S. 33, 48ff. und 61ff.; *Ohl*, Rechtsbeziehungen, 1989, S. 14ff.; *Roth*, Das Treuhandmodell des Investmentrechts, 1972, S. 110ff; *Schäcker*, Entwicklung und System des Investmentsparens, 1961, S. 15ff. und 23; *Tormann*, Investmentgesellschaften, 1972, S. 15f.; *Zollikofer*, Entwurf, 1972, S. 9. Noch weitergehender vgl. *Kronat*, Besteuerung von Wertpapier-Investmentfonds, 2002, S. 10f., der als dritte mögliche privatrechtliche Struktur den „Trusttypus“ aufführt. Nach diesem Typus schließen eine Verwaltungsgesellschaft und eine Treuhandgesellschaft einen Treuhandvertrag über einen „Trust“, der die Vermögensmasse bein-

Ein Investmentfonds, der strukturell durch den Vertragstypus gekennzeichnet ist, bestimmt seine rechtliche Beziehung zu seinen Anlegern auf Grund eines schuldrechtlichen Vertrages.[94] Weiterhin ist für die Struktur des Vertragstypus kennzeichnend, dass das Fondsvermögen in Form des Sondervermögens vom Gesellschaftsvermögen der Kapitalanlagegesellschaft streng getrennt verwaltet wird.[95]

Hingegen ist beim Gesellschaftstypus die rechtsgeschäftliche Beziehung des Anlegers zur Kapitalanlagegesellschaft als eine gesellschaftsrechtliche Verbindung ausgestaltet. Die Investmentgesellschaften sind in diesem Fall juristische Personen.[96] Das Gesellschaftsvermögen und das Fondsvermögen gehören in dieser Konstellation notwendigerweise zusammen. Die Anleger sind Gesellschafter und über diese Stellung gleichzeitig am Gesellschaftsvermögen beteiligt. Als Gesellschafter der Investmentgesellschaft nehmen die Anleger Einfluss auf die Gesellschaft und bestimmen deren Politik, indem sie über die Zusammensetzung der Organe der juristischen Person nach allgemeinen gesellschaftsrechtlichen Regeln mit entscheiden.[97] Darüber hinaus sind die Gesellschafter am Gewinn und Verlust der Gesellschaft beteiligt, was für den „Investmentsparer" ein erhöhtes Risiko bedeutet. Denn es können sich auch Kosten des operativen Geschäfts der Investmentgesellschaft, die nicht mit der Verwaltung des eigentlichen „Fondsvermögens" in Zusammenhang stehen, gewinnmindernd auswirken und den Ertrag der Anleger bzw. der Gesellschafter reduzieren. Zudem kann das Gesellschaftsvermögen nicht der Aufrechnung oder Haftung von Ansprüchen Dritter entzogen werden. Der Anleger muss mithin immer einen Verlust seiner „Gesellschaftseinlage" befürchten.

In Deutschland hat der Gesetzgeber über die Regelung des § 30 Abs. 1 Satz 2 InvG den Vertragstypus als rechtliche Ausgestaltung von Investmentfonds dadurch vorgegeben, dass das Sondervermögen (Fondsvermögen) von dem

---

halten soll. Die Verwaltungsgesellschaft vertritt den „Trust" mit ihren Organen nach außen, während die Treuhandgesellschaft die Vermögensgegenstände des Trustvermögens für die Anleger verwahrt. Die Trustlösung ähnelt dem Vertragstypus sehr, da „gesondert" gebildetes Vermögen durch eine Gesellschaft nach außen vertreten wird. Aus diesem Grunde wird der Trusttyp häufig als Unterfall des Vertragstypus betrachtet und bleibt deswegen einer näher gehenden Erörterung vorenthalten.

94 *Abdala*, Investmentfonds, 2001, S. 59; *Kümpel*, Bank- und Kapitalmarktrecht, 2004, Rn. 10.18.

95 *Otterbach,* Verwaltung und Besteuerung von Spezialfonds nach dem KAGG, 2004, S. 36.

96 *Stotz*, Besteuerung von Wertpapier-Investmentfonds, 1998, S. 13; *Otterbach,* Verwaltung und Besteuerung von Spezialfonds nach dem KAGG, 2004, S. 36.

97 *Stotz*, Besteuerung von Wertpapier-Investmentfonds, 1998, S. 13.

eigenen Vermögen der Kapitalanlagegesellschaft getrennt zu halten ist.[98] Daraus ergibt sich, dass der Anleger nur am Sondervermögen beteiligt sein kann. Er ist selbst nicht Gesellschafter der Investmentgesellschaft[99] und hat keinen Einfluss auf die Geschäftsführung und deren Politik. Diese Einschränkung der Rechte durch die Ablehnung des Gesellschaftstypus ist keineswegs nur nachteilig für den Anleger, da auf der anderen Seite sein Schutz durch die Bildung eines Sondervermögens im Vertragstypus erheblich gestärkt wird.[100]

Als Ausnahme zum Vertragstypus hat der Gesetzgeber jedoch die Gesellschaftsform der Investmentaktiengesellschaft (IAG) in den §§ 96ff. InvG zugelassen.[101]

Die IAG besitzt ausschließlich eigenes Gesellschaftsvermögen und separiert kein Sondervermögen i.S. des § 30 InvG, so dass die Anleger als Aktionäre der Gesellschaft Anteilseigner und nicht Anteilsinhaber sind.[102] Als Aktionären stehen den Anteilseignern nach der Überleitungsnorm des § 99 Abs. 1 InvG die allgemeinen Rechte der Aktionäre nach dem Aktiengesetz (AktG) zu.[103]

c. Miteigentums- oder Treuhandlösung

Da die Struktur eines Investmentfonds in Deutschland nach dem Vertragstypus bestimmt wird, ergeben sich aus dieser Vorgabe zwei weitere gesetzlich vorgesehene Möglichkeiten der rechtlichen Strukturierung und Verwaltung des Sondervermögens gem. § 30 Abs. 1 Satz 1 InvG. Danach ist auf der einen Seite eine Treuhandlösung denkbar, bei der die Kapitalanlagegesellschaft jeweils für die „Anteilseigner" das Eigentum am Sondervermögen treuhänderisch hält. Auf der anderen Seite ist es aber auch möglich, dass die „Anteilsinhaber" selbst Eigentümer des für sie erworbenen Sondervermögens sind.[104]

---

98 *Abdala*, Investmentfonds, 2001, S. 59.

99 *Otterbach,* Verwaltung und Besteuerung von Spezialfonds nach dem KAGG, 2004, S. 36.

100 Vgl. dazu Kapitel 2, A, I, 2.

101 Die Investmentaktiengesellschaft ist seit dem 3.FMFG in Deutschland zugelassen. Sie hat jedoch mangels Interesses keine weitreichende praktische Bedeutung. Im Ergebnis *Lübbehüsen/Schmitt,* DB 2003, 1696 (1696), vgl. bereits oben Kapitel 1, D.

102 *Otterbach,* Verwaltung und Besteuerung von Spezialfonds nach dem KAGG, 2004, S. 36f.

103 Die Regelungen zur Investmentaktiengesellschaft in den §§ 96ff. InvG vernachlässigen trotz einer ausnahmsweise geltenden gesellschaftsrechtlichen Lösung den Anlegerschutz nicht. Dieser ist durch zahlreiche Bestimmungen in diese Vorschriften eingeflossen, wie z.B. einem Erlaubnisvorbehalt, einem Geschäftsverbot für Vorstand und Aufsichtsrat sowie besonderen Meldepflichten.

104 *Claussen*, Bank- und Börsenrecht, 2003, S. 451, Rn. 190; *Otterbach,* Verwaltung und Besteuerung von Spezialfonds nach dem KAGG, 2004, S. 37; *Ohl*, Rechtsbeziehungen, 1989, S. 27.

Für Immobilien-Sondervermögen ist die Treuhandlösung gemäß § 75 InvG zwingend vorgeschrieben.[105] In allen anderen Fällen bestimmt sich die Eigentumsstruktur aus den Vertragsbedingungen, die dem Fonds zugrunde liegen.[106] Da jedoch hinsichtlich der Rechtsfolgen nach dem InvG keine Unterschiede zwischen der Miteigentums- oder der Treuhandlösung gemacht werden, sind die Auswirkungen der Entscheidung praktisch kaum relevant.[107] Zudem ist der Anlegerschutz in beiden Konstruktionen auch gegen den Zugriff auf die Haftungsmasse durch Dritte gleich stark ausgebildet.[108] Schließlich ist es sogar wegen § 39 AO steuerrechtlich unerheblich, welche Konstruktion durch die Kapitalanlagegesellschaften gewählt wird,[109] da die Wirtschaftsgüter nach § 39 Abs. 2 Nr. 2 AO entweder dem (Mit-)Eigentümer oder gem. § 39 Abs. 2 Nr. 1 Satz 2 AO dem Treugeber zugerechnet werden.[110]

d. Open-end und Close-end Prinzip

Investmentgeschäfte i.S. des InvG sind nach dem „Open-end Prinzip“[111] organisiert. Hierbei handelt es sich um eine Strukturform des Investmentfonds, die sich

---

105 Der Ursprung hierfür liegt im Grundbuchrecht, da dieses nicht darauf ausgelegt ist, dass eine Vielzahl von „Miteigentümern“ häufig wechselt. Vgl. dazu *Otterbach,* Verwaltung und Besteuerung von Spezialfonds nach dem KAGG, 2004, S. 38; *Ohl,* Rechtsbeziehungen, 1989, S. 27.

106 Nach § 43 Abs. 4 Nr. 3 InvG müssen die Vertragsbedingungen die Angabe enthalten, ob die zum Sondervermögen gehörenden Gegenstände im Eigentum der Kapitalanlagegesellschaft oder im Miteigentum der Anleger stehen sollen. Entsprechende Formulierungsvorschläge finden sich z.B. in den „Besonderen Vertragsbedingungen“ für ein richtlinienkonformes Sondervermögen (Stand: 10. Dezember 2004) - Mustervertragsbedingungen des BVI- in Baustein 5 Ziff. 2. Alternativ werden in diesem Muster-Baustein Formulierungen sowohl für die Miteigentums- als auch für die Treuhandlösung vorgeschlagen. Die Mustervertragsbedingungen des BVI sind nicht öffentlich zugänglich. Sie werden aber ausnahmsweise zu wissenschaftlichen Zwecken vom Bundesverband Deutscher Investmentgesellschaften zur Verfügung gestellt.

107 *Abdala*, Investmentfonds, 2001, S. 63; *Lindemann,* Besteuerung von Aktienfonds nach der Unternehmensteuerreform, 2004, S. 42f.; *Thiel*, Schutz der Anleger, 1982, S. 61. Ferner beschreibt *Otterbach,* Verwaltung und Besteuerung von Spezialfonds nach dem KAGG, 2004, S. 37f., dass die Anteilsinhaber, sowohl bei der Miteigentums- als auch Treuhandlösung, Miteigentümer nach Bruchteilen i.S. der §§ 1008, 741ff. BGB sind. Zum Streitstand vgl. dort Fußnote 187 m.w.N.

108 *Otterbach,* Verwaltung und Besteuerung von Spezialfonds nach dem KAGG, 2004, S. 38.

109 *Fischer,* WM 2001, 1236 (1237).

110 Vgl. auch unten Kapitel 2, A, III, 6, a, (2); *Otterbach,* Verwaltung und Besteuerung von Spezialfonds nach dem KAGG, 2004, S. 36.

111 Die nach dem Open-end Prinzip organisierten Investmentfonds werden auch als offene Investmentfonds bezeichnet.

dadurch auszeichnet, dass Anteilsscheine an eine unbestimmte Anzahl von Anlegern ausgegeben werden können („offene Fonds“).[112]

Gleichzeitig charakterisiert sich ein offener Fonds dadurch, dass die Anleger gem. § 37 Abs. 1 InvG von der Kapitalanlagegesellschaft die Rücknahme der Anteilsscheine gegen Gewährung der Auszahlung des entsprechenden Anteilswertes aus dem Sondervermögen verlangen können.[113]

Die näheren Einzelheiten sind jedoch in den Vertragsbedingungen festzulegen.[114]

Indem die Investmentgesellschaften einerseits bei Rücknahmen von Anteilsscheinen Kapital auszahlen müssen, vermindert sich gleichzeitig das Fondsvermögen. Andererseits erhöht sich das Sondervermögen durch die Aufnahme neuer Anteilscheininhaber. Das Gesamtfondsvermögen ist demnach bei der Auflage des Investmentfonds nicht zu beziffern.[115] Die Fluktuation der Anzahl

---

112 *Abdala*, Investmentfonds, 2001, S. 63f.; *Otterbach*, Verwaltung und Besteuerung von Spezialfonds nach dem KAGG, 2004, S. 38; *Reuter*, Rechtsstellung, 1965, S. 36.

113 *Abdala*, Investmentfonds, 2001, S. 63; *Otterbach*, Verwaltung und Besteuerung von Spezialfonds nach dem KAGG, 2004, S. 38; *Reuter*, Rechtsstellung, 1965, S. 36; Eine Ausnahme der unbeschränkten Rücknahmeverpflichtung ergibt sich aus § 37 Abs. 2 InvG. Nach dieser Vorschrift kann in den Vertragsbedingungen vorgesehen werden, dass die Kapitalanlagegesellschaft die Rücknahme der Anteile aussetzen darf, wenn außergewöhnliche Umstände vorliegen, die eine Aussetzung unter Berücksichtigung der Interessen der Anleger erforderlich erscheinen lassen. Solange die Rücknahme ausgesetzt ist, dürfen keine Anteile ausgegeben werden. So ist beispielsweise in § 17 Abs. 4 der „Allgemeinen Vertragsbedingungen“ für ein richtlinienkonformes Sondervermögen (Stand: 10. Dezember 2004) -Mustervertragsbedingungen des BVI- diese Möglichkeit vorgesehen.

114 Bezüglich der Rücknahme von Anteilsscheinen sind die gesetzlichen Vorgaben des Investmentgesetzes vor allem in den Regelungen der §§ 17 und 18 der „Allgemeinen Vertragsbedingungen“ für ein richtlinienkonformes Sondervermögen (Stand: 10. Dezember 2004) -Mustervertragsbedingungen des BVI- umgesetzt. § 18 der „Allgemeinen Vertragsbedingungen“ stellt dabei den Ausgabe- und Rücknahmepreis dar. Zur Errechnung der Anteilspreise wird danach der Wert der zu dem Sondervermögen gehörenden Vermögensgegenstände (Inventarwert) zu den in den „Besonderen Vertragsbedingungen“ genannten Zeitpunkten ermittelt und durch die Zahl der umlaufenden Anteile geteilt (Anteilwert). Bei bestehenden unterschiedlichen Anteilklassen eines Sondervermögens, sind der Anteilwert sowie die unterschiedlichen Ausgabe- und Rücknahmepreise gesondert zu ermitteln. Des Weiteren konkretisieren die „Besonderen Vertragsbedingungen“ für ein richtlinienkonformes Sondervermögen (Stand: 10. Dezember 2004) -Mustervertragsbedingungen des BVI- in Baustein 6 zum Ausgabe- und Rücknahmepreis den Ermittlungsstichtag der Berechnung der Ausgabe- und Rücknahmepreise sowie die Erhebung eines Ausgabe- bzw. Rückgabeaufschlags.

115 *Reuter*, Rechtsstellung, 1965, S. 36.

der Anteilscheininhaber gefährdet den Bestand des Investmentfonds nicht, da i.S. des § 38 Abs. 5 InvG kein Investmentsparer die Aufhebung der in Ansehung des Sondervermögens bestehenden Gemeinschaft der Anleger verlangen kann.

Für den Anteilsinhaber hat die Rücknahmeverpflichtung durch die Kapitalanlagegesellschaft den Vorteil, dass die Anteile vom Anleger nicht an der Börse verkauft werden müssen.[116]

Im Gegensatz zu den „offenen Investmentfonds" stehen die „geschlossenen Investmentfonds", bei denen die Investmentgeschäfte nach dem „Close-end Prinzip" strukturiert sind.[117] Die Anzahl der ausgegebenen Anteilsscheine ist nach diesem Prinzip bereits vor der Auflage des Investmentfonds beschränkt. Zudem besteht keine Rücknahmeverpflichtung durch die Kapitalanlagegesellschaft, weshalb der Anleger bei „Close-end Funds" dazu gezwungen sein kann, für den Verkauf seiner Investmentanteile selbst zu sorgen.[118] Aus diesem Grund war es in Deutschland bis zum Dritten Finanzmarktfördergesetz (FMFG) nicht möglich Investmentgeschäfte nach dem „Close-end Prinzip zu organisieren, da der Gesetzgeber den Investmentsparern ermöglichen wollte, zügig und flexibel über das eingelegte Kapital verfügen zu können.[119]

II. Grundsätzliche Notwendigkeit des Bestehens von Gesetzen zur Besteuerung von Investmentfonds

Eine funktionierende Investmentwirtschaft benötigt verständliche Gesetze, die eine Besteuerung von Investmentvermögen und deren Erträge regeln. Nur dann ist die stetige Weiterentwicklung dieses Zweiges der Kapitalwirtschaft auf Grund der bestehenden Rechtssicherheit und Beständigkeit der Besteuerung möglich.

Der Erfolg der Investmentbranche lässt sich unter anderem darauf zurückführen, dass der Gesetzgeber durch die Steuergesetzgebung eine mehrfache Besteuerung des gleichen wirtschaftlichen Ertrages eines Investmentfonds vermeidet.

---

116 *Abdala*, Investmentfonds, 2001, S. 64 und 65. Zur Ermittlung des Anteilwertes und zur Veröffentlichung des Ausgabe- und Rücknahmepreises vgl. § 36 InvG.

117 *Reuter*, Rechtsstellung, 1965, S. 35; *Otterbach*, Verwaltung und Besteuerung von Spezialfonds nach dem KAGG, 2004, S. 39. Darüber hinaus beschreibt *Otterbach* noch das Bestehen weiterer Unterarten, die sich durch „einseitig" bzw. „zweiseitig" offene Konstruktionen unterscheiden. Z.B. werden bei einseitig offenen Investmentfonds zwar jederzeit Anteilsscheine zurückgenommen, gleichwohl aber beim Erreichen eines bestimmten Anlagevolumens keine neuen Scheine mehr ausgegeben.

118 *Otterbach*, Verwaltung und Besteuerung von Spezialfonds nach dem KAGG, 2004, S. 39.

119 *Abdala*, Investmentfonds, 2001, S. 64f.

Zur erreichten Attraktivität gehört in diesem Zusammenhang aber ebenso die durch den Gesetzgeber versuchte Gleichstellung des Investmentsparers mit einem Direktanleger in Aktien.

Denn nur im Falle gleicher Bedingungen auf dem Kapitalmarkt können sich unterschiedliche Anlageformen auch gleichwertig entwickeln.

III. Grundsätze der Fondsbesteuerung

Für die Besteuerung von Investmenterträgen kommen grundsätzlich drei Ebenen in Betracht. Ein Anknüpfungspunkt der materiellen Steuerpflicht ergibt sich sowohl bei der Kapitalanlagegesellschaft als auch beim Anteilscheininhaber. Darüber hinaus ist eine Besteuerung des Sondervermögens auf Grund der Fiktion des § 11 Abs. 1 Satz 1 InvStG, nach der das Zweckvermögen steuerrechtlich rechtsfähig ist, denkbar. Gleichzeitig befreit aber § 11 Abs. 1 Satz 2 InvStG das Sondervermögen von der Gewerbe- und Körperschaftsteuer.[120]

1. Fondsbesteuerung im Allgemeinen

a. Besteuerung der Kapitalanlagegesellschaften

Einnahmen, die die Kapitalanlagegesellschaften durch Vergütung aus dem entgeltlichen Geschäftsbesorgungsvertrag mit dem Anleger oder durch Veranschlagung von Verwaltungskosten bzw. Ausgabeaufschlägen beziehen, sind keine Investmenterträge. Da das Investmentsteuergesetz nur das Sondervermögen in seinen Anwendungsbereich einbezieht und darüber hinaus keine besonderen Vorschriften für die Besteuerung von Kapitalanlage- und Investmentaktiengesellschaften enthält, müssen diese Betriebseinnahmen der Gesellschaften nach den allgemeinen Besteuerungsvorschriften einer GmbH bzw. einer AG versteuert werden.[121] Insoweit sind die Kapitalanlagegesellschaften und die Investmentaktiengesellschaften grundsätzlich als unbeschränkt körperschaft- und gewerbesteuerpflichtig zu behandeln.[122] Die Regelung des § 11 Abs. 1 Satz 2, 3 InvStG sieht nunmehr jedoch die Steuerbefreiung von der Körperschaft- und Gewerbesteuer ebenso für die Investmentaktiengesellschaft vor.[123] Im Allgemeinen sind

---

120 Vgl. Kapitel 2, A, I, 2, a.

121 *Henkel*, Steuerliche Behandlung, 1961, S. 68.

122 *Fischer,* WM 2001, 1236 (1239). Wie bereits in der Einleitung erwähnt, soll im Folgenden schwerpunktmäßig auf die Besteuerung der Investmenterträge beim Investmentsparer eingegangen werden. Fragestellungen, die sich mit der Besteuerung der Kapitalanlagegesellschaft befassen, sollen nur soweit erwähnt werden, wie es für die vorliegende Arbeit wichtig ist.

123 Siehe auch BMF-Schreiben zum Investmentsteuergesetz vom 02.06.2005, - IV C 1 – S 1980 – 1 87/05, Rn. 213, BStBl. I 2005, 728 (758).

Betriebseinnahmen der Investmentgesellschaften dennoch in der rechtlichen Behandlung immer vom Sondervermögen zu trennen.

Eine Besteuerung des steuerrechtlich rechtsfähigen Fondsvermögens findet wegen der Befreiung in § 11 Abs. 1 Satz 2 InvStG nicht statt.[124] Dieses Regel-Ausnahmeprinzip von Steuerbarkeit und Steuerbefreiung hat zur Folge, dass eine Ermittlung des Einkommens und Vermögens des Fonds auf der Ebene des Sondervermögens stattzufinden hat.[125] Nach § 3 Abs. 1 InvStG i.V.m. § 2 Abs. 2 Nr. 2 EStG müssen die Erträge des Investmentvermögens durch Bestimmung des Überschusses der Einnahmen über die Werbungskosten i.S. des Einkommensteuergesetzes ermittelt werden. Ein durch den Investmentfonds erzielter Überschuss bleibt entweder im Fondsvermögen oder wird an die Anteilscheininhaber ausgeschüttet.[126]

b. Besteuerung des Sondervermögens

Wie bereits angeführt, ist das Sondervermögen nach § 11 Abs. 1 Satz 2 InvStG von der Steuer befreit. Dieses hat seinen Grund im so genannten Transparenzprinzip.[127] Nach dem Willen des Gesetzgebers soll bis auf wenige Ausnahmen der Investmentsparer steuerrechtlich genauso wie der Direktanleger behandelt werden. Um eine Doppel- oder Mehrfachbesteuerung durch eine Besteuerung des Sondervermögens und danach der Anleger zu vermeiden,[128] gelten die Erträge den Investmentsparern als unmittelbar zugeflossen.[129] Für die Ebene der Besteuerung des Sondervermögens ist daher bezüglich der dem Sondervermögen zurechenbaren Ausgaben bedeutsam, dass diese wegen der Steuerbefreiung gem. § 8 Abs. 1 KStG i.V.m. § 3c Abs. 1 EStG nicht von den Erträgen abgezogen werden können.[130]

c. Besteuerung der Anteilscheininhaber

Die Besteuerung der Anteilscheininhaber eines Investmentfonds richtet sich grundsätzlich nach dem Investmentsteuergesetz, das wiederum in der Rechtsfolge zumeist auf das Einkommensteuer- bzw. das Körperschaftsteuergesetz verweist. Bei der steuerrechtlichen Erfassung der Investmenterträge auf Anlegerebene ist wegen der differierenden Regelungsbereiche zwischen ausgeschüt-

---

124 Siehe auch Kapitel 2, A, I, 2, a.

125 *Thorn/Otto/Geese*, Handbuch für die Besteuerung von Fondsvermögen, 2002, S. 6.

126 Zur Besteuerung beim Anleger vgl. Kapitel 3, D.

127 Vgl. zum Transparenzprinzip und dessen Verwirklichung unten Kapitel 2, A, III, 6.

128 Vgl. dazu unten Kapitel 2, A, III, 3.

129 *Thorn/Otto/Geese*, Handbuch für die Besteuerung von Fondsvermögen, 2002, S. 6.

130 *Fischer,* WM 2001, 1236 (1239); vgl. auch unten Kapitel 2, A, III, 4, a und Kapitel 3, C, III, 4, a.

teten und thesaurierten (ausschüttungsgleichen) Erträgen aus Investmentanteilen nach § 2 InvStG und Veräußerungen oder Rückgaben von Investmentanteilen nach § 8 InvStG zu unterscheiden.[131] Zugleich ist beim Anteilscheininhaber darauf zu achten, ob dieser die Anteile im Privat- oder Betriebsvermögen hält, da § 2 Abs. 1 Satz 1 InvStG die im Privatvermögen stehenden Anteile und insbesondere deren Erträge den Einkünften aus Kapitalvermögen i.S. des § 20 Abs. 1 Nr. 1 EStG zuordnet.[132]

Erträge aus Anteilen im Betriebsvermögen werden dagegen den Gewinneinkunftsarten zugerechnet. Meist ergibt sich dabei ein Zusammenhang mit den Einkünften aus Gewerbebetrieb gem. § 15 Abs.1 Satz 1 Nr. 1 EStG,[133] wobei eine Zuordnung im Grundsatz ebenso zu den Einkünften aus Land- und Forstwirtschaft oder zu den Einkünften aus selbständiger Tätigkeit erfolgen kann.

2. Kapitalertragsteuer

Ausschüttungen und Thesaurierungen sind in ihrem Gesamtvolumen mit einer Kapitalertragsteuer[134] in Höhe von 20 %[135] nach § 7 Abs. 1, Abs. 3 i.V.m. § 2 Abs. 1 InvStG zuzüglich 5,5 % Solidaritätszuschlag gem. § 4 SolZG belastet. Dies betrifft nach § 7 Abs. 3 InvStG ausdrücklich nur inländische Dividenden. Ebenso fallen seit dem 01.01.2005 wieder Zwischengewinne unter den Kapitalertragsteuerabzug.[136] Werden die Dividenden auf der Eingangsseite durch den Fonds vereinnahmt, wird die zunächst durch die ausschüttende Gesellschaft einbehaltene Kapitalertragsteuer an die Depotbank auf Antrag nach § 11 Abs. 2 Satz 1 InvStG zurückerstattet.

Bei Ausschüttungen oder Thesaurierungen auf der Ausgangsseite ist die Kapitalertragsteuer durch die Kapitalanlagegesellschaft einzubehalten. Die KAG ist Schuldnerin der Kapitalerträge i.S. des § 44 Abs. 1 Satz 3 EStG, da sie auf „Rechnung des Sondervermögens" handelt. Diese Schuldnervorschrift des

---

131 Die Besteuerung der Anteilsscheininhaber wird hinsichtlich der verschiedenen Erträge und der auftretenden Probleme schwerpunktmäßig im 3. Kapitel erläutert werden, so dass hier nur die grundlegende Systematik dargestellt wird.

132 Vgl. dazu unten Kapitel 3, D.

133 *Stotz*, Besteuerung von Wertpapier-Investmentfonds, 1998, S. 172.

134 Vgl. auch Kapitel 3, E.

135 Im Rahmen der Unternehmenssteuerreform 2008 wurde der Kapitalertragsteuersatz von 20% an den einheitlichen Steuersatz für Kapitalerträge im Zusammenhang mit der Abgeltungssteuer auf 25% angepasst worden. Vgl. hierzu auch *Elser* in: Breithecker/Förster/Förster/Klapdor, UntStRefG, 2007, § 7 InvStG, Rn 6.

136 Vgl. zum Kapitalertragsteuerabzug auch *Fischer*, WM 2001, 1236 (1242); zur Wiedereinführung der Zwischengewinnbesteuerung vgl. unten Kapitel 3, B, IV, 1, d, (3).

Einkommensteuergesetzes ist gem. § 7 Abs. 3 Satz 2 InvStG entsprechend für Kapitalertragsteuern des Investmentsteuergesetzes anwendbar.

Für Erträge aus sonstigen Kapitalforderungen ergibt sich eine Kapitalertragsteuer in Höhe von 30 % gem. § 7 Abs. 1 Satz 2 InvStG i.V.m. § 43 Abs. 1 Satz 1 Nr.7 i.V.m. § 20 Abs. 1 Nr. 7 i.V.m. § 43 a Abs. 1 Nr. 3 EStG.[137] Auch hier werden auf die Kapitalertragsteuer 5,5% Solidaritätszuschlag gem. § 4 SolZG zusätzlich berechnet.

3. Mehrfachbesteuerung

a. Problematik der Mehrfachbesteuerung des Fondsvermögens

Bei der Besteuerung des Fondsvermögens besteht die Gefahr einer Mehrfachbesteuerung der Investmenterträge,[138] die wirtschaftlich lediglich ein Erwerbsvermögen darstellen.[139] Denn je nach rechtlicher Ausgestaltung des Investmentfonds bestehen Anknüpfungspunkte auf unterschiedlichen Ebenen, die jeweils eine separate Besteuerung zuließen. Sofern die rechtliche Ausgestaltung nach dem Gesellschaftstypus erfolgt, besteht sowohl auf Seiten der Gesellschaft als auch auf Seiten der Gesellschafter die Möglichkeit einer Zurechnung der Investmenterträge, verbunden mit deren materieller Steuerpflicht.

Zudem entsteht bei einem Investmentfonds nach dem Vertragstypus durch die Zwischenschaltung des Sondervermögens potentiell die Gelegenheit einer weiteren Besteuerungsstufe.[140]

Für den Gesetzgeber stand jedoch bereits bei der Umsetzung des KAGG im Jahre 1957 fest, dass der Investmentsparer in Bezug zum Direktanleger möglichst keiner höheren Steuerlast ausgesetzt werden sollte. Vielmehr sollte das KAGG hinsichtlich der Besteuerungsfragen Rechtssicherheit bieten und eine Kumulierung von Steuern vermeiden.[141]

---

137 Insgesamt werden durch die Unternehmenssteuerreform 2008 die bisherigen Steuersätze beim Kapitalertragssteuerabzug durch einen einheitlichen Satz von 25% ersetzt. Für Leistungen bzw. Gewinn von Betrieben gewerblicher Art mit oder ohne eigene Rechtspersönlichkeit wird ein Steuersatz von 15% normiert. Die neu geschaffenen Kapitalertragssteuersätze sind gem. § 52a Abs. 1 EStG erstmals auf Kapitalerträge anzuwenden, die dem Gläubiger nach dem 31.12.2008 zufließen.

138 *Kronat*, Besteuerung von Wertpapier-Investmentfonds, 2002, S. 12.

139 *Stotz*, Besteuerung von Wertpapier-Investmentfonds, 1998, S. 16.

140 Im Folgenden soll lediglich auf die Möglichkeiten der Vermeidung einer Mehrfachbesteuerung nach dem Vertragstypus eingegangen werden. Die dort dominierenden Strategien gelten jedoch ebenso für Investmentfonds, die nach dem Gesellschaftstypus ausgestaltet sind.

141 *von Caemmerer*, JZ 1958, 41 (49).

b. Möglichkeiten des Gesetzgebers, Mehrfachbesteuerungen zu vermeiden

Um eine Mehrfachbesteuerung zu vermeiden und den Investmentsparer dem Direktanleger steuerrechtlich gleich zu stellen, sind im internationalen Vergleich unterschiedliche Besteuerungssysteme denkbar.[142]

Eine Möglichkeit, dieses Ziel zu erreichen besteht darin, dass das Sondervermögen durch Aberkennung einer eigenen Rechtspersönlichkeit im Steuerrecht nicht steuerbar gestellt wird.[143]

Das deutsche Investmentrecht geht indes einen anderen Weg, um dieses Ziel zu erreichen. Durch die Zweckvermögensfiktion ist das Sondervermögen zwar steuerrechtlich rechtsfähig und demnach grundsätzlich steuerbar. Durch die gleichzeitige Steuerbefreiung des § 11 Abs. 1 Satz 2 InvStG wird jedoch eine Mehrfachbesteuerung vermieden.[144]

Ferner besteht die Möglichkeit der Vermeidung einer Mehrfachbesteuerung eines steuerbaren und steuerpflichtigen Fondsvermögens durch eine entsprechende Verminderung der Bemessungsgrundlage. Ausschüttungen des Fonds können in dieser Variante die Bemessungsgrundlage so herabsetzen, dass im Endeffekt keine Steuerlast auf Seiten des Fondsvermögens entsteht.[145]

Aber auch, wenn bei einem steuerbaren und steuerpflichtigen Fondsvermögen die Bemessungsgrundlage nicht herabgesetzt wird, kann die Gleichstellung und die Vermeidung einer Steuerkumulation durch spezielle niedrigere Steuersätze als beim Direktanleger erreicht werden.[146]

Ferner ist es ebenfalls durch einen weiteren Ansatz möglich, eine Mehrfachbesteuerung zu vermeiden. Dies geschieht jedoch auf Kosten der grundsätzlichen Gleichstellung von Investmentsparern und Anteilsinhabern. Dabei wird einerseits das Fondsvermögen voll besteuert, andererseits muss allerdings der An-

---

142 *Kronat*, Besteuerung von Wertpapier-Investmentfonds, 2002, S. 13ff.; und insbesondere *Ed/Bongaarts*, Generalbericht IFA-Kongress 1997, S. 127f., die fünf unterschiedlichen Gattungsmodelle für die Besteuerung von Investmentfonds darstellen. Der Gedanke der steuerrechtlichen Gleichbehandlung von Investmentsparern und Direktanlegern wird auch als Transparenzprinzip bezeichnet. Vgl. hierzu auch Kapitel 2, A, III, 6.

143 *Kronat*, Besteuerung von Wertpapier-Investmentfonds, 2002, S. 14.

144 *Kronat*, Besteuerung von Wertpapier-Investmentfonds, 2002, S. 14.

145 *Kronat*, Besteuerung von Wertpapier-Investmentfonds, 2002, S. 15.

146 *Kronat*, Besteuerung von Wertpapier-Investmentfonds, 2002, S. 15.

teilsinhaber die Erträge nicht mehr besteuern, da er insofern steuerbefreit ist.[147] Hingegen bleiben Erträge des Direktanlegers bei diesem voll steuerpflichtig.

Schließlich sind Konstellationen denkbar, in denen sowohl die Anteilsinhaber als auch die Fondsvermögen voll besteuert werden. Hierbei ist das Ziel, eine mehrmalige Steuer auf den wirtschaftlich gleichen Ertrag zu vermeiden, durch die Möglichkeit des Investmentsparers, die Steuerbelastung der Investmentfonds auf seine eigene Steuerlast anzurechnen, erreichbar.[148]

4. Wichtige Gesetzesänderungen der jüngeren Vergangenheit sowie wichtige Reformvorhaben der näheren Zukunft

a. Wichtige Gesetzesänderungen der jüngeren Vergangenheit

Neben dem Investmentmodernisierungsgesetz gab es seit 1999 weitere wichtige Gesetzesänderungen, die die Besteuerung von Investmenteinkünften betreffen.

Zum einen wurde durch das Steuerentlastungsgesetz 1999/2000/2002 vom 24.03.1999 (StEntlG)[149] erstmals die Besteuerung von Veräußerungsgewinnen aus Termingeschäften des Investmentfonds eingeführt.[150] Gleichzeitig musste die Kapitalertragsteuer auf den Dividendenanteil erhoben werden.[151] Zum anderen wurde durch die Unternehmensteuerreform im Jahr 2001 und dem damit verbundenen Steuersenkungsgesetz (StSenkG) vom 23.10.2000[152] das Halbeinkünfteverfahren[153] eingeführt, dass das bis dahin gültige Anrechnungsverfahren ersetzte.[154]

---

147 *Kronat*, Besteuerung von Wertpapier-Investmentfonds, 2002, S. 15.

148 *Kronat*, Besteuerung von Wertpapier-Investmentfonds, 2002, S. 16.

149 BGBl. I 1999, S. 402.

150 Zu wichtigen Änderungen hinsichtlich der Investmentbesteuerung vgl. insbesondere *Hennig/Bengard*, BB 1999, 1901 (1901ff.); *Lohr/Graetz*, DB 1999, 1341 (1342ff.).

151 Für den Privatanleger sind im Rahmen des Investmentmodernisierungsgesetzes Termingeschäfte durch § 2 Abs. 3 Nr. 1 InvStG a.F. steuerfrei gestellt worden; vgl. dazu insbesondere Kapitel 3, D, III, 1 und Kapitel 4, A, IV, 2, a, (1), (a).

152 BGBl. I 2000, S. 1433; BStBl. I, 2000, 1428 (1428ff.).

153 Durch das Halbeinkünfteverfahren wird ebenso wie beim Anrechnungsverfahren eine Doppelbelastung der Anteilseigner einer juristischen Person vermieden. Erträge, die von einer juristischen Person erzielt werden, sind der Körperschaftsteuer unterworfen. Bei Ausschüttungen durch die juristische Person sind die gleichen wirtschaftlichen Erträge erneut bei den Anteilseignern der Einkommensteuer zu unterziehen. Eine dadurch eintretende Doppelbelastung wird vermieden und abgemildert, in dem auf Seiten des Anteilseigner lediglich der halbe Steuersatz auf diese Erträge angesetzt wird. Vgl. *Zimmermann/Reyher/Janetzko/Hottmann*, Einkommensteuer, 2004, S. 138; *Birk*, Steuerrecht, S. 341f., Rn. 1044. Zum Anrechnungsverfahren vgl. sogleich Kapitel 2, A, III, 4, a.

154 *Rödder*, DStR 2000, 353 (353f.).

(1) Systemwechsel der Körperschaftsteuer durch die Unternehmensteuerreform im Jahre 2001

Dadurch, dass Körperschaften als selbstständige Steuersubjekte aufgefasst werden, entsteht das Problem einer körperschaftlichen Doppelbesteuerung. Der gleiche wirtschaftliche Ertrag ist einerseits durch die Körperschaftsteuer als Einkommen der Gesellschaft zu behandeln. Andererseits ist der an die „Anteilseigner" ausgeschüttete Ertrag bei diesen als Gewinn der Einkommensteuer unterworfen. Einer derartigen Doppelbesteuerung kann auf unterschiedliche Weise begegnet werden.[155] So wurde bereits durch die Körperschaftsteuerreform 1977[156] das so genannte Anrechnungsverfahren eingeführt.[157] Dadurch konnte der Anleger bei für ihn einkommensteuerpflichtigen Gewinnausschüttungen einer Körperschaft die bereits bestehende Steuerlast der Gesellschaft seiner Einkommensteuerschuld anrechnen lassen.[158]

Zunächst war jedoch bei der ausschüttenden Körperschaft eine Ausschüttungsbelastung von 30 % Körperschaftsteuer gem. § 27 Abs. 1 KStG a.F. herzustellen. Dazu reichte es nicht aus, einen allgemeinen Steuersatz in dieser Höhe anzuwenden, da das für Ausschüttungen verwendbare Eigenkapital auf Grund von Steuerbefreiungen und Tarifermäßigungen in unterschiedlicher Höhe mit der Körperschaftsteuer belastet sein konnte. Deswegen schrieb § 30 Abs. 1 KStG a.F. vor, das verwendbare Eigenkapital in unterschiedlichen Gruppen zusammenzufassen.[159] Die Gruppen des verwendbaren Eigenkapitals setzten sich aus EK 40, EK 30 und EK 0 zusammen. EK 40 bedeutet, dass dieser Teil des Eigenkapitals ungemildert mit 40% belastet war, wohingegen EK 30 lediglich mit 30% und damit ermäßigt belastet wurde und EK 0 sogar unbelastete Eigenkapitalanteile enthielt. EK 0 wurde nach § 30 Abs. 2 KStG a.F. noch weiter in die EK 01 bis EK 04 untergliedert. Um insgesamt eine Ausschüttungsbelastung von 30% zu erreichen, war ausschlaggebend, aus welcher Gruppe des

---

155 Vgl. *Frotscher,* Körperschaftsteuer, 2004, S. 4, Rn. 6; *Tipke/Lang,* Steuerrecht, 2005, § 11, S. 388, Rn. 4; die jeweils unter anderem die international gängigen Methoden zur Vermeidung einer Doppelbesteuerung und einer erhöhten Belastung der Körperschaften darstellen.

156 *Tipke/Lang,* Steuerrecht, 2005, § 11, S. 389, Rn. 7.

157 Für ein mit dem Kalenderjahr identischem Wirtschaftsjahr galt das Anrechnungsverfahren zuletzt für offene Gewinnausschüttungen im Jahr 2001, für Vorab- und verdeckte Gewinnausschüttungen im Jahr 2000. Ausschüttungen inländischer Kapitalgesellschaften an natürliche Personen oder Personengesellschaften sind demnach in der Vielzahl der Fälle seit dem 01.01.2002 nach dem Halbeinkünfteverfahren (HEV) zu versteuern.

158 *Birk,* Steuerrecht, S. 341f., Rn. 1044; *Tibo,* DB 2000, 2291 (2291).

159 *Streck/Alvermann* in: *Streck,* Kommentar zum Körperschaftsteuergesetz, 2003, ABC, S. 789, Ziffer 12.

verwendbaren Eigenkapitals die Ausschüttung erfolgte, da sich dementsprechend die Körperschaftsteuer erhöhte oder verminderte.[160]

Durch die Ersetzung des Anrechnungsverfahrens durch das Halbeinkünfteverfahren wurde in der Körperschaftsteuer ein Systemwechsel vollzogen.

Beim Halbeinkünfteverfahren ist in der Besteuerung zwischen den Kapitalgesellschaften und den Anlegern zu unterscheiden. Denn die ausschüttende Körperschaft unterliegt gem. § 23 Abs. 1 KStG einer definitiven Körperschaftsteuer von 25%.[161] Diese Definitivbesteuerung soll annäherungsweise die Hälfte des Spitzensteuersatzes darstellen.[162]

Hinsichtlich der Besteuerung des Anteilscheininhabers ist auf Grund unterschiedlicher Rechtsfolgen wiederum zu beachten, ob es sich bei ihm um eine natürliche Person handelt, die die Anteilsscheine der ausschüttenden Gesellschaft im Privat- oder im Betriebsvermögen hält.

Ausschüttungen von im Privatvermögen gehaltenen Anteilen stellen gem. § 20 Abs. 1 Nr. 1 EStG Einkünfte aus Kapitalvermögen dar. Im Ergebnis kann eine Doppelbesteuerung von Dividenden bei solch einer Konstellation dadurch vermieden werden, dass der Anleger gem. § 3 Nr. 40 lit. d) EStG lediglich mit der Hälfte des Ausschüttungsbetrages der Einkommensteuer unterliegt.[163] Ab dem 01.01.2009 wird das Halbeinkünfteverfahren für Dividendeneinnahmen im Privatvermögen abgeschafft, da für Dividendeneinnahmen die durch das Unternehmensteuerreformgesetz 2008 eingeführte Abgeltungssteuer gelten soll.[164] Das Halbeinkünfteverfahren war bis zur Einführung des § 8 Abs. 5 InvStG auf

---

160 Die Regelungen zum Anrechnungsverfahren enthalten auch nach Einführung des Halbeinkünfteverfahrens wegen des 15jährigen Übergangszeitraums einen latenten Steuerminderungsanspruch, weil Ausschüttungen während der Übergangsphase aus dem EK 40 erfolgen können. Ebenso beinhalten nach wie vor mögliche Ausschüttungen aus dem EK 0 eine latente Steuerlast. Vgl. dazu auch *Tipke/Lang,* Steuerrecht, 2005, § 11, S. 389, Rn. 7 m.w.N.; Gleichwohl soll in der vorliegenden Arbeit ausschließlich die neue Rechtslage unter Annahme, dass keine Ertragsbestandteile des Fonds aus dem Anwendungsbereich des Anrechnungsverfahrens mehr bestehen, die sonst nach altem Recht abgewickelt werden müssten, zugrunde gelegt werden.

161 Im Rahmen der Unternehmenssteuerreform 2008 ist der Körperschaftsteuersatz von 25% auf 15% gesenkt worden und gem. § 34 Abs. 11a KStG erstmals ab dem Veranlagungszeitraum 2008 anzuwenden.

162 *Birk*, Steuerrecht, S. 341f., Rn. 1044.

163 *Birk*, Steuerrecht, S. 361, Rn. 1096.

164 Vgl. hierzu auch Kapitel 2, A, III, 4, b, (2).

Veräußerungsgewinne anwendbar, die i.S. des § 3 Nr. 40 lit. a)-c) EStG den Ausschüttungen gleichgestellt sind.[165]

Bei Anteilen im Betriebsvermögen sind die Ausschüttungen auf Grund der Subsidiaritätsklausel des § 20 Abs. 3 EStG der entsprechenden Gewinneinkunftsart zuzurechnen. Zumeist handelt es sich um Einkünfte aus Gewerbebetrieb i.S. des § 15 EStG, die für Personengesellschaften auf Grund der Anwendbarkeit des Einkommensteuergesetzes gem. § 3 Nr. 40 EStG ebenso zur Hälfte steuerbefreit sind.[166]

Erfolgt jedoch die Ausschüttung an eine Körperschaft, greift § 8b Abs. 1 KStG ein, wonach Bezüge i.S. des § 20 Abs. 1 Nr. 1 EStG vollständig, mit Ausnahme der gem. § 8b Abs. 5 KStG nicht abzugsfähigen Betriebsausgaben,[167] steuerbefreit sind.[168] Die im Ergebnis 95%ige Steuerfreistellung hat seinen Grund in der Definitivbesteuerung der Kapitalgesellschaften. Bei Ausschüttungen an andere Körperschaften soll durch die Steuerbefreiung die mehrfache Belastung mit der vollen definitiven Steuer vermieden werden.[169] Im Ergebnis wird eine Körperschaft, an die die Gewinne ausgezahlt wurden, diese zu einem bestimmten Zeitpunkt auch an Anteilseigner, die natürliche Personen und nicht andere Körperschaften sind, ausschütten. Sobald danach die Ausschüttung an natürliche Personen erfolgt ist unterliegen bei diesen die Einnahmen aus den Ausschüttungen sodann der jeweiligen Einkommensteuer.[170]

Trotz der Gleichstellung von Ausschüttungen und Veräußerungsgewinnen in der Anwendung des Halbeinkünfteverfahrens können sich dennoch Unterschiede bei der Frage ergeben, ob Anteile im Privat- oder im Betriebsvermögen gehalten

---

165 Vgl. ausführlich hierzu unten Kapitel 3, G, I, 2 und Kapitel 3, G, I, 3, c.

166 Durch das Unternehmensteuerreformgesetz 2008 hat der Gesetzgeber § 3 Nr. 40 EStG im betrieblichen Bereich insoweit abgeändert, als das ab dem Veranlagungszeitraum 2009 nicht mehr 50% der Einnahmen, sondern nur noch 40% steuerfrei sind. Das Halbeinkünfteverfahren wurde demnach zu einem so genannten Teileinkünfteverfahren fortentwickelt. Vgl. hierzu auch Kapitel 2, A, III, 4, b, (2).

167 *Sradj/Mertes,* DStR 2004, 202 (204).

168 *Wagner,* DStZ 2006, 257 (258); *Birk,* Steuerrecht, S. 361, Rn. 1096; Seit In-Kraft-Treten des „Gesetzes zur Umsetzung der Protokollerklärung der Bundesregierung zur Vermittlungsempfehlung zum Steuervergünstigungsabbaugesetz vom 22.12.2003 (Korb II)“ veröffentlicht im BGBl. I 2003, S. 2840, umfasst die Steuerfreistellung nach § 8b Abs. 1 KStG im Ergebnis allerdings nur noch 95% der Dividenden, da nach § 8b Abs. 5 KStG 5% der Dividenden als nichtabziehbare Betriebsausgaben gelten.

169 *Otterbach,* Verwaltung und Besteuerung von Spezialfonds nach dem KAGG, 2004, S. 144.

170 Zur Kapitalertragsteuer, die bereits bei der Ausschüttung als Quellensteuer erhoben wird vgl. ausführlich unten Kapitel 3, E, I und II.

werden.[171] Während Veräußerungen von Beteiligungen im Betriebsvermögen grundsätzlich steuerpflichtig sind, gilt dies für die Veräußerung von Anteilen im Privatvermögen nur, soweit darin Veräußerungsgewinne i.S. des § 17 Abs. 1 EStG[172] enthalten sind oder es sich um Gewinne innerhalb der Spekulationsfrist des § 23 Abs. 1 Satz 1 Nr. 2 EStG handelt.[173] In diesem Zusammenhang ist weiter zu beachten, dass Veräußerungsgewinne von Körperschaften nach § 8b Abs. 2 und § 8b Abs.3 KStG unter Berücksichtigung der nichtabzugsfähigen Betriebsausgaben zu 95% steuerfrei sind.[174]

Im Anwendungsbereich des Halbeinkünfteverfahrens gilt, dass die Kosten, die mit den zur Hälfte steuerfreien Betriebsvermögensmehrungen oder Einnahmen in Zusammenhang stehen, gem. § 3c EStG nur zur Hälfte geltend gemacht werden können.[175]

Zusammenfassend lässt sich die Systematik des Halbeinkünfteverfahrens in der folgenden Grafik darstellen:

171 Die bestehenden Unterschiede werden durch die Unternehmensteuerreform 2008 sogar noch verschärft. Vgl. hierzu Kapitel 2, A, III, 4, b, (2).

172 Zur Anwendbarkeit des § 17 Abs. 1 EStG vgl. unten Kapitel 3, G, I, 3, b.

173 Durch die Unternehmenssteuerreform 2008 ist der § 8 Abs. 5 InvStG insoweit geändert worden, als das Gewinne aus der Rückgabe oder Veräußerung von Investmentanteilen im Privatvermögen nunmehr den Einkünften aus Kapitalvermögen zugeordnet werden und sich dementsprechend die Frage der Anwendbarkeit der Spekulationsfrist im § 23 EStG nicht mehr stellen wird.

174 *Birk*, Steuerrecht, S. 347ff., Rn. 1062b.

175 Siehe auch oben Kapitel 2, A, III, 1, b; *Fischer*, WM 2001, 1236 (1239); *Kessler/Kahl*, DB 2002, 1017 (1017); *Beinert/Mikus*, DB 2002, 1467 (1467); a.A. und kritisch gegenüber dem § 3c EStG in steuersystematischer Hinsicht vgl. *Crezelius*, DB 2001, 221 (227); *Harenberg*, FR 2002, 768 (770); *Otterbach*, Verwaltung und Besteuerung von Spezialfonds nach dem KAGG, 2004, S. 143f.; darüber hinaus *Schön*, FR 2001, 381 (386) mit verfassungsrechtlichen Bedenken gegen die Abzugsbeschränkung des § 3c EStG. Dennoch wird die Problematik hier nicht ausführlicher behandelt, da nur ein kurzer Einblick in die Thematik gegeben werden soll.

Abbildung 2: Besteuerung von Investmenterträgen nach der Unternehmenssteuerreform im Jahre 2001

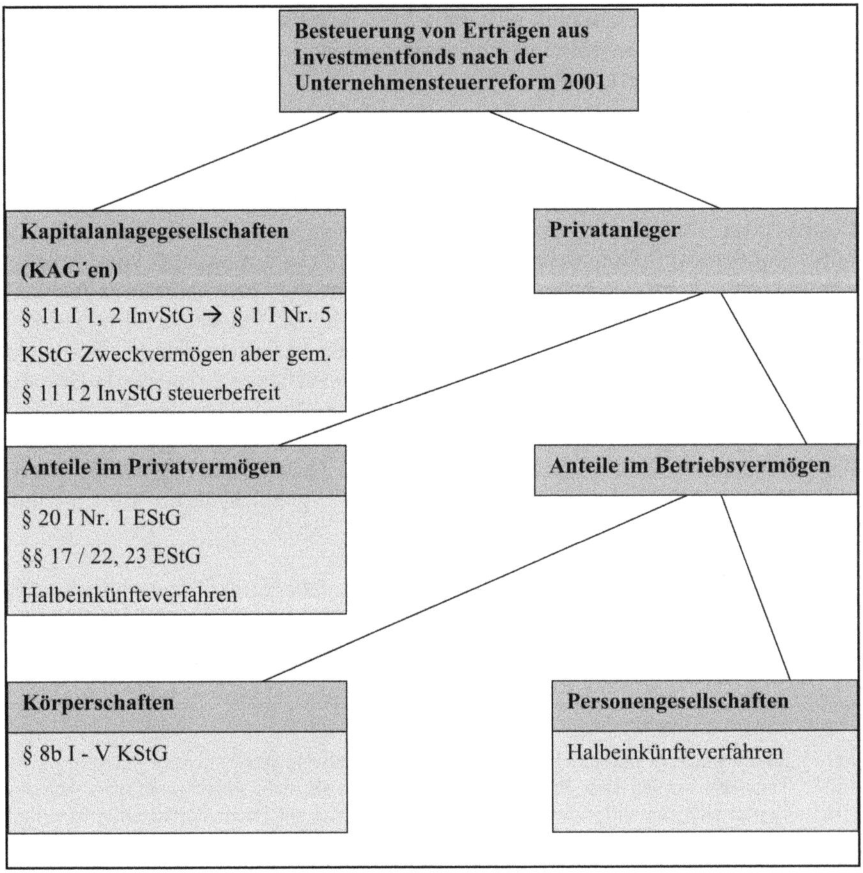

(2) Zwischenergebnis

Der Systemwechsel in der Körperschaftsteuer durch das Halbeinkünfteverfahren ist konsequent, praxisgerecht und europarechtsfreundlich umgesetzt.[176] Einen Novellierungsbedarf des Anrechnungsverfahrens erkannte der Gesetzgeber frühzeitig und entschied sich zur Ersetzung des Anrechnungsverfahrens durch

176 Vgl. auch *Dötsch/Pung,* DB 2000, Sonderbeilage Nr. 4/2000, 1 (3).

das Halbeinkünfteverfahren. Dem lagen mehrere Erwägungen zugrunde:[177] Zum einen sei das Anrechnungsverfahren zu kompliziert und ließe in der Praxis Missbrauchsgestaltungen zur Umgehung der Steuerpflicht zu. Zum anderen sei es wegen der Benachteiligung ausländischer „Anteilseigner" und Anteilscheininhaber nicht mit der Kapitalverkehrsfreiheit im Europarecht vereinbar und daher nicht „europarechtstauglich".

Bereits die komplizierten Vorschriften zum Anrechnungsverfahren führten zu Unsicherheiten in der Rechtsanwendung. Gerade die Regelungen auf Seiten der Körperschaften zur Bildung unterschiedlicher Gruppen für das verwendbare Eigenkapital, das im Ausschüttungsfall zu einer Körperschaftsteuererhöhung oder –minderung führte, waren kaum verständlich und mögliche Missbrauchsgestaltungen damit vorprogrammiert.[178] Allein die Anwenderfreundlichkeit rechtfertigte eine Reform des Anrechnungsverfahrens. Entscheidend ist jedoch, dass der Gesetzgeber durch Einführung des Halbeinkünfteverfahrens Weitsicht bewiesen hat.[179] Er erkannte die im Anrechnungsverfahren existierende Beseitigung von Doppelbelastungen nur für inländische Dividenden und die dementsprechend vorliegende EU-Inländerdiskriminierung, wodurch gleichzeitig die Kapitalverkehrsfreiheit verletzt wurde.[180] Diese Diskriminierung wurde durch das Halbeinkünfteverfahren abgeschafft, da es gleichermaßen für in- und ausländische Kapitalgesellschaften gilt.

Schließlich hatte die Umstellung den positiven Nebeneffekt, deutsche Kapitalgesellschaften steuerlich zu entlasten und im internationalen Wettbewerb zu stärken, da die Innenfinanzierung durch Absenkung des Steuersatzes auf einbe-

---

177 BT-Drucks. 14/ 2683, S. 132ff; *Grotherr*, BB 2000, 849 (850).

178 Teilweise werden diese Probleme in der Literatur als nicht so schwerwiegend angesehen, da sich zum einen das Anrechnungsverfahren in der Praxis durchgesetzt habe und dort gut umgesetzt worden sei. Zum anderen seien Missbrauchsgestaltungen lediglich in Einzelfällen vorgekommen. Deren Behebung hätte sich auch innerhalb des Anrechnungsverfahrens lösen lassen. Vgl. *Tipke/Lang,* Steuerrecht, 2005, § 11, S. 392, Rn. 13; *Kronat*, Besteuerung von Wertpapier-Investmentfonds, 2002, S. 29; *Eckert,* DB 1995, 62 (62ff.); vgl. auch *Dötsch/Pung,* DB 2000, Sonderbeilage Nr. 4/2000, 1 (3).

179 So wurde das finnische Anrechnungsverfahren durch die Entscheidung des EuGH vom 07.09.2004, Az.: C 319/02 in der Rechtssache Petri Manninen wegen der Verletzung der Kapitalverkehrsfreiheit für europarechtswidrig erklärt. Vgl. EuGH-Urteil vom 07.09.2004 Rs. C-319/02, DB 2004, 2023 (2023ff.); *Thiel*, DB 2004, 2603 (2603f.); *Hamacher/ Hahne*, DB 2004, 2386 (2386.).

180 Dieses Ergebnis stellte der EuGH nunmehr nach der Entscheidung zum finnischen Anrechnungsverfahren (Rechtssache Manninen) auch für das ehemalige deutsche Anrechnungsverfahren in der Rechtssache Heinz Meilicke, Az.: C-292/04 fest. Vgl. hierzu auch *Lindemann,* BB 2005, 1931 (1931).

haltene Gewinne gestärkt wurde.[181] Die Eigenkapitalausstattung der Körperschaften erhöhte sich dadurch, was wiederum neue Investitionen zuließ.

b. Reform der Unternehmensbesteuerung und Einführung einer Abgeltungssteuer (Unternehmensteuerreform 2008)

Durch das Unternehmensteuerreformgesetz 2008[182] sowie das Jahressteuergesetz 2008[183] wurde eine längere Diskussion über die Reform der Unternehmensbesteuerung umgesetzt, die erhebliche Auswirkungen auf die Besteuerung von Investmentvermögen hat. Aus diesem Grund wird die umgesetzte Reform im Folgenden bereits an dieser Stelle sowohl im Allgemeinen als auch in Bezug auf die Konsequenzen für die Investmentbesteuerung dargestellt.[184]

Den Entwurf eines Unternehmensteuerreformgesetzes 2008[185] hatte das Bundeskabinett am 14. März 2007 ins Gesetzgebungsverfahren eingebracht. Nachdem der Bundestag das Gesetz mit einigen Änderungen am 25.05.2007 beschloss, wurde es auf den Weg in Richtung Bundesrat gebracht, wo diesem sodann am 06.07.2007 zugestimmt wurde. Das Unternehmensteuerreformgesetz 2008 sieht im Ergebnis eine grundlegende Reform der Unternehmensbesteuerung vor. Hintergrund ist, das der Wirtschaftsstandort Deutschland durch Steuersenkungen in anderen EU-Mitgliedstaaten ins Hintertreffen geraten ist. Hauptziel der Unternehmensteuerreform 2008 ist es daher, die Attraktivität des Wirtschaftsstandorts Deutschland durch eine Senkung der tariflichen Ertragsteuerbelastung der Unternehmen zu verbessern, damit wieder im Inland investiert wird.

Im Einzelnen ist u.a. für Kapitalgesellschaften eine Senkung der Tarifbelastung für thesaurierte Gewinne von 38,7% auf 29,83% vorgesehen. Daneben wurde der Körperschaftsteuersatz von 25% auf nunmehr 15% reduziert. Im Rahmen

---

181 *Otterbach,* Verwaltung und Besteuerung von Spezialfonds nach dem KAGG, 2004, S. 143.

182 BGBl. I 2007, S. 1912.

183 BGBl. I 2007, S. 3150.

184 Obwohl die Grundlagen der Investmentbesteuerung bisher noch nicht umfassend dargestellt und erörtert wurden und dies erst in Kapitel 3 geschieht, soll bereits an dieser Stelle eine Darstellung erfolgen, um so auch die Sensibilität für die nachstehenden Ausführungen zu schärfen. Die in dieser Arbeit vorgenommenen Ausführungen befassen sich mit der aktuellen Rechtslage. Auf die wichtigen Änderungen durch das Unternehmensteuerreformgesetz 2008 sowie das Jahressteuergesetz 2008 wird aber an den geeigneten Stellen unter Berücksichtigung der an dieser Stelle gemachten Ausführungen hingewiesen. Soweit es die Aktualität erfordert, existieren ebenfalls ausführlichere Erläuterungen an den entsprechenden Stellen.

185 http://www.bundesfinanzministerium.de/lang_de/DE/Aktuelles/Aktuelle__Gesetze/Gesetzentwuerfe__Arbeitsfassungen/045__a,templateId=raw,property=publicationFile.pdf.

der Gewerbesteuer wurde unter Abschaffung der bisherigen Staffelsätze die GewSt-Messzahl für alle Rechtsformen von bisher 5% auf einheitlich 3,5% herabgesetzt.[186] In diesem gewerbesteuerrechtlichen Zusammenhang ist noch besonders darauf hinzuweisen, dass nach § 9 Nr. 2a, 7 und 8 GewStG die Summe des Gewinns und der Hinzurechnungen um Gewinne aus Anteilen an einer Kapitalgesellschaft zu kürzen ist, sofern die Beteiligung zu Beginn des Erhebungszeitraums mindestens 10% des Grund- oder Stammkapitals beträgt und die Gewinnanteile bei der Ermittlung des Gewinns (§ 7 GewStG) angesetzt worden sind (Schachteldividende). Soweit Beteiligungserträge nicht unter diese Regelung fallen, weil entweder der Beteiligungsumfang weniger als 10% betrug oder zu Beginn des Erhebungszeitraums noch nicht bestand, so ist nach § 8 Nr. 5 GewStG der steuerfreie Teil der Dividende (§ 3 Nr. 40 EStG, § 8b KStG) hinzuzurechnen (Streubesitzanteile). Die Beteiligungsgrenze für die gewerbesteuerliche Hinzurechnung von Dividendenerträgen aus Streubesitz wurde durch die Unternehmensteuerreform 2008 von 10 % auf 15% angehoben. Damit sind künftig Dividenden aus Beteiligungen von unter 15% nach § 8 Nr. 5 GewStG bei der Ermittlung des Gewerbeertrags wieder hinzuzurechnen. Des Weiteren ist für Personenunternehmen eine steuerliche Begünstigung des nicht entnommenen Gewinns dergestalt eingeführt worden, dass Einzelunternehmer und Mitunternehmer, die sich für diese Thesaurierungsmöglichkeit entscheiden mit Gewinneinkünften in vergleichbarer Art und Weise wie das Einkommen einer Kapitalgesellschaft tariflich belastet werden.

Infolge der Absenkung der Belastung der Körperschaft mit Körperschaftsteuer und Gewerbesteuer war es nach Ansicht des Gesetzgebers nach dem Unternehmensteuerreformgesetz 2008 angezeigt, das Halbeinkünfteverfahren im betrieblichen Bereich (von natürlichen Personen) zu einem Teileinkünfteverfahren[187] fortzuentwickeln und die Steuerfreistellung auf 40 % zu verringern. Schließlich sei es im Hinblick der steuerlichen Gesamtbelastung auf Unternehmens- sowie Anteilseignerebene nicht mehr gerechtfertigt die bisherige hälftige Steuerfreistellung in § 3 Nr. 40 EStG beizubehalten.[188] Für Privatanleger ist das Halbeinkünfteverfahren i.S. des § 3 Nr. 40 EStG mit der Unternehmensteuerreform 2008 nicht mehr anzuwenden. Die Besteuerung privater Kapitaleinkünfte soll ab dem 01.01.2009 ausschließlich über die Abgeltungssteuer erfolgen.[189]

---

186 Vgl. hierzu auch unten Kapitel 3, J, II, 2, a.

187 Vgl. dazu auch unten Kapitel 2, A, III, 4, b, (2).

188 Vgl. hierzu die Begründung zum Entwurf eines Unternehmensteuerreformgesetzes 2008, II. Besonderer Teil, zu Nummer 3 (§ 3 Nr. 40), S. 76; http://www.bundesfinanzministerium.de/lang_de/DE/Aktuelles/Aktuelle__Gesetze/Gesetzentwuerfe__Arbeitsfassungen/045__a,templateId=raw,property= publicationFile.pdf.

189 Vgl. dazu auch unten Kapitel 2, A, III, 4, b, (2).

(1) Allgemeine Grundsätze der Abgeltungssteuer

Besonders bedeutsam für die Besteuerung von Investmentvermögen ist allerdings die ab dem 01.01.2009 geltende Abgeltungssteuer, weshalb im Folgenden genauer darauf eingegangen wird.

(a) Anwendungsbereich

Durch die Abgeltungssteuer werden Einkünfte aus Kapitalvermögen und Einkünfte aus privaten Veräußerungsgeschäften, soweit diese Wertpapiere und wertpapierähnliche Finanzinstrumente betreffen, im Tatbestand des § 20 EStG zusammengefasst (Wertzuwachsbesteuerung),[190] und gem. § 32d Abs. 1 EStG pauschal mit 25% besteuert.[191] Gleichzeitig wird durch die Neuregelung erreicht, dass nahezu alle Vermögenszuwächse, die bei Kapitalanlagen und Finanzinstrumenten erzielt werden, der Abgeltungssteuer, einer Quellenbesteuerung mit Abgeltungswirkung unterliegen.[192] Dies gilt allerdings nur für natürliche Personen, die Kapitalanlagen im Privatvermögen halten.[193] Der Kapitalanleger muss wegen der Abgeltungswirkung, die Kapitaleinkünfte nicht mehr in der persönlichen Einkommensteuererklärung angeben, was gleichzeitig bedeutet, dass die technische Abwicklung der Steuererhebung zukünftig allein von den Kreditinstituten als auszahlende Stellen übernommen wird.[194]

Durch die Unternehmensteuerreform 2008 ist damit in Deutschland erstmals eine vollständige Besteuerung von Vermögenszuwächsen im Privatvermögen - mit Ausnahme von Immobilien und sonstigen Wirtschaftsgütern, die weiterhin private Veräußerungsgeschäfte i.S. des § 23 EStG sind - eingeführt worden.[195] So werden durch § 20 Abs. 2 EStG nunmehr alle privaten Veräußerungsgewinne aus Anteilen an Körperschaften, Dividendenscheinen, Zinsscheinen oder Termingeschäften sowie aus der Veräußerung von sonstigen Kapitalforderungen ebenfalls als Einkünfte aus Kapitalvermögen qualifiziert.[196]

Ausnahmen von der Abgeltungssteuer, in denen dann der individuelle Regelsteuersatz Anwendung findet, sind in § 32d Abs. 2 EStG umfassend niederge-

---

190 *Ebner,* NWB, vom 20.08.2007, F.3, 14709 (14711); *Helios/Link,* DStR 2008, 386 (386); *Paukstadt/Luckner,* DStR 2007, 653 (653).

191 *Gemmel/Hoffmann-Fölkersamb,* NWB vom 20.08.2007, F. 3, 14695 (14695); *Helios/Link,* DStR 2008, 386 (386).

192 *Ebner,* NWB, vom 20.08.2007, F.3, 14709 (14709); *Gemmel/Hoffmann-Fölkersamb,* NWB vom 20.08.2007, F. 3, 14695 (14695); *Paukstadt/Luckner,* DStR 2007, 653 (653).

193 *Gemmel/Hoffmann-Fölkersamb,* NWB vom 20.08.2007, F. 3, 14695 (14695).

194 *Gemmel/Hoffmann-Fölkersamb,* NWB vom 20.08.2007, F. 3, 14695 (14695).

195 *Gemmel/Hoffmann-Fölkersamb,* NWB vom 20.08.2007, F. 3, 14695 (14698).

196 *Gemmel/Hoffmann-Fölkersamb,* NWB vom 20.08.2007, F. 3, 14695 (14698).

legt. Beispielsweise fallen Darlehen an nahe stehende Personen, Back to back-Finanzierungen[197] sowie Gewinnausschüttungen unter die Ausnahmebestimmung. Gewinnausschüttungen aber nur, wenn dieser eine Beteiligung von mindestens 25% zugrunde liegt oder aber eine mindestens 1%ige Beteiligung, wenn in diesem Falle zugleich auch eine berufliche Tätigkeit gegeben ist.

Die dargestellten Ausnahmen stellen im Ergebnis eine Missbrauchsbekämpfungsvorschrift dar,[198] da in den als Ausnahme geregelten und vom Gesetzgeber wohl als besonders missbräuchlich gehaltenen Fällen nicht der besondere Steuersatz von 25%, sondern der jeweils individuelle progressive Steuersatz angewendet werden soll. Insbesondere bei Erträgen aus sonstigen Kapitalforderungen kann sich durch den besonderen Steuersatz der Abgeltungssteuer von 25% im Vergleich zu den bisherigen Regelungen und einem individuellen Steuersatz von bis zu 45% eine erhebliche Steuerentlastung ergeben. Denkbar ist, dass die Steuersatzdifferenz von bis zu 20 Prozentpunkten zum „Zwecke der Steueroptimierung" genutzt werden könnte. In Betracht kommt z.B. ein Gewerbetreibender, der bei seiner Ehefrau ein Darlehen aufnimmt und die Zinsen als Betriebsausgaben von der Steuer absetzt, gleichzeitig die Ehefrau die Zinseinnahme aber nur mit dem besonderen Steuersatz von 25% versteuern muss.[199] Ebenso kommen derartige Gestaltungen ebenfalls bei oben genannten Back to back-Finanzierungen und Beteiligungen in Betracht.[200]

Steuersystematisch entfällt die Abgeltungswirkung mit der Quellenbesteuerung ebenfalls dann, wenn die Erträge gewerblichen Einkünften zuzurechnen sind. Denn in diesem Fall liegen keine Einkünfte aus Kapitalvermögen i.S. des § 20 EStG vor.[201] Bei betrieblichen Anlegern einbehaltene Kapitalertragsteuer wird im Rahmen der Anrechnung bzw. Erstattung auf die Einkommen- bzw. Körperschaftsteuer gem. § 36 Abs. 2 Nr. 2 EStG berücksichtigt.[202]

Nach § 32d Abs. 3 EStG besteht für Erträge, die nicht der Kapitalertragsteuer unterliegen die Pflicht, diese in der Einkommensteuererklärung anzugeben. Daneben besteht sowohl nach § 32d Abs. 4 EStG als auch nach § 32 d Abs. 6 EStG ein so genanntes Veranlagungswahlrecht für Erträge, die der Kapitaler-

---

197 Als Back to back-Finanzierungen bezeichnet man Modelle, in denen ein Dritter Kapitalerträge schuldet, gleichzeitig aber selbst Kapital an einen Betrieb des eigenen Gläubigers überlassen hat. Vgl. hierzu auch vertiefend *Schmidt/Wänger,* NWB, vom 04.02.2008, F.3, 14939 (14943ff.).

198 *Gemmel/Hoffmann-Fölkersamb,* NWB vom 20.08.2007, F. 3, 14695 (14697).

199 *Gemmel/Hoffmann-Fölkersamb,* NWB vom 20.08.2007, F. 3, 14695 (14696).

200 *Gemmel/Hoffmann-Fölkersamb,* NWB vom 20.08.2007, F. 3, 14695 (14697).

201 *Ebner,* NWB, vom 20.08.2007, F.3, 14709 (14711).

202 *Ebner,* NWB, vom 20.08.2007, F.3, 14709 (14711).

tragsteuer unterlegen haben. Gem. § 32d Abs. 4 EStG ist dies insbesondere in Fällen eines nicht vollständig ausgeschöpften Sparer-Pauschbetrags, einer Anwendung der Ersatzbemessungsgrundlage nach § 43a Abs. 2 Satz 7 EStG, eines noch nicht im Rahmen des § 43a Abs. 3 EStG berücksichtigten Verlusts, eines Verlustvortrags nach § 20 Abs. 6 EStG und noch nicht berücksichtigter ausländischer Steuern, zur Überprüfung des Steuereinbehalts dem Grund oder der Höhe nach möglich. Beim Veranlagungswahlrecht nach § 32d Abs. 6 EStG erfolgt auf Antrag des Steuerpflichtigen von Amts wegen eine Günstigerprüfung. Dies bedeutet, wenn die individuelle Einkommensteuer niedriger ist als die Abgeltungssteuer (Kapitalertragsteuer mit Abgeltungswirkung), wird der individuelle Steuersatz auch bei den Einkünften aus Kapitalvermögen zugrunde gelegt. Allerdings kann der Antrag für den jeweiligen Veranlagungszeitraum nur einheitlich für sämtliche Kapitalerträge gestellt werden. Außerdem kann der Antrag auch bei zusammenveranlagten Ehegatten nur für sämtliche Kapitalerträge beider Ehegatten gestellt werden.

(b) Steuerabzugsverfahren an der Quelle

Die Abgeltungswirkung tritt für die Besteuerung der Kapitalerträge i.S. des § 20 EStG ab dem 01.01.2009 mit dem Kapitalertragsteuerabzug i.S. des § 43 Abs. 5 EStG an der Quelle ein.[203] Beachtenswert ist nach der Neuregelung der Abgeltungssteuer, dass künftig auch ausländische Kapitalerträge gem. § 43 Abs. 1 Nr. 6 EStG von der Kapitalertragsteuer erfasst werden. Der Steuereinbehalt hat hierbei allerdings im Gegensatz zu inländischen Kapitalerträgen nicht vom Schuldner, sondern gem. § 44 Abs. 1 Satz 3 und Satz 4 EStG von der auszahlenden Stelle zu erfolgen.[204]

Die Bemessungsgrundlage für den 25%igen Steuerabzug nach § 43a Abs. 1 Nr. 1 EStG ergibt sich bei einer Veräußerung aus der Differenz der Anschaffungskosten und dem Veräußerungserlös. Der Steuerabzug ist jedoch gem. § 43a Abs. 2 Satz 2 EStG von einem Kreditinstitut über den Kapitalertragsteuerbetrag nur dann vorzunehmen, wenn es über die gesamte Haltedauer der Kapitalanlage die depotführende Stelle war und in dieser Eigenschaft die Wirtschaftsgüter von der die Kapitalerträge auszahlenden Stelle erworben oder veräußert und seitdem verwahrt oder verwaltet hat.[205]

---

203 *Gemmel/Hoffmann-Fölkersamb,* NWB vom 20.08.2007, F. 3, 14695 (14695); *Paukstadt/Luckner,* DStR 2007, 653 (653).

204 *Paukstadt/Luckner,* DStR 2007, 653 (653).

205 *Paukstadt/Luckner,* DStR 2007, 653 (654).

i. Veräußerung oder Übertragung von Kapitalanlagen (Depotübertragung)

Überträgt der Kapitalanleger Wirtschaftsgüter auf ein anderes Depot, hat die abgebende inländische auszahlende Stelle der übernehmenden inländischen auszahlenden Stelle die Anschaffungsdaten gem. § 43a Abs. 2 Satz 3 EStG mitzuteilen.[206] Sofern das übertragende Kredit- oder Finanzdienstleistungsinstitut in einem anderen Mitgliedstaat der Europäischen Gemeinschaft oder in einem anderen Vertragsstaat des EWR-Abkommens ansässig ist, kann der steuerpflichtige Kapitalanleger den Nachweis nur durch eine Bescheinigung des ausländischen Instituts führen; dies gilt entsprechend für eine in diesem Gebiet belegene Zweigstelle eines inländischen Kreditinstituts oder Finanzdienstleistungsinstituts. In allen anderen Fällen ist ein Nachweis der Anschaffungsdaten nicht zulässig. Sind die Anschaffungsdaten nicht nachgewiesen, bemisst sich der Steuerabzug i.S. des § 43a Abs. 2 Sätze 3-7 EStG nach 30% der Einnahmen aus der Veräußerung oder Einlösung der Wirtschaftsgüter.[207] Eine Minderung der Steuerlast weg von dem 30%igen Einbehalt ist danach nur noch in einem nachgelagerten Veranlagungsverfahren zum pauschalen Steuersatz möglich.[208]

Überträgt der Steuerpflichtige eine Kapitalanlage auf eine andere dritte Person, wird diese Übertragung nach der gesetzlichen Fiktion des § 43 Abs. 1 Satz 4 EStG als Veräußerung der Kapitalanlage behandelt. Dies bedeutet wiederum, dass als Bemessungsgrundlage für den Kapitalertragsteuerabzug die Differenz zwischen Anschaffungskosten und Veräußerungserlös anzusetzen ist.[209] Da es im Falle einer unentgeltlichen Übertragung an einem Veräußerungspreis mangelt, gilt nach § 43a Abs. 2 Satz 8 EStG der Börsenpreis zum Zeitpunkt der Übertragung als Einnahme aus der Veräußerung. Liegt ein Börsenpreis nicht vor, bemisst sich die Steuer nach 30% der Anschaffungskosten.[210] Um den Steuereinbehalt für offensichtlich nicht einkommensteuerpflichtige Übertragungen von vornherein zu verhindern, besteht für den steuerpflichtigen Kapitalanleger gem. § 43a Abs. 2 Satz 10 EStG die Möglichkeit, der auszahlenden Stelle die etwaige Unentgeltlichkeit der Übertragung mitzuteilen,[211] was sodann dem Betriebsstättenfinanzamt zu Kontrollzwecken von der auszahlenden Stelle nach § 43 Abs. 1 Satz 6 EStG anzuzeigen ist. Wird vom Steuerpflichtigen die Erklärung, dass es sich bei der Übertragung um eine unentgeltliche Übertragung gehandelt hat gegenüber der auszahlenden Stelle mit der Folge des Steuereinbe-

---

206 *Paukstadt/Luckner*, DStR 2007, 653 (654).
207 *Paukstadt/Luckner*, DStR 2007, 653 (654).
208 *Paukstadt/Luckner*, DStR 2007, 653 (654).
209 *Paukstadt/Luckner*, DStR 2007, 653 (654).
210 *Paukstadt/Luckner*, DStR 2007, 653 (654).
211 *Paukstadt/Luckner*, DStR 2007, 653 (654).

halts versäumt, bleibt dem Steuerpflichtigen zur Korrektur noch die Möglichkeit das Veranlagungsverfahren zum pauschalen Steuersatz durchführen zu lassen.[212]

ii. Verlustverrechnung im Rahmen der Abgeltungssteuer

Negative Einkünfte aus Kapitalvermögen (Verluste) können im laufenden Jahr weder mit anderen Einkunftsarten ausgeglichen noch im Wege des Rück- oder Vortrags von diesen abgezogen werden, da für die Einkünfte aus Kapitalvermögen ein eigener besonderer Steuersatz gilt. Nach § 20 Abs. 6 Satz 2 und 3 EStG sind Verluste mithin grundsätzlich nur innerhalb der Einkünfte aus Kapitalvermögen ausgleichsfähig.[213] Dieser Verlustausgleich soll möglichst bereits von der Bank im Abzugsverfahren i.S. des § 43a Abs. 3 EStG durch einen so genannten Verlustverrechnungstopf[214] vorgenommen werden, sofern sich die Wertpapiere im selben Depot befinden.[215]

Eine weitere Verlustverrechnungssperre besteht durch § 20 Abs. 2 Nr. 1 EStG für Verluste aus Aktienverkäufen, die nicht mit laufenden Kapitalerträgen i.S. des § 20 Abs. 1 EStG verrechnet werden dürfen.[216] Dies gilt sowohl für den Verlustverrechnungstopf bei der Bank für die Abgeltungssteuer als auch im Rahmen einer wahlweise möglichen Veranlagung. Wahrscheinlich werden die Erfahrungen des Jahres 2000 mit dem Börsencrash verursacht durch den Neuen Markt zu dieser Beschränkung geführt haben. Denn die unbeschränkte Verlustverrechnung von Veräußerungsverlusten mit Zinsen und Dividenden würde zu einem nicht überschaubaren Steuerausfallrisiko führen.

Eine Besonderheit besteht im Rahmen der Verlustverrechnung für Einkünfte aus privaten Veräußerungsgeschäften i.S. des § 23 EStG (Spekulationsverluste), die bis zum Ende des Veranlagungszeitraums 2008 entstanden sind. Solche Verluste können bis einschließlich 2013 vorgetragen und mit Veräußerungsgewinnen i.S. des § 20 Abs. 2 EStG gem. § 20 Abs. 6 Satz 1 EStG i.V.m. § 23 Abs. 3 Satz 9 und 10 EStG i.V.m. § 52a Abs. 11 Satz 11 EStG verrechnet werden.[217] Nach 2013 ist eine Verrechnung der Verluste nach § 23 EStG nur noch mit Spekulati-

---

212 *Paukstadt/Luckner,* DStR 2007, 653 (654).
213 *Lange* in: Breithecker/Förster/Förster/Klapdor, UntStRefG, 2007, § 20 EStG, Rn 79.
214 Vgl. hierzu auch sogleich Kapitel 2, A, III, 4, b, (1), (b), iii.
215 *Gemmel/Hoffmann-Fölkersamb,* NWB vom 20.08.2007, F. 3, 14695 (14701).
216 *Gemmel/Hoffmann-Fölkersamb,* NWB vom 20.08.2007, F. 3, 14695 (14701).
217 *Lange* in: Breithecker/Förster/Förster/Klapdor, UntStRefG, 2007, § 20 EStG, Rn 79; *Gemmel/Hoffmann-Fölkersamb,* NWB vom 20.08.2007, F. 3, 14695 (14702); *Paukstadt/Luckner,* DStR 2007, 653 (655).

onsgewinnen i.S. des § 23 n.F. EStG insbesondere Gewinne aus Immobilienveräußerungen innerhalb der Zehnjahresfrist möglich.[218]

Abbildung 3: Übersicht Verlustverrechnungsmöglichkeiten nach Einführung der Abgeltungssteuer

	Verrechnung mit Einkünften aus				
	Gewerbebetrieb etc.	Kapitalvermögen (§ 20 EStG n.F.)	Veräußerung von Aktien (§ 20 Abs. 2 EStG n.F.)	Veräußerung von sonstigem Kapitalvermögen (§ 20 Abs. 2 EStG n.F.)	„Neue" Spekulationsgewinne (ab 2009; § 23 Abs. 2 EStG n.F.)
Verluste aus					
Gewerbebetrieb etc.	Ja	Ja	Ja	Ja	Ja
Kapitalvermögen		Ja	Ja	Ja	
Veräußerung von Aktien			Ja		
Veräußerung von sonstigem Kapitalvermögen		Ja	Ja	Ja	
„Alte" Spekulationsverluste (bis 2008)			Ja (bis 2013)	Ja (bis 2013)	
„Neue Spekulationsverluste (ab 2009)					Ja

***Quelle: Ähnlich* Gemmel/Hoffmann-Fölkersamb, NWB vom 20.08.2007, F. 3, 14695 (14702).**

iii. Negative Kapitalerträge im sogenannten Verlustverrechnungstopf

Durch die Reform zur Unternehmensteuer 2008 wurde durch § 43a Abs. 3 EStG ein umfassender Verlustverrechnungstopf geschaffen.[219] Neben negativen Stückzinsen aus dem Kauf festverzinslicher Wertpapiere und negativer Zwi-

218 *Gemmel/Hoffmann-Fölkersamb,* NWB vom 20.08.2007, F. 3, 14695 (14702); *Paukstadt/Luckner,* DStR 2007, 653 (655).

219 *Paukstadt/Luckner,* DStR 2007, 653 (654).

schengewinn aus der Anschaffung von Investmentfonds sind nunmehr auch Veräußerungsverluste aus Kapitalanlagen wesentliche Bestandteile des Verlustverrechnungstopfes.[220] Dadurch, dass gem. § 43a Abs. 3 Satz 1 EStG auch einbehaltene ausländische Quellensteuern in dieses Verfahren einbezogen sind, werden letztlich auch zusätzliche Veranlagungsfälle vermieden.[221]

Der Verlustverrechnungstopf wird i.S. des § 43a Abs. 3 EStG für jeden einzelnen Anleger und jedes Kreditinstitut gesondert geführt. Bis zur Höhe der negativen Kapitalerträge wird von positiven Zins- und Dividendeneinkünften, Veräußerungsgewinnen und sonstigen Kapitalerträgen nach § 43a Abs. 3 Satz 2 EStG keine Kapitalertragsteuer einbehalten. Dies ändert sich in dem Moment, in dem durch die Verwirklichung eines steuerpflichtigen Tatbestandes der Stand des Verrechnungstopfes positiv wird. In diesem Fall wird von dem den negativen Kapitalertrag übersteigenden positiven Anteil Kapitalertragsteuer einbehalten.[222]

Für den Fall, dass die negativen Kapitalerträge in einem Veranlagungszeitraum die positiven Kapitalerträge übersteigen, bestehen am Ende des Veranlagungszeitraum im Wesentlichen zwei unterschiedliche Möglichkeiten mit den negativen Kapitalerträgen des Verlustverrechnungstopfes zu verfahren.[223] Einerseits wird im Regelfall nach § 43a Abs. 3 Satz 3 EStG der nicht ausgeglichene Verlust von der auszahlenden Stelle auf das neue Kalenderjahr übertragen. Der Verlust kann sodann mit positiven Kapitalerträgen des Folgejahres verrechnet werden.[224] Andererseits wird dem steuerpflichtigen Gläubiger der Kapitalerträge von der auszahlenden Stelle auf Verlangen eine Bescheinigung über den verbleibenden Verlustvortrag erteilt, womit gleichzeitig zwar der Verlustübertrag in das neue Kalenderjahr entfällt, die Verluste aber im Veranlagungsverfahren geltend gemacht werden können.[225] Der Antrag auf Erteilung der Bescheinigung über die verbleibenden Verluste ist nach § 43a Abs. 3 Satz 5 EStG der auszahlenden Stelle spätestens bis zum 15. Dezember des laufenden Jahres zuzugehen. Erfolgt der Zugang später, darf eine Bescheinigung dem Steuerpflichtigen nicht mehr ausgestellt werden. Überträgt der Gläubiger der Kapitalerträge seine im Depot befindlichen Wirtschaftsgüter vollständig auf ein anderes Depot, hat die abgebende auszahlende Stelle der übernehmenden auszahlenden Stelle auf Verlangen des Gläubigers der Kapitalerträge die Höhe des nicht ausgeglichenen Verlusts mitzuteilen, wobei nach § 43a Abs. 3 Satz 6 EStG eine

---

220 *Paukstadt/Luckner*, DStR 2007, 653 (654).
221 *Paukstadt/Luckner*, DStR 2007, 653 (654).
222 *Paukstadt/Luckner*, DStR 2007, 653 (654).
223 *Paukstadt/Luckner*, DStR 2007, 653 (654).
224 *Paukstadt/Luckner*, DStR 2007, 653 (654).
225 *Paukstadt/Luckner*, DStR 2007, 653 (654).

Bescheinigung über den verbleibenden Verlustvortrag nicht mehr erteilt werden darf.[226]

iv. Ausnahmen vom Kapitalertragsteuerabzug

Nach § 44a EStG kommt eine Abstandnahme vom Steuerabzug dann in Betracht, wenn gem. § 44a Abs. 2 Satz 1 Nr. 1 EStG dem auszahlenden Kreditinstitut ein Freistellungsauftrag vom unbeschränkt Einkommensteuerpflichtigen im Rahmen des Sparer-Pauschbetrags nach § 20 Abs. 9 EStG erteilt wird und anzunehmen ist, dass eine Veranlagung zur Einkommensteuer nicht in Betracht kommt.[227] Darüber hinaus besteht gem. § 44a Abs. 2 Satz 1 Nr. 2 EStG die Möglichkeit vom Steuerabzug Abstand zu nehmen, soweit eine Nichtveranlagungs-Bescheinigung des für den Gläubiger der Kapitalerträge zuständigen Wohnsitzfinanzamts vorgelegt wird.[228]

Das vor der Unternehmensteuerreform 2008 bestehende Bankenprivileg des § 43 Abs. 1 Nr. 7b Satz 5 EStG, wonach keine Kapitalertragsteuer einbehalten wurde, wenn ein inländisches Kreditinstitut Gläubiger der Kapitalerträge ist, wird nunmehr durch § 43 Abs. 2 Satz 2 EStG bestätigt.[229]

(c) Abgeltungssteuer im Internationalen Steuerrecht

Auch nach der Unternehmensteuerreform 2008 bleiben Zinsen für beschränkt steuerpflichtige nicht steuerbar, wenn das Kapitalvermögen nicht durch inländischen Grundbesitz oder inländische Rechte i.S. des § 49 Abs. 1 Nr. 5 lit. c) aa) EStG gesichert ist. Dies hat zur Folge, dass bei Nachweis der Ausländereigenschaft vom Kapitalertragsteuerabzug abgesehen wird.[230] Gleichwohl bestehen für die Besteuerung beschränkt steuerpflichtiger Anleger nach der Unternehmensteuerreform 2008 einige Änderungen. So werden Dividenden einer in Deutschland ansässigen Kapitalgesellschaft zukünftig dem Abzug von insgesamt 26,375% statt bisher 20,1% unterworfen.[231] Allerdings hat der Kapitalertragsteuerabzug i.S. des § 50 Abs. 5 Satz 1 EStG nach wie vor Abgeltungswirkung. In DBA-Fällen reduziert sich der Steuerabzug jedoch gem. § 50a Abs. 4 Satz 4 EStG in der Regel auf 15%, so dass sich für DBA-Ausländer keine Schlechterstellung durch den erhöhten Steuersatz von 26,375% ergibt. Lediglich

---

226 *Paukstadt/Luckner,* DStR 2007, 653 (654).
227 *Gemmel/Hoffmann-Fölkersamb,* NWB vom 20.08.2007, F. 3, 14695 (14703).
228 *Paukstadt/Luckner,* DStR 2007, 653 (654).
229 *Paukstadt/Luckner,* DStR 2007, 653 (655).
230 *Ebner,* NWB, vom 20.08.2007, F.3, 14709 (14712).
231 *Ebner,* NWB, vom 20.08.2007, F.3, 14709 (14712).

in Nicht-DBA-Fällen bleibt es bei dem erhöhten Satz und damit der Gleichstellung mit Inländern.[232]

Weiterhin ergeben sich nach § 2 AStG Konsequenzen für erweitert beschränkt Steuerpflichtige. Danach sind Weggezogene im Sinne dieser Vorschrift in Deutschland für weitere zehn Jahre mit beschränkt steuerpflichtigen Einkünften sowie darüber hinaus mit sämtlichen inländischen Einkünften unbeschränkt steuerpflichtig.[233] Ebenso werden „Wertzuwächse“, die ab 2009 als Einkünfte aus Kapitalvermögen gem. § 20 EStG qualifiziert werden von der erweiterten beschränkten Steuerpflicht erfasst. Gleichzeitig bedeutet dies, dass für den Fall einer bereits eingetretenen Abgeltungswirkung diese auch im Rahmen der erweitert beschränkten Steuerpflicht zu berücksichtigen ist.[234]

(2) Abschaffung des Halbeinkünfteverfahrens für Dividendeneinnahmen im Privatvermögen

Keiner Änderung der Qualifikation der Einkommensart unterliegen Gewinnanteile (Dividenden), Ausbeuten und sonstige Bezüge aus Aktien. Diese gehören sowohl vor als auch nach der Unternehmensteuerreform 2008 zu den Einkünften aus Kapitalvermögen i.S. des § 20 Abs. 1 Nr. 1 EStG. Eine wesentliche Änderung in Ihrer Besteuerung ist lediglich auf Seiten der Privatanleger eingetreten, die Kapitalanlagen im Privatvermögen halten. Für diese ist das bisher geltende Halbeinkünfteverfahren gem. § 3 Nr. 40 EStG mit der Unternehmensteuerreform 2008 nicht mehr anzuwenden.[235] Vielmehr unterliegen derartige Kapitalerträge der Abgeltungssteuer. Zudem sind laufende Aufwendungen auf Beteiligungen im Privatvermögen nicht mehr abzugsfähig.[236]

Etwas anderes gilt für Einkünfte aus Anteilen an Kapitalgesellschaften, die im Betriebsvermögen eines Einzelunternehmers bzw. Personengesellschaft gehalten werden. Für diese gilt gem. § 3 Nr. 40 EStG das so genannte „Teileinkünfteverfahren“, da nicht mehr 50% (Halbeinkünfteverfahren) sondern nur noch 40% der Einkünfte steuerfrei gestellt werden.[237]

---

232 *Ebner,* NWB, vom 20.08.2007, F.3, 14709 (14712).
233 *Ebner,* NWB, vom 20.08.2007, F.3, 14709 (14712).
234 *Ebner,* NWB, vom 20.08.2007, F.3, 14709 (14712).
235 *Behrens,* DStR 2007, 1998 (1999); *Gemmel/Hoffmann-Fölkersamb,* NWB vom 20.08.2007, F. 3, 14695 (14697); *Weber,* NWB, vom 27.08.2007, F.18, 4509 (4524).
236 *Gemmel/Hoffmann-Fölkersamb,* NWB vom 20.08.2007, F. 3, 14695 (14697).
237 *Gemmel/Hoffmann-Fölkersamb,* NWB vom 20.08.2007, F. 3, 14695 (14697f.).

(3) Einstieg in eine Schedulenbesteuerung durch die Unternehmensteuerreform 2008

Mit Einführung der Abgeltungssteuer im Rahmen der Unternehmensteuerreform 2008 wird der Einstig in die eine so genannte. Schedulenbesteuerung vollzogen.[238] Die Schedulenbesteuerung stellt ein Besteuerungssystem dar, das in vielen anderen europäischen Ländern in unterschiedlichen Ausformungen bereits umgesetzt ist. Bezeichnend für die Schedulenbesteuerung ist, dass verschiedene Einkunftsquellen getrennt voneinander unterschiedlichen Steuersätzen unterworfen werden.[239] So werden im Rahmen der Abgeltungssteuer Kapitaleinkünfte zu denen zukünftig auch die Gewinne aus der Veräußerung von Kapitalanlagen gehören durch eine eigene Einkunftskategorie mit einem eigenen Steuersatz (§ 32d EStG) erfasst.[240] Als weitere Ausgestaltung hat der deutsche Gesetzgeber die Schedulenbesteuerung durch die Einschränkung der Verlustverrechnung innerhalb der Schedula („Zettel") eingeschränkt. Denn, wie oben bereits ausgeführt,[241] können negative Einkünfte aus Kapitalvermögen (Verluste) im laufenden Jahr weder mit anderen Einkunftsarten ausgeglichen noch im Wege des Rück- oder Vortrags von diesen abgezogen werden, da für die Einkünfte aus Kapitalvermögen ein eigener besonderer Steuersatz gilt. Nach § 20 Abs. 6 Satz 2 und 3 EStG sind Verluste mithin grundsätzlich nur innerhalb der Einkünfte aus Kapitalvermögen ausgleichsfähig.

(4) Abgeltungssteuer im Investmentsteuerrecht

Die Abgeltungssteuer wird durch Art. 8 des Unternehmensteuerreformgesetz 2008 in das InvStG transferiert.[242]

(a) Anwendungsbereich/ steuerbare Investmenterträge

Nach dem Unternehmensteuerreformgesetz 2008[243] werden Einkünfte aus dem Kapitalvermögen, insbesondere Zinserträge aus Geldeinlagen bei Kreditinstituten, Kapitalerträge aus Forderungswertpapieren, Dividenden, Zertifikaterträge und insbesondere auch Erträge aus Investmentfonds unter der Abgeltungssteuer

---

238 So auch *Behrens,* DStR 2007, 1998 (1998).

239 *Ebner,* NWB, vom 20.08.2007, F.3, 14709 (14711).

240 *Ebner,* NWB, vom 20.08.2007, F.3, 14709 (14711).

241 Vgl. oben Kapitel 2, A, III, 4, b, (1), (b), ii.

242 *Schmidt/Wänger,* NWB, vom 04.02.2008, F.3, 14939 (14954).

243 BGBl. I 2007, S. 1912; http://www.bundesfinanzministerium.de/lang_de/DE/Aktuelles/Aktuelle__Gesetze/Gesetzentwuerfe__Arbeitsfassungen/045__a,templateId=raw,property=publicationFile.pdf.

mit einem einheitlichen Steuersatz i.H. von 25 % erfasst.[244] Auch nach der Reform gelten ausgeschüttete und ausschüttungsgleiche Erträge aus Investmentfonds, die im Privatvermögen gehalten werden zu den Einkünften aus Kapitalvermögen gezählt und unterliegen so der Abgeltungssteuer.[245]

Als steuerbare Investmenterträge fallen Gewinne aus privaten Veräußerungsgeschäften, ausdrücklich bei Beteiligungen an Kapitalgesellschaften aber auch bei Wertpapieren und Investmentanteilen unter die Abgeltungssteuer. Im Ergebnis bedeutet dies grundsätzlich eine einheitliche Besteuerung von Erträgen und Gewinnen aus der Veräußerung privater Kapitalanlagen, da zugleich die so genannte „Spekulationsfrist" gem. § 23 EStG wegfallen soll und somit die Haltedauer unerheblich wird.

Eine Regelbesteuerung von Investmenterträgen erfolgt nach §§ 2-4 InvStG, wenn die Transparenzanforderungen des § 5 InvStG von den Investmentgesellschaften eingehalten werden. In diesem Fall gelten „ausschüttungsgleiche" und „ausgeschüttete" Erträge nach § 2 Abs. 1 Satz 1 InvStG als Einkünfte aus § 20 Abs. 1 Nr. 1 EStG (Dividenden). Entsprechendes gilt ebenfalls für die Zwischengewinne. Die Legaldefinition der ausgeschütteten bzw. ausschüttungsgleichen Erträge bleibt in § 1 Abs. 3 Satz 2 und 3 InvStG bestehen. Allerdings wird die Umsetzung der „Wertzuwachsbesteuerung" in der Definition dergestalt umgesetzt, als dass die beiden ursprünglichen Ertragsverwendungsformen „Zinsen und Dividenden", die bislang als laufende Fondserträge galten nunmehr durch die Bezeichnung „Kapitalerträge" ersetzt wurden.[246] Damit ist ein weiter Anwendungsbereich im Sinne des § 20 EStG eröffnet.[247]

Verbunden mit der Wertzuwachsbesteuerung im Investmentrecht ist, dass gleichzeitig das Fondsprivileg für Privatanleger i.S. des § 2 Abs. 3 Nr. 1 InvStG a.F. entfällt.[248] Unter dem Begriff des Fondsprivilegs war die ursprüngliche

---

244 Vgl. hierzu die Begründung zum Entwurf eines Unternehmensteuerreformgesetzes 2008, I. Allgemeiner Teil, Allgemeine Anmerkungen, S. 64; http://www.bundesfinanzministerium.de/lang_de/DE/Aktuelles/Aktuelle__Gesetze/Gesetzentwuerfe__Arbeitsfassungen/045__a,templateId=raw,property= publication File.pdf. Der Gesetzgeber erhofft sich durch die Einführung der Abgeltungssteuer eine erhebliche Vereinfachung des Besteuerungssystems von Kapitaleinkünften und geht davon aus, dass dadurch eine bedeutsame Entlastung der Steuerpflichtigen eintritt.

245 *Helios/Link,* DStR 2008, 386 (390).

246 *Elser* in: Breithecker/Förster/Förster/Klapdor, UntStRefG, 2007, § 1 InvStG, Rn 9.

247 So im Ergebnis auch *Ebner,* NWB, vom 20.08.2007, F.3, 14709 (14714); *Gemmel/Hoffmann-Fölkersamb,* NWB vom 20.08.2007, F. 3, 14695 (14699).

248 So im Ergebnis auch *Ebner,* NWB, vom 20.08.2007, F.3, 14709 (14714); *Helios/Link,* DStR 2008, 386 (390); *Gemmel/Hoffmann-Fölkersamb,* NWB vom 20.08.2007, F. 3, 14695 (14699).

rechtliche Ausgestaltung der Besteuerung von Veräußerungsgewinnen zu verstehen, nach denen auch solche Veräußerungsgewinne für Privatanleger steuerfrei waren, die durch eine Veräußerung auf Ebene des Investmentfonds selbst innerhalb der einjährigen Spekulationsfrist nach § 23 Abs. 1 Satz 1 Nr. 2 EStG vorgenommen wurden.[249]

Dem gegenüber bleibt das Fondsprivileg bei Thesaurierungen weiterhin erhalten.[250] Dieses erfolgt in der Weise, das für Stillhalterprämien, Termingeschäfte und Wertpapierveräußerungen, die aufgrund der „Wertzuwachsbesteuerung" nunmehr Kapitalerträge darstellen, explizit eine Ausnahme gem. § 1 Abs. 3 Satz 3 InvStG vorgesehen ist.[251] Dies bedeutet mit anderen Worten, dass Veräußerungsgewinne solange sie vom Investmentvermögen thesauriert werden, beim Anteilscheininhaber steuerfrei bleiben.[252]

Die gesetzgeberische Ausnahme von der „Wertzuwachsbesteuerung" und damit von der Abgeltungssteuer stellt gegenüber der Direktanlage eine erhebliche Abweichung dar. Dieses zeigt, dass das Transparenzprinzip nur in eingeschränkter Form im Gesetz niedergelegt ist.[253]

Einen Überblick über die steuerbaren Investmenterträge sowie die Anwendung der Abgeltungssteuer für Investmentfonds zeigt folgende Übersicht:

---

249 *Gemmel/Hoffmann-Fölkersamb,* NWB vom 20.08.2007, F. 3, 14695 (14699).
250 *Helios/Link,* DStR 2008, 386 (390).
251 *Ebner,* NWB, vom 20.08.2007, F.3, 14709 (14714).
252 *Helios/Link,* DStR 2008, 386 (391).
253 Vgl. hierzu Kapitel 2, A, III, 6.

Abbildung 4: Übersicht der Anwendung der Abgeltungssteuer bei Investmentfonds

Fondsebene / Anteilschein-inhaber	Laufende Erträge aus Zinsen und Dividenden	Zwischengewinne	(steuerfreie) Veräußerungsgewinne
Ausschüttung	Abgeltungssteuer	Abgeltungssteuer	Steuerfreiheit von Veräußerungsgewinnen aus Immobilien bleibt gem. § 23 EStG bestehen
Thesaurierung	Abgeltungssteuer (ausschüttungsgleicher Ertrag)	Abgeltungssteuer (ausschüttungsgleicher Ertrag)	Abgeltungssteuer (aber erst bei Rückgabe bzw. Veräußerung der Anteile am Investmentvermögen, da insoweit keine Zuflussfiktion mit Ablauf des Geschäftsjahres/ ebenso fallen Veräußerungsgewinne nicht unter die Legaldefinition der ausschüttungsgleichen Erträge i.S. des § 1 Abs. 3 Satz 3 InvStG; aus diesem Grund keine Abgeltungssteuer für Veräußerungsgewinne der thesaurierenden Fonds)

(b) Quellensteuerabzug bei Investmentfonds

Das Steuerabzugsverfahren an der Quelle ist bei ausgeschütteten Erträgen nicht anders als in herkömmlicher Weise. Die Kapitalertragsteuer wird im Ausschüttungsfall durch die inländische Depotbank einbehalten, während im Thesaurierungsfall das inländische Investmentvermögen zuständig ist.[254] Bedingt durch die Systematik der Abgeltungssteuer werden allerdings ausländische Dividenden

254 *Ebner*, NWB, vom 20.08.2007, F.3, 14709 (14718).

zukünftig in die Bemessungsgrundlage einbezogen. Dadurch wird eine Gleichstellung mit dem Direktanleger dergestalt erreicht, als dass gleichzeitig eine Anrechnung ausländischer Quellensteuer berücksichtigt wird.[255] Zudem wird durch die Berücksichtigung der ausländischen Quellensteuer erreicht, dass ansonsten erforderliche Veranlagungsfestsetzungen verringert werden.[256]

Im Investmentsteuerrecht bestehen hinsichtlich der Abgeltungswirkung der Kapitalertragsteuer keine Unterschiede zu den allgemeinen Regelungen. Unabhängig davon, ob bei Ausschüttungen die Depotbank oder bei Thesaurierungen das inländische Investmentvermögen den Steuerabzug vornimmt, kommt diesem gem. § 7 Abs. 1 Satz 2 InvStG, § 43 Abs. 1 Nr. 7 EStG, § 43 Abs. 5 EStG abgeltende Wirkung zu.[257]

Sollten in- oder ausländische Fondsanteile im Ausland verwahrt werden, wird kein Abzug von eventuellen Ausschüttungen vorgenommen. Das gleiche gilt für ausländische thesaurierende Fonds. In diesen Fällen erfolgt gem. § 2 Abs. 1 Satz 1 InvStG, § 20 Abs. 1 Nr. 1 EStG, § 32d Abs. 3 EStG die Besteuerung im Rahmen der Veranlagung. Im Falle der Thesaurierung übernimmt die inländische Fondsgesellschaft die Zahlstellenfunktion, so dass die Abgeltungswirkung unabhängig vom Verwahrort Anwendung findet.[258]

(c) Schlussbesteuerung

Im Hinblick auf die umfassende „Wertzuwachsbesteuerung" sind Veräußerungsgewinne, die aufgrund der Veräußerung oder Rückgabe von Investmentfondsanteilen entstehen und nicht zu einem Betriebsvermögen gehören ab dem 01.01.2009 unabhängig von Haltefristen aufgrund des § 23 EStG a.F. voll steuerpflichtig und unterfallen der Abgeltungssteuer.[259] Bei Veräußerungsverlusten sind die entstandenen Verluste abzugsfähig.[260] Berücksichtigt werden muss bei der Besteuerung allerdings, dass die Veräußerungsgewinne und Veräußerungsverluste um bereits laufend versteuerte Erträge zu bereinigen sind, um eine Mehrfachbesteuerung zu vermeiden. Nach § 8 Abs. 5 Satz 3 InvStG sind insbesondere während der Besitzzeit als zugeflossen geltende ausschüttungsgleiche Erträge dem Veräußerungserlös abzuziehen.[261]

---

255 *Ebner*, NWB, vom 20.08.2007, F.3, 14709 (14718).
256 *Ebner*, NWB, vom 20.08.2007, F.3, 14709 (14718).
257 *Ebner*, NWB, vom 20.08.2007, F.3, 14709 (14718).
258 *Ebner*, NWB, vom 20.08.2007, F.3, 14709 (14718f.).
259 *Helios/Link*, DStR 2008, 386 (391).
260 *Ebner*, NWB, vom 20.08.2007, F.3, 14709 (14719).
261 *Ebner*, NWB, vom 20.08.2007, F.3, 14709 (14719).

(d) *Abgeltungssteuer für Investmenterträge im Internationalen Steuerrecht*

Soweit inländische Dividenden aus inländischen Investmentfonds stammen unterliegen diese Investmenterträge der beschränkten Steuerpflicht. Hingegen fallen Veräußerungsgewinne, die zukünftig ebenfalls der Abgeltungssteuer unterfallen, nicht der beschränkten Steuerpflicht.[262] Hintergrund ist, dass § 8 Abs. 5 Satz 1 Halbsatz 2 InvStG die Anwendbarkeit des § 17 EStG (Veräußerung von Anteilen an Kapitalgesellschaften) ausschließt, obwohl Veräußerungsgewinne nach § 17 EStG bei wesentlichen Beteiligungen gem. § 49 Abs. 1 Nr. 2 lit. e) EStG grundsätzlich der beschränkten Steuerpflicht unterfallen.

Ausländische Investoren sind gem. § 49 Abs. 1 Nr. 5a EStG mit inländischen Dividenden, die durch Direktanlagen erzielt werden, beschränkt steuerpflichtig. Kein Unterschied besteht, wenn die inländischen Dividenden nicht direkt, sondern über einen deutschen Investmentfonds bezogen werden, da sich die beschränkte Steuerpflicht sodann aus § 49 Abs. 1 Nr. 5b lit. aa EStG ergibt.[263]

Nach § 7 Abs. 3 InvStG nimmt den entsprechenden Steuerabzug das inländische Investmentvermögen vor, wodurch die beschränkte Steuerpflicht natürlicher Personen bzw. Körperschaften nach § 50 Abs. 5 Satz 1 EStG, § 32 Abs. 1 Nr. 2 EStG abgegolten ist.[264]

(e) *Übergangsregelungen und Bestandsschutz*

Eine Einführung der Abgeltungssteuer soll nach § 52a EStG bzw. § 18 Abs. 1 InvStG in der Form des Unternehmensteuerreformgesetzes 2008 zum 01.01.2009 erfolgen.[265] Für die zeitliche Anwendung der Neuregelungen zur Abgeltungssteuer wurde mit § 52a EStG eine neue, eigenständige Anwendungsvorschrift geschaffen. Grundsätzlich gelten gem. § 52a Abs. 1 EStG die Regelungen zur Abgeltungssteuer für alle Kapitalerträge, die nach dem 31.12.2008 zufließen. Die zeitlich unbefristete Steuerverhaftung bei Wertpapieren, mithin die Neuregelung des § 20 Abs. 2 EStG gilt erstmals für Wertpapiere, die nach dem 31.12.2008 erworben werden. Für zuvor erworbene Wertpapiere gilt die bisherige einjährige Haltefrist weiter, um die Veräußerungsgewinne steuerfrei werden zu lassen (§ 52a Abs. 10 EStG). Sollte die Veräußerung innerhalb eines Jahres erfolgen, ist gleichwohl auch im Jahr 2009 noch das bisherige Halbeinkünfteverfahren in der alten Form anwendbar.

---

262 *Ebner,* NWB, vom 20.08.2007, F.3, 14709 (14719).
263 *Ebner,* NWB, vom 20.08.2007, F.3, 14709 (14720).
264 *Ebner,* NWB, vom 20.08.2007, F.3, 14709 (14720).
265 *Brockmann/Hörster,* NWB, vom 14.01.2008, F. 2, 9657 (9667).

Ausgeschüttete Gewinne aus der Veräußerung von Wertpapieren, Termingeschäften und Bezugsrechten auf Anteile an Kapitalgesellschaften genießen Bestandsschutz gem. § 18 Abs. 1 Satz 2 InvStG, soweit das Investmentvermögen die Wertpapiere oder Bezugsrechte vor dem 01.01.2009 angeschafft oder das maßgebliche Termingeschäft vor dem 01.01.2009 abgeschlossen hat.[266]

Im Hinblick auf die Schlussbesteuerung bei Investmentfonds ist besonders auf die zeitlichen Anwendungsregeln zu achten, sofern es sich um die Besteuerung realisierter Gewinne aus Fondsanteilsveräußerungen handelt.[267] Nach den Übergangsvorschriften findet die haltedauerunabhängige Besteuerung von Anteilsgewinnen erst für solche Investmentanteile Anwendung, die nach dem 31.12.2008 erworben werden. Hinzuweisen ist hierbei gleichzeitig auf die Besonderheit, dass aufgrund der Übergangsregeln begünstigte Gewinne auf Fondsebene („Alt-Wertpapierbestände") im Falle von Neu-Fondsanteilen gem. § 8 Abs. 5 InvStG, § 18 Abs. 1 Satz 2 InvStG i.V.m. § 2 Abs. 3 Nr.1 InvStG den Veräußerungsgewinn erhöhen und somit nachzuversteuern sind. Allerdings gilt der Bestandsschutz in der Weise, dass nur innerhalb der Jahresfrist veräußerte Fondsanteile der Steuerpflicht unterliegen, soweit diese vor dem 01.01.2009 erworben wurden.[268]

Eine maßgebliche Einschränkung des Bestandsschutzes besteht nach § 52a Abs. 10 Satz 8 EStG für Zertifikate. Hiernach ist bei Zertifikaten der „Wertzuwachsbesteuerungstatbestand" des § 20 Abs. 2 Satz 1 Nr. 7 EStG selbst bei einem Erwerb der Zertifikate vor dem 01.01.2009 anwendbar, sofern die Erträge nach dem 30.06.2009 zufließen.[269] Allerdings sind Zertifikate, die zwischen dem 14.03.2007 und vor dem 01.01.2009 von einem Investmentfonds erworben wurden, nicht unter den „Wertzuwachsbesteuerungstatbestand" zu fassen.[270] Dies kann auch nicht mit der Argumentation erreicht werden, dass nunmehr auch im Investmentvermögen alle Vermögenszuwächse erreicht werden sollen. Schließlich enthalten die §§ 18 und 19 InvStG eigene Anwendungs- und Übergangsregelungen, so dass § 52a Abs. 10 Satz 8 EStG mit den Sonderregelungen für Zertifikate keine Anwendung finden kann.[271]

---

266 *Ebner,* NWB, vom 20.08.2007, F.3, 14709 (14717).

267 *Ebner,* NWB, vom 20.08.2007, F.3, 14709 (14719).

268 *Ebner,* NWB, vom 20.08.2007, F.3, 14709 (14719); *Ebner,* NWB, vom 28.01.2008, F.3, 14927 (14928).

269 *Behrens,* DStR 2007, 1998 (2001); *Helios/Link,* DStR 2008, 386 (390).

270 So auch *Ebner,* NWB, vom 20.08.2007, F.3, 14709 (14717); *Helios/Link,* DStR 2008, 386 (390).

271 Zu Recht weist *Ebner,* NWB, vom 20.08.2007, F.3, 14709 (14717) darauf hin, dass das Transparenzprinzip nur eingeschränkte Anwendung findet und vom Gesetzgeber normiert sein muss, da andernfalls die Transparenz und Gleichbehandlung mit dem

5. Gleichheitsgebot

Das Gleichheitsgebot aus Art. 3 Abs. 1 GG findet als allgemeines Verfassungsgebot auch in der Fondsbesteuerung Anwendung und ist damit ein Grundsatz der Investmentbesteuerung.[272] Nach der so genannten „Neuen Formel"[273] des Bundesverfassungsgerichts darf wesentlich Gleiches ohne sachlichen Grund nicht unterschiedlich behandelt werden. Hieraus wird ebenfalls der Gedanke der Steuergerechtigkeit hergeleitet.[274] Die Steuerpflichtigen sind durch Steuergesetze rechtlich und tatsächlich gleich zu belasten.[275]

Folglich ist bei Anwendung und Prüfung des Gleichheitsgebots im Investmentsteuerrecht immer zunächst in einem ersten Schritt zu klären, ob die zu vergleichenden Gruppen wie z.B. der Anteilscheininhaber (Privat- oder betriebliche Anleger) oder aber die Ertragsbestandteile (z.B. durch Thesaurierung, Ausschüttung oder Veräußerung von Investmentanteilen)[276] jeweils untereinander in konkreter Regelungsmaterie wesentlich gleich sind. Wenn dies bejaht werden sollte, ist das Vorliegen einer Ungleichbehandlung zu untersuchen und gleichzeitig zu prüfen, ob in diesem Falle nicht wiederum ein sachlicher Grund vorliegt, der die Ungleichbehandlung rechtfertigt, da ansonsten ein Verstoß gegen das Gleichheitsgebot vorliegen würde.

Eine Ungleichbehandlung der Direktanleger zu den privaten Investmentanlegern in Bezug auf private Veräußerungsgewinne entsteht dadurch, dass der Direktanleger private Veräußerungsgewinne, die innerhalb der Spekulationsfrist des § 23 EStG getätigt wurden, zu versteuern hat, gleichwohl aber der über einen Fonds anlegende Privatanleger gem. § 2 Abs. 3 Nr. 1 InvStG mit dem von ihm erzielten Gewinn steuerfrei bleibt.[277]

Direktanleger nicht hergestellt werden kann. Im vorliegenden Fall bedeutet dies, dass die Übergangsregelung des § 52a Abs. 10 Satz 8 EStG nicht auf Investmentvermögen übertragbar ist, selbst wenn diese in Zertifikate investieren. Vgl. zum Transparenzprinzip auch Kapitel 2, A, III, 6.

272 Vgl. hierzu auch allgemein *Neumark,* Grundsätze gerechter und ökonomisch rationaler Steuerpolitik, 1970, S. 74ff., 90ff.

273 Vgl. grundlegend zur „Neuen Formel" BVerfGE 55, 72 (88).

274 *Tipke/Lang,* Steuerrecht, 2005, § 4, S. 78, Rn. 70.

275 *Tipke/Lang,* Steuerrecht, 2005, § 4, S. 78, Rn. 71.

276 Nach *Lindemann,* Besteuerung von Aktienfonds nach der Unternehmensteuerreform, 2004, S. 411f.; *Lindemann,* FR 2003, 890 (895), sind die Vereinahmungen von Fondserträgen zumindest nicht so wesentlich verschieden, dass sich eine Ungleichbehandlung für bestimmte Regelungen sachlich rechtfertigt.

277 Vgl. hierzu auch Kapitel 2, A, III, 6, b; Vgl. ebenso Kapitel 2, A, III, 4, b, (4), (a), da nach dem Unternehmensteuerreformgesetz 2008 das beschriebene Fondsprivileg für Privatanleger ab dem 01.01.2009 entfällt.

Der gleichzeitig mit der Ungleichbehandlung verbundene Verstoß gegen das Transparenzprinzip wird erst auf der Ebene des Betriebsvermögens wieder aufgehoben, da von der Steuerbefreiung des § 2 Abs. 3 Nr. 1 InvStG ausgeschüttete Gewinne aus der Veräußerung von Wertpapieren, die Betriebseinnahmen darstellen, ausdrücklich ausgenommen sind. Trotz Durchbrechung des Transparenzgedankens liegt in der Ungleichbehandlung der privaten Investmentanleger in Bezug zu den Direktanlegern hinsichtlich der Anwendbarkeit der Spekulationsfrist des § 23 EStG kein Verstoß gegen das Gleichheitsgebot aus Art. 3 Abs.1 GG vor. Anteilscheininhaber und Direktanleger gehören bereits für sich jeweils unterschiedlichen Anlegergruppen an, so dass eine Verletzung des Gleichheitsgebots bereits bei einer Prüfung auf erster Stufe ausscheidet. Aber auch für den Fall, dass die unterschiedlichen Anlegergruppen in einer „Obergruppe" als Kapitalanleger im Allgemeinen zusammengefasst werden, bestehen zwischen diesen wegen der Zwischenschaltung eines Sondervermögens bei den Investmentanlegern gravierende Unterschiede, so dass in der Besserstellung der privaten Investmentanleger bezüglich der innerhalb der Spekulationsfrist getätigten Veräußerungsgewinne ein sachlicher Grund anzunehmen ist. Schließlich haben die privaten Investmentanleger keinen Einfluss darauf, wann ein Investmentfonds Veräußerungsgeschäfte innerhalb der Frist des § 23 EStG vornimmt, was indes bei Direktanlegern gänzlich anders ist.

6. Transparenzprinzip

Das Transparenzprinzip gilt als der bedeutendste Grundsatz der Fondsbesteuerung.[278] Die Anlage in Investmentfonds über die Kapitalanlagegesellschaften ist so ausgestaltet, dass grundsätzlich steuerrechtlich fingiert wird, die Anleger hätten die entsprechenden Aktiengeschäfte selbst vorgenommen, so dass die Erträge des Fonds bei den Anteilscheininhabern in der Einkommensteuer zu berücksichtigen sind. Durch die Fondskonstruktion wird gewissermaßen „hindurchgeschaut". Sie ist transparent.[279] Jedoch bestehen Unterschiede zwischen Direktanlegern und Investmentsparern, so dass in einigen Ausnahmen von der „Durchsichtigkeit" des Investmentsteuergesetzes abgewichen wird.[280] Im Ergebnis ist jedoch nur durch den Gedanken des Transparenzprinzips eine „begrenzte Gleichstellung" des Investmentsparers mit dem Direktanleger zu erreichen.[281]

---

278 *Schnitger/ Schachinger,* BB 2007, 801, 801; *Wagner,* Stbg 2005, 298 (298).

279 *Lindemann,* Besteuerung von Aktienfonds nach der Unternehmensteuerreform, S. 61.

280 *Lindemann,* FR 2003, 890 (891).

281 *Altfelder*, FR 2000, 299 (313).

a. Steuerrechtliche Anforderungen und Umsetzung der Transparenz auf der Fondsebene

Voraussetzung für ein Erreichen der steuerrechtlichen Transparenz ist, dass die Fondserträge bei den Anteilscheininhabern steuerlich erfasst werden und gleichzeitig sowohl die Kapitalanlagegesellschaften als auch die Depotbanken hinsichtlich des Sondervermögens[282] von der Steuerpflicht freigestellt sind.[283] Die Verwirklichung dieser Voraussetzung wird abermals durch die Steuerfreistellung des Sondervermögens gem. § 11 Abs. 1 Satz 2 InvStG und der Trennung vom Vermögen der Kapitalanlagegesellschaft erreicht.[284] Simultan wird zum Erreichen der annähernden Gleichstellung von Investmentsparern und Direktanlegern versucht, steuerrechtliche Nachteile auf der Eingangsseite des Fonds zu vermeiden. Ausgeführt wird dies vor allem durch Erstattungen des Finanzamts für von der Depotbank einbehaltene Kapitalertragsteuern auf Dividenden und Zinsen nach § 11 Abs. 2 Satz 1 InvStG, wenn nicht ohnehin vom Steuerabzug i.S. der § 11 Abs. 2 Satz 1 InvStG i.V.m. § 44a EStG Abstand genommen wurde.

(1) Transparenzprinzip und Umsatzsteuer

An einer vollständigen steuerrechtlichen Umsetzung des Transparenzprinzips könnte dennoch gezweifelt werden, da das Fondsvermögen mangels ausdrücklicher Erwähnung in § 11 Abs. 1 Satz 2 InvStG nicht von der Umsatzsteuer befreit ist.[285] Dies schadet jedoch einer weitgehenden Umsetzung der Gleichstellung des Investmentsparers mit dem direkt anlegenden Aktionär nicht. Denn hinsichtlich der Umsatzsteuer ist die Verwaltung eines Fonds nach § 4 Nr. 8 lit. h) UStG von der Umsatzsteuer befreit.[286] Eine Mehrfachbelastung des Anteils-

---

282 Zur grundsätzlichen Zulässigkeit von Sondervermögen vgl. Bischoff, DVBl 1956, 187 (187).

283 *Lindemann,* Besteuerung von Aktienfonds nach der Unternehmensteuerreform, S. 62.

284 *Otterbach,* Verwaltung und Besteuerung von Spezialfonds nach dem KAGG, 2004, S. 146.

285 *Lübbehüsen* in: Brinkhaus/Scherer, KAGG, § 38, Rn. 17.

286 Die Umsatzsteuerbefreiung für die Verwaltung von Sondervermögen nach dem Investmentgesetz orientiert sich an gemeinschaftsrechtliche Vorgaben der deutschen Fassung der Sechsten „Umsatzsteuer-" Richtlinie 77/388/EWG des Rates vom 17.05.1977 zur Harmonisierung der Rechtsvorschriften der Mitgliedstaaten über die Umsatzsteuern. Gleichwohl enthalten andere nationale Fassungen, wie die englische, französische oder niederländische der vorgenannten Richtlinie keine Einschränkungen hinsichtlich des Leistungserbringers (Kapitalanlagegesellschaft). Nach europäischem Recht aber sind alle Sprachfassungen gleichberechtigt, so dass es letztlich dem EuGH überlassen bleibt die betreffende Vorschrift nach dem allgemeinen Aufbau und nach dem Zweck der Regelung auszulegen und für Rechtssicherheit zu sorgen. Vgl. hierzu auch BDO Deutsche Warentreuhand AG Wirtschaftsprüfungsgesellschaft, Aktuelle Informationen Banken und Sparkassen Nr. 3/2005.

inhabers besteht gegenüber dem Direktanleger nicht. Im Gegenteil ist sogar der nicht gem. § 15 UStG zum Vorsteuerabzug berechtigte Aktionär gegenüber dem Fondsanleger in Investmentanteile benachteiligt, da die Verwaltungstätigkeit der Kapitalanlagegesellschaften bei der Direktanlage steuerbar als sonstige Leistung gem. §§ 1 Abs. 1 Nr. 1, 3 Abs. 9 Satz 1 UStG gewertet wird[287] und nicht von der Steuerbefreiung des § 4 Nr. 8 lit. e.), h.) UStG umfasst ist.[288]

Die KAG und die Depotbank bleiben aber gleichwohl für sonstige Einnahmen, die nicht unmittelbar das Sondervermögen betreffen, gem. § 1 Abs. 1 Nr. 1 KStG, § 2 Abs. 2 Satz 1 GewStG körperschaft- und gewerbesteuerpflichtig.[289] Das Transparenzprinzip beeinflusst die Regelbesteuerung nach den Ertragsteuergesetzen für diese Gesellschaften nicht.

---

287 BFH vom 10.12.1981, BStBl. II 1982, 178 (178ff.); BFH vom 29.09.1987, BFH/NV 1988, 268 (268); *Beckmann/Scholtz/Vollmer,* Investment-Handbuch, 2005, 425, § 38, Rn. 5; Die zum Vorsteuerabzug notwendige Unternehmereigenschaft i.S. des § 2 UStG wird nach R 18 Abs. 1 Satz 5, 6 UStR 2000 nicht durch das Eigentum an Wertpapieren oder durch das bloße Erwerben und Halten von Beteiligungen an Kapitalanlagegesellschaften begründet. Vgl. ebenso *Lübbehüsen* in: Brinkhaus/Scherer, KAGG, § 38, Rn. 55.

288 Das weitere Problem einer möglicherweise bestehenden umsatzsteuerpflichtigen Vermittlung von Fondsanlagen bei einem so genannten „mehrstufigem Vertrieb" ist vorliegend nicht auf Seiten der Kapitalanlagegesellschaft, sondern allein auf Seiten der Vermittler relevant, so dass nicht im Detail darauf eingegangen werden soll. Hintergrund ist jedoch derjenige, dass es der Rechtsprechung bislang nicht gelungen ist, den Vermittlungsbegriff eindeutig zu umfassen. Das FG Brandenburg vom 11.12.2002, EFG 2003, 492 (492), ging bei der Entscheidung zu § 4 Nr. 8 lit. a) UStG noch davon aus, dass der Begriff der Vermittlung alle Handlungen umfasst, die darauf gerichtet sind, einen Kreditvertrag zwischen Kreditnehmer und Kreditgeber zustande zu bringen ohne das es erforderlich ist, dass zwischen dem Vermittler und einer oder beiden Parteien des späteren Vertrages ein Maklervertrag zustande kommt. Stattdessen lässt es das FG Brandenburg genügen, wenn der Kreditsuchende einem bestimmten Kreditgeber zugeführt und ihm der Vertragsschluss erleichtert wird. Hingegen verlangt der BFH vom 09.10.2003 BStBl. II 2003, 958 (958), das Vorliegen eines Geschäftsbesorgungsvertrages zwischen dem „Vermittler" und einem der Vertragsparteien des „vermittelten" Vertrages. Eine gegen dieses Urteil beim Bundesverfassungsgericht unter dem AZ.: 1 BvR 28/05 mit der Begründung eingelegte Verfassungsbeschwerde, der BFH sei zur Vorlage an den EuGH verpflichtet gewesen, da der Begriff der Vermittlung nicht, wie vom BFH angenommen vom EuGH bereits geklärt sei, ist durch Beschluss vom 09.01.2006 erledigt. Die einschlägige BFH Entscheidung ist jedoch überwiegend auf Kritik gestoßen. Aller Voraussicht nach ist eine Klärung dieses Problems erst durch eine Entscheidung des EuGH in einem vergleichbaren Fall zu erwarten. Vgl. hierzu auch BDO Deutsche Warentreuhand AG Wirtschaftsprüfungsgesellschaft, Aktuelle Informationen Banken und Sparkassen Nr. 3/2005.

289 Zur Gewerbesteuer des Anlegers vgl. unten Kapitel 3, I.

(2) *Zurechnung, Transparenzprinzip und Abschirmwirkung des Investmentvermögens*

(a) *Grundsätzliche Zurechnung des Sondervermögens gem. § 39 AO*

Für die Besteuerung der verwahrenden Depotbank gilt, dass ihr das Sondervermögen nicht i.S. des § 39 AO steuerrechtlich zuzurechnen ist, da sie nach § 39 Abs. 1 AO weder juristische[290] noch nach § 39 Abs. 2 Nr.1 AO wirtschaftliche Eigentümerin[291] des Fondsvermögens ist.

Vielmehr müsste eine Zurechnung des Fondsvermögens grundsätzlich auf Seiten der Anleger erfolgen.[292] Denn entweder sind diese Miteigentümer des Sondervermögens i.S. des § 39 Abs. 2 Nr. 2 AO, wenn für die rechtliche Struktur des Sondervermögens die Miteigentumslösung gewählt und vereinbart wurde, oder sie sind Treugeber i.S. des § 39 Abs. 2 Nr. 1 Satz 2 AO im Rahmen der Treuhandlösung.[293]

Ein Investmentfonds, der der Treuhandlösung folgt, begründet auf Seiten der Kapitalanlagegesellschaft Eigentum am Sondervermögen.[294] Das Steuerrecht folgt in seinen Zurechnungsvorschriften nicht der Zuordnung des Privatrechts.[295]

Auch im Rahmen der Miteigentumslösung hält die jeweilige Kapitalanlagegesellschaft das Fondsvermögen lediglich zugunsten der Anteilscheininhaber innerhalb eines Treuhandverhältnisses. Schließlich darf die KAG das eingelegte Geld der Investmentsparer nur nach den Vorgaben des Investmentgesetzes, insbesondere nach den §§ 7 Abs. 2, 9 Abs. 2 InvG, und der Vertragsbedingungen anlegen und darüber verfügen. Im Endeffekt müsste das Sondervermögen

---

290 Das juristische Eigentum besteht entweder auf Seiten der Kapitalanlagegesellschaft (Treuhandlösung) oder aber auf Seiten der Anteilinhaber des Sondervermögens (Miteigentumslösung); vgl. hierzu oben Kapitel 2, A, I, 2, c.

291 Beim Begriff des „wirtschaftlichen Eigentums“ ist darauf hinzuweisen, dass das Steuerrecht keinen eigenen Eigentumsbegriff enthält, der vom privatrechtlichen (juristischen) Eigentumsbegriff abweicht. Der Begriff des „wirtschaftlichen Eigentums“ umschreibt vielmehr im Rahmen des § 39 Abs. 2 AO die Voraussetzungen für die Abweichung von der Regelzurechnung des § 39 Abs. 1 AO. Vgl. hierzu *Tipke/Kruse*, § 39 AO (FGO), Rn. 21 m.w.N.

292 *Kronat*, Besteuerung von Wertpapier-Investmentfonds, 2002, S. 29.

293 *Fischer*, WM 2001, 1236 (1237); *Otterbach*, Verwaltung und Besteuerung von Spezialfonds nach dem KAGG, 2004, S. 36; vgl. ebenso zur Miteigentums- und Treuhandlösung oben Kapitel 2, A, I, 2, c.

294 *Kronat*, Besteuerung von Wertpapier-Investmentfonds, 2002, S. 29.

295 *Kronat*, Besteuerung von Wertpapier-Investmentfonds, 2002, S. 29.

wiederum nur den Anteilscheininhabern nach § 39 Abs. 2 Nr. 1 Satz 2 AO zuzurechnen sein,[296] da sie dessen Eigentümer sind.[297]

(b) Transparenzprinzip und Abschirmwirkung des Investmentvermögens sowie deren Folgen für eine Zurechnung nach § 39 AO

Als Folge der Zweckvermögensfiktion nach § 11 Abs. 1 Satz 1 InvStG i.V.m. § 1 Abs. 1 Nr. 5 KStG ist das Sondervermögen steuerbar und damit gem. § 33 AO selbst „Steuerpflichtiger" im Sinne dieser Vorschrift.[298] Die Kapitalanlagegesellschaft hat demnach die steuerrechtlichen Rechte und Pflichten des Sondervermögens als zivilrechtlich nicht rechtsfähige Vermögensmasse i.S. der § 7 Abs. 4 Satz 1 InvStG, § 9 Abs. 1 InvG i.V.m. § 34 AO wahrzunehmen. Sie ist insoweit die steuerrechtliche Vertreterin.[299]

Indem jedoch über die Zweckvermögensfiktion das Sondervermögen zum Steuersubjekt wird,[300] stellt sich die Frage, ob dadurch nicht auch die steuerrechtliche Zurechnung zu einem anderen Steuersubjekt (Anteilscheininhaber) ausgeschlossen ist. Diese Frage hat erhebliche Bedeutung für das Investmentsteuerrecht, da in diesem Fall die Konzeption des Investmentsteuerrechts mit dem niedergelegten Transparenzprinzip und der versuchten Gleichstellung des Investmentsparers mit dem Direktanleger nicht vollumfänglich möglich wäre. Die Voraussetzung für das Erreichen der steuerrechtlichen Transparenz, dass die Fondserträge bei den Anteilscheininhabern steuerlich erfasst werden, könnten nicht umfassend sondern nur eingeschränkt erfüllt werden, so dass in der Investmentbesteuerung nur von einem „eingeschränkten Transparenzprinzip" ausgegangen werden könnte.

i. Dualismus von Trennungsprinzip und Transparenzprinzip im deutschen Steuerrecht und Kombination dieser Prinzipien im Investmentsteuerrecht

Im deutschen Steuerrecht ist bei der Besteuerung von Gesellschaften und ihrer Anteilseigner bzw. Gesellschafter zwischen Kapital- und Personengesellschaften zu unterscheiden. Das deutsche Steuerrecht wird insoweit vom Dualismus des Trennungs- und des Transparenzprinzips bestimmt.[301] Während bei Personengesellschaften Einkünfte unmittelbar beim Gesellschafter erfasst werden, weshalb

---

296 *Fischer*, WM 2001, 1236 (1237); *Lindemann*, Besteuerung von Aktienfonds nach der Unternehmensteuerreform, S. 62.

297 *Kronat*, Besteuerung von Wertpapier-Investmentfonds, 2002, S. 29.

298 *Stotz*, Besteuerung von Wertpapier-Investmentfonds, 1998, S. 83; *Kronat*, Besteuerung von Wertpapier-Investmentfonds, 2002, S. 29.

299 *Otterbach*, Verwaltung und Besteuerung von Spezialfonds nach dem KAGG, 2004, S. 146; *Stotz*, Besteuerung von Wertpapier-Investmentfonds, 1998, S. 83.

300 *Kronat*, Besteuerung von Wertpapier-Investmentfonds, 2002, S. 29.

301 *Fock*, DStZ 2006, 503 (503).

diese Art der Gesellschaft transparent ist und ähnlich einem Fondsvermögen hinsichtlich der Einkünfte durch die Gesellschaft hindurchgeschaut wird, ist bei Kapitalgesellschaften strikt zwischen der Gesellschaftsebene und der Gesellschafterebene (Anteilseigner) zu unterscheiden.[302] Hintergrund ist derjenige, dass § 1 Abs. 1 KStG für bestimmte Körperschaften, Personenvereinigungen und Vermögensmassen u.a. auch für Kapitalgesellschaften sowie Zweckvermögen die unbeschränkte Steuerpflicht anordnet und somit zum Steuersubjekt erklärt. Mit der Trennung der Gesellschaftsebene von der Gesellschafterebene ist aber gleichzeitig eine steuerliche Abschirmwirkung mit der Folge verbunden, dass Einkünfte auf Gesellschaftsebene nicht unmittelbar den Gesellschaftern (Anteilseignern) zugerechnet werden können.[303]

Der Gesetzgeber geht im Grundsatz ebenfalls im Investmentsteuerrecht steuersystematisch vom Trennungsprinzip aus. Dies ergibt sich bereits aus § 11 Abs. 1 Satz 1 InvStG, der auf § 1 Abs. 1 Nr. 5 KStG verweist und damit das Sondervermögen durch die Zweckvermögensfiktion mit der Folge einer „Abschirmwirkung“ für die Anteilsscheininhaber zum Steuerpflichtigen deklariert. Zudem wird auch durch die grundsätzliche Anordnung des Transparenzprinzips durch den Gesetzgeber deutlich, dass dieser bei Investmentvermögen zunächst vom Trennungsprinzip ausgeht. Andernfalls müsste das Transparenzprinzip nicht besonders hervorgehoben werden, da dieses sodann ohne Abschirmwirkung ohnehin ähnlich einer Personengesellschaft gelten würde.[304]

ii. Folgen der Abschirmwirkung des Fondsvermögens für eine Zurechnung nach § 39 AO

Tatbestandlich knüpft die Zurechnung nach § 39 AO an das Vorliegen eines Wirtschaftsgutes an. Die Zulässigkeit einer möglichen steuerrechtlichen Zurechnung des Sondervermögens im Rahmen des § 39 AO konzentriert sich daher einzig auf die Frage, ob das als Zweckvermögen fingierte Sondervermögen ein Wirtschaftsgut i.S. der steuerrechtlichen Zurechnungsvorschrift ist. Jedoch wird der Begriff des Wirtschaftsguts selbst nicht in dieser Norm definiert.[305] Im Allgemeinen werden steuerrechtlich sowohl Sachen und Rechte als auch wirtschaftliche Werte jeder Art, sofern sie am Bilanzstichtag als realisierbare Vermögenswerte angesehen werden können, aber auch sonstige wirtschaftliche Werte jeder Art, die nach der Verkehrsauffassung einer besonderen Bewertung zugänglich sind und die einen Nutzen für mehrere Wirtschaftsjahre erbringen als

---

302 *Jacobs,* Unternehmensbesteuerung und Rechtsform, 2002, 3. Kapitel, B, I.

303 So im Ergebnis auch *Fock,* DStZ 2006, 503 (503).

304 *Fock,* DStZ 2006, 503 (503).

305 *Fischer* in: *Hübschmann, Hepp, Spitaler* (HHSp), § 39 AO (FGO), Rn. 4.

Wirtschaftsgüter aufgefasst.[306] Der steuerrechtliche Begriff des Wirtschaftsguts ist danach mit dem handelsrechtlichen Begriff des Vermögensgegenstandes vergleichbar.[307] Daraus lässt sich zudem erkennen, dass der Gesetzeswortlaut der Zurechnungsvorschrift nur untechnisch aufzufassen ist, da es „Eigentum an Wirtschaftsgütern" nicht gibt.[308] Privatrechtlich ist Eigentum nur an Sachen i.S. des § 90 BGB möglich.[309] Für die Auslegung des § 39 AO ergibt sich daraus, dass die tatbestandlichen Zurechnungsvoraussetzungen dieser Vorschrift in einem sehr weiten wirtschaftlichen Sinne zu verstehen sind und eine Auslegung entsprechend großzügig zu erfolgen hat.[310] Mit den tatbestandlichen Voraussetzungen des § 39 AO ist eine ausschließliche Zurechnung jedweder verfügbarer bzw. nutzbarer Werte gemeint.[311] Dies deckt sich zudem damit, dass der § 39 AO gerade Ausdruck einer wirtschaftlichen Betrachtungsweise ist.[312]

Das Sondervermögen ist unabhängig von der Zweckvermögensfiktion des § 11 Abs. 1 Satz 1 InvStG i.V.m. § 1 Abs. 1 Nr. 5 KStG ein realisierbarer Vermögenswert, der einer Bewertung zugänglich ist und demnach unter Zugrundelegung der wirtschaftlichen Betrachtungsweise tatbestandlich grundsätzlich unter die Vorschrift des § 39 AO gefasst werden kann. Allerdings steht die Zweckvermögensfiktion wegen des zugrunde gelegten Trennungsprinzips mit der damit verbunden Abschirmwirkung des Sondervermögens einer Zurechnung des Sondervermögens beim jeweiligen Anteilscheininhaber entgegen.[313]

Die Abschirmwirkung des Fondsvermögens bewirkt, dass den Anteilsscheininhabern dieses Sondervermögen steuerrechtlich nicht zugerechnet werden kann. Insoweit ist die steuerrechtliche Zurechnungsvorschrift des § 39 AO nicht anzuwenden, obgleich diese grundsätzlich für das gesamte Steuergesetz und somit auch für das Investmentsteuergesetz gilt.[314] Letztlich verhindert die Zweckvermögensfiktion eine steuerrechtliche Zurechnung nach § 39 AO dadurch, dass über § 11 Abs. 1 Satz 1 InvStG i.V.m. § 1 Abs. 1 Nr. 5 KStG mit der damit

---

306 *Hallerbach,* Die Personengesellschaft im Einkommensteuerrecht, 1999, S. 204; *Tipke/Kruse*, § 39 AO (FGO), Rn. 4; 17; *Fischer* in: *Hübschmann, Hepp, Spitaler* (HHSp), § 39 AO (FGO), Rn. 4 m.w.N.

307 Vgl. BFH vom 26.10.1987 (GrS 2/86) BStBl. II 1988, 348 (348); *Fischer* in: *Hübschmann, Hepp, Spitaler* (HHSp), § 39 AO (FGO), Rn. 4.

308 *Tipke/Kruse*, § 39 AO (FGO), Rn. 4.

309 *Tipke/Kruse*, § 39 AO (FGO), Rn. 4.

310 *Tipke/Kruse*, § 39 AO (FGO), Rn. 4 und 17.

311 *Fischer* in: *Hübschmann, Hepp, Spitaler* (HHSp), § 39 AO (FGO), Rn. 4.

312 *Tipke/Kruse*, § 39 AO (FGO), Rn. 1; *Fischer* in: *Hübschmann, Hepp, Spitaler* (HHSp), § 39 AO (FGO), Rn. 3.

313 Dieses Ergebnis wird häufig verkannt. Vgl. beispielsweise *Schick/Bickert,* BB 2006, 1999, 2000.

314 *Berger/Lübbehüsen,* FR 2006, 126 (127); *Fock,* DStZ 2006, 503 (504).

verbundenen Schaffung des Sondervermögens als Steuerpflichtigen die unterschiedlichen Steuersubjekte gerade in steuerrechtlicher Hinsicht zu trennen sind.[315] In diesem Sinne ist ebenfalls das Sondervermögen gem. § 11 Abs. 1 Satz 2 InvStG in Bezug auf die Körperschaftsteuer sowie die Gewerbesteuer vom Vermögen der Investmentanleger zu trennen, was auf der Ebene der Anteilsscheininhaber ertragssteuerrechtlich gerade bedeutet, dass Ausschüttungen erst mit dem anzunehmenden Zufluss gem. § 3 Abs. 2 InvStG bzw. thesaurierte Erträge über den Sonderfall der so genannten ausschüttungsgleichen Erträge nach § 2 Abs. 1 Satz 2 InvStG als zugeflossen fingiert werden können.

(3) Umsetzung des Transparenzprinzips bei der Besteuerung thesaurierter Erträge

Ein Problem entsteht bei der Umsetzung des Transparenzprinzips im Rahmen der Besteuerung thesaurierter (ausschüttungsgleicher) Erträge, da diese Variante bei der Direktanlage nicht möglich ist. Vielmehr hat der Direktanleger alle ihm zugeflossenen Erträge periodengerecht i.S. der §§ 2 Abs. 7, 11 Abs. 1 Satz 1 EStG zu ermitteln und zu versteuern. Eine Benachteiligung der Direktanlage und Umgehung der Besteuerung thesaurierter Erträge soll dadurch verhindert werden, dass ein Zufluss entsprechender Erträge mit Ablauf des Geschäftsjahres beim Anteilscheininhaber nach § 2 Abs. 1 Satz 2 InvStG fingiert wird.[316]

Otterbach[317] hat zum KAGG a.F. die Ansicht vertreten, dass vor In-Kraft-Treten des Investmentmodernisierungsgesetzes nicht alle thesaurierten Erträge des Investmentfonds der Besteuerung unterlagen. Vielmehr seien von der Zuflussfiktion des § 39 Abs. 1 Satz 1 KAGG a.F. auf Grund des Wortlauts nur Einnahmen i.S. des § 20 EStG und bestimmte Gewinne i.S. des § 23 EStG erfasst gewesen. Nicht erfasst wurden danach Veräußerungsgewinne außerhalb der Fristen des § 23 EStG und Einkünfte, die nicht unter § 20 EStG zu subsumieren seien, wie z.B. Bezugsrechterlöse und Stillhalterprämien.[318] In diesen Fällen unterlägen die Einnahmen nur der Besteuerung, wenn sie auch tatsächlich ausgeschüttet worden seien, oder aber Investmentanteile zurückgegeben oder veräußert würden.[319] Dementsprechend könne durch eine Ausschüttungsverzögerung seitens des Fonds ein für den Fiskus unvorteilhafter Steuerstundungsef-

---

315 *Fock,* DStZ 2006, 503 (504).

316 *Otterbach,* Verwaltung und Besteuerung von Spezialfonds nach dem KAGG, 2004, S. 162.

317 *Otterbach,* Verwaltung und Besteuerung von Spezialfonds nach dem KAGG, 2004, S. 162ff.

318 *Otterbach,* Verwaltung und Besteuerung von Spezialfonds nach dem KAGG, 2004, S. 164; vgl. zu den Stillhalterprämien besonders Kapitel 4, A, 2, b.

319 *Otterbach,* Verwaltung und Besteuerung von Spezialfonds nach dem KAGG, 2004, S. 164.

fekt entstehen. Darüber hinaus seien für den Investmentsparer diese nicht durch § 39 KAGG a.F. erfassten Erträge bei Thesaurierung endgültig steuerfrei, wenn dieser seine Anteilsscheine außerhalb der einjährigen Spekulationsfrist des § 23 Abs. 1 Satz 1 Nr. 2 EStG veräußerte.[320]

Eine solche Wortlautauslegung des § 39 KAGG a.F. steht jedoch im Widerspruch zum Transparenzprinzip, da die durch den Gesetzestext des § 39 KAGG a.F. nicht erfassten Erträge dennoch beim Direktanleger als Einnahmen zu versteuern sind. Dies erkennen auch *Beckmann/Scholtz/Vollmer,*[321] die die reine Wortlautauslegung in Anbetracht des Sinns und Zwecks der gesetzlichen Bestimmung für problematisch halten. Diese sehen in der Trennung zwischen Zinsen und Dividenden auf der einen Seite und anderen Bezügen i.S. des § 20 Abs. 1 Satz 1 Nr. 1 EStG auf der anderen Seite die Unvereinbarkeit mit dem Transparenzprinzip ohne allerdings näher darauf einzugehen.[322]

Gleichwohl ist bezüglich der Besteuerung thesaurierter Erträge nach dem KAGG a.F. die Ansicht *Otterbachs*[323] richtig. Entgegen der zum Ausdruck bringenden Erwägungen von *Beckmann/Scholtz/Vollmer,* dass auch die nach dem Wortlaut des § 39 KAGG a.F. nicht erfassten thesaurierten Erträge unter Zugrundelegung des Transparenzgrundsatzes von der Vorschrift umfasst sein müssten überzeugt nicht. Zwar ist das Transparenzprinzip als tragender Grundsatz der Fondsbesteuerung dort zur Geltung zu bringen, wo immer dies möglich erscheint, vorliegend aber verkennen *Beckmann/Scholtz/Vollmer*[324] das Analogieverbot im Steuerrecht, indem sie nicht darauf eingehen, ob eine über den Wortlaut hinausgehende Auslegung in der zu beurteilenden Konstellation durch die Bildung einer Analogie überhaupt möglich ist. Das Analogieverbot gilt jedenfalls dann, wenn in steuerverschärfender Weise über den möglichen Wortsinn des Gesetzes hinaus Steuertatbestände ausgeweitet werden.[325] Vom

---

320 *Beckmann/Scholtz/Vollmer,* Investment-Handbuch, 2005, 425, § 39, Rn. 28; *Otterbach,* Verwaltung und Besteuerung von Spezialfonds nach dem KAGG, 2004, S. 164.

321 *Beckmann/Scholtz/Vollmer,* Investment-Handbuch, 2005, 425, § 39 Rn. 30.

322 *Beckmann/Scholtz/Vollmer,* Investment-Handbuch, 2005, 425, § 39 Rn. 30. Zum Ergebnis der vollen Steuerbarkeit aller Erträge bei Thesaurierung vgl. auch *Altfelder,* FR 2000, 299 (307); *Lübbehüsen* in: Brinkhaus/Scherer, KAGG, § 39, Rn. 22.

323 *Otterbach,* Verwaltung und Besteuerung von Spezialfonds nach dem KAGG, 2004, S. 164.

324 *Beckmann/Scholtz/Vollmer,* Investment-Handbuch, 2005, 425, § 39 Rn. 30.

325 FG Köln vom 31.07.2001, EFG 2002, 809 (811); Dieses Urteil des FG Köln ist durch das Urteil des BFH vom 26.02.2003, BStBl. II 2004, 72 (72) aufgehoben worden. Dies jedoch nicht, weil das FG Köln in seiner Entscheidung ein steuerverschärfendes Analogieverbot angenommen hatte. Zum Analogieverbot führt der BFH vom 26.02.2003, BStBl. II 2004, 72 (73) einzig aus, dass entgegen der Auffassung des FG Kölns das Verständnis der streitentscheidenden Vorschrift keine steuerverschärfende Analogie

Bundesverfassungsgericht wird gerade im Hinblick auf finanziell belastende Verwaltungsakte ebenfalls ein Analogieverbot angenommen.[326] Gleichwohl ist die Frage nach dem Bestehen eines Analogieverbots im Steuerrecht umstritten. So wird gleichfalls vertreten, dass ein Analogieverbot weder im Steuerrecht[327] noch im übrigen Verwaltungsrecht besteht.[328]

Letztlich aber kann die Frage, ob ein Analogieverbot im Steuerrecht besteht, im Hinblick auf eine mögliche Besteuerung der von *Otterbach*[329] bezeichneten und nicht nach § 39 KAGG a.F. erfassten thesaurierten Erträge für die steuerrechtliche Behandlung dieser Erträge im Investmentsteuergesetz offen bleiben, da sich dort das Problem nach neuer Rechtslage nicht mehr stellt. § 2 Abs. 1 Satz 1 InvStG erfasst nunmehr ebenfalls nach seinem Wortlaut alle Erträge und nicht nur die im § 39 Abs. 1 Satz 1 KAGG a.F. aufgeführten Einkünfte i.S. des § 20 EStG und Gewinne aus privaten Veräußerungsgeschäften i.S. des § 23 EStG. Ein Konflikt in der Gleichstellung der Besteuerung des Direktanlegers mit dem Investmentsparer wird durch den neuen Wortlaut behoben und das Transparenzprinzip gewahrt.

(4) Zwischenergebnis

Der Anleger wird nach dem Transparenzprinzip so behandelt, als hätte er die Anlage selbst vorgenommen. Ihm stehen nur mittelbare Rechte an den von der Kapitalanlagegesellschaft verwalteten Anlagegegenständen seines Anteils am

---

darstellte, sondern „eine am Wortlaut sowie am Sinn und Zweck der Abzugsbeschränkung orientierte Auslegung (…)"; Vgl. auch *Friauf* in Tipke: Grenzen der Rechtsfortbildung, 1982, S. 53ff.; *Kruse* in Tipke: Grenzen der Rechtsfortbildung, 1982, S. 71ff.; *Felix* in Tipke: Grenzen der Rechtsfortbildung, 1982, S. 99ff. Das Ergebnis eines steuerverschärfenden Analogieverbots begründet sich danach auf die Gesetzmäßigkeit der Verwaltung, dem Gedanken der Rechtssicherheit und dem Vertrauensschutz. Bei der Anwendung des Steuerrechts darf der mögliche Wortsinn von Rechtsnormen nicht zu Lasten eines Steuerpflichtigen überschritten werden. Der Vorbehalt des Gesetzes verlangt gerade vom Gesetzgeber die Tatbestände zu bestimmen, die steuerpflichtig sein sollen.

326 BVerfG NJW 1996, 3146 (3146).

327 Gegen ein Analogieverbot im Steuerrecht sind beispielsweise *Tanzer,* StuW 1981, 201 (216); *Fischer,* StuW 1979, 347 (361f.); *Tipke* in Tipke: Grenzen der Rechtsfortbildung, 1982, S. 11ff.; *Woerner* in Tipke: Grenzen der Rechtsfortbildung, 1982, S. 23ff.;*Tipke/Lang,* Steuerrecht, 2005, § 5, S. 145f., Rn. 58ff.

328 BFH vom 20.10.1983, BStBl. II 1984, 221 (224f.); FG Köln vom 29.09.2000, EFG 2001, 272 (273). Zum Urteil des BFH vom 20.10.1983, BStBl. II 1984, 221 (221) ist jedoch anzumerken, dass es sich um das bisher einzige Urteil des BFH handelt, indem das Gericht eine steuerverschärfende Analogie überhaupt für zulässig erachtete.

329 *Otterbach,* Verwaltung und Besteuerung von Spezialfonds nach dem KAGG, 2004, S. 164.

Sondervermögen zu. Durch die Freistellung des Investmentertrages im Sondervermögen durch § 11 Abs. 1 Satz 2 InvStG und der steuerrechtlichen Trennung der Anlagegelder vom Vermögen der Kapitalgesellschaft wird eine Doppelbesteuerung bei der Einkommen-, Körperschaft- und Gewerbesteuer beim Anleger vermieden. Ebenso wird der Anleger nur einmalig mit der Kapitalertragsteuer konfrontiert. Die von den Kapitalanlagegesellschaften einbehaltene Kapitalertragsteuer werden dem Anleger auf die zu zahlende Einkommensteuer angerechnet. Im Ergebnis entspricht dies der Transparenz, da das Fondvermögen lediglich beim Anleger erfasst wird.[330]

b. Einschränkungen des Transparenzprinzips durch den Gesetzgeber

Das geltende Investmentsteuergesetz enthält bedeutende Abweichungen vom Grundsatz der Transparenz, die aus dem KAGG in ihrer bisher geltenden Form übernommen worden sind. An diesen Stellen ist das Transparenzprinzip hinsichtlich des privaten Investmentsparers nicht konsequent umgesetzt.[331]

Die Durchbrechungen der Gleichbehandlung durch den Gesetzgeber vollziehen sich auf unterschiedlichen Ebenen.[332] Während der Direktanleger private Veräußerungsgewinne, die innerhalb der Spekulationsfrist des § 23 EStG getätigt wurden, zu versteuern hat, bleibt der über einen Fonds anlegende Privatanleger gem. § 2 Abs. 3 Nr. 1 InvStG mit dem von ihm erzielten Gewinn steuerfrei.[333] Nach der gesetzgeberischen Wertung ist dementsprechend unerheblich, dass der Fonds selbst Veräußerungsgeschäfte innerhalb der Frist des § 23 EStG vornimmt, obgleich die daraus resultierenden Erträge bei diesem ebenfalls nicht steuerrechtlich erfasst werden.[334] Eine Herstellung des Transparenzgedankens wird erst auf der Ebene des Betriebsvermögens erreicht, da von der Steuerbefreiung des § 2 Abs. 3 Nr. 1 InvStG ausgeschüttete Gewinne aus der Veräußerung von Wertpapieren, die Betriebseinnahmen darstellen, ausdrücklich ausgenommen sind.

---

330 Vgl. ausführlich dazu bereits Kapitel 2, A, III, 2 und 3.

331 *Stotz*, Besteuerung von Wertpapier-Investmentfonds, 1998, S. 271; vgl. insbesondere *Häuselmann,* BB 1992, 312 (312ff.); *Lübbehüsen* in: Brinkhaus/Scherer, KAGG, Vor. § 37n ff., Rn. 13; *Baur,* Investmentgesetze, Vor. § 37a KAGG, Rn. 32, die die einzelnen Durchbrechungen im KAGG ausführlich darstellen.

332 Zum Gleichheitsgebot aus Art. 3 Abs. 1 GG in diesem Zusammenhang vgl. oben Kapitel 2, A, III, 5.

333 Vgl. hierzu ebenso Kapitel 2, A, III, 4, b, (4), (a), da nach dem Unternehmensteuerreformgesetz 2008 das Fondsprivileg für Privatanleger ab dem 01.01.2009 entfällt.

334 *Täske*, Landesbericht Deutschland IFA-Kongress 1997, S. 457; *Otterbach,* Verwaltung und Besteuerung von Spezialfonds nach dem KAGG, 2004, S. 165.

Ebenso fehlt eine konsequente Umsetzung des Transparenzprinzips bezüglich des Zuflusszeitpunkts zwischen Direkt- und Fondsanleger. Beim Direktanleger bestimmt sich der Zuflusszeitpunkt und damit die Zuordnung zu einem bestimmten Veranlagungszeitraum nach § 11 Abs. 1 Satz 1 EStG danach, wann ihm die Einnahmen zufließen. Für den Anteilscheininhaber kann sich auf Grund des Zuflussprinzips nach § 3 Abs. 2 InvStG i.V.m. § 11 Abs. 1 Satz 1 EStG aber ergeben, dass der Zuflusszeitpunkt um ein Jahr verschoben wird. § 11 Abs. 1 Satz 1 EStG bestimmt, dass Einnahmen, die innerhalb eines Kalenderjahres bezogen werden, auch innerhalb dieses Kalenderjahres dem Steuerpflichtigen zugeflossen sind. Wenn nunmehr auf Seiten des Fonds eine Ausschüttung trotz vorheriger eigener Vereinnahmung erst im folgenden Kalenderjahr auf Grund eines in diesem späteren Jahr gefassten Ausschüttungsbeschluss ausgeschüttet werden, erfolgt die Zurechnung nach § 3 Abs. 2 InvStG i.V.m. § 11 Abs. 1 Satz 1 EStG beim Anteilscheininhaber gerade erst verzögert in diesem Kalenderjahr.[335] Gleichzeitig entsteht bei einem derartigen Vorgehen der Kapitalanlagegesellschaft wegen des verspäteten Zuflusses auf Anlegerseite ein für die Anleger grundsätzlich vorteilhafter Steuerstundungseffekt.[336]

Nach der Begründung des Gesetzgebers zum Investmentmodernisierungsgesetz hat die inkonsequente Umsetzung des Transparenzprinzips seinen Grund vor allem darin, dass Direktanleger mit Anlegern in Investmentanteile nicht in jeder Beziehung vergleichbar sind.[337] Die mit der inkonsequenten Umsetzung des Transparenzprinzips verbundenen Ungleichbehandlungen[338] rechtfertigen sich verfassungsrechtlich aber durch die Abschirmwirkung des Investmentvermögens[339] als sachlichen Grund. Schließlich wird durch das ebenfalls in der Investmentbesteuerung vorausgesetzte Trennungsprinzip eine Abschirmung der

---

335 *Täske*, Landesbericht Deutschland IFA-Kongress 1997, S. 458; *Otterbach*, Verwaltung und Besteuerung von Spezialfonds nach dem KAGG, 2004, S. 165.

336 *Otterbach*, Verwaltung und Besteuerung von Spezialfonds nach dem KAGG, 2004, S. 165.

337 Begründung zum Investmentmodernisierungsgesetz zu Artikel 2 (Investmentsteuergesetz), Allgemeines, S. 136; BT-Drucks. 15/1553; auch *Beckmann/Scholtz/Vollmer*, Investment-Handbuch, 2005, Ordnungsziffer 582; die Begründung des Gesetzgebers zum Investmentmodernisierungsgesetz ist insoweit richtig, als dass der Direktanleger tatsächlich nicht mit dem Anteilscheininhaber in jeder Beziehung vergleichbar ist, da beim Anleger in Investmentanteile im Gegensatz zum Direktanleger eine Kapitalanlagegesellschaft zwischengeschaltet ist, was zwangsläufig zu anderen tatbestandlichen Bewertungen führen muss. Unabhängig davon stellt dies aber noch keine Rechtfertigung dafür dar, dass Transparenzprinzip nur eingeschränkt umzusetzen und die sogleich beschriebenen Durchbrechungen des Transparenzprinzips zuzulassen.

338 Zum Gleichheitsgebot aus Art. 3 Abs. 1 GG vgl. auch oben Kapitel 2, A, III, 5.

339 Zur Abschirmwirkung des Investmentvermögens durch Zugrundelegung des Transparenzprinzips vgl. oben Kapitel 2, A, III, 6, a, (2).

Vermögenssphäre des Sondervermögens gegenüber den Investmentanteilsscheininhabern erreicht,[340] wodurch wiederum in der abgeschirmten Vermögenssphäre eine eigenständige und objektive Leistungsfähigkeit entsteht.[341] Dies bewirkt zugleich aber auch, dass die hinter dieser Vermögenssphäre stehenden Anteilsscheininhaber getrennt und unabhängig besteuert sowie unterschiedlichen steuerrechtlichen Regelungen im Vergleich zu Direktanlegern unterworfen werden können.[342]

Nach der Gesetzessystematik und dem Trennungsprinzip als Ausgangspunkt kann ohnehin nur von einem eingeschränkten Transparenzprinzip ausgegangen werden.[343]

c. Das Transparenzprinzips in der Rechtsprechung des BFH

Ausgehend von der Gesetzessystematik nimmt auch der BFH eine Einschränkung des Transparenzprinzips an und legt dies in seiner Rechtsprechung zugrunde.[344] Diese Rechtsprechung geht davon aus, dass das Transparenzprinzip in seinem Umfang durch die bestehenden gesetzlichen Regelungen beschränkt ist, da bereits der Gesetzgeber keine völlige Transparenz verfolge und daher nicht von planwidrigen Regelungslücken auszugehen sei.[345] Es bestehe zudem keine verfassungsrechtliche Notwendigkeit, die Durchsichtigkeit der Fondskonstruktion bei der Besteuerung durchgehend in allen Bereichen des Investmentwesens herzustellen.[346] Aus diesem Grund komme auch eine über den Wortlaut

---

340 Vgl. oben Kapitel 2, A, III, 6, a, (2), (b), i.

341 Von diesem Grundsatz geht ebenfalls auch das Bundesverfassungsgericht in der vergleichbaren Konstellation eines Vergleichs zwischen Kapital- und Personengesellschaften hinsichtlich der Frage nach der Verfassungsmäßigkeit der Tarifbegrenzung für gewerbliche Einkünfte bei der Einkommensteuer i.S. des § 32c EStG a.F. aus und begründet damit die Verfassungsmäßigkeit der Vorschrift; Beschluss des BVerfG vom 21.06.2006, Az.: 2 BvL 2/99, DStRE 2006, 988 (988ff.). Zudem bestätigt das Bundesverfassungsgericht in seinem Beschluss das Trennungsprinzip mit der Folge einer Abschirmwirkung. Hierzu stellt es sinngemäß fest, dass es nach Art. 3 Abs. 1 GG kein allgemeines Verfassungsgebot einer Rechtsformneutralität gibt, was es notwendig werden ließe Kapital- und Personengesellschaften umfänglich gleich zu behandeln. So bereits *Gosch,* DStR 1999, 752 (754); a.A. *Wendt,* FR 1997, 298 (299).

342 Beschluss des BVerfG vom 21.06.2006, Az.: 2 BvL 2/99, DStRE 2006, 988 (998).

343 Vgl. auch Vgl. oben Kapitel 2, A, III, 6, a, (2), (b), i.

344 Vgl. BFH vom 04.03.1980 BStBl. II 1980, 453 (455); BFH vom 07.04.1992 BStBl. II 1992, 786 (786ff.); BFH vom 11.10.2000 BStBl. II 2001, 22 (23); BFH vom 27.03.2001 BFH/ NV 2001, 1539 (1541).

345 Vgl. BFH vom 04.03.1980 BStBl. II 1980, 453 (455); *Häuselmann,* BB 1992, 312 (316); *Sorgenfrei,* IStR 1994, 465 (467).

346 Vgl. BFH vom 04.03.1980 BStBl. II 1980, 453 (455); BFH vom 07.04.1992 BStBl. II 1992, 786 (786ff.); *Altfelder,* FR 2000, 299 (313).

der jeweiligen Vorschriften hinausgehende Interpretation und Auslegung anhand der Transparenz nicht in Betracht.[347]

Im Ergebnis kann das Transparenzprinzip nur dort Anwendung finden, wo dieser Grundsatz ausdrücklich im Gesetz geregelt ist.[348] Der Gedanke der Transparenz selbst ist nicht analogiefähig.[349] Dementsprechend kann in Anbetracht der BFH-Rechtsprechung im Investmentsteuerrecht eine Rechtsfortbildung zugunsten der Anleger durch Analogiebildung[350] nur in den Fällen erfolgen, in denen positiv eine unbeabsichtigte Regelungslücke in materiell rechtlicher Hinsicht festgestellt wurde.[351]

Folglich ist in der Rechtsprechung des BFH vielmehr eine Umsetzung der gesetzgeberischen Wertung zu sehen als eine eigenständige Einschränkung des Transparenzprinzips. Die bezüglich der BFH-Entscheidungen vorgebrachte Kritik,[352] dass es dem BFH durch die bezeichneten Urteile zum Transparenzprinzip gelinge, die eigene Rechtsprechung gegen Kritik zu immunisieren, da eine Überprüfung des Regelinhalts einer Norm anhand des mutmaßlichen Gesetzgebungsziels entzogen werde, überzeugt nicht. Denn obwohl es dem Wortlaut der einzelnen Normen im Investmentsteuerrecht nicht zu entnehmen ist, ob diese an dem Grundsatz der Gleichbehandlung des Direktanlegers mit dem Investmentsparer ausgerichtet sind,[353] bedeutet dies gerade nicht, dass das Transparenzprinzip bei einer Auslegung oder einer positiv festgestellten Regelungslücke unberücksichtigt bleibt. Der BFH hatte vor allem in den Entschei-

---

347 BFH vom 07.04.1992 BStBl. II 1992, 786 (789); *Kronat*, Besteuerung von Wertpapier-Investmentfonds, 2002, S. 29.

348 *Fischer*, WM 2001, 1236 (1238); *Thorn/Otto/Geese*, Handbuch für die Besteuerung von Fondsvermögen, 2002, S. 8.

349 *Kronat*, Besteuerung von Wertpapier-Investmentfonds, 2002, S. 29.

350 Eine Analogiebildung zugunsten der Steuerpflichtigen verstößt nicht gegen das Analogieverbot im Steuerrecht. So auch *Tipke/Lang*, Steuerrecht, 17. Auflage 2002, § 4, S. 111f., Rn. 58ff. Dies ist lediglich bei steuerverschärfenden Analogien der Fall. Vgl. FG Köln vom 31.07.2001, EFG 2002, 809 (811); Dieses Urteil des FG Köln ist durch das Urteil des BFH vom 26.02.2003, BStBl. II 2004, 72 (72) aufgehoben worden. Dies jedoch nicht aus dem Grund, weil das FG Köln in seiner Entscheidung ein steuerverschärfendes Analogieverbot angenommen hatte. Vgl. zum Analogieverbot im Steuerrecht auch *Friauf* in Tipke: Grenzen der Rechtsfortbildung, 1982, S. 53ff.; *Kruse* in Tipke: Grenzen der Rechtsfortbildung, 1982, S. 71ff.; *Felix* in Tipke: Grenzen der Rechtsfortbildung, 1982, S. 99ff. Ebenso bereits oben Kapitel 2, A, III, 6, a, (4).

351 *Lindemann*, Besteuerung von Aktienfonds nach der Unternehmensteuerreform, 2004, S. 70; So im Ergebnis ebenfalls OFD Kiel, Verfügung vom 29.4.1999, S 2252 A - St 111, FR 1999, 1015 (1016).

352 *Oldenburg*, Marktprozeßansatz, 1999, S. 184.

353 *Oldenburg*, Marktprozeßansatz, 1999, S. 184.

dungen[354] zum Transparenzprinzip dazu Stellung zu nehmen, ob wegen dem Gleichstellungsgedanken im Investmentrecht über den Wortlaut der jeweiligen Vorschrift hinaus die entsprechende Norm zugunsten der Investmentanleger auszulegen ist, um eine eventuelle Benachteiligung mit einem Direktanleger zu vermeiden. Schließlich war der Wortlaut des Gesetzes in den zu beurteilenden Konstellationen eindeutig, so dass am Transparenzgedanken ausgerichtet eine Auslegung nicht erforderlich war. Außerdem ist es nicht Aufgabe des BFH durch die eigene Rechtsprechung eine Gleichstellung des Investmentanlegers mit dem Direktanleger herzustellen, wo der Gesetzgeber dies versäumt haben mag. Auf ein möglicherweise gesetzgeberisches Ziel kann es in diesem Zusammenhang nicht ankommen. Bestärkt wird dieses Ergebnis dadurch, dass der Gesetzgeber selbst das Transparenzprinzip im Investmentsteuerrecht bewusst nur unvollständig umgesetzt hat[355] und es den Gerichten grundsätzlich verwehrt ist, Recht zu setzen.[356]

d. Folgen des steuersystematischen Trennungsprinzips für das übrige Steuerrecht

Eine vollständige Transparenz mit den deutschen Regelungen zum Sondervermögen als eigenständigem, aber steuerbefreitem Steuersubjekt wird nur teilweise verwirklicht, da die grundsätzliche Steuerbarkeit des Fondsvermögens dem Transparenzprinzip widerspricht[357] und der Gesetzgeber steuersystematisch vom Trennungsprinzip ausgeht.[358] Schließlich steht nach deutschem Recht ein weiteres, wenn auch steuerbefreites Steuersubjekt der vollkommenen Durchsichtigkeit entgegen.[359] Die nationale Ausgestaltung des Trennungstransparenzprinzips hat für die Beteiligten im Investmentwesen in Deutschland jedoch weitreichende Bedeutung.

(1) Allgemeine Folgen

Wegen der grundsätzlichen Steuerbarkeit des Sondervermögens ist diese Vermögensmasse selbst „Steuerpflichtiger" i.S. des § 33 AO. Die sich daraus

---

354 BFH vom 04.03.1980 BStBl. II 1980, 453 (455); BFH vom 07.04.1992 BStBl. II 1992, 786 (786ff.); BFH vom 11.10.2000 BStBl. II 2001, 22 (23); BFH vom 27.03.2001 BFH/ NV 2001, 1539 (1541).

355 Vgl. bereits oben Kapitel 2, A, III, 6, b.

356 BFH vom 20.10.1983, BStBl. II 1984, 221 (224f.).

357 *Kronat*, Besteuerung von Wertpapier-Investmentfonds, 2002, S. 14; vgl. auch oben Kapitel 2, A, III, 3, b.

358 Vgl. bereits oben Kapitel 2, A, III, 6, a, (2), (b), i.

359 Eine vollständige Durchsichtigkeit der Fondskonstruktion könnte durch die vollständige Aberkennung einer eigenen Rechtspersönlichkeit im Steuerrecht erreicht werden, da das Fondsvermögen sodann nicht steuerbar wäre. Vgl. auch oben Kapitel 2, A, III, 3, b; und zum Sondervermögen oben Kapitel 2, A, I, 2, a.

ergebenden Rechte und Pflichten hat die Kapitalanlagegesellschaft für das Sondervermögen nach § 7 Abs. 4 Satz 1 InvStG, § 9 Abs. 1 InvG i.V.m. § 34 AO als gesetzlicher Vertreter wahrzunehmen.[360]

Gleichzeitig hat die deutsche Form des Transparenzgrundsatzes verfahrensrechtliche Bedeutung. Durch die Zweckvermögensfiktion des § 11 Abs. 1 Satz 1 InvStG müssen die Vermögenswerte und erzielten Einkünfte des Sondervermögens nicht den Anteilsinhabern über die einheitliche und gesonderte Gewinnfeststellung gem. §§ 179, 180 AO zugerechnet werden,[361] was außerdem wegen der Fluktuation und Anzahl der Anteilscheininhaber am Fondsvermögen praktisch nicht durchzuführen wäre.[362]

Zudem bestehen für die Kapitalanlagegesellschaften Steuererklärungspflichten bei der Anmeldung von Kapitalertragsteuer und Solidaritätszuschlag nach § 149 AO, § 7 Abs. 4 Satz 5 InvStG.[363] Weiter bestehen für Investmentgesellschaften im Allgemeinen Anzeigepflichten nach § 137 AO, Aufzeichnungspflichten nach § 140 AO und Mitwirkungspflichten nach § 90 AO.[364]

(2) Vereinfachte Überschussrechnung statt Betriebsvermögensvergleich

Zur Ermittlung der Erträge des Investmentvermögens ist es gem. § 3 Abs. 1 InvStG i.V.m. § 2 Abs. 2 Nr. 2 EStG ausreichend, wenn das Sondervermögen eine vereinfachte Überschussrechnung statt eines Betriebsvermögensvergleichs mit Ausweis einer Steuerbilanz durchführt.[365] Durch diese vereinfachte Möglichkeit wird das Transparenzprinzip gestärkt, da dem Sondervermögen nicht unnötig verfahrensrechtliche und verwaltungstechnische Hindernisse entgegengestellt werden.

---

360 *Otterbach,* Verwaltung und Besteuerung von Spezialfonds nach dem KAGG, 2004, S. 146; *Stotz*, Besteuerung von Wertpapier-Investmentfonds, 1998, S. 83; vgl. für die Kapitalertragsteuer nochmals oben Kapitel 2, A, III, 6, a.

361 *Thorn/Otto/Geese*, Handbuch für die Besteuerung von Fondsvermögen, 2002, S. 5.

362 *Baur,* Investmentgesetze, § 38 KAGG, Rn. 6.

363 *Baur,* Investmentgesetze, § 38 KAGG, Rn. 12; *Kronat*, Besteuerung von Wertpapier-Investmentfonds, 2002, S. 30.

364 *Baur,* Investmentgesetze, § 38 KAGG, Rn. 12; *Kronat*, Besteuerung von Wertpapier-Investmentfonds, 2002, S. 30.

365 Vgl. *Lindemann,* Besteuerung von Aktienfonds nach der Unternehmensteuerreform, 2004, S. 68, der auf die Rechtslage vor dem In-Kraft-Treten des Investmentsteuergesetzes ohne genaue Gewinnermittlungsvorschrift im KAGG abstellt und zur Begründung des gleichen Ergebnisses darauf verweist, dass sich das KAGG bei der Besteuerung thesaurierter Erträge nur auf Normen der Überschusseinkunftsarten im EStG beziehe.

(3) *Subsidiäre Anwendung allgemeiner steuerrechtlicher Regeln*

Das Investmentsteuergesetz ist als lex specialis für Besteuerungstatbestände im Investmentrecht grundsätzlich vorrangig und verpflichtend, soweit dieses Regelungen für die konkreten Sachverhalte enthält. Allgemeine Besteuerungsvorschriften kommen daneben nicht mehr zur Anwendung.[366] Das Investmentsteuergesetz regelt jedoch auch nach dem Investmentmodernisierungsgesetz nicht alle Bereiche in der Besteuerung. In diesen Fällen gelten subsidiär weiterhin die allgemeinen Vorschriften des Einkommen-, Körperschaft- und Gewerbesteuerrechts.[367] Von diesem Ergebnis ließ sich offenbar ebenso der Gesetzgeber leiten, der die Nichtanwendbarkeit des Halbeinkünfteverfahrens bei dessen Einführung in bestimmten Fällen normierte. Wenn der Gesetzgeber von einer grundsätzlichen Nichtanwendbarkeit des Ertragsteuerrechts ausgegangen wäre, hätte er keine Nichtanwendbarkeitsvorschrift des Halbeinkünfteverfahrens kodifizieren müssen. Vielmehr hätten für bestimmte Fälle Verweise auf die allgemeinen Regelungen ausgereicht, wenn diese entsprechend gelöst werden sollten.[368]

e. Bedeutung des Transparenzprinzips für die Fondsbesteuerung

Die vorstehenden Ausführungen, insbesondere die aufgezeigten Folgen des Transparenzprinzips in der Investmentbesteuerung und im übrigen Steuerrecht zeigen die Bedeutung dieses Grundsatzes für die Fondsbesteuerung auf. Dem Gleichstellungsgedanken wird, wie bereits schon im Kapitalanlagegesellschaftsgesetz (KAGG), weitgehend auch im Investmentsteuergesetz (InvStG) durch das Transparenzprinzip Rechnung getragen. Eine im Ansatz bestehende Gleichstellung des Investmentsparers mit dem Direktanleger lässt sich nur über das Transparenzprinzip erreichen.[369]

---

366 Vgl. hierzu auch *Lübbehüsen* in: Brinkhaus/Scherer, KAGG, Vor §§ 37n ff., Rn. 17.

367 BFH vom 11.10.2000, BStBl. 2001 II, 22 (24); *Lindemann,* Besteuerung von Aktienfonds nach der Unternehmensteuerreform, 2004, S. 71.

368 Vgl. auch nach In-Kraft-Treten des Investmentmodernisierungsgesetzes § 2 Abs. 1 Satz 1 Halbsatz 2 InvStG, in dem das Halbeinkünfteverfahren außer bestimmten Fällen für nicht anwendbar erklärt wird; *Lindemann,* Besteuerung von Aktienfonds nach der Unternehmensteuerreform, 2004, S. 72.

369 *Altfelder,* FR 2000, 299 (313); vgl. auch die von *Scheurle,* DStZ 1995, 646 (646ff.) unterbreiteten weiteren Vorschläge einer Besteuerung der Erträge des Investmentanlegers. Die Anmerkungen orientieren sich jedoch an den Bedenken *Scheurles* hinsichtlich der Ausgestaltung der Besteuerung thesaurierter Erträge, die im Ergebnis nicht überzeugen können.

(1) Referentenentwurf eines Gesetzes zur Reform der Unternehmensbesteuerung und zur Senkung der Steuersätze (Unternehmensteuerreform- und Steuersenkungsgesetz) vom 10.01.2000

In diesem Zusammenhang ist der nicht umgesetzte Referentenentwurf eines Gesetzes zur Reform der Unternehmensbesteuerung und zur Senkung der Steuersätze (Unternehmensteuerreform- und Steuersenkungsgesetz – URefSenkG) vom 10.01.2000[370] höchst problematisch, da der Gleichstellungsgedanke nicht mehr im Vordergrund gestanden hätte und das Transparenzprinzip durch den Referentenentwurf nicht mehr hätte verwirklicht werden können.[371] In dem Referentenentwurf wurde vorgeschlagen, die steuerrechtlichen Vorschriften des Kapitalanlagegesellschaftsgesetzes (KAGG) und des Auslandsinvestmentgesetzes (AuslInvestmG) in den seinerzeit gültigen Fassungen aufzuheben. Dadurch würde die Zweckvermögensfiktion hinsichtlich des Sondervermögens wie auch die gleichzeitige Steuerbefreiung entfallen. Trotz dessen, dass der Referentenentwurf eines Gesetzes zur Reform der Unternehmensbesteuerung und zur Senkung der Steuersätze keinen Eingang ins Gesetz finden konnte, dient er gleichwohl dazu, wie nachfolgend dargestellt werden wird, die Folgen der Abschaffung der Zweckvermögensfiktion des Sondervermögens und damit auch des Transparenzprinzips zu veranschaulichen.

Durch die Eingliederung des Sondervermögens in das Körperschaftsteuersystem der Kapitalanlagegesellschaften würde der Investmentsparer zum Anteils-„eigner“ des Fondsvermögens werden. Er wäre auf der Gesellschafterebene am Sondervermögen beteiligt. Hiernach würde der Fondsanleger ähnlich einem Aktionär[372] behandelt werden, der auf der Gesellschaftsebene ebenso der Definitivsteuer von 25% Körperschaftsteuer[373] unterläge.[374] Dem stünde auch nicht die Zurechnungsnorm des § 39 AO entgegen, da diese die aus den einzelnen Steuergesetzen verwirklichten Tatbestandsmerkmale nicht bestimmen oder ersetzen kann.[375] Um eine Doppelbelastung der gleichen Erträge beim Fondsanleger zu vermeiden bzw. abzumildern, wäre auf Seiten des Anlegers das Hal-

---

370 Referentenentwurf eines Gesetzes zur Reform der Unternehmensbesteuerung und zur Senkung der Steuersätze (Unternehmensteuerreform- und Steuersenkungsgesetz – URefSenkG) vom 10.01.2000. Vgl. www.Unternehmensteuerreform.de/urefsenkg.pdf.

371 *Altfelder*, FR 2000, 299 (310).

372 *Altfelder*, FR 2000, 299 (311).

373 Im Rahmen der Unternehmenssteuerreform 2008 ist der Körperschaftsteuersatz von 25% auf 15% gesenkt worden und gem. § 34 Abs. 11a KStG erstmals ab dem Veranlagungszeitraum 2008 anzuwenden.

374 *Fock/Stoschek*, FR 2000, 591 (592); *Altfelder*, FR 2000, 299 (310).

375 *Fischer* in: *Hübschmann, Hepp, Spitaler* (HHSp), § 39 AO (FGO), Rn. 2; *Kühn/ Hofmann*, § 39 AO (FGO), S. 105.

beinkünfteverfahren auf alle zugeflossenen Einkünfte aus dem Sondervermögen anzuwenden.[376] Damit würde die Höhe der Steuerbelastung in Nähe des individuellen Spitzensteuersatzes begrenzt.[377]

Die Besteuerung des Anteilscheininhabers würde sich bei einer Aufgabe der Transparenz erheblich vereinfachen, da dieser Einkünfte aus Kapitalvermögen i.S. des § 20 Abs. 1 Nr. 1 EStG bezöge, sofern keine betrieblichen Einkünfte vorlägen.[378] Einer komplizierten Ertragszurechnungsvorschrift und Fiktion, die bestimmt, welche Erträge den Investmentsparern zu welchem Zeitpunkt zugeflossen sind, bedürfte es nicht mehr. Allerdings würden dabei ausschüttende und thesaurierende Investmentfonds unterschiedlich behandelt werden, wenn durch den thesaurierenden Fonds einbehaltene Gewinne - im Gegensatz zu ausgeschütteten Gewinnen - nicht beim Investmentanleger erfasst würden.[379] Beim Anleger erfasste Erträge dürften zudem nach dem Halbeinkünfteverfahren der Besteuerung zur Hälfte entzogen werden, um Mehrfachbelastungen des gleichen wirtschaftlichen Ertrags zu vermeiden bzw. abzumildern. Daraus dürfte konsequenter Weise ebenso nur die hälftige Anrechnung von Aufwendungen nach § 3c Abs. 2 EStG erlaubt werden.[380] Letztlich dürften für die Veräußerung von Investmentanteilen nur die allgemeinen Regeln gelten. Danach wären Veräußerungen außerhalb der Spekulationsfrist des § 23 Abs. 1 Satz 1 Nr. 2 EStG steuerfrei.[381]

Aus der Aufgabe der Zweckvermögensfiktion würde sich mangels Steuerrechtssubjektseigenschaft ergeben, dass das Sondervermögen selbst nicht mehr Steuerpflichtiger i.S. des § 33 AO wäre. Gleichzeitig entfielen dadurch für die Kapitalanlagegesellschaften die Aufgaben und Pflichten als steuerrechtlicher Vertreter nach § 34 AO. Vielmehr hätten die Kapitalanlagegesellschaften ihre

---

376 Vgl. auch die Brühler Empfehlungen zur Reform der Unternehmensbesteuerung vom 30.04.1999, S. 57ff., die sich mit den Auswirkungen des Halbeinkünfteverfahrens auf den Kleinanleger auseinandersetzen.

377 Kritisch zum Referentenentwurf (Unternehmensteuerreform- und Steuersenkungsgesetz – URefSenkG) vom 10.01.2000, der eine ähnliche Lösung vorsieht, vgl. *Altfelder*, FR 2000, 299 (311).

378 *Altfelder*, FR 2000, 299 (311).

379 *Fischer*, WM 2001, 1236 (1238); *Fock/Stoschek*, FR 2000, 591 (592).

380 Indes wäre dieses nach der Unternehmensteuerreform 2008 nicht mehr möglich, da in diesem Rahmen das Halbeinkünfteverfahren für Dividendeneinnahmen beim Privatanleger abgeschafft wurde. Vgl. auch oben Kapitel 2, A, III, 4, b, (2).

381 Durch die Unternehmensteuerreform 2008 werden ab dem 01.01.2009 nahezu alle Wertzuwächse unabhängig von etwaigen Haltefristen für Privatanleger (§ 23 EStG a.F.) mit der Folge erfasst, dass es keine so genannten Spekulationsfristen mehr gibt und bei Privatanlegern grundsätzlich der Abgeltungssteuer mit einem Steuersatz von 25% unterfallen. Vgl. hierzu auch oben Kapitel 2, A, III, 4, b, (4), (a).

eigenen Pflichten als Steuerpflichtige. Dazu gehörten zum Großteil die Pflichten, die die Gesellschaften bereits als steuerrechtliche Vertreter für die Sondervermögen zu erfüllen hatten. Dies sind unter anderem Mitwirkungspflichten nach § 90 AO, die die Investmentgesellschaften trotz des Untersuchungsgrundsatzes nach § 88 AO verpflichten, alle besteuerungserheblichen Tatsachen wahrheitsgemäß anzugeben. Ebenso blieben daneben z.B. auch die allgemeinen Anzeigepflichten und Aufzeichnungspflichten nach §§ 137, 140 AO bestehen.

Die Zweckvermögensfiktion ermöglicht, dass das Sondervermögen selbst als Steuersubjekt mit der Steuer zu belasten ist. Für das Sondervermögen muss separat vor anderen Vorgängen zunächst das Vermögen ermittelt werden, um das endgültige steuerrechtliche Einkommen bestimmen zu können.[382] Mit dem Wegfall der Fiktion wäre dieses nicht mehr möglich, da das Fondsvermögen bei der Kapitalanlagegesellschaft innerhalb des Körperschaftsteuersystems erfasst würde.[383] Dementsprechend bedürfte es einer gesonderten Gewinnfeststellung gem. § 180 Abs. 1 Nr. 2 lit. a) AO für jeden Investmentanleger.[384] Durch die einheitliche und gesonderte Gewinnfeststellung würde insbesondere die Gleichbehandlung der an den gleichen Einkünften Beteiligten und eine Herbeiführung eines ökonomischen Verfahrens erreicht werden.[385] Beides wäre durch die Zuständigkeit des Finanzamts nach § 18 AO zu erreichen, welches der gesonderten Feststellung am nächsten stünde. Zum einen wären dadurch unterschiedliche Entscheidungen verschiedener Finanzämter über den gleichen Gegenstand zu vermeiden. Zum anderen könnte ein Finanzamt über die Besteuerungsgrundlagen mehrerer Personen mit Wirkung für und gegen alle entscheiden. Dennoch wird eine gesonderte Feststellung in der Praxis für die Steuerverwaltung in Bezug auf Publikumsfonds zu erheblichen Schwierigkeiten der Feststellungen führen.[386] Durch die große Zahl der ohnehin schon ständig wechselnden Anleger

---

382 *Thorn/Otto/Geese*, Handbuch für die Besteuerung von Fondsvermögen, 2002, S. 6.

383 Vgl. Referentenentwurf zum Gesetz zur Reform der Unternehmensbesteuerung und zur Senkung der Steuersätze (Unternehmensteuerreform- und Steuersenkungsgesetz – URefSenkG) vom 10.01.2000. Vgl. www. Unternehmensteuerreform.de/urefsenkg.pdf und auch *Fock/Stoschek*, FR 2000, 591 (592).

384 *Fischer*, WM 2001, 1236 (1240); *Stotz*, Besteuerung von Wertpapier-Investmentfonds, 1998, S. 83; *Otterbach*, Verwaltung und Besteuerung von Spezialfonds nach dem KAGG, 2004, S. 147; bezüglich der Tatbestandsmerkmale der gesonderten Feststellung nach § 180 AO, vgl. *Söhn* in: *Hübschmann, Hepp, Spitaler* (HHSp), § 180 AO (FGO), Rn.161 und insbesondere Rn. 167; *Henkel*, Steuerliche Behandlung, 1961, S. 95; *Lindemann*, Besteuerung von Aktienfonds nach der Unternehmensteuerreform, 2004, S. 63.

385 *Tipke/Kruse*, § 180 AO (FGO), Rn. 10.

386 So auch *Stotz*, Besteuerung von Wertpapier-Investmentfonds, 1998, S. 83; *Thorn/Otto/Geese*, Handbuch für die Besteuerung von Fondsvermögen, 2002, S. 5, im Ergebnis auch *Kronat*, Besteuerung von Wertpapier-Investmentfonds, 2002, S. 28;

und Beteiligungsverhältnisse wäre ein ökonomisches Verfahren kaum möglich. Zudem führte die Anzahl der Anleger beim jeweils zuständigen Finanzamt zu einer Fülle an gesonderten Feststellungen, die gelegentlich in ihren Entscheidungen divergieren würden.

(2) Zwischenergebnis

Die vorstehenden Ausführungen zeigen den Umfang des Transparenzprinzips und die Folgen eines Verzichts. Vor allem die Probleme in der Praxis und somit auch in verfahrensrechtlicher Hinsicht bezüglich der Notwendigkeit einer einheitlichen und gesonderten Gewinnfeststellung sind so gravierend, dass eine Umstellung des Systems weitreichende Korrekturen erforderlich machte, um das Investmentsparen weiterhin praxiskonform handhaben zu können. Die jeweils zuständigen Finanzämter können der großen Anzahl von Investmentsparern, vor allem in Publikumsfonds, durch eine gesonderte Feststellung nicht gerecht werden. Denn es ist schwierig zu koordinieren, divergierende Ergebnisse und Feststellungen selbst innerhalb eines Finanzamtes zu vermeiden. Der Zweck, der der Einführung des Verfahrens der gesonderten Feststellung zugrunde lag, kann somit nicht erreicht werden.

Ein einschließlich des Sondervermögens unbeschränkt steuerpflichtiger Fonds ließe bereits systembedingt eine Transparenz und damit eine Gleichbehandlung von Investmentsparern mit Direktanlegern nur eingeschränkt zu. Der Investmentfonds unterläge mit den Erträgen aus dem Investmentvermögen einer Definitivbesteuerung von 25 % Körperschaftsteuer,[387] die der Anleger in Investmentanteilen also mittelbar ebenso zu tragen hätte. Hingegen wäre der Direktanleger dieser mittelbaren Belastung nicht ausgesetzt, da ihm alle Erträge zugerechnet würden und diese ausschließlich bei ihm zu versteuern wären. Sie würden keiner Definitivbelastung durch eine Körperschaft unterliegen. Gleichfalls würden Thesaurierungen nicht mehr beim Investmentanleger als zugeflossen fingiert werden. Hieraus ergäbe sich zusätzlich eine Ungleichbehandlung ausschüttender und thesaurierender Investmentfonds.[388]

Zusätzlich würden durch eine Abschaffung der Transparenz und der Zweckvermögensfiktion thesaurierende und ausschüttende Investmentfonds grundsätzlich unterschiedlich behandelt werden. Für diese systemimmanente Ungleichbehand-

---

Henkel, Steuerliche Behandlung, 1961, S. 96; *Lindemann*, Besteuerung von Aktienfonds nach der Unternehmensteuerreform, 2004, S. 63.

387 Im Rahmen der Unternehmenssteuerreform 2008 ist der Körperschaftsteuersatz von 25% auf 15% gesenkt worden und gem. § 34 Abs. 11a KStG erstmals ab dem Veranlagungszeitraum 2008 anzuwenden.

388 Vgl. zur Ungleichbehandlung thesaurierender und ausschüttender Investmentfonds: *Fischer*, WM 2001, 1236 (1238).

lung ist jedoch kein sachlicher Grund ersichtlich, der dies gemessen an Art. 3 Abs. 1 GG m.E. rechtfertigen könnte.[389] Schließlich stehen thesaurierende und ausschüttende Fonds grundsätzlich gleichberechtigt nebeneinander, so dass es keine Erklärung dafür gäbe auschüttungsgleiche Erträge im Vergleich zu ausgeschütteten Erträgen nicht beim Investmentanleger zu erfassen.

Festzuhalten ist danach, dass das Transparenzprinzip für eine sinnvolle Investmentbesteuerung nicht hinwegzudenken ist. Selbst wenn das Investmentrecht mit Ausformung einer grundsätzlichen Gleichbehandlung des Investmentanlegers mit dem Direktanleger doch einige Ausnahmen bereithält,[390] sollte das Investmentsparen politisch gewollt bleiben. Die gesamtwirtschaftlichen Vorteile, inklusive der Funktion der privaten Altersvorsorge, die das Investmentsparen mit sich bringt, sind nicht zu vernachlässigen. Um diese Vorteile nicht zu gefährden und vertrauen in solch eine Anlage zu schaffen, ist es nötig, dem Anleger in Investmentanteilen den Unterschied und die Auswirkungen zur Direktanlage zu verdeutlichen, Vorteile darzulegen und Nachteile zu erklären, ohne dass der Investmentsparer sich gänzlich benachteiligt zu fühlen braucht.

7. Leistungsfähigkeitsprinzip

Das Leistungsfähigkeitsprinzip, nach dem jeder Steuerpflichtige nur anhand der eigenen Leistungsfähigkeit besteuert werden darf, ist ein allgemeiner Grundsatz des Steuerrechts, der dem Prinzip der Steuergerechtigkeit folgt und sich aus dem verfassungsrechtlichen Gleichheitssatz nach Art. 3 Abs. 1 GG ableitet.[391] Demnach ist es auch für die Investmentbesteuerung verfassungsrechtlich geboten, die Anteilscheininhaber am Investmentvermögen entsprechend ihrer Leistungsfähigkeit nach allgemeinen Kriterien des Ertragsteuerrechts durch unterschiedliche am Einkommen zu bemessene Steuersätze zu besteuern.[392] Dies bedeutet, dass die Steuerlasten auf die Steuerpflichtigen im Verhältnis der jeweils wirtschaftlichen Leistungsfähigkeit verteilt werden,[393] was wiederum voraussetzt, dass im Hinblick auf eine gleichmäßige Besteuerung nach der Leistungsfähigkeit ein wirtschaftlicher Vorgang dem Steuerpflichtigen bezüglich einer Steuerbemessung zugeordnet werden kann.[394]

---

389 Zum Gleichheitsgebot vgl. oben Kapitel 2, A, III, 5.

390 Vgl. *Scheurle,* DStZ 1995, 646 (646f.).

391 BVerfGE 6, 55 (70); 8, 51 (68f.); 9, 237 (243); 13, 290 (297); 14, 34 (41); 27, 58 (64); 32, 333 (339); 36, 66 (72); 43, 108 (118ff.); 47, 1 (29); 55, 274 (302); 61, 319 (343ff.); 66, 214 (223); 68, 143 (152f.); 82, 60 (86f.); vgl. auch *Tipke/Lang,* Steuerrecht, 2005, § 4, S. 82f., Rn. 81, 83.

392 *Lindemann,* FR 2003, 890 (893).

393 *Tipke/Lang,* Steuerrecht, 2005, § 4, S. 82, Rn. 81.

394 So wohl auch *Tipke/Lang,* Steuerrecht, 2005, § 4, S. 87f., Rn. 92, 95.

a. Versteuerung von Scheingewinnen im Entwurf der Bundesregierung für ein Steuervergünstigungsabbaugesetz (StVergAbG) vom 20.11.2002

Das Prinzip der Leistungsfähigkeit ist allgemein anerkannt und besitzt im Steuerrecht erhebliche Relevanz.[395] So nimmt *Lindemann*[396] zum Leistungsfähigkeitsprinzip anhand eines Entwurfs der Bundesregierung für ein Steuervergünstigungsabbaugesetz[397] (StVergAbG) vom 20.11.2002 Stellung. Dieser Entwurf sah vor, bloße Wertgewinne des Investmentfonds beim Anteilscheininhaber auch im Falle der Thesaurierung zu versteuern.[398] Darin liegt aber nach der Ansicht *Lindemanns* ein Verstoß gegen das Prinzip der Leistungsfähigkeit, da die Wertgewinne dem Anleger noch nicht zugeflossen seien und dieser wirtschaftlich nicht darüber verfügen könne.[399] Durch diese Form der Besteuerung sei es möglich, dass der Anleger Gewinne zu versteuern habe, die er nie erzielen werde („Scheingewinne"), da thesaurierte Wertsteigerungen im Sondervermögen über Verluste im Folgejahr ausgeglichen, gegebenenfalls sogar negiert werden könnten.[400] Dadurch erfolge schließlich eine unter Verstoß gegen das Leistungsfähigkeitsprinzips nicht am Einkommen orientierte Besteuerung. Laut *Lindemann* habe der Anleger diese „Scheingewinne" wirtschaftlich nie in seinem disponiblen Einkommen gehabt.[401]

---

395 *Tipke/Lang,* Steuerrecht, 2005, § 4, S. 82, Rn. 81.

396 *Lindemann,* Besteuerung von Aktienfonds nach der Unternehmensteuerreform, 2004, S. 212f.; *Lindemann,* FR 2003, 890 (894ff.).

397 www.bundesfinanzministerium.de/lang_de/DE/Service/Downloads/Lost__Link/15065, templateId=raw,property=publicationFile.pdf.

398 § 39 Abs. 1 Satz 1 KAGG a.F. sollte nach dem Entwurf der Bundesregierung für ein Steuervergünstigungsabbaugesetz (StVergAbG) vom 20.11.2002 wie folgt gefasst werden: „Die Ausschüttungen auf Anteilscheine an einem Wertpapier-Sondervermögen sowie **die von einem Wertpapier-Sondervermögen nicht zur Kostendeckung oder Ausschüttung verwendeten Einnahmen im Sinne des § 20 des Einkommensteuergesetzes**, Gewinne aus der Veräußerung von Wertpapieren und Bezugsrechten auf Anteile an Kapitalgesellschaften und Gewinne aus privaten Veräußerungsgeschäften im Sinne des § 23 Abs. 1 Satz 1 Nr. 4, Abs. 2 und 3 des Einkommensteuergesetzes **gehören zu den Einkünften aus Kapitalvermögen im Sinne des § 20 Abs. 1 Nr. 1 des Einkommensteuergesetzes**, wenn sie nicht Betriebseinnahmen des Steuerpflichtigen oder Leistungen im Sinne des § 22 Nr. 5 des Einkommensteuergesetzes sind; (...)" (Hervorhebungen durch den Verfasser).

399 *Lindemann,* Besteuerung von Aktienfonds nach der Unternehmensteuerreform, 2004, S. 213.; *Lindemann,* FR 2003, 890 (895).

400 *Lindemann,* Besteuerung von Aktienfonds nach der Unternehmensteuerreform, 2004, S. 213.; *Lindemann,* FR 2003, 890 (895).

401 *Lindemann,* Besteuerung von Aktienfonds nach der Unternehmensteuerreform, 2004, S. 213.; *Lindemann,* FR 2003, 890 (895).

Die Ausführungen *Lindemanns* sind überzeugend. Nach der ständigen Rechtsprechung des BFH sind Einnahmen (§ 8 Abs. 1 EStG) im Sinne des § 11 Abs. 1 EStG dem Steuerpflichtigen zugeflossen, sobald dieser über diese wirtschaftlich verfügen kann.[402] Scheingewinne liegen demnach nicht vor, wenn der Steuerpflichtige über die jeweils in Frage stehenden Gewinne verfügen kann und bei diesem dadurch eine objektive Bereicherung, also eine Vermögensmehrung eingetreten ist.[403] Diese Rechtsprechung zur Frage des Zeitpunkts des Zuflusses bloßen Wertgewinnen ist auf thesaurierende Investmentfonds zu übertragen. Nach § 3 Abs. 2 InvStG ist § 11 EStG bei der Ermittlung der Erträge des Investmentvermögens sinngemäß anzuwenden. Unter Zugrundelegung der obigen Ausführungen *Lindemanns* wird deutlich, dass bei thesaurierenden Fonds ein Zufluss von einfachen Wertsteigerungen nicht bereits mit Thesaurierung beim Anteilscheininhaber gegeben ist, da zu diesem Zeitpunkt der Investmentanleger wirtschaftlich nicht über die Wertsteigerung verfügen kann[404] und folglich eine objektive Bereicherung bei diesem nicht vorliegt. Denn bei einem thesaurierenden Fonds werden Wertverbesserungen und Geldbeträge gerade weder bar ausgezahlt noch dem Konto des Anteilscheininhabers gutgeschrieben, da ansonsten kein thesaurierender Fonds vorliegen würde. Aber auch andere Vorgehensweisen, die eine wirtschaftliche Verfügungsmacht auf Seiten der Investmentanleger begründen und dementsprechend eine Vermögensmehrung bewirken könnte liegen nicht vor. Durch die Thesaurierung selbst wird durch den Fonds nicht zum Ausdruck gebracht, dass die Wertverbesserung dem Investmentanleger von diesem Zeitpunkt an zur Verfügung stünde.[405] Im Übrigen wäre zudem in dieser Konstellation Voraussetzung, dass der Anteilscheininhaber den Leistungserfolg ohne weiteres Zutun des leistungsbereiten und leistungsfähigen Schuldners herbeiführen kann.[406] Auch diese Vorgabe ist nicht gegeben. In den Vertragsbedingungen ist regelmäßig die Wiederanlage geregelt, ohne dass der einzelne Anteilscheininhaber darauf Einfluss nehmen oder die Thesaurierung ausgeschüttet verlangen könnte.[407] Ebenfalls ist ein Zufluss und damit eine objektive Bereicherung des Anteilscheininhabers nicht durch eine so genannte Schuldumschaffung (Novation), die „einkommensteuerrechtlich so zu werten ist, als ob der Schuldner die Altschuld durch tatsächliche Zahlung

---

402 BFH vom 14.02.1984, BStBl. II 1984, 480 (482); BFH vom 10.07.2001, BStBl. II 2001, 646 (648).

403 BFH/NV 1988, 224 (225) m.w.N.

404 *Lindemann,* Besteuerung von Aktienfonds nach der Unternehmensteuerreform, 2004, S. 213.; *Lindemann,* FR 2003, 890 (895).

405 So aber die Voraussetzung nach BFH vom 14.02.1984, BStBl. II 1984, 480 (482).

406 BFH vom 30.10.1980, BStBl. II 1981, 305 (306).

407 Vgl. BVI, Muster-Bausteine für „Besondere Vertragsbedingungen“ für ein richtlinienkonformes Sondervermögen (Stand: 10. Dezember 2004), Baustein 8 „Alternativ: Thesaurierung der Erträge“.

beglichen hätte (=Zufluss beim Gläubiger) und der Gläubiger den vereinnahmten Betrag infolge des neu geschaffenen Verpflichtungsgrundes dem Schuldner sofort wieder zur Verfügung gestellt hätte (=Wiederabfluss des Geldbetrages beim Gläubiger)",[408] erfolgt. Denn neben der Tatsache, dass eine derartige Novationsabrede regelmäßig nicht zwischen thesaurierenden Fonds und Anteilscheininhaber vereinbart wird, was einer objektiven Bereicherung entgegensteht, kann nach der Rechtsprechung des BFH von einer Schuldumschaffung (Novation) nur dann ausgegangen werden, wenn sich diese als Folge der freien Ausübung der wirtschaftlichen Verfügungsmacht des Anteilscheininhaber darstellte.[409] Indem Investmentanleger sich für einen thesaurierenden Fonds entscheiden ist ihnen die Ausübung der wirtschaftlichen Verfügungsmacht grundsätzlich dergestalt entzogen, als dass sie nicht mehr über die Verwendung der thesaurierten Erträge entscheiden könnten.[410] Die Wahl der Investmentanleger einen thesaurierenden Fonds für die eigene Geldanlage zu nutzen stellt überdies ebenfalls keine so genannte „Vorausverfügung"[411] der thesaurierten Erträge mit der Folge dar, dass die seinerzeit getroffene Wahl zur Schuldumschaffung (Novation) auf die Zeitpunkte der späteren Wiederanlage fortwirkt. Dies wäre nur dann der Fall, wenn den Anteilscheininhabern die Möglichkeit auch der Ausschüttung bei Abschluss der Fondsverträge offen stand.[412] Eine derartige Wahl existiert jedoch bei thesaurierenden Fonds im Regelfall nicht, da es Sinn dieser Fonds ist, Erträge erneut anzulegen.

b. Pauschale Nichtabzugsfähigkeit von Werbungskosten i.S. des § 3 Abs. 3 Satz 2 Nr. 2 InvStG

Zur Ermittlung der Erträge aus Investmentanteilen ist durch § 3 InvStG eine eigene Ermittlungsvorschrift hinsichtlich der Investmentbesteuerung geschaffen worden.[413] Die Ermittlung der Erträge auf der Fondsebene erfolgt dabei entsprechend dem Transparenzprinzip durch eine Einnahmen-Überschussrechnung nach § 2 Abs. 2 Nr. 2 EStG.[414] Gleichzeitig findet dabei maßgeblich das Zu-

---

408 BFH vom 10.07.2001, BStBl. II 2001, 646 (648); BFH vom 14.02.1984, BStBl. II 1984, 480 (482); BFH vom 24.03.1993, BStBl. II 1993, 499 (499).

409 BFH vom 10.07.2001, BStBl. II 2001, 646 (649); BFH vom 17.07.1984, BStBl. II 1986, 48 (50f.); BFH vom 24.03.1993, BStBl. II 1993, 499 (501).

410 Vgl. BVI, Muster-Bausteine für „Besondere Vertragsbedingungen" für ein richtlinienkonformes Sondervermögen (Stand: 10. Dezember 2004), Baustein 8 „Alternativ: Thesaurierung der Erträge".

411 BFH vom 27.07.1997, BStBl. II 1997, 755 (759); BFH vom 10.07.2001, BStBl. II 2001, 646 (646); BFH vom 24.03.1993, BStBl. II 1993, 499 (501).

412 BFH vom 10.07.2001, BStBl. II 2001, 646 (649).

413 Vgl. ausführlich unten Kapitel 3, C, III.

414 *Carlé,* DStZ 2004, 74 (74); ders., DStZ 2004, 341 (341) *Sradj/Mertes*, DStR 2004, 201 (202); *Sradj/Mertes,* DStR 2003, 1681 (1683).

flussprinzip Anwendung.[415] Darüber hinaus bestimmt § 3 Abs. 3 Satz 2 InvStG detaillierte Regelungen hinsichtlich der Abzugsfähigkeit der nicht in unmittelbarem wirtschaftlichen Zusammenhang mit den Einnahmen stehenden Werbungskosten (Allgemeinkosten).[416] Diese Allgemeinkosten stellen durch die zu ihnen gehörenden Depotbankvergütung, Depotbankgebühr, Veröffentlichungs- und Prüfungskosten, Fondsverwaltungsgebühren sowie allgemeinen Beratungskosten den größten Kostenfaktor eines Fonds dar.[417] Der Werbungskostenabzug für die nicht in unmittelbarem wirtschaftlichen Zusammenhang mit den Einnahmen stehenden Werbungskosten wird durch eine dreistufige Vorgehensweise vorgenommen.[418] In diesem Stufensystem gelten unter anderem auf zweiter Stufe 10% der nach Anwendung des § 3 Abs.3 Satz 2 Nr. 1 InvStG verbleibenden Werbungskosten als pauschal nicht abzugsfähig.[419]

(1) Objektives und subjektives Nettoprinzip

Das Nettoprinzip konkretisiert das Leistungsfähigkeitsprinzip dergestalt, dass die Leistungsfähigkeit eines Steuerpflichtigen erst dann ermittelt werden kann, nachdem von den erzielten Bruttoeinnahmen die Aufwendungen zur Erwerbssicherung (objektives Nettoprinzip) sowie die Aufwendungen zur Existenzsicherung (Subjektives Nettoprinzip) abgezogen wurden.[420] Das Nettoprinzip ist als

---

415 *Carlé,* DStZ 2004, 74 (74).

416 *Sradj/Mertes*, DStR 2004, 201 (202); Zur Aufteilung von Werbungskosten bei Einkünften aus Kapitalvermögen, die teilweise dem Halbeinkünfteverfahren unterliegen (§ 3c Abs. 2 EStG) vgl. auch BMF-Schreiben vom 12.06.2002 - IV C 1 - S 2252 - 184/02, FR 2002, 750 (750), und unten Kapitel 3, C, III, 4, a.

417 *Grabbe/Lübbehüsen,* DStR 2004, 981 (982); vgl. oben Kapitel 2, A, I, 1, a und b.

418 *Carlé,* DStZ 2004, 74 (74); ders., DStZ 2004, 341 (341) *Sradj/Mertes*, DStR 2004, 201 (202); *Sradj/Mertes,* DStR 2003, 1681 (1683); a. A. *Hammer,* DStZ 2004 340 (340); Ein Berechnungsbeispiel enthält das BMF-Schreiben zum Investmentsteuergesetz vom 02.06.2005, - IV C 1 – S 1980 – 1 87/05, im Anhang 3 zu Rn. 72, BStBl. I 2005, 728 (775); Vgl. ausführlich unten Kapitel 3, C, III, 4, a.

419 Zunächst war im Investmentsteuergesetz bei dessen In-Kraft-Treten bestimmt, dass für Investmentanteile, die im Betriebsvermögen gehalten werden die pauschale Nichtabzugsfähigkeit nicht anzuwenden war. Vgl. *Carlé,* DStZ 2004, 74 (74); ders., DStZ 2004, 341 (341) *Sradj/Mertes*, DStR 2004, 201 (202); *Sradj/Mertes,* DStR 2003, 1681 (1683); *Wassermeyer,* DB 2003, 2085 (2088). Dies ist durch das Richtlinien-Umsetzungsgesetz vom 09.12.2004 (EURLUmsG), BGBl. I 2004, S. 3310ff., geändert worden, wonach die Nichtabzugsfähigkeit auch auf im Betriebsvermögen gehaltene Anteile anzuwenden ist. Vgl. ausführlich unten Kapitel 3, C, III, 4, a.

420 *Birk*, Steuerrecht, S. 51, Rn. 154; BVerfGE 99, 280 (290f.); BVerfGE 101, 297 (310); BFH vom 09.05.2001, BStBl. II. 2001, 552 (553f.); *Steenken,* Zulässigkeit gesetzlicher Pauschalierungen, 2002, S. 64.

eine verfassungsrechtlich vorgegebene Ausprägung des Leistungsfähigkeitsprinzips im Bereich des Ertragsteuerrechts zu verstehen.[421]

Das Leistungsfähigkeitsprinzip verlangt objektiv, dass die Aufwendungen des Steuerpflichtigen zur Erhaltung und Sicherung der jeweiligen Einkommensquelle bei der Ermittlung des zu versteuernden Einkommens verschont bleiben (objektives Nettoprinzip).[422] Schließlich stehen die Aufwendungen, die für die Einnahmeerzielung eingesetzt wurden einer Steuerzahlung nicht mehr zur Verfügung.[423] Das objektive Nettoprinzip findet in der Investmentbesteuerung seine Ausformung dadurch, dass § 3 Abs. 1 InvStG zur Ermittlung der Erträge des Investmentvermögens auf § 2 Abs. 2 Nr. 2 EStG verweist. Die für die Ermittlung der Erträge zugrundezulegende Regelung des Einkommensteuergesetzes stellt insoweit die Ausformung des Nettoprinzips dar, indem die Besteuerung nicht an Bruttoeinnahmen anknüpft, sondern durch die dort zugrundegelegte Überschussrechnung die Erträge des Investmentfonds als Nettogröße definiert werden.

Da die Vorschriften zur Ermittlung der Erträge des Investmentvermögens keine Probleme mit dem so genannten subjektiven Nettoprinzip und dem indisponiblen Lebenshaltungsaufwand verursachen, der bei natürlichen Personen ebenfalls im Abzug berücksichtigt werden müsste, wird im Folgenden ausschließlich ein möglicher Verstoß gegen das objektive Nettoprinzip untersucht.

(2) Verletzung des objektiven Nettoprinzips

Interessant im Rahmen des Leistungsfähigkeitsprinzips ist vor allem die zweite Stufe des Werbungskostenabzugs im Investmentsteuerrecht, wonach gem. § 3 Abs. 3 Satz 2 Nr. 2 InvStG 10% der von den nach Anwendung des § 3 Abs.3 Satz 2 Nr. 1 InvStG verbleibenden Werbungskosten als pauschal nicht abzugsfähig gelten.[424] Insofern könnte darin ein Verstoß gegen das so genannte Nettoprinzip liegen, da gegebenenfalls die Aufwendungen im Rahmen der Werbungskosten nicht vollständig bei der Ermittlung der Fondserträge berücksichtigt und damit beim zu versteuernden Einkommen unberücksichtigt gelassen werden, wie aber das objektive Nettoprinzip grundsätzlich verlangt. Jedoch dürfte unbeanstandet bleiben, dass gerade bei Werbungskosten, die nicht in unmittelba-

---

421 *Tipke,* Die Steuerrechtsordnung, Band II 2003, S. 763 m.w.N.; *Birk,* StuW 2000, 328 (331); *Schön,* StuW 1995, 366 (368f.).

422 *Steenken,* Zulässigkeit gesetzlicher Pauschalierungen, 2002, S. 64.; *Birk,* Steuerrecht, S. 51, Rn. 154.

423 *Steenken,* Zulässigkeit gesetzlicher Pauschalierungen, 2002, S. 64.

424 *Carlé,* DStZ 2004, 74 (74); ders., DStZ 2004, 341 (341) *Sradj/Mertes,* DStR 2004, 201 (202); *Sradj/Mertes,* DStR 2003, 1681 (1683); *Wassermeyer,* DB 2003, 2085 (2088). Vgl. ausführlich unten Kapitel 3, C, III, 4, a.

rem wirtschaftlichen Zusammenhang mit den Einnahmen stehen nicht vollständig Aufwendungen sind, die der Erwerbssicherung dienen und folglich auch nicht vollständig Berücksichtigung bei der Ermittlung der Leistungsfähigkeit des Steuerpflichtigen finden müssen. Zumal zu den nicht in unmittelbarem wirtschaftlichen Zusammenhang mit den Einnahmen stehenden Allgemeinkosten eine ganze Reihe von unterschiedlichsten Kosten, wie Depotbankvergütung, Depotbankgebühr, Veröffentlichungs- und Prüfungskosten, Fondsverwaltungsgebühren sowie allgemeinen Beratungskosten,[425] gehören.

Fraglich ist demnach, ob eine Nichtabzugsfähigkeit i.H. von pauschal 10 Prozent vorgenommen werden darf. Die Problematik stellt sich dabei auf zwei Ebenen.

Zum einen handelt es sich bei der Regelung der 10 prozentigen Nichtabzugsfähigkeit um eine Typisierung durch die zur Besteuerung eines Sachverhalts auf einen typischen (Durchschnitts-)Fall abgestellt wird.[426] Dabei wird die Gleichbehandlung des vom typischen Fall abweichenden Fall aus Gründen der Steuervereinfachung vom Gesetzgeber hingenommen,[427] sodass wegen der sich daraus ergebenden Gleichbehandlung ungleicher Fälle die Rechtmäßigkeit einer Typisierung immer auch an Art. 3 Abs. 1 GG zu messen ist.[428] Ferner lässt sich aber gegen Typisierungen zunächst nichts einwenden, da gesetzliche Regelungen gerade generalisieren müssen[429] und nicht für jede Eigenheit eines Sachverhalts eine besondere Regelung existieren muss.[430] Dies ist vor allem wegen der Massenverfahren im Steuerrecht bei steuerrechtlichen Sachverhalten besonders wichtig.[431] Bei der Fassung von Typisierungen hat der Gesetzgeber einen weiten

425 *Grabbe/Lübbehüsen,* DStR 2004, 981 (982); vgl. oben Kapitel 2, A, I, 1, a und b.

426 *Steenken,* Zulässigkeit gesetzlicher Pauschalierungen, 2002, S. 5.

427 *Steenken,* Zulässigkeit gesetzlicher Pauschalierungen, 2002, S. 5.

428 Vgl. *Arndt*, Praktikabilität und Effizienz, Köln 1983, S. 54f. m.w.N.; *Arndt*, NVwZ 1988, 787 (789); *Jachmann*, StuW 1994, 347 (350); *Ruppe*, VDStJG 21, 29 (41f. und 51f.); *Söhn*, ZRP 1988, 344 (345); *Strahl*, BB 1997, 341 (343); Tipke, Die Steuerrechtsordnung, Band I 2000, S. 349 und 354 m.w.N; *Steenken,* Zulässigkeit gesetzlicher Pauschalierungen, 2002, S. 5; Formal hätte die Prüfung der Typisierung als Problem der Gleichbehandlung bereits im Kapitel 2, A, III, 5 erörtert werden können. Aus der Begebenheit aber, dass sich das Leistungsfähigkeitsprinzip ebenfalls aus Art. 3 Abs. 1 GG herleitet und Typisierungen systematisch in engem Bezug zum objektiven Nettoprinzip als Ausformung des Leistungsfähigkeitsprinzips steht, erfolgen die Erörterungen an dieser Stelle.

429 BVerfGE 11, 245 (254); *Steenken,* Zulässigkeit gesetzlicher Pauschalierungen, 2002, S. 13.

430 BVerfGE 82, 159 (185f.). Vgl. auch BVerfGE 87, 234 (255); BVerfGE 89, 15 (23); *Steenken,* Zulässigkeit gesetzlicher Pauschalierungen, 2002, S. 13.

431 *Steenken,* Zulässigkeit gesetzlicher Pauschalierungen, 2002, S. 13.

Gestaltungsspielraum,[432] es wird lediglich durch das Bundesverfassungsgericht verlangt, dass die steuerrechtlichen Vorteile einer Typisierung in einem „rechten Verhältnis" zu den mit der Typisierung verursachten Ungleichbehandlungen stehen.[433] Diesbezüglich läuft es bei der Beurteilung der Rechtmäßigkeit einer Typisierung auf eine Abwägung hinaus, durch die einzig überprüft wird, ob der Gesetzgeber im Rahmen seines Gestaltungsspielraums gehandelt hat,[434] wozu ebenfalls gehört, dass keine realitätsfremden Grenzen (Pauschbeträge) gezogen wurden.[435] Eine abschließende verfassungsrechtliche Beurteilung der vom Gesetzgeber in der pauschalen Nichtabzugsfähigkeit getroffenen 10 Prozent Typisierung kann an dieser Stelle jedoch nicht erfolgen. Zwar spricht einiges dafür, dass bei Werbungskosten, die nicht in unmittelbaren Zusammenhang mit den Einnahmen stehen (Allgemeinkosten), diese Kosten nicht vollständig zur Erhaltung und Sicherung der jeweiligen Einkommensquelle dienen können. Ansonsten würde es sich nicht um Allgemeinkosten handeln. In welcher Höhe allerdings ein pauschaler Nichtabzug im „rechten Verhältnis" steht und realitätsnah ist, ist diesseits nicht zu ermitteln. Allerdings lässt ebenso der Gesetzgeber offen, inwieweit der gewählte Prozentansatz auf theoretische oder empirische Daten rückführbar ist. Gegebenenfalls ist durch die Gerichte zu klären, ob die gewählte Höhe von 10% realitätsnah ist. M.E. sind eine 10%ige Nichtabzugsfähigkeit nicht derart fern liegend, dass eine Realitätsnähe nicht angenommen werden könnte, so dass die Typisierung unter Berücksichtigung des Gleichheitsgebots nicht zu beanstanden ist.

Zum anderen werden durch die pauschale Nichtabzugsfähigkeit von 10 Prozent die Aufwendungen möglicherweise im Rahmen der Werbungskosten nicht in jedem Fall vollständig bei der Ermittlung der Fondserträge berücksichtigt, was ein Problem mit dem objektiven Nettoprinzip darstellt. Gleichwohl ist hierbei zu bedenken, dass der Gesetzgeber nicht verpflichtet ist das Leistungsfähigkeitsprinzip als besonders wichtiges Prinzip der Steuergerechtigkeit, welches durch das objektive Nettoprinzip lediglich konkretisiert wird, vollkommen und voll-

---

432 *Steenken,* Zulässigkeit gesetzlicher Pauschalierungen, 2002, S. 21.

433 BVerfGE 21, 12 (27); BVerfGE 65, 325 (354f.) BVerfGE 96, 1 (8f.).

434 *Steenken,* Zulässigkeit gesetzlicher Pauschalierungen, 2002, S. 15f.

435 BVerfGE 66, 214 (223); BVerfGE 67, 290 (297); BFH vom 26.11.1985, BStBl. II 1986, 353 (355); BFH vom 29.4.1992, BStBl. II 1992, 752 (753); BFH vom 19.02.1993, BStBl. II 1993, 551 (555); BFH vom 20.12.1995, BStBl. II 1996, 199 (200); BFH vom 27.9.1996, BStBl. II 1997, 68 (69); BFH vom 24.02.2000, DStR 2000, 765 (766f.); BFH vom 15.03.2000, BFH/NV 2000, 1032 (1035); BFH vom 3.8.2000, BFH/NV 2001. 100 (101); FG Münster vom 22.7.1992, EFG 1992, 611 (612); Niedersächsisches FG vom 19.10.1995, EFG 1996, 664 (664); FG Baden-Württemberg vom 19.11.1996, EFG 1997, 728 (731).

ständig umzusetzen.[436] Allerdings verlangt das Bundesverfassungsgericht zur Rechtfertigung von Durchbrechungen des objektiven Nettoprinzips, dass es dafür einen „sachlich einleuchtenden Grund“[437] gibt, der „gewichtig“[438] ist.[439] Dieses wird gleichzeitig durch das Bundesverfassungsgericht dadurch eingeschränkt, in dem dem Gesetzgeber bei der Gestaltung von Durchbrechungen des objektiven Nettoprinzips ein weiter Beurteilungs- und Gestaltungsspielraum eingeräumt wird.[440] Den Vorgaben des Bundesverfassungsgerichts wird aber durch die Begründung des Gesetzgebers, dass es sich bei der Vorschrift des § 3 Abs. 3 InvStG und der pauschalen Nichtabzugsfähigkeit von 10 Prozent der nicht in unmittelbaren wirtschaftlichen Zusammenhang mit den Einnahmen stehenden Werbungskosten um eine Vereinfachungsregelung bei der Aufteilung der Werbungskosten handeln solle,[441] Rechnung getragen.[442] In Anbetracht der Massenverfahren im Steuerrecht und der Tatsache, dass ein Teil von Allgemeinkosten, die nicht in unmittelbaren Zusammenhang mit den Fondseinnahmen stehen nicht der Erhaltung und Sicherung der Einkommensquelle dienen, ist die

---

436 BVerfGE 27, 58 (68); BVerfG, NJW 1988, 127 (127); BVerfGE 81, 228 (237). Das Bundesverfassungsgericht vertrat in der Entscheidung BVerfGE 34, 103 (115) die Auffassung, dass sich dem Einkommensteuerrecht ein striktes Nettoprinzip, das nur aus besonderen Gründen durchbrochen werden dürfe, nicht entnehmen ließe. Dies ist jedoch eine Einzelentscheidung geblieben; vgl. dazu auch *Söhn*, VDStJG 3, 13, sowie *Arndt/ Schumacher*, AÖR 118 (1993), 513 (521).

437 BVerfGE 17, 232 (249); BVerfGE 18, 315 (333); BVerfGE 24, 174 (181); BVerfGE 27, 58 (65); BVerfGE 34, 103 (115); *Arndt/Schumacher*, AÖR 118 (1993), 513 (517).

438 BVerfGE 81, 228 (237); vgl. auch *Friauf*, VDStJG 12, 3 (28f.); *Müller-Franken*, StuW 1997, 3 (17); *Arndt/Schumacher*, AÖR 118 (1993), 513 (517).

439 *Steenken*, Zulässigkeit gesetzlicher Pauschalierungen, 2002, S. 68f.

440 BVerfGE 81, 228 (237); BVerfGE 96, 1 (5); BVerfGE 99, 88 (94f.); vgl. ebenso *Herzog*, StJB 1985/86, 27 (40f.). Hingegen verlangt *Friauf*, VDStJG 12, 3 (28) im Hinblick darauf, dass Steuereingriffe erhebliche Wirkung auf die Steuerpflichtigen entfalten, einen engen Gestaltungsspielraum des Gesetzgebers, der bei Abweichungen von diesem Prinzip eine erhöhte Rechtfertigungsbegründung des Gesetzgebers erfordere.

441 Begründung zum Investmentmodernisierungsgesetz zu Artikel 2 (zu § 3 -Ermittlung der Erträge/ zu Abs. 3-), S. 148; BT-Drucks. 15/1553; auch *Beckmann/Scholtz/Vollmer*, Investment-Handbuch, 2005, Ordnungsziffer 582.

442 *Lechner*, BB 2005, 1771 (1773f.) sieht in der pauschalen Nichtabzugsfähigkeit von Werbungskosten eine Schlechterstellung des Investmentanlegers gegenüber dem Direktanleger, was im Ergebnis danach wohl zu einem Verstoß gegen das Transparenzprinzip führen soll. Hierbei ist allerdings zu bedenken, dass das Transparenzprinzip, obwohl es das in der Investmentbesteuerung im Vordergrund stehende Prinzip ist, im Investmentsteuergesetz nicht durchgängig konsequent umgesetzt wurde. Dies hat gerade seinen Hintergrund darin, dass wegen des Systemunterschieds des Investmentanlegers zum Direktanleger gerade keine vollkommene Durchsichtigkeit der Fondskonstruktion hergestellt werden kann. Vgl. ausführlich zum Transparenzprinzip bereits oben Kapitel 2, A, III, 6.

Vereinfachung für den Werbungskostenabzug nicht nur „sachlich einleuchtend", sondern auch „gewichtig".[443] Des Weiteren ist in der getroffenen Regelung ein Überschreiten des Beurteilungs- und Gestaltungsspielraums des Gesetzgebers schon deswegen nicht zu erkennen, da die gewählte Höhe der nichtabzugsfähigen Werbungskosten nicht derart hoch ist, dass der weite Spielraum des Gesetzgebers dadurch überschritten wäre.

c. Verlustvorträge i.S. des § 3 Abs. 4 InvStG

Des Weiteren ergibt sich ein Problem der Verlustvortragsregelung des § 3 Abs. 4 InvStG mit dem Leistungsfähigkeitsprinzip. Nach der vorbenannten Vorschrift sind negative Erträge des Investmentvermögens bis zur Höhe der positiven Erträge gleicher Art[444] mit diesen zu verrechnen.[445] Negative Erträge, die auf diese Weise nicht ausgeglichen werden konnten, sind ins folgende Geschäftsjahr vorzutragen.[446] Dementsprechend erfolgt eine Verrechnung zwischen negativen und positiven Erträgen nur zwischen gleichen Ertragsarten des Investmentvermögens.[447] Indem Verluste des Sondervermögens nicht an die Anteilscheininhaber „ausgeschüttet" werden, können diese die negativen Erträge nicht selbst nutzen.[448] Damit kann es besonders in Publikumsfonds, die im Bestand häufig wechselnde Anleger verzeichnen, zur Verschiebung der steuerrechtlichen Verlustnutzung der negativen Erträge kommen.[449] Anleger, die die Anteilsscheine in einem Geschäftsjahr erwerben, in dem auf Grund des § 3 Abs. 4 InvStG

---

443 Diese Beurteilung ändert sich auch nicht dadurch, dass tatsächlich durch die getroffene Regelung eine Verkomplizierung der Ertragsermittlung eingetreten ist, da für die Beurteilung des Gestaltungsspielraums ausschließlich auf die Intention des Gesetzgebers bei Schaffung der entsprechenden Vorschriften abzustellen ist. Vgl. auch unten Kapitel 3, C, III, 4, a.

444 Die Worte „gleicher Art" wurden im Zuge des Richtlinien-Umsetzungsgesetzes (EURLUmsG) in das Investmentsteuergesetz eingefügt. Erträge „gleicher Art" sind solche, die beim Anteilscheininhaber hinsichtlich der Steuerbarkeit, des Umfangs der Steuerpflicht und des Erfassungszeitpunkts identisch behandelt werden. Daraus folgt, dass beispielsweise Veräußerungsverluste mit Veräußerungsgewinnen zu verrechnen sind, jedoch eine Ausgleichsfähigkeit der Veräußerungsverluste nicht mit Zinsen oder Dividenden besteht. Vgl. Begründung zu § 3 Abs. 3 Satz 2 Nr. 2 Satz 2 InvStG-E, BGBl. I 2004, S. 3310ff; BT-Drucks. 15/3677, S. 48; weitere Beispiele für die Gleichartigkeit nennt das BMF-Schreiben zum Investmentsteuergesetz vom 02.06.2005, - IV C 1 – S 1980 – 1 87/05, Rn. 69, BStBl. I 2005, 728 (738).

445 Ausführlich zur Verlustvortragsregelung des § 3 Abs. 4 InvStG vgl. unten Kapitel 3, C, III, 4, a.

446 *Sradj/Mertes*, DStR 2004, 201 (203); BMF-Schreiben zum Investmentsteuergesetz vom 02.06.2005, - IV C 1 – S 1980 – 1 87/05, Rn. 70, BStBl. I 2005, 728 (738).

447 *Geißelmeier/Gemmel*, DStR 2005, 45 (47).

448 *Carlé*, DStZ 2004, 74 (75); ders., DStZ 2004, 341 (341).

449 *Sradj/Mertes*, DStR 2004, 201 (203).

Verluste vorgetragen wurden, erhalten einen steuerrechtlichen Vorteil. Wegen des Vortrags werden die positiven Erträge des neuen Geschäftsjahres mit den vorgetragenen Verlusten des alten Jahres saldiert, so dass sich die Steuerlast mindert. Investmentanleger, die die Anteilscheine aber erst in einem späteren Geschäftsjahr erwerben hatten die Verluste, die zu dem Vorteil des geminderten Ertrages zur Berechnung der Bemessungsgrundlage vor ihrem Anteilsscheinerwerb führten, wirtschaftlich nicht zu tragen.[450]

Dadurch entsteht eine Verschiebung der steuerrechtlichen Verlustnutzung, die sonst im Steuerrecht bewusst vermieden werden soll.[451] Dem Leistungsfähigkeitsgrundsatz, der dem Prinzip der Steuergerechtigkeit folgt und sich aus Art. 3 Abs. 1 GG ableitet[452] wird durch die Verlustverschiebung nicht genüge getan. Bereits aus verfassungsrechtlicher Sicht sind die Anteilscheininhaber entsprechend ihrer Leistungsfähigkeit nach allgemeinen Kriterien des Ertragsteuerrechts zu besteuern, wenn kein sachlicher Grund entgegensteht.[453] In späteren Geschäftsjahren hinzutretende Anleger werden jedoch gegenüber den Altanlegern ohne sachlichen Grund steuerrechtlich bevorzugt, da sie möglicherweise Verlustvorträge nutzen können, ohne jemals wirtschaftliche Verluste erlitten zu haben. Daraus ergibt sich eine Nichtbesteuerung trotz Leistungsfähigkeit, die dem Leistungsfähigkeitsprinzip entgegensteht und dieses verletzt.

Abschließend ist darauf hinzuweisen, dass in der Verlustnutzungsvorschrift ebenfalls das Transparenzprinzip[454] verletzt ist,[455] weil der Direktanleger im Vergleich zum Investmentanleger nach dem Investmentsteuergesetz Verluste selbst geltend machen kann. Diesbezüglich sollte der Gesetzgeber nachbessern, da gewichtige Ausnahmen nicht vorliegen, die eine Ungleichbehandlung rechtfertigen könnten nicht ersichtlich sind. Zudem steht die Investmentbesteuerung

---

450 *Carlé,* DStZ 2004, 74 (75); ders., KÖSDI 2004, 14300 (14301).

451 *Sradj/Mertes*, DStR 2004, 201 (203).

452 *Tipke/Lang,* Steuerrecht, 2005, § 4, S. 82, Rn. 81; vgl. auch BVerfGE 6, 55 (70); 8, 51 (68f.); 9, 237 (243); 13, 290 (297); 14, 34 (41); 27, 58 (64); 32, 333 (339); 36, 66 (72); 43, 108 (118ff.); 47, 1 (29); 55, 274 (302); 61, 319 (343ff.); 66, 214 (223); 68, 143 (152f.); 82, 60 (86f.); vgl. auch bereits oben Kapitel 2, A, III, 7.

453 *Lindemann,* FR 2003, 890 (893).

454 Vgl. oben Kapitel 2, A, III, 6.

455 Gleichwohl wird aus systematischen Gesichtpunkten heraus die mit dem Verlustvortrag i.S. des § 3 Abs. 4 InvStG in Zusammenhang stehende Verletzung des Transparenzprinzips an dieser Stelle dargestellt. Vgl. zudem ebenfalls unten Kapitel 3, C, III, 4, a.

unter der Leitidee der Gleichbehandlung des Anlegers in Investmentanteilen mit dem Direktanleger.[456]

d. Zwischenergebnis

Die Regelung des § 39 Abs. 1 Satz 1 KAGG a.F. im Entwurf der Bundesregierung für ein Steuervergünstigungsabbaugesetz (StVergAbG) vom 20.11.2002 hätte für die Fälle einen Verstoß gegen das Leistungsfähigkeitsprinzip dargestellt, in denen durch die Vorschrift vorgesehen war, dass ebenfalls vorübergehende Wertsteigerungen in einem thesaurierenden Fonds bei einer Wiederanlage, die in der Folgezeit allerdings aufgebraucht würden und den Anteilscheininhabern nicht zur Verfügung stünden, zu versteuern sein sollten. Insofern käme es zu einer Besteuerung von so genannten Scheingewinnen.[457]

Die Bundesregierung war durch den Entwurf für ein Steuervergünstigungsabbaugesetz (StVergAbG) vom 20.11.2002 im Begriff ein verfassungsrechtlich höchst problematisches Gesetzesvorhaben in das Gesetzgebungsverfahren einzubringen. Dies macht deutlich, dass steuerrechtliche Gesetzgebungsvorhaben durch die Beteiligten des Gesetzgebungsverfahrens nicht konsequent auf ihre Vereinbarkeit mit der Verfassung überprüft werden, was indes vor jedem Gesetzesvorhaben allerdings geschehen sollte. Auch der Gesetzgeber kann tragende Prinzipien des Steuerrechts übersehen.[458]

---

456 Begründung zum Investmentmodernisierungsgesetz zu Artikel 2 (Allgemeines), S. 136; BT-Drucks. 15/1553; auch *Beckmann/Scholtz/Vollmer,* Investment-Handbuch, 2005, Ordnungsziffer 582.

457 Dem steht auch nicht die „Ambros" Entscheidung des BFH vom 10.07.2001, BStBl. II 2001, 646 (646) entgegen. Der BFH setzte sich mit der Problematik auseinander, ob im zu beurteilenden Fall ggf. auch „Scheinrenditen" zu versteuern sind. Hintergrund war, dass die Ambros S.A. mit Anlegern Verwaltungsverträge abschloss und hierbei Renditen in Höhe von 6% in Aussicht stellte. Beim Abschluss der Verwaltungsverträge konnten die Anleger wählen, ob sie die Gewinne (Renditen) auf das jeweils eingelegte Kapital ausgezahlt haben wollten oder ob dieses erneut angelegt werden sollte. Tatsächlich waren die Renditen und Gewinne nur vorgetäuscht. Die Anleger die sich für die Ausschüttung entschieden hatten erhielten die Renditen zu den vereinbarten Zeitpunkten ausgezahlt, wobei die Zahlungen über Gelder der neuen Anleger finanziert wurden (Schneeballsystem). Im Ergebnis ging es in der zugrunde liegenden Entscheidung nicht um die Frage, ob Scheingewinne zu versteuern sind, sondern vielmehr darum, ob auf Grund der gegebenen Konstellation überhaupt von Scheingewinnen auszugehen ist. Entscheidend für den BFH war die Frage, ob eine Vermögensmehrung des Anlegers bei der Wiederanlage vorlag. Hierbei prüfte der BFH ebenfalls die Voraussetzungen, ob die Anleger wirtschaftlich über die Wiederanlage verfügen konnten. Der entscheidende Senat kam auf Grund der besonderen Konstellation des zu beurteilenden Sachverhalts, der allerdings von der Anlage in thesaurierende Fonds abweicht, zu dem Ergebnis, dass eine Vermögensmehrung vorlag.

458 Vgl. dazu u.a. das Problem der „Alt-Aktiengewinne" unten Kapitel 3, G, II, 8, a.

Hingegen liegt in der durch das Investmentsteuergesetz neu geschaffenen Regelung innerhalb der Ertragsermittlungsvorschrift des § 3 InvStG durch die pauschale Nichtabzugsfähigkeit von nicht in unmittelbar in wirtschaftlichen Zusammenhang stehenden Werbungskosten in Höhe von 10 Prozent (§ 3 Abs. 3 Satz 2 Nr. 2 InvStG) kein Verstoß gegen das Leistungsfähigkeitsprinzip vor. Insbesondere ist es dem Gesetzgeber im Rahmen eines weiten Beurteilungs- und Gestaltungsspielraums möglich Durchbrechungen des objektiven Nettoprinzips zu erreichen. Jedoch wäre wünschenswert gewesen, wenn der Gesetzgeber im Rahmen dieser Typisierung die Grundlagen dargelegt hätte, wie und auf Grund welcher Daten die Höhe der nichtabzugsfähigen Werbungskosten zustande gekommen ist, zumal die Mitteilung der Ermittlungsgrundlagen durchaus dazu geeignet gewesen wäre, das Vertrauen in den Gesetzgeber zu stärken.

Ein Verstoß gegen das Leistungsfähigkeitsprinzip ist aber in Bezug auf die Verlustverschiebung, die durch § 3 Abs. 4 InvStG verursacht wird zu bejahen. Die Anteilscheininhaber werden diesbezüglich nicht entsprechend ihrer Leistungsfähigkeit nach allgemeinen Kriterien des Ertragsteuerrechts besteuert, da neu hinzutretende Anleger gegenüber Altanlegern ohne sachlichen Grund steuerrechtlich bevorzugt werden, da möglicherweise Verlustvorträge genutzt werden können, ohne das die Neuanleger jemals wirtschaftliche Verluste erlitten haben. Die daraus folgende Nichtbesteuerung trotz Leistungsfähigkeit verletzt das Leistungsfähigkeitsprinzip.

8. Gebot der Anwenderfreundlichkeit

Teilweise wird vertreten, dass sich aus dem in Art. 3 Abs. 1 GG manifestierten Gleichheitsgebot und dem wiederum daraus resultierenden Gebot der Steuergerechtigkeit das Gebot der Anwenderfreundlichkeit als Grundsatz der Fondsbesteuerung herleiten lasse.[459] Danach soll sich der Gleichheitssatz über Art. 1 Abs. 3 und Art. 20 Abs. 3 GG auch an den Steuergesetzgeber, der die Verwirklichung der Rechtsetzungsgleichheit und die der Rechtsanwendungsgleichheit herzustellen habe, richten, was im Ergebnis auch die Bestimmtheit der Steuergesetze verlange. Dieser Bestimmtheit widersprächen aber gerade zu komplexe und fehleranfällige Regelungen. Eine angemessene und fehlerfreie Anwendung bedürfe übersichtlicher und verständlicher Gesetzestexte. Nach *Lindemann* fehle de lege lata die Anwenderfreundlichkeit auf Grund der komplizierten Verweisungstechnik des Gesetzgebers.[460]

---

459 *Lindemann,* Besteuerung von Aktienfonds nach der Unternehmensteuerreform, 2004, S. 412ff.; *Lindemann,* FR 2003, 890 (896).

460 Vgl. *Lindemann,* FR 2003, 890 (896), mit einem Beispiel im Investmentsteuergesetz zur komplizierten Verweisungskette und zur mehrgliedrigen Regel-/ Ausnahme Technik im Halbeinkünfteverfahren.

Dieser Auffassung ist darin zuzustimmen, dass sich vor allem im Steuerrecht bekanntermaßen viele Gesetze nicht durch anwenderfreundliche Formulierungen und Verweisungen auszeichnen. Jedoch ergibt sich daraus noch kein Grundsatz oder Gebot, dass Gesetze anwenderfreundlich, verständlich und übersichtlich gehalten werden müssten.[461] Dieses kann lediglich ein politisches Ziel der Legislative sein, damit die Bevölkerung mehr Transparenz erfährt und Vertrauen in die Arbeit des Parlaments gewinnt. Andernfalls würde in die Kernkompetenz des Gesetzgebungsorgans eingegriffen werden, wenn ein bestimmter Wortlaut oder eine bestimmte Gesetzestechnik vorgeschrieben oder versagt würde. Zudem lässt sich eine Rechtsanwendungsgleichheit auch durch komplexe Gesetzestexte erreichen, da diese gegenüber allen gleich wirken und von der Verwaltung bereits auf Grund des Gesetzmäßigkeitsgrundsatzes, in allen Fällen grundsätzlich gleich umzusetzen sind. Ein Verstoß gegen den Gleichheitssatz nach Art. 3 Abs. 1 GG, der gegenüber dem Gesetzgeber über Art. 1 Abs. 3, Art. 20 Abs. 3 GG wirkt, ist auch bei inhaltlich schwierigen Gesetzen nicht zwangsläufig festzustellen.

9. Internationale Besteuerung von Investmentvermögen und Probleme der Doppelbesteuerung

Als Grundsatz der Fondsbesteuerung kann neben anderen wichtigen Prinzipien auch die Vermeidung von Mehrfachbelastungen gesehen werden, die durch die Anwendbarkeit internationaler Besteuerungsregeln entstehen. Zu einer solchen internationalen Besteuerung mit der Gefahr von Doppel- oder Mehrfachbesteuerungen kann es im Investmentwesen sowohl auf Grund grenzüberschreitender Investitionen der Gesellschaften als auch auf Grund von Kapitalanlagen der Investmentsparer im Ausland kommen.[462] Das Ziel, Investmenterträge mit Auslandsbezug nicht mehrfach zu belasten, kann durch uni-, bi- oder multinationale Maßnahmen erreicht werden.[463]

Eine unilaterale Maßnahme ist der einseitige Verzicht des Wohnsitzstaates, eine Steuer auf einen Tatbestand zu erheben, der bereits durch den Quellenstaat steuerbar gestellt wurde. Demgegenüber können Mehrfachbelastungen auch durch Abkommen mehrerer Staaten als multinationale Vereinbarungen unterbunden werden. Am häufigsten werden hingegen Doppelbesteuerungsabkom-

---

461 Vgl. hierzu *Neumark*, Grundsätze gerechter und ökonomisch rationaler Steuerpolitik, 1970, S. 344, der die Notwendigkeit der Verständlichkeit von Steuergesetzen als „Grundsatz der Steuertransparenz" sieht.

462 Vgl. *Stotz*, Besteuerung von Wertpapier-Investmentfonds, 1998, S. 21f., mit Ausführungen zu unterschiedlichen Anknüpfungspunkten internationaler Besteuerung, wodurch erst Doppel- bzw. Mehrfachbelastungen entstehen können.

463 *Mössner*, Methoden, 1985, S. 142ff.

men zwischen zwei Staaten als bilaterale Maßnahmen[464] getroffen. Darin wird ein gegenseitiger Steuerverzicht vereinbart. Zum einen kann dabei eine Freistellung der im Quellenstaat zu versteuernden Einkommen im Wohnsitzstaat erfolgen. Zum anderen kann die im Quellenstaat entrichtete Steuer auf die im Wohnsitzstaat zu zahlende Steuer angerechnet werden.[465] Bei dem Anrechnungsverfahren ist es wiederum denkbar, dass der anrechnende Staat voll, begrenzt oder fiktiv anrechnet, um ggf. eine Mindestbemessungsgrundlage zu sichern.[466]

Sofern kein Doppelbesteuerungsabkommen für Erträge aus ausländischen Investmentfonds besteht, kommen zur Vermeidung einer Mehrfachbelastung nur unilaterale Maßnahmen in Betracht, die beispielsweise in einer Anrechnungsmöglichkeit auf die eigene Steuerschuld der Anteilscheininhaber besteht.[467] Eine Anrechnung kann lediglich auf der Ebene der Anleger erfolgen. Denn eine solche ist nicht bereits auf der Ebene der Sondervermögen möglich, da diese gem. § 11 Abs. 1 Satz 2 InvStG im Inland von der Steuer befreit sind.[468] Da aber das jeweilige Sondervermögen Schuldnerin der ausländischen Steuer ist, entsteht die missliche Lage, dass die Steuersubjekte nicht identisch sind, da grundsätzlich nur der Steuerschuldner (Sondervermögen) gegenüber der nationalen Steuer zur Anrechung befugt ist.[469] Gegenüber dem Sondervermögen ist der Anleger bei der Direktanlage aber selbst Steuerschuldner, so dass dort dieses Problem nicht entsteht. Als Ausfluss des Transparenzprinzips erfolgt daher auch beim Investmentsparer eine indirekte Anrechnung der Erträge aus ausländischer Tätigkeit der Investmentgesellschaften gem. § 4 Abs. 2 InvStG.[470]

---

464 *Stotz*, Besteuerung von Wertpapier-Investmentfonds, 1998, S. 22.

465 *Kronat*, Besteuerung von Wertpapier-Investmentfonds, 2002, S. 41; *Fischer/Warneke*, Steuerlehre, 1988, S. 128ff.; *Jacobs*, Internationale Unternehmensbesteuerung, 1995, S. 13ff.; *Rose*, Grundzüge des Internationalen Steuerrechts, 1991, S. 27 und 61ff.; *Mössner*, Methoden, 1985, S. 159ff.

466 Vgl. *Stotz*, Besteuerung von Wertpapier-Investmentfonds, 1998, S. 23.

467 *Fischer*, WM 2001, 1236 (1243).

468 *Stotz*, Besteuerung von Wertpapier-Investmentfonds, 1998, S. 116.

469 *Fischer*, WM 2001, 1236 (1243).

470 *Altfelder*, FR 2000, 299 (309); vgl. auch *Kronat*, Besteuerung von Wertpapier-Investmentfonds, 2002, S. 41, der in der Parallelvorschrift des § 4 Abs. 1, 2 InvStG (§ 40 Abs. 3, 4 KAGG a.F.) zwar den Transparenzgedanken erblickt, aber auch die Unvollkommenheit der Umsetzung des Transparenzprinzips in Deutschland sieht. Denn durch die Schaffung eines grundsätzlichen Steuersubjekts in der Form des Sondervermögens bedürfe es im Vergleich des Investmentsparers gegenüber dem Direktanleger erst einer Zurechnung der Erträge, um ein vergleichbares Ergebnis in der internationalen Besteuerung herzustellen.

Im Falle des Bestehens eines Doppelbesteuerungsabkommens ergibt sich die gleiche Lage wie bei der Steuersubjektsidentität.[471] In diesem Fall entsteht eine Gleichstellung des Investmentsparers mit dem Direktanleger über § 4 Abs. 1 InvStG, wonach die ausländischen Erträge des Investmentfonds unter dem Progressionsvorbehalt des § 32b EStG von der Steuer freigestellt werden.[472]

B. Zwischenergebnis, Zusammenfassung und kritische Anmerkungen

Die Bildung eines Sondervermögens im Sinne des § 30 Abs. 1 InvG, das vom übrigen Vermögen der Kapitalanlagegesellschaften als getrennt behandelt wird, ist nötig, um einen umfassenden Anlegerschutz der Investmentsparer gewährleisten zu können. Dieses ist nur über die zivilrechtliche „Rechtsunfähigkeit" des Fondsvermögens denkbar. Denn nur so kann ein Haftungszugriff Dritter auf die geschützte Vermögensmasse vermieden werden. Der Schutz des Sondervermögens trägt zudem dazu bei, das Vertrauen der Investmentsparer zu sichern, die in aller Regel keine erhöhten Risiken bei der Anlage ihres Geldes eingehen wollen. Durch die Bildung des geschützten Sondervermögens ist in struktureller Hinsicht in Deutschland ausschließlich die Vertragsgestaltung möglich, wonach die Beziehungen innerhalb des Investmentdreiecks durch schuldrechtliche Verträge geprägt werden.

Dies ist konsequent und schadet dem Anlegerschutz nicht. Vielmehr stehen den Anlegern bei Schäden auf Grund eventueller Vertragsverletzungen Schadensersatzansprüche zu.

Als Grundsätze der Fondsbesteuerung lassen sich im Wesentlichen die Vermeidung von Mehrfachbesteuerungen des Fondsvermögens sowohl auf nationaler als auch auf internationaler Ebene, das Transparenzprinzip, das Gleichheitsgebot, das Leistungsfähigkeitsprinzip, nicht aber das Gebot der Anwenderfreundlichkeit nennen. Auf ein solches Gebot hat der Rechtsanwender bereits auf Grund der Kompetenzverteilung des Grundgesetzes keinen Anspruch.

§ 3 Abs. 4 InvStG begründet durch die Möglichkeit der Verlustverschiebung eine Verletzung des Leistungsfähigkeitsprinzips. Die Anteilscheininhaber werden nicht entsprechend ihrer Leistungsfähigkeit nach allgemeinen Kriterien des Ertragsteuerrechts besteuert, da in späteren Geschäftsjahren neu hinzutretende Anleger gegenüber Altanlegern ohne sachlichen Grund steuerrechtlich die Möglichkeit besitzen Verlustvorträge zu nutzen, obwohl sie die entsprechenden

---

471 *Kronat*, Besteuerung von Wertpapier-Investmentfonds, 2002, S. 41.
472 *Altfelder*, FR 2000, 299 (309); *Fischer*, WM 2001, 1236 (1243).

wirtschaftlichen Verluste niemals zu tragen hatten. Die sich daraus ergebende Nichtbesteuerung trotz Leistungsfähigkeit verletzt das Leistungsfähigkeitsprinzip.

Das Transparenzprinzip ist nicht durchgängig konsequent umgesetzt, obwohl es das in der Investmentbesteuerung im Vordergrund stehende Prinzip ist. Alle Überlegungen orientieren sich zunächst an diesem Grundsatz, um dann in begründeten Fällen dennoch davon abzuweichen. Steuersystematisch ist dies durch die Kombination des Trennungsprinzips und des Transparenzprinzips im Investmentsteuerrecht zu erklären. Der Gesetzgeber geht zunächst von der Geltung des Trennungsprinzips aus, um dann in bestimmten Fällen das Transparenzprinzip anzuordnen.[473] Aus diesem Grund kann im Rahmen der Investmentbesteuerung auch nur von einem eingeschränkten Transparenzprinzip ausgegangen werden. Vor diesem Hintergrund ist sodann die Rechtsprechung des BFH zu verstehen, der allerdings in seinen Entscheidungen[474] darüber hinaus eine Klarstellung dahingehend vermissen lässt, dass in den Fällen, in denen eine Auslegung des Gesetzes zu erfolgen hat oder aber eine Regelungslücke besteht, der Gleichstellungsgedanke als Auslegungshilfe anzuwenden ist. Entsprechende Ausführungen in diese Richtung hätten den entstandenen Eindruck, dass der BFH die ebenfalls vom Gesetzgeber beabsichtigte Transparenz gänzlich nicht berücksichtigt, vermieden. Vielmehr hat der BFH mit seinen Annahmen zum Ausdruck bringen wollen, dass dort, wo der Wortlaut der Steuervorschrift klar ist, es nicht über das Transparenzprinzip, zu nicht gerechtfertigten Steuervorteilen des Steuerpflichtigen kommen darf. Die Rechtsprechung des BFH ist insoweit konsequent, als dass Analogien nur dort herzustellen sind, wo auch planwidrige Regelungslücken im Gesetz bestehen. In einigen Normen wurde vom Gesetzgeber bewusst auf die Umsetzung einer völligen Gleichstellung des Investmentsparers mit dem Direktanleger verzichtet, so dass dort überhaupt keine Auslegung nach dem Transparenzprinzip in Betracht kommt.

Des Weiteren ist zu bedenken, dass der Gesetzgeber, sofern dieser eine weitergehende Transparenz wünschen sollte, als der BFH auf Grund der aktuellen Gesetzeslage gewähren kann, selbst die Möglichkeit besitzt, den Gleichstellungsgedanken systematischer und zielgerichteter als bisher zu verwirklichen. Damit könnte letztlich auch eine Analogiefähigkeit des Transparenzprinzips zugunsten der Steuerpflichtigen hergestellt werden.

---

473 Vgl. Kapitel 2, A, 6, a, (2), (b).

474 Vgl. BFH vom 04.03.1980 BStBl. II 1980, 453 (455); BFH vom 07.04.1992 BStBl. II 1992, 786 (786ff.); BFH vom 11.10.2000 BStBl. II 2001, 22 (23); BFH vom 27.03.2001 BFH/ NV 2001, 1539 (1541).

Im Ergebnis überwiegen die positiven Auswirkungen des Transparenzgedankens. Außerdem würde ein Wegfallen der Transparenz in der Praxis zu steuer- und verfahrensrechtlichen Problemen führen, die die positiven Wirkungen des Investmentsparens gefährden würden. Eine in sich schlüssige Investmentbesteuerung wäre kaum mehr möglich. Eine begrenzte Gleichstellung mit dem Direktanleger, die letztlich den Erfolg des Investmentsparens mit begründet, ist nur durch das Transparenzprinzip zu erreichen. In diesem Zusammenhang muss daher der Referentenentwurf zum Entwurf eines Gesetzes zur Reform der Unternehmensbesteuerung und zur Senkung der Steuersätze (Unternehmensteuerreform- und Steuersenkungsgesetz – URefSenkG) vom 10.01.2000 kritisiert werden, auch wenn dieser keinen Eingang in die Gesetzgebung gefunden hat. Eine Einbettung des Sondervermögens in das Körperschaftsteuersystem bei den Kapitalanlagegesellschaften würde zu zahlreichen Problemen führen und damit dem Finanzstandort Deutschland insgesamt schaden.

3. Kapitel: Besteuerung von Investmentfonds

A. Anwendungsbereich des Investmentsteuergesetzes/ Investmentbegriff

Bevor näher auf die Besteuerung von Investmentfonds eingegangen werden kann ist es notwendig, den Anwendungsbereich des Investmentsteuergesetzes zu bestimmen. Dies ist besonders vor dem Hintergrund wichtig, weil für in- und ausländische Investmentfonds ein unterschiedlicher Investmentbegriff mit der Folge unterschiedlicher Anwendbarkeiten des deutschen Steuerrechts zugrunde gelegt wird.

I. Rechtslage im KAGG a.F. und AuslInvmG a.F.

Für das Kapitalanlagegesellschaftsgesetz (KAGG) und das Auslandsinvestmentgesetz (AuslInvmG) galten unterschiedliche Anwendbarkeitsdefinitionen, die den Umfang des Geltungsbereichs der Gesetze bestimmten. Während im KAGG ein formeller und damit grundsätzlich engerer Investmentbegriff zugrunde gelegt wurde, ging das AuslInvmG von einem nicht abgeschlossenen und damit weiten materiellen Investmentbegriff aus.[475]

Nach dem formellen Investmentbegriff im KAGG unterlagen nur solche Investmentvermögen und deren Anleger den deutschen steuerrechtlichen Bestimmungen, die die tatbestandlichen Voraussetzungen des KAGG a.F. erfüllten. Im Wesentlichen war dies nach § 1 Abs. 1 KAGG a.F. die kollektive Geldanlage nach dem Grundsatz der Risikomischung in bestimmte nach dem KAGG a.F. zugelassene Vermögensgegenstände, wie beispielsweise in Geldmarkt-, Wertpapier-, Beteiligungs-, Investmentfondsanteil-, Grundstücks-, Gemischten Wertpapier- und Grundstücks- oder Altersvorsorge-Sondervermögen. Nur für den Fall, dass diese Vorgaben durch die Kapitalanlagegesellschaften erfüllt wurden, war das KAGG a.F. formaljuristisch auf sie anwendbar.[476]

Der materielle Investmentbegriff im AuslInvmG war einzig von einer wirtschaftlichen Betrachtungsweise geprägt, so dass es auf die rechtlichen Ausgestaltungen der Anlage nicht ankam.[477] Denn unabhängig von der Rechtsform galt das AuslInvmG für alle ausländischen Anlagen, die nach dem Grundsatz der

---

475 Vgl. zur Rechtslage und den steuerrechtlichen Konsequenzen *Fock*, RIW 2003, 118 (118ff.).

476 *Fock*, BB 2003, 1589 (1591).

477 *Beckmann/Scholtz/Vollmer*, Investment-Handbuch, 2005, 445, § 1, Rn. 46; *Pfüller/Schmitt* in: Brinkhaus/Scherer, AuslInvmG, § 1, Rn. 24; *Baur*, Investmentgesetze, § 1 AuslInvmG, Rn. 26; *Pütz/Sonntag/Fock*, Absolutreport Nr. 15, 2003, 26 (32).

Risikodiversifizierung Gelder der Anleger investierten.[478] Nach § 1 Abs. 1 AuslInvmG a.F. kam es für die Anwendbarkeit der deutschen Steuervorschriften nur darauf an, ob eine Geschäfts- oder Absatztätigkeit solcher Anlageformen in Deutschland erfolgte. Durch die Verwendung des materiellen Begriffs wurden in der Folge alle ausländischen Gestaltungsformen erfasst, die materiell dem Investment zuzuordnen sind.[479] Allgemein wurde die weitreichende Anwendbarkeit des AuslInvmG durch den materiellen Investmentbegriff und die sich daraus ergebende Rechtsunsicherheit kritisiert. Eine Abgrenzung von Anlageformen, die nach dem Willen des Gesetzgebers erfasst sein sollten zu neuen Anlageinstrumenten war durch diesen Begriff kaum noch möglich. So wurden auch ausländische Anlagen institutioneller Anleger beispielsweise in Hedgefonds, Private Equity Fonds, Venture Capital Fonds oder Mehrheitsbeteiligungen an ausländischem börsennotierten Grundbesitz erfasst, obwohl diese im Inland nicht unter die Investmentbesteuerung des KAGG gefallen wären.[480] Die damit verbundene steuerrechtliche Ungleichbehandlung in- und ausländischer Vermögensanlagen wurde vielfach im Hinblick auf die Kapitalverkehrsfreiheit kritisiert und dementsprechend die Vereinbarkeit mit dem Europarecht bezweifelt.[481]

II. Rechtslage im Investmentsteuergesetz

Noch im Regierungsentwurf zum Investmentmodernisierungsgesetz vom 20.08.2003 war die Einführung des formellen Investmentbegriffs geplant,[482] dessen Durchsetzung im weiteren Gesetzgebungsverfahren allerdings wieder fallen gelassen wurde. Aktuell ist in § 1 Abs. 1 InvStG bestimmt, dass das Investmentsteuergesetz gem. § 1 Abs. 1 Nr. 1 InvStG auf inländisches Investmentvermögen anzuwenden ist, soweit dieses in Form eines Investmentfonds im Sinne des § 2 Abs. 1 InvG oder einer Investmentaktiengesellschaft im Sinne des § 2 Abs. 5 InvG gebildet wird oder aber es sich um Anteile an einem inländischen Investmentvermögen handelt (formeller Investmentbegriff). Daneben ist nach § 1 Abs. 1 Nr. 2 InvStG das Investmentsteuergesetz auf ausländische Investmentanteile im Sinne des § 2 Abs. 8 und 9 InvG anzuwenden (materieller Investmentbegriff). Damit gilt der materielle Investmentbegriff[483] nach § 1 Abs.

---

478 *Fock*, BB 2003, 1589 (1591); *Baur*, Investmentgesetze, § 1 AuslInvmG, Rn. 27; *Forst/Frings*, EStB 2004, 85 (85).

479 *Baur*, Investmentgesetze, § 1 AuslInvmG, Rn. 26.

480 *Pfüller/Schmitt* in: Brinkhaus/Scherer, AuslInvmG, § 1, Rn. 25.

481 *Pfüller/Schmitt* in: Brinkhaus/Scherer, AuslInvmG, § 1, Rn. 25., die daneben auch Bedenken an der hinreichenden Bestimmtheit des Tatbestandmerkmals „ausländischer Investmentanteil" erheben.; Vgl. dazu sogleich unten Kapitel 3, A, III.

482 BR-Drucks. 609/03 vom 28.08.2003, S. 296; vgl. auch *Sradj/Mertes*, DStR 2003, 1681 (1682).

483 Vgl. hierzu auch *Volkens/Panzer*, IStR 2005, 449 (449).

1 Nr. 2 InvStG (vorerst) für ausländische Anlagen weiter,[484] ohne das sich etwas zur bisherigen Rechtslage im KAGG a.F. oder AuslInvmG a.F. geändert hätte.[485] Vielmehr wird die Schaffung eines formellen Investmentbegriffs auch für ausländische Investmentvermögen von der Einführung einer umfassenden Wertpapierveräußerungsgewinnbesteuerung abhängig gemacht.[486] Durch die Anwendung des formellen Investmentbegriffs auch auf ausländische Fonds wären - wie zunächst geplant - die bereits oben erwähnten und durch die Literatur kritisierten bestehenden Rechtsunsicherheiten hinsichtlich der Besteuerung ausländischer Anlagen beseitigt worden.[487]

Durch die Nichtumsetzung des formellen Investmentbegriffs auf in- und ausländische Anlagen wird es in der Praxis weiterhin zu den Abgrenzungsproblemen kommen, die auch schon vor dem In-Kraft-Treten des Investmentsteuergesetzes bestanden.

III. Kritik

Der Gesetzgeber hat einen guten Ansatz ohne erkennbaren Grund nicht genutzt,[488] um Rechtsklarheit und Rechtsicherheit in die Besteuerung ausländischer Fondsvermögen zu bringen. Dies erscheint zudem vor dem Hintergrund unerklärlich, dass eine grundsätzliche Gleichbehandlung von in- und ausländischen Investmentvermögen gewollt war[489] und sogar im Entwurf zum Invest-

---

484 *Ebner,* NWB, vom 20.08.2007, F.3, 14709 (14709), der zudem darauf hinweist, dass formellrechtliche Ausnahmen existierten, wodurch im Wesentlichen REITs sowie ausländische Personengesellschaften, soweit es sich nicht um Hedgefonds handelt, vom Fondsbegriff ausgenommen sind.

485 Nach einem Konsultationspapier des Bundesministeriums der Finanzen (BMF) zur Novellierung des Investmentgesetzes vom 20. April 2005- www. bundesfinanzministerium.de/lang_de/DE/Investment__und__Vermoegen/Aktuell/Konsultationspapier-Anlage,templateId=raw,property=publicationFile.pdf - wurde eine Überarbeitung des Investmentgesetzes angekündigt. Durch das Konsultationspapier sollen v.a. Sachverständige und Praktiker Einfluss auf das Gesetzgebungsverfahren nehmen können. Es wird durch das Papier deutlich (Themenblock A), dass u.a. der formelle Investmentbegriff für ausländische Investmentvermögen eingeführt werden soll. Nähere Einzelheiten sind jedoch noch nicht bekannt, da allein das „Konsultationsverfahren Investmentgesetz" bis zum 30.06.2005 angesetzt war.

486 *Lübbehüsen/Schmitt,* DB 2004, 268 (268); BT-Drucks. 15/1944, S. 27 und 44; fraglich bleibt allerdings trotz der Unternehmensteuerreform 2008, ob im Rahmen der ab dem 01.01.2009 eingeführten Abgeltungssteuer, sich etwas am materiellen Investmentbegriff für ausländische Investmentfonds ändern wird.

487 BR-Drucks. 609/03 vom 28.08.2003, S.. 296; *Sradj/Mertes*, DStR 2004, 201 (201).

488 Dies gilt sogar umso mehr, als dass der Gesetzgeber im Rahmen des Unternehmenssteuerreformgesetzes 2008 und des Jahressteuergesetzes 2008 zuletzt die Möglichkeit zur Änderung gehabt hätte.

489 BR-Drucks. 609/03 vom 28.08.2003, S. 296.

mentmodernisierungsgesetz aufgenommen wurde.[490] Des Weiteren hätte der Gesetzgeber die Bedenken gegen eine Vereinbarkeit des materiellen Investmentbegriffs nur für ausländische Anlagen mit dem Europarecht beseitigen können.[491] Nunmehr werden in- und ausländische Fonds auf der Rechtsfolgenseite durch den Wegfall der Klassifizierungen „weiße", „graue" oder „schwarze" ausländische Investmentvermögen zwar grundsätzlich gleichbehandelt, diese Gleichbehandlung reicht aber nicht so weit, wie es zunächst den Anschein hat. Schließlich werden auf der Tatbestandsseite ausländische Anlagen erfasst, die im Inland nicht erfasst würden. Dadurch werden erhebliche Unterschiede hervorgerufen. Auf nationaler Ebene steht der allgemeine Gleichheitssatz aus Art. 3 Abs. 1 GG nicht entgegen, da ein sachlicher Grund die bestehende Ungleichbehandlung rechtfertigt. Ein solcher sachlicher Grund existiert v.a. im Schutz der Anleger, deren Anlage durch die Anwendbarkeit des Investmentgesetzes (InvG) und damit der Möglichkeit aufsichtsrechtlicher Eingriffsmöglichkeiten geschützt ist.[492] Europarechtlichen Vorgaben hält diese Ungleichbehandlung jedoch nicht stand. Ausländische Anlageformen werden im Gegensatz zu inländischen unterschiedlich behandelt. Dies beschränkt die Freiheit des Kapitalverkehrs im Sinne des Art. 56 Abs. 1 EGV, da möglicherweise Anleger aufgrund der bestehenden Regelung davon abgehalten werden in ausländische Fonds zu investieren, die aufgrund der unterschiedlichen Anwendbarkeitsvoraussetzungen auf Tatbestandsseite als inländische Anlage nicht steuerbar wären.[493] Gleichzeitig erfolgt die dargestellte Beschränkung der Kapitalverkehrsfreiheit in unzulässiger Weise. Schließlich rechtfertigt insbesondere Art. 58 Abs. 1 lit. a EGV, wonach Art. 56 EGV nicht das Recht der Mitgliedstaaten, die einschlägigen Vorschriften ihres Steuerrechts anzuwenden und die Steuerpflichtigen mit unterschiedlichem Wohnort oder Kapitalanlageort unterschiedlich zu behandeln, berührt, nicht die Beschränkung des Kapitalverkehrs. Zum einen ist Art. 58 Abs. 1 lit. a EGV als Ausnahme vom Grundprinzip des freien Kapitalverkehrs eng auszulegen und kann gerade nicht dahin verstanden werden, dass jede Steuerregelung, die zwischen Steuerpflichtigen nach dem Ort ihrer Kapital-

---

490 Der materielle Investmentbegriff wird letztlich ebenso im BMF-Schreiben zum Investmentsteuergesetz vom 02.06.2005, - IV C 1 – S 1980 – 1 87/05, Rn. 3, BStBl. I 2005, 728 (731), für ausländische Vermögen bestätigt.

491 Vgl. *Wassermeyer,* DB 2003, 2085 (2085).

492 *Baur,* Investmentgesetze, § 1 AuslInvmG, Rn. 27., der darstellt, dass die wirtschaftliche Betrachtungsweise dem Schutz inländischer Investmentsparer in ausländische Anlagen entspricht.

493 Vgl. hierzu auch die Entscheidung des EuGH vom 07.09.2004, Az.: C 319/02, DB 2004, 2023 (2023ff.) zur Rechtssache Petri Manninen, in der wegen der Verletzung der Kapitalverkehrsfreiheit das finnische Anrechnungsverfahren für europarechtswidrig erklärt wurde.

anlage unterscheidet, ohne weiteres mit dem Vertrag vereinbar wäre.[494] Zum anderen wird die durch Art. 58 Abs. 1 lit. a EGV getroffene Ausnahme ihrerseits durch Art. 58 Abs. 3 EGV eingeschränkt, der bestimmt, dass nationale Maßnahmen weder ein Mittel zur willkürlichen Diskriminierung noch eine verschleierte Beschränkung des freien Kapitalverkehrs darstellen dürfen.[495] Eine Ungleichbehandlung ist lediglich dann gerechtfertigt, wenn die unterschiedliche Behandlung Situationen betrifft, die objektiv nicht miteinander vergleichbar oder durch zwingende Gründe des Allgemeininteresses, insbesondere den Zusammenhang des Steuersystems (Kohärenz) zu gewährleisten, gerechtfertigt sind.[496] Vorliegend aber sind ausländische und inländische Investmentvermögen objektiv vergleichbar, was sich bereits dadurch gezeigt hat, dass der Gesetzgeber einen einheitlichen Investmentbegriff im Investmentsteuergesetz formulieren wollte. Ferner sind keine zwingenden Gründe des Allgemeininteresses oder der Notwendigkeit, die Kohärenz des Steuersystems zu gewährleisten, so dass daraus eine unzulässige Beschränkung der Kapitalverkehrsfreiheit i.S. des Art. 56 EGV folgt.

Der Gesetzgeber sollte an dieser Stelle zügig einen einheitlichen Begriff für alle Investmentanlagen finden. Zumal die positive Absichtserklärung, in- und ausländische Investmentvermögen grundsätzlich gleich zu behandeln, fiskalischen Interessen weichen musste.

B. Besteuerung der Investmentgesellschaften

Investmentgesellschaften werden nach den ertragsteuerrechtlichen Vorschriften der GmbH bzw. AG besteuert.[497] Die Kapitalanlagegesellschaften und die Investmentaktiengesellschaften sind dementsprechend unbeschränkt körperschaft- und gewerbesteuerpflichtig.[498]

Einnahmen, die die Kapitalanlagegesellschaften durch Vergütung aus dem entgeltlichen Geschäftsbesorgungsvertrag mit dem Anleger oder durch Veranschlagung von Verwaltungskosten bzw. Ausgabeaufschlägen beziehen, sind keine Investmenterträge. Das Investmentsteuergesetz ist auf diese Einnahmen nicht anwendbar, da es sich dabei nicht um Einnahmen aus dem Sondervermö-

---

494 EuGH vom 07.09.2004, Az.: C 319/02, DB 2004, 2023 (2024f.).

495 Vgl. EuGH vom 07.09.2004, Az.: C 319/02, DB 2004, 2023 (2024f.).

496 EuGH vom 07.09.2004, Az.: C 319/02, DB 2004, 2023 (2025); *Lindemann,* BB 2005, 1931 (1931).

497 Vgl. dazu die bereits erfolgten Ausführungen Kapitel 2, A, III, 1; *Henkel,* Steuerliche Behandlung, 1961, S. 68.

498 *Fischer,* WM 2001, 1236 (1239).

gen handelt. Betriebseinnahmen der Investmentgesellschaften sind daher vom Sondervermögen in der rechtlichen Behandlung zu trennen. Sie sind entsprechend der allgemeinen steuerrechtlichen Vorschriften zu besteuern, zumal das Investmentsteuergesetz keine speziellen Vorschriften für diese Einnahmen bereithält.

C. Besteuerung des Fondsvermögens

Die Besteuerung der Fondsebene ist wegen der steuersystematisch auch im Investmentsteuerrecht geltenden Trennung der Gesellschaftsebene von der Gesellschafterebene[499] und der damit verbundenen steuerlichen Abschirmwirkung[500] losgelöst von der Besteuerung der Anteilsscheininhaber zu beurteilen, so dass im Folgenden trotz des vom Gesetzgeber angeordneten Transparenzprinzips eine getrennte Darstellung auch der Übersichtlichkeit halber erfolgen wird.

I. Investmentfonds als Steuersubjekt

1. Steuerpflichtige inländische Fonds

Als Folge der Zweckvermögensfiktion nach § 11 Abs. 1 Satz 1 InvStG i.V.m. § 1 Abs. 1 Nr. 5 KStG ist das inländische Fondsvermögen zwar grundsätzlich steuerbar und damit gem. § 33 AO selbst „Steuerpflichtiger".[501] Gleichzeitig aber ist das Sondervermögen eines Fonds nach § 11 Abs. 1 Satz 2 InvStG von der Körperschaft- und Gewerbesteuer befreit, so dass es als Besteuerungssubjekt hierfür nicht in Betracht kommt.[502] Schließlich sollen erwirtschaftete Investmenterträge wegen des Transparenzprinzips den Investmentsparern als unmittelbar zugeflossen gelten.[503] Die Besteuerung findet auf der Ebene der Anleger statt.[504]

2. Unbeschränkt steuerpflichtige ausländische Fonds

Aus der Beibehaltung des materiellen Investmentbegriffs[505] in § 1 Abs. 1 Nr. 2 InvStG ergibt sich, dass ausländische Investmentfonds unabhängig von deren

---

499 Vgl. bereits oben Kapitel 2, A, III, 6, a, (2), (b), i.

500 *Fock,* DStZ 2006, 503 (503).

501 *Stotz*, Besteuerung von Wertpapier-Investmentfonds, 1998, S. 83; *Kronat*, Besteuerung von Wertpapier-Investmentfonds, 2002, S. 29; vgl. auch bereits oben Kapitel 2, A, III, 6, a, (2), (b).

502 *Baur,* Das Investmentsteuergesetz, 2006, S. 37.

503 *Thorn/Otto/Geese*, Handbuch für die Besteuerung von Fondsvermögen, 2002, S. 6; vgl. ebenso bereits oben Kapitel 2, A, III, 6.

504 *Köndgen/Schmies*, WM 2004, Sonderbeilage Nr.1/2004, 1 (21).

505 Vgl. dazu oben Kapitel 3, A.

Rechtsform,[506] sofern sie nach dem Grundsatz der Risikodiversifizierung Gelder ihrer Anleger investieren, nach dem Investmentsteuergesetz zu beurteilen sind.[507] Dies kann zu einer unbeschränkten Steuerpflicht führen, da wegen der wirtschaftlichen Betrachtungsweise des materiellen Investmentbegriffs gerade keine inländische Rechtsform vorausgesetzt wird und § 11 Abs. 1 Satz 2 InvStG nur inländische Sondervermögen von der Körperschaft- und Gewerbesteuer befreit.[508] Es reicht für das Vorliegen einer unbeschränkten Steuerpflicht aus, wenn das ausländische Fondsvermögen unter § 1 Abs. 1 KStG subsumiert werden kann, mithin unter eine Körperschaft, Personenvereinigung oder Vermögensmasse im Sinne dieser Vorschrift fällt.[509] Für die Anwendbarkeit der deutschen Steuervorschriften kommt es indes nur darauf an, ob die Verwaltungs-, Geschäfts- oder Absatztätigkeit i.S.des § 10 AO in Deutschland liegt,[510] da der Ort der Geschäftsleitung Anknüpfungspunkt der deutschen Steuerpflicht ist.[511]

Fock weist zutreffend darauf hin, dass eine unbeschränkte Steuerpflicht eines ausländischen Fonds empfindliche Folgen sowohl für deutsche als auch ausländische Anleger hätte, da keine volle Transparenz der Fondskonstruktion gegeben wäre.[512] Schließlich würde das Ergebnis des ausländischen Fonds mit der deutschen Ertragsteuer vorbelastet werden. *Fock* tritt zur Vermeidung dieses Ergebnis dafür ein, durch Auslegung die Steuerbefreiung nach § 11 Abs. 1 Satz 2 InvStG, die über § 11 Abs. 1 Satz 3 InvStG auch auf Investmentaktiengesellschaften anwendbar ist, ebenfalls auf in Deutschland ansässige ausländische Investmentgesellschaften auszudehnen.[513] Diese Möglichkeit lasse sich aus steuersystematischen Gründen für solche ausländischen Investmentvermögen begründen, die gerade aufgrund der sich im Inland befindlichen Geschäftsleitung in Deutschland unbeschränkt steuerpflichtig sind. Der Begriff „inländische Investmentanteile" in der Überschrift zu Abschnitt 2 des Investmentsteuergesetzes sei in der Hinsicht zu verstehen, als das damit Anteile von im Inland unbeschränkt steuerpflichtigen Investmentvermögen zu verstehen seien. Denn es sei

---

506 *Beckmann/Scholtz/Vollmer,* Investment-Handbuch, 2005, 445, § 1, Rn. 46; *Pfüller/Schmitt* in: Brinkhaus/Scherer, AuslInvmG, § 1, Rn. 24; *Baur,* Investmentgesetze, § 1 AuslInvmG, Rn. 26; *Pütz/Sonntag/Fock,* Absolutreport Nr. 15, 2003, 26 (32); *Baur,* Das Investmentsteuergesetz, 2006, S. 34; *Geurts* in: *Bordewin/Brandt*, EStG, § 1 InvStG, Rn. 31 [September 2006].

507 *Jacob/Geese/Ebner,* Handbuch für die Besteuerung von Fondsvermögen, 2007, S. 23; *Fock,* BB 2003, 1589 (1591); *Baur,* Investmentgesetze, § 1 AuslInvmG, Rn. 27.

508 *Fock,* FR 2006, 369 (371).

509 *Fock,* FR 2006, 369 (371).

510 *Hamacher* in: *Korn*, EStG, § 1 InvStG, Rn. 9 [Dezember 2004].

511 *Fock,* FR 2006, 369 (371).

512 *Fock,* FR 2006, 369 (371f.).

513 *Fock,* FR 2006, 369 (371).

nicht einzusehen, das die im Investmentsteuergesetz angeordnete steuerrechtliche Transparenz von Investmentgesellschaften mit einer Steueransässigkeit im Inland von der in- oder ausländischen Rechtsform abhänge.[514] Außerdem sei es erklärtes Ziel des Gesetzgebers bei der Schaffung des Investmentmodernisierungsgesetzes gewesen, in- und ausländische Fonds gleichzustellen.[515]

Das durch *Fock* angestrebte Ergebnis, unbeschränkt steuerpflichtige ausländische Investmentgesellschaften, die wegen des materiellen Investmentbegriffs in den Anwendungsbereich des Investmentsteuergesetzes fallen, zumindest über § 11 Abs. 1 Satz 3 i.V.m. § 11 Abs. 1 Satz 2 InvStG von der Körperschaft- und Gewerbesteuer zu befreien ist gerade auch im Hinblick auf das vom deutschen Gesetzgeber gewollte Transparenzprinzip nachvollziehbar. Hierfür fehlt es jedoch an einer gesetzlichen Grundlage. Eine Auslegung des § 11 Abs. 1 Satz 3 InvStG, wie *Fock* vorschlägt, kommt ebenso wenig in Betracht wie eine von ihm -ohne es entsprechend auszudrücken- tatsächlich gewollte Bildung einer Analogie. Einer Auslegung steht bereits entgegen, dass die Vorschrift des § 11 Abs. 1 InvStG zur Steuerbefreiung inländischer Sondervermögen keine unbestimmte Rechtsbegriffe enthält und zudem auch sonst nicht auslegungsbedürftig ist. Ebenso sind die Voraussetzungen einer Analogiebildung nicht erfüllt. Darin, dass ausländische Investmentvermögen nicht unter § 11 Abs. 1 Satz 3 InvStG fallen, ist keine planwidrige Regelungslücke zu sehen, die wegen einer vergleichbaren Interessenlage zu einer entsprechenden Anwendung der Steuerbefreiung des § 11 Abs. 1 Satz 2 InvStG führen kann. Ausländische Gesellschaften, die in einer unter § 1 Abs. 1 KStG fallenden Rechtform Investmentgeschäfte betreiben, sind bereits vom Wortlaut her keine Investmentaktiengesellschaften i.S. des § 11 Abs. 1 Satz 3 InvStG. Außerdem ergibt sich aus der Überschrift zum Abschnitt 2 des Investmentsteuerrechts, dass die §§ 11ff. InvStG ausschließlich für inländische Investmentanteile Anwendung finden sollen. Eine Ausweitung soll gerade nicht auf ausländische Sondervermögen möglich sein. Dies entspricht auch der Gesetzessystematik. In § 1 Abs. 1 Nr. 2 InvStG ist gerade durch die Zugrundelegung des zwar kritisierten aber der geltenden Gesetzeslage entsprechenden materiellen Investmentbegriffs eine nach wie vor geltende Unterscheidung zwischen in- und ausländischen Investmentvermögen getroffen, die nicht durch eine Analogie aufgehoben werden kann. Letztlich besteht zusätzlich für ausländische unbeschränkt steuerpflichtige Rechtsformen, die Gelder ihrer Anleger i.S. des § 2 Abs. 8 und 9 InvG anlegen, keine vergleichbare Interessenlage. Auch andere inländische unbeschränkt steuerpflichtige Gesellschaften, die unter § 1 Abs. 1 KStG fallen, legen möglicherweise Gelder ihrer Anleger an. Dies führt jedoch ebenfalls nicht dazu, dass die Steuer-

514 *Fock,* FR 2006, 369 (372).
515 *Fock,* FR 2006, 369 (372).

befreiung des § 11 Abs. 1 Satz 2 und 3 InvStG auf diese anzuwenden wäre, indem sie entsprechend einer Investmentaktiengesellschaft i.S. des § 11 Abs. 1 Satz 3 InvStG behandelt würden.

3. Beschränkt steuerpflichtige ausländische Fonds

Ausländische Investmentvermögen sind im Inland beschränkt steuerpflichtig, sofern diese in Deutschland Einkünfte i.S. des § 49 Abs. 1 EStG erzielen.[516] Hierbei kommen insbesondere beschränkt steuerpflichtige Einkünfte gem. § 49 Abs. 1 Nr. 2 lit. e) und Nr. 5 lit. b) EStG aus der Veräußerung von Anteilen an Kapitalgesellschaften nach § 17 EStG sowie Einkünfte aus Kapitalvermögen im Sinne des Investmentsteuergesetzes in Betracht. Theoretisch besteht grundsätzlich die Möglichkeit, dass aufgrund eines Doppelbesteuerungsabkommens das Besteuerungsrecht Deutschlands eingeschränkt ist. Praktisch aber sind Doppelbesteuerungsabkommen zum einen häufig unklar, zum anderen sind zahlreiche ausländische Investmentfonds in so genannten Offshore-Jurisdiktionen wie den Cayman Islands oder Bermuda ansässig, mit denen ohnehin kein Doppelbesteuerungsabkommen besteht.[517]

II. Das Steuerobjekt im Investmentsteuerrecht

Im Investmentsteuerrecht sind die Erträge aus Investmentanteilen das Steuerobjekt. Nach § 2 Abs. 1 Halbsatz 1 InvStG sind dies die ausgeschütteten sowie die ausschüttungsgleichen Erträge, die näher in § 1 Abs. 3 InvStG legaldefiniert werden. Hierbei werden gem. § 1 Abs. 3 Satz 2 InvStG die von einem Investmentvermögen zur Ausschüttung verwendeten Zinsen, Dividenden, Erträge aus Vermietung und Verpachtung von Grundstücken und grundstücksgleichen Rechten, sonstige Erträge und Gewinne aus Veräußerungsgeschäften als ausgeschüttete Erträge aufgefasst. Ausschüttungsgleiche Erträge sind hingegen nach § 1 Abs. 3 Satz 3 InvStG die nach dem Werbungskostenabzug thesaurierten Einnahmen, die aus den gleichen Quellen wie die ausgeschütteten Erträge stammen. Allerdings werden Gewinne aus privaten Veräußerungsgeschäften im Falle der Thesaurierung nur im Sinne des § 23 Abs. 1 Satz 1 Nr. 1 und Nr. 3 EStG sowie des § 23 Abs. 2 und Abs. 3 EStG erfasst, soweit es sich nicht um Wertpapierveräußerungsgeschäfte handelt.[518]

516 *Fock*, FR 2006, 369 (369).

517 *Fock*, FR 2006, 369 (369).

518 *Köndgen/Schmies*, WM 2004, Sonderbeilage Nr.1/2004, 1 (21).

Zu den eingehenden Ertragsströmen auf Fondsebene zählen insbesondere Dividenden, Zinsen, Einnahmen aus Termingeschäften[519] nach § 23 Abs. 1 Nr. 4 EStG[520], realisierte Kursgewinne und sonstige Erträge.[521]

Zur Verwirklichung des Transparenzprinzips und zur Vermeidung einer Mehrfachbelastung von Fondserträgen erfolgt keine Zurechnung der Erträge zur jeweiligen Kapitalanlagegesellschaft mit der Folge, dass die Einnahmen dort nicht zu versteuern sind. Eine Besonderheit besteht lediglich im Hinblick auf die Kapitalertragsteuer, die durch die Kapitalanlagegesellschaft einzubehalten ist, da die KAG Schuldnerin der Kaptalerträge i.S. des § 44 Abs. 1 Satz 3 EStG ist, da sie auf „Rechnung des Sondervermögens" handelt.[522]

Erträge werden dem Sondervermögen als Einkommen zugerechnet und gleichzeitig auf dieser Ebene von der Steuer freigestellt.[523]

Ein steuerpflichtiger Tatbestand wird auf der Ebene der Anteilscheininhaber erst in dem Moment verwirklicht, in dem Fondserträge dem Investmentsparer zufließen oder auf Grund einer Fiktion als zugeflossen gelten.[524] Werden Anteile im Privatvermögen gehalten folgt die Besteuerung aus § 2 Abs. 1 Satz 1 InvStG i.V.m. § 20 Abs. 1 Nr. 1 i.V.m. § 2 Abs. 1 Satz 1 Nr. 5 EStG, wonach die Erträge aus dem Sondervermögen als Einkünfte aus Kapitalvermögen qualifiziert werden.[525] Werden die Anteile im Betriebsvermögen gehalten, so sind die Erträge aus den Investmentanteilen steuerpflichtige Betriebseinnahmen, die meist mit Einkünften aus Gewerbebetrieb gem. § 15 Abs. 1 Satz 1 Nr. 1 EStG in

---

519 Für den Privatanleger sind im Rahmen des Investmentmodernisierungsgesetzes Termingeschäfte durch § 2 Abs. 3 Nr. 1 InvStG a.F. steuerfrei gestellt worden.

520 Wegen der Wertzuwachsbesteuerung durch das Unternehmensteuerreformgesetz 2008 gehören nunmehr zu den eingehenden Ertragströmen i.S. des § 1 Abs. 3 InvStG u.a. Kapitalerträge i.S. des § 20 EStG. Insbesondere wurden Termingeschäfte nach dem Unternehmensteuerreformgesetz 2008 in den Tatbestand des § 20 Abs. 2 Satz 1 Nr. 3 EStG überführt um eine Anpassung an die Erweiterung der steuerbaren Tatbestände im Einkommensteuerrecht zu ermöglichen. Vgl. hierzu auch *Elser* in: Breithecker/Förster/Förster/Klapdor, UntStRefG, 2007, § 1 InvStG, Rn 7 und 8.

521 Vgl. auch oben Abbildung 2: Steuerrechtliche Behandlung der Ertragsströme, Kapitel 2, A, III.

522 Vgl. Kapitel 2, A, III, 2 und ausführlich Kapitel 3, E u.a. auch zur Erstattung der Kapitalertragsteuer an den Fonds auf der Eingangsseite um eine Gleichstellung mit dem Direktanleger zu erreichen.

523 Vgl. bereits oben Kapitel 2, A, III, 1, b.

524 *Stotz*, Besteuerung von Wertpapier-Investmentfonds, 1998, S. 83 m.w.N; Vgl. ebenso oben Kapitel 2, A, III, 1, c.

525 Vgl. ausführlich unten Kapitel 3, D, III, 1, a (1).

Zusammenhang stehen.[526] Die Besteuerung folgt daher aus § 2 Abs. 1 Satz 1 Nr. 2 EStG.[527]

III. Ermittlung der Erträge auf Ebene des Investmentfonds

1. Allgemeines zur Ermittlung des Ertrags auf Fondsebene

In steuerrechtlicher Hinsicht bedarf es der Kenntnis der Höhe des Fondsertrags, damit dieser besteuert werden kann. Hierbei bestimmt § 3 InvStG, wie die Erträge des Investmentvermögens zu ermitteln sind. Das Investmentsteuergesetz gibt dabei ein zweischichtiges Verfahren vor. Nach § 3 Abs. 1 InvStG i.V.m. § 2 Abs. 2 Nr. 2 EStG ist der Ertrag zunächst auf Fondsebene rechnerisch im Wege der Überschussrechnung zu bestimmen und anhand abzugsfähiger Kosten auf der Ebene des Fonds zu bereinigen.[528] Anschließend werden auf Ebene der Anteilscheininhaber die steuerpflichtigen Einkünfte unter Berücksichtigung der auf dieser Ebene nochmals angefallenen Werbungskosten bzw. Betriebsausgaben ermittelt.[529]

Nach § 41 Abs. 1 InvG haben die Kapitalanlagegesellschaften bereits in den Vertragsbedingungen anzugeben, nach welcher Methode, in welcher Höhe und auf Grund welcher Berechnung die Vergütungen und Aufwendungserstattungen aus dem Sondervermögen an sie, die Depotbank und Dritte zu leisten sind.[530] Ebenso muss dort die Berechnung des Fondsertrags auf Ebene des Investmentvermögens dargelegt werden.

Die seitens der Investmentgesellschaft zu ermittelnden Erträge werden sodann auf der Ebene der Anteilscheininhaber je nachdem danach besteuert, wie die einzelnen Erträge zu qualifizieren sind.[531]

Nach § 44 Abs. 1 Nr. 4 InvG ist zur investmentrechtlichen Rechnungslegung eines Sondervermögens eine Ertrags- und Aufwandsrechnung so zu gestalten,

---

526 *Stotz*, Besteuerung von Wertpapier-Investmentfonds, 1998, S. 172.

527 Vgl. unten Kapitel 3, D, II; zur Ermittlung der steuerpflichtigen Einkünfte aus Anteilen im Privat- als auch Betriebsvermögen vgl. Kapitel 3, D, III, 3 und 4.

528 *Carlé*, KÖSDI 2004, 14300 (14301).

529 *Zeller*, DStR 2005, 899 (899).

530 Vgl. BVI, Muster-Bausteine für „Besondere Vertragsbedingungen" für ein richtlinienkonformes Sondervermögen (Stand: 10. Dezember 2004), Baustein 7. Die Mustervertragsbedingungen enthalten insoweit Formulierungsvorschläge, wobei allerdings gleichzeitig darauf hingewiesen wird, dass die Kostenregelung hinsichtlich der Aufwendungen und Vergütungen keiner Genehmigung durch die BaFin bedarf und daher nicht mit dieser abgestimmt ist.

531 *Zeller*, DStR 2005, 899 (899).

dass aus ihr der Nettoertrag des Sondervermögens ersichtlich ist.[532] Weitere Vorgaben existieren nicht.[533] Die Praxis hat in der investmentrechtlichen Ertrags- und Aufwandsrechnung den Begriff der Erträge nunmehr so herausgebildet, als das darunter der sich aus dem Bruttoerträgen nach Abzug von Aufwendungen ermittelte Nettoertrag des Fondsvermögens zu verstehen ist.[534]

Für Zwecke des Steuerrechts ist der investmentsteuerrechtliche Begriff der Erträge jedoch ein anderer.[535] Das Kapitalanlagegesellschaftsgesetz enthielt noch keine ausdrückliche Regelung zur Berechnung der in steuerrechtlicher Hinsicht relevanten Erträge. Lediglich aus dem Wortlaut des § 39 KAGG a.F. wurde geschlossen, dass sich der Ertrag des Fonds aus den Einnahmen nach Abzug der Kosten zusammensetzt. Ausschließlich diese Erträge könnten auch steuerbar sein.[536] § 1 Abs. 3 Satz 3 sowie der § 3 Abs. 1 InvStG bestätigt diese Ansicht, wobei § 1 Abs. 3 InvStG neuerdings ebenfalls die steuerbaren Erträge des Fondsvermögens bestimmt. Nach den Begriffsdefinitionen, die so erstmals Eingang in den Gesetzeswortlaut gefunden haben, sind ausgeschüttete Erträge die von einem Investmentvermögen zur Ausschüttung verwendeten Zinsen, Dividenden,[537] Erträge aus Vermietung und Verpachtung, sonstige Erträge und Gewinne aus Veräußerungsgeschäften. Thesaurierte Erträge („ausschüttungsgleiche Erträge“) sind die von einem Investmentvermögen nach Abzug der abziehbaren Werbungskosten nicht zur Ausschüttung verwendeten Erträge aus Zinsen, Dividenden, Erträge aus der Vermietung und Verpachtung, sonstige Erträge und Gewinne aus privaten Veräußerungsgeschäften.[538]

Daneben wurde durch das Investmentmodernisierungsgesetz in § 3 InvStG eine Vorschrift geschaffen, die Regelungen zur Ermittlung der Fondserträge und direkte Verweisungen auf das allgemeine Ertragsteuerrecht enthält. Ein solches

---

532 *Petersen,* FR 2006, 1065 (1066).

533 *Petersen,* FR 2006, 1065 (1066).

534 *Petersen,* FR 2006, 1065 (1066).

535 *Petersen,* FR 2006, 1065 (1066).

536 *Lindemann,* Besteuerung von Aktienfonds nach der Unternehmensteuerreform, 2004, S. 104f.

537 Die Wertzuwachsbesteuerung durch das Unternehmensteuerreformgesetz 2008 hat zur Folge, dass im Hinblick auf die eingehenden Ertragströmen i.S. des § 1 Abs. 3 InvStG die Beschränkung auf „Zinsen und Dividenden“ nicht mehr gilt. Vielmehr fallen unter die eingehenden Erträge nunmehr allgemein „Kapitalerträge“ i.S. des § 20 EStG.

538 Die Begriffsbestimmung für thesaurierte Erträge ist in § 1 Abs. 3 Satz 3 InvStG durch das Unternehmensteuerreformgesetz 2008 soweit geändert worden, als dass darunter zusätzlich die „nicht zur Ausschüttung verwendeten Kapitalerträge mit Ausnahme der Erträge aus Stillhalterprämien im Sinne des § 20 Abs. 1 Nr. 11 des Einkommensteuergesetzes, aus Termingeschäften im Sinne des § 20 Abs. 2 Satz 1 Nr. 3 des Einkommensteuergesetzes und aus Wertpapierveräußerungsgeschäften“ zu verstehen ist.

war im Kapitalanlagegesellschaftsgesetz nicht vorgesehen, weshalb die Normierungen des Einkommensteuerrechts bloß subsidiär angewandt wurden.[539]

Nach § 3 Abs. 1 InvStG werden nunmehr kraft ausdrücklichen Verweises die Fondserträge durch eine Überschussrechnung i.S. des § 2 Abs. 2 Nr. 2 EStG ermittelt, wonach Einkünfte der Überschuss der Einnahmen über die Werbungskosten sind.[540] Zum einen entspricht dies weitgehend dem Transparenzprinzip, da auch ein Direktanleger nach dieser Vorschrift seinen Gewinn zu ermitteln hat.[541] Zum anderen werden die Normen des Einkommensteuergesetzes hinsichtlich der Ermittlung der Erträge des Investmentvermögens für anwendbar erklärt. Dies ist zu begrüßen ist, da es bisher gänzlich an klaren Vorschriften zur Einkommensermittlung fehlte.

Letztlich macht die gesetzlich in § 3 Abs. 1 InvStG i.V.m. § 2 Abs. 2 Nr. 2 EStG angeordnete Überschussrechnung deutlich, dass für Zwecke des Steuerrechts der investmentsteuerrechtliche Begriff der Erträge stets als Nettogröße zu verstehen und dementsprechend von der investmentrechtlichen Ertrags- und Aufwandsrechnung streng zu unterscheiden ist.[542]

2. Einkünftequalifikation der Investmenterträge

Die Ebene des Investmentfonds ist im Hinblick auf die steuerrechtliche Qualifikation der Erträge von der Ebene der Anleger zu trennen. Während gem. § 2 Abs. 1 InvStG für die Anteilscheininhaber die ausgeschütteten oder ausschüttungsgleichen Erträge generell als Einkünfte aus Kapitalvermögen i.S. des § 20 Abs. 1 Nr. 1 EStG qualifiziert werden,[543] erzielen Investmentfonds auf dieser Ebene (Fondseingangsseite) meist Einkünfte aus verschiedenartigen Einkunftsquellen.[544] Denkbar sind an dieser Stelle sowohl die Erzielung von Einkünften aus Kapitalvermögen gem. § 20 EStG, Vermietung und Verpachtung gem. § 21 EStG als auch § 23 EStG.[545] Eine Umqualifikation der unterschiedlichen Investmenterträge in Einkünfte aus Kapitalvermögen findet i.S. des § 2 Abs. 1 InvStG auf Investmentfondsebene nicht statt.

---

539 *Lindemann,* Besteuerung von Aktienfonds nach der Unternehmensteuerreform, 2004, S. 105; a.A. *Lübbehüsen* in: Brinkhaus/Scherer, KAGG, § 39, Rn. 44, 51 m.w.N.

540 *Carlé,* DStZ 2004, 74 (74); *Schulz/Petersen/Keller,* DStR 2004, 1853 (1855).

541 *Sradj/Mertes,* DStR 2004, 201 (202); vgl. dort auch Fn. 5; *Carlé,* DStZ 2004, 74 (74).

542 *Petersen,* DStR 2006, 1674 (1674); *Petersen,* FR 2006, 1065 (1066).

543 Vgl. unten Kapitel 3, D, III, 1, a, (1).

544 *Jacob/Geese/Ebner,* Handbuch für die Besteuerung von Fondsvermögen, 2007, S. 87.

545 *Jacob/Geese/Ebner,* Handbuch für die Besteuerung von Fondsvermögen, 2007, S. 87.

3. Einnahmen/Einkunftsermittlung einschließlich des Zufluss-/Abflussprinzips

Darüber hinaus gilt für die Einnahmen des Sondervermögens gem. § 3 Abs. 2 InvStG im Wesentlichen das Zufluss-/ Abflussprinzip im Sinne des § 11 EStG.[546] Allerdings bestehen im Investmentsteuerrecht gem. § 3 Abs. 2 InvStG bei der Ermittlung der Erträge des Sondervermögens einige Abweichungen, die im Ergebnis dazu führen, dass das Zuflussprinzip, welches der Bestimmung des Überschusses der Einnahmen über die Werbungskosten zu Grunde liegt, durch die Abgrenzung von bestimmten Einnahmen und Werbungskosten durchdrungen wird.[547]

4. Werbungskosten

Nach dem allgemeinen Werbungskostenbegriff des § 9 Abs. 1 Satz 1 und 2 EStG sind Werbungskosten Aufwendungen zur Erwerbung, Sicherung und Erhaltung der Einnahmen, die bei der Einkunftsart abzuziehen sind, in der sie erwachsen. Zunächst ermöglichte die Finanzverwaltung, dass die gesamten Kosten des Sondervermögens aus Vereinfachungsgründen lediglich von den steuerpflichtigen Einnahmen abgezogen werden. Diese Regelung wurde 1974 aufgegeben, so dass seitdem eine Aufteilung der Kosten zu erfolgen hat.[548]

Trotz des finalen Wortlauts der Norm („zur"), reicht ein Veranlassungszusammenhang aus.[549] Durch Einnahmen auf Fondsebene veranlasste Werbungskosten können demnach bei der Einkunftsart gem. § 9 Abs. 1 Satz 2 EStG abgezogen werden, bei der sie erwachsen sind.[550]

Für Werbungskosten im Zusammenhang mit Erträgen aus Investmentanteilen ergibt sich der Abzug aus § 3 Abs. 3 Satz 1 InvStG („auch"). Danach sind die direkt zuzuordnenden Werbungskosten, die in einem unmittelbaren wirtschaftlichen Zusammenhang mit bestimmten Einnahmen des Fonds stehen („Einzelkos-

546 *Carlé,* KÖSDI 2004, 14300 (14301).

547 *Carlé,* AO-StB 2007, 44 (44); *Petersen,* DStR 2006, 1674 (1674).

548 Vgl. Finanzministerium Niedersachsen, Besteuerung der Erträge aus inländischen und ausländischen Investmentanteilen; Aufteilung von Unkosten, Ländererlass vom 13.08.1974, DB 1974, 1649 (1649f.); *Baur* in: Assmann/Schütze, Handbuch des Kapitalanlagerechts, 1997, § 18, Rn. 192.

549 BFH vom 04.11.2003, BStBl. II 2004, 891 (892); BFH vom 06.11.1992, BStBl. II 1993, 108 (108); BFH vom 26.08.1988, BStBl. II 1989, 91 (92f.); BFH vom 04.03.1986, BStBl. II 1986, 373 (375); *von Beckerath* in: Kirchhof, EStG Kompakt-Kommentar, § 9, Rn. 61 m.w.N.

550 *Lindemann,* Besteuerung von Aktienfonds nach der Unternehmensteuerreform, 2004, S. 110.

ten") auf Ebene der Investmentgesellschaft zu ermitteln und diesen zuzuordnen.[551]

Werbungskosten können dabei beispielsweise Schuldzinsen (§ 9 Abs. 1 Satz 3 Nr. 1 EStG), öffentliche Abgaben auf Wertpapiere (§ 9 Abs. 1 Satz 3 Nr. 2 EStG) sowie Aufwendungen für Arbeitsmittel (§ 9 Abs. 1 Satz 3 Nr. 6 EStG) sein.[552]

Zu den Einzelkosten wird teilweise vertreten, dass bei der Ermittlung der Investmenterträge § 3c Abs. 1 anzuwenden sei.[553] Diese Ansicht verkennt allerdings, dass auf Grund des Verweises des § 3 Abs. 1 InvStG auf § 2 Abs. 2 Nr. 2 EStG die Erträge des Investmentvermögens im Rahmen einer steuerlichen Nebenrechnung zu ermitteln sind.[554]

Die Berechnung stellt sich wie folgt dar:[555]

	Einnahmen des Investmentvermögens
./.	Werbungskosten
./.	steuerfreie Einnahmen
+	nicht abziehbare Werbungskosten
	Ertrag des Investmentvermögens

551 BMF-Schreiben zum Investmentsteuergesetz vom 02.06.2005, - IV C 1 – S 1980 – 1 87/05, Rn. 57, BStBl. I 2005, 728 (737).

552 *Lindemann,* Besteuerung von Aktienfonds nach der Unternehmensteuerreform, 2004, S. 110.

553 So beispielsweise *Wassermeyer,* DB 2003, 2085 (2088); *Grabbe/Lübbehüsen,* DStR 2004, 981 (982).

554 Mit den Bestimmungen des Investmentsteuergesetzes zur Abzugsbeschränkungsregelung des § 3c EStG hat sich ein zu Zeiten des Kapitalanlagegesellschaftsgesetzes bestehender Streit erledigt. Dort stellte sich hinsichtlich der Abzugsfähigkeit der Fondskosten auf der Ebene des Investmentvermögens die Frage, ob diese nach Einführung des Halbeinkünfteverfahrens nur zur Hälfte auf die entsprechenden Erträge angerechnet werden dürften, obwohl dies in § 39 KAGG a.F. nicht explizit vorgeschrieben war. So beispielsweise *Oho/Ottenthal* in: Arthur/Andersen, Steuerreform 2001, S. 176, Fn. 4.; *Lindemann,* Besteuerung von Aktienfonds nach der Unternehmensteuerreform, 2004, S. 114. Hingegen enthielt der damalige Gesetzeswortlaut eine solche Rechtsfolge nicht, so dass die Frage nach dem systematischen Verhältnis der Vorschriften des § 39 KAGG a.F. und § 3c EStG zueinander entscheidend war. Würde § 39 KAGG als lex specialis zu § 3c Abs. 2 EStG gesehen werden, resultiere daraus eine volle Abzugsfähigkeit der Kosten. So z.B. *Fischer,* WM 2001, 1236 (1242), mit weiteren Argumenten.

555 *Zeller,* DStR 2005, 899 (900).

Als Folge hieraus kann allerdings § 3c Abs. 1 EStG keine Auswirkung haben, da auf der Ebene des Investmentvermögens keine steuerfreien Einnahmen vorliegen.[556] Nach § 2 Abs. 2 – 4 InvStG werden die auf Fondsebene bestehenden und nach § 1 Abs. 3 InvStG steuerbaren Einnahmen nach Abzug der durch die Erzielung dieser Einnahmen verursachten Aufwendungen (Werbungskosten) erst auf der Ebene des Anteilscheininhabers steuerfrei gestellt.[557]

Letztlich entspricht die Ermittlung der Erträge des Investmentvermögens anhand der steuerlichen Nebenrechnung, wie sie im Rahmen des § 3 Abs. 1 InvStG i.V.m. § 2 Abs. 2 Nr. 2 EStG ohne Abzugsbeschränkung des § 3c Abs. 1 EStG vorgegeben wird, zumindest bei natürlichen Personen dem Transparenzgedanken und führt dort z.B. bei Dividendeneinkünften zu systemgerechten Ergebnissen.[558] Die natürliche Person als Anleger in Investmentanteile wird in diesem Fall einem Direktanleger gleich behandelt.

Dies verdeutlicht folgendes Beispiel:[559]

Angenommen ein Investmentvermögen hat Erträge in Form von Dividendeneinnahmen in Höhe von 100, denen unmittelbar damit zusammenhängende Werbungskosten in Höhe von 20 gegenüberstehen. Nach der modifizierten Einnahmen Überschuss-Rechnung und unter Berücksichtigung der auf der Fondsebene angefallenen Werbungskosten werden danach sodann Erträge von noch i.H. von 80 an die Anteilscheininhaber ausgeschüttet bzw. im Fonds thesauriert. Diese ausgeschütteten oder ausschüttungsgleichen Erträge sind nach § 2 Abs. 2 InvStG, der das Halbeinkünfteverfahren für anwendbar erklärt, zur Hälfte gem. § 3 Nr. 40 EStG steuerfrei. Dies bedeutet, dass der Anteilscheininhaber von den ausgeschütteten bzw. ausschüttungsgleichen Erträgen in Höhe von 80 lediglich in Höhe von dann noch 40 zu versteuern hat. Das gleiche Ergebnis stellt sich beim Direktanleger ein. Bei diesem sind von der vollen Dividendeneinnahme in Höhe von 100 von vornherein lediglich nach Anwendung des Halbeinkünfteverfahren nach § 3 Nr. 40 EStG nur Erträge in Höhe von 50 steuerpflichtig. Zusätzlich besteht für den Direktanleger nunmehr aber die Möglichkeit die in Zusammenhang mit diesen Einnahmen getätigten Aufwendungen nach § 9 Abs. 1 EStG von den Einkünften aus Kapitalvermögen i.S. des § 20 Abs. 1 Nr. 1 EStG abzuziehen. Gleichzeitig bestimmt allerdings § 3c Abs. 1 EStG, dass die Ausgaben, soweit sie mit steuerfreien Einnahmen in unmittelbarem wirtschaftlichen Zusammenhang stehen nicht als Werbungskosten abgezogen werden dürfen. Da

556 So auch *Zeller,* DStR 2005, 899 (900).

557 *Zeller,* DStR 2005, 899 (900).

558 *Zeller,* DStR 2005, 899 (900); zum Transparenzprinzip vgl. oben Kapitel 2, A, III, 6.

559 Angelehnt an das Beispiel von *Zeller,* DStR 2005, 899 (900) und unter Berücksichtigung der Rechtslage bis zum 01.01.2009.

von den Werbungskosten in Höhe von 20 die Hälfte nach dem Halbeinkünfteverfahren aber mit steuerfreien Einnahmen in einem solchen Zusammenhang steht, darf im Ergebnis die Hälfte der Werbungskosten nicht abgezogen werden, so dass ein Abzug lediglich noch in Höhe von 10 möglich bleibt. Sofern nun dieser Abzug von den ursprünglich steuerpflichtigen Erträgen in Höhe von 50 vorgenommen wird, verbleiben nach der entsprechenden Subtraktion noch zu versteuernde Erträge in Höhe von 40. Dieses entsprach ebenfalls genau den zu versteuernden Erträgen beim Anteilscheininhaber, so dass das Transparenzprinzip in dieser Konstellation vollständig gewahrt ist.

Anders stellt sich das Bild jedoch bereits bei der Ermittlung der Erträge auf Fondsebene im Vergleich des Direktanlegers mit einer juristischen Person (Körperschaft) dar. Während der Direktanleger unter Zugrundelegung obiger Zahlen und der Anwendbarkeit des § 3c Abs. 1 EStG die tatsächlich angefallenen Betriebskosten in voller Höhe abziehen kann und lediglich gem. § 8b Abs. 1 i.V.m. § 8b Abs. 5 KStG 5% im Ergebnis zu versteuern sind, hat die juristische Person (Körperschaft), die in Investmentanteile anlegt nicht die Möglichkeit die Werbungskosten als Betriebskosten in Abzug zu bringen. Gleichwohl dürfen ebenfalls auf den ausgeschütteten oder thesaurierten Ertrag i.S. des § 8b Abs. 1 KStG 5% bei der Ermittlung des Einkommens der Körperschaft nicht als Betriebsausgaben gem. § 8b Abs. 5 KStG abgezogen werden, was im Ergebnis sodann zu einer 95%igen Steuerpflicht derartiger Erträge führt. Werden also bei der juristischen Person Erträge in Höhe von 80 ausgeschüttet oder thesauriert, so sind auf Grund der Abzugsbeschränkung des § 8b Abs. 5 KStG 5% von den zugeflossenen oder als zugeflossen geltenden Erträgen in Höhe von 80 steuerpflichtig. In der vorgegebenen Konstellation handelt es sich daher um steuerpflichtige Dividendenerträge in Höhe von 4. Beim Direktanleger sind zunächst 5% der Dividendenerträge in Höhe von 100, also letztlich in Höhe von 5 steuerpflichtig. Davon können aber die entstandenen Aufwendungen in Höhe von 20 voll abgezogen werden, so dass sich in der Konsequenz ein steuerpflichtiger Dividendenertrag von -15 ergibt. Die sich ergebende Diskrepanz der steuerpflichtigen Erträge bei der Ertragsermittlung bereits auf der Ebene des Fonds zwischen Direktanleger und einer juristischen Person als Anteilscheininhaber stellt daher einen Verstoß gegen das Transparenzprinzip dar.

a. Werbungskostenabzug i.S. des § 3 Abs. 3 InvStG

Die Geltendmachung von Werbungskosten ist zunächst gem. § 3 Abs. 3 Satz 1 InvStG auch auf Absetzungen für Abnutzungen oder Substanzverringerungen zulässig, sofern die Höchstbeträge nach § 7 EStG nicht überschritten werden.[560]

560 *Wassermeyer*, DB 2003, 2085 (2087).

Des Weiteren enthält § 3 Abs. 3 Satz 2 InvStG detaillierte Regelungen hinsichtlich der Abzugsfähigkeit der nicht in unmittelbarem wirtschaftlichen Zusammenhang mit den Einnahmen stehenden Werbungskosten (Allgemeinkosten).[561] Derartige Allgemeinkosten, zu denen z.B. die Depotbankvergütung, die Depotbankgebühr, die Veröffentlichungs- und Prüfungskosten, die Fondsverwaltungsgebühren sowie die allgemeinen Beratungskosten gehören, stellen den größten Kostenfaktor eines Fonds dar.[562] Für thesaurierte Erträge gilt, dass diese erst steuerpflichtig sind, nachdem die Werbungskosten abgezogen wurden.[563]

Der Werbungskostenabzug für das Investmentvermögen i.S. des § 3 Abs. 3 Satz 2 InvStG ist durch eine dreistufige Regelung gestaltet,[564] wobei sich die ersten beiden Stufen mit dem Werbungskostenabzug auf Fondsebene beschäftigen.[565]

Auf einer ersten Stufe sind gem. § 3 Abs. 3 Satz 2 Nr. 1 InvStG zunächst Werbungskosten inländischer Fonds nicht abzugsfähig, wenn sie mit ausländischen Einnahmen eines Fonds in einem wirtschaftlichen Zusammenhang stehen, für die der Bundesrepublik Deutschland kein Besteuerungsrecht zusteht. Das Gesetz legt an dieser Stelle einen bestimmten Aufteilungsmaßstab an, der sich aus dem Verhältnis des durchschnittlichen Vermögens des Vorjahres, das den ausländischen Einkünften zugrunde liegt, zum durchschnittlichen Gesamtvermögen des Vorjahres, ergibt.[566]

Auf der zweiten Stufe gem. § 3 Abs. 3 Satz 2 Nr. 2 InvStG gelten nach der gesetzgeberischen Begründung aus Vereinfachungsgründen[567] pauschal 10% der

---

561 *Sradj/Mertes*, DStR 2004, 201 (202); Zur Aufteilung von Werbungskosten bei Einkünften aus Kapitalvermögen, die teilweise dem Halbeinkünfteverfahren unterliegen (§ 3c Abs. 2 EStG) vgl. auch BMF-Schreiben vom 12.06.2002 – IV C 1 – S 2252 – 184/02, FR 2002, 750 (750).

562 *Grabbe/Lübbehüsen*, DStR 2004, 981 (982); vgl. auch oben Kapitel 2, A, I, 1, a und b.

563 *Baur*, Investmentgesetze, § 39, KAGG, Rn. 47.

564 *Carlé*, DStZ 2004, 74 (74); ders., DStZ 2004, 341 (341); *ders.*, AO-StB 2007, 44 (44); *Sradj/Mertes*, DStR 2004, 201 (202); *Sradj/Mertes*, DStR 2003, 1681 (1683); a. A. *Hammer*, DStZ 2004 340 (340); Ein Berechnungsbeispiel enthält das BMF-Schreiben zum Investmentsteuergesetz vom 02.06.2005, - IV C 1 – S 1980 – 1 87/05, im Anhang 3 zu Rn. 72, BStBl. I 2005, 728 (775).

565 Zur dritten Stufe des Werbungskostenabzugs auf Ebene der Anteilscheininhaber vgl. unten Kapitel 3, D, III, 1, d.

566 *Sradj/Mertes*, DStR 2004, 201 (202).

567 Begründung zum Investmentmodernisierungsgesetz zu Artikel 2 (zu § 3 -Ermittlung der Erträge/ zu Abs. 3-), S. 148; BT-Drucks. 15/1553; auch *Beckmann/Scholtz/Vollmer*, Investment-Handbuch, 2005, Ordnungsziffer 582.

von der ersten Stufe verbleibenden Werbungskosten als nicht abzugsfähig.[568] Für im Betriebsvermögen gehaltene Investmentanteile galt zunächst im Investmentsteuergesetz in der Fassung des Investmentmodernisierungsgesetzes vom 15.12.2003,[569] dass auf der zweiten Stufe der 10%ige Werbungskostenabzug nach § 3 Abs. 3 Nr. 2 Satz 2 InvStG a.F. nicht anzuwenden war.[570] Durch das Richtlinien-Umsetzungsgesetz vom 09.12.2004 (EURLUmsG)[571] wurde diese ausdrückliche Ausnahme gestrichen,[572] so dass die pauschale 10%ige Nichtberücksichtigung der Werbungskosten auch für betriebliche Anleger gilt.[573] Diese Gesetzesänderung begegnet der bestehenden Kritik an der bisherigen Regelung, die vor allem wegen zu berücksichtigenden Sonderregelungen für die Privatanleger bei der Berechnung des Ertrags auf Ebene des Sondervermögens nicht praktikabel war. Nunmehr können die Erträge für die unterschiedlichen Anlegergruppen einheitlich ermittelt werden.[574] Des Weiteren wird die Gleichstellung privater und betrieblicher Anleger zum Werbungskostenabzug wiederhergestellt.[575]

---

568 Vgl. kritisch dazu *Lechner,* BB 2005, 1771, 1773; zur verfassungsrechtlichen Problematik der pauschalen Nichtabzugsfähigkeit in Bezug auf das Leistungsfähigkeitsprinzip vgl. oben Kapitel 2, A, III, 7, b.

569 BGBl. I 2003, S. 2676ff.

570 *Carlé,* DStZ 2004, 74 (74); ders., DStZ 2004, 341 (341) *Sradj/Mertes*, DStR 2004, 201 (202); *Sradj/Mertes,* DStR 2003, 1681 (1683); *Wassermeyer,* DB 2003, 2085 (2088).

571 BGBl. I 2004, S. 3310ff.

572 Für die Übergangsbestimmungen vgl. § 3 Abs. 3 Satz 2 Nr. 3 a.F. i.V.m. § 18 Abs. 2 InvStG.

573 Jedoch nur für nach 2004 beginnende Geschäftsjahre. Vgl. Begründung zu § 3 Abs. 3 Satz 2 Nr. 2 Satz 2 InvStG-E, BGBl. I 2004, S. 3310ff; BT-Drucks. 15/3677, S. 48; BMF-Schreiben zum Investmentsteuergesetz vom 02.06.2005, - IV C 1 – S 1980 – 1 87/05, Rn. 60, BStBl. I 2005, 728 (737), Vgl. ebenfalls *Bacmeister,* IStR 2007, 169 (169).

574 Vgl. Begründung zu § 3 Abs. 3 Satz 2 Nr. 2 Satz 2 InvStG-E, BGBl. I 2004, S. 3310ff; BT-Drucks. 15/3677, S. 48.

575 *Geißelmeier/Gemmel,* DStR 2005, 45 (46) mit Kritik zur Neuregelung durch das Richtlinien-Umsetzungsgesetz (EURLUmsG), da nun neben dem Privatanleger auch eine Schlechterstellung des betrieblichen Anlegers im Vergleich zum Direktanleger durch das EURLUmsG geschaffen werde. Um sowohl dem Transparenzprinzip als auch dem Gleichstellungsgedanken gerecht zu werden, hätte auf eine pauschale Nichtabzugsfähigkeit von Werbungskosten verzichtet werden können.

b. Kritik an der Ausgestaltung des Werbungskostenabzugs i.S.des § 3 Abs. 3 InvStG

Nach der Gesetzesbegründung sollte es sich bei § 3 Abs. 3 InvStG um eine Vereinfachungsregelung zur Aufteilung der Werbungskosten handeln.[576] Dieses gesetzgeberische Ziel war jedoch zumindest vom Wortlaut der Vorschrift her nur teilweise zu verwirklichen. Vielmehr lag darin eine Verkomplizierung der Ertragsermittlung,[577] zumal vor der Modifizierung unterschiedlichen Anlegergruppen unterschiedliche Werbungskosten und Verlustvorträge zuzuweisen waren. Deren Berechnung wäre hinsichtlich der Ermittlung von Einkommen und der Bemessungsgrundlage für die Kapitalertragsteuern nur schwer von den Kapitalanlagegesellschaften zu handhaben gewesen.

Aus diesem Grunde ist ab dem Veranlagungsjahr 2005 die pauschale Nichtabzugsfähigkeit von Werbungskosten auf der zweiten Stufe nach § 3 Abs. 3 Satz 2 Nr. 2 InvStG auch für betriebliche Anleger eingeführt worden und somit die Einkommensermittlung von privaten und betrieblichen Anlegern angeglichen. Dies ist für die Praxis durchaus positiv zu beurteilen, da es bei der Einkommensermittlung zu erheblichen Erleichterungen führen wird.

Unerfindlich bleibt allerdings, dass die Ertragsermittlung im Investmentsteuerrecht sowohl für die Ebene des Fondsvermögens als auch für die Ebene der Anteilscheininhaber in einem Absatz des § 3 InvStG zusammengefasst wurde. Dies ist weder systematisch notwendig, noch erhöht eine solche Gesetzestechnik die Verständlichkeit der Vorschrift zum Werbungskostenabzug. Außerdem wäre schon allein wegen des Trennungsprinzips[578] eine getrennte Normierung wünschenswert gewesen.

5. § 4 Abs. 4 InvStG

Auf der Ebene des Investmentvermögens besteht nach § 4 Abs. 4 InvStG für Investmentfonds die Möglichkeit in Form eines Wahlrechts, dass diese für ihre Anleger anrechenbare oder abziehbare ausländische Steuer bereits bei der Ermittlung der Erträge nach § 3 InvStG auf der Ebene des Investmentvermögens als Werbungskosten abziehen. Ziel dieser Vorschrift ist u.a. bei der Besteuerung der Anteilscheininhaber eine Vereinfachung durch den Abzug zu erreichen.[579]

---

576 Begründung zum Investmentmodernisierungsgesetz zu Artikel 2 (zu § 3 -Ermittlung der Erträge/ zu Abs. 3-), S. 148; BT-Drucks. 15/1553; auch *Beckmann/Scholtz/Vollmer,* Investment-Handbuch, 2005, Ordnungsziffer 582.

577 *Bacmeister*, IStR 2004, 176 (179).

578 Vgl. oben 2.Kapitel, A, III, 6, a, (2), (b), i.

579 *Geurts* in: *Bordewin/Brandt*, EStG, § 4 InvStG, Rn. 1 [September 2006]; *Hamacher* in: *Korn*, EStG, § 4 InvStG, Rn. 1 [Dezember 2004].

Da § 4 Abs. 4 InvStG den uneingeschränkten Abzug anrechenbarer oder abziehbarer ausländischer Steuern bei der Ermittlung der Erträge als Werbungskosten zulässt, ist dieses Wahlrecht nicht einheitlich für jedes Investmentvermögen separat auszuüben, sondern steht gesondert für jede Einkunftsart zur Verfügung.[580] Allerdings ist die Abzugsmöglichkeit nach § 4 Abs. 4 InvStG nur in Zusammenhang mit § 4 Abs. 2 InvStG zu sehen. Nur soweit die Voraussetzungen des § 4 Abs. 2 InvStG erfüllt sind, kann der Abzug der anrechenbaren oder abziehbaren ausländischen Steuern als Werbungskosten auf Fondsebene erfolgen.[581] Sobald sich der Investmentfonds für einen Abzug der beim Anleger anrechenbaren oder abziehbaren ausländischen Steuern als Werbungskosten entschieden und entsprechend sein Wahlrecht ausgeübt hat, ist die nochmalige Anrechen- bzw. Abziehbarkeit auf der Ebene der Investmentanleger ausgeschlossen.[582]

IV. „Bemessungsgrundlage", Verlustverrechnung und Verlustvortrag

Um abschließend den Ertrag bestimmen zu können, nach dem die Steuer beim Anleger berechnet wird, ist es notwendig die negativen Erträge des Investmentvermögens i.S.des § 3 Abs. 4 InvStG zu ermitteln. Denn die negativen Erträge können bis zur Höhe der positiven Erträge gleicher Art gem. § 3 Abs. 4 Satz 1 InvStG verrechnet werden. Des Weiteren sind nach § 3 Abs. 4 Satz 2 InvStG nicht ausgeglichene negative Erträge in den folgenden Geschäftsjahren auszugleichen. Dies bedeutet, dass den Investmentanleger keine negativen Beträge mehr erreichen, da bereits auf Fondsebene innerhalb des Investmentvermögens alle positiven und negativen Erträge zu verrechnen sind.[583]

1. Allgemeines

Die Besteuerungsgrundlagen in Form der ermittelten Beträge sind sodann zum Zwecke der Besteuerung von der Investmentgesellschaft bekannt zu machen. Werden dabei die Voraussetzungen des § 5 Abs. 1 Satz 1 InvStG erfüllt, kann die Regelbesteuerung auf Anlegerebene erfolgen.[584]

---

580 *Jacob/Geese/Ebner,* Handbuch für die Besteuerung von Fondsvermögen, 2007, S. 53.

581 *Jacob/Geese/Ebner,* Handbuch für die Besteuerung von Fondsvermögen, 2007, S. 54.

582 *Jacob/Geese/Ebner,* Handbuch für die Besteuerung von Fondsvermögen, 2007, S. 54.

583 *Ramackers* in: Littmann/Bitz/Pust, EStG, § 3 InvStG, Rn. 40 [Mai 2004].

584 *Carlé,* AO-StB 2007, 44 (45); *Zeller,* DStR 2005, 899 (899); vgl. ausführlich zu den Nachweis- und Veröffentlichungspflichten unten Kapitel 3, D, III, 2.

2. Verlustvortrag auf der Fondsebene i.S. des § 3 Abs. 4 InvStG

Nach § 3 Abs. 4 InvStG sind negative Erträge des Investmentvermögens bis zur Höhe der positiven Erträge gleicher Art[585] mit diesen zu verrechnen. Erträge „gleicher Art“ sind solche, die beim Anteilscheininhaber hinsichtlich der Steuerbarkeit, des Umfangs der Steuerpflicht und des Erfassungszeitpunkts identisch behandelt werden.[586] Daraus folgt, dass beispielsweise Veräußerungsverluste mit Veräußerungsgewinnen zu verrechnen sind, jedoch eine Ausgleichsfähigkeit der Veräußerungsverluste nicht mit Zinsen oder Dividenden besteht.[587] Soweit negative Erträge auf die Verrechnungsweise nicht ausgeglichen werden konnten, sind sie ins folgende Geschäftsjahr vorzutragen.[588] Danach ist eine Verrechnung zwischen negativen und positiven Erträgen nur zwischen gleichen Ertragsarten des Investmentvermögens möglich.[589] Verluste des Sondervermögens werden nicht an die Anteilscheininhaber „ausgeschüttet“, so dass diese die negativen Erträge nicht selbst nutzen können.[590] Damit kann es besonders in Publikumsfonds, die naturgemäß eine hohe Fluktuation des Anlegerbestands aufweisen, zur Verschiebung der steuerrechtlichen Verlustnutzung der negativen Erträge kommen.[591] Anleger, die die Anteilsscheine in einem Geschäftsjahr erwerben, in dem auf Grund der vorstehenden Regelung wegen einer mangelnden Verrechnungsmöglichkeit i.S. des § 3 Abs. 4 InvStG Verluste vorgetragen wurden, erhalten einen steuerrechtlichen Vorteil. Denn auf Grund des Vortrags werden die positiven Erträge des neuen Geschäftsjahres mit den vorgetragenen Verlusten des alten Jahres saldiert, so dass sich die Steuerlast mindert. Neu hinzutretende Investmentanleger hatten die Verluste, die zu dem Vorteil des geminderten Ertrages zur Berechnung der Bemessungsgrundlage vor ihrem Anteilsscheinerwerb führten, wirtschaftlich jedoch nicht zu tragen.[592]

---

585 Die Worte „gleicher Art“ wurden im Zuge des Richtlinien-Umsetzungsgesetzes (EURLUmsG) in das Investmentsteuergesetz eingefügt. Vgl. Begründung zu § 3 Abs. 3 Satz 2 Nr. 2 Satz 2 InvStG-E, BGBl. I 2004, S. 3310ff; BT-Drucks. 15/3677, S. 48 mit weiteren Beispielen für die Gleichartigkeit. Vgl. ebenfalls das BMF-Schreiben zum Investmentsteuergesetz vom 02.06.2005, - IV C 1 – S 1980 – 1 87/05, Rn. 69, BStBl. I 2005, 728 (738).

586 BGBl. I 2004, S. 3310ff; BT-Drucks. 15/3677, S. 48; *Zeller,* DStR 2005, 899 (901).

587 *Zeller,* DStR 2005, 899 (901).

588 *Sradj/Mertes*, DStR 2004, 201 (203); BMF-Schreiben zum Investmentsteuergesetz vom 02.06.2005, - IV C 1 – S 1980 – 1 87/05, Rn. 70, BStBl. I 2005, 728 (738).

589 *Geißelmeier/Gemmel,* DStR 2005, 45 (47).

590 *Carlé,* DStZ 2004, 74 (75); ders., DStZ 2004, 341 (341).

591 *Sradj/Mertes*, DStR 2004, 201 (203).

592 *Carlé,* DStZ 2004, 74 (75); ders., KÖSDI 2004, 14300 (14301).

3. Zwischenergebnis und Kritik

Die Finanzverwaltung trägt durch das lang erwartete Einführungsschreiben zum Investmentsteuerrecht zur Vereinfachung der Einkommensermittlung von privaten und betrieblichen Anlegern bei. Aus Vereinfachungsgründen soll es nach den Änderungen durch das Richtlinien-Umsetzungsgesetz vom 09.12.2004 (EURLUmsG) in § 3 Abs. 3 Satz 2 Nr. 2 InvStG zulässig sein, die Verlustverrechnung generell für alle Anlegergruppen durchzuführen.[593] Dies wird selbst für das vorherige Veranlagungsjahr akzeptiert, um die unterschiedlichen Verlustvorträge, die wegen der differierenden Werbungskostenbehandlung zwischen betrieblichen und privaten Investmentanlegern entstanden sind, nicht auch in der Zukunft fortführen zu müssen.[594] Jedoch bedeutet die Neuregelung des Werbungskostenabzugs im Investmentsteuerrecht dennoch vor allem durch die pauschal nicht abzugsfähigen Werbungskosten eine nachteilige Veränderung der Position der Anteilscheininhaber sowohl gegenüber dem Kapitalanlagegesellschaftsgesetz als auch dem Direktanleger. Innerhalb der bisherigen Gesetzeslage im Kapitalanlagegesellschaftsgesetz (KAGG) gab es eine pauschale Nichtabzugsfähigkeit von Werbungskosten noch nicht.[595]

Insgesamt sollte der gesamte § 3 InvStG den Gebräuchen der Praxis entsprechen und bestehende Zweifelsfragen im Interesse der Wettbewerbsgleichheit der Fonds und der einheitlichen Besteuerung der Anleger klären.[596] Dieses Ziel ist für die Verlustvorträge mit der bestehenden Regelung allerdings nicht in allen Punkten erreicht worden. Hierdurch werden keine Zweifelsfragen bezüglich der einheitlichen Besteuerung der Anleger geklärt, sondern im Gegenteil erst geschaffen.

Vor allem in Publikumsgesellschaften können neue Investmentanleger die Verlustvorträge der alten Anteilscheininhaber nutzen und damit steuerrechtliche Vorteile erhalten. Es wird eine Möglichkeit der Verschiebung der steuerrechtlichen Verlustnutzung geschaffen, die sonst im Steuerrecht bewusst vermieden werden soll.[597] Damit einhergehend liegt durch diese Regelung ein Verstoß gegen das Transparenzprinzip vor, weil der Direktanleger im Vergleich zum Investmentanleger nach dem Investmentsteuergesetz Verluste selbst geltend

---

593 BMF-Schreiben zum Investmentsteuergesetz vom 02.06.2005, - IV C 1 – S 1980 – 1 87/05, Rn. 71, BStBl. I 2005, 728 (738).

594 BMF-Schreiben zum Investmentsteuergesetz vom 02.06.2005, - IV C 1 – S 1980 – 1 87/05, Rn. 71, BStBl. I 2005, 728 (738).

595 *Sradj/Mertes*, DStR 2003, 1681 (1683).

596 Begründung zum Investmentmodernisierungsgesetz zu Artikel 2 (zu § 3 -Ermittlung der Erträge-), S. 147; BT-Drucks. 15/1553; auch *Beckmann/Scholtz/Vollmer,* Investment-Handbuch, 2005, Ordnungsziffer 582.

597 *Sradj/Mertes*, DStR 2004, 201 (203).

machen kann. Da der Gesetzgeber die Investmentbesteuerung unter der Leitidee der Gleichbehandlung des Anlegers in Investmentanteilen mit dem Direktanleger sieht,[598] und nur in gewichtigen Fällen Ausnahmen zulassen will, sollte an dieser Stelle durch den Gesetzgeber nachgebessert werden. Schließlich ist ein solch gewichtiger Unterschied, der eine Ungleichbehandlung rechtfertigte, nicht ersichtlich.

Darüber hinaus liegt in der unterschiedlichen steuerrechtlichen Behandlung durch die Verschiebung der Verlustnutzung ein Verstoß gegen das Prinzip der Leistungsfähigkeit[599] in der Besteuerung. Der Leistungsfähigkeitsgrundsatz folgt dem Prinzip der Steuergerechtigkeit und leitet sich aus Art. 3 Abs. 1 GG ab.[600] Danach müssen schon aus verfassungsrechtlicher Sicht die Anteilscheininhaber entsprechend ihrer Leistungsfähigkeit nach allgemeinen Kriterien des Ertragsteuerrechts besteuert werden, wenn kein sachlicher Grund entgegensteht.[601] Neuanleger werden jedoch gegenüber den Altanlegern ohne sachlichen Grund steuerrechtlich bevorzugt, da sie möglicherweise Verlustvorträge nutzen können, ohne jemals wirtschaftliche Verluste erlitten zu haben. Dadurch entsteht eine Nichtbesteuerung trotz Leistungsfähigkeit, wodurch dieser Grundsatz verletzt wird. Ein erster richtiger Schritt wurde bereits durch das Richtlinien-Umsetzungsgesetz (EURLUmsG) vom 09.12.2004[602] vorgenommen.

D. Laufende Besteuerung des Anlegers eines transparenten Fonds

Bei der Untersuchung der Besteuerung von Investmentfonds liegt der Schwerpunkt auf der Betrachtung der laufenden Besteuerung der Investmentsparer. Dies folgt aus der Tatsache, dass die Anteilscheininhaber das Investmentvermögen durch die Einlage ihres Kapitals stellen.

Insgesamt soll bei der laufenden Besteuerung des Anlegers eines transparenten Fonds eine Gleichstellung mit dem Direktanleger erreicht werden. Die Erträge aus dem Sondervermögen sollen so versteuert werden, als ob sie dem Anteil-

---

598 Begründung zum Investmentmodernisierungsgesetz zu Artikel 2 (Allgemeines), S. 136; BT-Drucks. 15/1553; auch *Beckmann/Scholtz/Vollmer,* Investment-Handbuch, 2005, Ordnungsziffer 582.

599 Vgl. Kapitel 2, A, III, 7; Vgl. auch *Kayser/Bujotzek,* FR 2006, 49 (60f.).

600 *Tipke/Lang,* Steuerrecht, 2005, § 4, S. 82, Rn. 81; vgl. auch BVerfGE 6, 55 (70); 8, 51 (68f.); 9, 237 (243); 13, 290 (297); 14, 34 (41); 27, 58 (64); 32, 333 (339); 36, 66 (72); 43, 108 (118ff.); 47, 1 (29); 55, 274 (302); 61, 319 (343ff.); 66, 214 (223); 68, 143 (152f.); 82, 60 (86f.); vgl. auch bereits oben Kapitel 2, A, III, 7.

601 *Lindemann,* FR 2003, 890 (893).

602 BGBl. I 2004, S. 3310ff.

scheininhaber unmittelbar zugeflossen wären.[603] Dadurch entstehen gerade im Vergleich zur Direktanlage komplizierte Regelungen, die infolge ihrer Komplexität problemanfällig sind. Praxisgerechte Lösungen werden schließlich auch durch die im Ergebnis gerechtfertigte BFH-Rechtsprechung[604] erschwert, wonach eine über den Wortlaut der jeweiligen Vorschriften hinausgehende Interpretation und Auslegung anhand der Transparenz nicht in Betracht kommt.[605]

Weiterhin können Investmentanteile sowohl im Privat- als auch im Betriebsvermögen stehen.

I. Allgemeines zur Besteuerung von Investmentfondsanteilen im Privatvermögen

1. Unbeschränkte Steuerpflicht

Anteilscheininhaber, die ihren Wohnsitz (§ 8 AO) oder ihren gewöhnlichen Aufenthalt (§ 9 AO) in Deutschland haben, sind mit ihrem Welteinkommen unbeschränkt steuerpflichtig. Alle Erträge, die aus der Beteiligung an Investmentfonds gezogen werden, müssen im Inland versteuert werden, sofern kein bilaterales Abkommen zur Vermeidung einer Doppelbesteuerung entgegensteht. Die persönliche Steuerpflicht kann dabei allerdings nur Anteilscheininhaber treffen, die natürliche Personen gem. § 1 EStG sind. Juristische Personen unterliegen nicht der Einkommensteuer. Für diese gilt das Körperschaftsteuergesetz. Ebenso unterliegen auch Personengesellschaften nicht der Besteuerung durch die Einkommensteuer, da Personengesellschaften kein Einkommensteuersubjekt darstellen. Dennoch sind die allgemeinen Regelungen des Einkommensteuergesetzes auf diese Gesellschaften anzuwenden, sofern nicht Sonderregelungen des EStG eingreifen. Im Ergebnis werden die Einkünfte der Personengesellschaft unmittelbar den Gesellschaftern zugerechnet und bei diesen als natürliche Personen innerhalb der Einkommensteuer erfasst.[606]

2. Beschränkte Steuerpflicht

Anteilscheininhaber, die als natürliche Personen weder einen Wohnsitz noch ihren gewöhnlichen Aufenthalt im Inland haben, sind gem. § 1 Abs. 4 EStG mit

603 *Stotz*, Besteuerung von Wertpapier-Investmentfonds, 1998, S. 161; vgl. ausführlich bereits oben Kapitel 2, A, III, 6.

604 Vgl. BFH vom 04.03.1980 BStBl. II 1980, 453 (455); BFH vom 07.04.1992 BStBl. II 1992, 786 (786ff.); BFH vom 11.10.2000 BStBl. II 2001, 22 (23); BFH vom 27.03.2001 BFH/ NV 2001, 1539 (1541).

605 BFH vom 07.04.1992 BStBl. II 1992, 786 (789); *Kronat*, Besteuerung von Wertpapier-Investmentfonds, 2002, S. 29; vgl. ebenso oben Kapitel 2, A, III, 6, c.

606 *Birk*, Steuerrecht, S. 206., Rn. 592f.; S. 319f., Rn. 1000ff.

inländischen Einkünften des abschließenden Katalogs nach § 49 EStG beschränkt einkommensteuerpflichtig. Da weder der Wohnsitz noch der gewöhnliche Aufenthaltsort bei beschränkt steuerpflichtigen Anteilscheininhabern in Deutschland liegt, handelt es sich stets um grenzüberschreitende Steuersachverhalte.[607] Einkünften i.S. des § 49 EStG ist gemeinsam, dass ihr Ursprung im Inland zu finden ist (Territorialitätsprinzip). Die beschränkte Steuerpflicht für Einkünfte aus Investmentanteilen ergibt sich aus § 49 Abs. 1 Nr. 5 EStG, da es sich bei den Erträgen um Einkünfte aus Kapitalvermögen i.S. des § 20 Abs. 1 Nr. 1 EStG i.V.m § 2 Abs. 1 InvStG handelt.[608]

3. Sachliche Steuerpflicht

Erträge, die auf Investmentanteile im Privatvermögen gezahlt werden, unterliegen der Ertragsbesteuerung, da sie den sieben Einkunftsarten des Einkommensteuergesetzes nach § 2 Abs. 1 Satz 1 Nr. 1-7 EStG zuzuordnen sind.[609] Schließlich werden die ausgeschütteten und ausschüttungsgleichen Erträge aus dem Sondervermögen nach § 2 Abs. 1 InvStG als Einkünfte aus Kapitalvermögen i.S. des § 20 Abs. 1 Nr. 1 EStG qualifiziert, so dass die sachliche Steuerpflicht für die Investmenterträge als Einnahmen über § 2 Abs. 1 Satz 1 Nr. 5 EStG damit hergestellt ist. Ohne diese Zuordnung zu den Einkunftsarten wären die Erträge auf Anteilsscheine im Privatvermögen schon aus dem Grund nicht steuerbar, da es ansonsten bereits an einem sachlichen Anknüpfungspunkt für eine Besteuerung fehlt.[610]

Nach § 3 Abs. 1 InvStG i.V.m. § 2 Abs. 2 Nr. 2 EStG werden die Investmenterträge, die dem Privatvermögen zuzurechnen sind, im Rahmen der Überschuss-

---

607 *Birk*, Steuerrecht, S. 209, Rn. 604.

608 Eine eingehende Erörterung zu den beschränkt steuerpflichtigen Einkünften wird jedoch unterbleiben, da die beschränkte Steuerpflicht ausländischer Investoren in deutsche Investmentfonds nicht Teil der Arbeit ist.

609 Vgl. auch *Birk*, Steuerrecht, S. 205, Rn. 591; *Thorn/Otto/Geese*, Handbuch für die Besteuerung von Fondsvermögen, 2002, S. 59.

610 Die Ansicht, dass die in § 20 Abs. 1 EStG vorgenommene Aufzählung der Einkünfte aus Kapitalvermögen nur beispielhaft und nicht abschließend sei, weshalb auch die Erträge aus Investmentanteilen automatisch zu den Einkünften aus Kapitalvermögen gehörten, führt vorliegend wegen des eindeutigen Wortlauts des Gesetzgebers und der Qualifizierung zu den Einkünften aus Kapitalvermögen durch die Vorschrift des § 2 Abs. 1 Satz 1 InvStG zu keiner anderen Beurteilung, weshalb insgesamt nicht näher darauf eingegangen werden soll. Zu Bedenken ist lediglich, dass offensichtlich selbst der Gesetzgeber davon ausgeht, dass die durch § 20 Abs. 1 EStG vorgenommene Aufzählung der Einkünfte aus Kapitalvermögen nicht vollumfänglich ist, da es ansonsten der Zuordnung der Investmenterträge zu den Einkünften aus Kapitalvermögen über § 2 Abs. 1 Satz 1 InvStG nicht bedurft hätte. Vgl. hierzu *Baur*, Investmentgesetze, § 39 KAGG, Rn. 6, 8 m.w.N.

einkunftsarten nach dem Überschuss der Einnahmen über die Werbungskosten ermittelt.[611]

„Gewinne", die durch Veräußerungen von Investmentanteilen innerhalb der Spekulationsfrist des § 23 Abs. 1 Nr. 2 EStG entstehen, sind als sonstige Einkünfte nach § 22 Nr. 2 EStG zu versteuern.[612] Die Ermittlung folgt den Grundsätzen der Überschussrechnung. Für derartige Gewinne aus der Veräußerung von Investmentanteilen ist für Privatanleger das Halbeinkünfteverfahren nach § 8 Abs. 5 InvStG n.F. nicht anwendbar,[613] da der Investmentsparer zum langfristigen Vermögensaufbau und nicht zur Spekulation mit Investmentanteilen angehalten werden soll.[614]

Die Steuerpflicht entsteht erst dann, wenn die Erträge beim Anleger, der die Anteilsscheine im Privatvermögen hält, steuerrechtlich erfasst und somit als Einkünfte aus Kapitalvermögen qualifiziert werden können. Sowohl für Ausschüttungen als auch für Thesaurierungen ist der Zuflusszeitpunkt maßgebend. Bei Ausschüttungen ist dies der Zeitpunkt, zu welchem der jeweilige Anleger wirtschaftlich über den Ertrag verfügen kann. Die Besteuerung erfolgt in diesem Kalenderjahr (§ 11 EStG).[615] Bei Thesaurierungen bedarf es mangels tatsächlichen Zuflusses der Erträge beim Anleger einer Fiktion, die sich in § 2 Abs. 1 Satz 2 InvStG findet. Hiernach gelten die ausschüttungsgleichen Erträge mit dem Ablauf des Geschäftsjahres, in dem sie vereinnahmt worden sind, als zugeflossen.[616]

II. Allgemeines zur Besteuerung von Investmentfondsanteilen im Betriebsvermögen

Während der Privatanleger mit Einnahmen aus Investmentfonds nach § 2 Abs. 1 Satz 1 InvStG Einkünfte aus Kapitalvermögen gem. § 20 Abs. 1 Nr. 1 EStG erzielt, ist diese Qualifizierung auf Betriebseinnahmen ausdrücklich nicht anwendbar. Es fragt sich daher immer, welcher Einkunftsart die Fondserträge

---

611 *Stotz*, Besteuerung von Wertpapier-Investmentfonds, 1998, S. 162.

612 *Lindemann*, Besteuerung von Aktienfonds nach der Unternehmensteuerreform, 2004, S. 79; vgl. ausführlich unten Kapitel 3, G, I, 3, a.

613 Zumindest im Ergebnis *Thorn/Otto/Geese*, Handbuch für die Besteuerung von Fondsvermögen, 2002, S. 57; zur Anwendbarkeit des Halbeinkünfteverfahrens auf Veräußerungsgewinne vgl. ausführlich Kapitel 3, G, I, 3, c.

614 *Lindemann*, Besteuerung von Aktienfonds nach der Unternehmensteuerreform, 2004, S. 198; vgl. zur Frage einer verfassungsrechtlich problematischen Rückwirkung auch unten Kapitel 3, G, I, 2 und Kapitel 3, G, I, 3, d.

615 *Thorn/Otto/Geese*, Handbuch für die Besteuerung von Fondsvermögen, 2002, S. 58.

616 Vgl. auch *Thorn/Otto/Geese*, Handbuch für die Besteuerung von Fondsvermögen, 2002, S. 58.

beim betrieblichen Anleger zuzurechnen sind, damit eine sachliche Steuerpflicht entstehen kann. Dabei kommen in erster Linie Einnahmen aus Gewerbebetrieb gem. § 2 Abs. 1 Satz 1 Nr. 2 i.V.m § 15 EStG in Betracht, wenn es sich um Unternehmereinkünfte handelt. In diesem Fall sind die Investmenterträge im Rahmen der Gewinneinkünfte mit zu erfassen.[617] Die Unterscheidung zwischen Anteilen im Privat- und Betriebsvermögen ist vor allem für Einzelunternehmen und Personengesellschaften wichtig, da Erträge für gewerblich tätige Kapitalgesellschaften ohnehin nur dem Betriebsvermögen zugeordnet werden können.[618]

Als bedeutendste Folge der Zugehörigkeit der Anteilsscheine zum Betriebsvermögen ergibt sich auf der einen Seite z.B. die grundsätzliche Steuerbarkeit von Veräußerungsgewinnen i.S. des § 8 InvStG, auf der anderen Seite aber auch die Abziehbarkeit von Veräußerungsverlusten.[619]

Abbildung 5: Grundsätze steuerpflichtiger Investmenterträge auf der Anteilinhaber-Ebene

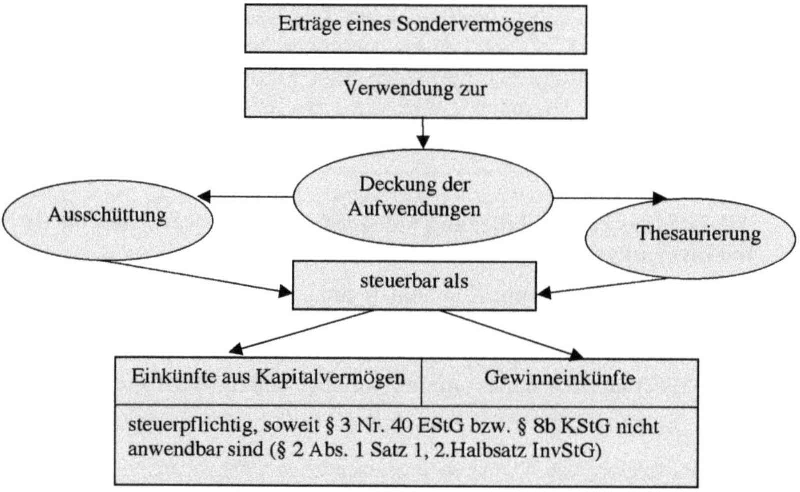

Quelle: Ähnlich Stotz, Besteuerung von Wertpapier-Investmentfonds, 1998, Abbildung 18, S. 163.

617 *Stotz*, Besteuerung von Wertpapier-Investmentfonds, 1998, S. 162, 172; vgl. ebenso BMF-Schreiben zum Investmentsteuergesetz vom 02.06.2005, - IV C 1 – S 1980 – 1 87/05, Rn. 26, BStBl. I 2005, 728 (734).

618 *Stotz*, Besteuerung von Wertpapier-Investmentfonds, 1998, S. 172; *Henkel*, Steuerliche Behandlung, 1961, S. 126f.

619 *V*gl. auch Kapitel 3, G.

1. Handel mit Fondsanteilen

Sofern ein gewerblicher Handel mit Fondsanteilen durch den Anleger betrieben wird, sind die Gewinne daraus als Einnahmen aus Gewerbebetrieb gem. § 15 EStG zu versteuern. Nach § 15 Abs. 2 EStG stellt sich als Gewerbebetrieb grundsätzlich jede selbstständige nachhaltige Betätigung dar, die mit der Absicht, Gewinn zu erzielen unternommen wird, und weder Land- und Forstwirtschaft noch einem freien Beruf oder selbständigen Tätigkeit zuzurechnen ist.[620]

Die Qualifizierung als Gewerbebetrieb hat den Vorteil, dass Verluste grundsätzlich steuerrechtlich voll absetzbar sind.[621] Ein gewerblicher Handel mit Fondsanteilen, der dem Handel mit einzelnen Aktienwerten in der Direktanlage entspricht, ist grundsätzlich bei allen börsengehandelten Fonds denkbar. Dies gilt vor allem dann, wenn keine Ausgabeaufschläge, sondern nur Brokergebühren (Börsenmaklergebühren) anfallen. Hingegen handelt es sich bei der privaten Vermögensverwaltung von Fondsanteilen um Geschäfte, die dem Privatanleger mit der Folge zuzurechnen sind, dass die Einnahmen daraus Einkünfte aus Kapitalvermögen nach § 20 Abs. 1 Satz 1 Nr. 1 EStG darstellen. Um feststellen zu können, welche Einkunftsart vorliegt, bedarf es einer Abgrenzung der unterschiedlichen Ausgestaltung des Handels mit Fondsanteilen. Die Rechtsprechung trifft eine Unterscheidung anhand von drei Merkmalen.[622]

Erstens deutet eine im Vordergrund stehende Verwertung der Vermögenssubstanz nach dem Gedanken des § 15 Abs. 2 EStG einerseits auf einen gewerblichen Handel mit Fondsanteilen hin. Andererseits lässt eine bloße „Fruchtziehung" (§ 14 Satz 3 AO) eher den Schluss auf eine private Vermögensverwaltung zu.[623]

Zweitens sind immer auch die Gesamtumstände des Einzelfalls zu würdigen. Wenn der Umfang des Handels mit Fondsanteilen erhebliche Ausmaße annimmt, das Unternehmerrisiko durch Kreditfinanzierungen steigt und ein großer Organisationsapparat vorhanden ist, kann eher von einem gewerblichen Handel als von einer privaten Vermögensverwaltung ausgegangen werden.[624]

---

620 Vgl. dazu ebenso R 15.1ff. EStR 2006.

621 *Lindemann,* Besteuerung von Aktienfonds nach der Unternehmensteuerreform, 2004, S. 75.

622 BFH vom 06.03.1991, BStBl. II 1991, 631 (632); BFH vom 19.02.1997, BStBl. II 1997, 399 (401).

623 BFH vom 06.03.1991, BStBl. II 1991, 631 (632); BFH vom 19.02.1997, BStBl. II 1997, 399 (401).

624 *Sorgenfrei,* FR 1999, 61 (62 und 65ff.).

Drittens erfolgt in Zweifelsfällen die Beurteilung danach, ob der Handel mit Fondsanteilen nach der Verkehrsanschauung im konkreten Fall einem Gewerbebetrieb entspricht.[625]

Nach diesen von der Rechtsprechung aufgestellten Kriterien wird ein gewerblicher Handel mit Investmentfonds im Gegensatz zu herkömmlichen Wertpapiergeschäften, die die vorgenannten Voraussetzungen regelmäßig erfüllen können,[626] nur selten vorliegen.[627] Zum einen sprechen die aufgestellten Voraussetzungen der Verwertung der Vermögenssubstanz, der Umfang des Investmentanteilsscheinhandels mit dem dazugehörenden Unternehmerrisiko auf Grund von Kreditfinanzierungen und die Gesamtumstände des Einzelfalls gegen einen gewerblichen Handel. Ein „normaler" Investmentanteilscheininhaber wird ein erhöhtes Risiko durch Diversifikation der Anlage in unterschiedliche Werte vermeiden. Schließlich widerspräche das Eingehen eines erhöhten Risikos bereits dem Grundgedanken des Investmentsparens.[628] Hinzu kommt, dass es in der Praxis kaum Anleger geben wird, die versuchen werden, fortlaufend mit Investmentfonds gewerbsmäßig gewinnbringenden Handel zu betreiben. Zumeist verfolgt der Anleger, der an der Börse Wertpapiere kauft, eigene Anlageziele und bewertet Risiken und Strategien von notierten Unternehmen, um einen möglichst hohen Kursgewinn zu realisieren. Diese Vorgehensweise ist bei Investmentfonds nicht ohne weiteres möglich, da dort wegen der Risikodiversifikation in eine Vielzahl von Titeln investiert wird und sich der Ertrag gegenüber einer gut gewählten Direktanlage meist in Grenzen hält.[629]

2. Fondsanteile im notwendigen und gewillkürten Betriebsvermögen

Für den Fall, dass Anleger unabhängig vom zuvor erwähnten Handel mit Fondsanteilen[630] ein Unternehmen betreiben, muss zum einen zwischen Privatvermögen und zum anderen zwischen notwendigem oder gewillkürten Betriebs-

---

625 BFH vom 06.03.1991, BStBl. II 1991, 631 (632); BFH vom 19.02.1997, BStBl. II 1997, 399 (401); *Sorgenfrei,* FR 1999, 61 (62).

626 Auch bei „herkömmlichen" Wertpapiergeschäften müssen für das Vorliegen eines gewerblichen Wertpapierhandels die Voraussetzungen hierfür gegeben sein. Neben dem Bestehen eines Gewerbebetriebs muss die jeweilige Betätigung den Rahmen einer privaten Vermögensverwaltung überschreiten, der Steuerpflichtige muss sich „wie ein Händler" verhalten, wobei letztlich wiederum auf das Gesamtbild abzustellen ist. Vgl. hierzu BFH vom 01.06.2004, BStBl. II 2005, 26 (27); BFH vom 20.12.2000, BStBl. II 2001, 706 (708).

627 So auch im Ergebnis: *Lindemann,* Besteuerung von Aktienfonds nach der Unternehmensteuerreform, 2004, S. 75.

628 Vgl. Kapitel 1, A.

629 Mit Ausnahme von Spezialfonds. In dieser Beteiligungsform steht bei den Anlegern in aller Regel das reine Investmentsparen nicht im Vordergrund.

630 Vgl. oben Kapitel 3, D, II, 1.

vermögen unterschieden werden, da nur im Privatvermögen gehaltene Anteile als Einkünfte aus privater Vermögensverwaltung zu versteuern sind.[631] Zu den Einkünften aus Gewerbebetrieb gehören die Fondsanteile, die wirtschaftlich dem Betriebsvermögen zuzurechnen sind. Ebenso können aber auch Land- und forstwirtschaftliche Betriebe sowie freiberufliche Unternehmen Betriebsvermögen besitzen, so dass ggf. entsprechende Einnahmen aus Investmentfonds diesen Einkunftsarten zugerechnet und in diesem Rahmen versteuert würden.[632] Im Betriebsvermögen stehende Anteile sind solche, die nicht im Privatvermögen stehen, wobei sich wiederum aus einer Negativabgrenzung ergibt, dass es sich bei Anteilsscheinen um Privatvermögen handelt, wenn sie als Wirtschaftsgüter weder im notwendigen noch im gewillkürten Betriebsvermögen stehen.[633] Bei Kapitalgesellschaften oder Körperschaften hingegen bedarf es dieser Abgrenzung nicht, da ihnen zuzurechnende Anteilscheine oder sonstige Wirtschaftsgüter kein Privatvermögen darstellen können und dementsprechend ohne Abgrenzungsschwierigkeiten zum Betriebsvermögen gehören.

Im Übrigen werden nach der Einkommensteuerrichtlinie R 4.2 Abs. 1 Satz 1 EStR 2006[634] (Betriebsvermögen) Wirtschaftsgüter zum notwendigen Betriebsvermögen gezählt, die ausschließlich und unmittelbar für eigenbetriebliche Zwecke genutzt werden oder dazu bestimmt sind.[635] Soweit diese Nutzung für eigenbetriebliche Zwecke oder die Bestimmung hierzu auf Anteilsscheine, beispielsweise bei Eigenhandelsbeständen der Finanzbrache zutrifft, gehören die Investmentanteile zum notwendigen Betriebsvermögen und die entsprechenden Einnahmen damit zu den Einkünften aus Gewerbebetrieb.[636] Für die Zurechnung zum notwendigen Betriebsvermögen kommt es allerdings nicht darauf an, wie diese Wirtschaftsgüter bilanziell behandelt und erfasst werden.[637] Des Weiteren gehören ebenso wenig Wirtschaftsgüter nur deshalb zum notwendigen Betriebsvermögen, weil sie durch die Betriebsfinanzen angeschafft wurden,[638] oder als

---

631 *Lindemann,* Besteuerung von Aktienfonds nach der Unternehmensteuerreform, 2004, S. 76.

632 *Lindemann,* Besteuerung von Aktienfonds nach der Unternehmensteuerreform, 2004, S. 76.

633 *Lindemann,* Besteuerung von Aktienfonds nach der Unternehmensteuerreform, 2004, S. 76.

634 Entspricht R 13 Abs. 1 Satz 1 EStR 2003.

635 So ebenfalls BFH vom 15.07.1960, BStBl. III, 1960, 484 (484); vom 16.03.1991, BStBl. II, 1991, 829 (829); vom 12.03. 1992; BStBl. II 1993, 36 (36).

636 So auch: *Lindemann,* Besteuerung von Aktienfonds nach der Unternehmensteuerreform, 2004, S. 76.

637 *Lübbehüsen* in: Brinkhaus/Scherer, KAGG, § 39, Rn. 12; R 4.2 Abs.1 Satz 2 EStR 2006.

638 BFH vom 18.12.1996, BStBl. II, 1997, 351 (351).

Kreditsicherheiten dienen.[639] Bei Einzelunternehmern und Personengesellschaften bedeutet dies, dass Investmentanteile in aller Regel nicht als notwendiges Betriebsvermögen anzusehen sind,[640] da sie nicht für die Führung des Betriebs gebraucht werden und die Verwendung als Kreditsicherheit dafür nicht ausreicht.

Dem gewillkürten Betriebsvermögen sind Investmentanteile zuzurechnen, wenn sie nach der Einkommensteuerrichtlinie R 4.2 Abs. 1 Satz 3 EStR 2006[641] (Betriebsvermögen) in einem gewissen objektiven Zusammenhang mit dem Betrieb stehen und dazu bestimmt und geeignet sind, diesen zu fördern. Eine Förderung des Betriebs ist bereits dann denkbar, wenn die Investmentanteile zur Stärkung des Betriebsvermögens, als Kreditsicherheit oder Liquiditätsreserve gebraucht werden. Gleichzeitig reicht es aber schon aus, wenn die Erträge des Fondsanteils in die laufenden operativen Geschäfte eingebunden werden und so den Betrieb fördern.[642] In diesem Fall sind die Investmentanteile, wie *Lindemann*[643] zutreffend feststellt, mit Bankguthaben vergleichbar.[644] Die Voraussetzung einer Förderung des Betriebs ist aber auch dann gegeben, wenn die Anteile am Sondervermögen eines Investmentfonds erworben werden.[645] Die Anteilsscheine und deren Erträge aus dem Investmentvermögen verbleiben im gewillkürten Betriebsvermögen, bis sie veräußert oder fortan so eingesetzt werden, dass eine objektive Förderung des Betriebs in Zukunft ausgeschlossen ist. Investmentanteile, die von Beginn an nur dazu angeschafft wurden, Verluste zu

---

639 BFH vom 13.08.1964, BStBl. III, 1964, 502 (503); vom 17.03.1966, BStBl. III, 1966, 350 (350).

640 Anders ist dies jedoch zu beurteilen, wenn eine gewerbliche Tätigkeit vorliegt, die sich mit dem An- und Verkauf von Wertpapieren und insbesondere von Anteilsscheinen beschäftigt. In diesem Fall liegt darin notwendiges Betriebsvermögen, da die Investmentanteile gerade für diese betriebliche Tätigkeit gebraucht werden. Insofern geht ein Handel mit Anteilsscheinen, der auf Gewinnerzielung ausgerichtet ist, über eine bloße Vermögensverwaltung hinaus. Vgl. dazu auch *Lübbehüsen* in: Brinkhaus/Scherer, KAGG, § 39, Rn. 15. Zur Abgrenzung zur privaten Vermögensverwaltung vgl. bereits oben Kapitel 3, D, II, 1.

641 Entspricht R 13 Abs. 1 Satz 3 EStR 2003.

642 *Lindemann,* Besteuerung von Aktienfonds nach der Unternehmensteuerreform, 2004, S. 76.

643 *Lindemann,* Besteuerung von Aktienfonds nach der Unternehmensteuerreform, 2004, S. 76.

644 BFH vom 19.02.1997, BStBl. II 1997, 399 (402).

645 *Lindemann,* Besteuerung von Aktienfonds nach der Unternehmensteuerreform, 2004, S. 76.

schaffen, können kein gewillkürtes Betriebsvermögen sein, da der Förderzweck nicht erreicht werden kann.[646]

3. Besteuerung des Einzelunternehmers bzw. des Mitunternehmers

Wie bereits im vorigen Punkt verdeutlicht,[647] sind Erträge, die wirtschaftlich dem Betriebsvermögen zuzurechnen sind, als Einnahmen der entsprechenden Einkunftsart zu behandeln (meist dürften Einnahmen aus Gewerbebetrieb vorliegen) und auch dort als laufende Betriebseinnahmen zu erfassen und zu versteuern. Gleichzeitig folgt aus § 2 Abs. 1 und Abs. 2 InvStG für Dividendenerträge, dass das Halbeinkünfteverfahren gem. § 3 Nr. 40 lit. a) EStG auf diese Erträge i.S. des § 20 Abs. 1 Nr. 1 EStG anzuwenden ist. Eine Zurechnung der Investmentanteile zum Betriebsvermögen kann sowohl beim Einzelunternehmer als auch bei einer Personengesellschaft, in der die natürlichen Personen Mitunternehmer sind sowie zum Sonderbetriebsvermögens einer natürlichen Person bei einer Mitunternehmerschaft erfolgen.[648]

III. Steuerrechtliche Behandlung der aus dem Sondervermögen ausgehenden Ertragsströme beim Anleger

Aus der unterschiedlichen Bestimmung und Qualifizierung der Einkunftsart hinsichtlich der Investmenterträge und je nachdem, ob die Anteile im Privat- oder Betriebsvermögen gehalten werden, muss eine Differenzierung zwischen diesen beiden Anlegergruppen erfolgen, wenn sich unterschiedliche Rechtfolgen aus dieser Unterscheidung ergeben. Des Weiteren werden private- und betriebliche Anleger immer dann getrennt voneinander untersucht, wenn das Gesetz selbst unterschiedliche steuerrechtliche Voraussetzungen der Behandlung der einzelnen Investmentströme und der einzelnen Investmenterträge aufstellt.

1. Steuerrechtliche Behandlung der Ertragsströme

Gewinne, die die Investmentgesellschaften für das Sondervermögen erzielen, können auf unterschiedliche Weise - durch Ausschüttungen oder durch Thesaurierungen – den Anteilscheininhabern zukommen. Die Besteuerung der Einnahmen erfolgt anhand dieser Ertragsströme, die den Investmentanlegern zugerechnet werden.[649]

---

646 *Lindemann,* Besteuerung von Aktienfonds nach der Unternehmensteuerreform, 2004, S. 77; Zur genaueren Differenzierung vgl. ebenfalls unten Kapitel 3, G, I, 1.

647 Vgl. oben Kapitel 3, D, II, 2.

648 *Fischer,* WM 2001, 1236 (1243).

649 Vgl. auch oben Abbildung 2: Steuerrechtliche Behandlung der Ertragsströme, Kapitel 2, A, III.

Daneben können die Anteilscheininhaber auch Gewinne aus der Rückgabe bzw. der Veräußerung der Investmentanteile erzielen. Eine Besteuerung dieser Einnahmen ist im Betriebsvermögen grundsätzlich gem. § 8 Abs. 1 InvStG steuerbar.[650] Für den Privatanleger sind derartige Einnahmen über § 8 Abs. 5 InvStG nur zu versteuern, wenn der Verkauf bzw. die Rückgabe der Investmentanteile ein privates Veräußerungsgeschäft i.S. des § 23 EStG[651] darstellt.[652]

a. Besteuerung von Ausschüttungen

(1) Allgemeines

Nach § 2 Abs. 1 InvStG werden die Einnahmen aus Investmentanteilen im Privatvermögen als Einkünfte aus Kapitalvermögen qualifiziert. Eine solche Bestimmung ist - wie bereits oben gezeigt -[653] notwendig, damit diese Einnahmen beim Privatanleger steuerbar sind. Ansonsten ließen sich die Einnahmen nicht einer der sieben Einkunftsarten zuordnen. Für den betrieblichen Anleger bedarf es solch einer Ertragszuordnungsvorschrift nicht, da bei diesem die Erträge ohnehin zum Betriebsvermögen zählen und daher grundsätzlich als Einnahmen aus Gewerbebetrieb gem. § 15 EStG qualifiziert werden.

Weiter bestimmt § 2 Abs. 1 Satz 1 Halbsatz 2 InvStG, dass weder das Halbeinkünfteverfahren[654] gem. § 3 Nr. 40 EStG noch das Steuerfreistellungsprivileg nach § 8b KStG auf die Erträge des Investmentfonds anzuwenden ist, soweit kein Fall des § 2 Abs. 2 InvStG vorliegt. Nicht alle Erträge eines Investmentfonds sollen in den Genuss des Vorteils des Halbeinkünfteverfahrens und der

---

650 Zur Versteuerung von Gewinnen aus der Rückgabe bzw. Verkauf von Investmentanteilen mit weiterführenden Problemen vgl. ausführlich unten Kapitel 3, G.

651 *Lübbehüsen* in: Brinkhaus/Scherer, KAGG, § 39, Rn. 11; vgl. dazu ausführlich unten Kapitel 3 G, I, 2 und 3.

652 Im Rahmen der Unternehmensteuerreform 2008 ist der Tatbestand des § 8 Abs. 5 InvStG an den neu gefassten § 20 Abs. 2 EStG angepasst worden. Gewinne aus der Rückgabe/Veräußerung von Investmentanteilen für im Privatvermögen gehaltene Investmentanteile werden nach der Neuregelung den Einkünften aus Kapitalvermögen i.S. des § 20 Abs. 2 Satz 1 Nr. 1 EStG zugeordnet. Ursprünglich waren Gewinne aus der Veräußerung oder Rückgabe von Investmentanteilen nur dann steuerbar, wenn die Gewinne zwischen Anschaffung und Veräußerung/Rückgabe innerhalb der einjährigen Spekulationsfrist generiert wurden. Durch die Schaffung der Wertzuwachsbesteuerung im Rahmen des § 20 Abs. 2 EStG kommt es zukünftig auf Haltefristen nicht mehr an.

653 Vgl. oben Kapitel 3, D, I, 3.

654 Für Einnahmen aus Investmentanteilen, die im Privatvermögen gehalten werden ist das Halbeinkünfteverfahren nach der Unternehmensteuerreform 2008 nicht mehr anzuwenden. Vgl. auch oben Kapitel 2, A, III, 4, b, (2).

Steuerfreistellung kommen.[655] Es sollen lediglich „Dividendeneinkünfte“ erfasst werden, so dass die Einschränkungen der Privilegierungen in § 2 Abs. 2 InvStG zugunsten von „Dividendeneinkünften“ ausgenommen sind. Im Ergebnis wird durch diese komplizierte Gesetzestechnik auf Ausschüttungen seit dem In-Kraft-Treten des StSenkG vom 23.10.2000[656] sichergestellt, dass nach der Normenkette der § 2 Abs. 2 InvStG i.V.m § 43 Abs. 1 Nr. 1, § 20 Abs. 1 Nr. 1, § 3 Nr. 40 EStG (§ 8b KStG) das Halbeinkünfteverfahren und die Steuerprivilegierung nur anzuwenden ist, soweit „Dividendeneinkünfte“ in der Ausschüttung oder Thesaurierung enthalten sind.[657] Diese Vorgehensweise entspricht der Besteuerung des Direktanlegers und damit dem Transparenzprinzip.[658]

Darüber hinaus ist vor allem bei Ausschüttungen auf Anteile im Privatvermögen die Zusammensetzung der Einnahmen auf Seiten des Sondervermögenswichtig,[659] da bestimmte ausgeschüttete Erträge gem. § 2 Abs. 3 InvStG steuerfrei sind. Insbesondere ist dabei § 2 Abs. 3 Satz 1 Nr. 1 InvStG zu beachten. Danach sind Gewinne aus der Veräußerung von Wertpapieren, Termingeschäften und Bezugsrechten auf Anteile an Kapitalgesellschaften steuerfrei gestellt. Zum einen sind Termingeschäfte i.S. des § 23 Abs. 1 Satz 1 Nr. 4 EStG durch das Investmentmodernisierungsgesetz im Gegensatz zum §§ 39 Abs. 1, 40 Abs. 1 KAGG a.F. von der Besteuerung ausgenommen.[660] Zum anderen sind Ausschüttungen auf Grund von Veräußerungsgewinnen beim Privatanleger in Invest-

---

655 Seit In-Kraft-Treten des „Gesetzes zur Umsetzung der Protokollerklärung der Bundesregierung zur Vermittlungsempfehlung zum Steuervergünstigungsabbaugesetz vom 22.12.2003 (Korb II)“ umfasst die Steuerfreistellung nach § 8b Abs. 1 KStG allerdings nur noch 95% der Dividenden, da nach § 8b Abs. 5 KStG 5% der Dividenden als nichtabziehbare Betriebsausgaben gelten. Vgl. hierzu BGBl. I 2003, S. 2840 und *Sradj/Mertes,* DStR 2004, 202 (204).

656 BGBl. I 2000, S. 1433; BStBl. I, 2000, 1428 (1428ff.).

657 So auch *Thorn/Otto/Geese*, Handbuch für die Besteuerung von Fondsvermögen, 2002, S. 57.

658 *Lindemann,* Besteuerung von Aktienfonds nach der Unternehmensteuerreform, 2004, S. 89; vgl. zum Transparenzprinzip oben Kapitel 2, A, III, 6.

659 *Baur,* Investmentgesetze, § 39, KAGG, Rn. 9; *Fischer,* WM 2001, 1236 (1241).

660 *Lindemann,* FR 2003, 890 (898); vgl. auch *Kayser/Steinmüller,* FR 2004, 137 (140), die die Auffassung vertreten, dass die Reichweite der Steuerbefreiung bei Termingeschäften unklar sei. Der Wortlaut des § 2 Abs. 3 Nr. 1 InvStG erlaube auch eine Auslegung, wonach nur Termingeschäfte, die auf die Veräußerung von Anteilen an Kapitalgesellschaften gerichtet sind, von der Vorschrift des Investmentsteuergesetzes umfasst seien. Im Ergebnis kommen sie aber im Hinblick auf den Willen des Gesetzgebers zu dem Schluss, dass eine derart enge Auslegung nicht vertreten werden kann. Zudem werde durch die Auslegung, dass alle Termingeschäfte von der Steuerfreiheit erfasst seien, eine gleichartige Besteuerung ausgeschütteter und ausschüttungsgleicher Erträge erreicht; vgl. zu den Termingeschäften ebenso unten Kapitel 4, A, IV, 2, a, (1), (a).

mentanteile auch als Spekulationsgewinne innerhalb der Spekulationsfrist des § 23 EStG steuerfrei.[661] Hingegen ist der Direktanleger aber mit Veräußerungsgewinnen innerhalb der Frist des § 23 EStG immer steuerpflichtig.[662]

Diese vordergründig bestehende Benachteiligung des Direktanlegers unter Verletzung des Transparenzprinzips[663] verliert an Bedeutung, wenn man sich die anderenfalls bestehenden Konsequenzen verdeutlicht. Aus dem Vorteil der in Investmentanteile anlegenden Privatanleger entstünde ein erheblicher Nachteil, wenn die Ausschüttungen auf Grund der enthaltenen Veräußerungsgewinne zu versteuern wären. Der private Investmentanleger hat im Gegensatz zum Direktanleger keinen Einfluss auf den Zeitpunkt der Ausschüttung oder die Realisierung von Veräußerungsgewinnen und würde bei Veräußerungsgeschäften, die dem Tatbestand des § 23 EStG hinsichtlich der Spekulationsfrist erfüllten, so ohne eigenes Zutun der Steuerpflicht unterliegen. Dies ist mit dem gesetzgeberischen Gedanken, das Investmentsparen zu fördern, durch die Schaffung einer gegenläufigen „Definitivsteuerpflicht" für Veräußerungsgewinne aber nicht zu vereinbaren. Außerdem sind die Ausschüttungen selbst steuerpflichtig.

Werden die Anteile bei Ausschüttungen i.S. des § 2 Abs. 3 Nr. 1 InvStG im Betriebsvermögen gehalten, ist wegen Ausschlusses der steuerfreien Vereinnahmung ausgeschütteter Erträge auf Investmentanteile, die zu Betriebseinnahmen führen gem. § 2 Abs. 3 Nr. 1 InvStG für Einzelunternehmer und Gesellschafter einer Personengesellschaft, die natürliche Personen sind sowohl das Halbeinkünfteverfahren nach § 3 Nr. 40 EStG als auch für Kapitalgesellschaften die Steuerbefreiung nach § 8b KStG anzuwenden.[664]

---

661 Durch das Unternehmensteuerreformgesetz 2008 wurde der Tatbestand des § 20 Abs. 2 EStG an die Wertzuwachsbesteuerung angepasst. Dies bedeutet, dass nahezu jeder Wertzuwachs bei Kapitalanlagen und Finanzinstrumenten unabhängig von etwaigen Halte- und Spekulationsfristen steuerpflichtig sein soll. Durch das InvStG werden Ausschüttungen als Kapitaleinkünfte im Sinne des Einkommensteuergesetzes qualifiziert, so dass auch dort die Wertzuwachsbesteuerung eingreift. Die Einschränkung der zugeflossenen Erträge im § 1 Abs. 3 Satz 2 InvStG auf „Zinsen und Dividenden" wurde zugunsten eines weiteren Begriffs der „Kapitalerträge" aufgegeben. Gleichzeitig hat dies zur Folge, dass das Fondsprivileg aufgegeben wurde. Wertpapierveräußerungsgewinne des Fonds, die ursprünglich unabhängig von den Haltefristen des Fonds für den Anleger wegen der einschränkenden Definition der zugeflossenen Erträge steuerfrei waren, unterfallen nunmehr dem Begriff der Ausschüttung und sind beim Anteilsscheininhaber zu beachten.

662 *Fischer,* WM 2001, 1236 (1241).

663 So aber *Lindemann,* FR 2003, 890 (900).

664 Durch die Neufassung des § 2 Abs. 3 InvStG im Zuge der Unternehmensteuerreform 2008 ist die Steuerfreiheit für in den ausgeschütteten Investmenterträgen enthaltene Gewinn aus Wertpapierveräußerungsgeschäften und Termingeschäften entfallen. Nach

(2) Besteuerung bei Teilauschüttungen

Bei einer Teilausschüttung wird der nicht zur Ausschüttung verwandte Teil notwendigerweise gleichzeitig teil-thesauriert und ist damit ein ausschüttungsgleicher Ertrag. Unterschiede zwischen Thesaurierungen und Ausschüttungen ergeben sich grundsätzlich beim Zeitpunkt, zu dem die Erträge dem Anleger zugerechnet werden. Für Teilausschüttungen ist im Investmentsteuergesetz aber in § 2 Abs. 1 Satz 3 InvStG aufgenommen worden, dass die gleichzeitig verwirklichten ausschüttungsgleichen Erträge den Anlegern im Zeitpunkt der Teilausschüttung zuzurechnen sind.[665]

Dies stellt sicher, dass bei teilausschüttenden Fonds eine Besteuerung der daneben erfolgten thesaurierten Erträge nicht als ausschüttungsgleiche Erträge stattfindet und somit die Erträge nicht bereits mit Ablauf des Geschäftsjahres der Vereinnahmung als zugeflossen gelten. Vielmehr soll eine Besteuerung erst dann erfolgen, wenn eine Ausschüttung auch tatsächlich erfolgt. Für die Praxis ist solch eine Regelung notwendig, um unterschiedliche Zuflusszeitpunkte der teil-ausgeschütteten und teil-thesaurierten Erträge zu vermeiden (Zeitpunkt der Ausschüttung bzw. Ablauf des Geschäftsjahres der Vereinnahmung).[666] Für den Fall einer sehr niedrigen Teilausschüttung, die nicht ausreicht, den gem. § 7 Abs. 2 InvStG auf den Gesamtbetrag abzuführenden Anteil an der Kapitalertragsteuer einzubehalten, wird ausnahmsweise der Zuflusszeitpunkt nach § 2 Abs. 1 Satz 4 InvStG entsprechend einer Thesaurierung fingiert.[667] Dadurch findet ein Zufluss der teil-ausschüttenden und der teil-thesaurierten Erträge gem. § 2 Abs. 1 Satz 2 InvStG einheitlich mit Ablauf des Geschäftsjahres der Vereinnahmung statt. Auf diese Weise können wiederum unterschiedliche Zuflusszeitpunkte vermieden werden.

---

§ 2 Abs. 3 InvStG n.F. sind nur noch ausgeschüttete Investmenterträge steuerfrei, soweit sie Gewinne aus Grundstücksveräußerungsgeschäften außerhalb einer 10-jährigen Frist enthalten und keine betrieblichen Einnahmen darstellen. Im Ergebnis bedeutet dies einen erheblichen Privilegierungswegfall für Investmentfonds. Vgl. hierzu auch *Elser* in: Breithecker/Förster/Förster/Klapdor, UntStRefG, 2007, § 2 InvStG, Rn 13. Jedoch ist gem. § 18 Abs. 1 Satz 2 InvStG die alte Fassung des § 2 Abs. 3 Nr. 1 InvStG auf ausgeschüttete Gewinne aus der Veräußerung von Wertpapieren, Termingeschäften und Bezugsrechten auf Anteile an Kapitalgesellschaften, bei denen das Investmentvermögen die Wertpapiere oder Bezugsrechte vor dem 01.01.2009 angeschafft hat oder das Investmentvermögen das Termingeschäft vor dem 01.01.2009 abgeschlossen hat in der alten Fassung weiter anzuwenden.

665 Vgl. auch das BMF-Schreiben zum Investmentsteuergesetz vom 02.06.2005, - IV C 1 – S 1980 – 1 87/05, Rn. 30, BStBl. I 2005, 728 (734).

666 *Carlé,* KÖSDI 2004, 14300 (14304).

667 *Carlé,* KÖSDI 2004, 14300 (14304).

(3) Vorträge aus dem Vorjahr auf neue Rechnung

(a) Vorträge im Allgemeinen

Die Vertragsbedingungen des Investmentvertrages zwischen Anlegern und den Investmentgesellschaften bestimmen i.S. des § 43 Abs. 4 Nr. 6 InvG, ob Erträge des Sondervermögens ausgeschüttet werden oder wieder anzulegen sind.

Gleichzeitig wird in den Verträgen geregelt, ob das Ertragsausgleichsverfahren[668] stattzufinden hat.[669] In einer Ausschüttung sind grundsätzlich Vorträge des Vorjahres enthalten. Ein Vortrag des Fonds von laufenden Erträgen eines Geschäftsjahres auf das nächste Geschäftsjahr ist steuerrechtlich unbeachtlich. Bei Ausschüttungen vorgetragener Erträge müssen diese im neuen Geschäftsjahr nicht erneut versteuert werden, da sie bereits im alten Geschäftsjahr gem. § 2 Abs. 1 Satz 2 InvStG als zugeflossen angesehen wurden und dort als thesaurierte Erträge der Besteuerung unterlagen.[670] Eine erneute Steuerpflicht tritt nicht ein, da keine Doppelbesteuerung zu Lasten des Sondervermögens erfolgen soll.[671]

---

668 Im Ertragsausgleichsverfahren entstehen Ertragsausgleichsbeträge durch die Bemühung, allen am Fonds beteiligten Anteilscheininhabern unabhängig vom Zeitpunkt des Erwerbs ihrer Anteile bei Ausschüttung oder Thesaurierung einen gleich hohen Betrag zukommen zu lassen. Durch Anteilskäufe und Anteilsrückgaben innerhalb eines Geschäftsjahres und der damit verbundenen Veränderungen des Personenbestands einer Publikumsgesellschaft soll der Anteil der Erträge am Inventarwert des Sondervermögens nicht beeinflusst werden, so dass Neu-Anleger beim Erwerb von Anteilen innerhalb eines Geschäftsjahres einen bestimmten Geldbetrag für bis zu diesem Zeitpunkt angefallene Zwischengewinne zu zahlen haben. Der gezahlte Betrag ist im Ausgabepreis enthalten und wird auf ein spezielles Ertragsausgleichskonto oder aber auf ein separates Erträgniskonto verbucht. Anteilscheininhaber, die erst kurz vor dem Ausschüttungstermin Anteile erworben haben, erhalten wirtschaftlich die eingezahlten Ertragsausgleichsbeträge durch die Ausschüttung zurück. Alle Anleger erhalten somit unabhängig von ihrem Anteilscheinerwerb einen identischen Ausschüttungsbetrag. Zum Ertragsausgleichsverfahren vgl. ausführlich m.w.N. Kapitel 3, D, III, 1, a, (3), (d).

669 So sehen es u.a. die „Besonderen Vertragsbedingungen" für ein richtlinienkonformes Sondervermögen (Stand: 10. Dezember 2004) -Mustervertragsbedingungen des BVI- in Baustein 8 Ziff. 1 zur Ertragsverwendung bei Ausschüttungen und alternativ bei Thesaurierungen vor. Sofern das Ertragsausgleichsverfahren nicht stattfindet, soll nach den „Besonderen Vertragsbedingungen" besonders darauf hingewiesen werden.

670 *Lindemann,* Besteuerung von Aktienfonds nach der Unternehmensteuerreform, 2004, S. 101.

671 Insgesamt sollen Mehrfachbesteuerungen auf Fondsebene vermieden werden. Vgl. in anderem Zusammenhang bereits Kapitel 2, A, III, 3.

(b) *Vorträge in Rumpfgeschäftsjahren*

Eine Fondsgesellschaft kann bei einer Neugründung beschließen, dass das erste Geschäftsjahr ein so genanntes „Rumpfgeschäftsjahr" darstellt, wenn lediglich ein verkürztes Geschäftsjahr zur Verfügung steht, in dem Erträge erzielt werden können. Nach den Mustervertragsbedingungen[672] ist ein Vortrag der Erträge auch bei ausschüttenden Fonds möglich, wenn 15% des jeweiligen Wertes eines Sondervermögens im Rumpfgeschäftsjahr nicht überschritten werden. In der Praxis wird von der Möglichkeit, die Erträge vorzutragen, um diese im neuen Geschäftsjahr mit den dort erzielten Erträgen zusammen auszuschütten, üblicherweise Gebrauch gemacht.[673] Umstritten ist jedoch die steuerrechtliche Behandlung von Vorträgen aus „Rumpfgeschäftsjahren".

Hierbei wurde einerseits unter Bezugnahme auf den Wortlaut des KAGG a.F. vertreten,[674] dass Erträge aus Rumpfgeschäftsjahren so behandelt werden sollen, wie es der herkömmlichen Absicht des Fonds entspricht.[675] Diese Ansicht ist auf die neue Gesetzeslage im Investmentsteuergesetz übertragbar, da sich trotz neuer Definition der thesaurierten (ausschüttungsgleichen) Erträge in § 1 Abs. 3 Satz 3 InvStG in der materiellen Beurteilung innerhalb dieser Ansicht keine Unterschiede ergeben, so dass die zum KAGG a.F. entwickelte Ansicht auch im InvStG n.F. ihre Geltung hat. Handelt es sich danach um einen ausschüttenden Fonds, sollen die Erträge des Fonds, die vorgetragen werden, auch erst mit Ausschüttung im folgenden Geschäftsjahr versteuert werden. Zur Begründung wurde auf den Wortlaut des § 39 Abs. 1 KAGG a.F. abgestellt, der zwar den Zufluss nicht zur Ausschüttung verwendeter Erträge im laufenden Geschäftsjahr fingierte, aber im Fall der Rumpfgeschäftsjahre nicht anwendbar gewesen sei. Denn Erträge, die vorgetragen würden, um später in einem neuen Geschäftsjahr ausgeschüttet zu werden, seien keine Einnahmen gewesen, die nach dem Wortlaut des § 39 Abs. 1 KAGG a.F. „nicht zur Kostendeckung oder Ausschüttung" verwendet würden.[676] Schließlich handele es sich bei Gewinnvorträgen grundsätzlich um Ergebnisse früherer Geschäftsjahre, über deren Verwendung noch nicht entschieden sei.[677] Allein aus diesen Gründen seien Vorträge erst mit der

---

672 Vgl. BVI, Muster-Bausteine für „Besondere Vertragsbedingungen" für ein richtlinienkonformes Sondervermögen (Stand: 10. Dezember 2004), Baustein 8 Ziff. 2 Satz 2.

673 *Lindemann,* Besteuerung von Aktienfonds nach der Unternehmensteuerreform, 2004, S. 102.

674 *Baur,* Investmentgesetze, § 39, KAGG, Rn. 13; *Lindemann,* Besteuerung von Aktienfonds nach der Unternehmensteuerreform, 2004, S. 102.

675 *Baur,* Investmentgesetze, § 39, KAGG, Rn. 13.

676 *Baur,* Investmentgesetze, § 39, KAGG, Rn. 13; *Lindemann,* Besteuerung von Aktienfonds nach der Unternehmensteuerreform, 2004, S. 102.

677 *Lindemann,* Besteuerung von Aktienfonds nach der Unternehmensteuerreform, 2004, S. 102.

Ausschüttung des nächsten Geschäftsjahres zu versteuern gewesen.[678] Die Auffassung, dass die aus Rumpfgeschäftsjahren vorgetragenen Erträge erst mit Ausschüttung im Folgejahr zu versteuern sind ließe sich, wie erwähnt, unter Zugrundelegung der vorgenannten Ausführungen ebenfalls durch die neue Rechtslage begründen. Ebenso wie § 39 Abs. 1 KAGG a.F. fingiert § 2 Abs. 1 Satz 2 InvStG zwar den Zufluss der thesaurierten (ausschüttungsgleichen) Erträge, gleichwohl könnte in diesem Rahmen vertreten werden, dass diese Zuflussfiktion aber nicht auf Rumpfgeschäftsjahre anzuwenden ist, da sich die zur Ausschüttung in einem späteren Geschäftsjahr bestimmten vorgetragenen Erträge nicht unter die Definition der thesaurierten (ausschüttungsgleichen) Erträge i.S. des § 1 Abs. 3 Satz 3 InvStG subsumieren ließen. Dieses lässt die Ansicht zu, dass es sich bei den vorgetragenen Erträgen nicht um solche handelt, die „nicht zur Ausschüttung" verwendet werden. Die Gewinnvorträge seien auch hier Ergebnisse früherer Geschäftsjahre, über deren Verwendung gerade noch nicht entschieden sei. Allein aus diesen Gründen ist davon auszugehen, dass die Vertreter der dargestellten Ansicht auch nach der Gesetzeslage im Investmentsteuergesetz vertreten, dass Vorträge erst mit der Ausschüttung des nächsten Geschäftsjahres zu versteuern sind.

Andererseits[679] wurde ebenfalls zum KAGG a.F. vertreten, dass Vorträge in dem Geschäftsjahr zu versteuern seien, in dem die Erträge entstanden sind. Dabei handelte es sich ebenso um eine Wortlautauslegung des § 39 Abs. 1 Satz 2 KAGG a.F., die aber inhaltsgleich auch auf die neue Rechtslage durch das Investmentsteuergesetz anzuwenden ist und daher m.E. auch von den Vertretern dieser Ansicht innerhalb des InvStG n.F. vertreten werden wird. Auch im § 2 Abs. 1 Satz 2 i.V.m. § 1 Abs. 3 Satz 3 InvStG geht es um Erträge, die zumindest für das laufende Geschäftsjahr nicht zur „Ausschüttung (oder Kostendeckung)" verwendet werden sollen. Daraus würde aber folgen, dass auch ein Ausschüttungsfonds für das Rumpfgeschäftsjahr durch den Vortrag eher einem Thesaurierungsfonds entspreche und deshalb diesem gleichgestellt werden könne. Ein Zufluss müsse daher bereits in dem Geschäftsjahr stattfinden, in dem die Erträge erwirtschaftet wurden und der Entschluss des Vortrags gefallen ist.[680]

Die am Wortlaut des § 39 Abs. 1 KAGG a.F. ausgerichtete und auf § 2 Abs. 1 Satz 2 InvStG übertragbare Argumentation, Vorträge aus Rumpfgeschäftsjahren erst bei einer Ausschüttung im späteren Geschäftsjahr steuerrechtlich zu erfassen, kann nicht überzeugen. Dies gilt trotz neuer Definition der thesaurierten

---

678 *Lindemann,* Besteuerung von Aktienfonds nach der Unternehmensteuerreform, 2004, S. 102.

679 *Lübbehüsen* in: Brinkhaus/Scherer, KAGG, § 39, Rn. 37.

680 *Lübbehüsen* in: Brinkhaus/Scherer, KAGG, § 39, Rn. 37.

oder auch ausschüttungsgleichen Erträge in § 1 Abs. 3 Satz 3 InvStG weiterhin, da in der Sache dadurch keine andere Beurteilung zugelassen wird. Auch nach der neuen Formulierung sind ausschüttungsgleiche Erträge solche, die „nicht zur Ausschüttung“ verwendet werden. Ferner kann, wie gezeigt, gleichfalls mit dem Wortlaut dargelegt werden, dass Vorträge für den Moment des Beschlusses nicht zur Ausschüttung bestimmt sind und daher unter die Begrifflichkeit der thesaurierten Erträge zu fassen wären. Tatsächlich stehen darüber hinaus die vorgetragenen Einnahmen sogar trotz späterer Ausschüttung den thesaurierten Erträgen näher. Schließlich wird das Sondervermögen durch Vorträge zumindest für das laufende Geschäftsjahr finanziell gestärkt und mit mehr Kapital zur Re-Investition ausgestattet, wie es bei Thesaurierungen üblich ist. Vielmehr stellt der neue Wortlaut in § 1 Abs. 3 Satz 3 InvStG klar, dass nunmehr Thesaurierungen „ausschüttungsgleiche Erträge“ sind. Ein Grund, ausschüttende gegenüber thesaurierenden Fonds in Rumpfgeschäftsjahren zu bevorzugen, ist nicht ersichtlich und könnte darüber hinaus zu Problemen mit dem Gleichheitsgebot führen.[681]

Weiterhin können thesaurierende Fonds ebenso wie ausschüttende Fonds Rumpfgeschäftsjahre bei Neugründungen beschließen. Bei den thesaurierenden Fonds gelten die Erträge jedoch zweifelsfrei durch die Fiktion des § 2 Abs. 1 Satz 2 InvStG mit Ablauf des Geschäftsjahres der Vereinnahmung dem Fonds als zugeflossen. Nur wegen einer möglichen vertraglichen Gestaltung ausschüttender Fonds, bei Rumpfgeschäftsjahren den Zeitpunkt der Ausschüttung zu verschieben, kann nicht auf den Zeitpunkt der Entstehung der Steuerpflicht geschlossen werden. Ansonsten wäre es in diesem Fall möglich, nur durch den Vortrag von Erträgen aus einem Rumpfgeschäftsjahr einen Steuerstundungseffekt zu erreichen. Fondsgesellschaften wären ansonsten ebenfalls gegenüber ihren Anlegern ggf. aus einer nebenvertraglichen Pflicht dazu angehalten aus der Wahrnehmung von Vermögensinteressen heraus die günstigsten Gestaltungsmöglichkeit vorzunehmen und dementsprechend von der Möglichkeit Erträge aus Rumpfgeschäftsjahren vorzutragen, Gebrauch zu machen.

Letztlich gilt für Rumpfgeschäftsjahre und den daraus resultierenden Vorträgen, dass diese wie alle anderen Vorträge nicht nochmals im Rahmen der Ausschüttung versteuert werden, wenn sie bereits als thesaurierte Einnahmen erfasst wurden.

(c) Ergebnisvorträge als Bruchteilsbeträge eines Cents („Spitzenbeträge“)

Die Erörterungen zu den Vorträgen in Rumpfgeschäftsjahren lassen sich nicht auf die so genannten „Spitzenbeträge“ übertragen, die als kaufmännisch gerun-

---

681 Zum Gleichheitsgebot aus Art. 3 Abs. 1 GG vgl. bereits oben Kapitel 2, A, III, 5.

dete Bruchteilsbeträge eines Cents im Rahmen der Ausschüttung oder Zurechnung einen Ergebnisvortrag für das nächste Geschäftsjahr darstellen.[682] Im Laufe eines Geschäftsjahres entstandene Spitzenbeträge sind immer erst im darauf folgenden Jahr zu versteuern, da diese Bruchteile in laufenden Jahren weder thesaurierten noch ausgeschütteten Erträgen zugerechnet werden können.[683] Ein Zufluss der Bruchteilsbeträge kann daher beim Anleger für das Jahr der Entstehung dieser besonderen Bruchteilserträge nicht hergestellt werden.

(d) Ertragsausgleichsbeträge

Mit der Wiedereinführung des Zwischengewinns[684] stellt sich erneut die Frage nach der Besteuerung von Ertragsausgleichsbeträgen. Solche Beträge entstehen im Ertragsausgleichsverfahren[685] durch die Bemühung, allen am Fonds beteiligten Anteilscheininhabern unabhängig vom Zeitpunkt des Erwerbs ihrer Anteile bei Ausschüttung oder Thesaurierung einen gleich hohen Betrag zukommen zu lassen.[686] Veränderungen des Personenbestands einer Publikumsgesellschaft, insbesondere durch Anteilskäufe und Anteilsrückgaben innerhalb eines Geschäftsjahres sollen den Anteil der Erträge am Inventarwert des Sondervermögens nicht beeinflussen.[687] Anteilsscheininhaber zahlen daher beim Erwerb von Anteilen innerhalb eines Geschäftsjahres einen bestimmten Ausgleichsbetrag für bis zu diesem Zeitpunkt angefallene Zwischengewinne. Der gezahlte Betrag ist im Ausgabepreis enthalten und wird auf ein spezielles Ertragsausgleichskonto oder aber auf ein separates Erträgniskonto verbucht.[688] Anteilscheininhaber, die erst kurz vor dem Ausschüttungstermin Anteile erworben haben, erhalten wirtschaftlich die eingezahlten Ertragsausgleichsbeträge durch die Ausschüttung zurück. Im Ergebnis entspricht die Höhe des Ausschüttungsbetrags exakt der, die alle anderen Anleger ebenso erhalten. Dem Grunde nach handelt es sich bei

---

682 *Lindemann,* Besteuerung von Aktienfonds nach der Unternehmensteuerreform, 2004, S. 102.

683 *Lübbehüsen* in: Brinkhaus/Scherer, KAGG, § 39, Rn. 37.

684 Vgl. unten Kapitel 3, D, III, 1, c.

685 Zur Durchführung des Ertragsausgleichsverfahrens besteht allerdings keine gesetzliche Pflicht. Die Durchführung eines solchen Verfahrens kann sich allerdings aus den Vertragsbedingungen oder vergleichbaren Regelungen ergeben. Vgl. dazu auch das BMF-Schreiben zum Investmentsteuergesetz vom 02.06.2005, - IV C 1 – S 1980 – 1 87/05, Rn. 197, BStBl. I 2005, 728 (756).

686 *Ebner,* StuB 2005, 870 (870); *Thorn/Otto/Geese*, Handbuch für die Besteuerung von Fondsvermögen, 2002, S. 19; *Heller,* DStZ 2003, 261 (261).

687 OFD Kiel, FR 1999, 1015 (1018); *Lindemann,* Besteuerung von Aktienfonds nach der Unternehmensteuerreform, 2004, S. 123; *Scholtz,* DStZ A 1972, 334 (334); *Heller,* DStZ 2003, 261 (261).

688 *Fischer,* WM 2001, 1236 (1241); *Lindemann,* Besteuerung von Aktienfonds nach der Unternehmensteuerreform, 2004, S. 123; *Henkel,* Steuerliche Behandlung, 1961, S. 151; *Scholtz,* DStZ A 1972, 334 (336).

den ausgeschütteten Ausgleichsbeträgen für die „Neu-“ Anteilscheininhaber um bereits zuvor eingezahlte Fondssubstanz, die grundsätzlich nicht steuerbar sein dürften, da ansonsten eine Mehrfachbelastung eintreten würde.[689]

Dessen ungeachtet werden die Ausgleichsbeträge steuerrechtlich qualifiziert wie die ursprünglichen Erträge, auf Grund derer die Ausschüttung erfolgt.[690] Dies ergibt sich aus einem Umkehrschluss zu § 9 InvStG.[691] Durch diese Regelung wird die Gleichstellung des in den Ausschüttungen oder Thesaurierungen sowohl enthaltenen steuerfreien Betrags als auch der anrechenbaren oder abziehbaren ausländischen Quellensteuer mit den darauf entfallenden Teilen des Ausgabepreises bei der Anteilsausgabe erreicht. Dabei werden bestimmte Beträge durch § 2 InvStG und § 4 InvStG steuerfrei gestellt, was im Umkehrschluss aber dazu führt, dass Ausgleichsbeträge nach § 9 InvStG grundsätzlich steuerbar sein müssen, da ansonsten die Vorschrift gänzlich keinen Sinn ergibt.

Insgesamt bestehen zahlreiche Bedenken gegen die derzeitige Ausgestaltung des § 9 InvStG. Bereits in steuersystematischer Hinsicht ist der Standort der Vorschrift nicht nachzuvollziehen, da die mit § 2 InvStG und § 4 InvStG in Zusammenhang stehende Norm ebenfalls in diesem Kontext hätte einfließen müssen und besser mit unter den § 2 InvStG schon allein aus Klarstellungsgründen gefasst worden wäre.[692] Schließlich setzt der Gesetzgeber selbst die Ertragsaus-

---

689 Im Ergebnis so bereits *Henkel*, Steuerliche Behandlung, 1961, S. 152f.

690 BFH vom 04.03.1980 BStBl. II 1980, 453 (454); *Fischer,* WM 2001, 1236 (1241); *Heller,* DStZ 2003, 261 (263); *Lindemann,* Besteuerung von Aktienfonds nach der Unternehmensteuerreform, 2004, S. 125; Finanzministerium Nordrhein-Westfalen, Besteuerung der Erträge aus Investmentanteilen, Koordinierter Ländererlass vom 10.01.1975, FR 1975, 146 (146); *Thorn/Otto/Geese*, Handbuch für die Besteuerung von Fondsvermögen, 2002, S. 20; a.A. *Baur,* Investmentgesetze, § 39, KAGG, Rn. 9, der vor allem die BFH-Rechtsprechung als zu eng kritisiert, die den Grundsatz der Transparenz nicht beachte und den Willen des Gesetzgebers nicht reflektiere. Die Rechtsprechung des BFH ist jedoch im Hinblick auf das Transparenzprinzip überzeugend. Wie bereits in Kapitel 2, A, III, 6, c dargestellt, begründet der BFH seine Rechtsprechung dadurch, dass das Transparenzprinzip in seinem Umfang durch die bestehenden Regelungen beschränkt sei, weshalb eine Auslegung nach dem Transparenzprinzip über den jeweiligen Wortlaut der betreffenden Vorschrift hinaus nicht in Betracht komme.

691 So auch schon *Lindemann,* Besteuerung von Aktienfonds nach der Unternehmensteuerreform, 2004, S. 125, der das Ergebnis anhand von § 40 Abs. 5 KAGG a.F. begründet. Diese Vorschrift ist aber nahezu identisch in § 9 InvStG überführt worden, so dass die Herleitung nach wie vor überzeugt; vgl. im Ergebnis auch *Heller,* DStZ 2003, 261 (263).

692 Zumindest in steuersystematischer Hinsicht war die Regelung des § 40 Abs. 5 KAGG a.F. insoweit konsequenter. Die Ertragsausgleichsbeträge sind in unmittelbarem Zu-

gleichsbeträge den ausgeschütteten und ausschüttungsgleichen Erträgen gleich. Darüber hinaus erfolgt die Gleichstellung, obwohl es sich bei den Ertragsausgleichsbeträgen nicht um Erträge i.S. der §§ 2 und 4 InvStG handelt, sondern vielmehr um bereits zuvor eingezahlte Fondssubstanz. Dieses führt sodann allerdings zu einem weiteren schwerwiegenderen Problem als die bloße Verkennung der Systematik durch den Gesetzgeber. In der im Ergebnis durch § 9 InvStG angeordneten Steuerbarkeit von Ausgleichsbeträgen und somit der Fondssubstanz liegt für neu hinzutretende Anteilscheininhaber eine Verletzung des Leistungsfähigkeitsprinzips vor, da die Ertragsausgleichsbeträge keine Wertgewinne des Investmentfonds darstellen, über die der Anteilscheininhaber verfügen kann.[693] Durch diese Form der Besteuerung versteuern Investmentsparer Gewinne, die diese tatsächlich aber nie erzielt haben („Scheingewinne").

Dadurch erfolgt schließlich eine unter Verstoß gegen das Leistungsfähigkeitsprinzips nicht am disponiblen Einkommen orientierte Besteuerung, da eine objektive Bereicherung und Vermögensmehrung des Anlegers[694] nicht durch die Ertragsausgleichsbeträge eingetreten ist.[695] Nach der ständigen Rechtsprechung des BFH sind Einnahmen (§ 8 Abs. 1 EStG) im Sinne des § 11 Abs. 1 EStG dem Steuerpflichtigen aber erst dann zugeflossen, sobald dieser über diese wirtschaftlich verfügen kann.[696] Gerade die wirtschaftliche Verfügbarkeit von Ausgleichsbeträgen ist durch die Rückzahlung der Fondssubstanz allerdings bei den Investmentanlegern nicht gegeben. Im Übrigen besteht durch die Regelung über die Ertragsausgleichsbeträge in § 9 InvStG ein Widerspruch zu § 20 EStG,[697] wonach zu den Einkünften aus Kapitalvermögen alle Vermögensmehrungen zu zählen sind, die bei wirtschaftlicher Betrachtung Entgelt für die Kapitalnutzung darstellen.[698] Klassischerweise trifft dies auf die auf Investmentanteile ausgeschütteten oder ausschüttungsgleicher Erträge zu,[699] nicht aber auf die Ertrags-

---

sammenhang zur Steuerbefreiung für Ausschüttungen sowie der Anrechnung von ausländischen Steuern geregelt worden (§ 40 Abs. 1 – 4 KAGG a.F.).

693 Vgl. zum Leistungsfähigkeitsprinzip in Zusammenhang mit „Scheingewinnen" bereits oben Kapitel 2, A, III, 7, a.

694 BFH/NV 1988, 224 (225) m.w.N.

695 Vgl. zu einer möglichen Teilwertabschreibung bei bilanzierenden Steuerpflichtigen unten Kapitel 3, F, IV, 1.

696 BFH vom 14.02.1984, BStBl. II 1984, 480 (482); BFH vom 10.07.2001, BStBl. II 2001, 646 (648).

697 In § 2 Abs. 1 Satz 1 InvStG ist ausdrücklich für Anteile im Privatvermögen bestimmt, dass die auf Investmentanteile ausgeschütteten sowie auschüttungsgleiche Erträge zu den Einkünften aus Kapitalvermögen i.S. des § 20 Abs. 1 Nr. 1 EStG gehören.

698 BFH vom 25.06.1974, BStBl. II 1974, 735 (736).

699 Bei thesaurierte Erträgen ist dabei aber zu beachten, dass diese dem Anleger zugeflossen sein müssen, damit eine Vermögensmehrung eingetreten ist. Vgl. hierzu ebenfalls oben Kapitel 2, A, III, 7, a.

ausgleichsbeträge der Neu-Anleger, da die Rückzahlung von Fondssubstanz kein Entgelt für eine Kapitalnutzung darstellt und gerade nicht auf einer so genannte „Fruchtziehung“ beruht.

Das Problem der steuerrechtlichen Mehrfachbelastung zuvor eingezahlter Ausgleichsbeträge besteht damit für die Zwischengewinne im Ertragsausgleich fort. Neu-Anteilscheininhaber haben ihre zuvor in den Ertragsausgleich eingebrachten Mittel im Moment der Ausschüttung erneut zu versteuern. Problematisch ist dies wiederum vor dem allgemeinen Gleichheitsgebot[700] in der Besteuerung, da hier Neu- und Altanleger unterschiedlich in der Besteuerung des gleichen Ausschüttungsbetrages behandelt werden. Dennoch liegt im Ergebnis in dieser Hinsicht keine Verletzung des Gleichheitsgebots aus Art. 3 Abs. 1 GG vor, da ein zur Rechtfertigung des Eingriffs in das Gleichheitsgebot notwendiger sachlicher Grund vorliegt. Der Rechtfertigungsgrund ist das Bemühen, unabhängig vom Zeitpunkt des Anteilserwerbs gleiche Ausschüttungsbeträge für alle Anleger herzustellen. Systembedingt kann dieses Ziel zur Zeit nur über den Ertragsausgleich erreicht werden, was aber notwendigerweise zu einer (vorerst) höheren Belastung der Neu-Anleger führt. Zudem wird das Problem der Mehrfachbelastung der gezahlten Ertragsausgleichsbeträge als steuerpflichtige Ertragsbestandteile abgemildert. Seit Anfang 1994 sind die gezahlten Zwischengewinne als negative Einnahmen absetzbar.[701]

Spiegelbildlich sind bei einer Rückgabe oder Veräußerung der Investmentanteile beim Ertragsausgleich die Zwischengewinne im Rückgabe- bzw. Veräußerungspreis enthalten und werden vom Sondervermögen vergütet. Technisch handelt es sich dabei um einen so genannten „negativen Ertragsausgleich“.[702] Die Rückvergütungen aus dem Sondervermögen werden den zuvor gebuchten Konten entnommen und erstattet. Dabei sind negative Ertragsausgleichskonten möglich, wenn mehr Anleger den Fonds verlassen als hinzukommen. Buchhalterisch ist dieses Konto am Geschäftsjahresende mit Erträgen des Sondervermögens auszugleichen. Dem Ertragsanteil der verbleibenden Anleger schadet dies nicht, da der Ertrag nun an weniger Personen auszuschütten ist. Die Ausschüttungshöhe bleibt im Ergebnis gleich.[703]

---

700 Vgl. zum Leistungsfähigkeitsprinzip oben Kapitel 2, A, III, 5.

701 *Fischer,* WM 2001, 1236 (1242); *Lindemann,* Besteuerung von Aktienfonds nach der Unternehmensteuerreform, 2004, S. 126, 128.

702 *Thorn/Otto/Geese*, Handbuch für die Besteuerung von Fondsvermögen, 2002, S. 19f.

703 *Lindemann,* Besteuerung von Aktienfonds nach der Unternehmensteuerreform, 2004, S. 124.

b. Besteuerung thesaurierter Erträge

Bei der Anwendung der Vorschrift des § 2 Abs. 1 InvStG ergibt sich ein Problem in der Wortlautauslegung.[704] Denn aus der Formulierung, die „Erträge gehören zu den Einkünften aus Kapitalvermögen im Sinne des § 20 Abs. 1 Nr. 1 des Einkommensteuergesetzes, wenn sie nicht Betriebseinnahmen des Anlegers oder Leistungen im Sinne des § 22 Nr. 5 des Einkommensteuergesetzes sind", könnte geschlossen werden, dass eine Steuerpflicht für thesaurierte Erträge für Anteile im Betriebsvermögen nicht geschaffen wurde, da durch die Formulierung lediglich eine Zuordnung zu den Einkünften aus Kapitalvermögen gemeint sein könnte und somit thesaurierte Einnahmen im Betriebsvermögen nach dem Willen des Gesetzgebers zunächst steuerfrei bleiben sollen. Zutreffend stellt *Baur*[705] *dar*, dass dieses Ergebnis nicht der gesetzgeberischen Intention entspricht. In diesem Fall wäre der Satz „wenn sie nicht Betriebseinnahmen des Anlegers (...) sind", mit dem z.B. die Steuerfreiheit thesaurierter Erträge im Betriebsvermögen begründet wird, nicht nachzuvollziehen, da bei vorgenannter Auslegung Betriebseinnahmen schon deshalb nicht vorliegen würden, da es für thesaurierte Erträge an einem Zufluss mangeln würde. Die Zuflussfiktion für thesaurierte Erträge nach § 2 Abs. 1 Satz 2 InvStG wäre konsequenterweise nicht anwendbar. Im Ergebnis kann die Vorschrift nur so aufgefasst werden, dass sie thesaurierte Erträge, die dem Betriebsvermögen zugerechnet werden, ebenso umfasst. Zudem existiert kein Grund des Gesetzgebers, den betrieblichen Anleger gegenüber dem Privatanleger zu privilegieren. Dieses Problem des Wortlauts, das *Baur* schon zu Zeiten des Kapitalanlagegesellschaftsgesetzes erkannt hat, hätte im Zuge des Investmentmodernisierungsgesetzes beseitigt werden können. Hierzu hätte es lediglich einer dahingehenden Klarstellung bedurft, dass sich die Qualifizierung der Investmenterträge zu den Einkünften aus Kapitalvermögen nur auf im Privatvermögen gehaltene Anteile bezieht. Ansonsten aber werden hinsichtlich der Steuerpflicht keine Unterschiede zwischen den unterschiedlichen Anlegern gemacht. An dieser Stelle hat der Gesetzgeber eine Vereinfachungsmöglichkeit ungenutzt verstreichen lassen.

Von § 2 Abs. 1 InvStG werden sowohl Ausschüttungen als auch thesaurierte Erträge erfasst, so dass sich keine grundsätzlichen Unterschiede in der Besteuerung ergeben.[706] Zusammenfassend ist auch bei Thesaurierungen das Halbein-

---

704 So auch schon *Baur*, Investmentgesetze, § 39, KAGG, Rn. 8, der auf den Wortlaut des § 39 Abs. 1 KAGG a.F. abstellt. Der Wortlaut wurde aber ähnlich in das Investmentsteuergesetz überführt, so dass die Argumente die gleichen bleiben.

705 *Baur*, Investmentgesetze, § 39, KAGG, Rn. 8.

706 Vgl. dazu bereits oben Kapitel 3, D, III, 1.

künfteverfahren[707] gem. § 3 Nr. 40 EStG oder das Steuerfreistellungsprivileg nach § 8b KStG auf die Erträge des Investmentfonds anzuwenden, wenn „Dividendeneinkünfte" in der Thesaurierung enthalten sind. Lediglich der Zuflusszeitpunkt divergiert. Für Thesaurierungen wird der Ausschüttungszeitpunkt nach § 2 Abs. 1 Satz 2 InvStG fingiert. Die Erträge gelten mit dem Ablauf des Geschäftsjahres als zugeflossen, in dem sie vereinnahmt worden sind.

Weiterhin ist die Erfassung thesaurierter Erträge Ausfluss des Transparenzprinzips, da auch ein Direktanleger ohne Zwischenschaltung eines Investmentfonds die ihm zugeflossenen Erträge zu versteuern hat.[708] *Scheurle* sieht in der Besteuerung von thesaurierten Erträgen eine Kollision mit dem Leistungsfähigkeitsprinzips.[709] Schließlich seien dem Investmentanleger zu versteuernde thesaurierte Erträge nicht zugeflossen und hätten die wirtschaftliche Leistungsfähigkeit des einzelnen Anlegers zu diesem Zeitpunkt noch nicht erhöht. Dies geschehe erst bei Ausschüttung des Fonds oder bei Rückgabe bzw. Veräußerung des Investmentanteils. Richtig ist, dass sich beim Anteilscheininhaber bei bloßer Thesaurierung noch kein Geldbetrag realisiert hat. Gleichwohl reicht es für die Annahme eines Zuflusses (§ 11 Abs. 1 EStG) von Einnahmen gem. § 8 Abs. 1 EStG nach der ständigen Rechtsprechung des BFH aus, wenn der Steuerpflichtige wirtschaftlich über die Einnahmen verfügen kann.[710] Dieses ist aber bei thesaurierten Erträgen anzunehmen,[711] da für den Anteilscheininhaber nach der Thesaurierung die Möglichkeit besteht, Anteilscheine zurückzugeben oder zu verkaufen, wodurch gleichzeitig auch auf die thesaurierten Erträge wirtschaftlich Zugriff genommen und die wirtschaftliche Verfügungsmöglichkeit angenommen wird.[712] Schließlich hat sich ebenso der wirtschaftliche Wert des

---

707 Für Einnahmen aus Investmentanteilen, die im Privatvermögen gehalten werden ist das Halbeinkünfteverfahren nach der Unternehmensteuerreform 2008 nicht mehr anzuwenden. Vgl. auch oben Kapitel 2, A, III, 4, b, (2).

708 *Lübbehüsen* in: Brinkhaus/Scherer, KAGG, § 39, Rn. 31; *Scheurle,* DStZ 1995, 646 (647).

709 *Scheurle,* DStZ 1995, 646 (647); vgl. auch *Lindemann,* FR 2003, 890 (894f.), der zum Entwurf der Bundesregierung für ein StVergAbG vom 20.11.2002, Stellung nimmt; vgl. ebenso hierzu bereits oben Kapitel 2, A, III, 7, a.

710 BFH vom 14.02.1984, BStBl. II 1984, 480 (482); BFH vom 10.07.2001, BStBl. II 2001, 646 (648).

711 Vgl. im Gegensatz dazu Thesaurierungen von bloßen Wertsteigerungen bereits oben Kapitel 2, A, III, 7, a.

712 Dem steht auch nicht § 38 Abs. 5 InvG entgegen, der lediglich bestimmt, dass kein Anleger die Aufhebung der in Ansehung des Sondervermögens bestehenden Gemeinschaft der Anleger verlangen kann. Es ist hingegen weiterhin immer ein Verkauf und bei offenen Investmentfonds grundsätzlich auch eine Rückgabe nach § 37 Abs. 1 InvG von Anteilscheinen möglich. Vorliegend ginge es auch nicht um die Aufhebung der in Ansehung des Sondervermögens bestehenden Gemeinschaft, sondern einzig um die

Anteilsscheins durch Thesaurierung im inneren Wert erhöht, da ein höherer Rückgabe- bzw. Veräußerungspreis erzielt werden kann, welches aber eine Besteuerung neben der faktischen Verfügungsmöglichkeit bereits zum Zeitpunkt der Zuflussfiktion rechtfertigt. Folglich ist vor diesem Hintergrund das Prinzip der Leistungsfähigkeit nicht betroffen.

Im Ergebnis bedarf es der laufenden Besteuerung thesaurierter Erträge, da ansonsten thesaurierte Erträge möglicherweise nicht steuerbar wären, wenn für Anteile im Privatvermögen der Besteuerungstatbestand des § 8 Abs. 5 InvStG i.V.m. § 23 EStG nicht eingreift.[713]

Mittlerweile wird auch für Thesaurierungsfonds das Ertragsausgleichsverfahren durchgeführt. Ausgleichsbeträge sind ebenso wie bei den Ausschüttungsfonds steuerbar.[714]

Wie bereits oben dargestellt,[715] sind Vorträge auf neue Rechnung und insbesondere Erträge aus einem Rumpfgeschäftsjahr, die vorgetragen werden, als thesaurierte Erträge zu behandeln und entsprechend der Zuflussfiktion mit Ablauf des Geschäftsjahres, in dem sie vereinnahmt worden sind, zu versteuern. Bruchteilsbeträge eines Cents hingegen fließen erst im nachfolgenden Jahr in die Besteuerung ein, da sie keinen thesaurierten Erträgen zugerechnet werden können.

c. Besteuerung des Zwischengewinns

Die Besteuerung des Zwischengewinns ist ein fiskalisches Instrument, um in der Investmentbesteuerung bestimmte Zinserträge zu erfassen, die vor Geschäftsjahresende bei einer Rückgabe von Investmentanteilen entstanden sind und die den Investmentanlegern noch nicht zugeflossen sind oder als zugeflossen gelten.[716] Die Systematik des § 2 Abs. 1 Satz 2 InvStG gibt nämlich vor, dass thesaurierte Erträge erst mit Ablauf des Geschäftsjahres als zugeflossen gelten, in dem sie vereinnahmt wurden.

Rückgabe- bzw. den Verkauf von Anteilscheinen. Vgl. auch bereits Kapitel 2, A, I, 2, a und d.

713 *Lübbehüsen* in: Brinkhaus/Scherer, KAGG, § 39, Rn. 31.

714 Insoweit ergibt sich ein Parallelproblem hinsichtlich des Wortlauts des § 2 Abs. 1 InvStG, worin die Steuerbarkeit auf ausgeschüttete und auf thesaurierten Erträgen i.S. des § 20 Abs. 1 Nr. 1 EStG beschränkt ist. Zum Umkehrschluss aus § 9 InvStG, der die grundsätzliche Steuerbarkeit von Ausgleichsbeträgen konstituiert und auch auf thesaurierte Erträge anwendbar ist, vgl. Kapitel 3, D, III, 1, a, (3), (d), m.w.N.; a.A. *Baur,* Investmentgesetze, § 39, KAGG, Rn. 46 und an der Steuerpflicht in Thesaurierungsfällen zweifelnd *Scholtz,* DStZ A 1972, 334 (338).

715 Vgl. Kapitel 3, D, III, 1, a, (3), (a) und (b).

716 Vgl. *Fock*, BB 2003, 1589 (1590).

(1) Entwicklung des Zwischengewinns in der Investmentbesteuerung

Der Gesetzgeber führte erstmals durch das Missbrauchsbekämpfungs- und Steuerbereinigungsgesetz vom 12.12.1993 einen Tatbestand zur Besteuerung des Zwischengewinns ein.[717] Hierdurch sollte vermieden werden, dass Anteilscheininhaber noch nicht zugeflossene oder als zugeflossen fingierte Zinserträge durch Rückgabe von Investmentanteilen steuerfrei vor Geschäftsjahresende realisieren können, obwohl die Zinserträge im Anteilspreis enthalten sind.[718] Die damit verbundene Begünstigung des Anteilscheininhabers gegenüber der Direktanlage sollte beseitigt werden.[719] Gleichzeitig erhöhte sich durch die Zwischengewinnregelung der Verwaltungsaufwand der Investmentgesellschaften erheblich. Sie hatten den Zwischengewinn börsentäglich zu ermitteln und mit dem Rücknahmepreis zu veröffentlichen.[720]

(2) Abschaffung des Zwischengewinns durch das Investmentmodernisierungsgesetz

Die Abschaffung des Zwischengewinns wurde - entgegen der Auffassung zur Einführung des Zwischengewinntatbestandes im Missbrauchsbekämpfungs- und Steuerbereinigungsgesetz (StMBG) vom 12.12.1993[721] - vor allem damit begründet, dass Missbrauchsgestaltungen aus der Abschaffung des Zwischengewinns unwahrscheinlich seien.[722] Der Rückgabe der Anteile kurz vor dem Geschäftsjahresende des Fonds und dem Rückerwerb unmittelbar im neuen Geschäftsjahr stünden Ausgabeaufschläge der Investmentfonds entgegen, die die möglichen Mitnahmegewinne des Zwischengewinns unwahrscheinlich machen. Darüber hinaus sei die mit der Abschaffung erzielte beträchtliche Vereinfachung insbesondere für die Investmentgesellschaften wichtiger als die damit verbunde-

---

717 *Sarrazin,* DStZ 1994, 289 (292); *Fock,* BB 2003, 1589 (1590); *Rosenbaum,* DStZ 1994, 97 (104f.).

718 *Otterbach,* Verwaltung und Besteuerung von Spezialfonds nach dem KAGG, 2004, S. 175 m.w.N.; *Fock,* BB 2003, 1589 (1590); vgl. auch *Scheurle,* DStZ 1995, 646 (647), der die Umsetzung der Zwischengewinnbesteuerung als unvollständig gerade im Hinblick auf das Transparenzprinzip kritisiert.

719 *Lübbehüsen* in: Brinkhaus/Scherer, KAGG, § 38b, Rn. 196; *Ebner,* DB 2004, 2495 (2495).

720 *Ebner,* DB 2004, 2495 (2495).

721 BGBl. I 1993, S. 2310; BStBl. I 1994, 50 (50ff.).

722 Begründung zum Investmentmodernisierungsgesetz zu Artikel 2 (Investmentsteuergesetz), Steuerpflichtige Erträge, S. 138f.; BT-Drucks. 15/1553; auch *Beckmann/Scholtz/Vollmer,* Investment-Handbuch, 2005, Ordnungsziffer 582; vgl. auch *Hilbertz,* NWB, vom 12.07.2004, F.3, 12935 (12937), der entgegen der „Hoffnung" des Gesetzgebers bereits auf Grund der Abschaffung des Zwischengewinns im Investmentmodernisierungsgesetz Modelle zur Ausnutzung bestehender Spekulationsverluste vorstellt. Ebenso zum „Zinsenstripping" vgl. *Ebner,* DB 2004, 2495 (2495); *Scheurle,* NWB, vom 22.08.1994, F.3, 9101 (9101).

ne Einbuße an Einzelfallgerechtigkeit.[723] Gleichzeitig wird in der Begründung zum Investmentsteuergesetz die Einführung einer umfassenden Abgeltungssteuer für Veräußerungsgewinne erwähnt, die letztlich unabhängig von Behaltensfristen von Investmentanteilen wohl auch Zwischengewinnbestandteile erfassen würde.[724] Eine solche Abgeltungssteuer würde Verluste, die aus der Abschaffung des Zwischengewinns in fiskalischer Hinsicht resultieren, kompensieren können. Ein derartiger Ausgleich erleichterte die gesetzgeberische Initiative möglicherweise in dieser Richtung.

(3) Wiedereinführung des Zwischengewinns

Durch das Richtlinien-Umsetzungsgesetz (EURLUmsG) vom 09.12.2004[725] wurde der durch das Investmentmodernisierungsgesetz zunächst abgeschaffte Zwischengewinn in § 1 Abs. 4 InvStG erneut aufgenommen.[726]

(a) Begründung der Wiedereinführung des Zwischengewinns durch den Gesetzgeber

Die Wiedereinführung wurde mit der Argumentation vorangetrieben, dass bei Aufhebung der Zwischengewinnbesteuerung von der kurzfristigen Einführung einer Abgeltungssteuer ausgegangen worden sei.[727] Eine derartige Abgeltungssteuer sei zur Zeit jedoch nicht realisierbar,[728] weshalb der Besteuerungstatbe-

---

723 So im Ergebnis die Begründung zum Investmentmodernisierungsgesetz zu Artikel 2 (Investmentsteuergesetz), Steuerpflichtige Erträge, S. 138f.; BT-Drucks. 15/1553; auch *Beckmann/Scholtz/Vollmer,* Investment-Handbuch, 2005, Ordnungsziffer 582; *Hilbertz,* NWB, vom 12.07.2004, F.3, 12935 (12935).

724 Begründung zum Investmentmodernisierungsgesetz zu Artikel 2 (Investmentsteuergesetz), Steuerpflichtige Erträge, S. 138; BT-Drucks. 15/1553; auch *Beckmann/Scholtz/Vollmer,* Investment-Handbuch, 2005, Ordnungsziffer 582; *Sradj/Mertes,* DB 2003, 1696 (1699).

725 BGBl. I 2004, S. 3310ff.

726 *Mensching/Strobl,* BB 2005, 635 (635); *Carlé,* ErbStB 2005, 108 (108); *Maier/Wengenroth,* ErbStB 2005, 79 (79); *Kempf/Lauterfeld,* BB 2005, 631 (631); *Melchior,* DStR 2004, 2121 (2127); *Häuselmann/Ludemann, FR 2005, 415 (416).*

727 BGBl. I 2004, S. 3310ff; BT-Drucks. 15/3677, S. 48.

728 Im Gesetzgebungsverfahren lehnte der Bundesrat eine Wiedereinführung des Zwischengewinns ab. Er befürchtete vor allem eine Mehrbelastung der Investmentanleger und erhöhten Verwaltungsaufwand für die Investmentgesellschaften durch Berechnung des Zwischengewinns, wodurch als Folge Mehrkosten zulasten des Sondervermögens entstehen, die den Investmentertrag schmälern. Außerdem werde das Vertrauen in die deutsche Fondsbranche und die Steuerpolitik geschädigt. Vgl. dazu die Stellungnahme des Bundesrates, 803. Sitzung vom 24.09.2004 zum Entwurf des EURLUmsG, BR-Drucks. 15/3789, S. 2f.

stand wieder eingeführt werden müsse.[729] Weiterhin entspreche dies dem Transparenzprinzip, da nach bisher geltendem Recht der Investmentanleger gegenüber der Direktanlage, in der ein dem Zwischengewinn vergleichbarer Stückzins[730] berechnet werde, besser gestellt sei.[731] Im Ergebnis ist durch die Besteuerung der aufgelaufenen Investmenterträge im Zwischengewinn, unabhängig vom Veräußerungszeitpunkt, Steuersparmodellen der Boden entzogen worden.[732]

(b) Inhaltliche Bestimmungen zum Zwischengewinn

Inhaltlich entspricht die Wiedereinführung des Zwischengewinns durch § 1 Abs. 4 InvStG der Regelung des § 39 Abs. 2 KAGG und des § 17 Abs. 2a AuslInvestmG. Danach gelten die Zwischengewinne für den Privatanleger bei einer unterjährigen Rückgabe der Investmentanteile als in den Einnahmen enthalten und werden damit als Einnahmen aus Kapitalvermögen erfasst.[733] Der Zwischengewinn gehört zu den laufenden Erträgen aus Investmentfondsanteilen.[734] Jedoch werden Gewinne aus Termingeschäften entgegen der bisherigen Regelungen nicht mehr in die Berechnung des Zwischengewinns einbezogen. Dies findet seinen Grund in der Steuerfreistellung dieser Gewinne für den Privatanleger[735] gem. § 2 Abs. 3 Nr. 1 Satz 1 InvStG.[736] Des Weiteren wird der

---

729 Im Zusammenhang mit der Einführung einer Abgeltungssteuer für Privatanleger durch das Unternehmensteuerreformgesetz 2008 ist es nicht nachvollziehbar, weshalb der Gesetzgeber vor dem Hintergrund der ursprünglichen Begründung zur Einführung des Zwischengewinns an diesem festhalten hat. Vgl. auch *Elser* in: Breithecker/Förster/Förster/Klapdor, UntStRefG, 2007, § 1 InvStG, Rn 11.

730 Direktanleger müssen bei bestimmten Veräußerungen Stückzinsen gem. § 20 Abs. 2 Nr. 3 EStG versteuern. Im Investmentsteuerrecht wird der Zwischengewinn teilweise sogar als „Stückzins bei Fondsanteilen" bezeichnet. Vgl. *Ebner,* DB 2004, 2495 (2495); *Philipowski,* DStR 1994, 1593 (1593).

731 BGBl. I 2004, S. 3310ff; BT-Drucks. 15/3677, S. 48.

732 Zur Kritik an der Begründung des Gesetzgebers hinsichtlich der Wiedereinführung des Zwischengewinns vgl. sogleich Kapitel 3, D, III, 1, c, (4).

733 *Fock,* BB 2003, 1589 (1590); *Hilbertz,* NWB, vom 12.07.2004, F.3, 12935 (12935); *Geißelmeier/Gemmel,* DStR 2005, 45 (46); im Ergebnis auch *Kempf/Lauterfeld,* BB 2005, 631 (631); BMF-Schreiben zum Investmentsteuergesetz vom 02.06.2005, - IV C 1 – S 1980 – 1 87/05, Rn. 21, BStBl. I 2005, 728 (733).

734 *Ebner,* DB 2004, 2495 (2496); *Kempf/Lauterfeld,* BB 2005, 631 (632).

735 Dabei entsteht das Problem der so genannten Spekulationsverluste. Diese entstehen dadurch, dass der Ankaufswert der Investmentanteile durch die hinzugerechneten Zwischengewinne höher ist als der um die Zwischengewinne verminderte Verkaufswert. Nach der Wiedereinführung des Zwischengewinns kann dieser Spekulationsverlust beim Verkauf der Anteile nicht mehr mit positiven Einkünften verrechnet werden. *Geißelmeier/Gemmel,* DStR 2005, 45 (45); vgl. auch zu dem Spekulationsverlustmodell *Hilbertz,* NWB, vom 12.07.2004, F.3, 12935 (12937); vgl. ebenso Kapitel 3, D, III, 1, a, (1); Kapitel 4, A, IV, 2, a, (1), (a).

Zufluss des Zwischengewinns sowohl bei der Veräußerung oder Rückgabe als auch bei Abtretung der Investmentfondsanteile fingiert.[737] Der Zwischengewinn wird sowohl für in- als auch für ausländische Investmentvermögen nach den gleichen Regeln ermittelt. Sofern sich bei der Ermittlung ein negativer Betrag ergibt, ist der Zwischengewinn für diesen Ermittlungsstichtag nicht mit dem Negativbetrag, sondern mit Null bekannt zu geben.[738] Nach der Neuregelung durch das Richtlinien-Umsetzungsgesetz (EURLUmsG) wird der Zwischengewinn gem. § 7 Abs. 1 Satz 1 Nr. 4 InvStG darüber hinaus mit der Kapitalertragsteuer belastet.[739]

(c) Ermittlung des Zwischengewinns

Die Bestimmung des Zwischengewinns erfolgt durch die Investmentgesellschaften. Diese haben nach der mit der Zwischengewinnbesteuerung neu eingeführten Vorschrift (EURLUmsG) des § 5 Abs. 3 InvStG bewertungstäglich den im Anteilspreis enthaltenen Zwischengewinn zu ermitteln und mit dem Rücknahmepreis zu veröffentlichen.[740] Sofern die Investmentgesellschaften dieser Verpflichtung nicht nachkommen, werden als fiktiver Zwischengewinn oder so genannter „Ersatzwert" gem. § 5 Abs. 3 Satz 2 InvStG pauschal 6% des Entgelts für die Rückgabe oder Veräußerung des Investmentanteils angesetzt,[741] wobei sich die Höhe des Ersatzwertes an der Mindestbesteuerung nach § 6 Satz 1 Halbsatz 2 InvStG orientiert.[742]

---

736 Durch die Neufassung des § 2 Abs. 3 InvStG im Zuge der Unternehmensteuerreform 2008 ist die Steuerfreiheit für in den ausgeschütteten Investmenterträgen enthaltene Gewinn aus Wertpapierveräußerungsgeschäften und Termingeschäften entfallen. Nach § 2 Abs. 3 InvStG n.F. sind nur noch ausgeschüttete Investmenterträge steuerfrei, soweit sie Gewinne aus Grundstücksveräußerungsgeschäften außerhalb einer 10-jährigen Frist enthalten und keine betrieblichen Einnahmen darstellen. Im Ergebnis bedeutet dies einen erheblichen Privilegierungswegfall für Investmentfonds. Vgl. hierzu auch *Elser* in: Breithecker/Förster/Förster/Klapdor, UntStRefG, 2007, § 2 InvStG, Rn 13. Jedoch ist gem. § 18 Abs. 1 Satz 2 InvStG die alte Fassung des § 2 Abs. 3 Nr. 1 InvStG auf ausgeschüttete Gewinne aus der Veräußerung von Wertpapieren, Termingeschäften und Bezugsrechten auf Anteile an Kapitalgesellschaften, bei denen das Investmentvermögen die Wertpapiere oder Bezugsrechte vor dem 01.01.2009 angeschafft hat oder das Investmentvermögen das Termingeschäft vor dem 01.01.2009 abgeschlossen hat in der alten Fassung weiter anzuwenden.

737 *Ebner,* DB 2004, 2495 (2496); vgl zur Rückgabe- bzw. Veräußerung von Investmentanteilen unten Kapitel 3, G.

738 BMF-Schreiben zum Investmentsteuergesetz vom 02.06.2005, - IV C 1 – S 1980 – 1 87/05, Rn. 21, BStBl. I 2005, 728 (733).

739 Vgl. hierzu Kapitel 3, E, I, 2.

740 So auch *Fock,* BB 2003, 1589 (1590).

741 *Geißelmeier/Gemmel,* DStR 2005, 45 (46); *Ebner,* DB 2004, 2495 (2497).

742 *Geißelmeier/Gemmel,* DStR 2005, 45 (46).

Die durch das Richtlinien-Umsetzungsgesetz (EURLUmsG) wieder eingeführte Kapitalertragsteuer auf den Zwischengewinn gem. § 7 Abs. 1 Satz 1 Nr. 4 InvStG ist sowohl auf den gem. § 5 Abs. 3 Satz 1 InvStG ermittelten und veröffentlichten Zwischengewinn[743] als auch auf die Pauschalbesteuerung des § 5 Abs. 3 Satz 2 InvStG zu erheben.[744] Die Vorschrift des § 7 Abs. 1 Satz 1 Nr. 4 InvStG differenziert beim Steuerabzug vom Kapitalertrag nicht danach, ob es sich um den bewertungstäglich ermittelten tatsächlichen Zwischengewinn i.S. des § 1 Abs. 4 InvStG oder den angesetzten Ersatzwert bei fehlender Ermittlung und Veröffentlichung des Zwischengewinns handelt. Der Ersatzwert nach § 5 Abs. 3 Satz 2 InvStG stellt gerade bei fehlender Ermittlung oder Veröffentlichung den anzusetzenden Zwischengewinn dar, der gesetzessystematisch vom Kapitalertragsteuerabzug i.S. des § 7 Abs. 1 Satz 1 Nr. 4 InvStG erfasst wird.

Ebner hingegen ist der Ansicht, dass die durch das Richtlinien-Umsetzungsgesetz (EURLUmsG) erneut eingeführte Kapitalertragsteuer auf den Zwischengewinn sich nicht auf die Pauschalbesteuerung nach § 5 Abs. 3 Satz 2 InvStG bei fehlender Ermittlung oder Veröffentlichung bezieht.[745] Der pauschalierte Ersatzwert könne schon praktisch erst im Veranlagungsverfahren der Steuer unterworfen werden, da die Zahlstelle, über die von den Anlegern geleistete oder für sie bestimmte Zahlungen geleitet werden (Depotbank), mangels bekanntzugegebender Werte der Fondsgesellschaften i.S. des § 5 InvStG nicht in der Lage seien, fingierte pauschale Ersatzwerte, die über die tatsächlich fließenden Werte hinaus gehen als Bemessungsgrundlage zu ermitteln.[746] Es fehle ihr die Kenntnis über die Höhe des „Entgelts“, um den Steuerabzug i.S. des § 7 InvStG zu ermitteln.[747] Des Weiteren ergebe sich die Lösung ebenso aus der Systematik des Gesetzes. Hätte der Gesetzgeber einen Kapitalertragsteuerabzug beabsichtigt, hätte er die Fondsgesellschaften verpflichtet, die notwendigen Angaben zur Ermittlung der Bemessungsgrundlagen anzugeben.

Die Ausführungen *Ebners* berücksichtigen jedoch nur unzureichend die aktuelle Gesetzeslage. Nach dem Wortlaut und der Systematik der Kapitalertragsteuer auf den Zwischengewinn lässt sich die dargestellte Ausnahme vom Steuerabzug hinsichtlich der Ersatzwerte nicht begründen, da § 7 Abs. 1 Satz 1 Nr. 4 InvStG diesbezüglich, wie bereits erwähnt, nicht zwischen tatsächlichem Zwischengewinn und dem Ersatzwert differenziert und nach der Systematik auch der pauschalierte Ersatzwert in § 5 Abs. 3 Satz 2 InvStG als Zwischengewinn aufzufassen ist. Darüber hinaus lässt sich dieses Ergebnis auch noch dadurch

743 So auch *Ebner*, DB 2004, 2495 (2497); *Ebner*, StuB 2005, 870 (871).

744 a.A. *Ebner*, DB 2004, 2495 (2497).

745 *Ebner*, StuB 2005, 870 (872); *Ebner*, DB 2004, 2495 (2497).

746 *Ebner*, DB 2004, 2495 (2497).

747 *Ebner*, DB 2004, 2495 (2497).

begründen, dass ein Steuerabzug vom Kapitalertrag gem. § 7 Abs. 1 Satz 1 Nr. 2 InvStG auch auf Ausschüttungen i.S. des § 6 InvStG erfolgen soll. § 6 InvStG stellt aber gerade die Besteuerung intransparenter Fonds dar, die ihren Bekanntmachungsverpflichtungen i.S. des § 5 Abs. 1 InvStG nicht nachkommen und deswegen ebenfalls wie beim nicht ermittelten oder veröffentlichten Zwischengewinn pauschalierte Ersatzwerte anzusetzen sind. Wenn also § 7 Abs. 1 Satz 1 Nr. 2 InvStG bei diesen Ersatzwerten nach § 6 InvStG ein Kapitalertragsteuerabzug vorschreibt, ist kein Grund ersichtlich anders bei den Ersatzwerten für nicht ermittelten und veröffentlichten Zwischengewinn zu verfahren.

Investmentfonds (Dachfonds) können sich anderer Investmentfonds (Zielfonds) bedienen, um nicht selbst, sondern über diese in Wertpapiere oder sonstige Werte zu investieren.[748] In diesem Fall werden die Dachfonds Anteilsinhaber anderer Sondervermögen.[749] Sollte der Dachfonds den eigenen Zwischengewinn nach der Vorschrift des § 5 Abs. 3 InvStG ermitteln, nicht aber einer der Zielfonds, wird gem. § 10 Satz 2 InvStG von diesem Versäumnis nicht der gesamte Zwischengewinn des Dachfonds mit der pauschalen Besteuerung belegt („infiziert“), sondern nur der Teil, der den Anteil der Beteiligung am nicht publizierenden Sondervermögen ausmacht.[750]

(4) Zwischenergebnis und Kritik

Die Besteuerung des Zwischengewinns wird seit dem Richtlinien-Umsetzungsgesetz (EURLUmsG) vom 09.12.2004[751] in § 1 Abs. 4 InvStG geregelt. Die Ermittlung des Zwischengewinns erfolgt durch die Investmentgesellschaften gemäß der Neuregelung des § 5 Abs. 3 InvStG. Der im Anteilspreis enthaltene Zwischengewinn ist bewertungstäglich zu ermitteln und mit dem Rücknahmepreis zu veröffentlichen. Die konsequent mit der Zwischengewinnregelung eingefügte Kapitalertragsteuer ist neben dem gem. § 5 Abs. 3 Satz 1 InvStG ermittelten und veröffentlichten Zwischengewinn ebenfalls auch auf die Pauschalbesteuerung des § 5 Abs. 3 Satz 2 InvStG zu erheben.

Die Begründung des Gesetzgebers zur Wiedereinführung der Zwischengewinnbesteuerung ist weder überzeugend noch konsequent.

---

748 *Ammelung/Lindauer*, NWB, vom 22.05.2006, F.3, 14025 (14025).

749 Vereinfacht gesagt, handelt es sich bei Dach-Investmentfonds um Kapitalanlagen, die in Anteile an anderen Investmentfonds investieren. Derartige Fondsstrukturen wurden erstmals durch das dritte Finanzmarktfördergesetz zugelassen. Vgl. auch *Ebner, BB 2005, 295 (295).*

750 *Ebner*, DB 2004, 2495 (2497).

751 BGBl. I 2004, S. 3310ff.

Es wird damit kein Vertrauen der Anleger in den Finanzstandort Deutschland gefördert, sondern eher zerstört, da keine Kontinuität im gesetzgeberischen Handeln erkennbar ist und damit Risikoabschätzungen der beteiligten Unternehmer und Anleger nicht möglich sind. Im Ergebnis sollte durch die Neuregelung dieses Besteuerungstatbestands ein Fehler beseitigt werden, der zusätzlich zu Steuermindereinnahmen führte.[752] Diese entstanden vor allem deswegen, weil sich die Anleger trotz der Ausgabeaufschläge nicht davon abhalten ließen, kurz vor der Ausschüttung ihre Investmentanteile zu verkaufen, um sie nach Geschäftsjahresende erneut zu erwerben. Diese Entwicklung wurde durch Investmentgesellschaften verstärkt, die gerade auf Grund des Wegfalls der Zwischengewinnbesteuerung ihre Fondsvermögen mit einem nur geringem Ausgabeaufschlag auflegen oder sogar diesen nicht erheben und so Gestaltungen zum Steuersparen die Tore öffneten.[753]

Bei der Abschaffung des Zwischengewinns ging der Gesetzgeber davon aus, dass solche Verhaltensweisen die Ausnahmen bleiben würden. Er gibt indirekt durch die Wiedereinführung des Zwischengewinns zu, dass seine Einschätzung nicht der Realität entsprach.[754] Dabei können Missbrauchsgestaltungen, die aus dem Wegfall der Zwischengewinnbesteuerung entstehen, nicht Anreiz für den Gesetzgeber gewesen sein, eine Neuregelung nach lediglich einem halben Jahr im Anschluss an das In-Kraft-Treten des Investmentsteuergesetzes zu planen und anschließend innerhalb eines Jahres nach dessen Wegfall den Zwischengewinnbesteuerungstatbestandes erneut einzuführen.

Zum einen waren die Möglichkeiten, die sich aus dem Wegfall des Zwischengewinns ergeben würden, bereits 1993 bekannt. Denn gerade auf Grund dieser Gestaltungsmöglichkeiten, Zinsbestandteile von der Besteuerung auszunehmen, ist eine Besteuerung des Zwischengewinns durch das Missbrauchsbekämpfungs- und Steuerbereinigungsgesetz vom 12.12.1993 erst geschaffen worden.

Zum anderen ist nach einer solch kurzen Zeit seit der Abschaffung des Zwischengewinns durch das Investmentmodernisierungsgesetz keine vollständige und umfassende Beurteilung des Gesetzgebers möglich, ob und in welcher Höhe Zinserträge durch Gestaltungen legal der Steuer entzogen werden. Verhaltensweisen der Anleger, die von Steuersparmöglichkeiten Gebrauch machen, können sich im nächsten Geschäftsjahr ändern; besonders, wenn diese keine spürbaren Mehreinnahmen durch die Steuersparmöglichkeit verzeichnen.

---

752 So auch *Geißelmeier/Gemmel,* DStR 2005, 45 (45).

753 Z.B. „No-Load Fonds“; vgl. *Ebner,* DB 2004, 2495 (2495).

754 So auch *Ebner,* DB 2004, 2495 (2495); die Wiedereinführung des Zwischengewinns war daher auch bis zuletzt umstritten, vgl. dazu die Stellungnahme des Bundesrates, BT-Drucks. 15/3789, S. 2.

Vielmehr scheint der Gesetzgeber Konsequenzen daraus zu ziehen, dass eine Abgeltungssteuer, die auch die Zinserträge im laufenden Geschäftsjahr der Fonds erfasst, alsbald nicht eingeführt werden kann.

Die Abschaffung des Zwischengewinns sowie der Termingeschäftsbesteuerung beim Privatanleger durch das Investmentmodernisierungsgesetz wurde nämlich unter anderem mit der kommenden Einführung einer umfassenden Abgeltungssteuer begründet. Die dadurch entstehende Finanzierungslücke schließt der Gesetzgeber auf Kosten einer von Seiten der Literatur und von Interessenverbänden gelobten Vereinfachung zugunsten der Investmentgesellschaften. Diese sind nunmehr, entsprechend der vor dem Investmentsteuergesetz geltenden Rechtslage verpflichtet, angefallene Zwischengewinne erneut verwaltungs- und damit auch kostenintensiv zu berechnen. Dabei ist der Wegfall dieser Last für die Investmentgesellschaften vom Gesetzgeber selbst als Innovation gewertet worden. Die Begründung, dass die durch die Abschaffung des Zwischengewinns „erzielte beträchtliche Vereinfachung (...) gewichtiger als die damit verbundene Einbuße an Einzelfallgerechtigkeit [sei]",[755] stellt sich als bloße Phrase und floskelhafte Formulierung dar. Der Gesetzgeber sollte bei derartigen Entscheidungen abwägen, ob es ihm tatsächlich nur um kurzfristige Einnahmen geht, oder aber ob verantwortungsbewusst mit einer moderaten Steuerpolitik nachhaltig das finanzpolitische Klima gefördert werden soll, um Einnahmen längerfristig über die nächsten Legislaturperioden und Generationen zu sichern.

Die Änderungen des Investmentsteuergesetzes durch das Richtlinien-Umsetzungsgesetz (EURLUmsG) verlangt den Investmentgesellschaften hohe Anpassungen an die neue Rechtslage ab[756] und trägt letztlich dadurch nicht zur Steigerung des Vertrauens in eine konstante Investmentbesteuerung bei.

d. Ermittlung des Ertrags auf Ebene der Investmentanleger

Um den Investmentertrag für die Bestimmung der Besteuerungsgrundlage auf Ebene des Anlegers ermitteln zu können bedurfte es zunächst der Kenntnis der Höhe des Fondsertrags auf Ebene des Investmentvermögens.[757] Hierbei bestimmt § 3 InvStG, wie die Erträge des Investmentvermögens zu ermitteln sind. In einem zweischichtigen Verfahren ist i.S. des § 3 Abs. 1 InvStG i.V.m. § 2 Abs. 2 Nr. 2 EStG, nachdem der Ertrag auf Fondsebene rechnerisch im Wege der Überschussrechnung bestimmt wurde anhand abzugsfähiger Kosten auf der

---

755 Begründung zum Investmentmodernisierungsgesetz zu Artikel 2 (Investmentsteuergesetz), Steuerpflichtige Erträge, S. 138f.; BT-Drucks. 15/1553; auch *Beckmann/Scholtz/Vollmer,* Investment-Handbuch, 2005, Ordnungsziffer 582.

756 *Ebner,* DB 2004, 2495 (2495).

757 Vgl. bereits oben Kapitel 3, C, III.

Ebene des Fonds zu bereinigen.[758] Anschließend werden auf Ebene der Anteilscheininhaber die steuerpflichtigen Einkünfte unter Berücksichtigung der auf dieser Ebene nochmals angefallenen Werbungskosten bzw. Betriebsausgaben ermittelt.[759]

(1) Werbungskosten

Der Werbungskostenabzug auf Anlegerebene wird erstmals auf der dritten Stufe der Werbungskostenabzugsregelung des § 3 Abs. 3 InvStG relevant. Die vorherigen Stufen beschäftigen sich ausschließlich mit dem Abzug von Werbungskosten auf Ebene des Investmentvermögens.

Nach § 3 Abs. 3 Satz 2 Nr. 3 und 4 InvStG wird auf einer dritten Stufe hinsichtlich der verbleibenden Werbungskosten bei der Ermittlung der Erträge für Anleger, für die § 8b Abs. 1 KStG anwendbar ist (Körperschaften), § 3c Abs. 1 EStG bezüglich der Ermittlung der steuerpflichtigen Einkünfte für anwendbar erklärt.[760] Die Zuordnung der Werbungskosten erfolgt gem. § 3 Abs. 3 Satz 2 Nr. 3 und 4 InvStG nach den durchschnittlichen Vermögenswerten des Vorjahres, das den durch § 3 Nr. 40 EStG bzw. § 8b Abs. 1 KStG privilegierten Einnahmen zugrunde liegt, im Verhältnis zum durchschnittlichen Gesamtvermögen des Vorjahres.[761]

Während mit In-Kraft-Treten des Investmentmodernisierungsgesetzes zunächst nach § 3 Abs. 3 Satz 2 Nr. 3 InvStG a.F. der § 3c Abs. 2 EStG für nach dem Halbeinkünfteverfahren privilegierten Anleger (§ 3 Nr. 40 EStG), und nach § 3 Abs. 3 Satz 2 Nr. 4 InvStG dem § 3c Abs. 1 EStG für die durch 8b KStG begünstigten Anleger Anwendung fand, was bedeutete, dass je nach Zugehörigkeit der Anleger zu einer bestimmten Anlegergruppe die Werbungskosten hälftig bzw. vollständig nicht abziehbar[762] und folglich den unterschiedlichen Anlegergruppen unterschiedliche Kosten zuzuweisen waren,[763] ist durch das Richtlinien-Umsetzungsgesetz (EURLUmsG) vom 09.12.2004[764] der § 3 Abs. 3

---

758 *Carlé,* KÖSDI 2004, 14300 (14301).

759 *Zeller,* DStR 2005, 899 (899).

760 BMF-Schreiben zum Investmentsteuergesetz vom 02.06.2005, - IV C 1 – S 1980 – 1 87/05, Rn. 63, BStBl. I 2005, 728 (737); *Kayser/Bujotzek,* FR 2006, 49 (59).

761 *Sradj/Mertes,* DStR 2004, 201 (202f.).

762 *Sradj/Mertes,* DStR 2004, 201 (202); *Sradj/Mertes,* DStR 2003, 1681 (1683); Vgl. hierzu ebenso das bereits oben im Zusammenhang mit den Werbungskosten dargestellte Beispiel, welches sich auf der Frage der Ermittlung steuerpflichtiger Einkünfte auf Anlegerebene unter Berücksichtigung der auf dieser Ebene noch angefallenen Werbungskosten bzw. Betriebsausgaben übertragen lässt in Kapitel 3, C, III, 4.

763 *Carlé,* DStZ 2004, 74 (75); *Sradj/Mertes,* DStR 2003, 1681 (1683).

764 BGBl. I 2004, S. 3310ff.

Satz 2 Nr. 3 InvStG neu gefasst worden. Hierbei wurde vor allem für Anteilscheininhaber, die natürliche Personen sind die Abzugsbeschränkung des § 3c Abs. 2 EStG für Fondskosten in Form der Werbungskosten, die nicht in einem unmittelbaren wirtschaftlichen Zusammenhang stehen (Allgemeinkosten),[765] gestrichen.[766] Dabei ist zu bedenken, dass die Allgemeinkosten häufig den größten Kostenfaktor eines Investmentfonds bilden, da zu ihnen die Depotbankvergütung, die Depotgebühr, Veröffentlichungs- und Prüfungskosten sowie die Verwaltungsvergütung zählen.[767]

Die Regelung des § 3 Abs. 3 Satz 2 Nr. 3 InvStG, die gem. § 18 Abs. 2 InvStG a.F. erstmals auf das Geschäftsjahr des Investmentvermögens anzuwenden ist, das nach dem 31.12.2004 folgt, stellt durch die Streichung der Abzugsbeschränkung für Anleger, für die § 3 Nr. 40 EStG[768] anzuwenden ist (natürliche Personen), eine dem Transparenzprinzip entsprechende Gleichstellung des Fondsanlegers mit dem Direktanleger her.[769] Die Direktanleger haben ebenfalls nur Einnahmen aus den Beteiligungen und der diesen Einnahmen zuzuordnenden Ausgaben im Rahmen der Veranlagung hälftig anzugeben. Sofern Allgemeinkosten für den Direktanleger existieren, wären diese jedenfalls ebenfalls unter Berücksichtigung der Abzugsbeschränkung in § 3c EStG nur zur Hälfte abzugsfähig.[770] Mit dieser Regelung hat der Gesetzgeber sowohl die Werbungskostenregelung des Investmentsteuergesetzes als auch die Asymmetrie des Halbeinkünfteverfahrens[771] bei natürlichen Personen als Anteilscheininhaber verbessert. Keine Verbesserung ist indes bei juristischen Personen (Körperschaften) als Anteilscheininhaber im Vergleich zur juristischen Person als Direktanleger eingetreten.[772] Bei juristischen Personen, die Anteilscheininhaber sind, werden

---

765 Diese Allgemeinkosten entstehen durch die Beauftragung der Depotbank und dem zugrunde liegenden Dienstvertrag gem. §§ 675, 611 BGB. Vgl. Kapitel 2, A, I, 1, b.

766 Nach obigem Beispiel in Kapitel 3, C, III, 4 wird durch die Streichung für natürliche Personen als Anteilscheininhaber damit ein mit Direktanlegern vergleichbares Ergebnis steuerpflichtiger Einkünfte erzielt, was letztlich dem Transparenzprinzip entspricht.

767 *Lübbehüsen* in: Brinkhaus/Scherer, KAGG, § 39, Rn. 50.

768 Für Einnahmen aus Investmentanteilen, die im Privatvermögen gehalten werden ist das Halbeinkünfteverfahren nach der Unternehmensteuerreform 2008 nicht mehr anzuwenden. Vgl. auch oben Kapitel 2, A, III, 4, b, (2).

769 Dieses hatten *Grabbe/Lübbehüsen,* DStR 2004, 981 (984) schon vor dem EURLUmsG gefordert; vgl. auch zum Transparenzprinzip oben Kapitel 2, A, III, 6.

770 *Grabbe/Lübbehüsen,* DStR 2004, 981 (982); Vgl. auch das Beispiel oben in Kapitel 3, C, III, 4.

771 Vgl. zum Halbeinkünfteverfahren in allgemeiner Darstellung oben Kapitel 2, A, III, 4, a.; zum Halbeinkünfteverfahren bei Privatanlegern in Investmentanteilen siehe unten Kapitel 3, G, I, 3, c.

772 Vgl. *Kayser/Bujotzek,* FR 2006, 49 (60); und auch Beispiel oben in Kapitel 3, C, III, 4.

gem. § 3 Abs. 3 Nr. 4 InvStG die verbleibenden Werbungskosten nach Anwendung von § 3 Abs. 3 Satz 2 Nr. 1 und 2 InvStG anteilig den nach § 8b Abs. 1 KStG auf der Ebene der Anleger bestehenden steuerfreien Dividendeneinnahmen zugeordnet. Die Werbungskosten werden in voller Höhe von den Dividendeneinnahmen abgezogen, damit die Dividendenerträge ermittelt werden können, die sodann gem. § 5 Abs. 1 Nr. 1c dd InvStG zu veröffentlichen sind.[773] Der Direktanleger kann aber die mittelbaren wie auch die unmittelbaren Werbungskosten in voller Höhe abziehen,[774] so dass die in Investmentanteile anlegende juristische Person benachteiligt ist.[775]

Wie bereits oben dargestellt,[776] erfolgt die Ermittlung der Einkünfte des Investmentsparers in einem zweischichtigem Verfahren. Nach der soeben dargestellten ersten Schicht, der Ermittlung der ausgeschütteten bzw. thesaurierten Erträge auf Ebene des Investmentvermögens unter Anwendung einer Überschuss Rechnung und unter Berücksichtigung der auf Ebene des Investmentvermögens angefallenen Kosten können ebenso auf der Ebene der Anteilscheininhaber Aufwendungen im Zusammenhang mit der Beteiligung am Sondervermögen anfallen, die zu berücksichtigen sind.[777]

Zunächst gilt für Anteile im Privatvermögen, dass diese gem. § 2 Abs. 1 Satz 1 InvStG als Einnahmen aus Kapitalvermögen qualifiziert werden. Der innerhalb der ersten Schicht auf Ebene des Investmentvermögens ermittelt Ertrag, der dort als Nettogröße zu verstehen war, wird durch die Qualifizierung als Einnahmen aus Kapitalvermögen auf Seiten der Anleger bei ihnen erneut zu einer Bruttogröße, von der wiederum die steuerpflichtigen Einkünfte unter Berücksichtigung der angefallenen Kosten zu ermitteln sind.[778] Des Weiteren gilt für Anteile im Betriebsvermögen, dass die zugeflossenen oder als zugeflossen geltenden Erträge entsprechend § 2 Abs. 1 Satz 1 InvStG Betriebseinnahmen sind und der Gewinn durch einen Betriebsvermögensvergleich dergestalt zu ermitteln ist, als das außerbilanziell die ausgeschütteten oder thesaurierten Erträge innerhalb des Betriebsvermögensvergleichs um die steuerfreien Erträge und nicht abziehbaren Betriebsausgaben zu korrigieren ist.[779] Weiterhin gibt § 3c Abs. 1 EStG vor, dass sowohl Betriebsausgaben als auch Werbungskosten nicht von Erträgen des Investmentvermögens abgezogen werden dürfen, soweit diese mit steuerfreien

---

773 *Zeller*, DStR 2005, 899 (901).
774 Vgl. Beispiel oben in Kapitel 3, C, III, 4.
775 *Bacmeister*, IStR 2004, 176 (178); *Kayser/Bujotzek*, FR 2006, 49 (60).
776 Vgl. Kapitel 3, C, III.
777 *Zeller*, DStR 2005, 899 (901).
778 *Grabbe/Lübbehüsen*, DStR 2004, 981 (982).
779 *Zeller*, DStR 2005, 899 (901).

Erträge in unmittelbarem Zusammenhang stehen.[780] Demnach gilt aber auch, dass die nicht in einem unmittelbar wirtschaftlichen Zusammenhang stehenden Kosten i.S. des § 3 Abs. 3 Satz 2 InvStG nicht unter das Abzugsverbot des § 3c Abs. 1 EStG fallen. Dabei ist aber bei Einnahmen, die dem Halbeinkünfteverfahren[781] unterliegen § 3c Abs. 2 EStG zu beachten, dass bei derartigen Erträgen zuordnenbare Kosten lediglich zur Hälfte abgezogen werden dürfen, wobei ein mittelbarer Zusammenhang nach der Vorschrift ausreicht. In der Folge müssen bloß mittelbare Werbungskosten auf Kapitalerträge, die unter die Anwendbarkeit des Halbeinkünfteverfahrens fallen und übrige Kapitalanlagen aufgeteilt werden. Die Finanzverwaltung verlangt dabei vom Steuerpflichtigen eine Aufteilung der gehaltenen Anteile an einem Investmentvermögen nach der Zusammensetzung des jeweiligen Sondervermögens.[782] Sofern dem Steuerpflichtigen die Zusammensetzung des Investmentvermögens nicht bekannt sein sollte, was den Regelfall darstellt,[783] erfolgt die Aufteilung der Werbungskosten nach dem Verhältnis der voll zu besteuernden Erträge zu den Erträgen, die dem Halbeinkünfteverfahren unterliegen.[784]

Bei juristischen Personen als Anteilscheininhaber ist auf die Erträge bzw. Veräußerungsgewinne der Investmentgesellschaft § 8b Abs. 3 und 5 KStG anzuwenden, wonach 5% pauschal als nichtabziehbare Betriebsausgaben gelten. Gleichzeitig ist die Abzugsbeschränkung des § 3c Abs. 1 EStG gem. § 8b Abs. 3 Satz 2 und § 8b Abs. 5 Satz 2 KStG nicht anzuwenden. Danach können die tatsächlich mit der Beteiligung am Sondervermögen entstandenen Aufwendungen vollständig in Ansatz gebracht werden.[785]

(2) Zwischenergebnis und Kritik

Sowohl der Werbungskostenabzug als auch der Verlustvortrag im Rahmen der Ertragsermittlung auf Fonds- und Anlegerebene sind zunächst im Investmentsteuergesetz neu geregelt und teilweise danach durch das Richtlinien- Umsetzungsgesetz wieder modifiziert worden.

---

780 *Zeller,* DStR 2005, 899 (901).

781 Für Einnahmen aus Investmentanteilen, die im Privatvermögen gehalten werden ist das Halbeinkünfteverfahren nach der Unternehmensteuerreform 2008 nicht mehr anzuwenden. Vgl. auch oben Kapitel 2, A, III, 4, b, (2).

782 *Zeller,* DStR 2005, 899 (902).

783 *Zeller,* DStR 2005, 899 (902).

784 BMF-Schreiben vom 12.06.2002 – IV C 1 – S 2252 – 184/02, FR 2002, 750 (750).

785 *Zeller,* DStR 2005, 899 (902).

Die vorzunehmende Ermittlung der steuerpflichtigen Einkünfte ist auf zwei Ebenen vorzunehmen,[786] die sich zusammenfassend in der folgenden Abbildung darstellen lassen:

Abbildung 6: Übersicht zur Ermittlung der Einkünfte aus dem Investmentvermögen beim Anteilscheininhaber

1. Ebene:	
Ermittlung der Einkünfte auf Ebene des Investment-vermögens	**Steuerbare Einnahmen** (§ 1 Abs. 3 Satz 2 und 3 InvStG) ./. **Werbungskosten** + **Nicht abzugsfähige Werbungskosten** (§ 3 Abs. 3 Satz 2 Nr. 2 InvStG) ./. **Nicht ausgeglichene negative Erträge aus den Vorjahren** (§ 3 Abs. 4 InvStG)
	= **Ausgeschüttete bzw. ausschüttungsgleiche (thesaurierte) Erträge**
2. Ebene:	
Ermittlung der Einkünfte auf Ebene des Investment-anlegers	**Ausgeschüttete bzw. ausschüttungsgleiche Erträge der 1. Ebene** ./. **Steuerfreie Erträge** (§ 2 Abs. 2 – 4 InvStG) ./. **Abziehbare Werbungskosten bzw. Betriebsausgaben** (§ 8b Abs. 3 und 5 KStG, § 3c Abs. 1 und 2 EStG)
	= **STEUERPFLICHTIGE EINKÜNFTE**

Quelle: Ähnlich Zeller, DStR 2005, 899 (902).

Die Ermittlung der Erträge des Investmentvermögens im Investmentsteuergesetz erfolgt anhand der steuerlichen Nebenrechnung, wie sie im Rahmen des § 3 Abs. 1 InvStG i.V.m. § 2 Abs. 2 Nr. 2 EStG ohne Abzugsbeschränkung des § 3c Abs. 1 EStG bei den unmittelbar zuordnenbaren Werbungskosten vorgegeben wird, führt beim Anleger, der eine natürliche Person ist z.B. bei Dividendeneinkünften

786 Obwohl die Fondsebene bereits oben Kapitel 3, C, III erörtert wurde, erfolgt der Übersichtlichkeit halber an dieser Stelle nochmals eine zusammenfassende Darstellung, die eine vollständige Übersicht zur Ermittlung der Einkünfte aus dem Investmentvermögen enthält. Schließlich sollen durch das Verfahren die steuerpflichtigen Einkünfte auf Anlegerebene ermittelt werden.

zu Ergebnissen, die am Transparenzprinzip orientiert sind.[787] Hingegen ist der Transparenzgedanke bei der Ermittlung der Erträge auf Fondsebene beim Anteilscheininhaber, der eine juristische Person ist, nicht hinreichend umgesetzt. Während der Direktanleger die tatsächlich angefallenen Betriebskosten in voller Höhe abziehen kann und lediglich gem. § 8b Abs. 1 i.V.m. § 8b Abs. 5 KStG 5% im Ergebnis zu versteuern sind, hat die in Investmentanteile anlegende juristische Person nicht die Möglichkeit die Werbungskosten als Betriebskosten in Abzug zu bringen. Gleichwohl dürfen ebenfalls auf den ausgeschütteten oder thesaurierten Ertrag i.S. des § 8b Abs. 1 KStG 5% bei der Ermittlung des Einkommens der Körperschaft nicht als Betriebsausgaben gem. § 8b Abs. 5 KStG abgezogen werden, was im Ergebnis sodann zu einer 95%igen Steuerpflicht derartiger Erträge führt.

Der Werbungskostenabzug für Kosten, die nicht unmittelbar in wirtschaftlichem Zusammenhang mit den Einnahmen des Fonds stehen, wird erstmalig in drei Stufen durch § 3 Abs. 3 InvStG geregelt.[788]

Insbesondere auf der dritten Stufe gem. § 3 Abs. 3 Satz 2 Nr. 3 und 4 InvStG hinsichtlich der verbleibenden Werbungskosten wird bei der Ermittlung der Erträge für Anleger, für die § 8b Abs. 1 KStG einschlägig ist (Körperschaften), § 3c Abs. 1 EStG bezüglich der Ermittlung der steuerpflichtigen Einkünfte für anwendbar erklärt.[789] Die Zuordnung der Werbungskosten erfolgt gem. § 3 Abs. 3 Satz 2 Nr. 3 und 4 InvStG nach den durchschnittlichen Vermögenswerten des Vorjahres, das den durch § 3 Nr. 40 EStG bzw. § 8b Abs. 1 KStG privilegierten Einnahmen zugrunde liegt, im Verhältnis zum durchschnittlichen Gesamtvermögen des Vorjahres.[790] Darin liegt jedoch genau wie bei den unmittelbar zuordnenbaren Nebenkosten ein Verstoß gegen das Transparenzprinzip, da bei einer juristische Person, die in Investmentanteile anlegt gem. § 3 Abs. 3 Nr. 4 InvStG die verbleibenden Werbungskosten nach Anwendung von § 3 Abs. 3 Satz 2 Nr. 1 und 2 InvStG anteilig den nach § 8b Abs. 1 KStG auf der Ebene der Anleger bestehenden steuerfreien Dividendeneinnahmen zugeordnet werden. Die Werbungskosten werden in voller Höhe von den Dividendeneinnahmen abgezogen, damit die Dividendenerträge ermittelt werden können. Demgegen-

787 *Zeller,* DStR 2005, 899 (900); zum Transparenzprinzip vgl. oben Kapitel 2, A, III, 6.

788 *Sradj/Mertes*, DStR 2004, 201 (202); Zur Aufteilung von Werbungskosten bei Einkünften aus Kapitalvermögen, die teilweise dem Halbeinkünfteverfahren unterliegen (§ 3c Abs. 2 EStG) vgl. auch BMF-Schreiben vom 12.06.2002 – IV C 1 – S 2252 – 184/02, FR 2002, 750 (750).

789 BMF-Schreiben zum Investmentsteuergesetz vom 02.06.2005, - IV C 1 – S 1980 – 1 87/05, Rn. 63, BStBl. I 2005, 728 (737).

790 *Sradj/Mertes*, DStR 2004, 201 (202f.).

über kann der Direktanleger die tatsächlich angefallenen unmittelbaren und vor allem auch mittelbaren Betriebskosten in Abzug bringen.[791]

Durch § 3 Abs. 3 Satz 2 Nr. 3 InvStG ist eine erste Benachteiligung des Fondsanlegers hinsichtlich der nur hälftigen Geltendmachung der nicht in einem unmittelbaren wirtschaftlichen Zusammenhang stehenden Einnahmen (Allgemeinkosten) rückgängig gemacht worden.

(3) Klärung der Probleme des Werbungskostenabzugs und des Verlustvortrags durch das Einführungsschreiben der Finanzverwaltung

Auf Grund der Änderungen durch das Richtlinien-Umsetzungsgesetz vom 09.12.2004 (EURLUmsG) ist die pauschale Nichtabzugsfähigkeit von 10% nach § 3 Abs. 3 Satz 2 Nr. 2 InvStG nunmehr ebenso für betriebliche Anleger anzuwenden. Dadurch konnte dem Problem des neuen Investmentsteuergesetzes begegnet werden, dass die zuvor vor allem wegen der zu berücksichtigenden Sonderregelungen für die Privatanleger bei der Berechnung des Ertrags auf Ebene des Sondervermögens nicht praktikabel waren und die Erträge für die unterschiedlichen Anlegergruppen unterschiedlich ermittelt werden mussten.[792] Obwohl durch die Änderungen im Rahmen des Richtlinien-Umsetzungsgesetzes vom 09.12.2004 (EURLUmsG) die Gleichstellung privater und betrieblicher Anleger zum Werbungskostenabzug wiederherstellen,[793] wird dadurch gleichzeitig neben dem Privatanleger nunmehr auch der betriebliche Anteilscheininhaber, abgesehen von möglichen Vereinfachungen, wie z.B. eine verwaltungsintensive Buchführung mit einem separaten Ausweis von nicht direkt zuordnenbaren Werbungskosten, die auf thesaurierte Wertpapierveräußerungsgewinne entfallen, im Ergebnis gegenüber einem Direktanleger schlechter gestellt.[794] Schließlich beseht im Vergleich zur vorherigen Gesetzeslage wegen der nicht vollständigen direkten Zuordnung der Werbungskosten die Möglichkeit, dass sich durch die pauschale Nichtabzugsfähigkeit von 10% der Werbungskosten die Nachsteuerrendite verschlechtern kann.[795] Um sowohl dem Transparenzprinzip als auch dem Gleichstellungsgedanken gerecht zu werden, hätte auf eine pauschale Nichtabzugsfähigkeit von Werbungskosten verzichtet werden können.[796]

Gleichzeitig enthält das Einführungsschreiben des Bundesfinanzministeriums zum Investmentsteuergesetz in Bezug auf den Werbungskostenabzug praxisge-

---

791 Vgl. oben Kapitel 3, C, III, 4, a.

792 Vgl. Begründung zu § 3 Abs. 3 Satz 2 Nr. 2 Satz 2 InvStG-E, BGBl. I 2004, S. 3310ff; BT-Drucks. 15/3677, S. 48.

793 *Geißelmeier/Gemmel,* DStR 2005, 45 (47).

794 *Geißelmeier/Gemmel,* DStR 2005, 45 (47).

795 *Geißelmeier/Gemmel,* DStR 2005, 45 (47).

796 *Geißelmeier/Gemmel,* DStR 2005, 45 (47).

rechte Lösungen und Vereinfachungen. So sollen unterschiedliche Verlustvorträge, die auf Grund der unterschiedlichen Werbungskostenbehandlung zwischen betrieblichen und privaten Anlegern im ersten Jahr nach In-Kraft-Treten des Investmentsteuergesetzes entstanden sind, aus Vereinfachungsgründen einheitlich auf Grundlage der Ermittlung für private Anleger geltend gemacht werden können.[797]

Gleichwohl ist das Problem der Verschiebung der steuerrechtlichen Verlustnutzung der negativen Erträge in Publikumsfonds i.S. des § 3 Abs. 4 InvStG nicht geklärt. Es kann nur gehofft werden, dass sich der Gesetzgeber sobald wie möglich der Beseitigung dieses Problems annimmt. Darüber hinaus ist erstaunlicherweise die Verlustnutzungsproblematik im Einführungsschreiben der Finanzverwaltung nicht einmal erwähnt.

2. Nachweis- und Veröffentlichungspflichten gem. § 5 Abs. 1 InvStG

Durch die im Investmentmodernisierungsgesetz angestrebte grundsätzliche Gleichbehandlung in- und ausländischer Investmentvermögen entfällt damit für ausländische Fonds die Unterscheidung zwischen „weißen", „grauen" oder „schwarzen" Investmentfonds.[798] Die Besteuerung der Erträge eines Investmentvermögens richtet sich beim Anleger sowohl für inländische als auch für ausländische Fonds einzig danach, ob und in welchem Umfang die Gesellschaften den Vorgaben des § 5 InvStG zur Ermittlung und Bekanntmachung der Besteuerungsgrundlagen nachkommen.[799] Hinsichtlich des jeweiligen Grades der Erfüllung der Pflichten durch die Investmentgesellschaften erzielen die Anteilscheininhaber Einkünfte aus transparenten Fonds, die der Regelbesteuerung entsprechen, aus semi-transparenten Fonds oder aber aus strafbesteuerten intransparenten Fonds.[800]

a. Besteuerung von Erträgen aus transparenten Fonds

Die bereits oben dargestellte[801] Regelbesteuerung ist nur für transparente Fonds nach dem Investmentsteuergesetz vorgesehen. Denn nach § 5 Abs. 1 Satz 1 InvStG sind die Vorschriften zur Ertragsbestimmung aus Investmentvermögen (§§ 2, 4 InvStG) nur für transparente Fonds anzuwenden.

---

797 BMF-Schreiben zum Investmentsteuergesetz vom 02.06.2005, - IV C 1 – S 1980 – 1 87/05, Rn. 71, BStBl. I 2005, 728 (738).

798 Vgl. zur Klassifizierung und zur Besteuerung der Erträge von ausländischen Investmentfonds nach dem AuslInvmG *Schmitt,* DStR 2002, 2193 (2194); *Bölter/Linner/Otto*, Handbuch, 1998, S. 29ff.

799 Vgl. ebenso das BMF-Schreiben zum Investmentsteuergesetz vom 02.06.2005, - IV C 1 – S 1980 – 1 87/05, Rn. 84ff., BStBl. I 2005, 728 (739).

800 *Sradj/Mertes*, DStR 2004, 201 (202).

801 Vgl. oben Kapitel 3, D.

Investmentfonds werden als transparente Fonds bezeichnet, wenn der in- oder ausländische Fonds seine Nachweis- und Veröffentlichungspflichten i.S. des § 5 Abs. 1 InvStG erfüllt.[802] Diese Pflichten umfassen im Wesentlichen die Angabe des ausgeschütteten oder ausschüttungsgleichen Betrags mit mindestens vier Nachkommastellen sowie detaillierten Angaben, inwieweit diese Beträge steuerfreie Veräußerungsgewinne oder aber Veräußerungsgewinne und Erträge enthalten, die unter das Halbeinkünfteverfahren[803] oder die Steuerfreistellung nach § 8b Abs. 1 KStG fallen.[804] Die Bekanntmachung der für die Ermittlung der Besteuerungsgrundlagen notwendigen Angaben haben die Investmentgesellschaften nach jeder Ausschüttung vorzunehmen. Für ausschüttungsgleiche Erträge gilt dies jedoch gem. § 5 Abs. 1 Satz 1 Nr. 2 InvStG innerhalb einer Frist von vier Monaten nach Ablauf des Geschäftsjahres.[805]

Nach § 5 Abs. 1 Satz 1 Nr. 3 InvStG sind die Angaben mit Hilfe eines befugten Berufsträgers nach § 3 StBerG, einer behördlich anerkannten Wirtschaftsprüfungsstelle oder vergleichbaren Stelle im elektronischen Bundesanzeiger zu veröffentlichen. Um die sich aus der Transparenz ergebenden Vorteile zu erhalten, müssen ausländische Investmentvermögen gem. § 5 Abs. 1 Satz 1 Nr. 5 InvStG auf Anforderung gegenüber dem Bundesamt für Finanzen innerhalb von drei Monaten die Richtigkeit der genannten Angaben vollständig nachweisen.

b. Besteuerung von Erträgen aus semi-transparenten Fonds

Semi-transparente Investmentfonds erfüllen ihre Nachweis- und Veröffentlichungspflichten gem. § 5 Abs. 1 Satz 1 Nr. 1 lit. c und f InvStG im Hinblick auf

---

802 *Sradj/Mertes*, DStR 2004, 201 (202).

803 Für Einnahmen aus Investmentanteilen, die im Privatvermögen gehalten werden ist das Halbeinkünfteverfahren nach der Unternehmensteuerreform 2008 nicht mehr anzuwenden. Vgl. auch oben Kapitel 2, A, III, 4, b, (2).

804 Zu den weiteren Verpflichtungen vgl. § 5 Abs. 1 Satz 1 Nr. 1-5 InvStG.

805 Das BMF-Schreiben vom 04.12.2007, - IV B 8 – S 1980 – 1 /0, stellt klar, dass es sich bei der viermonatigen Frist um eine nicht verlängerbare Frist handelt. Dies bedeutet für den Fall, dass die Bekanntmachung durch die Investmentgesellschaften erst nach Ablauf der Frist erfolgt, die Pauschalbesteuerung nach § 6 InvStG für die Erträge aus den Investmentanteilen der Anleger anzuwenden ist. Nach dem Schreiben kann das nach § 13 InvStG für das jeweilige Publikums-Sondervermögen zuständige Finanzamt oder bei ausländischen Investmentvermögen das Bundeszentralamt für Steuern im Rahmen einer Billigkeitsentscheidung die Veröffentlichung als noch fristgemäß ansehen, um die Rechtsfolgen der verspäteten Veröffentlichung nicht zu Lasten des einzelnen Anlegers gehen zu lassen, wenn Übergangsschwierigkeiten zum Gesetz über Kapitalanlagegesellschaften geltend gemacht werden oder nur kurzfristige Fristüberschreitungen vorliegen. In diesem Fall ist von der Billigkeitsentscheidung allerdings wegen der Verantwortlichkeit der Investmentgesellschaften für die fristgemäße Bekanntmachung eine Zahlung in Höhe von EUR 25.000,- je Sondervermögen abhängig.

bestimmte Angaben nicht vollständig. Dies betrifft v.a. die Angabe nach den steuerfreien Veräußerungsgewinnen oder den Veräußerungsgewinnen und Erträgen, die unter das Halbeinkünfteverfahren[806] oder die Steuerfreistellung nach § 8b Abs. 1 KStG fallen, oder aber die Angabe der ausländischen Steuern. Als Folge ergibt sich gem. § 5 Abs. 1 Satz 2 InvStG daraus, dass den fehlenden Angaben zugrunde liegenden Erträgen die Steuervergünstigungen des Anlegers wie z.B. das Halbeinkünfteverfahren oder die DBA-Begünstigungen nicht gewährt werden. Eine Versteuerung muss für diese Erträge vom Anleger in voller Höhe erfolgen.[807] Andere Erträge, die den Voraussetzungen der Nachweis- und Veröffentlichungspflichten voll entsprechen, werden wie transparente Fonds behandelt. Wegen dieser unterschiedlichen Erfassung der Erträge wird von semi-transparenten Fonds gesprochen.

c. Besteuerung von Erträgen aus intransparenten Fonds

Investmentfonds, die den steuerrechtlichen Nachweis- oder Veröffentlichungspflichten über dem in § 5 Abs. 1 Satz 1 Nr. 1 lit. c und f InvStG genannten Umfang hinaus nicht entsprechen, unterliegen beim Anleger einer Pauschalbesteuerung nach § 6 InvStG.[808] Dabei handelt es sich um eine Strafbesteuerung, da nicht nur die Privilegierungen wie bei semi-transparenten Fonds wegfallen, sondern der Anleger darüber hinaus neben der Ausschüttung zusätzlich 70% der jährlichen Wertsteigerung der Investmentanteile gem. § 6 Satz 1 InvStG zu versteuern hat.[809] Als Mindestbemessungsgrundlage werden immer 6% des am Kalenderjahresende festgesetzten Rücknahmepreises versteuert, wenn die Besteuerung von 70% aus dem Kursanstieg diesen Wert nicht erreicht.[810] Wenn die Investmentgesellschaft keinen Rücknahmepreis festsetzen sollte, wird zur Berechnung der Börsen- oder Marktpreis gem. § 6 Satz 2 InvStG herangezogen. Die Vorschrift des § 6 InvStG entspricht weitgehend der bisherigen Strafbesteuerung für „schwarze" Fonds aus § 18 Abs. 3 AuslInvmG,[811] wobei hinsichtlich der Höhe der Strafsteuer die Pauschalsätze etwas abgemildert worden sind. Im Auslandsinvestmentgesetz waren noch 90% des Kursanstiegs, mindestens aber 10% des festgesetzten Rücknahmepreises zu versteuern. Eine Einschränkung findet die Strafbesteuerung gem. §§ 15, 16 InvStG, die nach diesen Vorschriften

---

806 Für Einnahmen aus Investmentanteilen, die im Privatvermögen gehalten werden ist das Halbeinkünfteverfahren nach der Unternehmensteuerreform 2008 nicht mehr anzuwenden. Vgl. auch oben Kapitel 2, A, III, 4, b, (2).

807 *Sradj/Mertes*, DStR 2004, 201 (202).

808 So auch das BMF-Schreiben zum Investmentsteuergesetz vom 02.06.2005, - IV C 1 – S 1980 – 1 87/05, Rn. 98ff., ebenso Rn. 106, BStBl. I 2005, 728 (742f.), zu den zusätzlichen Pflichten ausländischer Investmentgesellschaften.

809 *Kayser/Bujotzek*, FR 2006, 49 (62).

810 *Kayser/Bujotzek*, FR 2006, 49 (62).

811 *Sradj/Mertes*, DStR 2004, 201 (203).

weder auf inländische- Sondervermögen noch auf ausländische Spezial-Investmentvermögen anzuwenden ist.

d. Zwischenergebnis und Kritik

Durch die Regelung des § 5 Abs. 1 InvStG wird sichergestellt, dass dem Anleger die zur Ermittlung der Besteuerungsgrundlagen notwendigen Angaben bekannt gemacht werden. Damit ist eine Besteuerung auf Grund dieser Angaben möglich. Für den Fall, dass nicht alle notwendigen Tatsachen bekannt gemacht sind, entfallen bei semi-transparenten Fonds die Steuerbegünstigungen bei den Anlegern. Durch dieses Instrument des Wegfalls der Begünstigungen werden ebenso wie bei der Pauschalbesteuerung nach § 6 InvStG beim Fehlen oder bei der Nichtveröffentlichung wichtiger Angaben im Ergebnis die Steuereinnahmen des Staates gesichert.

Der Gesetzgeber hat sich bei der Schaffung von § 6 InvStG durch das Investmentmodernisierungsgesetz weitgehend an der Strafbesteuerung von ausländischen schwarzen Fonds gem. § 18 Abs. 3 AuslInvmG orientiert. Als Folge ist die Strafbesteuerung ausländischer Investmentvermögen nun auch auf inländische Investmentvermögen ausgedehnt worden.[812]

Durch die grundsätzliche Gleichstellung in- und ausländischer Investmentfonds auch und gerade in Bezug auf die Pauschalbesteuerung sind verfassungs- und europarechtliche Bedenken hinsichtlich des Gleichheitsgebots gem. Art. 3 Abs. 1 GG und der Kapitalverkehrsfreiheit im Europarecht gem. Art. 56 Abs. 1, 57ff. EGV beseitigt worden, die mit einer durch das Auslandsinvestmentgesetz bestehenden Benachteiligung ausländischer gegenüber inländischen Investmentvermögen einhergingen.[813] Denn inländische Fonds unterlagen im Kapitalanlagegesellschaftsgesetz im Gegensatz zu ausländischen Investmentfonds keiner pauschalen Strafbesteuerung.

Gleichwohl bleiben bei der ins Investmentsteuergesetz überführten Vorschrift der Strafbesteuerung für in- und ausländische Fondsvermögen nach § 6 InvStG weiterhin Bedenken in verfassungsrechtlicher Hinsicht bezüglich einer Vereinbarkeit dieser Vorschrift mit Art. 14 Abs. 1 GG bestehen. Auch wenn durch die

---

812 Ebenso das BMF-Schreiben zum Investmentsteuergesetz vom 02.06.2005, - IV C 1 – S 1980 – 1 87/05, Rn. 122, BStBl. I 2005, 728 (745).

813 Vgl. insbesondere *Schmitt,* DStR 2002, 2193 (2196ff.); *Baur,* Investmentgesetze, § 18 AuslInvmG, Rn. 30; *Rutkowsky,* NJW 1971, 1348 (1349); *Hundertmark,* BB 1969, 1262 (1264); a.A. FG Köln vom 22.08.2001, EFG 2002, 144 (145ff.); *Beckmann/Scholtz/Vollmer,* Investment-Handbuch, 2005, 445, § 18, Rn. 68ff., die bereits in der Regelung zum Auslandsinvestmentgesetz keine verfassungs- oder europarechtliche Probleme entdecken konnten.

Neuregelung und Ausdehnung des § 6 InvStG auf inländische Sondervermögen das Gleichheits- und Europarechtskonformitätsproblem beseitigt werden konnte,[814] so kann doch durch die Pauschalbesteuerung eine unzulässige Substanzbesteuerung im Verlustfall des Fonds eintreten.[815] Dies ist vor allem dann möglich, wenn die tatsächlich erzielten Erträge die Pauschalbesteuerung nicht zu decken vermögen.[816] In diesem Fall wird der Verhältnismäßigkeitsgrundsatz und damit das Eigentumsgrundrecht verletzt.[817] Insbesondere ist die derzeitige Ausgestaltung des § 6 InvStG nicht dazu geeignet, den Verhältnismäßigkeitsgrundsatz und Eigentumsschutz des Grundgesetzes zu wahren. Eine Substanzbesteuerung muss sich nämlich an Art. 14 Abs. 1 GG messen lassen. Schließlich ist das Sondervermögen den Anteilscheininhabern gem. § 39 Abs. 2 AO zuzurechnen,[818] gleich welcher zivilrechtlichen Ausgestaltung die Fondsgesellschaft den Vorzug gibt. In der Praxis ist ohnehin die Miteigentumslösung[819] vorherrschend, so dass sich hinsichtlich des sachlichen Schutzbereichs des Grundrechts diesbezüglich keine Probleme ergeben. Aber auch bei der Treuhandlösung[820] sind die Anteilscheininhaber zumindest wirtschaftlich gesehen den Eigentümern gleich-

814 Vgl. *Lohr,* DStR 2004, 442 (446), der auf ein „Erkenntnis des österreichischen Verwaltungsgerichtshofs“ vom 11.12.2003 (Zl. 99/14/0081) verweist, wonach die österreichische Parallelvorschrift zu § 18 Abs. 3 AuslInvmG bzw. § 6 InvStG (§ 42 Abs. 2 ö-InvFG 1993 [österreichisches-Investmentfondsgesetz]) mit der Kapitalverkehrsfreiheit als unvereinbar erklärt wurde. Vgl. auch *Carlé,* KÖSDI 2004, 14300 (14308), der in der Neuformulierung des § 6 InvStG unter Verweis auf das österreichische Erkenntnis vom 11.12.2003 (Zl. 99/14/0081) keine Beseitigung europarechtlicher Bedenken sieht, ohne diese jedoch näher auszuführen. M.E. kann aber die Rechtsprechung des österreichischen Verwaltungsgerichtshofes zum § 42 Abs. 2 ö-InvFG nicht auf die Vereinbarkeit des § 6 InvStG mit der europarechtlichen Kapitalverkehrsfreiheit übertragen werden, da § 42 Abs. 2 ö-InvFG 1993 ausdrücklich auf auschüttungsgleiche Erträge eines ausländischen Kapitalanlagefonds Bezug nimmt. Eine derartige Differenzierung zwischen in- und ausländischen Fonds, die auch im angegebenen österreichischen Erkenntnis vom 11.12.2003 zur Feststellung der Europarechtswidrigkeit der österreichischen Vorschrift geführt hatte, ist durch § 6 InvStG aufgegeben worden. Insoweit ist auch der Verweis *Lohrs*, dass es sich bei der österreichischen Vorschrift des § 42 Abs. 2 ö-InvFG 1993 um eine Parallelvorschrift zu § 18 Abs. 3 AuslInvmG bzw. § 6 InvStG handle, zumindest, was den neu geschaffenen § 6 InvStG angeht, irreführend.

815 *Schmitt,* DStR 2002, 2193 (2195).

816 *Sradj/Mertes*, DStR 2004, 201 (202).

817 So zumindest im Ergebnis auch schon *Baur,* Investmentgesetze, § 18 AuslInvmG, Rn. 30; a.A. FG Köln vom 22.08.2001, EFG 2002, 144 (146), das in den Entscheidungsgründen nur sehr oberflächlich eine unzulässige Substanzbesteuerung verneint, ohne systematisch überhaupt auf eine mögliche Verletzung von Art. 14 GG einzugehen.

818 Vgl. oben Kapitel 2, A, I, 2, c.

819 Vgl. oben Kapitel 2, A, I, 2, c.

820 Vgl. oben Kapitel 2, A, I, 2, c.

zustellen.[821] Zumal es sich auch bei dieser rechtlichen Strukturierung des Sondervermögens um private vermögenswerte Rechte der einzelnen Anteilscheininhaber handelt, die unter den Grundrechtsschutz fallen. Jedenfalls aber dürften zivilrechtliche Ausgestaltungen eines Verhältnisses nicht über den Ausschluss des Grundrechtsschutzes entscheiden.

Allerdings handelt es sich bei § 6 InvStG und der damit verbundenen Pauschalbesteuerung auch im Verlustfall um eine Inhalts- und Schrankenbestimmung i.S. des Art. 14 Abs. 1 Satz 2 GG. Der Gesetzgeber regelt die Besteuerung im Fall der Nichtangabe der für die Besteuerung notwendigen Tatsachen generell-abstrakt und greift gleichzeitig in das verfassungsrechtlich geschützte Eigentum der „Miteigentümer" oder „Treugeber" ein, da Substanz besteuert wird, die den Anlegern danach nicht mehr zur Verfügung steht. Da es sich bei § 6 InvStG um ein Gesetz im Sinne des Art. 14 Abs. 1 Satz 2 GG handelt,[822] ist eine eigentumsrelevante Maßnahme wie die Substanzbesteuerung grundsätzlich zulässig, wenn insbesondere die Verhältnismäßigkeit der Vorschrift (so genannte „Schranken-Schranken") gewahrt wäre.[823]

Wie bereits erwähnt, ist dies jedoch bei der derzeitigen Formulierung der Vorschrift des § 6 InvStG nicht gegeben. Die Regelung enthält weder Härtefallklauseln noch Beschränkungen, vielmehr lässt sie vom Wortlaut her Eingriffe in die Substanz des Fondsvermögens ohne Einschränkungen bei Vorliegen der Tatbestandsvoraussetzungen zu. Danach müssen lediglich die notwendigen Besteuerungsangaben nicht ermittelt oder veröffentlicht sein. Darüber hinaus ist für die Pauschalbesteuerung auch im Verlustfall wirtschaftspolitisch kein vernünftiger Grund erkennbar.[824] Vielmehr hat der Gesetzgeber die Eigentumsgarantie des Grundgesetzes mit der Sozialbindung in Ausgleich zu bringen. Auf der einen Seite steht zwar die Absicht, das Steueraufkommen des Fiskus zu sichern. Auf der anderen Seite muss aber ein angemessener Ausgleich gefunden werden. Allein der Zweck der Sicherung der Finanzen des Staates kann das Eigentumsrecht gem. Art. 14 GG nicht entsprechend aushöhlen. Hier bedurfte es eines Ausgleichs. Bedenken gegen die Verhältnismäßigkeit und damit auch der Verfassungsmäßigkeit hätte der Gesetzgeber in der neuen Vorschrift aber einfach durch die Schaffung einer Ausnahmebestimmung für den Bereich der nachgewiesenen Verluste ausräumen können. Dies stellte einen angemessenen Ausgleich dar, da die Substanz nicht angegriffen würde, gleichwohl aber die pauschale Strafbesteuerung die Besteuerung sichergestellt hätte.

---

821 Vgl. *Münch/Kunig*, Art. 14, Rn. 11; *Jarass/Pieroth*, Art. 14, Rn. 7f.

822 Es hätte sogar bereits ein materielles Gesetz genügt. Vgl. dazu *Jarass/Pieroth*, Art. 14, Rn. 37 m.w.N.

823 *Jarass/Pieroth*, Art. 14, Rn. 37 m.w.N.

824 *Baur*, Investmentgesetze, § 18 AuslInvmG, Rn. 30.

An dieser Stelle hat der Gesetzgeber im Investmentsteuergesetz nicht ausreichend gehandelt und die Bedenken der Literatur, die ansatzweise bereits auf Grund der Rechtslage im Auslandinvestmentgesetz zu erkennen waren, nicht ausgeräumt. Diesbezüglich bleibt der Gesetzgeber weiterhin dazu aufgefordert die bestehende Problematik zu beseitigen. Bemerkenswert wiederum ist, dass die Finanzverwaltung im BMF-Einführungsschreiben zum Investmentsteuergesetz vom 02.06.2005[825] ebenfalls nicht auf die Pauschalbesteuerung im Verlustfall eingeht.

3. Ermittlung steuerpflichtiger Einkünfte aus Anteilen im Privatvermögen

Damit beim Anleger eine Ermittlung der steuerrechtlichen Einkünfte aus Anteilen im Privatvermögen möglich ist, muss die Höhe des jeweiligen Fondsertrags bekannt sein. Diesbezüglich ist der Ertrag rechnerisch im Wege der Einnahmenüberschussrechnung zu bestimmen und anhand abzugsfähiger Kosten auf der Ebene des Fonds zu bereinigen.[826] Nach dem quellentheoretischen Konzept der Besteuerung der Einnahmen aus Kapitalvermögen i.S. des § 20 EStG kann nur der Ertrag eines Fonds im Einkommen des Anlegers besteuert werden, nicht aber das Kapital selbst.[827] Folglich können die Investmentanleger auf der einen Seite die Anschaffungskosten des Investmentfonds einkommensteuerrechtlich nicht als Werbungskosten absetzen, auf der anderen Seite sind die Rückzahlungsbeträge aus der Rückgabe bzw. Veräußerung, die das Kapital des Fondsvermögens erhöhten, nicht der „steuerbaren Vermögensebene" zuzurechnen.[828]

4. Ermittlung steuerpflichtiger Einkünfte aus Anteilen im Betriebsvermögen

Um steuerpflichtige Einkünfte aus Anteilen im Betriebsvermögen zu ermitteln, bedarf es zunächst einer Zuordnung der Erträge zu den Gewinneinkunftsarten. Eine Zuordnung ist grundsätzlich zu den Einkünften aus Land- und Forstwirtschaft oder zu den Einkünften aus selbständiger Tätigkeit möglich. Eine Zurechnung geschieht jedoch in den überwiegenden Fällen zu den Einkünften aus Gewerbebetrieb gem. § 15 Abs.1 Satz 1 Nr. 1 EStG.[829]

---

825 BMF-Schreiben zum Investmentsteuergesetz vom 02.06.2005, - IV C 1 – S 1980 – 1 87/05, Rn. 122, BStBl. I 2005, 728 (745).

826 *Carlé*, KÖSDI 2004, 14300 (14301); vgl. dazu dezidiert bereits oben Kapitel 3, C, III.

827 *Stotz*, Besteuerung von Wertpapier-Investmentfonds, 1998, S. 166.

828 *Stotz*, Besteuerung von Wertpapier-Investmentfonds, 1998, S. 166.

829 Vgl. dazu bereits oben Kapitel 2, A, III, 1, c.; *Stotz*, Besteuerung von Wertpapier-Investmentfonds, 1998, S. 172; Zu Fondsanteilen im Betriebsvermögen im Allgemeinen vgl. auch oben Kapitel 3, D, II.

Bei Anteilen im Betriebsvermögen sind die Ausschüttungen als Einkünfte aus Kapitalvermögen sodann wegen der Subsidiaritätsklausel des § 20 Abs. 3 EStG der entsprechenden Gewinneinkunftsart zuzurechnen und jeweils dort zu ermitteln. Zumeist wird es sich jedoch um Einkünfte aus Gewerbebetrieb i.S. des § 15 EStG handeln, die für Einzelunternehmer oder Personengesellschafter (natürliche Personen) auf Grund der Anwendbarkeit des Einkommensteuergesetzes und damit des Halbeinkünfteverfahrens gem. § 3 Nr. 40 Satz 2 EStG zur Hälfte steuerbefreit sind. Wenn eine Ausschüttung aber an eine Körperschaft erfolgt, sind die steuerbaren Bezüge i.S. des § 20 Abs. 1 Nr. 1 EStG i.V.m. § 8 Abs. 1 (Abs. 2) KStG[830] gem. § 8b Abs. 1 i.V.m. § 8b Abs. 5 KStG lediglich in Höhe von 95% steuerbefreit,[831] da seit In-Kraft-Treten des „Gesetzes zur Umsetzung der Protokollerklärung der Bundesregierung zur Vermittlungsempfehlung zum Steuervergünstigungsabbaugesetz vom 22.12.2003 (Korb II)[832] 5% von Dividenden als nichtabziehbare Betriebsausgaben gelten.[833] Dieses hat seinen Grund in der Definitivbesteuerung der Kapitalgesellschaften. Durch Ausschüttungen an andere Körperschaften soll durch die Steuerbefreiung die mehrfache Belastung mit der definitiven Steuer vermieden werden.[834] Eine Körperschaft, an die die Gewinne ausgezahlt wurden, wird diese zu einem bestimmten späteren Zeitpunkt an Anteilseigner, die natürliche Personen und gerade nicht andere Körperschaften sind, ausschütten. Sobald eine solche Ausschüttung an natürliche Personen erfolgt, unterliegen die Einnahmen bei diesen aus den Ausschüttungen sodann der jeweiligen Einkommensteuer.[835]

---

830 Die Ermittlung der steuerpflichtigen Einkünfte orientiert sich für unbeschränkt steuerpflichtige Körperschaften, Personenvereinigungen und Vermögensmassen i.S. des § 1 Abs. 1 Nr. 1-6 KStG an dem Welteinkommensprinzip. Danach sind dementsprechend alle in- und ausländischen Einkünfte der aufgeführten Körperschaften, Personenvereinigungen und Vermögensmassen zu versteuern, die ihre Geschäftsleitung oder ihren Sitz im Inland haben. Hingegen orientiert sich die Ermittlung von beschränkt Körperschaftsteuerpflichtigen an den im Inland erzielten Einkünften. Nach § 2 Abs. 1 Nr. 1 KStG sind einerseits Körperschaften, Personenvereinigungen und Vermögensmassen, die weder ihre Geschäftsleitung noch ihren Sitz im Inland haben, andererseits aber auch solche, die gem. § 2 Abs. 1 Nr. 2 KStG nicht unter die unbeschränkte Steuerpflicht fallen, beschränkt steuerpflichtig. Vgl. hierzu *Stotz*, Besteuerung von Wertpapier-Investmentfonds, 1998, S. 172f.

831 *Birk*, Steuerrecht, S. 361, Rn. 1096.

832 BGBl. I 2003, S. 2840.

833 *Sradj/Mertes,* DStR 2004, 202 (204).

834 Vgl. dazu bereits oben Kapitel 2, A, III, 4, a.; *Otterbach,* Verwaltung und Besteuerung von Spezialfonds nach dem KAGG, 2004, S. 144.

835 Zur Kapitalertragsteuer, die bereits bei der Ausschüttung als Quellensteuer erhoben wird vgl. ausführlich oben Kapitel 3, E, I und II.

Nach § 8 Abs. 1 KStG ist bei der Ermittlung des Einkommens einer Körperschaft auf die Vorschriften des Einkommensteuergesetzes zurückzugreifen. Vereinfacht wird die Ermittlung des Einkommens bei Steuerpflichtigen, die nach dem HGB zur Buchführung verpflichtet sind, da nach § 8 Abs. 2 KStG in diesem Fall alle Einkünfte als solche aus Gewerbebetrieb behandelt werden. Dabei werden ebenso Erträge aus Sondervermögen als Einkünfte aus Gewerbebetrieb erfasst.[836]

E. Kapitalertragsteuer

Die Kapitalertragsteuer[837] wird bei Entstehung am Ursprung eines steuerpflichtigen Tatbestandes erhoben und ist als Quellensteuer keine besondere Steuerart, sondern lediglich eine besondere Erhebungsform der Körperschaft- und Einkommensteuer.[838] Insofern erfolgt eine von der Ebene der Investmentvermögen oder Anteilscheininhaber losgelöste und gesonderte Darstellung. Schließlich handelt es bei der Kapitalertragsteuer sich nicht um eine originär eigene Steuerschuld des Investmentfonds, sondern lediglich um eine steuerrechtliche Verpflichtung zum Steuerabzug, deren Nichterfüllung zu einer Haftung des Fonds für fremde Steuerschulden des Anteilscheininhabers führen kann.

I. Allgemeines zur Kapitalertragsteuer

Durch die als Quellensteuer ausgestaltete Kapitalertragsteuer wird die steuerrechtliche Erfassung und Erhebung sichergestellt und erheblich vereinfacht, bevor z.B. bei Investmentfonds die Erträge an die vielen einzelnen Anteilscheininhaber fließen. Denn dann sind möglicherweise einzelne Geldströme vor allem bei Publikumsgesellschaften nicht mehr ohne weiteres nachvollziehbar und entgehen in der Besteuerung gegebenenfalls dem Fiskus. Die Kapitalertragsteuer (§ 43 EStG) ist eine Vorauszahlung auf die Einkommensteuer, die gem. § 36 Abs. 2 Nr. 2 EStG angerechnet wird.[839]

Die Erhebung der Kapitalertragsteuer ist als Bestandteil der Besteuerung von Investmentvermögen vom Transparenzgedanken getragen. Der Investmentsparer soll durch den Abzug bei der Investmentgesellschaft nicht schlechter gestellt

---

836 *Stotz*, Besteuerung von Wertpapier-Investmentfonds, 1998, S. 173.

837 Vgl. auch zur Kapitalertragsteuer bereits oben Kapitel 2, A, III, 2.

838 *Stotz*, Besteuerung von Wertpapier-Investmentfonds, 1998, S. 94. Nach der Konzeption der Abgeltungssteuer durch das Unternehmensteuerreformgesetz 2008 hat der Steuerabzug an der Quelle nunmehr Abgeltungswirkung gem. § 7 Abs. 1 Satz 2 InvStG, § 43 Abs. 1 Nr. 7 EStG, § 43 Abs. 5 EStG.

839 *Lindemann*, Besteuerung von Aktienfonds nach der Unternehmensteuerreform, 2004, S. 285.

werden als der Direktanleger.[840] Versucht wird die Gleichstellung durch eine Erstattung der Kapitalertragsteuer an den Fonds auf der Eingangsseite, während auf der Ausgangsseite ein Abzug der Kapitalertragsteuer beim Anleger erfolgt.[841] Andernfalls würde der wirtschaftliche Ertrag der Investmentfonds im Gegensatz zum Direktanleger zweifach mit einer Kapitalertragsteuer belegt sein. Denn ausschüttende Kapitalgesellschaften, in die die Investmentgesellschaften durch das Sondervermögen investierten, behalten auf der Eingangsseite des Fonds die Kapitalertragsteuer ein. Gleichzeitig muss die Kapitalertragsteuer aber auch von den Investmentgesellschaften bei eigenen Ausschüttungen an die Anteilsinhaber oder ebenso bei Thesaurierungen einbehalten werden.

1. Erstattungen auf der Eingangsseite des Fonds

Die Vorschriften über die Erstattung der abgeführten Kapitalertragsteuern ist aus § 38 Abs. 2 KAGG nahezu wortgleich in § 11 Abs. 2 InvStG überführt worden. Danach kann nach § 11 Abs. 2 Satz 1 und 2 InvStG auf Antrag beim Bundesamt für Finanzen die durch die ausschüttende Kapitalgesellschaft einbehaltene Kapitalertragsteuer auf Dividendenbezüge einschließlich des Solidaritätszuschlags an die Depotbank im Einzel- oder Sammelverfahren erstattet werden.[842] Voraussetzung für die Erstattung ist jedoch eine Nichtveranlagungsbescheinigung i.S. des § 11 Abs. 2 Satz 4 InvStG i.V.m. § 44b Abs. 1 Satz 2 i.V.m. § 44a Abs. 2 Satz 1 Nr. 2 EStG, in der das für das Investmentvermögen zuständige Finanzamt bestätigt, dass auf Seiten des Fonds ein Zweckvermögen oder eine Investmentaktiengesellschaft i.S. des § 11 Abs. 1 InvStG vorliegt.

Für Zinserträge ist eine Erstattung der einbehaltenen Kapitalertragsteuer jedoch nur dann möglich, wenn nicht gem. § 11 Abs. 2 InvStG i.V.m. § 44a Abs. 4 EStG ohnehin von einem Steuerabzug Abstand zu nehmen war.

2. Abzug der Kapitalertragsteuer durch die Investmentgesellschaft auf der Ausgangsseite zum Anleger

Mit einer Kapitalertragsteuer in Höhe von 20 %[843] nach § 7 Abs. 1 Satz 1 Nr. 1, Abs. 3 i.V.m. § 2 Abs. 1 InvStG zuzüglich 5,5 % Solidaritätszuschlag gem. § 4 SolZG sind sowohl Ausschüttungen als auch thesaurierte Erträge eines Fonds

---

840 *Lindemann,* Besteuerung von Aktienfonds nach der Unternehmensteuerreform, 2004, S. 285.

841 *Otterbach*, Verwaltung und Besteuerung von Spezialfonds nach dem KAGG, 2004, S. 183ff. und 193; *Lindemann,* Besteuerung von Aktienfonds nach der Unternehmensteuerreform, 2004, S. 285.

842 Vgl. auch *Otterbach*, Verwaltung und Besteuerung von Spezialfonds nach dem KAGG, 2004, S. 184.

843 Durch das Unternehmensteuerreformgesetz 2008 wird wegen der Anpassung an die Abgeltungssteuer ab dem 01.01.2009 ein Steuerabzug von 25% vorgenommen.

pauschal im Vorwege belastet.[844] Dies betrifft nach § 7 Abs. 3 InvStG ausdrücklich nur inländische Dividenden, gleichgültig, ob sie an Privatanleger oder betriebliche Anleger ausgezahlt werden.[845] Bei Ausschüttungen oder Thesaurierungen auf der Ausgangsseite ist die Kapitalertragsteuer durch die Kapitalanlagegesellschaft einzubehalten. Die KAG ist Schuldnerin der Kapitalerträge i.S. des § 44 Abs. 1 Satz 3 EStG, da sie für Rechnung des Sondervermögens handelt. Diese Vorschrift des Einkommensteuergesetzes zur Bestimmung des Schuldners der Kapitalertragsteuer ist gem. § 7 Abs. 3 Satz 2 InvStG i.V.m. § 43 Abs. 1 Satz 1 Nr. 1 EStG entsprechend für die Schuldnerschaft der Kapitalertragsteuern im Sinne des Investmentsteuergesetzes anwendbar.[846]

Für Erträge aus sonstigen Kapitalforderungen ergibt sich eine Kapitalertragsteuer in Höhe von 30 % gem. § 7 Abs. 1 Satz 2 InvStG i.V.m. § 43 Abs. 1 Satz 1 Nr. 7 i.V.m. § 20 Abs. 1 Nr. 7 i.V.m. § 43a Abs. 1 Nr. 3 EStG.[847] Ebenfalls werden auf die Kapitalertragsteuer 5,5% Solidaritätszuschlag gem. § 4 SolZG zusätzlich einbehalten.[848]

Des Weiteren fallen seit dem 01.01.2005 Zwischengewinne wieder unter den Kapitalertragsteuerabzug.[849] Nach §§ 38b Abs. 4 i.V.m. § 39 Abs. 2 KAGG a.F. unterlagen ausdrücklich auch Zwischengewinne der Kapitalertragsteuer. Da im Zwischengewinn Zinsbestandteile enthalten sind, war dies nur folgerichtig.[850] Im Zuge des Richtlinien-Umsetzungsgesetzes (EURLUmsG) vom 09.12.2004[851] wurden die Regelungen zum Zwischengewinn in der Investmentbesteuerung nach zunächst erfolgter Aufgabe durch das Investmentmodernisierungsgesetz wieder aufgenommen.[852] Demgemäß gehört der Zwischengewinn wieder zu den

844 *Otterbach*, Verwaltung und Besteuerung von Spezialfonds nach dem KAGG, 2004, S. 185.

845 *Otterbach*, Verwaltung und Besteuerung von Spezialfonds nach dem KAGG, 2004, S. 185.

846 Vgl. bereits oben Kapitel 2, A, III, 2.

847 Im Zuge der Unternehmensteuerreform 2008 vor dem Hintergrund der Abgeltungssteuer existiert ab dem Veranlagungszeitraum 2009 der § 43a Abs. 1 Nr. 3 EStG nicht mehr. Vielmehr ist für die Erträge aus sonstigen Kapitalforderungen nunmehr § 43a Abs. 1 Nr. 1 EStG mit der Folge anzuwenden, dass auch die von dem Steuersatz in Höhe von 25% erfasst werden.

848 Vgl. bereits oben Kapitel 2, A, III, 2.

849 Vgl. auch *Fischer*, WM 2001, 1236 (1242). Zur Wiedereinführung der Zwischengewinnbesteuerung vgl. unten Kapitel 3, D, III, 1, c, (3).

850 *Otterbach*, Verwaltung und Besteuerung von Spezialfonds nach dem KAGG, 2004, S. 188.

851 BGBl. I 2004, S. 3310ff.

852 BGBl. I 2004, S. 3325ff.

steuerpflichtigen Zinserträgen.[853] Damit ist eine durch das Investmentmodernisierungsgesetz vorerst geschaffene Ungleichbehandlung des Direktanlegers mit dem privaten Investmentsparer beseitigt worden, da beim privaten Anteilscheininhaber Zwischengewinne zunächst steuerfrei waren.[854] In § 7 Abs. 1 Satz 1 Nr. 4 InvStG n.F. wird die im Vergleich zum § 38b Abs. 4 KAGG a.F inhaltsgleiche Regelung umgesetzt, wonach die Kapitalertragsteuer nunmehr als Steuerabzug auf den Zwischengewinn erhoben wird.

Was dabei unter Zwischengewinn zu verstehen ist und demnach unter den Steuerabzug vom Kapitalertrag fällt, bestimmt § 1 Abs. 4 InvStG. Hiernach ist der Zwischengewinn das Entgelt für die dem Anleger noch nicht zugeflossenen oder als zugeflossen geltenden Einnahmen des Investmentvermögens im Sinne des § 20 Abs. 1 Nr. 7 und Abs. 2 EStG mit Ausnahme des § 20 Abs. 2 lit. a) EStG sowie angewachsene Ansprüche des Investmentvermögens auf derartige Einnahmen (§ 1 Abs. 4 Nr. 1 InvStG). Ebenso fallen weiter unter den Begriff des Zwischengewinns die noch nicht zugeflossenen oder als zugeflossen fingierten Einnahmen aus Anteilen an anderen Investmentvermögen, soweit darin Erträge des anderen Investmentvermögens im Sinne des § 20 Abs. 1 Nr. 7 und Abs. 2 EStG mit Ausnahme des § 20 Abs. 2 lit. a) EStG enthalten sind (§ 1 Abs. 4 Nr. 2 InvStG). Gleichfalls fallen noch nicht zugeflossene oder als zugeflossen geltende Zwischengewinne des Investmentvermögens (§ 1 Abs. 4 Nr. 3 InvStG) als auch zum Zeitpunkt der Rückgabe oder der Veräußerung des Investmentanteils veröffentlichte Zwischengewinne oder stattdessen anzusetzende Werte für Anteile an anderen Investmentvermögen, die das Investmentvermögen hält (§ 1 Abs. 4 Nr. 4 InvStG), darunter.

Die Kapitalertragsteuer auf Zinsen (Zinsabschlagsteuer) ist entsprechend § 44 Abs. 1 Satz 3 EStG durch die Zahlstelle, der Depotbank des Anlegers, einzubehalten. Eine Abstandnahme von der Erhebung der Kapitalertragsteuer ist wegen § 44a Abs. 1 und Abs. 2 EStG nicht auf Dividenden, sondern grundsätzlich nur auf Zinserträge möglich.[855] Voraussetzung dafür ist im Ausschüttungsfall einerseits, dass gem. § 44a Abs. 2 Nr. 1 EStG ein Freistellungsauftrag des natürlichen Anlegers vorliegt. Die Abstandnahme vom Abzug geht dann jedoch i.S. des § 44a Abs. 1 Nr. 1 EStG nur „soweit" als der Sparer-Freibetrag gem. § 20 Abs. 4 EStG und der Werbungskosten-Pauschbetrag gem. § 9a Satz 1 Nr. 2

---

853 *Harenberg/Intemann,* NWB, vom 11.07.2005, F.3, 13529 (13529).

854 *Harenberg/Intemann,* NWB, vom 11.07.2005, F.3, 13529 (13529); Vgl. auch *Feyerabend/Meinhardt,* StB 2004, 293 (297); zum Transparenzprinzip, dem letztlich ebenfalls durch die Wiederaufnahme der Zwischengewinnbesteuerung Rechnung getragen wird vgl. bereits oben Kapitel 2, A, III, 6.

855 *Lindemann,* Besteuerung von Aktienfonds nach der Unternehmensteuerreform, 2004, S. 287.

EStG nicht überstiegen werden. Andererseits ist eine Abstandnahme von der Erhebung der Kapitalertragsteuer auch möglich, wenn gem. § 44a Abs. 2 Nr. 2 EStG eine Nichtveranlagungs-Bescheinigung vorliegt. Das jeweils zuständige Wohnsitzfinanzamt wird eine solche Bescheinigung ausstellen, wenn anzunehmen ist, dass eine Veranlagung zur Einkommensteuer nicht in Betracht kommt. Das ist vor allem bei Privatpersonen, die nicht zur Einkommensteuer veranlagt werden, bei steuerbefreiten Körperschaften und bei Dauerüberzahlern i.S. des § 44a Abs. 5 EStG der Fall.

Wenn hingegen Zinserträge thesauriert werden, ist ein Kapitalertragsteuerabzug durch die Kapitalanlagegesellschaft gem. § 7 Abs. 4 Satz 1 InvStG zwingend vorgeschrieben. Die Anwendung des § 44a EStG ist klarstellend durch § 7 Abs. 4 Satz 2 InvStG ausgeschlossen.

II. Erhebung der Kapitalertragsteuer

Die Erhebung der Kapitalertragsteuer erfolgt in mehreren Schritten. Zunächst ist die Steuer, wenn nicht Abstand davon genommen wurde, bei Ausschüttungen und Thesaurierungen von der abzugspflichtigen Körperschaft einzubehalten. Über den Abzug ist dem Finanzamt gegenüber gem. § 45a Abs. 1 EStG Bericht zu erstatten und die Kapitalertragsteuer anzumelden, die nach § 44 Abs. 1 Satz 5 EStG innerhalb eines Monats nach Zufluss beim Anleger bis zum Zehnten des Folgemonats abzuführen ist. Auf Verlangen hat die abzugsverpflichtete Körperschaft dem Anleger als Antragsteller eine Steuerbescheinigung über die abgezogene Kapitalertragsteuer i.S. des § 45a Abs. 2 EStG zu erteilen.[856]

Die Bemessungsgrundlage für die Höhe des Abzugs der Kapitalertragsteuer sind die Nettoerträge,[857] die im Sinne des § 3 Abs. 1 InvStG i.V.m. § 2 Abs. 2 Nr. 2 EStG ermittelt werden. Danach ist dies der Überschuss der Einnahmen über die Werbungskosten. In § 3 Abs. 3 InvStG sind die Werbungskosten neu geregelt worden.[858]

Nach § 44 Abs. 5 EStG haftet die auszahlende Stelle für den Kapitalertrag und den Zinsabschlag, wenn diese nicht in voller Höhe abgeführt worden sind. Ausnahmsweise kann die Haftung durch einen Nachweis, den die auszahlende Stelle zu erbringen hat, entfallen, wenn hinsichtlich der nicht ordnungsgemäßen

---

856 *Lindemann,* Besteuerung von Aktienfonds nach der Unternehmensteuerreform, 2004, S. 288.

857 *Lindemann,* Besteuerung von Aktienfonds nach der Unternehmensteuerreform, 2004, S. 325.

858 Vgl. auch zu den Werbungskosten Kapitel 3, C, III, 4.

Abführung der Steuer kein vorsätzlicher oder grob fahrlässiger Pflichtverstoß vorlag. Insoweit obliegt ihr jeweils die Beweislast.

Die wichtigsten Ergebnisse werden in der folgenden Übersicht zusammenfassend dargestellt:

Abbildung 7: Übersicht zur Kapital-/ Zinsertragsteuer

Ereignis/Begebenheit:		
	Dividenden	**Zinsen**
	Kapitalertragsteuer (20% der Dividende + SolZ)	**Kapitalertragsteuer** (Zinsabschlagsteuer: 30%[859] + SolZ)
Vereinnahmung durch den Fonds (Eingangsseite)	Erstattung der Kapitalertragsteuer an den Fonds	Kein Steuerabzug (Nichtveranlagungs-Bescheinigung)
Ausschüttung durch den Fonds (Ausgangsseite)	Steuerabzug durch den Fonds	Steuerabzug durch inländische Zahlstelle (Depotbank des Anlegers)
Ausschüttungsgleicher Ertrag (Thesaurierung am Jahresende)	Steuerabzug durch den Fonds	Steuerabzug durch den Fonds
Rückgabe der Anteile durch den Anleger		Steuerabzug auf den Zwischengewinn durch inländische Zahlstelle

859 Nach § 7 Abs. 1 Satz 2 InvStG i.V.m. § 43 Abs. 1 Nr. 7 EStG i.V.m. § 20 Abs. 1 Nr. 7 EStG i.V.m. § 43a Abs. 1 Nr. 1 EStG besteht nach dem Unternehmensteuerreformgesetz 2008 ein Kapitalertragsteuersatz in Höhe von 25% für den Anleger nach dem 31.12.2008 zugeflossene oder als zugeflossen geltende Erträge mit Ausnahme der Kapitalerträge aus Geschäftsjahren, die vor dem 01.01.2009 enden (§ 18 Abs. 2 Satz 1 InvStG).

F. Bilanzierung und Bewertung von Investmentanteilen

I. Gewinnermittlungsmethode bei Investmentanteilen

Investmentanteile werden zum Betriebsvermögen des Steuerpflichtigen gerechnet, wenn es sich bei den Erträgen aus dem Sondervermögen um Betriebseinnahmen handelt. In den ertragsteuerrechtlichen Bestimmungen werden die Begriffe Betriebseinnahmen und Betriebsvermögen nicht definiert. Eine Gewinnermittlung richtet sich grundsätzlich nach den §§ 4 – 7 k EStG, wobei zwischen unterschiedlichen Gewinnermittlungsmethoden zu differenzieren ist. Nach § 4 Abs. 1 EStG setzt sich der Wert des Betriebsvermögens aus einzelnen bewertungsfähigen Wirtschaftsgütern abzüglich der Schulden zusammen.[860] Der Gewinn wird als Unterschiedsbetrag zwischen dem Betriebsvermögen am Schluss des Wirtschaftsjahres und dem Betriebsvermögen am Schluss des vorangegangenen Wirtschaftsjahres, vermehrt um den Wert der Entnahmen und vermindert um den Wert der Einlagen ermittelt.[861] Die Gewinnermittlungsvorschrift des § 4 Abs. 1 EStG erfordert eine Bilanzierung, da ansonsten ein Vergleich zweier Schlussbilanzen nicht möglich ist.[862] Die handelsrechtlichen Grundsätze ordnungsgemäßer Buchführung (GoB) finden gem. § 5 Abs. 1 EStG, wonach das Betriebsvermögen für den Schluss des Wirtschaftsjahres anzusetzen und auszuweisen ist, nur dann Anwendung, wenn es sich um einen Gewerbetreibenden handelt, der verpflichtet ist, Bücher zu führen und regelmäßig Abschlüsse zu machen.[863] Dieses gesetzliche Gebot trifft nach § 238 Abs. 1 HGB alle Kaufleute, die im Sinne des § 1 Abs. 1 HGB ein Handelsgewerbe betreiben, gem. § 5 HGB im Handelsregister eingetragen sind, oder aber Handelsgesellschaften nach § 6 Abs. 1 HGB, die danach Formkaufleute sind. Das Betriebsvermögen ist ebenso gem. § 5 Abs. 1 EStG von Gewerbetreibenden anzusetzen, die zwar keine Kaufleute sind, aber dennoch Bücher führen und Abschlüsse machen. Als Folge sind die Erträge eines Investmentvermögens bei der Gewinnermittlung anzusetzen, wenn die Anteilsscheine zum Betriebsvermögen gehören. Insgesamt kommen mehrere Gewinnermittlungsvorschriften in Betracht.[864] Wesentlich im Rahmen der Investmentbesteuerung ist allerdings nur die Überschussrechnung i.S. des § 4 Abs. 3 EStG und die Ermittlung des Gewinns durch Bilanzierung i.S. des § 5 Abs. 1 EStG.

---

860 *Stotz*, Besteuerung von Wertpapier-Investmentfonds, 1998, S. 173.

861 *Stotz*, Besteuerung von Wertpapier-Investmentfonds, 1998, S. 174.

862 *Stotz*, Besteuerung von Wertpapier-Investmentfonds, 1998, S. 174.

863 *Stotz*, Besteuerung von Wertpapier-Investmentfonds, 1998, S. 174.

864 *Stotz*, Besteuerung von Wertpapier-Investmentfonds, 1998, S. 174, Fn. 74, der neben der der Bilanzierung gem. § 5 EStG und der Überschussrechnung gem. § 4 EStG noch die Gewinnermittlung nach Durchschnittssätzen gem. § 13 a EStG für Betriebe der Land- und Forstwirtschaft sowie die Schätzung von Besteuerungsgrundlagen nach § 162 AO hinweist.

1. Investmentanteile in der Handelsbilanz

Investmentanteile sind in der Handelsbilanz zu erfassen, da sie für Zwecke der Rechnungslegung als Wertpapiere angesehen werden.[865] Dies ist zutreffend, da die Ansprüche der Investmentsparer auch in den Anteilsscheinen i.S. des § 33 Abs. 1 InvG verbrieft werden. Gleichzeitig erfüllen die Anteilscheine den allgemeinen Wertpapierbegriff dadurch, dass sie zur Geltendmachung der Ansprüche als Urkunden im Besitz des Anspruchstellers sein müssen.[866] Zudem reicht der Besitz des Anteilscheins als Urkunde für die Zwecke der Rechnungslegung aus.[867] Anteilsscheine können danach sowohl Wertpapiere des Anlagevermögens (§ 266 Abs. 2 A III Nr. 5 HGB) als auch sonstige Wertpapiere des Umlaufvermögens (§ 266 Abs. 2 B III Nr. 3 HGB) sein.[868] Des Weiteren stellt der Anteilsschein zivilrechtlich ein Wertpapier sui generis dar.[869] Schließlich werden neben den schuldrechtlichen Ansprüchen des einzelnen Investmentsparers gegenüber der Kapitalanlagegesellschaft auch die Eigentumsanteile des Anteilscheininhabers an den zum Sondervermögen gehörenden Gegenständen verbrieft. Handelsbilanzrechtlich hat dies jedoch keine Konsequenzen, da der Anteilscheininhaber gem. § 38 Abs. 5 InvG nicht die Aufhebung des Sondervermögens verlangen kann und so keine ungebrochene Eigentümerstellung vorliegt.[870] Nach § 33 Abs. 2 Satz 1 InvG geht mit der Übertragung des Anteilsscheins auch der Anteil des Veräußerers an den zum Sondervermögen gehören-

865 *Schulze-Osterloh,* in: Baumbach/Hueck, § 42 GmbHG, Rn. 129; *Baumbach/Hopt,* § 266 HGB, Rn. 10; *Otterbach,* Verwaltung und Besteuerung von Spezialfonds nach dem KAGG, 2004, S. 139; *Schnicke/Gutike,* in: Beck'scher Bilanzkommentar, § 266 HGB, Rn. 80; *Häuselmann, BB 1992, 312 (315); Stoschek/Peter/Bittner,* FR 2003, 941 (946); *Wengenroth,* ErbStB 2004, 319 (319); vgl. auch *Hammer/Thees,* DStZ 2006, 338 (338).

866 *Maul,* Wertpapiere des Umlaufvermögens, in: Handbuch des Jahresabschlusses (HdJ), Abt. II/7, Rn. 4ff.; *Häuselmann, BB 1992, 312 (315); Stotz,* Besteuerung von Wertpapier-Investmentfonds, 1998, S. 175.

867 *Schulze-Osterloh,* in: Baumbach/Hueck, § 42 GmbHG, Rn. 129; *Baumbach/Hopt,* § 266 HGB, Rn. 10; *Schnicke/Gutike,* in: Beck'scher Bilanzkommentar, § 266 HGB, Rn. 80; *Maul,* Wertpapiere des Umlaufvermögens, in: Handbuch des Jahresabschlusses (HdJ), Abt. II/7, Rn. 13.; *Nach Häuselmann, BB 1992, 312 (315),* ist damit durchaus die Frage aufzuwerfen, ob dann wegen der Treuhand- bzw. Miteigentumslösung nicht auch eine anteilige Erfassung der Anteile zu erfolgen hat. Weiter erkennt er aber auch, dass sich der Gesetzgeber dieser Konsequenz durch die Schaffung eines Zweckvermögens durch eine Fiktion entledigt hat. Eine anteilige Erfassung wäre in der Praxis für Publikumsfonds nicht durchführbar.

868 *Otterbach,* Verwaltung und Besteuerung von Spezialfonds nach dem KAGG, 2004, S. 232.

869 *Baur* in: Assmann/Schütze, Handbuch des Kapitalanlagerechts, 1997, § 18, Rn. 128; *Häuselmann, BB 1992, 312 (315); Otterbach,* Verwaltung und Besteuerung von Spezialfonds nach dem KAGG, 2004, S. 232, Fn. 1202.

870 *Häuselmann,* BB 1992, 312 (315).

den Gegenständen auf den Erwerber über. Darüber hinaus bestimmt § 39 Abs. 1 InvG, dass selbst bei der Abwicklung des Sondervermögens beim Erlöschen des Rechts der Kapitalanlagegesellschaft ein Sondervermögen zu verwalten, das Verfügungsrecht nicht auf die Anteilscheininhaber, sondern auf die Depotbank übergeht. Die Rechtstellung des Anteilscheininhabers ist letztlich nur wertmäßig, nicht aber gegenständlich begründet. Dies führt im Ergebnis dazu, dass der Anteilsschein ausschließlich als Wertpapier zu bilanzieren ist.[871]

Anteilsscheine als Wertpapiere sind ebenfalls bei Spezialfonds in der Bilanz zu erfassen.[872] Die durch das Sondervermögen repräsentierten Vermögensgegenstände, wie z.B. Immobilien, bleiben in der Buchführung des Anlegers außer Ansatz. Zum einen gelten für Spezialfonds im Rahmen der Bilanzierung die gleichen rechtlichen Vorgaben wie die Publikumsfonds. Hier müssen die gleichen Bedingungen gelten.[873] Zum anderen liegt auch bei Spezialfonds keine ungebrochene Eigentümerstellung vor. Auch wenn § 38 Abs. 5 InvG beispielsweise bei einem einzigen Anteilscheininhaber an einem Spezial-Sondervermögen keine Probleme hinsichtlich einer ungebrochenen Eigentümerstellung bestehen, so stellt hier § 39 Abs. 1 InvG abermals klar, dass das Verfügungsrecht im Falle der Abwicklung des Sondervermögens zunächst auf die Depotbank übergeht, so dass letztlich wiederum nur eine wertmäßige Rechtstellung auch eines einzigen Spezialfondsanlegers begründet ist.

2. Investmentanteile in der Steuerbilanz

Investmentanteile werden grundsätzlich auf Grund der handelsrechtlichen Vorgabe in der Steuerbilanz zur Besteuerung zugrunde gelegt. Dem steht auch nicht das im Investmentsteuerrecht wichtige Transparenzprinzip entgegen. Bei Investmentanteilen ist eine Erfassung der Anteilscheine als eigenständige Wirtschaftsgüter dadurch möglich, dass Wirtschaftsgüter steuerrechtlich entsprechend des Investmentsteuerrechts nicht nach dem Transparenzprinzip mangels anderweitiger gesetzlicher Regelung den Anteilscheininhabern zuzuordnen sind, sondern vielmehr wegen des vom Gesetzgeber vorausgesetzten Trennungsprinzips eine Abschirmwirkung des Sondervermögens eintritt und eine Zurechnung über § 39 AO nicht erfolgen kann, was ebenfalls dazu führt, dass die Wirtschaftsgüter des Sondervermögens dem Betriebsvermögen des Investmentanlegers weder handels- noch steuerrechtlich anteilig unmittelbar zugerechnet werden können. An die Stelle der anteiligen Wirtschaftsgüter tritt

871 *Häuselmann*, BB 1992, 312 (315).
872 *Lübbehüsen* in: Brinkhaus/Scherer, KAGG, § 39, Rn. 59.
873 *Häuselmann*, BB 1992, 312 (315).

der Investmentanteil als eigenständiges Wirtschaftsgut.[874] Die Handelsbilanz kann dementsprechend zunächst Grundlage für die steuerrechtliche Gewinnermittlung sein, wenn diese nicht gegen zwingende handelsrechtliche Vorschriften verstößt.[875] Die Steuerbilanz ist damit auch im Investmentsteuerrecht von der Handelsbilanz abhängig. Verkompliziert wird dies durch unterschiedliche Bewertungsvorschriften im Handels- und im Steuerrecht, die gegebenenfalls auch Wahlrechte hinsichtlich des Bewertungsansatzes zulassen. Denn der Grundsatz des Handelsrechts, vorsichtig zu bewerten,[876] kann im Steuerrecht nur eingeschränkt gelten. Schließlich liegt es im Interesse des Fiskus, anhand der tatsächlich bestehenden Leistungsfähigkeit eine Steuer festzusetzen, die nicht durch Bilanzierungsregelungen beeinflusst werden kann und alle vorhersehbaren Risiken und Wertverluste berücksichtigt.[877]

II. Bewertung des Fonds und der Investmentanteile

Innerhalb der Gewinnermittlung durch einen Betriebsvermögensvergleich wird die Steuerbilanz nach dem Maßgeblichkeitsprinzip des § 5 Abs. 1 EStG grundsätzlich aus der Handelsbilanz abgeleitet.[878] Dies bedeutet beispielsweise, dass in der Handelsbilanz vorgenommene Abschreibungen auf Wertpapiere auch für steuerrechtliche Zwecke maßgeblich sind, sofern dem nicht unter Durchbrechung des Maßgeblichkeitsprinzips steuerrechtliche Vorschriften entgegenstehen (§ 5 Abs. 6 EStG).[879] Investmentanteile eines inländischen Betriebsvermögens sind in der Steuerbilanz für die steuerrechtliche Gewinnermittlung somit nur dann nach den Bewertungsregeln des Handelsrechts zu bewerten, wenn die Bewertungsvorschriften des Steuerrechts (§ 6 EStG) keine andere Beurteilung vorsehen.[880] Bei Bewertungsfragen ist jedoch zu beachten, dass die investmentsteuerrechtlichen Vorschriften des Investmentsteuergesetzes als leges speciales

---

874 Vgl. bereits oben zur Kombination des Trennungs- und Transparenzprinzips im Investmentsteuerrecht Kapitel 2, A, 6, a, (2), (b), i; Ferner erfolgt aus diesem Grund eine Kapitalspiegelung i. S. eines „anteiligen Eigenkapitals“ am Fonds aufgrund des Trennungsprinzips nicht.

875 *Wöhe,* Bilanzierung und Bilanzpolitik, S. 205; *Stotz,* Besteuerung von Wertpapier-Investmentfonds, 1998, S. 175.

876 *Winnefeld,* Bilanz-Handbuch, E, Rn. 74.

877 *Wöhe,* Bilanzierung und Bilanzpolitik, S. 204; *Winnefeld,* Bilanz-Handbuch, E, Rn. 74; *Otterbach,* Verwaltung und Besteuerung von Spezialfonds nach dem KAGG, 2004, S. 228.

878 *Lindemann,* Besteuerung von Aktienfonds nach der Unternehmensteuerreform, 2004, S. 218.

879 *Stoschek/Peter/Bittner*, FR 2003, 941 (947).

880 *Häuselmann,* BB 1992, 312 (316); *Stotz,* Besteuerung von Wertpapier-Investmentfonds, 1998, S. 175; *Otterbach*, Verwaltung und Besteuerung von Spezialfonds nach dem KAGG, 2004, S. 232; *Lübbehüsen* in: Brinkhaus/Scherer, KAGG, § 39, Rn. 59; *Stoschek/Peter/Bittner*, FR 2003, 941 (947).

Vorrang vor den allgemeinen ertragsteuerrechtlichen Vorschriften und insbesondere auch § 5 Abs. 1 EStG haben.[881] An Bedeutung gewinnen hierbei wiederum die ausschüttungsgleichen Erträge, die i.S. des § 2 Abs. 1 Satz 2 InvStG erst mit dem Ablauf des Geschäftsjahres, in dem sie vereinnahmt wurden, als zugeflossen gelten und dementsprechend nicht in den Betriebsvermögensvergleich i.S. des § 5 Abs. 1 EStG im Geschäftsjahr der Thesaurierung einfließen können.[882] Des Weiteren ist nach vorgenanntem Grundsatz ebenso die Ertragsermittlungsvorschrift des § 3 InvStG gegenüber § 5 Abs. 1 EStG und den aus dem Maßgeblichkeitsprinzip anzuwendenden Vorgaben der Handelsbilanz lex specialis.

1. Inventarwert des Fondsvermögens

Zum Fondswert oder auch Inventarwert des Fondsvermögens zählen alle Vermögensgegenstände, die dem Fonds zugerechnet werden können.[883] Hierzu werden unter anderem Aktien, Grundstücke, Immobilien, stille Beteiligungen usw. gerechnet. Aber auch Ansprüche aus diesen Gegenständen wie z.B. Dividendenansprüche aus Aktien und Zinsansprüche werden zum Inventarwert des Fondsvermögens gerechnet. Der Wert eines Sondervermögens ist auf Grund der jeweiligen Kurswerte der zu ihm gehörenden Vermögensgegenstände abzüglich der aufgenommenen Kredite und sonstigen Verbindlichkeiten gem. § 36 Abs. 1 Satz 2 InvG von der Depotbank unter Mitwirkung der Kapitalanlagegesellschaft oder von der Kapitalanlagegesellschaft selbst börsentäglich zu ermitteln. Mit dieser Vorschrift wird die laufende Bewertung zum Börsenwert vorgeschrieben.[884] Nur sofern kein Börsenwert zu ermitteln ist, kann eine Bewertung nach § 36 Abs. 3 Satz 1 InvG nach dem Verkehrswert erfolgen.

Nach § 36 Abs. 1 Satz 1 InvG ergibt sich der Wert des Anteils aus der Teilung des Wertes des Sondervermögens durch die Zahl der in den Verkehr gelangten Anteile.[885] Investmentanteilsscheine dürfen von der Depotbank nur gegen volle Leistung des Ausgabepreises ausgegeben werden, wobei Sacheinlagen nach § 36 Abs. 1 Satz 3 InvG vorbehaltlich der Regelung des § 40 Satz 1 InvG für die Übertragung aller Vermögensgegenstände eines Sondervermögens unzulässig

---

881 *Wagner,* INF 2005, 420 (421); *Häuselmann,* BB 1992, 312 (316); *Stoschek/Peter/Bittner*, FR 2003, 941 (947).

882 Im Ergebnis so wohl auch *Häuselmann,* BB 1992, 312 (316); Vgl. auch unten Kapitel 3, F, IV, 2.

883 *Otterbach*, Verwaltung und Besteuerung von Spezialfonds nach dem KAGG, 2004, S. 137.

884 *Otterbach*, Verwaltung und Besteuerung von Spezialfonds nach dem KAGG, 2004, S. 137.

885 *Lindemann,* Besteuerung von Aktienfonds nach der Unternehmensteuerreform, 2004, S. 218.

sind. Durch die Ausgabe oder Rücknahme von Investmentanteilen ändert sich der Inventarwert nicht. Schließlich ist bei der Ausgabe der Investmentanteile die volle Leistung erforderlich, während bei der Rücknahme der Rücknahmepreis gem. § 23 Abs. 2 Satz 3 InvG dem Wert des Anteils am Sondervermögen entsprechen muss.[886]

2. Erwerb von Investmentanteilen

a. Anschaffungskosten von Investmentanteilen

Aus der steuerrechtlichen Bewertung der Investmentanteile nach der allgemeinen Zugrundelegung von § 6 EStG ergibt sich, dass die Anteilsscheine zunächst beim Erwerb mit ihren Anschaffungskosten i.S. der §§ 253 Abs. 1 Satz 1, 255 Abs. 1 HGB inklusive der dabei entstandenen Nebenkosten zu bewerten sind.[887] Für Investmentfonds bedeutet dies, dass der Ausgabepreis nach § 23 Abs. 1 Satz 2 InvG in der Bewertung zugrunde zu legen ist, wenn der Erwerb der Investmentanteile über die ausgebende Depotbank erfolgte. Werden die Anteilsscheine aber nicht über die Depotbank erworben, kann der Anschaffungspreis vom Wert eines Investmentanteils abweichen. Dies verhindert auch nicht die Vorschrift des § 36 Abs. 1 Satz 1 InvG, wonach sich der Wert des Anteils aus der dort genannten Teilungsberechnung ergibt.

Im Rahmen der Bilanzierung von Investmentfondsanteilen sind die Ausgabeaufschläge als Anschaffungskosten gem. § 23 Abs. 2 Satz 1 InvG mit zu berücksichtigen und stellen daher keine abzugsfähigen Betriebsausgaben oder Werbungskosten dar.[888] Denn bei den Aufschlägen, die bereits in den Vertragsbedingungen entsprechend § 41 Abs. 1 Satz 2 InvG aufgeführt sind, handelt es sich um unselbstständige Teile des Ausgabepreises. Diese sind somit formal in den Kaufpreis des Anteilsscheins einzubeziehen.[889] Berücksichtigung können die Ausgabeaufschläge demnach gem. § 23 Abs. 3 Satz 1 EStG in steuerrechtlicher Hinsicht nur dann entfalten, wenn die Fondsanteile innerhalb der Spekulationsfrist des § 23 Abs. 1 Satz 1 Nr. 2 EStG veräußert werden.

---

886 So auch *Otterbach*, Verwaltung und Besteuerung von Spezialfonds nach dem KAGG, 2004, S. 138f.

887 *Lindemann*, Besteuerung von Aktienfonds nach der Unternehmensteuerreform, 2004, S. 218; *Häuselmann*, BB 1992, 312 (316); *Otterbach*, Verwaltung und Besteuerung von Spezialfonds nach dem KAGG, 2004, S. 232; *Stotz*, Besteuerung von Wertpapier-Investmentfonds, 1998, S. 175. Als Anschaffungsnebenkosten sind z.B. Spesen, Provisionen und Gebühren zu bewerten.

888 *Lübbehüsen* in: Brinkhaus/Scherer, KAGG, § 39, Rn. 59; Vgl. auch *Häuselmann*, BB 1992, 312 (316).

889 *Stotz*, Besteuerung von Wertpapier-Investmentfonds, 1998, S. 175; *Häuselmann*, BB 1992, 312 (316).

Sofern die Anteilsscheine anders als von der Depotbank bezogen worden sind, stellt sich die Frage nach der Einbeziehung des Ausgabeaufschlags nicht, da lediglich ein Kaufpreis nicht aber ein Aufschlag gezahlt wurde.[890]

b. Ertragsausgleich

Im Ertragsausgleichsverfahren werden Ertragsausgleichsbeträge geriert, durch die erreicht werden soll, dass allen am Fonds beteiligten Anteilscheininhabern unabhängig vom Zeitpunkt des Erwerbs ihrer Anteile bei Ausschüttung oder Thesaurierung ein gleich hoher Betrag zukommt.[891] Veränderungen des Personenbestands einer Publikumsgesellschaft, insbesondere durch Anteilskäufe und Anteilsrückgaben innerhalb eines Geschäftsjahres sollen den Anteil der Erträge am Inventarwert des Sondervermögens nicht beeinflussen.[892] Der Fondsertrag kann sich durch Ankäufe und Verkäufe zwar formell bezogen auf den einzelnen Anteilsschein ändern, nicht aber auf das materiell zuzurechnende Fondsvermögen. Diesbezüglich findet hinsichtlich des Fondsertrags auch nur eine interne Zurechnung auf Fondsebene auf einem Ertragsausleichskonto statt. Die interne Zurechnung schließt jedoch eine Aufteilung in ein Stammrecht und anteilige Erträge aus, da im Ertragsausgleichsbetrag und Anteilsschein ein einheitlicher Vermögensgegenstand gegeben ist.[893] Dies ist demnach inhaltsgleich zu einem Aktien oder GmbH-Anteil zu beurteilen, bei denen sich von einem einheitlichen Wirtschaftsgut kein anteiliges Gewinnbezugsrecht abspalten lässt.[894] Gleiches gilt in steuerrechtlicher Hinsicht, in der ebenso keine Aufteilung des gezahlten Ertragsausgleichs und der einheitlichen Anschaffungskosten erfolgt.[895]

c. Anschaffungsnebenkosten

Anschaffungsnebenkosten können bei Investmentfondsanteilen dann entstehen, wenn es sich nicht um unselbstständige Teile des Ausgabepreises handelt. Denn außerhalb des Erwerbs anfallende Aufwendungen, die aber der Anschaffung dienen, werden gem. § 255 Abs. 1 Satz 2 HGB als Anschaffungsnebenkosten den Anschaffungskosten zugeordnet und mit diesen gemeinsam verbucht. Vor allem sind dies beim Erwerb von Anteilsscheinen z.B. Spesen, Provisionen und

---

890 *Häuselmann,* BB 1992, 312 (316).

891 *Thorn/Otto/Geese*, Handbuch für die Besteuerung von Fondsvermögen, 2002, S. 19; *Heller,* DStZ 2003, 261 (261); vgl. auch dazu bereits oben Kapitel 3, D, III, 1, a, (3), (d).

892 OFD Kiel, FR 1999, 1015 (1018); *Lindemann,* Besteuerung von Aktienfonds nach der Unternehmensteuerreform, 2004, S. 123; *Scholtz,* DStZ A 1972, 334 (334); *Heller,* DStZ 2003, 261 (261).

893 *Häuselmann,* BB 1992, 312 (317).

894 *Lübbehüsen* in: Brinkhaus/Scherer, KAGG, § 39, Rn. 59; *Häuselmann,* BB 1992, 312 (317).

895 *Häuselmann,* BB 1992, 312 (317).

Gebühren, die außerhalb der Rechtsbeziehungen zur Depotbank auf einem so genannten Sekundärmarkt anfallen.[896]

Häuselmann[897] ist der Ansicht, dass es dem Grundsatz der Wirtschaftlichkeit entspreche, typische Anschaffungsnebenkosten für Wertpapiere unmittelbar aufwandswirksam zu buchen, wenn sie im Verhältnis zum Anschaffungspreis unbedeutend sind. Diese Ansicht werde bereits in der Bilanzierungspraxis der Kreditinstitute vertreten und sollte auch für die Bilanzierung bei Handelsunternehmen gelten. Zum einen werde damit bei Kapitalgesellschaften der Blick auf die tatsächlichen finanziellen Verhältnisse gem. § 264 Abs. 2 Satz 1 HGB nicht verstellt, zum anderen würden praktische Probleme der Folgebewertung umgangen. Dazu gehöre beispielsweise die Frage, ob niedrigere Teilwerte auch entsprechend bei den Anschaffungsnebenkosten zu berücksichtigen sind. Jedenfalls seien aber nach ständiger Rechtsprechung, Verwaltung und Teilen der Literatur Anschaffungsnebenkosten grundsätzlich zu aktivieren.[898]

Der Ansicht *Häuselmanns* ist insoweit beizupflichten, als dass es wirtschaftlich kaum einen Unterschied macht, ob die Kosten unselbstständige Teile des Ausgabepreises darstellen und deswegen direkt mit den Anschaffungskosten bilanziert werden, oder aber ob es sich um typische Anschaffungsnebenkosten handelt, die schon vom Grundsatz her zu den Anschaffungskosten zählen sollten. Gerade der Grundsatz der Wirtschaftlichkeit der Rechnungslegung muss diese Vereinfachung zulassen, zumal weitergehende Argumente, die einer Bewertung als Anschaffungskosten entgegenstehen könnten, nicht ersichtlich sind. Des Weiteren wird außerdem durch eine unmittelbar aufwandswirksame Buchung von typischen Anschaffungsnebenkosten für Wertpapiere das Vorsichtsprinzip der handelsrechtlichen Bewertung damit nicht tangiert.

---

896 *Lübbehüsen* in: Brinkhaus/Scherer, KAGG, § 39, Rn. 59; *Häuselmann,* BB 1992, 312 (317).

897 *Häuselmann,* BB 1992, 312 (317) m.w.N.

898 Da Bilanzierungsfragen nicht den Schwerpunkt der vorliegenden Arbeit bilden, soll das angedeutete Problem zu den Anschaffungsnebenkosten und seiner Bilanzierung nur kurz erwähnt bleiben und auf die angegebene Literatur verwiesen werden. Vgl. zur Bilanzierung der Anschaffungsnebenkosten BFH vom 15.07.1966, BStBl. III 1966, 643 (643); BFH vom 22.03.1972, BStBl. II 1972, 489 (489); OFD Münster vom 28.07.1986, Verfügung vom 28.07.1986 – S 2522 – 64 – St11 – 31 (S 2174 – 84 – St11 – 31/ zu § 6 Abs. 1 Nr. 2 EStG), BB 1986, 2243 (2243); *Heuer* in Herrmann/Heuer/Raupach, § 6 EStG, Rn. 1095 m.w.N.; *Glanegger* in: Schmidt, § 6 EStG, Rn. 250, Anm. 62, „Wertpapiere".

III. Folgebewertung von Investmentanteilen

Investmentanteile können entweder dem Anlage- oder dem Umlaufvermögen zugeordnet werden. Dies hat vor allem für die Folgebewertung in den anschließenden Geschäftsjahren materielle Konsequenzen. Während dies für Wertsteigerungen von untergeordneter oder gar ohne Bedeutung ist, da eine Bewertung höchstens zu den Anschaffungskosten erfolgen darf,[899] ergibt sich für Wertminderungen ein anderes Bild. Diese sind entsprechend der Zuordnung zum Anlage- oder Umlaufvermögen am Ende des Geschäftsjahres für die Bilanzierung relevant.[900]

1. Zuordnung des Investmentanteils zum Anlage- oder Umlaufvermögen

Die Abgrenzung, ob es sich bei den jeweiligen Investmentanteilen um Anlage- oder Umlaufvermögen handelt, orientiert sich zunächst an der Abgrenzungsvorschrift des § 247 Abs. 2 HGB. Danach wird zum Anlagevermögen gerechnet, was dazu bestimmt ist, dauernd dem Geschäftsbetrieb zu dienen. Dieses lässt sich gerade aber bei Investmentanteilen nicht immer mit Gewissheit sagen, so dass eine klare Abgrenzung versagt.[901] Denn hinter einem Anteilserwerb können sowohl die Bildung eines finanziellen Grundstocks und die Bindung von Eigenkapital, als auch die kurzfristige Spekulation mit Anteilen stehen. In diesen Fällen geschieht die Zuordnung anhand der Zweckbestimmung der bilanzierenden Kaufleute. Eine solche Zweckbestimmung des dauernden Dienens im Geschäftsbetrieb ist letztlich aber nur auf Grund der subjektiven Absicht der Kaufleute zu ermitteln.[902] Wenn Kaufleute die Investmentanteile als Anlagevermögen bilanzieren, dürfte die rechtliche Einordnung auch dorthin gehen. Nach § 5 Abs. 1 und Abs. 6, § 6 EStG gilt die handelsrechtliche Unterscheidung zwischen Anlage- und Umlaufvermögen ebenso steuerrechtlich.[903] Die steuerrechtliche Zuordnung ergibt sich wie im Handelsrecht aus der Zweckbestimmung, ob Wirtschaftsgüter dem Geschäftsbetrieb dauernd dienen und somit zum Anlagevermögen gehören.[904] Weiterhin vertritt die Finanzverwaltung in R 6.1 Abs. 1 Satz 3 EStR 2006[905] die Auffassung, dass bei nicht eindeutig feststellba-

---

899 *Lindemann,* Besteuerung von Aktienfonds nach der Unternehmensteuerreform, 2004, S. 227.

900 *Stotz*, Besteuerung von Wertpapier-Investmentfonds, 1998, S. 175.

901 *Häuselmann,* BB 1992, 312 (318).

902 *Hoyos/Schmidt-Wendt,* in: Beck´scher Bilanzkommentar, § 247 HGB, Rn. 357; *Häuselmann,* BB 1992, 312 (318).

903 *Stobbe* in Herrmann/Heuer/Raupach, § 5 EStG, Anm. 2104; Vgl. auch *Stobbe* in Herrmann/Heuer/Raupach, § 6 EStG, Anm. 265 „Wertpapiere“; *Häuselmann,* BB 1992, 312 (318).

904 *Stobbe* in Herrmann/Heuer/Raupach, § 6 EStG, Anm. 253ff.

905 Entspricht R 32 Abs. 1 Satz 3 EStR 2003.

rer Zweckbestimmung die Bilanzierung als Anhaltspunkt für die Zuordnung zum Anlagevermögen genommen werden kann.

2. Bewertung von Investmentanteilen im Anlagevermögen

Wie oben bereits angedeutet,[906] sind Wertsteigerungen der einzelnen Anteilsscheine erst im Zeitpunkt der Veräußerung oder Rückgabe von Bedeutung und auch erst dort bilanziell zu erfassen.[907] Ebenso sind auch Werterhöhungen des Sondervermögens ohne Bedeutung, da nicht die Wirtschaftsgüter (z.B. Aktien) des gesamten Fondsvermögens bilanziell erfasst werden. Handelsrechtlich ist lediglich der einzelne Anteilsschein von Bedeutung. Wertveränderungen im Portfolio des Sondervermögens sind für den Anteilscheininhaber damit sowohl handelsrechtlich als auch über das Maßgeblichkeitsprinzip des § 5 Abs. 1 EStG steuerrechtlich irrelevant, solange nicht durch die Wertveränderung der Wert des Fondsvermögens (Inventarwert) und damit des einzelnen Anteilsscheins betroffen ist.[908]

Im Gegensatz dazu können Wertminderungen bei Investmentanteilen im Anlagevermögen grundsätzlich bereits vor Veräußerung oder Rückgabe in der Bilanz Berücksichtigung finden. Nach § 253 Abs. 2 Satz 3 HGB besteht bei vorübergehenden Wertminderungen ein Wahlrecht, ob auf einen niedrigerer beizulegenden Wert am Abschlussstichtag außerplanmäßig abzuschreiben ist oder ob der bereits angesetzte Wert beibehalten wird. Nur bei voraussichtlich dauerhaften Wertminderungen besteht eine Pflicht zur außerplanmäßigen Abschreibung.[909] Allerdings gilt dieses Wahlrecht bei voraussichtlich nicht dauerhaften Wertminderungen für Kapitalgesellschaften nach § 279 Abs. 1 Satz 2 HGB nur einschränkend für Vermögensgegenstände, die Finanzanlagen sind. Ansonsten besteht, wie bei voraussichtlich dauerhaften Wertminderungen, die Pflicht, außerplanmäßig abzuschreiben.[910]

Bei der Ermittlung des beizulegenden Wertes dürfen nur die Anteilsscheine berücksichtigt werden. Nur diese verkörpern die Rechte der Investmentsparer. Die einzelnen Wertpapierwerte oder andere Vermögensgegenstände des Anlagevermögens, die dem Sondervermögen zuzuordnen sind, bleiben dabei außer

---

906 Vgl. oben Kapitel 3, F, III.

907 *Lindemann,* Besteuerung von Aktienfonds nach der Unternehmensteuerreform, 2004, S. 227; *Häuselmann,* BB 1992, 312 (318).

908 *Häuselmann,* BB 1992, 312 (318).

909 Zum Begriff der dauernden Wertminderung vergleiche auch den „Teilwert-Erlass“ vom 25.02.2000, I § 6/ 12, II Nr. 1 Tz.3f., vgl. ebenfalls *Schick/Bickert,* BB 2006, 1999, 2001.

910 *Häuselmann,* BB 1992, 312 (318).

Betracht.[911] Anteilsscheine von Investmentvermögen sind selbst nicht an der Börse notiert, wodurch auch kein Börsenwert zu ermitteln ist. Als beizulegender Wert i.S. des § 253 Abs. 2 Satz 3 HGB kann danach nur der gesunkene Wert des Anteilsscheins als Wiederbeschaffungswert gesehen werden.[912]

Die außerplanmäßigen Abschreibungen nach § 253 Abs. 2, 3 HGB entsprechen der steuerrechtlichen Teilwertabschreibung und können auch bei der Wertermittlung i.S. des § 6 Abs. 1 Nr. 2 EStG zugrunde gelegt werden.[913] Dies gilt ebenso für Investmentanteile in der steuerrechtlichen Bewertung, wonach der Rücknahmepreis von Investmentanteilen den Teilwert darstellt.[914] Als Teilwert wird grundsätzlich der Betrag gesehen, den ein Erwerber des gesamten Betriebs bei dessen Fortführung im Rahmen des Gesamtkaufpreises für das zu bewertende Wirtschaftsgut insgesamt ansetzen würde.[915] Jedoch stellt der Nennwert der Forderung für den Kaufmann auf Grund der Kapitalüberlassung die Obergrenze der Bewertung dar.[916] Des Weiteren besteht grundsätzlich die Vermutung, dass der Teilwert eines Wirtschaftsguts im Allgemeinen dem Wiederbeschaffungspreis entspricht.[917] Diese Vermutung gilt jedoch nicht bei so genannten entbehrlichen Wirtschaftsgütern, deren Teilwert durch den Verkehrswert und nicht durch den Wiederbeschaffungswert bestimmt wird.[918]

Vor diesem Hintergrund differenziert der BFH bei Investmentanteilen danach, ob diese für den Betrieb entbehrlich sind.[919] Wenn eine solche Entbehrlichkeit vorliegt, sei im Ergebnis nicht der Ausgabepreis der Investmentanteile, sondern nur der Rücknahmepreis anzusetzen.[920] Eine derartige Entbehrlichkeit ist nach

---

911 *Häuselmann,* BB 1992, 312 (318).

912 *Häuselmann,* BB 1992, 312 (318); *Stotz,* Besteuerung von Wertpapier-Investmentfonds, 1998, S. 175.

913 *Stotz,* Besteuerung von Wertpapier-Investmentfonds, 1998, S. 175f.; *Häuselmann,* BB 1992, 312 (318).

914 BFH vom 22.03.1972, BStBl. II 1972, 489 (489); BFH vom 05.10.1972, BStBl. II, 1973, 207 (209); *Stotz,* Besteuerung von Wertpapier-Investmentfonds, 1998, S. 176.

915 BFH vom 22.03.1972, BStBl. II 1972, 489 (489); So auch *Seithel,* FR 1973, 169 (169).

916 *Lindemann,* Besteuerung von Aktienfonds nach der Unternehmensteuerreform, 2004, S. 228.

917 *Seithel,* FR 1973, 169 (169).

918 BFH vom 25.06.1970, BStBl. II 1970, 721 (721).

919 Zum Begriff der Entbehrlichkeit vgl. BFH vom 05.10.1972, BStBl. II, 1973, 207 (208f.); kritisch dazu *Albrod/Friele,* FR 1975, 235 (237f.).

920 BFH vom 22.03.1972, BStBl. II 1972, 489 (489); *Stotz,* Besteuerung von Wertpapier-Investmentfonds, 1998, S. 176; *Glanegger* in: Schmidt, § 6 EStG, Rn. 228, Anm. 55, „Investmentanteilen"; a.A. *Häuselmann,* BB 1992, 312 (318); *Albrod/Friele,* FR 1975, 235 (237f.), die die Rechtsprechung des BFH als problematisch ansehen. Zum einen

Auffassung des BFH anzunehmen, wenn die Anteile für einen ungestörten Fortgang des Betriebs nicht gebraucht werden und dafür sogar „überflüssig" sind.[921] Dies sei auch gerechtfertigt, da der Rücknahmepreis dem anteiligen Wert des Sondervermögens entspreche, der den Wert der Investmentanteile bestimme.[922] Hingegen seien Investmentanteile dann nicht entbehrlich und dementsprechend eine Teilwertabschreibung ausgeschlossen, wenn die Anteile beispielsweise der erforderlichen Kapitalausstattung des Betriebs zuzurechnen sind oder als Kapitalunterlage dienen oder zu dienen bestimmt sein können.[923] Ebenso sei eine Teilwertabschreibung ausgeschlossen, wenn der Bewertungsstichtag zeitlich nahe dem Anschaffungszeitpunkt der Investmentanteile folge. Denn zu einem solchen Zeitpunkt könnten nach der Rechtsprechung des BFH die Investmentanteile noch nicht als entbehrlich im Sinne von überflüssig betrachtet werden.[924] Problematisch ist dabei allerdings, wie eng der zeitliche Zusammenhang in Form der zeitlichen Nähe auszusehen hat, damit eine „Unentbehrlichkeit" vorliegt.

Diese Frage ist durch die Rechtsprechung des BFH bislang nicht geklärt worden.[925] Bei der Einführung der zeitlichen Komponente durch den BFH wird lediglich eine Vermutung aufgestellt, die Anteilsscheinen eine Funktion für den Betrieb in einem gewissen zeitlichen Rahmen zuerkennt.[926] Durch die vom BFH eingeführte Voraussetzung eines engen zeitlichen Zusammenhangs der Unentbehrlichkeit der Investmentanteile für den Betrieb und der damit ausgeschlossenen Teilwertabschreibung sollen Gestaltungen bilanzierender Steuerpflichtiger vermieden werden, Investmentanteile wegen der Möglichkeit, diese als gewillkürtes Betriebsvermögen zu behandeln,[927] von der privaten in die betriebliche Sphäre zu verlagern, um steuerrechtliche Vorteile aus der Qualifizierung zum Betriebsvermögen der einhergehende Minderung der steuerrechtlichen Bemes-

---

werde der Teilwertbegriff des Einkommensteuergesetzes durch die Rechtsprechung nicht gedeckt, da von einer gedachten Veräußerung und nicht von einem fiktiven Erwerb ausgegangen werde. Zum anderen würde ein möglicher Erwerber dem Veräußerer aber regelmäßig mehr als den Rücknahmepreis für die Investmentanteile bezahlen, wie dies herkömmlicherweise auch im freihändigen Verkaufsfall, bei dem Kaufpreise erzielt werden könnten, die deutlich über dem Rücknahmewert lägen, gegeben wäre.

921 BFH vom 05.10.1972, BStBl. II, 1973, 207 (208).

922 So auch BFH vom 22.03.1972, BStBl. II 1972, 489 (490), Vgl. ebenso *Seithel,* FR 1973, 169 (169).

923 BFH vom 05.10.1972, BStBl. II, 1973, 207 (209).

924 BFH vom 05.10.1972, BStBl. II, 1973, 207 (209).

925 So auch schon *Stotz*, Besteuerung von Wertpapier-Investmentfonds, 1998, S. 176, Fn. 92; *Albrod/Friele,* FR 1975, 235 (238).

926 BFH vom 05.10.1972, BStBl. II, 1973, 207 (209).

927 *Albrod/Friele,* FR 1975, 235 (235).

sungsgrundlage zu erlangen.[928] Hierbei lässt der BFH aber außer Betracht, dass der Ansatz eines niedrigeren Wertes in der Praxis wohl selten vorkommen dürfte. Ein gedachter Erwerber würde dem Veräußerer regelmäßig mehr bezahlen als den Rücknahmepreis, so dass eine Teilwertabschreibung in solchen Konstellationen ohnehin selten vorkäme. Eine Zugrundelegung des Preises, zu dem der Steuerpflichtige bereit ist, die Anteile abzugeben, entspricht nicht der Realität.[929]

Im umgekehrten Fall wären Gestaltungen, durch die Investmentanteile nach der Anschaffung mit dem Ausgabepreis bewertet und unmittelbar danach zum Rücknahmepreis in das Privatvermögen entnommen würden, möglicherweise unter den Tatbestand des Gestaltungsmissbrauchs gem. § 42 AO zu subsumieren.[930] Letztlich würde durch solch eine Gestaltung der Bewertung zum Ausgabepreis im Betriebsvermögen mit einer unmittelbaren Entnahme in das Privatvermögen zum Rücknahmepreis ein Steuervorteil erreicht werden, der bei einer direkten Zuordnung der Anschaffung zum Privatvermögen nicht entstanden wäre. Dadurch würde aber letztlich das Steuergesetz i.S. des § 42 Abs. 1 Satz 1 AO umgangen werden, was durch diese Vorschrift aber verhindert werden soll.

Des Weiteren bestimmt § 279 Abs. 1 HGB Besonderheiten für Kapitalgesellschaften. Diese dürfen Abschreibungen nach vernünftiger kaufmännischer Beurteilung nicht vornehmen. Zusätzlich ist das gemilderte Niederstwertprinzip eingeschränkt.[931] Nur für Finanzanlagen des Anlagevermögens besteht das Wahlrecht und die Möglichkeit der Angabe eines niedrigeren Teilwerts bei

---

928 BFH vom 05.10.1972, BStBl. II, 1973, 207 (209); *Albrod/Friele,* FR 1975, 235 (236).

929 So *Albrod/Friele,* FR 1975, 235 (237f.); *Häuselmann,* BB 1992, 312 (318).

930 BFH vom 05.10.1972, BStBl. II, 1973, 207 (209); *Stotz*, Besteuerung von Wertpapier-Investmentfonds, 1998, S. 176.

931 Während das Niederstwertprinzip für Werte der Aktivseite einer Bilanz einen möglichst niedrigen Bewertungsansatz verlangt (strenges Niederstwertprinzip), soll für Werte auf der Passivseite nach dem Höchstwertprinzip ein möglichst hoher Wertansatz gewählt werden (strenges Höchstwertprinzip). In der Steuerbilanz sollen sich derartige Risiken aber nicht abbilden. Im Anlagevermögen gilt das strenge Niederstwertprinzip aber nur bei einer dauernden Wertminderung des Anlagevermögens (§ 253 Abs. 2 Satz 3 Halbsatz 2 HGB). Bei nur vorübergehenden Wertminderungen wird Kaufleuten ein Wahlrecht eingeräumt, ob sie den zur Zeit niedrigeren Wert in der Bilanz ansetzen möchten. Dieses Wahlrecht i.S. des § 253 Abs. 2 Satz 3 Halbsatz 1 HGB wird als Ausformung des gemilderten Niederstwertprinzips verstanden. Im Umlaufvermögen findet das gemilderte Niederstwertprinzip keine Anwendung. Hier ist i.S. des § 253 Abs. 3 Satz 1, 2 HGB zwingend auf den möglichst niedrigsten Wert abzustellen. Darüber hinaus sind gem. § 253 Abs. 3 Satz 3 HGB Abschreibungen nach vernünftiger kaufmännischer Beurteilung möglich. Vgl. auch *Otterbach,* Verwaltung und Besteuerung von Spezialfonds nach dem KAGG, 2004, S. 228.

vorübergehenden Wertminderungen. Des Weiteren besteht ein Wertaufholungsgebot nach § 280 Abs. 1 HGB sowohl für das Anlage- als auch für das Umlaufvermögen, wenn es nicht i.S. des § 280 Abs. 2 HGB auf Grund steuerrechtlicher Gewinnermittlungsvorschriften beibehalten werden kann. Steuerrechtlich ist aber gem. § 6 Abs. 1 Nr. 1 Satz 4 EStG und § 6 Abs. 1 Nr. 2 Satz 3 EStG eine Wertaufholungspflicht gegeben, womit das Wahlrecht des § 280 Abs. 2 HGB ins Leere läuft.[932] Sofern der Teilwert der Anteilsscheine steigt, muss eine Zuschreibung über § 6 Abs. 1 Nr. 1 Satz 4, Nr. 2 Satz 3 EStG erfolgen, da das Steuerrecht ein Wertbeibehaltungswahlrecht bei gestiegenen Teilwerten nicht kennt.[933]

Im Ergebnis wirken sich im Handelsrecht getroffene Bewertungsentscheidungen aber auch auf die Steuerbilanz aus, wenn nicht zwingende steuerrechtliche Vorschriften abweichende Wertansätze vorschreiben.[934] Das Maßgeblichkeitsprinzip des § 5 Abs. 1 Satz 1 EStG verlangt insoweit, dass steuerrechtliche Wahlrechte bei der Gewinnermittlung in Übereinstimmung mit der handelsrechtlichen Jahresbilanz auszuüben sind, wie sie die Grundsätze der ordnungsgemäßen Buchführung ergeben haben.[935] Als Wahlrechte bezeichnet man hierbei mehrere Möglichkeiten für Kaufleute, die in die Bilanz einzustellenden Vermögensgegenstände unterschiedlich zu bewerten. Im Gegenzug zu dem Grundsatz, dass Wahlrechte im Steuerrecht i.S. der ordnungsgemäßen Buchführung vorzunehmen sind, müssen ausgeübte steuerrechtliche Wahlrechte nach dem Grundsatz der umgekehrten Maßgeblichkeit i.S. des § 5 Abs. 1 Satz 2 EStG auch im Handelsrecht dementsprechend ausgeübt werden. Der Ansatz der Steuerbilanz wird folglich in die Handelsbilanz übernommen, um ein Auseinanderfallen der unterschiedlichen Bilanzen zu vermeiden.[936] Eine solche umgekehrte Maßgeblichkeit kann sich aber nur auf im Handels- und Steuerrecht korrespondierende Wahlrechte beziehen,[937] die sich entweder direkt aus dem Gesetz ergeben oder aber für die eine wahlrechtsableitende handelsrechtliche Öffnungsklausel existiert.[938]

Für Kapitalgesellschaften besteht eine solche Öffnungsklausel in den Vorschriften §§ 279 Abs. 2, 281 HGB. Nach der so möglichen umgekehrten Maßgeblich-

---

932 *Dietrich,* DStR 2000, 1629 (1633ff.).

933 *Otterbach*, Verwaltung und Besteuerung von Spezialfonds nach dem KAGG, 2004, S. 230.

934 *Wöhe,* Handels- und Steuerbilanz, S. 131f.

935 *Winnefeld,* Bilanz-Handbuch, C, Rn. 535; *Stotz,* Besteuerung von Wertpapier-Investmentfonds, 1998, S. 175.

936 *Winnefeld,* Bilanz-Handbuch, C, Rn. 596.

937 BFH vom 21.10.1993, BStBl. II 1994, 176 (178).

938 *Winnefeld,* Bilanz-Handbuch, C, Rn. 595.

keit müssen steuerrechtlich getätigte Abschreibungen auch handelsrechtlich vorgenommen werden.[939]

Die Vorgaben bei der Ausübung eines Wahlrechts in der Bilanzierung beim Ansatz von Teilwerten veranschaulicht die nachfolgende Abbildung:

Abbildung 8: Wahlrechte bei Teilwertabschreibungen

	dauerhafte Wertminderung		nicht dauerhafte Wertminderung	
	HGB	§ 6 EStG	HGB	§ 6 EStG
Anlagevermögen, gemildertes Niederstwertprinzip, § 253 Abs. 2 S. 3 HGB	zwingend	zwingend	Wahlrecht/ Verbot[940]	unzulässig
Umlaufvermögen § 253 Abs. 3 HGB, strenges Niederstwertprinzip	zwingend	zwingend	zwingend	unzulässig[941]
Zuschreibungspflicht	Wenn der Teilwert steigt: zwingend bis zu den fortgeführten Anschaffungs-/Herstellungskosten			

Quelle: Ähnlich Otterbach, Verwaltung und Besteuerung von Spezialfonds nach dem KAGG, 2004, Abbildung, S. 231.

3. Bewertung von Investmentanteilen im Umlaufvermögen

Investmentanteile im Umlaufvermögen sind nach dem strengen Niederstwertprinzip gem. § 253 Abs. 3 HGB zu bewerten.[942] Die Bewertung richtet

---

939 *Otterbach*, Verwaltung und Besteuerung von Spezialfonds nach dem KAGG, 2004, S. 229.

940 Kapitalgesellschaften können nach § 279 Abs. 1 Satz 2 HGB nur Finanzanlagen im Anlagevermögen bei einer nicht dauerhaften Wertminderung mit dem niedrigeren Wert ansetzen, ansonsten muss bei allen anderen Vermögensgegenstände eine dauerhafte Wertminderung vorliegen. Ebenso *Otterbach*, Verwaltung und Besteuerung von Spezialfonds nach dem KAGG, 2004, S. 231, Fn. 1198.

941 Dabei ist die geplante Verweildauer im Unternehmen zu berücksichtigen. Ausnahmsweise können auch Kursschwankungen zu Teilwertabschreibungen berechtigen, BMF-Erlass vom 25.2.2000, I § 6/ 12, II Nr. 1 Tz.4; II Nr. 4. Ebenso *Otterbach*, Verwaltung und Besteuerung von Spezialfonds nach dem KAGG, 2004, S. 231, Fn. 1199.

942 *Lindemann*, Besteuerung von Aktienfonds nach der Unternehmensteuerreform, 2004, S. 228.

sich auch hier nach dem beizulegenden Wert. Entscheidend ist dieser Wert am Abschlussstichtag, da Investmentanteile nicht börsennotiert sind. Aus dem strengen Niederstwertprinzip folgt eine Abschreibungsverpflichtung, wenn der beizulegende Wert niedriger ist als der Buchwert.[943] Diese Abschreibung ist bei Investmentanteilen im Umlaufvermögen grundsätzlich auf den Wiederbeschaffungswert vorzunehmen, wenn nicht ausnahmsweise mit einer alsbaldigen Veräußerung der Anteile zu rechnen ist.[944]

Der Begriff des Teilwerts ist steuerrechtlich bei Investmentanteilen sowohl im Anlage- als auch im Umlaufvermögen identisch.[945] Für außerplanmäßige Abschreibungen im Steuerrecht bedeutet dies, dass wie bei Anteilen im Anlagevermögen wiederum die Frage der Entbehrlichkeit und Überflüssigkeit gestellt werden muss.[946] Denn nur wenn die Investmentanteile für entbehrlich erachtet werden können, ist eine Teilwertabschreibung möglich. Für Investmentanteile im Umlaufvermögen spricht aber bereits eine widerlegbare Vermutung dahingehend, dass diese entbehrlich sind und somit mit dem Rücknahmepreis angesetzt werden können.[947]

4. Steuerrechtliches Wertaufholungsgebot

Nach § 5 Abs. 1 Satz 2, § 6 Abs. 1 Nr. 1 Satz 4, Nr. 2 Satz 3 EStG müssen im Steuerrecht nicht dauerhafte Wertminderungen zugeschrieben werden.[948] Dies bedeutet für Kapitalgesellschaften, dass diese bei Wegfall der Gründe der Vornahme einer außerplanmäßigen Abschreibung bei so genannten Wertaufholungen, wodurch das Wirtschaftgut wieder an Wert gewinnt, die Abschreibung durch Zuschreibung i.S. des § 280 Abs. 1 HGB rückgängig zu machen haben.[949] Die grundsätzliche Möglichkeit nach § 280 Abs. 2 HGB von der Zuschreibung abzusehen, wenn der niedrigere Wertersatz bei der steuerrechtlichen Gewinnermittlung beibehalten werden kann ist nicht gegeben. Wie eingangs dargestellt

---

943 *Stotz*, Besteuerung von Wertpapier-Investmentfonds, 1998, S. 176.

944 *Lindemann,* Besteuerung von Aktienfonds nach der Unternehmensteuerreform, 2004, S. 229; *Häuselmann,* BB 1992, 312 (319); *Stotz*, Besteuerung von Wertpapier-Investmentfonds, 1998, S. 177.

945 *Ellrott/Scherer,* in: Beck´scher Bilanzkommentar, § 253 HGB, Rn. 614; *Häuselmann,* BB 1992, 312 (319).

946 *Häuselmann,* BB 1992, 312 (319).

947 *Stotz*, Besteuerung von Wertpapier-Investmentfonds, 1998, S. 177; *Häuselmann,* BB 1992, 312 (319).

948 *Lindemann,* Besteuerung von Aktienfonds nach der Unternehmensteuerreform, 2004, S. 229.

949 *Lindemann,* Besteuerung von Aktienfonds nach der Unternehmensteuerreform, 2004, S. 229f.; *Häuselmann,* BB 1992, 312 (319); Vergleiche zum Wertaufholungsgebot gem. § 6 EStG im Steuerrecht besonders auch den „Teilwert-Erlass“ vom 25.02.2000, I § 6/ 12, II Nr. 1 Tz.34ff.

besteht ein steuerrechtliches Wertaufholungsgebot, wonach ein niedrigerer Wertansatz bei der steuerrechtlichen Gewinnermittlung gerade nicht beibehalten werden kann.[950] Eine Wertaufholung von Investmentanteilen gem. § 280 Abs. 1 HGB ist damit sowohl steuerrechtlich als auch handelsrechtlich in Höhe der Werterholung vorzunehmen.[951]

IV. Bilanzierung der Erträge aus Investmentanteilen

Zu den Erträgen aus Investmentanteilen zählen sowohl Ausschüttungen als auch Thesaurierungen. Beides ist als Betriebseinnahme in einer Bilanz zu erfassen.[952]

1. Ausschüttungen aus Investmentanteilen

Die Vereinnahmung von Ausschüttungen aus Investmentanteilen erfolgt handelsbilanziell nach den allgemeinen Regeln mit der Anspruchsentstehung. Bereits mit der Entstehung eines Rechtsanspruchs auf Auszahlung von Ausschüttungen für ein vorangegangenes oder abgeschlossenes Geschäftsjahr ist ein solcher zu aktivieren.[953] Dies bedeutet für Investmentanteile, dass die Aktivierung nach einer entsprechenden Beschlussfassung zu den in den Vertragsbedingungen oder einem von der Kapitalanlagegesellschaft festgesetzten Ausschüttungstag erfolgt.[954] Damit wird klar, dass es sich bei dem Ausschüttungsanspruch, wenn dieser bereits mit Beschlussfassung bilanziell zu erfassen ist, um ein selbständiges Wirtschaftsgut handeln muss und nicht nur ein Gewinnbezugsrecht darstellt.[955]

In der Steuerbilanz werden die Ausschüttungen dementsprechend nach dem Grundsatz der Maßgeblichkeit genauso erfasst.[956]

Des Weiteren ergibt sich ein Problem in Zusammenhang mit den Ertragsausgleichsbeträgen, die die im Geschäftsjahr neu einsteigenden Anleger zahlen, um eine volle Gewinnberechtigung an den Ausschüttungen zu erhalten.[957] Im

950 *Lindemann,* Besteuerung von Aktienfonds nach der Unternehmensteuerreform, 2004, S. 229.

951 *Lindemann,* Besteuerung von Aktienfonds nach der Unternehmensteuerreform, 2004, S. 229.

952 *Stotz*, Besteuerung von Wertpapier-Investmentfonds, 1998, S. 177.

953 Vgl. BFH vom 30.10.1973, BStBl. II 1974, 234 (234); *Häuselmann,* BB 1992, 312 (319); *Stotz*, Besteuerung von Wertpapier-Investmentfonds, 1998, S. 177.

954 *Häuselmann,* BB 1992, 312 (319); *Stotz*, Besteuerung von Wertpapier-Investmentfonds, 1998, S. 177.

955 *Stotz*, Besteuerung von Wertpapier-Investmentfonds, 1998, S. 177.

956 *Häuselmann,* BB 1992, 312 (319); *Stotz*, Besteuerung von Wertpapier-Investmentfonds, 1998, S. 177.

957 Vgl. dazu bereits oben Kapitel 3, D, III, 1, a, (3), (d) und Kapitel 3, F, II, 2, b.

Ergebnis entspricht die Höhe des Ausschüttungsbetrags zwar der, die alle anderen Anleger erhalten, aber dem Grunde nach handelt es sich bei den ausgeschütteten Ausgleichsbeträgen für die „Neu-“ Anteilscheininhaber um bereits zuvor eingezahlte Fondssubstanz. Diese dürfte aber grundsätzlich nicht steuerbar sein, da ansonsten eine Mehrfachbelastung eintreten würde.[958] Dessen ungeachtet werden die Ausgleichsbeträge steuerrechtlich qualifiziert wie die ursprünglichen Erträge, auf Grund derer die Ausschüttung erfolgt.[959] Ebenso werden die Ertragsausgleichsbeträge auf den Erträgniskonten behandelt wie die ursprünglichen Erträge.[960] In Betracht kommt aus diesem Grunde für bilanzierende Anleger eine „ausschüttungsbedingte Teilwertabschreibung“ zum Zeitpunkt, in dem die Ausschüttung nach den allgemeinen Gewinnermittlungsgrundsätzen aktiviert würde, was sodann zu einer periodengerechten Versteuerung des Ertrags führen könnte.[961] Hierbei ist allerdings zu berücksichtigen, dass über § 8 Abs. 2 InvStG auf Vermögensminderungen innerhalb des Investmentvermögens beim institutionellen Anleger[962] § 3c Abs. 2 EStG und § 8b KStG anzuwenden sind. Dies bedeutet, dass Verluste aus der Rückgabe oder Veräußerung von Investmentanteilen sowie aus Teilwertabschreibungen[963] für institutionelle Anleger nicht zu berücksichtigen sind, sofern die Verluste auf einen negativen Aktiengewinn[964] i.S. des § 8 Abs. 2 InvStG zurückzuführen sind.[965] In Übereinstimmung mit § 2 Abs. 2 InvStG, durch den lediglich „Dividendeneinkünfte“ in den Vorteil des Halbeinkünfteverfahrens gem. § 3 Nr. 40 EStG oder des Steuerfreistellungsprivilegs des § 8b KStG kommen sollen, bestimmt § 8 Abs. 2 InvStG konsequent, das nur Vermögensminderungen Berücksichtigung finden, die sich nicht auf „Dividendeneinnahmen“ i.S. des § 20 Abs. 1 Nr. 1 EStG zurückführen lassen. Bezogen auf Ertragsausgleichsbeträge, die in den ausgeschütteten oder auschüttungsgleichen Erträgen enthalten sind und steuer-

---

958 Im Ergebnis so bereits *Henkel*, Steuerliche Behandlung, 1961, S. 152f; *Häuselmann*, BB 1992, 312 (320).

959 BFH vom 04.03.1980 BStBl. II 1980, 453 (454); *Fischer*, WM 2001, 1236 (1241); *Heller*, DStZ 2003, 261 (263); *Lindemann*, Besteuerung von Aktienfonds nach der Unternehmensteuerreform, 2004, S. 125; Finanzministerium Nordrhein-Westfalen, Besteuerung der Erträge aus Investmentanteilen, Koordinierter Ländererlass vom 10.01.1975, FR 1975, 146 (146); *Thorn/Otto/Geese*, Handbuch für die Besteuerung von Fondsvermögen, 2002, S. 20; a.A. *Baur*, Investmentgesetze, § 39, KAGG, Rn. 9. Vgl. oben Kapitel 3, D, III, 1, a, (3), (d).

960 *Häuselmann*, BB 1992, 312 (320).

961 *Häuselmann*, BB 1992, 312 (320).

962 Vgl. hierzu auch BMF-Schreiben zum Investmentsteuergesetz vom 02.06.2005, - IV C 1 – S 1980 – 1 87/05, Rn.162, BStBl. I 2005, 728 (750).

963 *Lübbehüsen/Schmitt*, DB 2004, 268 (270).

964 Zum so genannten negativen Aktiengewinn vgl. auch unten Kapitel 3, G, 1, 5.

965 *Schultz/Halbig*, DStR 2005, 1669 (1770).

rechtlich das Schicksal dieser Erträge teilen,[966] und somit gegebenenfalls mit privilegierten Einnahmen in wirtschaftlichem Zusammenhang stehen, bedeutet dies, dass eine „ausschüttungsbedingte Teilwertabschreibung“ hinsichtlich gezahlter Ertragsausgleichsbeträge von Neu-Anlegern somit vernünftigerweise nur bei Ausschüttungen oder Thesaurierungen in Betracht kommt, die keine „Dividendenanteile“ beinhalten. Bei Ausschüttungen, die beim Empfänger zu Einnahmen i.S. des § 20 Abs. 1 Nr. 1 EStG führen käme eine Teilwertabschreibung bei Einzelunternehmern oder Personengesellschaften hinsichtlich gezahlter Ertragsausgleichsbeträge i.S. des § 3c Abs. 2 EStG nur in hälftiger Höhe in Betracht, da unter Anwendung des Halbeinkünfteverfahrens die andere Hälfte der Ausschüttung und somit auch die Hälfte des gezahlten Ertragsausgleichsbetrags mit der Privilegierung des § 3 Nr. 40 EStG in wirtschaftlichem Zusammenhang steht.

2. Thesaurierungen bei Investmentanteilen

Nach der Zuflussfiktion des § 2 Abs. 1 Satz 2 InvStG gelten thesaurierte Erträge mit Ablauf des Geschäftsjahres, in dem sie vereinnahmt wurden, als zugeflossen. Hierbei ist die Vereinnahmung durch das Investmentvermögen maßgebend.[967] Bei der Ermittlung des steuerrechtlichen Gewinns durch einen Betriebsvermögensvergleich muss beachtet werden, dass durch die Zuflussfiktion bereits thesaurierte Erträge am Ende des Geschäftsjahres der Besteuerung unterworfen wurden. Bei einer Veräußerung bzw. Rückgabe der Anteilsscheine oder einer Entnahme aus dem Betriebsvermögen in das Privatvermögen wären sie neuerlich zu diesem Zeitpunkt zu versteuern. Dies stellte aber eine unzulässige Doppelbesteuerung der gleichen wirtschaftlichen Güter dar.[968] Ein solches Ergebnis lässt sich korrespondierend zur steuerrechtlichen Vereinnahmung der thesaurierten Erträge durch die Bildung aktiver Ausgleichsposten vermeiden.[969] Dadurch können die thesaurierten Erträge buchmäßig erfasst werden.[970] Gleichzeitig wird dabei die nur einmalige Versteuerung der thesaurierten Erträge

---

966 Vgl. hierzu auch BMF-Schreiben zum Investmentsteuergesetz vom 02.06.2005, - IV C 1 – S 1980 – 1 87/05, Rn.198, BStBl. I 2005, 728 (756).

967 *Stotz*, Besteuerung von Wertpapier-Investmentfonds, 1998, S. 178.

968 *Häuselmann*, BB 1992, 312 (320); *Stotz*, Besteuerung von Wertpapier-Investmentfonds, 1998, S. 178.

969 *Ebner*, NWB, vom 08.08.2005, F.3, 13611 (13612f.); *Baur*, Investmentgesetze, § 38 KAGG, Rn. 8, 44; *Stotz*, Besteuerung von Wertpapier-Investmentfonds, 1998, S. 178; *Tullius*, DB 1969, 1715 (1717); *Uhrmann*, StBp 1986, 155 (156); diese Möglichkeit hat auch die Finanzverwaltung erkannt und gibt sie nun sogar selbst vor; vgl. dazu BMF-Schreiben zum Investmentsteuergesetz vom 02.06.2005, - IV C 1 – S 1980 – 1 87/05, Rn. 29, BStBl. I 2005, 728 (734).

970 *Baur*, Investmentgesetze, § 38 KAGG, Rn. 8, 44.

sichergestellt.[971] Weiter kann als rechtfertigender Vergleich für Grund und Technik des in der Steuerbilanz zu bildenden aktiven Ausgleichspostens für thesaurierende Fonds die Regelungen zur Ausgleichspostenbildung in den KStR bei Rücklagenbildung von Organgesellschaften herangezogen werden.[972] Der aktive Ausgleichsposten in der Steuerbilanz entspricht den vereinnahmten thesaurierten Erträgen und steht mit dem Bilanzansatz der Investmentanteile im Zusammenhang.[973] Danach wird der gebildete aktive Ausgleichsposten ertragswirksam als Aufwand ausgebucht, wenn die Anteile veräußert oder zurückgegeben werden. Dadurch mindert sich im Ergebnis auch der durch thesaurierte Erträge entstandene Veräußerungs- bzw. Rückgabegewinn. Entsprechend ist mit Erträgen zu verfahren, die bereits in früheren Geschäftsjahren thesauriert wurden,[974] aber erst im laufenden Geschäftsjahr ausgeschüttet werden. Schließlich handelt es sich bei den Thesaurierungen um schon versteuerte Erträge, die Substanz des Investmentfonds geworden sind.[975]

Thesaurierenden Fonds sind überdies geeignet, stille Reserven zu gerieren. Dies ist vor allem darauf zurückzuführen, dass Wertsteigerungen des Investmentvermögens bei thesaurierenden Fonds mangels Zuflusses nicht erfasst werden. Handelsbilanziell tritt eine erfolgswirksame Vereinnahmung des erhöhten Werts des Investmentvermögens erst mit der Rückgabe oder dem Verkauf der Investmentanteile ein. Zuvor sind einzig und partiell die auf Grund der Zuflussfiktion des § 2 Abs. 1 Satz 2 InvStG als zugeflossen geltenden ausschüttungsgleichen Erträge, die gem. § 1 Abs. 3 Satz 3 InvStG aus Zinsen, Dividenden, Erträgen aus Vermietung und Verpachtung von Grundstücken und grundstücksgleichen Rechten sowie sonstigen Erträgen und Gewinnen aus privaten Veräußerungsgeschäften i.S. des § 23 Abs. 1 Satz 1 Nr. 1, 3 EStG mit Ausnahme von Wertpapierveräußerungsgeschäften bestehen können, zu versteuern.[976]

V. Zusammenfassung der wichtigsten Ergebnisse zur Bilanzierung

Anteilsscheine an Investmentvermögen werden bei Kaufleuten nach den allgemeinen Regeln als Wertpapiere sowohl in der Handels-, als auch in der Steuerbilanz bilanziert. Dabei können die Anteilsscheine zum einen Wertpapiere des Anlagevermögens, zum anderen aber auch Wertpapiere des Umlaufvermögens sein.

---

971 *Baur,* Investmentgesetze, § 38 KAGG, Rn. 8, 44.

972 *Häuselmann,* BB 1992, 312 (320).

973 *Stotz,* Besteuerung von Wertpapier-Investmentfonds, 1998, S. 178.

974 *Carlé,* DStZ 2004, 74 (77).

975 *Stotz,* Besteuerung von Wertpapier-Investmentfonds, 1998, S. 178.

976 Vgl. hierzu *Häuselmann,* BB 1992, 312 (321) m.w.N.; der in diesem Zusammenhang eine eventuelle Zuschreibung in Höhe der nicht ausgeschütteten Erträge als Verstoß gegen das Realisations- und Anschaffungskostenprinzip ablehnt.

Die steuerrechtliche Bewertung der Investmentanteile erfolgt anhand des § 6 EStG, wobei in Kollisionsfällen die investmentsteuerrechtlichen Vorschriften des Investmentsteuergesetzes als leges speciales Vorrang vor den allgemeinen ertragsteuerrechtlichen Normen besitzen.

Unselbstständige Teile des Ausgabepreises, wie z.B. der Ausgabeaufschlag, werden nicht separat als Anschaffungsnebenkosten, sondern direkt als Anschaffungskosten bewertet. Daneben sollen typische Anschaffungsnebenkosten aus Gründen der Wirtschaftlichkeit auch direkt aufwandswirksam verbucht werden, wenn sie im Verhältnis zum Anschaffungspreis unbedeutend sind. Tatsächliche und wirtschaftliche Unterschiede zwischen unselbstständigen Teilen des Ausgabepreises und typische Anschaffungskosten für Wertpapiere sind kaum erkennbar.

Wenn Investmentanteilsscheine für den Betrieb eines Unternehmens entbehrlich und somit überflüssig sind, kann der Rücknahmepreis im Gegensatz zum Ausgabepreis der Anteile in der Bilanz angesetzt und somit eine Teilwertabschreibung vorgenommen werden. Sind die Anteile hingegen unentbehrlich für den Betrieb ist eine Teilwertabschreibung ausgeschlossen. Die Einführung einer zeitlichen Komponente durch den BFH, durch die die Anteile im Falle der Anschaffung zeitlich nahe dem Bewertungsstichtag (noch) unentbehrlich sein sollen, stellt lediglich eine Vermutung dar, die den Anteilsscheinen eine Funktion für den Betrieb in einem gewissen zeitlichen Rahmen zuerkennt. Der zugrunde zu legende zeitliche Rahmen wird jedoch nicht näher bestimmt, was Rechtsunsicherheit schafft.

Sofern Ertragsausgleichsbeträge in Ausschüttungen enthalten sind, handelt es sich um eingezahlte Fondssubstanz, deren Rückzahlung als actus contrarius nicht steuerbar sein dürfte. Gleichwohl werden diese Beträge steuerrechtlich so behandelt wie die ursprünglichen Erträge, auf Grund derer eine Ausschüttung erfolgt. Um nun aber eine Mehrfachbelastung und Doppelbesteuerung des gleichen wirtschaftlichen Substrats zu vermeiden, muss bilanzierenden Neuanlegern die Möglichkeit einer „ausschüttungsbedingten Teilwertabschreibung" zum Zeitpunkt der Ausschüttung gegeben werden, womit eine periodengerechte Versteuerung des Ertrags zu erreichen wäre. Auf Grund der Vorschrift des § 8 Abs. 2 InvStG führt dies allerdings nur dann zum vollständigen Erfolg, sofern keine Ausschüttung mit „Dividendenanteilen" erfolgt, da ansonsten § 3c Abs. 2 EStG und § 8b KStG zu berücksichtigen sind, die mögliche Vorteile von Vermögensminderungen einschränken. Für den Fall, dass dennoch eine Ausschüttung mit Dividendenanteilen vorliegt ist für bilanzierende Einzelunternehmer oder Personengesellschaften dennoch eine hälftige ausschüttungsbedingte Teilwertabschreibung über die gezahlten Ertragsausgleichsbeträge möglich.

Des Weiteren muss bei Veräußerungen bzw. Rückgaben von Investmentanteilen beachtet werden, dass thesaurierte Erträge auf Grund der Zuflussfiktion den Anteilsinhabern zugerechnet worden sein können und dementsprechend bereits versteuert sind. Um eine Doppelbesteuerung auch in diesem Fall zu vermeiden und den Gewinn um die thesaurierten Erträge zu mindern, können aktive Ausgleichsposten gebildet werden, die bei Rückgabe bzw. Veräußerung ertragswirksam auszubuchen sind.

G. Rückgabe bzw. Veräußerung der Anteile an Investmentvermögen

Eine ausdrücklich gesetzliche Regelung zur Besteuerung von Einnahmen aus der Rückgabe bzw. Veräußerung von Investmentanteilen ist erst durch das Steuersenkungsgesetz (StSenkG) vom 23.10.2000 durch die Regelung des § 40a KAGG a.F. geschaffen worden,[977] die im Investmentsteuergesetz durch § 8 InvStG fortgesetzt wurde.

Für Einnahmen aus der Rückgabe bzw. Veräußerung von in- und ausländischen Anteilen an Investmentvermögen ist gem. § 8 Abs. 1 Satz 1 InvStG das Halbeinkünfteverfahren i.S. des § 3 Nr. 40 EStG[978] bzw. das Privileg des § 8b KStG sowie § 4 Abs. 1 InvStG hinsichtlich ausländischer Einkünfte für Anteile im Betriebsvermögen anzuwenden, soweit dem Anleger Einnahmen nach den vorbenannten Vorschriften noch nicht zugeflossen sind oder als zugeflossen gelten. Anwendung finden die genannten Vorschriften § 3 Nr. 40 EStG, § 8b KStG oder § 4 Abs. 1 InvStG auf die Einnahmen aus der Rückgabe oder Veräußerung von Investmentanteilen im Betriebsvermögen auch dann, wenn auf die Einnahmen bereits realisierte oder noch nicht realisierte Gewinne aus der Beteiligung des Investmentvermögens an Körperschaften, Personenvereinigungen oder Vermögensmassen entfallen, deren Leistungen beim Empfänger zu den Einnahmen i.S. des § 20 Abs. 1 Nr. 1 EStG gehören.[979] Da entgegen der ursprünglichen Absicht des Regierungsentwurfs zum Investmentsteuergesetz Privatanleger zunächst nicht in die Regelung einbezogen wurden, muss schon allein wegen der sich daraus ergebenden unterschiedlichen Rechtsfolgen zwi-

977 BGBl. I, 2000, S. 1433; BStBl. I, 2000, 1428 (1457f.).

978 Durch das Unternehmensteuerreformgesetz 2008 hat der Gesetzgeber § 3 Nr. 40 EStG im betrieblichen Bereich insoweit abgeändert, als das ab dem Veranlagungszeitraum 2009 nicht mehr 50% der Einnahmen, sondern nur noch 40% steuerfrei sind. Das Halbeinkünfteverfahren wurde demnach zu einem so genannten Teileinkünfteverfahren fortentwickelt. Vgl. hierzu auch Kapitel 2, A, III, 4, b, (2).

979 Vgl. auch das BMF-Schreiben zum Investmentsteuergesetz vom 02.06.2005, - IV C 1 – S 1980 – 1 87/05, Rn. 163, BStBl. I 2005, 728 (750).

schen der Besteuerung von Anteilen, die im Privatvermögen und Anteilen, die im Betriebsvermögen stehen, differenziert werden. Dennoch werden in- und ausländische Investmentfonds bei der Rückgabe bzw. Veräußerung bezüglich der steuerrechtlichen Behandlung des „Aktiengewinns“[980] gleichgestellt.

Wie schon im Kapitalanlagegesellschaftsgesetz wurde ebenfalls durch § 8 Abs. 1 InvStG keine vollständige Steuerbefreiung für Veräußerungsgewinne geschaffen, die bei der Veräußerung oder Rückgabe von Investmentanteilen entstehen können. Dieses ist zur Wahrung des Transparenzprinzips gerechtfertigt und musste zur Wahrung dieses Grundsatzes sogar so geregelt werden.[981] Denn auch bei einer Direktinvestition in Aktien sind nur Erträge aus § 8b KStG oder § 3 Nr. 40 EStG begünstigt. Dies sollte dementsprechend auf Grund des Transparenzprinzips ebenso bei der Anlage in Investmentanteile gelten, sodass § 8 Abs. 1 InvStG ausdrücklich auf die zuvor genannten Vorschriften Bezug nimmt.

I. Besteuerung der Rückgabe bzw. Veräußerung von Anteilen im Privatvermögen

Entgegen der ursprünglichen Absicht des Regierungsentwurfs zum Investmentsteuergesetz sind Privatanleger nicht in die Regelung des § 8 Abs. 1 InvStG einbezogen worden.[982] Damit stellt sich aber die Frage, wie Veräußerungs- und Rückgabegewinne auf privater Ebene versteuert werden. Insbesondere ist es wichtig zu untersuchen, ob das im allgemeinen Ertragsteuerrecht geregelte Halbeinkünfteverfahren[983] angewendet werden kann oder aber ob es auf Grund vorrangiger investmentsteuerrechtlicher Regelungen ausgeschlossen ist.[984]

---

980 Die in § 8 I InvStG genannten Einnahmen werden meist auch als „Aktiengewinn“ bezeichnet, obwohl diese Bezeichnung nicht alle Einnahmen im Sinne des Investmentsteuergesetzes erfasst und insoweit unvollständig ist. Der Begriff geht indes auf eine Wortschöpfung des Bundesverbandes Deutscher Investment- und Vermögensverwaltungs- Gesellschaften e.V. zurück.

981 Vgl. ausführlich zum Transparenzprinzip oben Kapitel 2, A, III, 6.

982 *Carlé,* DStZ 2004, 74 (77).

983 Für Einnahmen aus Investmentanteilen, die im Privatvermögen gehalten werden ist das Halbeinkünfteverfahren nach der Unternehmensteuerreform 2008 nicht mehr anzuwenden. Vgl. auch oben Kapitel 2, A, III, 4, b, (2).

984 Vgl. exemplarisch *Schultze,* DStR 2003, 1475 (1475ff.); *Carlé,* ErbStB 2005, 108 (108ff.); *Witt/Tiede,* DStR 2004, 1021 (1021); *Intemann in*: Herrmann/Heuer/Raupach, EStG, InvStG, Anm. J 03-21 [April 2004]; a.A. *Meinhardt,* DStR 2003, 1234 (1234ff.); *Ramackers* in: Littmann/Bitz/Pust, EStG, § 8 InvStG, Rn. 5 [Mai 2004].

1. Allgemeines

Für private Direktanleger ist die Veräußerung von Wertpapieren gem. § 23 Abs. 1 Satz 1 Nr. 2 EStG[985] steuerbar,[986] wenn die Veräußerung innerhalb eines Jahres nach Anschaffung erfolgt (so genannte Behaltensfrist).[987] Die Jahresfrist beginnt zu dem Zeitpunkt, in dem das der Anschaffung zugrunde liegende Rechtsgeschäft abgeschlossen wurde.[988] Gleichzeitig ist in diesem Fall aber auch das Halbeinkünfteverfahren gem. § 3 Nr. 40 lit. j) EStG [989]anzuwenden.[990]

Für Fondsanleger, deren Investmentanteile nicht zu einem Betriebsvermögen gehören ist durch das Richtlinien-Umsetzungsgesetz (EURLUmsG) vom 09.12.2004[991] § 8 Abs. 5 InvStG geschaffen worden. Dadurch wird für Veräußerungs- oder Rückgabegewinne aus Investmentanteilen deren Steuerbarkeit normiert. Zeitgleich wird für entsprechende Veräußerungs- oder Rückgabegewinne aus Investmentanteilen die Anwendbarkeit des Halbeinkünfteverfahrens (einschließlich § 8b KStG) ausgenommen.[992] Ob dies tatsächlich, wie vom

---

985 Durch die Unternehmensteuerreform 2008 werden ab dem 01.01.2009 nahezu alle Wertzuwächse unabhängig von etwaigen Haltefristen für Privatanleger (§ 23 EStG a.F.) mit der Folge erfasst, dass es keine so genannten Spekulationsfristen mehr gibt und bei Privatanlegern grundsätzlich der Abgeltungssteuer mit einem Steuersatz von 25% unterfallen. Vgl. hierzu auch oben Kapitel 2, A, III, 4, b, (4), (a).

986 Zur ggf. bestehenden Verfassungswidrigkeit der Spekulationssteuer für die Veranlagungszeiträume 1997 und 1998 vgl. BVerfG, Urteil vom 09.03.2004, - 2 BvL 17/02 - BStBl. II 2005, 56 (56). Hingegen ist nach dem Beschluss des BVerfG vom 10.01.2008 -2 BvR 294/06- die Besteuerung privater Wertpapierveräußerungsgeschäfte ab dem Veranlagungszeitraum 1999 verfassungsgemäß. In diesen Jahren ab 1999 liegt kein strukturelles Vollzugsdefizit, was in den Veranlagungszeiträumen 1997 und 1998 noch zur Verfassungswidrigkeit führte, mehr vor. Vgl. hierzu auch *Intemann,* NWB vom 17.03.2008, F. 3, 14985 (14985); *Intemann,* NWB vom 28.01.2008, Beratung Aktuell, 311 (311).

987 *Steinlein,* DStR 2005, 456 (456); ebenso das BMF-Schreiben zum Investmentsteuergesetz vom 02.06.2005, - IV C 1 – S 1980 – 1 87/05, Rn. 195, BStBl. I 2005, 728 (756).

988 Vgl. BMF-Schreiben vom 25.10.2004 – IV C 3 – S 2256 – 238/04 – ; Zweifelsfragen bei der Besteuerung privater Veräußerungsgeschäfte nach § 23 Abs. 1 Satz 1 Nr. 2 EStG; vgl. ebenso OFD Frankfurt, Verfügung vom 02.05.2005 – S 2256 S – 1 – St II 2.08 in DB 2005, 1195 (1195ff.).

989 Für Einnahmen aus Investmentanteilen, die im Privatvermögen gehalten werden ist das Halbeinkünfteverfahren nach der Unternehmensteuerreform 2008 nicht mehr anzuwenden. Vgl. auch oben Kapitel 2, A, III, 4, b, (2).

990 *Otterbach,* Verwaltung und Besteuerung von Spezialfonds nach dem KAGG, 2004, S. 182.

991 BGBl. I 2004, S. 3310ff.

992 BGBl. I 2004, S. 3326.

Gesetzgeber vorgebracht,[993] lediglich eine klarstellende Funktion hat und dieser Schluss aus dem ursprünglichen Gesetzeswortlaut zu ziehen ist,[994] wird nachfolgend noch erörtert werden müssen. Jedenfalls hat der Gesetzgeber aus diesem Grunde die Anwendbarkeit der Vorschrift zumindest konsequent mit dem In-Kraft-Treten des Investmentsteuergesetzes gem. § 18 Abs. 1 InvStG zusammengelegt. Wenn es sich, wie der Gesetzgeber annimmt, tatsächlich nur um eine klarstellende Regelung handeln sollte, wäre daran verfassungsrechtlich wenig auszusetzen, da in diesem Fall eine verfassungsrechtlich problematische Rückwirkung nicht vorläge. Doch auch dieses bedarf besonders im Hinblick auf die Anwendbarkeit des Halbeinkünfteverfahrens im gleichen Zusammenhang noch weitergehender Diskussionen.[995]

2. Regelung des § 8 Abs. 5 InvStG vor dem Unternehmensteuerreformgesetz 2008

Die durch das Richtlinien-Umsetzungsgesetz (EURLUmsG) vom 09.12.2004[996] nachträglich ins Investmentsteuergesetz eingeführte Regelung des § 8 Abs. 5 InvStG[997] beseitigt die für die Vergangenheit problematische Frage, ob das Halbeinkünfteverfahren bei der Veräußerung von Investmentanteilen, die im Privatvermögen gehalten werden, angewendet werden kann. Das Gesetz stellt nunmehr klar, dass dies nicht der Fall ist. Nach § 8 Abs. 5 Satz 1 Halbsatz 2 InvStG sind auf nicht zum Betriebsvermögen gehörende Investmentanteile weder § 17 EStG und § 23 Abs. 1 Satz 1 Nr. 2 EStG noch § 8b KStG anzuwenden, wobei die Nichtanwendbarkeitsregel des § 8b KStG m.E. innerhalb des § 8 Abs. 5 InvStG keinen Sinn macht, da § 8 Abs. 5 Satz 1 Halbsatz 2 InvStG nach Satz 1 der Norm nur auf Privatvermögen anwendbar ist, das Körperschaften aber gerade nicht besitzen können.[998]

Des Weiteren wird die Anwendbarkeit des § 8 Abs. 5 InvStG gem. § 18 Abs. 1 InvStG rückwirkend auf alle Veräußerungen und Rückgaben von Investmentanteilen erstreckt, die während der Geltung des Investmentsteuergesetzes vorgenommen wurden. Begründet wird diese Rückwirkung der Vorschrift durch den Gesetzgeber damit, dass es sich lediglich um eine klarstellende Regelung

---

993 BT-Drucks. 15/3677, S. 49; vgl. auch sogleich unten Kapitel 3, G, II, 2.

994 *Carlé,* ErbStB 2005, 108 (110).

995 Vgl. auch sogleich unten Kapitel 3, G, II, 2 und Kapitel 3, G, II, 3, c.

996 BGBl. I 2004, S. 3310ff.

997 Im Folgenden wird ausschließlich die Rechtslage in Bezug auf § 8 Abs. 5 InvStG vor der Unternehmensteuerreform 2008 dargelegt.

998 *Frotscher* in: Frotscher/Maas, KStG/UmwStG, Freiburg 1978 ff., § 8 Rz. 22; BFH vom 04.12.1996, BFHE 182, 123 (127f.); BFH vom 31.10.1990, BStBl. II. 1991, 255 (257).

handele.[999] Diese Sichtweise entspricht der Interessenlage des Fiskus, da dadurch Anteilsscheinveräußerungen von Privatanlegern voll besteuert werden könnten, ohne dass ihnen das Halbeinkünfteverfahren zuteil würde. Voraussetzung der Steuerbarkeit der Veräußerungsgewinne von Anteilscheinen, die im Privatvermögen gehalten werden ist allerdings, dass diese innerhalb der Spekulationsfrist des § 23 Abs. 1 Satz 1 Nr. 2 EStG veräußert werden. Ob jedoch die rückwirkende Nichtanwendbarkeitsbestimmung zum Halbeinkünfteverfahren verfassungsrechtlichen Anforderungen Stand halten kann, bleibt abzuwarten. Denn möglicherweise hätten Fondsanleger auf Grund der zuvor geltenden Regelungen auf die Anwendbarkeit des Halbeinkünfteverfahrens vertrauen dürfen. Dies lässt sich jedoch erst im Folgenden klären, wenn feststeht, wie die vorherige Rechtslage verstanden werden durfte.[1000] Sollte sich daraus ein schützenswertes Vertrauen der Privatanleger in die Anwendbarkeit des Halbeinkünfteverfahrens ergeben haben, wäre in jedem Fall eine Rückwirkung, wie sie durch § 18 Abs. 1 Satz 1 InvStG[1001] angeordnet wird, verfassungswidrig. Die Begründung des Gesetzgebers, dass es sich bei § 8 Abs. 5 InvStG um eine klarstellende Regelung handle, würde den vorgebrachten Bedenken nicht entgegentreten können.[1002]

3. Besteuerung der privaten Veräußerungs- bzw. Rückgabegewinne vor Einführung des § 8 Abs. 5 InvStG durch das EURLUmsG

Vor der Einführung des § 8 Abs. 5 InvStG in das bereits bestehende Investmentsteuergesetz war auf Grund der zu diesem Zeitpunkt geltenden Gesetzeslage umstritten, ob auf einen Privatanleger in Investmentfondsanteilen bei Veräußerungs- und Rückgabegewinnen[1003] zum einen überhaupt ertragsteuerrechtliche

---

999 BT-Drucks. 15/3677, S. 49.

1000 Dementsprechend ist es notwendig, die Rechtslage darzustellen, die bestand bevor im Rahmen des Richtlinien-Umsetzungsgesetzes (EURLUmsG) § 8 Abs. 5 InvStG in das zu diesem Zeitpunkt bereits bestehende Investmentsteuergesetz nachträglich eingefügt wurde. Vgl. dazu sogleich unten Kapitel 3, G, II, 3.

1001 Die Anwendungsvorschrift des § 18 Abs. 1 InvStG, der die laufende Besteuerung von Investmenterträgen betrifft, wurde durch das Unternehmensteuerreformgesetz 2008 geändert. Die alte Fassung in der geregelt ist, das das Investmentsteuergesetz erstmals auf Geschäftsjahre des Investmentvermögens anzuwenden ist, welche nach dem 31.12.2003 beginnen sowie auf Erträge, die dem Investmentvermögen in diesem zufließen ist nicht mehr notwendig. Vielmehr war eine Anpassung an die Abgeltungssteuer notwendig.

1002 Vgl. bereits oben Kapitel 3, G, II, 1.

1003 Streitig ist zudem, ob auch die Rückgabe von Investmentanteilen unter den Veräußerungsbegriff fällt. Vgl. hierzu bejahend *Scheurle,* NWB, vom 22.08.1994, F.3, 9101 (9102); *Ebner,* DB 2004, 2495 (2498) m.w.N.; a.A. *Oho/Remmel,* BB 2002, 1449 (1456). Letztlich ist diese Frage aber ebenso wie die Frage nach der Sperrwirkung der Investmentsteuergesetze zu beantworten. Daher wird bereits an dieser Stelle auf die

Regelungen (vor allem § 23 EStG und § 17 EStG) und zweitens das Halbeinkünfteverfahren anzuwenden war.[1004] Ausgangspunkt hierzu bildete immer die Frage, inwieweit die allgemeinen Besteuerungsregeln des Ertragsteuerrechts durch das Investmentsteuerrecht mit seinen spezielleren Regeln (leges speciales) verdrängt werden (Sperrwirkung des Investmentsteuergesetzes).[1005] Nur wenn die erste Frage nach der grundsätzlichen Anwendbarkeit der allgemeinen ertragsteuerrechtlichen Regelungen bejaht werden sollte, stellt sich überhaupt die Frage nach der Anwendbarkeit des Halbeinkünfteverfahrens. Denn der hälftige Ansatz eines steuerpflichtigen Einkommens ist nur sinnvoll, wenn überhaupt ein steuerpflichtiges Einkommen vorliegt.

a. Anwendbarkeit von §§ 22 Nr. 2 i.V.m. § 23 EStG

Das Investmentsteuergesetz entfaltet hinsichtlich der allgemeinen Regelungen keine Sperrwirkung. Insbesondere ist in der Aktiengewinnvorschrift des § 8 InvStG in der Fassung vor dem Richtlinien-Umsetzungsgesetz (EURLUmsG) vom 09.12.2004[1006] keine grundsätzliche Regelung für die Besteuerung der im Privatvermögen gehaltenen Anteile getroffen worden. Der Anwendungsbereich des § 8 Abs. 1 InvStG beschränkt sich sowohl vor als auch nach Einfügung des § 8 Abs. 5 InvStG für Investmentanteile im Betriebsvermögen auf die Regelung des Halbeinkünfteverfahrens aus § 3 Nr. 40 EStG bzw. § 8b KStG.[1007] Insofern lässt sich aus der speziellen Norm des § 8 InvStG zumindest für die Anwendbarkeit der §§ 22 Nr. 2 i.V.m. § 23 Abs. 1 Satz 1 Nr. 2 EStG kein Vorrang ableiten. Die Veräußerung bzw. Rückgabe von Investmentanteilen ist danach durch das allgemeine Ertragsteuerrecht zu beurteilen.[1008]

Darstellung der grundsätzlichen Anwendbarkeit allgemeiner ertragsteuerrechtlichen Regelungen verwiesen. Denn wenn die Investmentsteuergesetze keine Sperrwirkung entfalten, ist § 23 EStG ebenfalls auf die Rückgabe von Investmentanteilen anzuwenden.

1004 *Witt/Tiede*, DStR 2004, 1021 (1021).

1005 *Witt/Tiede*, DStR 2004, 1021 (1021).

1006 BGBl. I 2004, S. 3310ff.

1007 *Witt/Tiede*, DStR 2004, 1021 (1021).

1008 Vgl. zum Investmentsteuergesetz: *Witt/Tiede*, DStR 2004, 1021 (1021); *Kayser/Steinmüller*, FR 2004, 137 (141); *Köndgen/Schmies*, WM 2004, Sonderbeilage Nr.1/2004, 1 (23); *Lindemann*, FR 2003, 890f.; *Sradj/Mertes*, DStR 2004, 201 (206); vgl. zum Kapitalanlagegesellschaftsgesetz: *Dötsch/Pung* in: Dötsch/Eversberg/Jost/Pung/Witt, § 3 Nr. 40, Rn. 113b EStG n.F. *Lübbehüsen* in: Brinkhaus/Scherer, KAGG, § 39 Rn. 67 und § 40a Rn. 43; *Lohr/Graetz*, DB 1999, 1341 (1343); *Schultze*, DStR 2003, 1475 (1475); *Schumann*, FR 1997, 371 (371); *Tibo*, DB 2000, 2291 (2292); a.A. *Buciek*, DStZ 2001, 52 (52); *Meinhardt*, DStR 2003, 1234 (1234); unter Hinweis auf BFH vom 11.10.2000, BStBl. II 2001, 22 (22), DStRE 2001, 17 (17) und BFH vom 27.03.2001, BFH/NV 2001, 1539 (1539), was im Ergebnis jedoch zu verneinen ist, da sich die zitierten Urteile ausschließlich auf eine Besteu-

b. Anwendbarkeit von § 17 EStG

Des Weiteren war die theoretische Möglichkeit gegeben, dass sich Veräußerungs- bzw. Rückgabegewinne an § 17 EStG messen lassen mussten. Auch diesbezüglich war § 17 EStG gegenüber dem Investmentsteuergesetz (nun aber § 8 Abs. 5 InvStG[1009]) grundsätzlich anwendbar.[1010] Jedoch durften zuvor die Voraussetzungen des § 23 Abs. 1 Satz 1 Nr. 2 EStG nicht erfüllt gewesen sein.[1011] Nach Maßgabe des § 17 EStG musste es sich bei dem Investmentfonds weiterhin um eine Kapitalgesellschaft handeln. Dieses war z.B. bei einer inländischen Investmentaktiengesellschaft nach § 96 f. InvG oder aber bei einem ausländischen Investmentvermögen in der Form einer Kapitalgesellschaft der Fall. Darüber hinaus war das Vorliegen einer mindestens 1%igen Beteiligung innerhalb der letzten fünf Jahre notwendig. Aus diesen Vorgaben wird deutlich, dass bei Publikumsfonds nicht mehr als die theoretische Möglichkeit einer Anwendbarkeit des § 17 EStG bestand.

c. Anwendbarkeit des Halbeinkünfteverfahrens

Nach dem dargestellten Ergebnis, dass die allgemeinen ertragsteuerrechtlichen Regelungen auch für den Privatanleger in Investmentfondsanteilen gelten, ist weiter zu hinterfragen, ob das Halbeinkünfteverfahren auf Einnahmen aus Veräußerungen bzw. Rückgaben von Anteilscheinen im Privatvermögen anzuwenden ist. Hintergrund der Diskussion an dieser Stelle ist wiederum das Verhältnis des § 8 InvStG in der Fassung vor dem Richtlinien-Umsetzungsgesetz (EURLUmsG) vom 09.12.2004[1012]als lex specialis gegenüber dem § 3 Nr. 40 EStG.[1013]

Eine umfassende Spezialvorschrift hinsichtlich der Anwendbarkeit des Halbeinkünfteverfahrens ist jedoch in der zunächst Gesetz gewordenen Fassung des Investmentsteuergesetzes vor dem Richtlinien-Umsetzungsgesetz (EURLUmsG) nicht zu erblicken. Schließlich sind abweichend von dem Regierungsentwurf Privatanleger nicht mit in der Aktiengewinnregelung des § 8 Abs. 1 InvStG

---

erung von Garantiefonds nach § 20 Abs. 2 EStG bezogen. Die Erörterungen sind nicht mit der vorliegenden Konstellation vergleichbar, so dass sich eine mögliche Verdrängung der ertragsteuerrechtlichen Vorschriften nicht darauf stützen lässt.

1009 Vgl. *Harenberg/Intemann*, NWB, vom 11.07.2005, F.3, 13529 (13541f.).

1010 *Witt/Tiede*, DStR 2004, 1021 (1023); a.A. BMF-Schreiben vom 30.04.2004 – IV C 1-S 1980 – 1 – 13/04 – , S. 12 (zu § 8 InvStG – 3 –) zum geplanten BMF-Schreiben zum Investmentsteuergesetz und nunmehr auch das BMF-Schreibens zum Investmentsteuergesetz vom 02.06.2005, - IV C 1 – S 1980 – 1 87/05, Rn. 196, BStBl. I 2005, 728 (756).

1011 Vgl. auch § 23 Abs. 2 Satz 2 EStG.

1012 BGBl. I 2004, S. 3310ff.

1013 *Witt/Tiede*, DStR 2004, 1021 (1023).

aufgenommen.[1014] Dem entgegen wird jedoch ebenso vertreten, dass das Halbeinkünfteverfahren nicht anwendbar sein solle.[1015] Bereits der Bericht des Finanzausschusses vom 05.11.2003[1016] zum Investmentsteuergesetz hat vorgebracht, dass es bei Investmentanteilen im Privatvermögen zu einer Fortgeltung des bisherigen Rechts kommen solle. Ansonsten seien die Verkomplizierungen durch eine Einbeziehung von Privatanlegern in die Aktiengewinnregelung erheblich. Daher sei es zu einer „erneuten" Nichtaufnahme der Privatanleger in die Vorschrift gekommen. Dies spreche aber dafür, dass entgegen dem Wortlaut des § 3 Nr. 40 EStG, der auch „Vermögensmassen" anführe, in Anlehnung an § 40a Abs. 2 KAGG a.F. die alte Rechtslage weiter gelten sollte, in der allerdings Privatanleger von der Anwendbarkeit des Halbeinkünfteverfahrens ausgeschlossen waren.[1017]

Diese Ansicht ist jedoch nicht überzeugend. Im Ergebnis ist gerade der § 40a Abs. 2 KAGG a.F. nicht mit in das Investmentsteuergesetz überführt worden. Allein mit der Ansicht des Finanzausschusses, nach der die alte Rechtslage weiter gelten solle, lässt sich der Ausschluss der Privatanleger vom Halbeinkünfteverfahren nicht begründen. Denn insoweit ist der Wortlaut des geschaffenen § 8 Abs. 1 InvStG eindeutig, weil über den möglichen Wortsinn einer Vorschrift hinaus keine Steuertatbestände geschaffen oder ausgeweitet werden dürfen und Unklarheiten zu Lasten des Gesetzgebers gehen.[1018] Darüber hinaus könnten auch andere Intentionen des Gesetzgebers bestanden haben, den Privatanleger nicht in den Wortlaut des Gesetzestextes aufzunehmen. Allein der Gesichtspunkt, dass damit eine Vereinfachung durch die bloße Weitergeltung des ursprünglichen Rechts geschaffen werden könne, erfasst nicht die gesamte Komplexität des Sachverhalts. Jedenfalls kann über den Wortlaut des § 8 InvStG hinaus nicht die Nichtanwendbarkeit des Halbeinkünfteverfahrens begründet werden.[1019] Dies gilt erst Recht deswegen, da im Tatbestand der Norm kein Ausschluss des Halbeinkünfteverfahren niedergelegt wurde. Ferner besteht in der Tatsache, dass der Privatanleger keinen Eingang in den Gesetzeswortlaut des § 8 Abs. 1 InvStG zum Zeitpunkt des Inkrafttretens des Investmentsteuergesetzes gefunden hat, keine Sperrwirkung des Investmentsteuerrechts bezüglich der Anwendbarkeit des Halbeinkünfteverfahrens bei Privatanlegern in Investmentanteilen. Eine solche Ansicht könnte höchstens für den betrieblichen Anleger

---

1014 *Witt/Tiede*, DStR 2004, 1021 (1023).

1015 *Sradj/Mertes*, DStR 2004, 201 (206);

1016 BT-Drucks. 15/1944.

1017 *Ramackers* in: Littmann/Bitz/Pust, EStG, § 8 InvStG, Rn. 5 [Mai 2004]; vgl. mit weiteren Argumenten ebenso *Bacmeister*, BB 2004, 2787 (2787).

1018 BFH vom 21.07.1999, BStBl. II 1999, 832 (832); *Mertes/Schmitt/Hagen* in: Ernst & Young/ BDI, Steueränderungen 2003/2004, Teil III D, Rn. 215.

1019 So auch *Carlé*, ErbStB 2005, 108 (110).

angenommen werden.[1020] Letztlich sind zudem die tatbestandlichen Voraussetzungen des Halbeinkünfteverfahrens gem. § 3 Nr. 40 lit. j.) EStG erfüllt. Denn das Investmentvermögen ist gem. § 11 InvStG Zweckvermögen i.S. des § 1 Abs. 1 Nr. 5 KStG[1021] und vermittelt dem Investmentanleger gem. § 2 Abs. 1 InvStG Einkünfte i.S. des § 20 Abs. 1 Nr. 1 EStG.

Sofern der Gesetzgeber dennoch die Regelung des § 40a Abs. 2 KAGG a.F. nicht in das Investmentsteuergesetz integriert hat, muss er diese Rechtsfolge schlicht übersehen haben.[1022] Dies belegt auch der Gesetzgeber selbst, in dem er durch § 8 Abs. 5 InvStG nachbessert und den vorstehenden Streit zumindest für die Zukunft klärt.

d. Zwischenergebnis, Stellungnahme und Kritik

§ 8 Abs. 5 InvStG kann nur soweit gelten, als dieser das Halbeinkünfteverfahren bei Privatanlegern in Investmentvermögen für die Zukunft ausschließt. Denn wie dargestellt handelt es sich bei dieser Vorschrift trotz Behauptung des Gesetzgebers nicht um eine lediglich klarstellende Regelung der ohnehin schon geltenden Gesetzeslage.[1023] Nach der im Investmentsteuergesetz getroffenen Regelung durften Privatanleger in Fondsanteile darauf vertrauen, dass das Halbeinkünfteverfahren bei steuerpflichtigen Veräußerungen anzuwenden ist. Dem steht nicht entgegen, dass zuvor in § 40a Abs. 2 KAGG a.F. explizit die Anwendbarkeit des § 3 Nr. 40 EStG ausgenommen wurde.

Bereits im Gesetzgebungsverfahren wurde deutlich, dass der Gesetzgeber neue Wege gehen wollte, indem er plante, auch Privatanleger in die Aktiengewinnregelung des § 8 InvStG aufzunehmen. An der alten Rechtslage sollte daher nicht zwangsläufig festgehalten werden, zumal konkret die Ausnahmebestimmung des § 40a Abs. 2 KAGG a.F. nicht in das neue Recht integriert wurde. Darüber hinaus stand das Transparenzprinzip im Vordergrund der gesetzgeberischen Tätigkeiten zum neuen Investmentsteuergesetz. Dieses sollte nicht nur hinsichtlich der Anlagen in in- und ausländische Investmentfonds ausgebaut werden, sondern das tragende Fundament („Leitidee“) des neuen Rechts werden.[1024]

1020 *Witt/Tiede*, DStR 2004, 1021 (1024).

1021 Vgl. oben Kapitel 2, A, I, 2, a.

1022 *Intemann* in: Herrmann/Heuer/Raupach, EStG, InvStG, Anm. J 03-21 [Mai 2004]; *Carlé*, ErbStB 2005, 108 (110).

1023 BT-Drucks. 15/3677, S. 49; Auch *Harenberg/Intemann*, NWB, vom 11.07.2005, F.3, 13529 (13541) sehen keine nur klarstellende Regelung der zum Zeitpunkt des In-Kraft-Tretens geltenden Rechtslage.

1024 Begründung zum Investmentmodernisierungsgesetz zu Artikel 2 (Investmentsteuergesetz), Allgemeines, S. 136; BT-Drucks. 15/1553; auch *Beckmann/Scholtz/Vollmer*, Investment-Handbuch, 2005, Ordnungsziffer 582.

Nach der Begründung zum Investmentsteuergesetz sollten gewichtige Ausnahmen vom Transparenzprinzip bestehen bleiben, da die Anlegergruppen nicht in jeder Beziehung vergleichbar seien.[1025] Dennoch kann solch ein gewichtiger Unterschied hinsichtlich der Anwendbarkeit des Halbeinkünfteverfahrens zwischen einem Privatanleger in Investmentanteilen und einem privaten Direktanleger bei der Veräußerung bzw. Rückgabe von Investmentanteilen nicht festgestellt werden, die den Verstoß gegen das Transparenzprinzip rechtfertigen könnten.[1026] Wenn aber gewichtige Unterschiede zwischen diesen Gruppen bestünden, hätte vom Gesetzgeber aber eine kurze Begründung erwartet werden dürfen. Dem Transparenzprinzip wird demzufolge durch die in der bisherigen Form getroffene Regelung zur Geltung verholfen, da Privatanleger in Investmentanteilen und Privatanleger, die direkt investierten, gleich behandelt wurden.[1027]

Nach der hier vertretenen Auffassung, dass § 8 InvStG zum Zeitpunkt vor Umsetzung des Richtlinien-Umsetzungsgesetzes (EURLUmsG) als lex specialis für den Privatanleger nicht abschließend war, konnten bis zum In-Kraft-Treten des § 8 Abs. 5 InvStG sowohl private Fondsanleger als auch private Direktanleger, die ihre Wertpapiere innerhalb der Spekulationsfrist des § 23 EStG zurückgaben bzw. veräußerten, das Halbeinkünfteverfahren anwenden. Dies ist jedoch sogar nach der geltenden Rechtslage mit Rückwirkung auf alle Einnahmen aus der Veräußerung und Rückgabe von Investmentanteilen, die dem Privatanleger nach dem 31.12.2003 zufließen und somit zum Zeitpunkt des In-Kraft-Tretens des Investmentsteuergesetzes gem. § 18 Abs. 1 InvStG nicht mehr möglich.[1028] Der Versuch des Gesetzgebers, diese materielle Änderung des Rechts durch die Argumentation einer bloßen Klarstellung zu heilen,[1029] muss fehlschlagen. Gerade aber wegen des geschaffenen Vertrauens der Privatanleger in Investmentanteilsscheine zur Anwendbarkeit von Steuervergünstigungen darf diese Privilegierung nicht rückwirkend genommen werden. Dabei handelte es sich um eine unzulässige und verfassungsrechtlich nicht gedeckte Rückwirkung.[1030] In der gegebenen Konstellation ist es in der Rechtsfolge dabei unerheblich, ob die bestehende Rückwirkung als echte oder unechte Rückwirkung qualifiziert würde.

1025 Begründung zum Investmentmodernisierungsgesetz zu Artikel 2 (Investmentsteuergesetz), Allgemeines, S. 136; BT-Drucks. 15/1553; auch *Beckmann/Scholtz/Vollmer,* Investment-Handbuch, 2005, Ordnungsziffer 582.

1026 *Harenberg/Intemann,* NWB, vom 11.07.2005, F.3, 13529 (13541).

1027 Vgl. oben Kapitel 2, A, III, 6.

1028 *Harenberg/Intemann,* NWB, vom 11.07.2005, F.3, 13529 (13541).

1029 Vgl. oben Kapitel 3, G, II, 1.

1030 Vgl. zur Rückwirkungsproblematik bereits oben Kapitel 3, G, I, 6 a.A. *Bacmeister,* BB 2004, 2787 (2787).

Zwar ist die echte Rückwirkung grundsätzlich unzulässig, während die unechte Rückwirkung grundsätzlich zulässig ist. Diese Bewertung ändert sich aber für die unechte Rückwirkung mit der Folge deren Unzulässigkeit, wenn einer Änderung insgesamt schützenswertes Vertrauen entgegensteht.[1031] Nach der Rechtsprechung des Bundesverfassungsgerichts liegt ein schützenswertes Vertrauen jedoch dann nicht vor, wenn mit der rückwirkenden Regelung gerechnet werden musste, das geltende Recht unklar und verworren ist, sich der Bürger nicht auf den durch eine ungültige Norm erzeugten Rechtsschein verlassen darf oder zwingende Gründe des Gemeinwohls die Rückwirkungsanordnung rechtfertigen.[1032] Derartige vertrauensausschließende Umstände lassen sich allerdings bei der rückwirkenden Einführung des § 8 Abs. 5 InvStG nicht erkennen. Insbesondere konnten die Steuerpflichtigen, die Investmentanteile im Privatvermögen halten, wie aufgezeigt,[1033] auf Grund der klaren Gesetzeslage im Investmentsteuergesetz davon ausgehen, dass sie für Einnahmen aus der Rückgabe bzw. Veräußerung von Anteilscheinen den Vorteil des Halbeinkünfteverfahrens anwenden können. Selbst wenn danach von einer bloß unechten Rückwirkung ausgegangen würde, wäre diese aus den genannten Gründen verfassungswidrig. Nach alledem kann die Rückanknüpfung an das In-Kraft-Treten des Investmentsteuergesetzes gem. § 18 Abs. 1 InvStG keinen Bestand haben. Für Privatanleger, die ihre Fondsanteilsscheine im Vertrauen auf die Anwendbarkeit des Halbeinkünfteverfahrens innerhalb der Spekulationsfrist des § 23 EStG veräußerten oder zurückgegeben haben, besteht die Möglichkeit es auf eine gerichtliche Klärung ankommen zu lassen und gegen ihre Einkommensteuerbescheide für den Veranlagungszeitraum 2004 Einspruch einzulegen.

Des Weiteren ist der Gesetzgeber dazu angehalten, eine entsprechende Übergangsvorschrift für den § 8 Abs. 5 InvStG zu schaffen, durch die oben genannten Bedenken Rechnung getragen wird.

Mit der Einführung der vollen Besteuerung der Privatanleger in Investmentanteile durch § 8 Abs. 5 InvStG leben alte Bedenken gegen die Vorgängerregelung des § 40a Abs. 2 KAGG a.F. wieder auf. Es verwundert nämlich, dass der Gesetzgeber eine Regelung des Halbeinkünfteverfahrens für Veräußerungs- bzw. Rückgabegewinne für betriebliche Anleger geschaffen hat, gleichzeitig eine solche nicht für Privatanleger bereithalten kann.[1034] An dieser Stelle sollte der Gesetzgeber die ursprünglichen Pläne zur Aufnahme der Privatanleger in die Aktiengewinnregelung wieder aufnehmen und schnellstmöglich nachbessern.

1031 BVerfGE 30, 392 (404); 75, 246 (280).

1032 BVerfGE 13, 261 (271f.); 18, 429 (439); 30, 367 (387ff.); 37, 363 (397).

1033 Vgl. oben Kapitel 3, G, II, 3, c.

1034 *Otterbach*, Verwaltung und Besteuerung von Spezialfonds nach dem KAGG, 2004, S. 182; *Tibo*, DB 2000, 2291 (2292).

Der im gesamten Transparenzprinzip liegende unauflösbare Konflikt zwischen einer Gleichbehandlung der Fondsanleger mit den Direktanlegern und der Einfachheit steuerrechtlicher Vorschriften ist in diesem Fall zugunsten des Transparenzprinzips zu klären. Ansatzweise hat der Gesetzgeber im Gesetzgebungsverfahren bereits versucht, den Privatanleger mit in die Aktiengewinnvorschrift zu integrieren. Diese Vorgehensweise signalisiert die grundsätzliche Möglichkeit einer Konfliktlösung.

4. Regelung des § 8 Abs. 5 InvStG in der Fassung nach dem Unternehmensteuerreformgesetz 2008

Im Rahmen der Unternehmensteuerreform 2008 ist der Tatbestand des § 8 Abs. 5 InvStG an den neu gefassten § 20 Abs. 2 EStG angepasst worden. Gewinne aus der Rückgabe oder Veräußerung von Investmentanteilen für im Privatvermögen gehaltene Investmentanteile werden nach der Neuregelung den Einkünften aus Kapitalvermögen i.S. des § 20 Abs. 2 Satz 1 Nr. 1 EStG zugeordnet. Ursprünglich waren Gewinne aus der Veräußerung oder Rückgabe von Investmentanteilen nur dann steuerbar, wenn die Gewinne zwischen Anschaffung und Veräußerung oder Rückgabe innerhalb der einjährigen Spekulationsfrist generiert wurden. Durch die Schaffung der Wertzuwachsbesteuerung im Rahmen des § 20 Abs. 2 EStG kommt es zukünftig auf Haltefristen nicht mehr an.

Nach § 8 Abs. 5 Satz 2 InvStG sind negative Einnahmen gemäß § 2 Abs. 1 Satz 1 von den Anschaffungskosten des Investmentanteils bei der Veräußerung oder Rückgabe abzusetzen. Nach der Begründung der Bundesregierung ist dies erforderlich, weil auf die Subsidiarität der sonstigen Einkünfte gegenüber den Einkünften, wie sie das geltende Recht enthält, nicht mehr zurückgegriffen werden kann. Gleichzeitig wird damit aber auch eine doppelte Verlustberücksichtigung bei negativen Einnahmen vermieden.[1035] In gleicher Weise wird durch eine Absetzung des im Veräußerungserlös enthaltenen Zwischengewinns vom Veräußerungserlös die Vermeidung einer Doppelbesteuerung erreicht, da der im Veräußerungserlös enthaltene Zwischengewinn schon gem. § 1 Abs. 4 i.V.m. § 2 Abs. 1 Satz 5 InvStG zu steuerbaren Einnahmen beim Anteilsscheininhaber geführt hat.[1036]

Im Hinblick auf die ausschüttungsgleichen Erträge ist gem. § 8 Abs. 5 Satz 3 InvStG der Veräußerungserlös um die während der Besitzzeit als zugeflossen geltenden Erträge zu mindern.[1037]

1035 *Elser* in: Breithecker/Förster/Förster/Klapdor, UntStRefG, 2007, § 8 InvStG, Rn 3.
1036 *Elser* in: Breithecker/Förster/Förster/Klapdor, UntStRefG, 2007, § 8 InvStG, Rn 3.
1037 *Elser* in: Breithecker/Förster/Förster/Klapdor, UntStRefG, 2007, § 8 InvStG, Rn 4.

II. Besteuerung der Rückgabe bzw. Veräußerung von Anteilen im Betriebsvermögen

Veräußerungsgewinne werden neben einer Ausschüttung oder einer Thesaurierung steuerrechtlich bei der Rückgabe oder Veräußerung von Investmentanteilen erfasst.

Nach § 8 Abs. 1 InvStG findet das Halbeinkünfteverfahren nach § 3 Nr. 40 EStG, bzw. die vollständige Steuerbefreiung nach § 8b KStG nur dann Anwendung, wenn es sich bei der Veräußerung oder Rückgabe von Investmentanteilen um solche handelt, die im Betriebsvermögen gehalten werden.[1038] Während das Halbeinkünfteverfahren[1039] vor allem für Investmentanteile gilt, die von Einzelunternehmern oder Mitunternehmern gehalten werden, ist die Steuerfreistellung für Beteiligungen an anderen Körperschaften und Personenvereinigungen gem. § 8b KStG für körperschaftlich organisierte Gesellschaften i.S. des § 1 Abs. 1 Nr. 1-6 KStG konzipiert.

1. Begriffsbestimmung des Betriebsvermögens

Zur Anwendbarkeit der Besteuerungsvorteile, die aus dem Halbeinkünfteverfahren (HEV)[1040] oder der Steuerfreistellung resultieren, muss jedoch zunächst ein Betriebsvermögen[1041] im Sinne der Tatbestandsvoraussetzung des § 8 Abs. 1 InvStG gegeben sein.

Die Einnahmen aus der Rückgabe bzw. Veräußerung von Investmentanteilen können als Betriebsvermögen qualifiziert werden, wenn sie einem Land- oder Forstwirt, Gewerbetreibenden bzw. selbstständig Tätigen nach § 39 AO als wirtschaftliches Eigentum zugerechnet werden können.[1042] Darüber hinaus muss für die Zugehörigkeit der einzelnen Investmentanteile zum Betriebsvermögen ein sachlich funktionaler betrieblicher Zusammenhang mit den Anteilsscheinen bestehen. Dieses ist vor allem auch für die Zuordnung wichtig, da eine Aufspal-

1038 Ähnlich *Bacmeister*, BB 2004, 2787 (2787).

1039 Durch das Unternehmensteuerreformgesetz 2008 hat der Gesetzgeber § 3 Nr. 40 EStG im betrieblichen Bereich insoweit abgeändert, als das ab dem Veranlagungszeitraum 2009 nicht mehr 50% der Einnahmen, sondern nur noch 40% steuerfrei sind. Das Halbeinkünfteverfahren wurde demnach zu einem so genannten Teileinkünfteverfahren fortentwickelt. Vgl. hierzu auch Kapitel 2, A, III, 4, b, (2).

1040 Nach dem Unternehmensteuerreformgesetz 2008 handelt es sich dabei im betrieblichen Bereich um ein Teileinkünfteverfahren, da nur noch 40% der Einnahmen steuerfrei sind.

1041 Vgl. bereits oben Kapitel 3, D, II, 3.

1042 *Lübbehüsen* in: Brinkhaus/Scherer, KAGG, § 39, Rn. 11.

tung eines Anteilsscheins uneinheitlich zum Privat- oder Betriebsvermögen nicht denkbar ist. Vielmehr ist nur eine einheitliche Zurechnung möglich.[1043]

Wirtschaftsgüter stehen im Betriebsvermögen, wenn sie zum notwendigen oder gewillkürten Betriebsvermögen gezählt werden können. Zum notwendigen Betriebsvermögen werden sie gerechnet, wenn sie ausschließlich und unmittelbar für eigenbetriebliche Zwecke des jeweiligen Investmentsparer genutzt werden oder zumindest dazu bestimmt sind.[1044] Für die Zurechnung zum notwendigen Betriebsvermögen kommt es nicht darauf an, wie diese Wirtschaftsgüter bilanziell behandelt und erfasst worden sind.[1045] Ebenso wenig gehören Wirtschaftsgüter nur deshalb zum notwendigen Betriebsvermögen, weil sie durch die Betriebsfinanzen angeschafft wurden,[1046] oder als Kreditsicherheiten dienen.[1047] Für Investmentanteile, die vom Einzelunternehmer oder einer Personengesellschaft gehalten werden bedeutet dies, dass diese Anteile in aller Regel nicht als notwendiges Betriebsvermögen anzusehen sind,[1048] da sie nicht für die Führung des Betriebs gebraucht werden und die Verwendung als Kreditsicherheit dafür nicht ausreicht.

Allerdings besteht für die Anteilscheininhaber, gleich ob sie zur Bilanzierung verpflichtet sind, oder ob es sich bei ihnen um Land- oder Forstwirte bzw. selbstständig Tätige handelt, die Möglichkeit, ihre Investmentanteile wahlweise als gewillkürtes Betriebsvermögen oder Privatvermögen zu qualifizieren.[1049]

1043 *Lübbehüsen* in: Brinkhaus/Scherer, KAGG, § 39, Rn. 11; Vgl. zur Begriffsbestimmung des Betriebsvermögens auch bereits oben Kapitel 3, D, II, 2.

1044 BFH vom 15.07.1960, BStBl. III, 1960, 484 (484); vom 16.03.1991, BStBl. II, 1991, 829 (829); vom 12.03. 1992; BStBl. II 1993, 36 (36); R 4.2 Abs. 1 EStR 2006.

1045 *Lübbehüsen* in: Brinkhaus/Scherer, KAGG, § 39, Rn. 12; R 4.2 Abs. 1 Satz 2 EStR 2006.

1046 BFH vom 18.12.1996, BStBl. II, 1997, 351 (351).

1047 BFH vom 13.08.1964, BStBl. III, 1964, 502 (503); vom 17.03.1966, BStBl. III, 1966, 350 (350).

1048 Anders ist dies jedoch zu beurteilen, wenn eine gewerbliche Tätigkeit vorliegt, die sich mit dem An- und Verkauf von Wertpapieren und insbesondere von Anteilsscheinen beschäftigt. In diesem Fall liegt darin notwendiges Betriebsvermögen, da die Investmentanteile gerade für diese betriebliche Tätigkeit gebraucht werden. Insofern geht ein Handel mit Anteilsscheinen, der auf Gewinnerzielung ausgerichtet ist, über eine bloße Vermögensverwaltung hinaus. Vgl. dazu auch *Lübbehüsen* in: Brinkhaus/Scherer, KAGG, § 39, Rn. 15. Zur Abgrenzung zur privaten Vermögensverwaltung vgl. bereits oben Kapitel 3, D, II, 1.

1049 *Lübbehüsen* in: Brinkhaus/Scherer, KAGG, § 39, Rn. 12.

In dieser Qualifizierungsmöglichkeit ist jedoch kein vollständig freies Wahlrecht zu erblicken.[1050] Denn dies setzt voraus, dass sich die Wirtschaftsgüter, die zum Einsatz im Betrieb bestimmt werden (gewillkürtes Betriebsvermögen), objektiv auch zur Förderung des Betriebs eignen[1051] und deshalb erst auf eine betriebliche Veranlassung hin gebildet wurden.[1052] Solche Förderungseignungen bestehen für Wirtschaftsgüter bereits dann, wenn sie zur Grundlage eines Kredits oder einer Liquiditätsreserve dienen oder höhere Erträge als normale Barrücklagen erbringen können.[1053]

Diese Vorgaben können allesamt für Investmentanteile zutreffen, so dass in der Regel auch bei ihnen von gewillkürtem Betriebsvermögen ausgegangen werden kann. Von der Rechtsprechung und Finanzverwaltung wird ein Förderungszusammenhang jedoch dann verneint, wenn es sich um betriebsschädliche Wirtschaftsgüter handeln sollte, wie etwa die Anschaffung von Wertpapieren in spekulativer Absicht mit absehbaren Verlusten oder anderen Wirtschaftsgütern mit hohem Risikopotenzial.[1054]

Diese Rechtsprechung und Verwaltungsansicht ist jedoch nicht konsequent und widerspruchsfrei. Eine Zurechnung scheidet nicht allein deshalb aus, weil Anteilsscheine oder andere Wertpapiere in spekulativer Absicht mit Hilfe eines Kredits oder billigender Inkaufnahme eines Kursverlustes erworben wurden.[1055] Schließlich können auch spekulative Wertpapiere dem Betrieb dienen. Dies ergibt sich aus der Tatsache, dass riskantere Anlagen meist auch eine höhere Rendite erbringen als so genannte konservative Wertanlagen. Gerade für den Fall der Erzielung höherer Erträge als bei Barrücklagen ist in der Vergangenheit aber letztlich die Zurechnung zum Betriebsvermögen nicht versagt worden. Es wäre widersprüchlich, Anlagen, die eine höhere Rendite versprechen, eine Zurechnung zum gewillkürten Betriebsvermögen zu erlauben, hingegen aber riskanten Anlagen, die eine noch höhere Rendite zulassen, gleichwohl die Betriebsvermögenszurechnung zu versagen. Es ist nicht nachvollziehbar, dass mit solch riskanten Wertpapieren die Betriebsförderung entfallen soll, da gerade

---

1050 H 4.2 Abs. 1 EStR 2006 „Gewillkürtes Betriebsvermögen".

1051 BFH vom 30.04.1975, BStBl. II, 1975, 582 (583); vom 17.05.1990, BStBl. II, 1991, 216 (216f.); vom 07.04.1992, BStBl. II, 1993, 21 (22); R 4.2 Abs. 1 Satz 3 EStR 2006.

1052 H 4.2 Abs.1 EStR 2006 „Gewillkürtes Betriebsvermögen".

1053 BFH vom 18.12.1996, BStBl. II, 1997, 351 (353).

1054 BFH vom 19.02.1997, BStBl. II, 1997, 399 (402), wobei das Risikopotenzial für sich allein genommen danach nicht ausreiche. Vielmehr müssten im Einzelfall weitere Anhaltspunkte hinzutreten, die den Schluss zuließen, dass dem Betrieb kein Nutzen mehr erbracht werde; H 4.2 Abs. 1 EStR 2006 „Wertpapiere".

1055 So auch *Durchlaub,* BB 1989, 949 (952); *Lübbehüsen* in: Brinkhaus/Scherer, KAGG, § 39, Rn. 12.

durch höhere Renditen der Betrieb erst zusätzlich gefördert wird. Bei Investmentanteilen eines Sondervermögens wird sich in aller Regel dieses Problem der Betriebsfeindlichkeit wegen hohen Risikos ohnehin nicht stellen. Investmentfonds folgen der Strategie der so genannten Risikodiversifikation, die darauf ausgerichtet ist, durch eine breite Streuung der unterschiedlichen Anlagen bestehende Anlagerisiken so gering wie möglich zu halten. Einem Anleger kann damit beim Kauf solcher Anteile i.d.R. nicht der Vorwurf gemacht werden, er habe Kursverluste voraussehen müssen. Allein bei Investitionen in Hedgefonds könnte sich dieses Problem ergeben. Nach derzeitiger Rechtslage unterliegt die Anlagemöglichkeit in Hedgefonds aber bestimmten Restriktionen gem. §§ 112 ff. InvG, die einen Schutz der Anleger bezwecken sollen und somit ebenfalls eine Risikobegrenzung durch den Gesetzgeber darstellen.[1056] Ob sich daraus der oben genannte Vorwurf der billigenden Inkaufnahme von Kursverlusten begründen lässt, ist zweifelhaft. Darüber hinaus wird nicht überzeugend dargelegt, dass eine Zugehörigkeit zum Betriebsvermögen zu verneinen ist, wenn Kursverluste billigend in Kauf genommen würden. Denn normalerweise wird es nur wenige Anleger geben, die Kursverluste anstreben.[1057] Zuzustimmen ist der

---

1056 Vgl. zu Darstellung der Hedgefonds Kapitel 4.

1057 Mit Ausnahme besonderer Gestaltungsmöglichkeiten bestimmter geschlossener Fonds (wie z.B. Immobilien-, Film-, Medien-, Schiffs- oder Windkraftfonds) vor dem Gesetz zur Beschränkung der Verlustverrechnung im Zusammenhang mit Steuerstundungsmodellen vom 22.12.2005, BGBl. I 2005 S. 3683. Allerdings musste dann bei diesen „Steuersparmodellen" vermieden werden, dass die Gestaltungen den Fonds als Verlustzuweisungsgesellschaft qualifizierte. Denn mit dem Steuerentlastungsgesetz 1999/2000/2002 vom 24.03.1999 wurde die Nichtabzugsfähigkeit von Verlusten (negativen Einkünften) aus Verlustzuweisungsgesellschaften oder ähnlichen Modellen eingeführt. Danach dürfen negative Einkünfte auf Grund von Beteiligungen an Gesellschaften oder Gemeinschaften oder ähnlichen Modellen nicht mit anderen Einkünften ausgeglichen werden, wenn bei dem Erwerb oder der Begründung der Einkunftsquelle die Erzielung eines steuerrechtlichen Vorteils allein im Vordergrund steht. Die Verluste dürfen auch nicht nach § 10d EStG (Verlustabzug) abgezogen werden. Verluste aus einer Verlustzuweisungsgesellschaft können nur mit Gewinnen, die aus dieser Einkunftsquelle ein Jahr zuvor erzielt wurden oder im kommenden Jahr erzielt werden, verrechnet werden. Die Erzielung eines steuerrechtlichen Vorteils steht insbesondere dann im Vordergrund, wenn nach dem Betriebskonzept der Gesellschaft oder Gemeinschaft oder des ähnlichen Modells die Rendite auf das einzusetzende Kapital nach Steuern mehr als das Doppelte dieser Rendite vor Steuern beträgt und ihre Betriebsführung überwiegend auf diesem Umstand beruht.

Bereits vor der Bundestagswahl im Herbst 2005 wollte die damalige Regierung diese Möglichkeit noch weiter einschränken. Umgesetzt wurde dies sogleich nach den Neuwahlen zum Deutschen Bundestag im Herbst 2005 mit dem oben genannten Gesetz zur Beschränkung der Verlustverrechnung im Zusammenhang mit Steuerstundungsmodellen vom 22.12.2005 (Vgl. § 15b EStG), wodurch bei allen modellhaften Gestaltungen steuerrechtliche Verluste aus der Anfangsphase, wenn sie 10% des Ei-

Rechtsprechung und der Finanzverwaltungsmeinung aber darin, dass Wirtschaftgüter, die zum Zeitpunkt der Anschaffung erkennbar Verluste bringen werden, nicht betriebsdienlich sein können. Eine Förderungsmöglichkeit des Betriebs kann in der Schaffung von Verlusten nicht erkannt werden, da diese dem Betrieb objektiv nicht dienen können.

Im Ergebnis gilt für Investmentanteile aber, dass diese nicht vor dem Hintergrund der Schaffung von Verlusten erworben wurden. Unabhängig von dem ihnen zugrunde liegenden Risikos, können sie durch den betrieblichen Anleger sowohl dem Privat- als auch dem gewillkürten Betriebsvermögen zugeordnet werden.

2. Begriffsbestimmung der „Aktiengewinne"

Die so genannten „Aktiengewinne"[1058] i.S. des § 8 Abs. 1 InvStG umfassen entgegen der durch diese Formulierung zunächst vermuteten Einfachheit und Singularität des Begriffs mehrere Verkaufsbestandteile im Rahmen des Veräußerungs- bzw. Rücknahmepreises.[1059] Darunter fallen erstens realisierte Kursgewinne in- und ausländischer Aktien, sowie von Genussscheinen, die an den Investmentanleger bisher nicht ausgeschüttet oder diesem auf Grund der Zuflussfiktion noch nicht zugerechnet wurden. Zweitens fallen auf Grund der Formulierung des § 8 InvStG auch nicht realisierte Kursgewinne unter die Veräußerungs- bzw. Rückgabegewinne im Sinne des Investmentsteuergesetzes.[1060]

Anders beurteilte der Finanzausschuss die vorhergehende Regelung des § 40a KAGG a.F., dessen Bericht eine Begrenzung auf realisierte Gewinne nahe legte.[1061] Im Gesetzgebungsverfahren zum Investmentsteuergesetz vertrat der 7. Finanzausschuss dann aber die Ansicht, dass auch nicht realisierte (Kurs-)

---

genkapitals übersteigen, nicht mehr mit anderen positiven Einkünften, sondern nur mit späteren positiven Einkünften aus derselben Beteiligung an einem Fonds, also derselben Einkunftsquelle verrechnet werden dürfen. Vgl. *Fleischmann/Meyer-Scharenberg,* DB 2006, 253 (253ff.); *Stuhrmann,* NJW 2006, 465 (466ff.); *Lüdicke/Naujok,* DB 2006, 744 (744ff.).

1058 Der Begriff „Aktiengewinn" geht auf eine Eingabe des Bundesverbands der Deutschen Investmentgesellschaften (BVI) an den Finanzausschuss des Bundestages zurück. Vgl. hierzu auch bereits oben Kapitel 3, G und ebenso *Stoschek/Peter/Bittner*, FR 2003, 941 (944), Fn. 27; *Tibo*, DB 2000, 2291 (2292); *Hammer*, DStZ 2002, 519 (519).

1059 *Otterbach*, Verwaltung und Besteuerung von Spezialfonds nach dem KAGG, 2004, S. 179.

1060 *Fischer,* WM 2001, 1236 (1244); *Otterbach*, Verwaltung und Besteuerung von Spezialfonds nach dem KAGG, 2004, S. 180; *Bonin,* BB 2003, 2545 (2546).

1061 BT-Drucks. 14/3366 zu § 40a KAGG.

Gewinne unter das Halbeinkünfteverfahren fallen sollten. Hierzu wurde die Gesetz gewordene Formulierung vorgeschlagen, die auch nicht realisierte Gewinne umfasst.[1062] Da schon eine enge Auslegung des Gesetzeswortlauts zu § 40a KAGG der Systematik sowohl des Kapitalanlagegesellschaftsgesetzes als auch des Investmentsteuergesetzes widersprochen hätte, war die Aufnahme der nicht realisierten Gewinne folgerichtig. Diese würden bei einer hypothetischen Veräußerung der zugrunde liegenden Wertpapiere durch den Fonds ihren Veräußerungsgewinn erhöhen. Die Gewinne fielen dann in den Anwendungsbereich des Halbeinkünfteverfahrens.[1063] Drittens sind unter den Rückgabe- bzw. Veräußerungsgewinnen in- und ausländische Dividenden und sonstige Bezüge sowie entsprechende Ansprüche des Fonds i.S. des § 8b KStG zu verstehen.[1064]

3. Angabe der Aktiengewinne durch den Fonds

Damit betriebliche Anleger die steuerrechtlichen Vorteile der Anwendbarkeit des Halbeinkünfteverfahrens bei der Veräußerung bzw. Rückgabe von Investmentanteilen erlangen können, müssen die Investmentgesellschaften nach § 5 Abs. 2 InvStG bewertungstäglich den Wert des Investmentanteils, der auf den Wert des Aktiengewinns entfällt, prozentual bestimmen. Gleichzeitig darf sich nach § 5 Abs. 2 Satz 2 InvStG der Aktiengewinn pro Investmentanteil durch die Ausgabe oder Rücknahme der Anteile nicht ändern. Dies wird durch die Bildung

---

1062 BT-Drucks. 15/1671 zu § 8 InvStG.

1063 *Fischer,* WM 2001, 1236 (1244); Durch das Unternehmenssteuerreformgesetz hat der Gesetzgeber § 3 Nr. 40 EStG im betrieblichen Bereich insoweit abgeändert, als das ab dem Veranlagungszeitraum 2009 nicht mehr 50% der Einnahmen, sondern nur noch 40% steuerfrei sind. Das Halbeinkünfteverfahren wurde demnach zu einem so genannten Teileinkünfteverfahren fortentwickelt. Für Einnahmen aus Investmentanteilen, die im Privatvermögen gehalten werden ist das Halbeinkünfteverfahren nach der Unternehmensteuerreform 2008 sogar gänzlich nicht mehr anzuwenden. Vgl. hierzu oben Kapitel 2, A, III, 4, b, (2).

1064 *Hammer,* DStZ 2002, 519 (520); *Otterbach*, Verwaltung und Besteuerung von Spezialfonds nach dem KAGG, 2004, S. 180; stellen klar, dass die Regelung zum „Aktiengewinn" im Kapitalanlagegesellschaftsgesetz im Tatbestand zwar einen Verweis auf die Anwendbarkeit des § 8b Abs. 2 KStG, nicht jedoch auf § 8b Abs. 1 KStG, enthielt. Dennoch sei die Anwendbarkeit des § 8b Abs. 1 KStG im Rahmen der „Aktiengewinnregelung" notwendig. Es könne sich bei dieser Formulierung nur um ein redaktionelles Versehen des Gesetzgebers handeln, da keine Anhaltspunkte ersichtlich seien, die Investmentanlage in diesem Punkt schlechter zu behandeln als die Direktanlage, da Dividenden dort grundsätzlich steuerfrei sind. Diese Lösung war im Hinblick auf den Transparenzgedanken richtig. Direkt- und betriebliche Fondsanleger sollen in den Genuss des Halbeinkünfteverfahrens bzw. der Steuerfreistellung des § 8b KStG kommen. Dieses Problem ist durch das Investmentmodernisierungsgesetz weggefallen, da § 8 InvStG nunmehr auf alle Absätze des § 8b KStG verweist. Vgl. zum Transparenzprinzip oben Kapitel 2, A, III, 6.

eines besonderen Korrekturpostens erreicht.[1065] Zugleich muss die ermittelte Prozentzahl mit dem Rücknahmepreis veröffentlicht werden.[1066]

Sofern die Investmentgesellschaften diesen Ermittlungs- und Veröffentlichungspflichten nach § 5 Abs. 2 InvStG nicht nachkommen, gelten i.S. des § 8 Abs. 4 InvStG die Investmentanteile als zum zeitgleich mit dem letzten Aktiengewinn veröffentlichten Rücknahmepreis zurückgegeben und wieder angeschafft. Diese Vorschrift soll die Regelung des § 5 Abs. 2 InvStG fortführen, wonach § 8 InvStG gar nicht anwendbar ist, wenn den Ermittlungsvorschriften nicht Genüge getan wird. Denn dieses Ergebnis wird gerade mit § 8 Abs. 4 Satz 4 InvStG dadurch erreicht, dass auf die als angeschafft geltenden Investmentanteile das Halbeinkünfteverfahren[1067] nach § 3 Nr. 40 EStG bzw. die Steuerfreistellung des § 8b KStG nicht anzuwenden ist.

4. Bestimmung des steuerrechtlich relevanten „Aktiengewinns"

Systematisch ergänzt die Regelung zum „Aktiengewinn" die Vorschriften zur laufenden Besteuerung der Erträge des Sondervermögens. Im Rahmen der laufenden Besteuerung werden, wie bereits oben dargestellt,[1068] ausgeschüttete oder ausschüttungsgleiche Erträge erfasst und dort durch die Regelungen zum Halbeinkünfteverfahren[1069] bzw. zur Steuerfreistellung gem. § 8b KStG entlastet. Die „Aktiengewinnregelung" greift hierzu im Vorfeld, wenn die Erträge bisher weder ausgeschüttet noch im Rahmen der Zuflussfiktion den Anlegern zuzurechnen sind.[1070] Dann darf nach dem Willen des Gesetzgebers der Veräu-

---

1065 Vgl. hierzu das BMF-Schreiben zum Investmentsteuergesetz vom 02.06.2005, - IV C 1 – S 1980 – 1 87/05, Rn. 117, BStBl. I 2005, 728 (744).

1066 Vgl. zu den Aufgaben der Investmentgesellschaften im Zusammenhang mit den Aktiengewinnen das BMF-Schreiben zum Investmentsteuergesetz vom 02.06.2005, - IV C 1 – S 1980 – 1 87/05, Rn. 108ff., BStBl. I 2005, 728 (743f.), zu weiteren Veröffentlichungspflichten vgl. Kapitel 3, D, III, 2.

1067 Durch das Unternehmenssteuerreformgesetz hat der Gesetzgeber § 3 Nr. 40 EStG im betrieblichen Bereich insoweit abgeändert, als das ab dem Veranlagungszeitraum 2009 nicht mehr 50% der Einnahmen, sondern nur noch 40% steuerfrei sind. Das Halbeinkünfteverfahren wurde demnach zu einem so genannten Teileinkünfteverfahren fortentwickelt. Für Einnahmen aus Investmentanteilen, die im Privatvermögen gehalten werden ist das Halbeinkünfteverfahren nach der Unternehmensteuerreform 2008 sogar gänzlich nicht mehr anzuwenden. Vgl. hierzu oben Kapitel 2, A, III, 4, b, (2).

1068 Vgl. oben Kapitel 3, D, III, 1.

1069 Durch das Unternehmenssteuerreformgesetz hat der Gesetzgeber § 3 Nr. 40 EStG im betrieblichen Bereich insoweit abgeändert, als das ab dem Veranlagungszeitraum 2009 nicht mehr 50% der Einnahmen, sondern nur noch 40% steuerfrei sind. Das Halbeinkünfteverfahren wurde demnach zu einem so genannten Teileinkünfteverfahren fortentwickelt. Vgl. hierzu oben Kapitel 2, A, III, 4, b, (2).

1070 *Grabbe/Lübbehüsen*, DStR 2004, 981 (983).

ßerungs- bzw. der Rückgabegewinn anteilig um die zuvor genannten Erträge gekürzt werden, um auch hier die Entlastung dieser Erträge zu erreichen.[1071] Die „Aktiengewinnregelung" wurde erst auf Grund einer Beschlussempfehlung des Finanzausschusses im Laufe des Gesetzgebungsverfahrens zum Steuersenkungsgesetz (StSenkG) eingefügt,[1072] um eine gleichmäßige Belastung aller Erträge sowie die Gleichstellung der Fondsanlage mit der Direktanlage zu erreichen.

Damit eine ordnungsgemäße und an der Leistungsfähigkeit des Steuerpflichtigen[1073] orientierte Besteuerung erfolgen kann, bedarf es jedoch zunächst immer der Bestimmung der Höhe des steuerrechtlich relevanten „Aktiengewinns". Dem Grundsatz nach bestehen unterschiedliche Methoden zur Ermittlung des relevanten „Aktiengewinns".[1074]

a. Bestimmung nach dem Verkehrswert der Beteiligung („Brutto-Methode")

Wenn bei der Bestimmung des „Aktiengewinns" auf den Verkehrswert der Investmentfondsbeteiligung Bezug genommen wird, soll nach dieser Vorgehensweise der Gewinn ohne jeden Abzug, also brutto und noch vor den Werbungskosten ermittelt werden.[1075] Diese Ansicht stützt sich auf den Wortlaut des Gesetzes. Schließlich geht die Formulierung des § 8 Abs. 1 InvStG von „Einnahmen" aus. Der Begriff lässt nach dieser Ansicht nur den Schluss zu, dass der Bruttogewinn so zu verstehen ist, dass zuvor keine Positionen abgezogen worden sind.[1076] Letztlich sei dies der Wille des Gesetzgebers, da die Problematik der Ermittlung bereits in der Vorgängervorschrift zum § 8 Abs. 1 InvStG in § 40a KAGG a.F. enthalten war und der Gesetzgeber dennoch die Formulierung „Einnahmen" trotz der bestehenden Kritik[1077] beibehalten hat.[1078] Vielmehr hätte

---

1071 *Bacmeister,* IStR 2004, 176 (180); *Grabbe/Lübbehüsen,* DStR 2004, 981 (983).

1072 BT-Drucks. 14/3366, S. 83.

1073 Vgl. oben Kapitel 2, A, III, 7.

1074 Vgl. ebenso das Gesamtbeispiel zur Berechnungsmethode des anzusetzenden Anleger-Aktiengewinns im Anhang 4 des BMF-Schreibens zum Investmentsteuergesetz vom 02.06.2005, - IV C 1 – S 1980 – 1 87/05, zur Rn 180, BStBl. I 2005, 728 (752).

1075 *Bacmeister,* IStR 2004, 176 (180).

1076 *Bacmeister,* IStR 2004, 176 (180).

1077 *Lübbehüsen* in: Brinkhaus/Scherer, KAGG, § 40a, Rn. 7.

1078 Vgl. dazu *Bacmeister,* IStR 2004, 176 (180), wobei nicht klar wird, auf welchen Entwurf eines Investmentsteuergesetzes sich der Autor in seinem Aufsatz bezieht. Den Regierungsentwurf kann er so jedenfalls nicht gemeint haben. Denn seit diesem Regierungsentwurf zum Investmentmodernisierungsgesetz ist die Technik geregelt, nach der der Aktiengewinn zu ermitteln ist. Bei den Ausführungen bleibt jedoch zumindest richtig, dass im Zuge des Gesetzgebungsverfahrens die Formulierung „Einnahmen" im Gesetzestext (§ 8 Abs. 1 InvStG) verblieben ist. Daher bleiben die Ansätze *Bac-*

diese Formulierung, wenn eine andere Methode zum Tragen hätte kommen sollen, in „Einkünfte" oder „Gewinn" geändert werden können.[1079] In dem dies gerade aber nicht geschehen sei, müsse der „Aktiengewinn" ohne Werbungskosten oder andere Abzüge (brutto) berechnet werden.

b. Bestimmung nach der Wertveränderung der Beteiligung („Netto-Methode")

Neben der Bruttomethode lässt sich der steuerrechtlich relevante „Aktiengewinn" aber auch (netto) unter Abzug aller anteiligen Kosten bestimmen. Dabei wären dann so genannte Nettogrößen, wie Transaktionskosten, Depotgebühren oder sonstige Aufwendungen des Sondervermögens zu berücksichtigen.[1080] Die Nettomethode findet sowohl in der Literatur als auch in der Praxis großen Zuspruch.[1081] Dies liegt vor allem an den damit verbundenen Vereinfachungen in der Berechnung, Ermittlung und Veröffentlichung des relevanten „Aktiengewinns. Nach § 5 Abs. 2 InvStG ist der „Aktiengewinn" des Sondervermögens prozentual, gemessen am Veräußerungs- bzw. Rückgabegewinn i.S. des § 8 InvStG, zu veröffentlichen.[1082] Die Investmentanteile repräsentieren aber nur das Sondervermögen und enthalten damit alleine einen Nettowert des jeweiligen Investmentanteils, welches einen Schluss darauf zulässt, dass der Aktienwert ebenfalls durch eine Nettoangabe erfasst werde.[1083] Darüber hinaus dient dies der Vergleichbarkeit der unterschiedlichen Werte von Investmentanteil und „Aktiengewinn". Andernfalls müsste bezüglich des Fondsvermögens und des Aktiengewinns eine Bruttogröße ohne jeden Abzug (bzw. Zwischengröße unter Abzug der nach § 3 Abs. 3 Satz 2 InvStG abzugsfähigen Kosten) mit einer Nettogröße nach Abzug aller anteiligen Kosten verglichen werden.[1084] Durch die Einfachheit eines solchen Vergleichs und der zugrunde liegenden Berechnung kann sichergestellt werden, dass der Transparenzgedanke eingehalten wird.

---

meisters nachvollziehbar. Dennoch schleicht sich der Verdacht ein, dass die Neuregelung des § 8 III InvStG beim Verfassen des angegebenen Aufsatzes übersehen wurde. Denn diese Vorschrift spricht dem Grunde nach gegen die Argumentation *Bacmeisters*, dass der Gesetzgeber die Probleme bei der Ermittlung des Aktiengewinns gekannt, aber trotzdem nicht gehandelt habe. Schließlich lassen sich Ermittlungsmethoden nicht einzig an der Begrifflichkeit der „Einnahmen" festmachen. Vgl. zur Neuregelung der Aktiengewinermittlungsvorschrift sogleich unten Kapitel 3, G, I, 4, c.

1079 *Bacmeister,* IStR 2004, 176 (180).

1080 *Hammer,* DStZ 2002, 519 (520). Zu den Aufwendungen des Sondervermögens vgl auch schon oben Kapitel 2, A, I, 1, a.

1081 *Grabbe/Lübbehüsen,* DStR 2004, 981 (983); *Lübbehüsen* in: Brinkhaus/Scherer, KAGG, § 40a, Rn. 33, 39, 42; *Hammer,* DStZ 2002, 519 (520).

1082 Vgl. dazu oben Kapitel 3, G, I, 3.

1083 *Grabbe/Lübbehüsen,* DStR 2004, 981 (983).

1084 *Grabbe/Lübbehüsen,* DStR 2004, 981 (983).

Direktanleger und Fondsanleger werden gleich behandelt, was die Konkurrenzfähigkeit von Fonds im Finanzanlagewettbewerb sicherstellt.[1085]

c. „Aktiengewinn-“ Ermittlungsmethode nach § 8 Abs. 3 InvStG

Die durch das Investmentmodernisierungsgesetz geschaffene Modifizierung zur „Aktiengewinnregelung“ hat durch § 8 Abs. 3 InvStG eine Regelung aufgenommen, wie die zu berücksichtigenden zeitanteiligen „Aktiengewinne“ gem. § 8 Abs. 1 InvStG oder „Aktienverluste“ gem. § 8 Abs. 2 InvStG zu ermitteln sind.[1086] Dabei hat sich der Gesetzgeber im Wesentlichen an der bereits herrschenden „Nettomethode“ orientiert.[1087] Die Fondsanleger haben am Tag des Kaufs und des Verkaufs ihrer Investmentanteile den jeweils durch die Kapitalanlagegesellschaft gem. § 5 Abs. 2 InvStG ausgewiesenen Prozentsatz auf den Kauf- bzw. Veräußerungspreis zum Zeitpunkt des Kaufs bzw. Verkaufs (Rückgabe) umzurechnen. Die Differenz aus den beiden ermittelten Werten stellt den so genannten „besitzanteiligen Aktiengewinn“ dar.[1088] Entscheidend ist daher gem. § 8 Abs. 3 Satz 1 InvStG einerseits der Unterschied des „Aktiengewinns“ auf den Rücknahmepreis zum Zeitpunkt der Veräußerung und andererseits der „Aktiengewinn“ auf den Rücknahmepreis zum Zeitpunkt der Anschaffung.

Die Berechnung und Ermittlung des besitzanteiligen Aktiengewinns ermittelt sich aus der folgenden Berechnung:

Aktiengewinn auf den Veräußerungs-/ Rücknahmepreis zum Zeitpunkt der Veräußerung bzw. Rückgabe

./. Aktiengewinn auf den Rücknahmepreis zum Zeitpunkt der Anschaffung

= steuerfreier Aktiengewinn

Beispiel:[1089]
Kauf des Anteils zu Euro 100, davon 20% Aktiengewinn, d.h. Euro 20.
Verkauf des Anteils zu Euro 150, davon 30% Aktiengewinn, d.h. Euro 45.

1085 Im Ergebnis, so wohl auch *Hammer,* DStZ 2002, 519 (524f.), der zur Begründung der „Nettomethode“ verschiedene Berechnungsbeispiele aufführt.

1086 *Lübbehüsen/Schmitt,* DB 2004, 268 (270); im Ergebnis so auch *Bonin,* BB 2003, 2545 (2546).

1087 a.A. *Bacmeister,* BB 2004, 2787 (2788).

1088 *Bonin,* BB 2003, 2545 (2546).

1089 Beispiel nach der Begründung zum Investmentmodernisierungsgesetz zu Artikel 2 (Investmentsteuergesetz – zu § 8 Veräußerung von Investmentanteilen; Gewinnminderung), S. 155f.; BT-Drucks. 15/1553; auch *Beckmann/Scholtz/Vollmer,* Investment-Handbuch, 2005, Ordnungsziffer 582; *Storg,* NWB, vom 30.08.2004, F.3, 12999 (13005); ähnlich auch die Berechnungsbeispiele bei Vertretern der Nettomethode vgl. dazu *Bonin,* BB 2003, 2545 (2546); *Hammer,* DStZ 2002, 519 (520ff.).

Der Veräußerungsgewinn des Anlegers beträgt 50% (Veräußerungspreis 150 abzüglich Anschaffungskosten von 100).

Auf diesen Veräußerungsgewinn von Euro 50 entfällt ein steuerfreier besitzzeitanteiliger Aktiengewinn von Euro 25, der sich wie folgt berechnet:

Aktiengewinn auf den Veräußerungs-/ Rücknahmepreis zum Zeitpunkt der Veräußerung bzw. Rückgabe	**Euro 45**
./. Aktiengewinn auf den Rücknahmepreis zum Zeitpunkt der Anschaffung	**Euro 20**
= steuerfreier Aktiengewinn	**Euro 25**

Im Ergebnis beträgt der steuerfreie besitzzeitanteilige Aktiengewinn des Veräußerungs-/Rückgabegewinns damit 25 Euro. Die anderen 25 Euro des Veräußerungs-/Rückgabegewinns wären für einen betrieblichen Anleger, der als Körperschaft (Kapitalgesellschaft) nach dem Körperschaftsteuergesetz behandelt wird, ebenso steuerfrei gem. § 8b KStG. Für einen betrieblichen Anleger, für den das Einkommensteuergesetz maßgebend ist, wäre entsprechend des Halbeinkünfteverfahrens gem. § 3 Nr. 40 EStG zumindest die Hälfte der 25 Euro, also 12,5 Euro steuerfrei.[1090]

Der Vereinfachung wegen soll in allen Berechnungsbeispielen und Erklärungen davon ausgegangen werden, dass keine Bewertungsunterschiede zwischen Handels- und Steuerbilanz bestehen. Soweit also Wahlrechte existieren, sind diese in beiden Bilanzen immer gleich ausgeübt worden.

Die Regelung des besitzanteiligen Aktiengewinns dient nach der Begründung des Gesetzgebers der Klarstellung, dass der Aktiengewinn bezogen auf die Besitzzeit der Fondsanteile durch den Anleger zu berechnen ist.[1091]

Diese Differenz kann je nach den unterschiedlich ermittelten Einstandswerten sowohl einen positiven als auch einen negativen Betrag darstellen.[1092] Bei

1090 Durch das Unternehmenssteuerreformgesetz hat der Gesetzgeber § 3 Nr. 40 EStG im betrieblichen Bereich insoweit abgeändert, als das ab dem Veranlagungszeitraum 2009 nicht mehr 50% der Einnahmen, sondern nur noch 40% steuerfrei sind. Das Halbeinkünfteverfahren wurde demnach zu einem so genannten Teileinkünfteverfahren fortentwickelt. Dies bedeutet für die Berechnung, dass nicht 12,5 Euro, sondern lediglich 10 Euro für den betrieblichen Anleger gem. § 3 Nr. 40 EStG steuerfrei wären. Vgl. zum Teileinkünfteverfahren oben Kapitel 2, A, III, 4, b, (2).

1091 Begründung zum Investmentmodernisierungsgesetz zu Artikel 2 (Investmentsteuergesetz – zu § 8 Veräußerung von Investmentanteilen; Gewinnminderung), S. 155; BT-Drucks. 15/1553; auch *Beckmann/Scholtz/Vollmer*, Investment-Handbuch, 2005, Ordnungsziffer 582.

positiven Differenzen handelt es sich um den positiven Aktiengewinn i.S. des § 8 Abs. 1 InvStG. Bei negativen Differenzen liegt ein negativer Aktiengewinn nach § 8 Abs. 2 InvStG vor.[1093] Noch im Regierungsentwurf wurde der Aktiengewinnprozentsatz auf den tatsächlichen „Veräußerungspreis" einerseits und die tatsächlichen „Anschaffungskosten" andererseits berechnet.[1094] Die letztlich getroffene Regelung hat aber gegenüber den geplanten zugrunde zu legenden tatsächlichen Werten den Vorteil, dass der Ermittlung des Aktiengewinns keine größeren Schwierigkeiten mehr entgegenstehen. Denn dieser kann nunmehr selbst für den Fall bestimmt werden, dass z.B. Aktiengewinne nicht durch eine Rückgabe von Investmentanteilen geriert werden, sondern diese vielmehr auf dem freien Markt angeboten und dort auch veräußert werden. Gleiches gilt umgekehrt für den Erwerb auf dem freien Markt.[1095]

§ 8 Abs. 3 Satz 2 und Satz 3 InvStG regeln die Ermittlung der zeitanteiligen Aktiengewinne und Verluste in der Konstellation eventueller Teilwertabschreibungen bzw. -zuschreibungen für den Zeitraum zwischen dem Bewertungsstichtag und der Anschaffung. Gem. § 8 Abs. 3 Satz 4 InvStG[1096] sind die nach § 8 Abs. 3 Satz 2 und Satz 3 InvStG ermittelten Aktiengewinne auf den maßgebenden Rücknahmepreis zum Schluss des vorangegangen Wirtschaftsjahres zu berichtigen, soweit er sich auf den Bilanzansatz ausgewirkt hat.

d. Zusammenfassung und Stellungnahme

Das Investmentsteuergesetz regelt durch § 8 Abs. 3 InvStG die Vorgehensweise, nach der der steuerpflichtige Aktiengewinn zu ermitteln ist. Zuerst muss der besitzzeitanteilige Aktiengewinn als Differenz zwischen dem Aktiengewinn zum Zeitpunkt der Veräußerung und dem Aktiengewinn zum Zeitpunkt der Anschaffung gebildet werden. Damit der steuerpflichtige Teil der Einnahmen aus den Veräußerungs- bzw. Rückgabegewinnen zu bestimmen ist, müssen die erzielten Einnahmen um den besitzzeitanteiligen Aktiengewinn gekürzt wer-

---

1092 Im Regierungsentwurf zum Investmentmodernisierungsgesetz war die Ermittlungsmethode noch nicht für Aktienverluste ausdrücklich geregelt. Dieses ist erst im weiteren Gesetzgebungsverfahren geschehen.

1093 Vgl. dazu unten Kapitel 3, G, I, 5.

1094 *Lübbehüsen/Schmitt,* DB 2004, 268 (270).

1095 *Lübbehüsen/Schmitt,* DB 2004, 268 (270).

1096 § 8 Abs. 3 Satz 4 InvStG ist erst durch das Gesetz zur Umsetzung von EU-Richtlinien in nationales Steuerrecht und zur Änderung weiterer Vorschriften vom 09.12.2004 (EURLUmsG), BGBl. I S. 3310ff. eingeführt worden; zur Berechnung vgl. das Beispiel im BMF-Schreiben zum Investmentsteuergesetz vom 02.06.2005, - IV C 1 – S 1980 – 1 87/05, Rn. 115, BStBl. I 2005, 728 (744).

den.[1097] Aus dieser Vorgehensweise, die letztlich das Investmentsteuergesetz vorschreibt, wird deutlich, dass dies im Wesentlichen der Weg ist, der sich auf Grund der Nettomethode bereits in der Praxis herausgebildet hat. Damit wird eine praxisnahe Lösung geschaffen, deren Unterlassung im Kapitalanlagegesellschaftsgesetz zu Zweifelsfällen und Rechtsunsicherheiten geführt hatte.

Die Bruttomethode, wonach der Gewinn ohne jeden Abzug, d.h. brutto vor den Werbungskosten ermittelt wurde, ist damit endgültig überholt. Diese Lösung war auch nicht sachgerecht, da anteilige Kosten auf Fondsebene unter Berücksichtigung dieser schon im Aktiengewinn dem Interesse aller Beteiligten entsprach. Der Investmentanleger kann seinen Aktiengewinn um die Kosten des Sondervermögens mindern. Die Argumentation der Vertreter der Bruttomethode, dass der Gesetzgeber das Problem zur Berechnung des Aktiengewinns zwar gesehen, aber dennoch nicht gehandelt habe, und im Ergebnis der Aktiengewinn ausschließlich nach dem Gesetzeswortlaut „Einnahmen" brutto zu ermitteln sei, kann danach nicht mehr vertreten werden. Soweit Vertreter dieser Ansicht, wie eben *Bacmeister,*[1098] argumentieren, dass der Gesetzgeber ebenfalls durch das Investmentsteuergesetz dieses Problem wegen des zunächst maßgebenden Wortlauts des Gesetzes nicht beseitigt habe, übersehen sie die bereits im Referentenentwurf enthaltene Regelung zur Ermittlung des Aktiengewinns, durch die der Gesetzgeber die Vorgehensweise der Ermittlung der zeitanteiligen Aktiengewinne und Verluste normiert und sich so der Ermittlung des Aktiengewinns anhand der Nettomethode angeschlossen hat.

In § 8 Abs. 3 InvStG wurden lediglich leichte Modifikationen gegenüber der bisher herrschenden Nettomethode eingeführt. Maßgebend zur Berechnung des besitzzeitanteiligen Aktiengewinns sind nicht, wie auch noch im Regierungsentwurf vorgesehen, die tatsächlichen Veräußerungs- oder Rückgabepreise bzw. die tatsächlichen Anschaffungskosten. Vielmehr müssen die Fondsanleger am Tag des Kaufs und des Verkaufs ihrer Investmentanteile den jeweils durch die Kapitalanlagegesellschaft gem. § 5 Abs. 2 InvStG ausgewiesenen Prozentsatz auf den Kauf- bzw. Veräußerungspreis zum Zeitpunkt des Kaufs bzw. Verkaufs (Rückgabe) umrechnen. Dies ist ebenso für den Anleger vorteilhaft, da ansonsten Veräußerungs- bzw. Rückgabegewinne, die sich nicht auf dieser Grundlage ermitteln ließen, steuerpflichtig wären.

1097 *Lübbehüsen/Schmitt,* DB 2003, 1696 (1698), die sich gerade dafür aussprechen, dass der Gewinn nicht typisiert, sondern besitzzeitanteilig zu ermitteln ist. Anders noch *Lübbehüsen* in: Brinkhaus/Scherer, KAGG, § 40a, Rn. 41, 42 m.w.N.

1098 Vgl. oben Kapitel 3, G, I, 4, a.

Entscheidend ist für die Investmentanleger der steuerpflichtige Aktiengewinn nach Bereinigung des besitzanteiligen Gewinns. Denn eine alleinige Bewertung des Aktiengewinns hat für sich genommen kaum Qualität, da dieser lediglich einen Stichtagswert repräsentiert, der sich aus den oben genannten Wertansätzen eines bestimmten Stichtages (Aktiengewinn zum Zeitpunkt der Veräußerung bzw. zum Zeitpunkt der Anschaffung) ergibt. Es werden nur Wertentwicklungen bestimmter Basiswerte abgebildet. Einen betriebswirtschaftlichen Rückschluss auf die Arbeit und die „Performance" eines Fonds lässt sich daraus nicht ziehen.

Im Ergebnis werden die Fondsanleger durch die Nettomethode so gestellt, als ob sie die Aktien des Sondervermögens direkt und selbst gehalten hätten. Die Gleichbehandlung zwischen Direkt- und Fondsanlage ist gewährleistet.[1099] Dieses Ergebnis einer mit dem Transparenzprinzip zu vereinbarenden Lösung ist einzig mit der gewählten Nettomethode möglich.[1100] Der Gesetzgeber hat sich bei der Ausgestaltung der Regelung zur Ermittlungstechnik des Aktiengewinns letztlich am Transparenzprinzip orientiert, dem im gesamten Investmentrecht eine übergeordnete Bedeutung beizumessen ist.[1101] Diesen Vorgaben, eine Gleichbehandlung der Direktanlage mit der Fondsanlage herzustellen, ist das Investmentsteuergesetz in dieser Regelung nachgekommen. Insgesamt wurden bestehende Vorgaben der Praxis in der Gesetzesreform zur Ermittlung des Aktiengewinns gut umgesetzt.

5. Regelung des § 8 Abs. 2 InvStG („negativer Aktiengewinn")

Mit dem In-Kraft-Treten des Investmentsteuergesetzes wurde gleichzeitig durch § 8 Abs. 2 InvStG der so genannte „negative Aktiengewinn" eingeführt. Dieser war zuvor weder im Regierungsentwurf zum Investmentmodernisierungsgesetz noch in der Vorgängerregelung zum Aktiengewinn in § 40a KAGG a.F enthal-

1099 So im Ergebnis auch *Grabbe/Lübbehüsen,* DStR 2004, 981 (984).

1100 *Grabbe/Lübbehüsen,* DStR 2004, 981 (984), die dieses Ergebnis für die Nettomethode vertreten. Hierbei wird diese Ansicht durch unterschiedliche und vergleichende Berechnungen gestützt.

1101 Vgl. oben Kapitel 2, A, III, 6, d und e.

ten.[1102] Aus diesem Grunde war auch die Frage der Berücksichtigung negativer Aktiengewinne streitig.[1103]

Nach § 8 Abs. 2 InvStG sind auf Vermögensminderungen - insbesondere Veräußerungs- bzw. Rückgabeverluste sowie Teilwertabschreibungen - bei Verkauf oder Rückgabe der Investmentanteilsscheine, die auf Wertverluste der vom Fonds gehaltenen Aktien zurückgehen, die im Falle eines Veräußerungsgewinnes nach dem Halbeinkünfteverfahren[1104] bzw. nach dem Beteiligungsprivileg begünstigt wären, Abzugsbeschränkungen i.S. des § 3c Abs. 2 EStG bzw. § 8b KStG[1105] anzuwenden. Nach diesen Vorschriften sind die Abzugsbeschränkungen demnach entweder nur hälftig oder sogar vollkommen beachtlich.[1106] Wenn sich danach eine Teilwertabschreibung nach § 8 Abs. 2 InvStG nicht oder nur zur Hälfte ausgewirkt hat, bleibt eine spätere Wertaufholung in diesem Umfang ebenso steuerfrei.[1107] Ein negativer besitzzeitanteiliger Aktiengewinn führt mithin beim Anleger zu einem hälftigen oder vollständigen nicht abzugsfähigen Verlust. Die Ermittlungsmethode nach § 8 Abs. 3 InvStG enthält, wie noch im Regierungsentwurf zum Investmentsteuergesetz geregelt, keine aus-

---

1102 Dieses wurde erst mit dem Gesetz zur Umsetzung der Protokollerklärung der Bundesregierung zur Vermittlungsempfehlung zum Steuervergünstigungsabbaugesetz vom 22.12.2003 (Korb II) – BGBl. I 2003, S. 2840 – geändert. Nach der Begründung des Gesetzgebers handelte es sich dabei nur um eine klarstellende Regelung, so dass die negative Aktiengewinnregelung gem. § 40a KAGG zudem durch § 43 Abs. 18 KAGG auf alle noch offenen Fälle erstreckt wurde. Vgl. zu dieser Regelung und der begleitenden verfassungsrechtlichen Problematik sogleich unten Kapitel 3, G, I, 6.

1103 Gegen das Bestehen eines negativen Aktiengewinns in § 40a Abs. 1 KAGG wenden sich vor allem *Lübbehüsen* in: Brinkhaus/Scherer, KAGG, § 40a, Rn. 19; *Mertes/Schmitt/Hagen* in: Ernst & Young/ BDI, Steueränderungen 2003/2004, Teil III D, Rn. 222; *Sradj/Mertes,* DStR 2004, 201 (206); *Fock,* BB 2003, 1589 (1591); *Stoschek/Peter/Bittner*, FR 2003, 941 (948ff.); zweifelnd *Dötsch/Pung,* DB 2003, 1016 (1021f.); a.A. aber ohne nähere Begründung *Hammer,* DStR 2004, 519 (519); vgl. auch sogleich unten Kapitel 3, G, I, 6.

1104 Durch das Unternehmenssteuerreformgesetz hat der Gesetzgeber § 3 Nr. 40 EStG im betrieblichen Bereich insoweit abgeändert, als das ab dem Veranlagungszeitraum 2009 nicht mehr 50% der Einnahmen, sondern nur noch 40% steuerfrei sind. Das Halbeinkünfteverfahren wurde demnach zu einem so genannten Teileinkünfteverfahren fortentwickelt. Für Einnahmen aus Investmentanteilen, die im Privatvermögen gehalten werden ist das Halbeinkünfteverfahren nach der Unternehmensteuerreform 2008 sogar gänzlich nicht mehr anzuwenden. Vgl. hierzu oben Kapitel 2, A, III, 4, b, (2).

1105 Dieser Verweis gilt für alle Absätze des § 8b KStG.

1106 *Sradj/Mertes,* DStR 2004, 201 (206); *Lübbehüsen/Schmitt,* DB 2003, 1696 (1700).

1107 Vgl. das BMF-Schreiben zum Investmentsteuergesetz vom 02.06.2005, - IV C 1 – S 1980 – 1 87/05, Rn. 181, BStBl. I 2005, 728 (752).

drückliche Begrenzung auf den durch die Veräußerung bzw. Rückgabe der Investmentanteile erzielten Gewinn bzw. Verlust.[1108]

6. Regelung des § 40a Abs. 1 KAGG a.F.

Die gesetzliche Regelung zur Besteuerung von Einnahmen aus der Rückgabe bzw. Veräußerung von Investmentanteilen ist erst durch das Steuersenkungsgesetz (StSenkG) vom 23.10.2000 durch die Regelung des § 40a KAGG a.F. geschaffen worden.[1109] In dieser Vorschrift wurde jedoch nur der positive, nicht aber der negative Aktiengewinn geregelt, da ein ausdrücklicher Verweis auf § 8b Abs. 3 KStG fehlte.[1110] Dementsprechend war die steuerrechtliche Geltendmachung von Veräußerungsverlusten und Teilwertabschreibungen nicht beschränkt.[1111]

Mit dem Gesetz zur Umsetzung der Protokollerklärung der Bundesregierung zur Vermittlungsempfehlung zum Steuervergünstigungsabbaugesetz vom 22.12.2003[1112] (Korb II) sollten verschiedene Maßnahmen zur Stabilisierung des Steueraufkommens ergriffen werden.[1113] Unter anderem wurde parallel zum Investmentsteuergesetz eine rückwirkende Änderung der Aktiengewinnregelung des § 40a Abs. 1 KAGG eingeführt (§ 43 Abs. 18 KAGG a.F.). Dadurch wurde explizit in den Gesetzestext die Anwendbarkeit von § 8b Abs. 3 KStG auch für Investmentanteile aufgenommen und die Verlustabzugsbeschränkungen auf alle noch nicht bestandskräftigen Veranlagungen ausgedehnt.[1114]

Gerade darin liegt aber eine verfassungsrechtlich unzulässige echte Rückwirkung.[1115] Belastende Gesetze, die abgeschlossene Tatbestände rückwirkend erfassen, sind nach ständiger Rechtsprechung des Bundesverfassungsgerichts regelmäßig „unvereinbar mit dem Gebot der Rechtsstaatlichkeit, zu dessen wesentlichen Elementen die Rechtssicherheit gehört, die ihrerseits für den

---

1108 Vgl. zu den daraus entstehenden Problemen unten Kapitel 3, G, I, 8.

1109 BGBl. I, 2000, S. 1433; BStBl. I, 2000, 1428 (1457f.); *Heller/Hammer,* DStZ 2001, 118 (119f.).

1110 So auch *Sradj/Mertes,* DStR 2004, 201 (206); *Lübbehüsen* in: Brinkhaus/Scherer, KAGG, § 40a, Rn. 19; *Fock,* BB 2003, 1589 (1591); *Stoschek/Peter/Bittner*, FR 2003, 941 (948ff.); zweifelnd *Dötsch/Pung,* DB 2003, 1016 (1021f.); a.A. aber ohne nähere Begründung *Hammer,* DStR 2004, 519 (519).

1111 *Schultz/Halbig,* DStR 2005, 1669 (1770).

1112 BGBl. I 2003, S. 2840.

1113 *Hörster,* BB 2004, 245 (245).

1114 *Hörster,* BB 2004, 245 (246); *Sradj/Mertes,* DStR 2004, 201 (206); *Sradj/Mertes*, DStR 2003, 1681 (1685); *Schultz/Halbig,* DStR 2005, 1669 (1770).

1115 Zu den Grundsätzen vgl. BVerfGE 30, 367 (367); 13, 261 (270ff.) - echte Rückwirkung -; BVerfGE 14, 288 (297ff.); st. Rechtsprechung vgl. BVerfGE 39, 128 (143ff.).

Bürger in erster Linie Vertrauensschutz bedeutet".[1116] Demnach liegt eine echte Rückwirkung dann vor, wenn ein Gesetz nachträglich ändernd in abgewickelte, der Vergangenheit angehörende Tatbestände eingreift. Das sich aus der Verfassung ableitende Rechtstaatsprinzip schützt grundsätzlich das Vertrauen darauf, dass die mit abgeschlossenen Tatbeständen verknüpften gesetzlichen Rechtsfolgen anerkannt bleiben.[1117] Dagegen wird eine unechte Rückwirkung angenommen, wenn ein Gesetz nur auf gegenwärtige, noch nicht abgeschlossene Sachverhalte und Rechtsbeziehungen für die Zukunft einwirkt.[1118] Eine solche unechte Rückwirkung ist grundsätzlich zulässig, es sei denn, dass der Bürger auf den Fortbestand der Regelung vertrauen durfte und sein Vertrauen gegenüber dem öffentlichen Interesse an einer sofortigen und gleichmäßigen Änderung überwiegt.[1119]

In der rückwirkenden Änderung des § 40a Abs. 1 KAGG liegt aber gerade keine unechte Rückwirkung. Denn § 8b Abs. 3 KStG ist nicht in die Anwendbarkeit des Kapitalanlagegesellschaftsgesetzes einbezogen[1120] und auch eine Auslegung der ursprünglichen Vorschrift ergibt keine Abweichung davon.[1121]

Eine Auslegung nach dem Wortlaut führt nicht weiter, da § 40a Abs. 1 KAGG ausdrücklich nur auf § 8b Abs. 2 KStG und gerade nicht auf § 8b Abs. 3 KStG verweist.[1122] Ebenso wenig reicht die systematische Auslegung, um das vom Gesetzgeber gewünschte Ergebnis zu erreichen.[1123] Insoweit lässt sich aus anderen Vorschriften des Steuerrechts kein eigenes Prinzip im Steuerrecht herleiten, wonach eine Steuerfreiheit von Gewinnen mit der Nichtberücksichtigung entsprechender Verluste und deren Nichtabzugsfähigkeit zusammengehört und dementsprechend als untrennbar betrachtet werden muss.[1124] Ferner ergibt ein historischer Auslegungsversuch ebenfalls keine Einbeziehung von § 8b Abs. 3 KStG. Denn schon aus den Gesetzesmaterialien zu § 40a KAGG lässt sich ein solcher Schluss nicht ziehen, da dort die Anwendbarkeit des § 8b Abs. 3 KStG

1116 BVerfGE 18, 429 (439); 23, 12 (32); 24, 220 (229).

1117 BVerfGE 13, 261 (271).

1118 BVerfGE 11, 139 (145f.).

1119 *Maurer,* Allgemeines Verwaltungsrecht, § 16, Rn. 30.

1120 Vgl. § 40a Abs. 1 KAGG a.F. in der Form des Steuersenkungsgesetzes vom 23.10.2000 (StSenkG).

1121 Zur Auslegung vgl. ausführlich *Stoschek/Peter/Bittner*, FR 2003, 941 (948ff.).

1122 *Stoschek/Peter/Bittner*, FR 2003, 941 (948).

1123 *Stoschek/Peter/Bittner*, FR 2003, 941 (948).

1124 Vgl. BFH vom 20.06.2000, BStBl. II 2001, 35 (37), FR 2000, 1043 (1043) zu § 18 UmwStG; ebenso *Stoschek/Peter/Bittner*, FR 2003, 941 (948); a.A. Gesetzesbegründung zum Entwurf eines StEntlG 1999/2000/2002, BT-Drucks. 14/23, S. 1 (168/191); ebenso *Kanzler*, FR 2000, 1245 (1249f, 1255); mit Einschränkung *Briese,* StuB 2003, 440 (441, 443).

auf den Veräußerungsverlustfall keine Erwähnung findet.[1125] Schließlich begründet auch keine Auslegung nach dem Sinn und Zweck der Vorschrift (teleologische Auslegung) die Anwendbarkeit des § 8b Abs. 3 KStG.[1126]

Gleichwohl lässt sich der Ansatz nach dem Sinn und Zweck des § 40a Abs. 1 KAGG a.F. in einem Auslegungsversuch dogmatisch am Besten vertreten. Denn die Einbeziehung des § 8b Abs. 3 KStG würde die Fondsanlage entsprechend des Transparenzprinzips mit der Direktanlage gleichstellen, bei der § 8b Abs. 3 KStG für im Betriebsvermögen von Kapitalgesellschaften gehaltene Anteile an anderen Kapitalgesellschaften anwendbar wäre.[1127] Diese teilweise Besserstellung des Fondsanlegers gegenüber dem Direktanleger begründet jedoch für sich allein keine Einbeziehung der Verlustabzugsbeschränkung im Veräußerungsgewinnverlustfall. Denn zum einen führen die Regelungen des Gesetzes über Kapitalanlagegesellschaften (KAGG) zwar unter anderem durch die Nichteinbeziehung des § 8b Abs. 3 KStG partiell zu steuerrechtlichen Vorteilen der Fondsanleger gegenüber den Direktanlegern. Aber diesen teilweisen Vorteilen stehen auch Benachteiligungen gegenüber.[1128] Zum anderen reicht das Transparenzprinzip nach der Rechtsprechung des BFH nur so weit, als das der Gesetzgeber es zu regeln beabsichtigte, da der Grundsatz der Transparenz im Gesetz nur unvollständig umgesetzt wurde.[1129]

Aus diesem Grund kann unter Zugrundelegung der Auffassung des BFH auch keine über den Wortlaut der jeweiligen Vorschriften hinausgehende Interpretation, Auslegung oder Analogiebildung anhand des Transparenzprinzips erfolgen, sofern nicht positiv eine unbeabsichtigte Regelungslücke festgestellt werden kann.[1130] Das Transparenzprinzip gilt danach zunächst nur dort, wo dieser

---

1125 *Stoschek/Peter/Bittner*, FR 2003, 941 (948).

1126 *Stoschek/Peter/Bittner*, FR 2003, 941 (949).

1127 *Stoschek/Peter/Bittner*, FR 2003, 941 (949).

1128 *Lübbehüsen* in: Brinkhaus/Scherer, KAGG, § 40a, Rn. 11 zeigt, dass Benachteiligungen gegenüber der Direktanlage dadurch entstehen, dass Entnahmevorgänge durch den eingeschränkten Verweis in § 40a Abs. 1 KAGG im Gegensatz zu § 8b Abs. 2 KStG steuerbefreit sind. Vgl. außerdem *Lübbehüsen* in: Brinkhaus/Scherer, KAGG, § 40, Rn. 88 sowie vor §§ 37n ff., Rn. 15.

1129 Vgl. BFH vom 04.03.1980 BStBl. II 1980, 453 (455); BFH vom 07.04.1992 BStBl. II 1992, 786 (786ff.); BFH vom 11.10.2000 BStBl. II 2001, 22 (23); BFH vom 27.03.2001 BFH/ NV 2001, 1539 (1541). Vgl. ausführlich zu den Einschränkungen des Transparenzprinzips durch den BFH bereits oben Kapitel 2, A, III, 6, c., die dortigen Erwägungen mit der oben formulierten Kritik führen an dieser Stelle zu keiner anderen Beurteilung, da im Ergebnis keine planwidrige Regelungslücke vorliegt, die eine Auslegung anhand des Transparenzprinzips ermöglicht hätte.

1130 BFH vom 07.04.1992 BStBl. II 1992, 786 (789); *Kronat*, Besteuerung von Wertpapier-Investmentfonds, 2002, S. 29; *Lindemann*, Besteuerung von Aktienfonds nach der

Grundsatz Ausdruck im Gesetz gefunden hat.[1131] Eine Regelungslücke in Bezug auf die Umsetzung der Transparenz zwischen körperschaftlichem Fondsanleger und Direktanleger ist aber bei der Vorschrift des § 40a KAGG a.F. hinsichtlich der Berücksichtigung von Veräußerungsverlustfällen gerade nicht festzustellen.

Die nachträgliche Änderung des Gesetzes im Hinblick auf die Anwendbarkeit des § 8b Abs. 3 KStG stellt im Ergebnis einen nachträglich ändernden Eingriff in einen abgewickelten, der Vergangenheit angehörenden Tatbestand dar und ist somit als echte Rückwirkung bis zum Zeitpunkt des Steuervergünstigungsabbaugesetzes (StVergAbG) verfassungswidrig.[1132] Die Regelung von Tatbeständen und Änderungen von Gesetzen für die Zukunft liegt in der vollständigen Kompetenz des Gesetzgebers. Darüber hinaus wäre aber ohnehin spätestes ab diesem Zeitpunkt ein für die Zukunft schützenswertes Vertrauen nicht mehr gegeben.

Jedenfalls bleibt herauszustellen, dass es sich bei der Änderung der Vorschrift des § 40a KAGG mit einem Verweis auch auf § 8b Abs. 3 KStG nicht um die Beseitigung eines Redaktionsversehens handelt, wie aber in der Gesetzesbegründung formuliert wird.[1133] Solche bloßen Deklarierungen als „Klarstellungen“ des Gesetzgebers sind nicht geeignet, steuerrechtlich rückwirkende Gesetze verfassungsgemäß werden zu lassen.

7. Dachfondskonstruktionen

Von der Aktiengewinnregelung sind im Investmentsteuerrecht realisierte und nicht realisierte Gewinne aus der Beteiligung an anderen Fonds begünstigt. Wegen der Gleichstellung in- und ausländischer Fonds umfasst die Begünstigung auch Dachfondskonstruktionen, auf die zuvor gem. §§ 17 Abs. 2b, 18 Abs. 4 AuslInvmG das Halbeinkünfteverfahren ausdrücklich nicht anwendbar war.[1134] Durch die Begünstigungen des Halbeinkünfteverfahrens (einschließlich § 8b KStG) auch für ausländische Fonds setzt der Gesetzgeber die Reformziele einer Gleichstellung zu inländischen Fonds an dieser Stelle konsequent um.[1135]

Unternehmensteuerreform, 2004, S. 70; Vgl. ebenso bereits oben Kapitel 2, A, III, 6, c.

1131 *Fischer*, WM 2001, 1236 (1238); *Thorn/Otto/Geese*, Handbuch für die Besteuerung von Fondsvermögen, 2002, S. 8.

1132 Vgl. zur Verfassungsmäßigkeit rückwirkender Gesetze, aber auch die Vorlagebeschlüsse des FG Schleswig-Holstein vom 18.03.2002, EFG 2002, 775 (775); FG Baden-Württemberg vom 09.07.2001, EFG 2002, 536 (536).

1133 Vgl. die Gesetzesbegründung zum StVergAbG, Fn. 13, S. 315.

1134 *Carlé*, KÖSDI 2004, 14300 (14309); *Carlé*, DStZ 2004, 74 (77).

1135 Vgl. oben Kapitel 1, B.

8. Problem des Alt-Veräußerungsgewinns

Trotz der zum Teil praxisgerechten Problemlösungen durch den Gesetzgeber stellen sich nach wie vor aktuelle Fragen der Aktiengewinnbesteuerung und der Behandlung von Veräußerungs- bzw. Rückgabegewinnen oder Verlusten. Im Folgenden soll bezüglich der so genannten „Alt-Veräußerungsgewinne" ein erster Ansatz einer Diskussionsgrundlage dieses bisher in der Literatur nur wenig oder gar nicht diskutierten Problems geschaffen werden.

a. Alt-Veräußerungsgewinne

Probleme können im Investmentsteuergesetz bei den Alt-Veräußerungsgewinnen[1136] entstehen.[1137] Denn die ursprüngliche Fassung des Diskussionsentwurfs des Bundesministeriums der Finanzen zum Entwurf eines Gesetzes zur Modernisierung des Investmentwesens und zur Besteuerung von Investmentvermögen (Investmentmodernisierungsgesetz) sah in § 8 Abs. 2 InvStG-E, der Ermittlungsvorschrift des Aktiengewinns (nun § 8 Abs. 3 InvStG), eine Begrenzung der Ermittlung der steuerpflichtigen Einnahmen vor.[1138] Darin war beabsichtigt, dass sich der ermittelte steuerpflichtige Teil der gesamten Einnahmen aus der Rückgabe oder Veräußerung von Investmentanteilen, also nach Abzug des zuvor ermittelten besitzzeitanteiligen Gewinns, der Höhe nach auf die gesamten Einnahmen aus der Rückgabe oder Veräußerung begrenzt.

Gerade diese Begrenzung ist im Rahmen des Gesetzgebungsverfahren weggefallen und dementsprechend nicht mit in Kraft getreten. Als Folge wird lediglich ein fiktiv erzielter steuerpflichtiger Veräußerungsgewinn versteuert. Dadurch besteht aber gegenüber dem Diskussionsentwurf die Möglichkeit der gleichzeitigen Benachteiligung von Investmentanteilen und Investmentanteilscheininhabern. Dies gilt besonders dann, wenn die Investmentanleger vor erstmaliger Ermittlung des Aktiengewinns, also der Einführung der Aktiengewinnregelung des § 40 a KAGG a.F., Anteilsscheine erworben haben. Voraussetzung ist allerdings, dass auf Fondsebene zu diesem Zeitpunkt vor der Einführung der Vorschrift einerseits bereits hohe realisierte, aber noch nicht ausgeschüttete Veräußerungsgewinne bestanden haben und diese Gewinne andererseits durch

---

1136 Vgl. ebenso das BMF-Schreiben zum Investmentsteuergesetz vom 02.06.2005, - IV C 1 – S 1980 – 1 87/05, Rn. 182ff., 186, BStBl. I 2005, 728 (752f.), dass das im Folgenden dargestellte Problem allerdings nicht löst. Danach ist bei der Berechnung des Anleger-Aktiengewinns der Fonds-Aktiengewinn zum Zeitpunkt des Erwerbs mit „Null" anzusetzen.

1137 Als „Alt-Veräußerungsgewinne" werden solche Gewinne bezeichnet, die auf Fondsebene bereits vor Einführung des Halbeinkünfteverfahrens generiert wurden und auch nicht von der Aktiengewinnregelung begünstigt sind.

1138 Ebenso der Referentenentwurf vom 08.07.2003.

den Fonds nach Einführung der Aktiengewinnregelung erneut angelegt wurden.[1139] In dieser Konstellation besteht nämlich durchaus die Möglichkeit, dass gerade die Werte und Aktien, die durch die Veräußerungsgewinne auf Fondsebene angeschafft worden sind, in der Folgezeit einem Wertverfall unterliegen. Der Investmentfonds weist dann einen negativen Aktiengewinn pro Anteil aus, der im Ergebnis höher ist als der tatsächliche Verlust des Anlegers.

Zur Veranschaulichung folgendes Beispiel:[1140]

		Kurswert
Fondsebene:	01.08.2000 Kauf Aktie 1	EUR 100,-
	01.12.2000 Verkauf Aktie 1	EUR 250,-
	02.12.2000 Kauf Aktie 2	EUR 250,-
	01.10.2002 Wertverfall auf	EUR 100,-
	01.10.2004 Wertverfall auf	EUR 50,-

Anlegerebene:
Anleger ist eine Kapitalgesellschaft

	01.08.2000 Kauf Investmentanteil	EUR 100,-
	01.10.2004 Verkauf Investmentanteil	EUR 50,-

Die Fondsanleger haben am Tag des Kaufs und des Verkaufs ihrer Investmentanteile den jeweils durch die Kapitalanlagegesellschaft bewertungstäglich gem. § 5 Abs. 2 InvStG ermittelten und ausgewiesenen Prozentsatz des Werts eines Investmentanteils auf den Kauf- bzw. Veräußerungspreis zum Zeitpunkt des Kaufs bzw. Verkaufs (Rückgabe) ihrer Investmentanteile umzurechnen. Der umzurechnende von der Investmentgesellschaft ermittelte Aktiengewinnprozentsatz eines Fondsanteils ermittelt sich dort anhand der folgenden Formel:[1141]

Aktiengewinnprozentsatz = [(Kurswert-Anschaffungskosten) + realisierte thesaurierte Veräußerungsgewinne + Netto-Dividenden des laufenden Jahres] / Anteilspreis

Für die am 01.08.2000 erworbenen Investmentanteile ist eine Umrechnung zu diesem Zeitpunkt nicht möglich, da die Aktiengewinnregelung für inländische Investmentvermögen noch nicht existierte. Zum 01.01.2002 bestand aber auf der

1139 So auch *Sradj/Mertes,* DStR 2003, 1681 (1685).

1140 Beispiel abgeleitet aus der Folie 72 zum Managementcircle Intensivseminar vom 25.05.2004 in München, Besteuerung von Investmentfonds-Anteilsscheininhabern (Tagungsunterlagen).

1141 So auch *Bonin,* BB 2003, 2545 (2546f.).

einen Seite nach der Aktiengewinnregelung ein Aktiengewinn von 0% nach oben dargelegter Formel. Dies drückt sich durch die folgende Berechnung aus: EUR 250 Kurswert - EUR 250 Anschaffungskosten / EUR 250 Anteilspreis. Gleichwohl sind darin aber EUR 150 so genannter Altaktiengewinn, der nach den geltenden Vorschriften unberücksichtigt bleibt. Auf der anderen Seite ergibt sich zum 01.10.2004 ein negativer Aktiengewinnprozentsatz von – 400% (Nach obiger Formel: 50-250/50).

Bei der Ermittlung des steuerfreien Betrags nach § 8 InvStG i.V.m. § 8b KStG ist zunächst wieder der besitzanteilige Aktiengewinn zu bestimmen:

Aktiengewinn auf den Veräußerungs-/ Rücknahmepreis zum Zeitpunkt der Veräußerung bzw. Rückgabe	**EUR 50**
./. Aktiengewinn auf den Rücknahmepreis zum Zeitpunkt der Anschaffung	**EUR 100**
= steuerfreier Aktiengewinn	**EUR - 50**

Die Beispielskapitalgesellschaft hat weiterhin durch die Rückgabe bzw. Veräußerung der Investmentanteile einen tatsächlichen Verlust in Höhe von 50 EUR realisiert. Hingegen weist die Fondsgesellschaft einen negativen Aktiengewinn pro Anteil (- 400%) aus, der höher ist als der des Anlegers. Den durch diesen Prozentsatz im Grundsatz entstehenden steuerrechtlichen Verlust von - 200 EUR kann der Investmentanleger aber nicht geltend machen. Dieser Verlust ist für ihn steuerrechtlich unbeachtlich, da er durch das spätere In-Kraft-Treten der Aktiengewinnermittlungsvorschriften zum 01.01.2002 für inländische Investmentvermögen so gestellt wird, als wenn er diese Verluste nicht gehabt hätte. Auf der Anlegerebene kommt es daher über den Umweg eines steuerrechtlich unbeachtlichen Verlusts zu einer gewissermaßen nachträglichen Versteuerung der Alt-Veräußerungsgewinne des Fonds, die dem Anleger aber niemals zur Verfügung standen.[1142] Schließlich sind diese Gewinne nie ausgeschüttet worden, was aber vor In-Kraft-Treten der Aktiengewinnregelung Voraussetzung der Besteuerung war.

b. Kritik

Ein solches Ergebnis ist aber weder mit dem Grundsatz der Gleichbehandlung noch mit dem Grundsatz der Leistungsfähigkeit zu vereinbaren.[1143] Das Leistungsfähigkeitsprinzip ist ein allgemeiner Grundsatz des Steuerrechts, der dem Grundsatz der Steuergerechtigkeit folgt und sich letztlich ebenso wie der Grundsatz der Gleichbehandlung aus Art. 3 Abs. 1 GG ergibt.[1144] Demnach ist

1142 *Sradj/Mertes*, DStR 2003, 1681 (1685).

1143 Vgl. oben Kapitel 2, A, III, 7.

1144 *Tipke/Lang*, Steuerrecht, 2005, § 4, S. 82, Rn. 81; vgl. auch BVerfGE 6, 55 (70); 8, 51 (68f.); 9, 237 (243); 13, 290 (297); 14, 34 (41); 27, 58 (64); 32, 333 (339); 36, 66 (72);

es auch für die Investmentbesteuerung gerade auch für Alt-Veräußerungsgewinne verfassungsrechtlich geboten, die Anteilscheininhaber am Investmentvermögen, entsprechend ihrer Leistungsfähigkeit nach allgemeinen Kriterien des Ertragsteuerrechts zu besteuern.[1145] Dieses Prinzip kann aber gar nicht gewährleistet sein, wenn bei äußerlich identischen Tatbeständen mit Differenzen lediglich hinsichtlich der Ankaufs- bzw. Verkaufs- oder Rückgabezeitpunkte unterschiedliche Besteuerungsgrundlagen angewendet werden. Die Leistungsfähigkeit des einzelnen tritt damit in den Hintergrund.

Damit ist zudem auch der Gleichheitssatz verletzt, da Investmentanleger bei gleichen Verhaltensweisen unterschiedlich besteuert werden. Sollte es tatsächlich keine Begrenzung der steuerpflichtigen Einnahmen aus der Veräußerung oder Rückgabe auf die gesamten Einnahmen geben, würden einige Anleger in der vorliegenden Konstellation keine Anteilsscheine an beschriebenen Fonds mehr verkaufen, wenn die durch den Verkauf oder die Rückgabe der Anteile ausgelöste Steuer den Veräußerungs- oder Rückgabegewinn übersteigt.[1146] Daraus ergibt sich zumindest die Überlegung, ob dadurch nicht zusätzlich auch die wirtschaftliche Dispositionsfreiheit soweit eingeschränkt ist, dass ein Verstoß gegen das Eigentumsgrundrecht nach Art. 14 Abs. 1 GG gegeben sein könnte. Insgesamt kommt daher eine verfassungskonforme Auslegung der Aktiengewinnregelung in Betracht, wonach Veräußerungsverluste aus „Alt-Gewinnen“ vollständig zu berücksichtigen sind und hierfür der ermittelte negative Aktiengewinnprozentsatz der jeweiligen Fondsgesellschaft maßgeblich ist.

H. Besteuerung von Dachfondskonstruktionen

Die steuerrechtliche Behandlung laufender Erträge aus Dachfondskonstruktionen[1147] ist vor allem durch §10 InvStG bestimmt.[1148] In den investmentsteuer-

---

43, 108 (118ff.); 47, 1 (29); 55, 274 (302); 61, 319 (343ff.); 66, 214 (223); 68, 143 (152f.); 82, 60 (86f.).

1145 *Lindemann,* FR 2003, 890 (893).

1146 Diese Möglichkeit erkennen auch *Sradj/Mertes,* DStR 2003, 1681 (1685); und wohl auch *Bonin,* BB 2003, 2545 (2548).

1147 Dachfondskonstruktionen besitzen seit dem In-Kraft-Treten des Investmentmodernisierungsgesetzes einen erhöhten Stellenwert, da nunmehr auch Hedgefonds (Sondervermögen mit zusätzlichen Risiken) zugelassen sind, die allerdings in Deutschland nur als Dachfonds öffentlich vertrieben werden dürfen. Dennoch sollen sie an dieser Stelle keiner vertieften Erörterung unterliegen. Vielmehr wird die Problematik der Besteuerung von in- und ausländischen Investmentfonds (die gerade keine Dachfonds sind) nur kurz dargestellt. Vgl. insbesondere Kapitel 4, A, IV.

rechtlichen Regelungen, die dem Investmentsteuergesetz vorangegangen sind (KAGG/AuslInvmG), waren Dachfondskonstruktionen nicht besonders geregelt. Vielmehr musste hinsichtlich der steuerrechtlichen Behandlung dieser Sondervermögen auf die Systematik der im Gesetz verstreuten investmentsteuerrechtlichen Vorschriften zurückgegriffen werden.[1149] Ein weiterer Vorteil, der sich für Dach-Sondervermögen nach dem Investmentsteuergesetz ergibt, ist die Tatsache, dass gegenüber den bisherigen Regelungen im Kapitalgesellschaftsanlagegesetz (KAGG) nunmehr der „numerus clausus“ der einzelnen Fondstypen aufgehoben ist. Investmentfonds und damit auch Dachfonds können seitdem in sämtliche Vermögensgegenstände investieren, die im Katalog des § 2 Abs. 4 InvG genannt sind.[1150] Dies erweitert die strategischen Möglichkeiten eines Dachfonds erheblich, da dadurch die Gelegenheit besteht, andere Finanzinstrumente in das Sondervermögen aufzunehmen.[1151]

Gleichzeitig kann dadurch in jeder Phase Liquidität erzeugt werden, was zur Zeit des Kapitalanlagegesellschaftsgesetzes nur begrenzt möglich war. Sollte dort der Marktpreis der Zielfondsanlage gefallen sein, war ein Verkauf der Anteile wegen des drohenden Verlustes nur begrenzt möglich. Weiterhin hätten ausschließlich wertverfallende Anteile veräußert werden können.

Dieser Unsicherheit wird gerade durch die Möglichkeit, in andere Vermögensgegenstände i.S. des § 2 Abs. 4 InvG zu investieren, begegnet.[1152] Für die

---

1148 Zu besonderen Problemen des Zwischengewinns in Dach- und Zielfondskonstruktionen vgl. *Mensching/Strobl*, BB 2005, 635 (635ff.).

1149 *Ebner*, BB 2005, 295 (295).

1150 Vermögensgegenstände im Sinne des § 2 Abs. 4 InvG sind sowohl Wertpapiere, Geldmarktinstrumente, Derivate Bankguthaben als auch Grundstücke, grundstücksgleiche Rechte und vergleichbare Rechte nach dem Recht anderer Staaten(Immobilien). Des Weiteren zählen aber auch Beteiligungen an Gesellschaften (Immobilien-Gesellschaften), Anteile an Investmentvermögen nach Maßgabe der §§ 50, 66, 83 und 112 InvG sowie an entsprechenden ausländischen Investmentvermögen dazu. Vermögensgegenstände i.S. des § 2 Abs. 4 InvG sind weiterhin für inländische Investmentvermögen im Sinne des § 112 InvG, für vergleichbare ausländische Investmentvermögen und für Investmentaktiengesellschaften stille Beteiligungen im Sinne des § 230 HGB an einem Unternehmen mit Sitz und Geschäftsleitung im Geltungsbereich des Gesetzes, wenn deren Verkehrswert ermittelt werden kann. Daneben sind Vermögensgegenstände aber auch für inländische Investmentvermögen im Sinne des § 112 sowie für ausländische Investmentvermögen, die hinsichtlich der Anlagepolitik Anforderungen unterliegen, die denen nach § 112 Abs. 1 vergleichbar sind, als weitere Vermögensgegenstände Edelmetalle, Terminkontrakte zu Waren, die an organisierten Märkten gehandelt werden, und Unternehmensbeteiligungen, wenn deren Verkehrswert ermittelt werden kann.

1151 Vgl. auch *Ammelung/Lindauer*, NWB, vom 22.05.2006, F.3, S. 14025 (14025).

1152 *Ebner*, BB 2005, 295 (295).

steuerrechtliche Behandlung von Dach-Sondervermögen ist es entscheidend, wie das Verhältnis der Investmentanleger zu den Dach- und Zielfonds durch § 10 InvStG ausgestaltet ist. Hier ergeben sich im Grundsatz zwei unterschiedliche Ausgestaltungsmöglichkeiten, das Trennungs- und das Transparenzprinzip:[1153]

I. Trennungsprinzip

Sollte durch § 10 InvStG nicht das Transparenzprinzip zugrunde gelegt sein, müsste im Verhältnis des Zielfonds zum Dachfonds das Trennungsprinzip angewendet werden. Dies bedeutet, dass die unterschiedlichen Fondsebenen jeweils separat anhand der geltenden Gewinnermittlungsvorschriften unter Einbeziehung der Umqualifizierung nach § 2 Abs. 1 Satz 1 InvStG zu beurteilen wären.[1154] Dies würde dadurch geschehen, dass Zielfondserträge zunächst eigenständig auf dieser Ebene nach den Vorschriften des § 3 InvStG ermittelt würden, um im Anschluss daran diese Zielfondserträge auf Dachfondsebene nach § 2 Abs. 1 Satz 1 InvStG als Dividendenerträge umzuqualifizieren.[1155] Als Folge wären 20% Kapitalertragsteuer einheitlich zu erheben.[1156]

II. Transparenzprinzip

Alternativ besteht bei Dachfondskonstruktionen aber ebenso die Möglichkeit, ein so genanntes „doppeltes Transparenzprinzip" bei der Besteuerung zu verfolgen. Dieses ist deswegen ein doppeltes Transparenzprinzip, weil durch die ertragbringenden involvierten Fondkonstruktionen „hindurchgeschaut" wird, um eine Gleichstellung mit dem Direktanleger zu erreichen, der direkt in Anlagewerte investiert, die ebenfalls auch der Zielfonds führt. Hintergrund ist der Gedanke, dass der Anleger - unabhängig von der Anzahl der zwischengeschalteten Fonds - gleich einem Direktanleger behandelt werden soll.[1157]

III. Stellungnahme

Im Ergebnis kann nur das doppelte Transparenzprinzip bei Dachfondskonstruktionen zu Ergebnissen führen, die mit der Direktanlage vergleichbar sind. Eine

---

1153 Zum Transparenzprinzip vgl. Kapitel 2, A, III, 6.

1154 *Lübbehüsen/Schmitt,* DB 2004, 268 (270), *Ebner,* BB 2005, 295 (296).

1155 Vgl. BMF-Schreiben vom 09.02.1999 – IV C 1 – S 1980 – 13/99, FR 1999, 867 (868); *Lübbehüsen* in: Brinkhaus/Scherer, KAGG, § 38, Rn. 17.

1156 Vgl. zur Kapitalertragsteuer Kapitel 2, A, III, 2 und ausführlich Kapitel 3, E.

1157 *Ebner,* BB 2005, 295 (296), stellt zudem heraus, dass ein doppeltes Transparenzprinzip auf unterschiedliche Weise vollzogen werden kann. So besteht zum einen die Möglichkeit, Zielfondserträge unverändert durch den Dachfonds an den Dachfondsanleger weiterzureichen. Zum anderen können auf der Zielfondsebene entstandene Erträge unverändert auf den Dachfonds übertragen werden. In beiden Fällen wäre das Ergebnis so, als ob lediglich ein Investmentvermögen in Bezug zum Anleger stünde, wo dann wiederum die bereits bekannte Ausformung des Transparenzprinzips griffe.

derartige Ausgestaltungsmöglichkeit ist wegen der diesem Ansatz zugrunde liegenden Bedeutung[1158] vorzugswürdig.[1159] Des Weiteren spricht vor allem die Verrechenbarkeit von Verlustvorträgen innerhalb der Fondskonstruktionen für die Anwendbarkeit der doppelten Transparenz.[1160]

Nach bisherigem Recht konnten Verluste sofort mit Erträgen anderer Einkünfte sowohl horizontal als auch vertikal verrechnet werden.[1161] Nach § 3 Abs. 4 InvStG ist hierfür jedoch Voraussetzung, dass durch den jeweiligen Fonds Erträge gleicher Art erwirtschaftet werden. Dies sind solche, die beim Anteilscheininhaber hinsichtlich der Steuerbarkeit, des Umfangs der Steuerpflicht und des Erfassungszeitpunkts identisch behandelt werden.[1162] Daraus ergibt sich, dass beispielsweise Veräußerungsverluste mit Veräußerungsgewinnen zu verrechnen sind, jedoch keine Ausgleichsfähigkeit der Veräußerungsverluste mit Zinsen oder Dividenden besteht.[1163] In einem Geschäftsjahr nicht ausgeglichene negative Gewinne der gleichen Art können aber in den darauf folgenden Geschäftsjahren ausgeglichen werden. Dementsprechend handelt es sich bei der Regelung um einen intertemporalen Verlustausgleich.[1164]

Übertragen auf Dach-Sondervermögen stellt sich die Frage, ob entstandene Verluste der Zielfonds bzw. der Dachfondsebene mit anderen Erträgen verrechnet werden können. Die dahinter liegende Problematik ist vor allem deshalb interessant, weil Dach-Sondervermögen nunmehr auch in Vermögensgegenstände i.S. des § 2 Abs. 4 InvG investieren dürfen. Es besteht nämlich dann die Möglichkeit, die hieraus erzeugten Gewinne mit den Verlusten der Zielfonds zu verrechnen. Dies kann aber nur die richtige Lösung sein; anderenfalls würde eine Dachfondsanlage einer nebeneinander stehenden Anlage in unterschiedliche Fonds gleichkommen, mit dem Nachteil oben beschriebener Verlustverrechnung.[1165] Nur für den Fall, dass die Dach-Fondskonstruktion nach dem Grundsatz der Transparenz beurteilt wird, können aber anlegerfreundliche Ergebnisse erreicht werden, was den wirtschaftlichen Bestand von Dachfonds

---

1158 Vgl. oben Kapitel 2, A, III, 6.

1159 Vgl. auch *Ebner,* BB 2005, 295 (297ff.), der noch weitere Argumente vorträgt, die zu diesem Ergebnis führen.

1160 *Ebner,* BB 2005, 295 (300).

1161 *Ebner,* BB 2005, 295 (300).

1162 BGBl. I 2004, S. 3310ff; BT-Drucks. 15/3677, S. 48; *Zeller,* DStR 2005, 899 (901).

1163 *Zeller,* DStR 2005, 899 (901).

1164 *Lindemann,* FR 2003, 890 (894), der zusätzlich bei gleichzeitigen Veräußerungen von Fondsanteilen einen Verstoß gegen das Leistungsfähigkeitsprinzip sieht, weil es zu einer interpersonellen Verlustverrechnung komme, da dem Erwerber der Anteile nun verwertbare Verluste zur Verfügung stehen, die dieser allerdings wirtschaftlich nicht zu tragen hatte.

1165 So auch *Ebner,* BB 2005, 295 (300).

als Anlageformen gewährleistet. Verlustvorträge bleiben nicht bei den einzelnen Zielfonds, sondern können mit gleichen Erträgen anderer Zielfonds verrechnet werden.[1166]

I. Übertragung von Sondervermögen

Durch § 14 InvStG werden erstmals die steuerrechtlichen Folgen einer Übertragung aller Vermögensgegenstände eines Sondervermögens auf ein anderes Sondervermögen i.S. des § 40 InvG geregelt. Im Kapitalanlagegesellschaftsgesetz existierte eine derartige Regelung noch nicht.[1167] Hintergrund der Einführung des § 14 InvStG ist, dass zum einen die steuerneutrale Übertragung von Sondervermögen ermöglicht werden sollte und das es zum anderen durch die Übertragung von Sondervermögen nicht zu Steuerausfällen bei den Anlegern des übernommenen Sondervermögens kommt.[1168] § 14 InvStG ist durch das Richtlinien-Umsetzungsgesetz (EURLUmsG) vom 09.12.2004[1169] neu gefasst worden, wodurch in der ursprünglichen Fassung noch bestehende Zweifelsfragen beseitigt werden konnten.[1170]

Werden inländische Sondervermögen gem. § 40 InvG übertragen, sind gem. § 14 Abs. 2 InvStG die Vermögensgegenstände durch das übertragende Sondervermögen als Teil des Nettoinventars mit den Anschaffungskosten abzüglich Absetzungen für Abnutzungen oder Substandverringerung (fortgeführte Anschaffungskosten) zum Geschäftsjahresende anzusetzen.[1171] Das übernehmende Sondervermögen muss gem. § 14 Abs. 3 InvStG zum Übertragungsstichtag die übernommenen Vermögensgegenstände mit den fortgeführten Anschaffungskos-

1166 a.A. *Sagasser/Schlösser* in: Assmann/Schütze, Handbuch des Kapitalanlagerechts, 2007, § 26, Rn. 242.

1167 *Intemann in*: Herrmann/Heuer/Raupach, EStG, InvStG, Anm. J 03-31 [April 2004].

1168 BGBl. I 2004, S. 3310ff; BT-Drucks. 15/3677, S. 129; Vgl. auch *Harenberg/Intemann,* NWB, vom 11.07.2005, F.3, 13529 (13542); *Ebner,* DStZ 2007, 68, 69.

1169 BGBl. I 2004, S. 3310ff.

1170 *Harenberg/Intemann,* NWB, vom 11.07.2005, F.3, 13529 (13542); *Intemann in*: Herrmann/Heuer/Raupach, EStG, InvStG, Anm. J 03-31 [April 2004]; Die Änderungen des § 14 InvStG gelten gem. § 18 Abs. 1 Satz 1 InvStG rückwirkend zum erstmaligen In-Kraft-Treten des Investmentsteuergesetzes. Gleichwohl liegt m.E. darin keine verfassungsrechtlich problematische Rückwirkung, da es sich bei den Änderungen einerseits um klarstellende Änderungen des Gesetzgebers handelte und andererseits schutzwürdiges Vertrauen wegen der sich aus der Anwendung der Vorschrift ergebenden Zweifelsfragen überdies nicht entstehen konnte.

1171 *Harenberg/Intemann,* NWB, vom 11.07.2005, F.3, 13529 (13542).

ten gem. § 14 Abs. 3 InvStG ansetzen.[1172] Da nach § 14 Abs. 3 Satz 2 InvStG das übernehmende Sondervermögen in die steuerrechtliche Rechtsstellung des übertragenden Sondervermögens eintritt,[1173] ist es für das übernehmende Sondervermögen möglich, die ursprünglichen Abschreibungsmethoden fortzuführen.[1174]

Durch die Übertragung eines Sondervermögens i.S. des § 14 InvStG entsteht für den Investmentanleger kein steuerpflichtiger Veräußerungsvorgang. Insbesondere hat der Anleger stille Reserven nicht aufzudecken. Letztlich bestimmt § 14 Abs. 4 InvStG, dass die Ausgabe der neuen Anteile gegen Herausgabe der alten Anteile nicht als Tausch zu qualifizieren ist und die erworbenen Anteile an dem übernehmenden Sondervermögen an die Stelle der Anteile an dem übertragenden Sondervermögen treten.[1175] Aus diesem Grund wird durch die Ausgabe der neuen Anteile beim Investmentanleger auch keine neue Veräußerungsfrist i.S. des § 23 EStG[1176] ausgelöst.[1177] Ferner stellt § 14 Abs. 6 InvStG klar, dass für den Anleger des übertragenden Sondervermögens keine steuerrechtlichen Folgen entstehen, da die Übertragung den Aktiengewinn je Investmentanteil nicht verändern darf.[1178] Eine Ausnahme besteht lediglich dann, wenn ein Sondervermögen den Aktiengewinn nicht ermittelt und veröffentlicht hat. In diesem Fall tritt sodann für den Investmentanleger des veröffentlichten Sondervermögens gem. § 14 Abs. 6 Satz 2 InvStG die Rechtsfolge des § 8 Abs. 4 InvStG ein, wonach beim betrieblichen Anleger eine fingierte Rücknahme der Investmentanteile mit einer zinslosen Stundung bis zur tatsächlichen Veräußerung oder Rückgabe der Investmentanteile angenommen wird.[1179]

1172 *Harenberg/Intemann,* NWB, vom 11.07.2005, F.3, 13529 (13542); vgl. dazu ebenso das BMF-Schreiben zum Investmentsteuergesetz vom 02.06.2005, - IV C 1 – S 1980 – 1 87/05, Rn. 233ff., BStBl. I 2005, 728 (759f.), ebenso zu weiteren Voraussetzungen einer Verschmelzung, die wegen der untergeordneten Bedeutung für die zugrunde liegenden Erörterungen vorliegend nicht ausführlich dargelegt werden.

1173 *Ebner,* DStZ 2007, 68, 69.

1174 *Ebner,* DStZ 2007, 68, 69; *Harenberg/Intemann,* NWB, vom 11.07.2005, F.3, 13529 (13542).

1175 *Harenberg/Intemann,* NWB, vom 11.07.2005, F.3, 13529 (13543); *Ebner,* DStZ 2007, 68, 69.

1176 Durch die Unternehmensteuerreform 2008 werden ab dem 01.01.2009 nahezu alle Wertzuwächse unabhängig von etwaigen Haltefristen für Privatanleger (§ 23 EStG a.F.) mit der Folge erfasst, dass es keine so genannten Spekulationsfristen mehr gibt und bei Privatanlegern grundsätzlich der Abgeltungssteuer mit einem Steuersatz von 25% unterfallen. Vgl. hierzu auch oben Kapitel 2, A, III, 4, b, (4), (a).

1177 BMF-Schreiben zum Investmentsteuergesetz vom 02.06.2005, - IV C 1 – S 1980 – 1 87/05, Rn. 235, BStBl. I 2005, 728 (760).

1178 *Harenberg/Intemann,* NWB, vom 11.07.2005, F.3, 13529 (13543).

1179 *Harenberg/Intemann,* NWB, vom 11.07.2005, F.3, 13529 (13543).

J. Gewerbesteuerrechtliche Fragen in Zusammenhang mit Investmentvermögen

Bei Investmentanlegern und Sondervermögen handelt es sich um unterschiedliche Steuersubjekte.[1180] Daher ist fraglich, ob ein Anteilscheininhaber auf der Ebene des Investmentvermögens Einkünfte aus Gewerbebetrieb erzielen kann und für ihn daher die Gewinnermittlungsvorschriften eines Gewerbebetriebs anwendbar sind.

I. Gewerbesteuerrechtliche Fragen hinsichtlich gewerblicher Einkünfte auf Ebene des Sondervermögens

Das Sondervermögen ist bei der Frage, ob eine gewerbliche Tätigkeit vorliegt von der Kapitalanlagegesellschaft getrennt zu betrachten. Während die Kapitalanlagegesellschaft als Kapitalgesellschaft ausgestaltet sein muss und somit über § 8 Abs. 2 KStG nur gewerbliche Einnahmen erzielen kann,[1181] besteht für das Sondervermögen die Möglichkeit einer anderen Klassifizierung.[1182] Gleichwohl ist die Frage danach, ob das Sondervermögen gewerblich tätig ist und welche Einkunftsart auf Seiten des Sondervermögens vorliegt trotz der Zweckvermögensfiktion in § 11 Abs. 1 Satz 1 InvStG und der sich daraus ergebenden grundsätzlichen Steuerbarkeit[1183] wegen der gleichzeitigen Körperschafts- und Gewerbesteuerbefreiung nach § 11 Abs. 1 Satz 2 InvStG für das Sondervermögen von nur untergeordneter Bedeutung.[1184]

Einkünfte wären für das Sondervermögen als Einkünfte aus Gewerbebetrieb nach § 8 Abs. 2 KStG zu klassifizieren, wenn das Sondervermögen als Zweckvermögen verpflichtet ist, nach dem HGB Bücher zu führen. Investmentfonds haben jedoch weder nach handelsrechtlichen deutschen Vorschriften noch nach internationalen Rechnungslegungsvorschriften die Pflicht, Buch zu führen, so dass nicht bereits nach der Gesetzesdefinition im Körperschaftsteuergesetz Einkünfte aus Gewerbebetrieb erzielt werden.[1185] Im Investmentgesetz ergeben sich Rechnungslegungsverpflichtungen lediglich aus § 44 InvG. Die Kapitalanlagegesellschaft hat gem. § 44 Abs. 1 InvStG für jedes Sondervermögen für den Schluss eines jeden Geschäftsjahres einen Jahresbericht zu erstatten, der Aus-

---

1180 Vgl. oben Kapitel 2, A, III, 1, a - c.

1181 *Kronat*, Besteuerung von Wertpapier-Investmentfonds, 2002, S. 195; im Ergebnis ebenso *Lindemann*, DStZ 2003,559 (560).

1182 *Kronat*, Besteuerung von Wertpapier-Investmentfonds, 2002, S. 195.

1183 Vgl. oben Kapitel 2, A, I, 2, a.

1184 Aus diesem Grund soll eine Darstellung auch nur kurz erfolgen. Vgl. aber *Kronat*, Besteuerung von Wertpapier-Investmentfonds, 2002, S. 195; *Lindemann*, DStZ 2003,559 (560).

1185 *Lindemann*, DStZ 2003,559 (560).

kunft über die Tätigkeit der Kapitalanlagegesellschaft im abgelaufenen Geschäftsjahr gibt und es den Anlegern ermöglicht, sich ein Urteil über die Tätigkeit und die Ergebnisse des Sondervermögens zu bilden. Ebenso ist nach § 44 Abs. 2 InvStG durch die Kapitalanlagegesellschaft für die Mitte des Geschäftsjahres ein Halbjahresbericht aufzustellen, der im Wesentlichen den Vorgaben für den Jahresbericht entspricht. Abschließend ist im Falle einer Übertragung des Sondervermögens ein Zwischenbericht gem. § 44 Abs. 3 InvStG und im Falle einer Auflösung ein Auflösungsbericht gem. § 44 Abs. 4 InvStG zu erstellen. Die Berichte müssen sodann gem. § 45 InvStG veröffentlicht werden.

Nach den vorhergehenden Ausführungen können hinsichtlich des Einkommens des Sondervermögens somit grundsätzlich unterschiedliche Einkunftsarten i.S. des § 8 Abs. 1 KStG i.V.m. § 2 Abs. 1 Satz 1 Nr. 1-7 EStG vorliegen.

Dennoch erzielt im Ergebnis ein Sondervermögen gewerbliche Einnahmen.[1186] Sondervermögen betreiben nach den Grundsätzen der Rechtsprechung zur gewerblichen Vermögensverwaltung schon wegen der unterschiedlich professionell vorgenommenen Geschäfte, insbesondere der Vielzahl der Transaktionen und dem Einsatz professioneller Mittel, wie beispielsweise die Einholung von Meinungen unterschiedlicher Analysten und eigener Beschäftigung im Umgang mit Kapital erfahrener Mitarbeiter gewerbliche Vermögensverwaltung und sind damit Gewerbe, die sich unter den Tatbestand des § 15 EStG fassen lassen.[1187] Darüber hinaus sind ebenfalls die übrigen Voraussetzungen, dass es sich bei den Einkünften des Sondervermögens um gewerbliche Einkünfte i.S. des § 15 Abs. 1 Nr. 1, Abs. 2 EStG handelt, erfüllt. Nach § 15 Abs. 2 EStG stellt sich als Gewerbebetrieb grundsätzlich jede selbstständige nachhaltige Betätigung dar, die mit der Absicht, Gewinn zu erzielen unternommen wird, und weder Land- und Forstwirtschaft noch einem freien Beruf oder selbständigen Tätigkeit zuzurechnen ist.[1188] Als selbstständig ist die Tätigkeit der Sondervermögen bereits deswegen aufzufassen, da die vorgenommenen Geschäfte auf eigene Rechung und Gefahr betrieben werden.[1189] Während sowohl das Sondervermögen und die dahinter stehenden Anteilscheininhaber Gewinn- und Kursrisiken eingehen trifft das Fondsmanagement die Entscheidungen über die Zusammensetzung des der Kapitalanlagegesellschaft zuzurechnende Portefeuilles auf eigene Rechnung.[1190] Ebenfalls bestehen an den Merkmalen Nachhaltigkeit und Gewinnerzielungsab-

---

1186 So auch *Kronat*, Besteuerung von Wertpapier-Investmentfonds, 2002, S. 198.

1187 *Kronat*, Besteuerung von Wertpapier-Investmentfonds, 2002, S. 198; *Lübbehüsen* in: Brinkhaus/Scherer, KAGG, § 38, Rn. 17; Vgl. auch in anderem Zusammenhang (Investitionszulage) BFH vom 14.12.1989, BStBl. II 1990, 394 (395).

1188 Vgl. dazu ebenso R 15.1ff. EStR 2006.

1189 *Kronat*, Besteuerung von Wertpapier-Investmentfonds, 2002, S. 197.

1190 *Kronat*, Besteuerung von Wertpapier-Investmentfonds, 2002, S. 197.

sicht hinsichtlich der gewerblichen Tätigkeit der Sondervermögen keine ernsthaften Bedenken. Sondervermögen unterliegen im Hinblick auf die Zusammensetzung ihrer Anlagen einer permanenten Veränderung, so dass die in der Nachhaltigkeit stehende Wiederholungsabsicht bereits durch die Veränderung der Zusammensetzung regelmäßig dargelegt sein wird.[1191] Ferner werden Investmentfonds deswegen aufgelegt, um gerade durch Veräußerungen und Ausschüttungen Gewinne zu erzielen.[1192]

Letztlich zeigt sich in der Körperschaft- und vor allem Gewerbesteuerbefreiung gem. § 11 Abs. 1 Satz 2 InvStG, dass ebenfalls der Gesetzgeber von einer grundsätzlichen Steuerbarkeit der Einkünfte des Sondervermögens im Rahmen der Gewerbesteuer ausgegangen ist.

II. Gewerbesteuerrechtliche Fragen auf Ebene des Anlegers

Im Rahmen der gewerbesteuerrechtlichen Betrachtung der erzielten Einkünfte beim Investmentanleger ist für die Rechtsfolgen darauf zu achten, gewerbliche Einkünfte von denen privater Vermögensverwaltung abzugrenzen.

Sofern die auf Investmentanteile ausgeschütteten oder thesaurierten Erträge ebenso wie die Beträge nach § 6 InvStG dem Betriebsvermögen zugeordnet werden können, liegen Betriebseinnahmen vor, die die Ausgangsgröße für die Ermittlung des Gewerbesteuermessbetrags darstellen.[1193]

1. Abgrenzung gewerblicher von privaten Einkünften und Fondsanteilen im notwendigen und gewillkürten Betriebsvermögen

Aus der Einordnung der erzielten Einkünfte ergibt sich die jeweilige Einkunftsart. Da eine diesbezügliche Abgrenzung jedoch bereits erfolgt ist,[1194] kann auf eine Wiederholung verzichtet werden.

2. Gewerbesteuer

Nach § 2 Abs. 1 Satz 1 GewStG unterliegt jeder stehende Gewerbebetrieb, soweit er im Inland betrieben wird, der Gewerbesteuer. Für Anteile an einem Investmentvermögen bedeutet dies, dass die Erträge aus dem Sondervermögen, sofern diese einem inländischen Gewerbebetrieb zuzuordnen sind, mit dem Gewerbeertrag der Gewerbesteuer unterliegen.

1191 *Kronat*, Besteuerung von Wertpapier-Investmentfonds, 2002, S. 197.

1192 *Kronat*, Besteuerung von Wertpapier-Investmentfonds, 2002, S. 197.

1193 Vgl. hierzu auch das BMF-Schreiben zum Investmentsteuergesetz vom 02.06.2005, - IV C 1 – S 1980 – 1 87/05, Rn. 41, BStBl. I 2005, 728 (735).

1194 Vgl. oben Kapitel 3, D, II.

a. Grundzüge der Gewerbesteuer

Bemessungsgrundlage für die Gewerbesteuer ist der Gewerbeertrag nach § 7 GewStG, der sich auf Grundlage des einkommensteuerrechtlichen oder körperschaftsteuerrechtlichen Gewinns aus dem Gewerbebetrieb ergibt. Dabei sind die Ertragsvereinnahmungen bei Thesaurierung und Ausschüttung oder aber auch die Anteilsscheinveräußerung bzw. Rückgabe von Investmentanteilsscheinen Betriebsvermögensmehrungen i.S. des § 7 Abs. 1 GewStG, § 8 Abs. 1 KStG, §§ 4, 5 EStG.[1195] Der ermittelte Gewerbeertrag als Bemessungsgrundlage verwandelt sich nach der Unternehmensteuerreform 2008 durch eine einheitliche Messzahl i.H. von 3,5% in Steuermesszahlen nach § 11 Abs. 2 GewStG, wobei diese Regelung nach § 36 Abs. 9a GewStG bereits ab dem Erhebungszeitraum 2008 anzuwenden ist. Auf den bisherigen Staffeltarif, der in seiner Höhe bei Personengesellschaften oder natürlichen Personen zwischen 1% und 5% sowie bei anderen Gewerbebetrieben (Kapitalgesellschaften) ebenfalls bei 5% lag wird mithin verzichtet. Diese Steuermessbeträge werden nach § 14 GewStG zunächst nach Ablauf des Erhebungszeitraums für diesen festgesetzt. Erst danach setzt die Gemeinde nach Multiplikation des Steuermessbetrags mit dem jeweils gemeindespezifischen Hebesatz die Steuer nach § 16 GewStG fest. Diesem Hebesatz liegt ein Hundertsatz (z.B. 350%) zugrunde.

Die Gewerbesteuer ist nach der Unternehmensteuerreform 2008 bei natürlichen Personen nicht mehr durch die Möglichkeit der Abziehbarkeit als Betriebsausgabe entlastet. Vielmehr erfolgt eine Kompensation der Gewerbesteuer im Rahmen der Einkommensteuer dadurch, dass diese durch eine Tarifermäßigung der Einkommensteuer um das 3,8fache des Gewerbesteuer-Messbetrages (§ 35 Abs. 1 Satz 1 Nr. 1 EStG) kompensiert wird.[1196]

b. Gewerbesteuerrechtliche Hinzurechnung und Kürzung

Der Gewinn aus Gewerbebetrieb, der sich letztlich im Gewerbeertrag niederschlägt, wird um Hinzurechnungen nach § 8 GewStG korrigiert, soweit etwaige

---

1195 *Lindemann,* DStZ 2003, 559 (563).

1196 Im Ergebnis wird durch die Erhöhung des Gewerbesteueranrechnungsfaktors von 1,8 auf 3,8 in § 35 Abs. 1 Satz 1 Nr. 1 EStG trotz des Wegfalls des Betriebsausgabenabzugs für die Gewerbesteuer nach der Unternehmensteuerreform 2008 die gleiche Gewerbesteuerkompensation bei einem unterstellten Hebesatz von 400% erreicht wie vor der Reform. Unter Verwendung des 3,8fachen Gewerbesteuermessbetrags von 3,5% ergibt sich ein Anrechnungsbetrag von 13,3% (3,8 x 3,5%). Zudem mindert dieser Anrechnungsbetrag zugleich die Bemessungsgrundlage für den Solidaritätszuschlag, so dass eine weitere Entlastung der Einkommensteuer i.H. von 0,7% (5,5% x 13,3%) entsteht. Insgesamt ergibt sich damit eine Entlastung durch die neue Rechtslage i.H. von 14%, was der Gewerbesteuer bei einem Hebesatz von 400% entspricht.

Gewinne bei der Ermittlung des Gewinns abgesetzt wurden. Des Weiteren finden Kürzungen nach § 9 GewStG statt.

Ausschüttungen und Thesaurierungen von Dividenden sowie der „Aktiengewinn“ unterliegen bei betrieblichen Anlegern entweder dem Halbeinkünfteverfahren (§ 3 Nr. 40 EStG)[1197] - und gehen damit bei Personengesellschaften lediglich zur Hälfte in den Gewerbeertrag mit ein - oder sind sogar nach § 8b KStG vollständig von der Steuer befreit.[1198] Dennoch sehen gewerbesteuerrechtliche Vorschriften Besonderheiten für Hinzurechnungen und Kürzungen vor:[1199]

(1) „Dividendenbezüge“ durch das Sondervermögen

So ist durch das Unternehmensteuerfortentwicklungsgesetz (UntStFG) vom 20.12.2001[1200] bei der Direktanlage eine Gewerbesteuerpflicht für Dividendenbezüge gem. §§ 8 Nr. 5 i.V.m. 9 Nr. 2a, 7 GewStG eingeführt worden,[1201] die nicht unter das Schachtelprivileg des § 8b Abs. 2 KStG fallen.[1202]

Für den betrieblichen Anteilscheininhaber stellt sich auf Grund dieser Regelung die Frage, ob im Rahmen der Investmentanlage diese Hinzurechnungsregeln ebenso wie beim Direktanleger für Dividendenbezüge außerhalb des Schachtelprivilegs anzuwenden sind.[1203] Dies ist bei Ausschüttungen, Thesaurierungen oder Anteilsscheinveräußerungen bzw. Rückgaben im Investmentvermögen umstritten.[1204]

1197 Durch das Unternehmenssteuerreformgesetz hat der Gesetzgeber § 3 Nr. 40 EStG im betrieblichen Bereich insoweit abgeändert, als das ab dem Veranlagungszeitraum 2009 nicht mehr 50% der Einnahmen, sondern nur noch 40% steuerfrei sind. Das Halbeinkünfteverfahren wurde demnach zu einem so genannten Teileinkünfteverfahren fortentwickelt. Vgl. hierzu auch Kapitel 2, A, III, 4, b, (2).

1198 *Dötsch/Pung*, in: Dötsch/Eversberg/Jost/Pung/Witt, § 8b KStG, Rn. 4.; *Lindemann*, DStZ 2003, 559 (563).

1199 *Otterbach*, Verwaltung und Besteuerung von Spezialfonds nach dem KAGG, 2004, S. 194.

1200 BGBl. I 2001, S. 3858; BStBl. I 2002, 35 (35ff.).

1201 Vgl. dazu *Prinz/Simon*, DStR 2002, 149 (149ff.); *Kessler/Kahl*, DB 2002, 1017 (1017ff.).

1202 *Lindemann*, DStZ 2003, 559 (564).

1203 Vgl. zu den gesetzlichen Normierungen der gewerbesteuerrechtlichen Voraussetzungen v.a. § 8 Nr. 5, § 9 Nr. 2a, 7 GewStG.

1204 *Lindemann*, DStZ 2003, 559 (564).

(a) Volle Hinzurechnung von Dividendenbezügen der Fondsebene auf die Gewerbesteuer

Vor allem *Lübbehüsen*[1205] und auch *Otterbach*[1206] vertreten die Ansicht, dass sich aus dem Wortlaut des § 8 Nr. 5 Satz 1 Halbsatz 1 GewStG die volle Erfassung von Ausschüttungen und Thesaurierungen ausdrücklich ergibt und dementsprechend gewerbesteuerlich diese „Dividenden" voll hinzuzurechnen sind.[1207] Eine Neutralisation der Hinzurechnung könne im Grundsatz dann nur noch über die Ausnahmeregelung des § 9 Nr. 2a, 7 GewStG erfolgen, die für Anteilsscheine allerdings nicht in Betracht komme.[1208] Die Kürzungsvorschrift des § 9 Nr. 2a GewStG führe die kürzungsfähigen „Organismen" auf, zu denen eine Beteiligung an Investmentvermögen allerdings nicht zähle.[1209] Ebenso könne auch aus § 9 Nr. 7 GewStG kein anderer Schluss gezogen werden, da dort lediglich ausländische Kapitalgesellschaften genannt sind.[1210] Zwar wird in diesem Rahmen die Vereinnahmung von Dividenden aus dem Sondervermögen bei Anteilsscheinveräußerung bzw. Rückgabe nicht problematisiert. Dennoch ist davon auszugehen, dass diese entsprechend vorheriger Argumentation ähnlich behandelt werden würden.

(b) Hinzurechnung von Streubesitzdividenden

Krause[1211] hingegen vertritt die Ansicht, dass für Dividenden auf Fondsebene sowohl die gewerbesteuerrechtliche Hinzurechnungsregel nach § 8 Nr. 5 GewStG als auch die Ausnahmebestimmung und Kürzung für Schachtelprivilegien gem. § 9 Nr. 2a, 7 GewStG anzuwenden ist.[1212] Nach dieser Ansicht sind lediglich Streubesitzdividenden, die entsprechend § 9 Nr. 2a GewStG weniger als 10% Beteiligung[1213] an einer Kapitalgesellschaft ausmachen, nach § 8 Nr. 5

1205 *Lübbehüsen* in: Brinkhaus/Scherer, KAGG, § 40, Rn. 134.

1206 *Otterbach*, Verwaltung und Besteuerung von Spezialfonds nach dem KAGG, 2004, S. 194f.

1207 *Lübbehüsen* in: Brinkhaus/Scherer, KAGG, § 40, Rn. 134.; *Otterbach*, Verwaltung und Besteuerung von Spezialfonds nach dem KAGG, 2004, S. 195; so auch die Finanzverwaltung vgl. BMF-Schreiben zum Investmentsteuergesetz vom 02.06.2005, - IV C 1 – S 1980 – 1 87/05, Rn. 42, BStBl. I 2005, 728 (735).

1208 *Lübbehüsen* in: Brinkhaus/Scherer, KAGG, § 40, Rn. 134; BMF-Schreiben zum Investmentsteuergesetz vom 02.06.2005, - IV C 1 – S 1980 – 1 87/05, Rn. 42, BStBl. I 2005, 728 (735).

1209 *Otterbach*, Verwaltung und Besteuerung von Spezialfonds nach dem KAGG, 2004, S. 195.

1210 *Otterbach*, Verwaltung und Besteuerung von Spezialfonds nach dem KAGG, 2004, S. 195.

1211 *Krause* in: Linklaters Oppenhoff & Rädler, DB Beilage 1/2002, 12 (12ff.).

1212 *Krause* in: Linklaters Oppenhoff & Rädler, DB Beilage 1/2002, 12 (13).

1213 Auf Beschlussempfehlung des Finanzausschusses (BT-Drucks. 16/5452 und BT-Drucks. 16/5491) ist diese Grenze für das gewerbesteuerrechtliche Schachtelprivileg

GewStG hinzuzurechnen. Dabei sei eine Beteiligungsquote von 10% auf Ebene des Investmentfonds - und nicht auf Seiten des Anlegers - maßgeblich. Schließlich stellten die gewerbesteuerrechtlichen Kürzungsvorschriften alleine auf eine Beteiligung an einer Kapitalgesellschaft ab.[1214] Folge dieser Ansicht wäre allerdings, dass Kapitalanlagegesellschaften die nach den Schachtelprivilegien steuerbefreiten Erträge zu ermitteln und bekannt zu machen hätten.[1215]

(c) Keine Hinzurechnung für Dividendenbezüge aus Investmentvermögen

Des Weiteren vertritt vor allem *Lindemann*[1216] die Meinung, dass gewerbesteuerrechtliche Hinzurechnungsregeln keine Anwendung für Dividendenbezüge aus Investmentfonds haben können. Denn im Ergebnis habe der Gesetzgeber darauf verzichtet, die gewerbesteuerrechtlichen Hinzurechnungsregeln kraft gesetzlicher Vorschrift für anwendbar zu erklären. Letztlich sei auch durch das Unternehmensteuerfortentwicklungsgesetz (UntStFG) vom 20.12.2001[1217] eine explizite gesetzliche Vorschrift für Dividendenbezüge auf Fondsebene weder in das Kapitalanlagegesellschaftsgesetz (KAGG a.F.) noch in das Gewerbesteuergesetz aufgenommen worden.[1218] Im Übrigen ist dies auch nicht durch das Investmentmodernisierungsgesetz geschehen. Zudem spreche auch der Wortlaut und die Systematik dagegen. Das Gesetz bestimme selbst, dass nur die „nach § 3 Nr. 40 des Einkommensteuergesetzes oder § 8b Abs. 1 des Körperschaftsteuergesetzes außer Ansatz bleibenden Gewinnanteile (Dividenden) (…)“ hinzugerechnet würden. In Investmentvermögen blieben aber bei Thesaurierungen oder Ausschüttungen Dividenden für den Investmentanleger nicht gem. § 8b Abs. 1 KStG oder § 3 Nr. 40 EStG außer Ansatz, sondern nach § 40 Abs. 2 KAGG a.F. (nunmehr § 2 Abs. 2 InvStG). Weiterhin stellten die fiktiven Zuflüsse bei Thesaurierungen, Zuflüsse bei Ausschüttungen oder Zuflüsse bei Anteilsscheinveräußerungen keine Gewinnanteile nach § 8b Abs. 1 KStG dar.[1219] Systematisch spreche gegen die Hinzurechnung der Dividenden der Fondsebene, dass diese Regelungen für Investmentanleger bei Publikums- oder Spezialfonds nicht

---

ab dem Erhebungszeitraum 2008 von 10% auf 15% erhöht worden. Begründet wird die Erhöhung damit, dass vor dem Hintergrund der nominellen Entlastungen durch die Unternehmensteuerreform 2008 ein Beitrag zur Verstetigung der Gewerbesteuer benötigt werde.

1214 *Krause* in: Linklaters Oppenhoff & Rädler, DB Beilage 1/2002, 12 (13).

1215 So auch *Lindemann,* DStZ 2003, 559 (564); Zu den Bekanntmachungspflichten vgl. auch oben Kapitel 3, D, III, 2.

1216 *Lindemann,* DStZ 2003, 559 (564f.).

1217 BGBl. I 2001, S. 3858; BStBl. I 2002, 35 (35ff.).

1218 *Lindemann,* DStZ 2003, 559 (564).

1219 *Lindemann,* DStZ 2003, 559 (565).

anwendbar seien, da ihm die Höhe der in- und ausländischen Dividenden nur gemeinsam bekannt gemacht würden.[1220]

(d) Keine Hinzurechnung nach § 8 Nr. 5 GewStG von Veräußerungsgewinnen

Wenn die Hinzurechnung von Dividendenbezügen behandelt wurde, bedarf es zur Ergänzung noch einer Erörterung der Ausschüttungen von Veräußerungsgewinnen, die auf die Investmentanteile entfallen. Diese sind jedoch bereits als Betriebseinnahmen erfasst worden, so dass es einer Hinzurechnung nicht bedarf.[1221]

(e) Stellungnahme

Für die Frage nach der gewerbesteuerrechtlichen Hinzurechnung von Dividendenbezügen aus einem Sondervermögen ist wiederum das Transparenzprinzip zu beachten. Trotz seiner mehrfach dargestellten nicht vollständigen Umsetzung in den investmentsteuerrechtlichen Regelungen[1222] sollte dennoch überall dort, wo es möglich ist, auf die Umsetzung geachtet werden, um unnötige Konfusionen zu vermeiden und eine Gleichbehandlung der Direktanleger zu den Fondsanlegern herzustellen.[1223]

Die gesamte Diskussion zu diesem Punkt ist nur schwer nachzuvollziehen, da § 8 Nr. 5 GewStG Dividenden zugrunde legt und nicht danach differenziert, wie sie den betrieblichen Anlegern zugerechnet wurden. Aus dem Wortlaut, der nicht zwischen einzelnen Anlegergruppen unterscheidet, wird deutlich, dass dieser universell gelten soll. Lösungsansätze, die eine Hinzurechnung gänzlich ablehnen oder nur unter bestimmten Voraussetzungen zulassen, widersprechen der Gleichbehandlung von Direktanlegern und Investmentanlegern. Entgegenstehende Ausführungen, die darauf abzielen mit ihrer Argumentation der Investmentbranche Vorteile zu verschaffen - indem Investmentanleger bevorzugt werden sollen - können nicht überzeugen.

Zum einen kann der Ansatz *Lindemanns,*[1224] der Gesetzgeber habe die Dividendenbezugshinzurechnung für die Gewerbesteuer bei Bezügen aus Sondervermögen für nicht anwendbar erklärt, nicht überzeugen. Vielmehr sollten Dividendenbezüge allgemein für die Gewerbesteuer hinzugerechnet werden. Am Ende

1220 *Lindemann,* DStZ 2003, 559 (565).

1221 BMF-Schreiben zum Investmentsteuergesetz vom 02.06.2005, - IV C 1 – S 1980 – 1 87/05, Rn. 43, BStBl. I 2005, 728 (735).

1222 Vgl. oben Kapitel 2, A, III, 6.

1223 So auch *Otterbach*, Verwaltung und Besteuerung von Spezialfonds nach dem KAGG, 2004, S. 195, für die gewerbesteuerrechtliche Hinzurechnung bei Publikumfonds.

1224 *Lindemann,* DStZ 2003, 559 (565).

bleiben Dividenden aus den Sondervermögen nach § 3 Nr. 40 EStG bzw. § 8b Abs. 1 KStG außer Ansatz. Dieses sind die Regelungen, die letztlich der Außerachtlassung des Ansatzes zugrunde liegen. Dabei ist es aber unerheblich, ob sie direkt oder nur auf Grund eines Rechtsfolgenverweises einschlägig sind.

Zum anderen ist die Ansicht *Krauses*[1225] wenig praxisrelevant. Denn eine Beteiligung von mehr als 10% dürfte nur selten vorliegen.[1226] Zudem ist es nicht weiterführend, die Hinzurechnung „nur" von Streubesitzdividenden mit dem Wortlaut des § 9 Nr. 2a GewStG zu begründen, da es hinsichtlich der Zurechnungen auf den entsprechenden Tatbestand und den dazugehörigen klaren Wortlaut des § 8 Nr. 5 GewStG ankommt.

(2) Veräußerungsgewinne von Anteilen an Kapitalgesellschaften bei der Gewerbesteuer

Veräußerungsgewinne von Anteilen an Kapitalgesellschaften werden sowohl in der Direkt- als auch in der Investmentanlage gleich behandelt. Dem Transparenzprinzip ist daher in derartigen Konstellationen Rechnung getragen. Nach § 8b Abs. 2 KStG i.V.m. § 7 GewStG sind Veräußerungsgewinne von Beteiligungen an Kapitalgesellschaften, die durch eine körperschaftsteuerpflichtige Kapitalgesellschaft erzielt wurde, gewerbesteuerfrei. Eine gewerbesteuerrechtliche Hinzurechnung findet nicht statt, da sich die Hinzurechnungsvorschrift des § 8 Nr. 5 GewStG nicht auf § 8b Abs. 2 KStG, sondern nur auf Dividenden i.S. des § 8b Abs. 1 KStG bezieht.[1227]

Aber auch auf Fondsebene besteht eine körperschaftsteuerrechtliche Steuerbefreiung gem. § 2 Abs. 3 Nr. 1 InvStG für Veräußerungsgewinne. Ebenso ist auf Fondsebene keine Hinzurechung nach § 8 Nr. 5 GewStG vorzunehmen. Ausschüttungen des Fonds auf eigene Veräußerungsgewinne werden nicht als Dividenden aus dem Fondvermögen umqualifiziert.[1228] Zwar wird in § 2 Abs. 3 Nr. 1 InvStG nicht mehr ausdrücklich nur auf § 8b Abs. 2 KStG Bezug genommen,[1229] aber dennoch ergibt sich aus der Gesamtsystematik, dass eine Umqualifizierung nicht gewollt sein kann. § 2 Abs. 3 Nr. 1 Satz 2 InvStG stellt klar, dass nur bei Erträgen aus der Veräußerung von Bezugsrechten auf Freianteile an Kapitalgesellschaften eine Steuerfreiheit nicht in Betracht kommt.

1225 *Krause* in: Linklaters Oppenhoff & Rädler, DB Beilage 1/2002, 12 (12ff.).

1226 Dies gilt für den Erhebungszeitraum 2008 erst Recht, nachdem die Beteiligungsgrenze auf 15% in § 9 Nr. 2a GewStG angehoben wurde.

1227 *Fischer,* DStR 2002, 610 (610); *Neyer,* GmbHR 2002, 153 (155).

1228 *Otterbach*, Verwaltung und Besteuerung von Spezialfonds nach dem KAGG, 2004, S. 196.

1229 So war es aber noch in § 40 Abs. 1 Satz 1 Halbsatz 2 KAGG a.F.

Im Ergebnis liegt bei Kapitalgesellschaften eine Gewerbesteuerfreiheit bei Veräußerungsgewinnen (Aktiengewinnen) unabhängig davon vor, ob diese Gesellschaften direkt oder über einen Fonds investieren.[1230]

K. Zusammenfassung behobener und nicht behobener Probleme durch das Investmentsteuergesetz

Das Investmentsteuergesetz sollte für die Besteuerung von Investmentvermögen Klarheit und Rechtssicherheit bringen und damit vor allem auch den Finanzstandort Deutschland stärken. Dies ist, wie an den entsprechenden Stellen hervorgehoben, teilweise gelungen.

Dennoch versäumte der Gesetzgeber eine durchgängige Umsetzung praxisgerechter Besteuerungen des Investmentwesens. Auf die wichtigsten Versäumnisse oder gelungenen Änderungen bei der Umsetzung des Investmentmodernisierungsgesetzes wird im Folgenden, neben der Darstellung erst neu geschaffener Probleme gegenüber dem alten Investmentrecht, eingegangen.

Gleichzeitig werden durch diese Vorgehensweise nochmals die Ergebnisse des 3. Kapitels zusammengefasst.

I. Versäumnisse des Gesetzgebers bei der Umsetzung des Investmentsteuergesetzes oder nachfolgender Gesetzesänderungen

Zunächst werden eine Reihe von Versäumnissen des Gesetzgebers vorgestellt, die innerhalb der Reform des Investmentrechts umgesetzt hätten werden können.

1. Besteuerung thesaurierter Erträge

Bei der Regelung zur Besteuerung thesaurierter Erträge ergibt sich, wie bereits im KAGG, ein Problem mit der Wortlautauslegung. Denn aus der Formulierung des § 2 Abs. 1 InvStG könnte geschlossen werden, dass eine Steuerpflicht für thesaurierte Erträge für Investmentanteile im Betriebsvermögen nicht besteht.[1231] Dies ist jedoch nicht zutreffend und entspricht nicht der Intention des Gesetzgebers. Im Gesetzgebungsverfahren ist jedoch versäumt worden, dieses Problem zu beseitigen und Rechtssicherheit zu schaffen. Es hätte letztlich nur einer Klarstellung bedurft, dass sich die Qualifizierung der Investmenterträge zu den Einkünften aus Kapitalvermögen nur auf im Privatvermögen gehaltene Anteile bezieht. Ansonsten bestünde hinsichtlich der Steuerpflicht keine Unterschiede

---

1230 *Lübbehüsen* in: Brinkhaus/Scherer, KAGG, § 40, Rn. 134; *Otterbach*, Verwaltung und Besteuerung von Spezialfonds nach dem KAGG, 2004, S. 197.

1231 Vgl. oben Kapitel 3, D, III, 1, b.

zwischen den unterschiedlichen Anlegern. Diese Vereinfachungsmöglichkeit sollte der Gesetzgeber bei der nächsten Änderung des Investmentsteuergesetzes umsetzen.

2. Zwischengewinnregelung

Die Abschaffung des Zwischengewinns durch das Investmentmodernisierungsgesetz und dessen Wiedereinführung durch das Richtlinien-Umsetzungsgesetz (EURLUmsG) zeigt wenig Kontinuität in der Investmentbesteuerung, stärkt die Rechtssicherheit nicht und schwächt den Finanzstandort Deutschland.[1232]

Die Begründung des Gesetzgebers zur Wiedereinführung der Zwischengewinnbesteuerung ist weder überzeugend noch konsequent. Im Ergebnis soll durch die Neuregelung dieses Besteuerungstatbestandes ein Fehler beseitigt werden, der zusätzlich zu Steuermindereinnahmen führte. Zudem öffnete die Abschaffung die Möglichkeit zu Steuerspargestaltungen, was so nicht gewollt war. Bei der Abschaffung des Zwischengewinns ging der Gesetzgeber davon aus, dass solche Verhaltensweisen die Ausnahme bleiben würden. Dass diese Einschätzung nicht der Realität entspricht, erkannte schließlich auch der Gesetzgeber, was die Wiedereinführung des Zwischengewinns belegt. Dabei können Missbrauchsgestaltungen, die aus dem Wegfall der Zwischengewinnbesteuerung entstehen, nicht Anreiz für den Gesetzgeber gewesen sein, eine Neuregelung lediglich ein halbes Jahr nach In-Kraft-Treten des Investmentsteuergesetzes zu planen und nur ein Jahr nach dem Wegfall des Tatbestandes erneut einzuführen. Die Möglichkeiten, die sich aus dem Wegfall des Zwischengewinns ergeben würden, waren bereits 1993 bekannt.

Vielmehr scheint der Gesetzgeber Konsequenzen daraus gezogen zu haben, dass eine Abgeltungssteuer, die auch die Zinserträge im laufenden Geschäftsjahr der Fonds erfasst, zeitnah nicht eingeführt werden konnte. Die Abschaffung des Zwischengewinns sowie der Termingeschäftsbesteuerung beim Privatanleger durch das Investmentmodernisierungsgesetz wurde unter anderem mit der kommenden Einführung einer umfassenden Abgeltungssteuer begründet. Die dadurch entstehende Finanzierungslücke schließt der Gesetzgeber auf Kosten einer von Seiten der Literatur und Interessenverbänden gelobten Vereinfachung zugunsten der Investmentgesellschaften. Diese sind nunmehr entsprechend der vor dem Investmentsteuergesetz geltenden Rechtslage verwaltungs- und damit auch kostenintensiv verpflichtet, angefallene Zwischengewinne zu berechnen. Dabei ist der Wegfall dieser Last für die Investmentgesellschaften vom Gesetzgeber selbst als erhebliche Verbesserung gewertet worden. Diese Neuerung wurde jedoch nur „halbherzig“ vorgenommen und schnell bereut, was die

1232 Vgl. oben Kapitel 3, D, III, 1, d.

zügige Rücknahme zeigt. Darüber hinaus wird auf diese Weise durch den Gesetzgeber kein Vertrauen möglicher Investoren in den deutschen Markt geschaffen. Denn wenn die Anleger nicht mit einer Kontinuität in der Investmentbesteuerung rechnen können, werden möglicherweise andere Anlagen im Ausland gesucht, von denen der deutsche Fiskus nicht profitiert.

Die Änderungen des Investmentsteuergesetzes durch das Richtlinien-Umsetzungsgesetz (EURLUmsG) verlangt den Investmentgesellschaften zudem hohe Anpassungen an die neue Rechtslage ab und trägt letztlich dadurch ebenso wenig zur Steigerung des Vertrauens in eine konstante Investmentbesteuerung bei.

3. Materieller Investmentbegriff

Der materielle Investmentbegriff soll vor allem für ausländische Investmentfonds vorerst weiter gelten, während für inländische Investmentvermögen der formelle Investmentbegriff Anwendung findet.[1233] Damit steht fest, dass keine vollkommene Gleichbehandlung in- und ausländischer Investmentfonds besteht. Zwar war im Regierungsentwurf zum Investmentmodernisierungsgesetz vom 20.08.2003 noch die Einführung des formellen Investmentbegriffs auch für ausländische Investmentvermögen geplant, dies wurde dann aber im weiteren Gesetzgebungsverfahren nicht durchgesetzt. Durch die Anwendung des formellen Investmentbegriffs auch auf ausländische Fonds wären, wie zunächst geplant, die bereits oben erwähnten und durch die Literatur kritisierten bestehenden Rechtsunsicherheiten hinsichtlich der Besteuerung ausländischer Anlagen, wie z.B. Private Equity Fonds, Venture Capital Fonds oder Mehrheitsbeteiligungen am börsennotierten Grundbesitz beseitigt worden.[1234] Durch die Nichtumsetzung des formellen Investmentbegriffs auf in- und ausländische Anlagen wird es in der Praxis weiterhin zu den Abgrenzungsproblemen kommen, die auch schon vor dem In-Kraft-Treten des Investmentsteuergesetzes bestanden haben.

Der Gesetzgeber hat einen guten Ansatz ohne erkennbaren Grund nicht genutzt, um Rechtsklarheit und Sicherheit in die Besteuerung ausländischen Fondsvermögens zu bringen. Dies erscheint zudem vor dem Hintergrund, dass eine grundsätzliche Gleichbehandlung von in- und ausländischen Investmentvermögen gewollt war und sogar im Entwurf zum Investmentmodernisierungsgesetz aufgenommen wurde, unerklärlich. Vielmehr hätte der Gesetzgeber daneben die Bedenken gegen eine Vereinbarkeit mit dem Europarecht durch eine Änderung vollkommen ausräumen können.

1233 Vgl. oben Kapitel 3, A, I und II.

1234 Vgl. oben Kapitel 3, A, II.

4. Alt-Veräußerungsgewinne

Bei Alt-Veräußerungsgewinnen, die dem Anleger vor Einführung der Aktiengewinnregelung noch nicht zugeflossen sind, besteht die Möglichkeit einer Benachteiligung dieser Anleger.[1235] Eine solche Benachteiligung ist aber weder mit dem Grundsatz der Gleichbehandlung noch mit dem Grundsatz der Leistungsfähigkeit zu vereinbaren. Im Ergebnis kommt daher eine verfassungskonforme Auslegung der Aktiengewinnregelung in Betracht. Veräußerungsverluste aus „Alt-Gewinnen" sollten danach vollständig berücksichtigt werden, wobei hierfür der ermittelte negative Aktiengewinnprozentsatz der jeweiligen Fondsgesellschaft maßgeblich ist. Zur Klarstellung sollte der Gesetzgeber dieses Problem zugunsten der Investmentwirtschaft umgehend klären.

II. Behobene investmentsteuerrechtliche Probleme im Investmentsteuergesetz

Die durch das Investmentmodernisierungsgesetz behobenen bis dahin bestehenden Probleme sowie Problemlösungen durch spätere Gesetzesänderungen werden nachfolgend kurz dargestellt.

1. Gleichstellung in- und ausländischer Investmentanlagen

Durch die grundsätzliche Gleichstellung in- und ausländischer Investmentfonds auch und gerade in Bezug auf die Pauschalbesteuerung sind verfassungs- und europarechtliche Bedenken weitgehend beseitigt worden, die mit einer durch das Auslandsinvestmentgesetz bestehenden Benachteiligung ausländischer gegenüber inländischen Investmentvermögen einhergingen. Denn inländische Fonds unterlagen im Kapitalanlagegesellschaftsgesetz keiner pauschalen Strafbesteuerung. Unter anderem wurde in dieser Benachteiligung sowohl ein Verstoß gegen das Gleichheitsgebot des Art. 3 Abs. 1 GG als auch gegen die Kapitalverkehrsfreiheit im Europarecht gem. Art. 56 Abs. 1, 57ff. EGV gesehen.

Die ins Investmentsteuergesetz überführte Vorschrift der Strafbesteuerung für in- und ausländische Fondsvermögen ist dennoch problematisch. Wenn auch durch die Neuregelung und Ausdehnung auch auf inländische Sondervermögen das Gleichheits- und Europarechtskonformitätsproblem weggefallen ist, so kann dennoch durch die Pauschalbesteuerung eine unzulässige Substanzbesteuerung im Verlustfall des Fonds eintreten. An dieser Stelle hat der Gesetzgeber im Investmentsteuergesetz nicht ausreichend gehandelt und Bedenken der Literatur, die ansatzweise bereits auf Grund der Rechtslage im Auslandinvestmentgesetz zu erkennen waren, nicht ausgeräumt.

1235 Vgl. hierzu ausführlich Kapitel 3, G, I, 8.

2. Ermittlung der Fondserträge im Investmentsteuergesetz

Nach § 3 Abs. 1 InvStG werden nunmehr kraft ausdrücklichen Verweises die Fondserträge durch eine Einnahmen-Überschussrechnung i.S. des § 2 Abs. 2 Nr. 2 EStG ermittelt, wonach Einkünfte der Überschuss der Einnahmen über die Werbungskosten sind.[1236] Zum einen entspricht dies weitgehend dem Transparenzprinzip, da auch ein Direktanleger nach dieser Vorschrift seinen Gewinn zu ermitteln hat. Zum anderen werden die Normen des Einkommensteuergesetzes hinsichtlich der Werbungskosten für anwendbar erklärt, was sehr zu begrüßen ist, da es bisher gänzlich an klaren Vorschriften zur Einkommensermittlung fehlte.

3. Bestimmung des steuerrechtlich relevanten „Aktiengewinns" durch die Netto-Methode

Der Gesetzgeber hat sich durch die Aktiengewinnermittlungsvorschrift nach § 8 Abs. 3 InvStG an der herrschenden Praxis orientiert und so eine praxisgerechte Lösung geschaffen. Denn zur Zeit der Geltung des Kapitalanlagegesellschaftsgesetzes gab es noch eine Reihe von Zweifelsfällen und Rechtsunsicherheiten, die in der damaligen Nichtregelung dieses Problems begründet lagen.[1237]

Im Ergebnis werden die Fondsanleger durch die Nettomethode so gestellt, als wenn sie die Aktien des Sondervermögens direkt und selbst gehalten hätten. Die Gleichbehandlung zwischen Direkt- und Fondsanlage ist gewährleistet. Dieses Ergebnis einer mit dem Transparenzprinzip zu vereinbarenden Lösung ist einzig mit der gewählten Nettomethode möglich. Der Gesetzgeber hat sich bei der Ausgestaltung der Regelung zur Ermittlungstechnik des Aktiengewinns letztlich am Transparenzprinzip orientiert, dem im gesamten Investmentrecht eine übergeordnete Bedeutung beizumessen ist. Diesen Vorgaben, eine Gleichbehandlung der Direktanlage mit der Fondsanlage herzustellen, ist durch das Investmentsteuergesetz in dieser Regelung nachgekommen worden. An dieser Stelle wurden bestehende Vorgaben der Praxis in der Gesetzesreform zur Ermittlung des Aktiengewinns gut umgesetzt.

4. Werbungskostenabzug i.S. des § 3 Abs. 3 Satz 2 Nr. 3 InvStG

Durch das Richtlinien-Umsetzungsgesetz (EURLUmsG) vom 09.12.2004 wurde der § 3 Abs. 3 Satz 2 Nr. 3 InvStG neu gefasst. Vor allem wurde die Abzugsbeschränkung des § 3c Abs. 2 EStG für Fondskosten in Form der Werbungskosten, die nicht in einem unmittelbaren wirtschaftlichen Zusammenhang stehen (Allgemeinkosten), gestrichen. Die Allgemeinkosten bilden jedoch häufig den

---

1236 Vgl. oben Kapitel 3, C, III.

1237 Vgl. oben Kapitel 3, G, I, 4, c.

größten Kostenfaktor eines Investmentfonds, da zu ihnen die Depotbankvergütung, die Depotgebühr, Veröffentlichungs- und Prüfungskosten sowie die Verwaltungsvergütung zählen. Die Regelung des § 3 Abs. 3 Satz 2 Nr. 3 InvStG, die gem. § 18 Abs. 2 InvStG erstmals auf das Geschäftsjahr des Investmentvermögens anzuwenden ist, das nach dem 31.12.2004 folgt, stellt durch die Streichung der Abzugsbeschränkung eine dem Transparenzprinzip entsprechende Gleichstellung des Fondsanlegers mit dem Direktanleger her. Mit dieser Neu-Regelung hat der Gesetzgeber sowohl die Werbungskostenregelung des Investmentsteuergesetzes verbessert, als auch die Asymmetrie des Halbeinkünfteverfahrens durch Beseitigung der Unterschiede auf Fonds- und Anlegerebene, jeweils bei Anteilscheininhabern, die natürliche Personen sind, geklärt. Keine Verbesserung ist indes bei Investmentanlegern, die juristische Personen sind, im Vergleich zum Direktanleger eingetreten. Während bei juristischen Personen Werbungskosten gem. § 3 Abs. 3 Nr. 4 InvStG nach Anwendung von § 3 Abs. 3 Satz 2 Nr. 1 und 2 InvStG anteilig den nach § 8b Abs. 1 KStG auf der Ebene der Anleger bestehenden steuerfreien Dividendeneinnahmen zugeordnet und von den Dividendeneinnahmen abgezogen werden, damit die Dividendenerträge ermittelt werden können, kann der Direktanleger die Werbungskosten in voller Höhe abziehen, so dass eine in Investmentanteile anlegende juristische Person danach weiterhin benachteiligt ist. Die Benachteiligung, die ebenso bei den unmittelbaren Werbungskosten besteht, stellt zugleich auch ein Versäumnis des Gesetzgebers bei der Umsetzung des Investmentsteuergesetzes bei der Regelung des Werbungskostenabzugs dar.

III. Neu geschaffene Probleme durch das Investmentsteuergesetz

Teilweise sind durch das Investmentsteuergesetz aber auch neue Probleme entstanden, die nachfolgend kurz dargelegt werden.

1. Pauschale Nichtabzugsfähigkeit der Werbungskosten i.S. des § 3 Abs. 3 Satz 2 Nr. 2 InvStG

Die Neuregelung des Werbungskostenabzugs bedeutet für den Veranlagungszeitraum 2004 im Investmentsteuerrecht vor allem durch die pauschal nicht abzugsfähigen Werbungskosten eine Verschlechterung der Position der Anteilscheininhaber.[1238] Diese Verschlechterung der Stellung der Investmentanleger vollzieht sich insbesondere auf zwei Ebenen. Zum einen war in der bisherigen Rechtslage im Kapitalanlagegesellschaftsgesetz eine pauschale Nichtabzugsfähigkeit von bestimmten Werbungskosten nicht vorgesehen, zum anderen gelten

---

1238 Eine Verletzung des objektiven Nettoprinzips ist damit gleichwohl nicht verbunden. Zur verfassungsrechtlichen Problematik vgl. oben Kapitel 2, A, III, 7, b.

in der Direktanlage Beschränkungen hinsichtlich des Werbungskostenabzugs nur für ganz oder teilweise steuerfreie Einnahmen.[1239]

2. Verlustvortrag auf Fondsebene i.S. des § 3 Abs. 4 InvStG

Sowohl der Werbungskostenabzug als auch der Verlustvortrag[1240] sind im Investmentsteuergesetz neu geregelt und teilweise durch das Richtlinien-Umsetzungsgesetz wieder modifiziert worden. Der Werbungskostenabzug für Kosten, die nicht unmittelbar in wirtschaftlichem Zusammenhang mit den Einnahmen des Fonds stehen, wird erstmalig in drei Stufen durch § 3 Abs. 3 InvStG geregelt. Nach der Gesetzesbegründung soll es sich bei dieser Vorschrift um eine Vereinfachungsregelung zur Aufteilung der Werbungskosten handeln. Dieses gesetzgeberische Ziel war jedoch zumindest vom Wortlaut der Vorschrift her nicht zu verwirklichen. Aus diesem Grunde bestimmte der Gesetzgeber durch das Richtlinien-Umsetzungsgesetz vom 09.12.2004 (EURLUmsG), dass ebenso für betriebliche Anleger Werbungskosten in Höhe von 10 Prozent pauschal nicht abzugsfähig sein sollten.

Zudem versucht die Finanzverwaltung einer Verkomplizierung der Ertragsermittlung durch das Einführungsschreiben zum Investmentsteuergesetz entgegenzuwirken. Danach soll es aus Vereinfachungsgründen zulässig sein, die Verlustverrechnung generell für alle Anlegergruppen durchzuführen. Darüber hinaus beanstandet es die Finanzverwaltung hinsichtlich der im vorherigen Veranlagungsjahr unterschiedlichen Werbungskostenbehandlung bei privaten und betrieblichen Anlegern nicht, wenn Verlustvorträge einheitlich auf Basis der Ermittlung für Privatanleger geltend gemacht werden.

Insgesamt sollte der gesamte § 3 InvStG den Gebräuchen der Praxis entsprechen, bestehende Zweifelsfragen im Interesse der Wettbewerbsgleichheit der Fonds und der einheitlichen Besteuerung der Anleger klären. Dieses Ziel ist für die Verlustvorträge mit der bestehenden Regelung jedoch nur bedingt zu erreichen. Besonders werden keine Zweifelsfragen bezüglich der einheitlichen Besteuerung der Anleger geklärt, sondern sogar teilweise erst geschaffen. Vor allem in Publikumsgesellschaften können neue Investmentanleger die Verlustvorträge der alten Anteilscheininhaber nutzen und damit steuerrechtliche Vorteile erhalten. Es wird eine Möglichkeit der Verschiebung der steuerrechtlichen Verlustnutzung geschaffen, die sonst im Steuerrecht bewusst vermieden werden soll. Damit einhergehend liegt in dieser Regelung ein Verstoß gegen das Transparenzprinzip, da der Direktanleger im Vergleich zum Investmentanleger nach dem Investmentsteuergesetz Verluste selbst geltend machen kann. Da der

---

1239 *Sradj/Mertes*, DStR 2003, 1681 (1683).

1240 Vgl. oben Kapitel 3, C, IV, 2.

Gesetzgeber die Investmentbesteuerung unter der Leitidee der Gleichbehandlung des Anlegers in Investmentanteilen mit dem Direktanleger sieht und nur in gewichtigen Fällen Ausnahmen zulassen will, sollte an dieser Stelle durch den Gesetzgeber nachgebessert werden, zumal auch das Einführungsschreiben zum Investmentsteuergesetz vom 02.06.2005[1241] keine Lösung anbietet. Gleichzeitig liegt in der Möglichkeit einer Verschiebung der steuerrechtlichen Verlustnutzung eine Verletzung des Leistungsfähigkeitsprinzips, da die Anteilscheininhaber nicht entsprechend ihrer Leistungsfähigkeit nach allgemeinen Kriterien des Ertragsteuerrechts besteuert werden. Anleger, die in späteren Geschäftsjahren dem Fonds hinzutreten erhalten ohne sachlichen Grund steuerrechtlich die Möglichkeit Verlustvorträge zu nutzen, obwohl sie die dazugehörigen wirtschaftlichen Verluste nicht selbst zu tragen hatten. Die sich daraus ergebende Nichtbesteuerung trotz Leistungsfähigkeit verletzt das Leistungsfähigkeitsprinzip.

3. Strafbesteuerung

Die Regelung des § 5 Abs. 1 InvStG stellt sicher, dass dem Anleger die zur Ermittlung der Besteuerungsgrundlagen notwendigen Angaben bekannt gemacht werden. Damit ist eine Besteuerung auf Grund dieser Angaben möglich. Für den Fall, dass nicht alle notwendigen Tatsachen bekannt gemacht sind, entfallen bei semi-transparenten Fonds die Steuerbegünstigungen bei den Anlegern. Durch dieses Instrument des Wegfalls der Begünstigungen wird ebenso wie bei der Pauschalbesteuerung nach § 6 InvStG beim Fehlen oder der Nichtveröffentlichung wichtiger Angaben letztlich nur der Steueranspruch des Staates gesichert.

Der Gesetzgeber hat sich bei der Schaffung von § 6 InvStG durch das Investmentmodernisierungsgesetz weitgehend an der Strafbesteuerung von ausländischen „schwarzen" Fonds gem. § 18 Abs. 3 AuslInvmG orientiert.[1242] Als Folge ist die Strafbesteuerung ausländischen Investmentvermögens nun auch auf inländisches ausgedehnt worden. Mit Ausnahme der erfolgten Gleichbehandlung ist dies allerdings problematisch, da durch die Pauschalbesteuerung eine unzulässige Substanzbesteuerung eintritt, wenn die tatsächlich erzielten Erträge die Pauschalbesteuerung nicht betragsmäßig abzudecken vermögen.

1241 BMF-Schreiben zum Investmentsteuergesetz vom 02.06.2005, - IV C 1 – S 1980 – 1 87/05, BStBl. I 2005, 728 (728ff.).

1242 Vgl. oben Kapitel 3, D, III, 2, d.

4. Regelung der Nichtanwendbarkeit des Halbeinkünfteverfahrens für Privatanleger bei Einnahmen aus Veräußerungs- oder Rückgabegewinnen nach § 8 Abs. 5 InvStG

Einerseits normiert § 8 Abs. 5 InvStG die Nichtanwendbarkeit des Halbeinkünfteverfahrens von Veräußerungs- oder Rückgabegewinnen bei Privatanlegern und stellt somit Rechtssicherheit her. Auf der anderen Seite wurde die Nichtanwendbarkeit nachträglich eingeführt, gleichwohl der Zeitpunkt der ersten Anwendbarkeit der Vorschrift in der Vergangenheit über § 18 Abs. 1 Satz 1 InvStG festgelegt. Dies stellt ein neues Problem der Investmentbesteuerung dar,[1243] das wohl der gerichtlichen Klärung überlassen bleibt. Dennoch sollte der Gesetzgeber hinsichtlich der Norm des § 8 Abs. 5 InvStG eine geeignete Übergangsvorschrift schaffen, die klarstellt, dass der Ausschluss des Halbeinkünfteverfahrens für Privatanleger erst nach In-Kraft-Treten der Vorschrift eingreift. Die Norm kann nur soweit gelten, als dass sie das Halbeinkünfteverfahren bei Privatanlegern in Investmentvermögen für die Zukunft ausschließt. Denn es handelt sich bei dieser Vorschrift nicht bloß um eine klarstellende Regelung. Nach der in dieser Arbeit vertretenen Auffassung konnten bis zum In-Kraft-Treten des § 8 Abs. 5 InvStG durch das Richtlinien-Umsetzungsgesetz (EURLUmsG) vom 09.12.2004 sowohl private Fondsanleger als auch private Direktanleger, die ihre Wertpapiere innerhalb der Spekulationsfrist des § 23 EStG zurückgaben bzw. veräußerten, das Halbeinkünfteverfahren anwenden. Der Versuch des Gesetzgebers, diese materielle Änderung des Rechts durch die Behauptung zu rechtfertigen, es handele sich um eine bloße Klarstellung, muss fehlschlagen. Gerade aber wegen des geschaffenen Vertrauens der Privatanleger in Investmentanteilsscheine zur Anwendbarkeit von Steuervergünstigungen darf nicht rückwirkend diese Privilegierung genommen werden. Dabei handelte es sich um eine unzulässige und verfassungsrechtlich nicht gedeckte Rückwirkung. Die Rückanknüpfung an das In-Kraft-Treten des Investmentsteuergesetzes gem. § 18 Abs. 1 InvStG kann keinen Bestand haben.

Mit der Einführung der vollen Besteuerung der Privatanleger in Investmentanteile durch § 8 Abs. 5 InvStG leben alte Bedenken gegen die Vorgängerregelung des § 40a Abs. 2 KAGG a.F. wieder auf. Es verwundert nämlich, dass der Gesetzgeber eine Regelung des Halbeinkünfteverfahrens für Veräußerungs- bzw. Rückgabegewinne für betriebliche Anleger geschaffen hat, gleichzeitig eine solche nicht für Privatanleger bereithalten kann.

Der Gesetzgeber sollte die ursprünglichen Pläne zur Aufnahme der Privatanleger in die Aktiengewinnregelung wieder aufnehmen und diesbezüglich zeitnah nachbessern. Der im gesamten Transparenzprinzip liegende unauflösbare

1243 Vgl. oben Kapitel 3, G, II, 2.

Konflikt zwischen der Gleichbehandlung von Fondsanlegern mit Direktanlegern und der Verständlichkeit steuerrechtlicher Vorschrift, ist in diesem Fall zugunsten des Transparenzprinzips zu klären. Der Gesetzgeber hat im Gesetzgebungsverfahren bereits in einem ersten Ansatz versucht, den Privatanleger mit in die Aktiengewinnvorschrift zu integrieren, welches schon die grundsätzliche Möglichkeit einer Konfliktlösung signalisiert.

IV. Ergebnis

Insgesamt sind die Neuerungen und angebotenen Lösungen, die durch das Investmentmodernisierungsgesetz vorgenommen wurden, positiv zu beurteilen. Dennoch besteht an einigen und entscheidenden Punkten gerade für die Bedürfnisse der Praxis Verbesserungsbedarf. Ebenso sollten die Problemstellungen, die gerade erst durch das Investmentmodernisierungsgesetz entstanden sind, schnellstmöglich nachgebessert werden. Ziel ist es, die Rechtssicherheit nicht zu gefährden, das Vertrauen der Anleger zu gewinnen und den Finanzstandort Deutschland zu stärken.

4. Kapitel: Probleme bei der Besteuerung von Hedgefonds

A. Hedgefonds

Hedgefonds dürfen seit dem In-Kraft-Treten des Investmentmodernisierungsgesetzes am 01.01.2004 nunmehr auch in Deutschland aufgelegt werden. Die aufsichtsrechtlichen Bestimmungen hierfür werden in den §§ 112ff. InvG festgelegt.[1244] Erstmals in der deutschen Investmentgeschichte werden damit rechtliche Rahmenbedingungen für inländische Hedgefonds geschaffen.[1245] Gleichzeitig ergibt sich damit ebenso für ausländische Hedgefonds die Möglichkeit eines öffentlichen Vertriebs in Deutschland.[1246]

I. Definition des Begriffs der Hedgefonds

Der Begriff Hedgefonds leitet sich aus dem englischen Verb „to hedge“ ab und kann in diesem Zusammenhang mit „absichern“ übersetzt werden. Hedge-Geschäfte dienen der Verringerung von Verlustrisiken und werden in begrenztem Umfang teilweise auch bei herkömmlichen Aktien- und Rentenfonds genutzt.

In der Anfangszeit der Hedgefonds in den 50er Jahren verfolgten diese hauptsächlich das Ziel der Absicherung von Verlustrisiken. So wurden vermeintlich unterbewertete Aktien, in der Hoffnung auf langfristige Steigerung des Wertes (Long Position), erworben. Gleichzeitig wurden Aktien, bei denen eine Überbewertung vermutet wurde, „leerverkauft“ (Short Position).[1247]

Die Bezeichnung „Hedgefonds“ wird heutzutage allerdings als Oberbegriff für eine Vielzahl von Fonds mit unterschiedlichen Anlagestrategieansätzen benutzt; sie können den so genannten „alternativen Investments“ zugeordnet werden.[1248]

1244 In der vorliegenden Arbeit werden aufsichtsrechtliche Fragestellungen und Probleme im Zusammenhang mit Hedgefonds nicht erörtert werden, da letztlich die steuerrechtlichen Probleme im Vordergrund stehen sollen. Einzig werden die aufsichtsrechtlichen Grundlagen für Hedgefonds dargestellt.

1245 *Sagasser/Schlösser* in: Assmann/Schütze, Handbuch des Kapitalanlagerechts, 2007, § 26, Rn. 138.

1246 *Schmitt/Hagen,* DStR 2004, 837 (837).

1247 *Ricke,* BKR 2004, 60 (61); vgl. zum ursprünglichen Hedging-Prinzip auch *Prager,* Marktstrategie der Investmentgesellschaft, 1971, S. 12f.; *Kayser/Steinmüller,* FR 2002, 1269 (1270).

1248 *Scholz,* Hedge Fonds, S. 3; *Schmitt/Hagen,* DStR 2004, 837 (837); *Ricke,* BKR 2004, 60 (61).

Solche Investments zeichnen sich vor allem durch komplizierte Anlagestrategien, überdurchschnittliche Renditen, häufige Illiquidität sowie durch die Tatsache aus, dass sie meist nur wenig mit klassischen Anlageformen korrelieren.[1249] Das Investmentgesetz verzichtet deswegen auf eine Legaldefinition des Hedgefondsbegriffs, da es letztlich keine allgemeingültige Definition dieses „Sammelbegriffs" gibt.[1250] Überdies wäre eine feststehende Definition des Begriffs wenig sinnvoll, da Hedgefonds, wie eben beschrieben, in breiter Streuung weitgehend unreglementiert Geldanlagen vornehmen können. Die Möglichkeit dieser Anlagen kann über den Einsatz von Derivaten, die Aufnahme von Krediten zu Investitionszwecken (Leverage)[1251] oder Leerverkäufe unabhängig von der Entwicklung einzelner Märkte eine hohe Rendite ergeben.[1252]

II. Anlagestrategien der Hedgefonds

Gerade im Hinblick auf die Vielzahl der Strategien der Hedgefonds, die häufig nicht mehr auf Absicherungsgeschäfte ausgerichtet sind, lassen sich diese Fonds nicht unter den Stamm „to hedge" fassen. Zudem lassen sich die unterschiedlichen Strategien dieser Fonds nicht ohne Überschneidungen voneinander trennen.

Dennoch könnte eine Systematik der Strategien, deren Oberpunkte anschließend dargestellt werden, wie folgt aussehen:[1253]

1249 *Scholz,* Hedge Fonds, S. 3.

1250 *Spindler/Bednarz,* WM 2006, 553, 553; *Ricke,* BKR 2004, 60 (61).

1251 *Scholz,* Hedge Fonds, S. 13; *Oho/Remmel,* BB 2002, 1449 (1449).

1252 *Ricke,* BKR 2004, 60 (61).

1253 Dabei ist allerdings zu bedenken, dass es sehr viele unterschiedliche Anlagestrategien gibt, die sich teilweise ergänzen. Die nachfolgende Grafik stellt daher lediglich den Versuch einer Systematik dar. Die anschließende Erklärung wird nur kurz die Oberpunkte erklären, um das Verständnis für die Handlungen des Hedgefonds zu schärfen und die Grundlage für die steuerrechtlichen Erörterungen zu liefern.

Abbildung 9: Hedgefondsstrategien

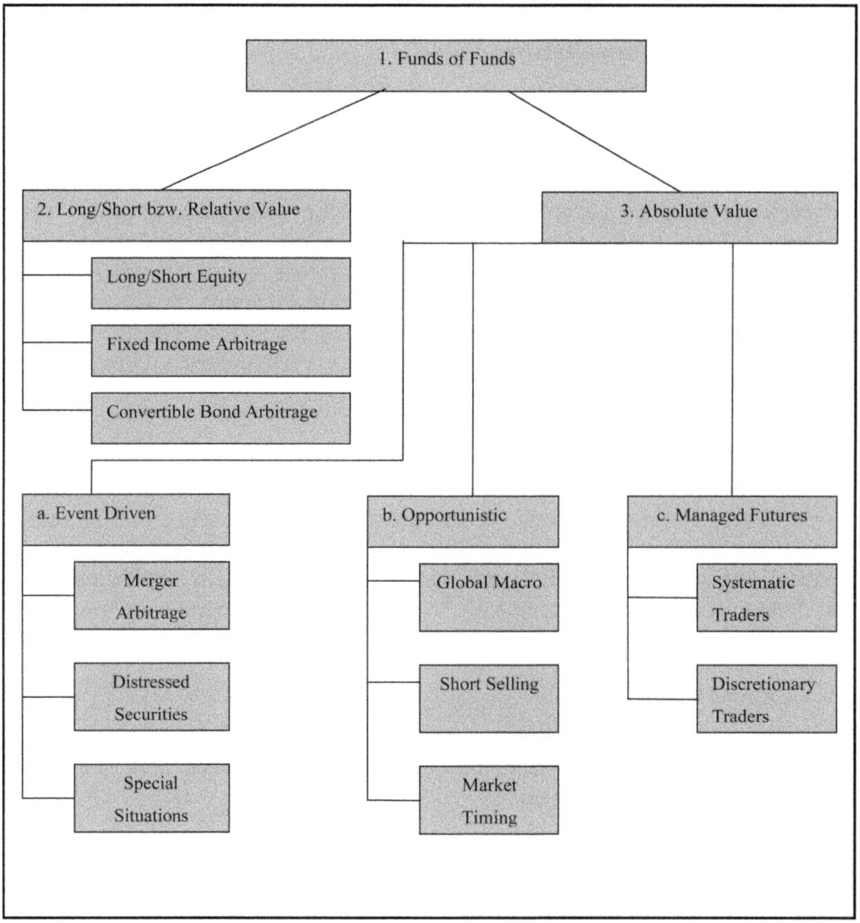

Quelle: Ähnlich Ricke, BKR 2004, 60 (62), dort Abbildung 2.

1. Funds of Funds

Die Bezeichnung Funds of Funds kann mit dem im deutschen Recht korrelierenden Begriff „Dach-Fonds" verglichen werden.[1254] Funds of Funds investieren nicht selbst auf Grund ihrer Marktanlagestrategien, sondern in verschiedene

1254 Vgl. dazu oben Kapitel 3, H.

Ziel-Hedgefonds. Nach der Konzeption des Investmentgesetzes sind ausschließlich Dach-Hedgefonds zum öffentlichen Vertrieb in Deutschland zugelassen.[1255]

2. "Long/Short bzw. Relative Value"

Hedgefonds, die sich die „Relative Value" Anlagestrategie zunutze machen, setzen auf so genannte Arbitrage-Geschäfte. Arbitrare stammt aus dem lateinischen und bedeutet in diesem Zusammenhang „beobachten". Ähnlich wie bei den bereits oben beschriebenen Long/Short Positionen, werden vermeintlich unterbewertete Aktien gekauft. Hierbei erfolgt eine Spekulation auf eine Wertsteigerung (Long Position), die dadurch vorgenommen wird, dass vermeintlich überbewertete Aktien „leerverkauft" werden, um sie später an der Börse zu einem niedrigeren Preis erwerben zu können (Short Position).[1256] Das Arbitrage Geschäft zielt so auf die Ausnutzung einer Preis-, Kurs- oder Zinsdifferenz bei einem Handelsobjekt, die zur gleichen Zeit an verschiedenen Orten besteht (Relative Fehlbewertung).[1257]

3. „Absolute Value"

Die „Absolute Value" Strategie zeichnet sich dadurch aus, dass auf Finanztitel gesetzt wird, bei denen absolute Preisbewegungen vermutet werden. Eine solche Vermutung basiert meist auf der gesamtwirtschaftlichen Entwicklung bestimmter Branchen sowie auf Grundlage besonderer Entwicklungen und Daten hinter den Titeln stehender Unternehmen.[1258] „Absolute Value" Strategien sind unter anderem „Event Driven", „Opportunistic" und „Managed Futures" Strategien.

a. „Event Driven"

Die Vermutung für eine absolute Preisbewegung ergibt sich bei dieser Strategie aus der besonderen Unternehmenssituation. Dazu gehören z.B. Fusionen, Übernahmen und Liquidationen.[1259]

b. „Opportunistic"

Die „Opportunistic" Strategie steht für den Versuch, auf gesamtwirtschaftlicher Ebene außerordentliche Bewertungsungleichheiten sowie bestimmte Trends vorauszusagen, um daraus Gewinn erzielen zu können.[1260] Hedgefonds, die sich dieser Strategiekategorie bedienen, bewerten vollkommen unterschiedliche Anlageoptionen. Begrenzungen soll es dabei nicht geben. Diese Strategie ist in

---

1255 Vgl. dazu unten Kapitel 4, A, III, 2, b.

1256 *Scholz,* Hedge Fonds, S. 12, mit einem Beispiel zu Leerverkäufen.

1257 *Ricke,* BKR 2004, 60 (62); *Scholz,* Hedge Fonds, S. 22.

1258 *Ricke,* BKR 2004, 60 (62).

1259 *Scholz,* Hedge Fonds, S. 25.

1260 *Ricke,* BKR 2004, 60 (62).

der Regel für Außenstehende schwer verständlich, da häufig weder einzelne bewertete Anlagen noch die klar definierte Strategie bekannt sind. Den hohen Gewinnchancen stehen bei dieser Strategie die ebenso hohen Verlustrisiken entgegen.

c. „Managed Futures“

Ebenso wie bei der „Opportunistic“ Strategie operieren Hedgefonds mit einer „Managed Futures“ Strategie auf unterschiedlichen Märkten. Es wird auf Preisbewegungen bei Aktien, Anleihen, Indizes, Währungen oder Rohstoffe (Commodities) unter Ausnutzung der Hebelwirkung von „Futures“ oder Optionen spekuliert. „Futures“ und Optionen sind bindende Termingeschäfte, bei denen sich die jeweiligen Vertragspartner verpflichten, zu einem späteren aber festgelegten Zeitpunkt eine bestimmte Menge des Handelsobjekts zu einem vorab vereinbarten Preis zu verkaufen oder zu kaufen. Entweder analysiert der Fondsmanager mit Hilfe von Computerprogrammen historische Kursdaten und versucht damit künftige Preisentwicklungen vorauszusagen (Systematic Traders) oder der Fondsmanager setzt nicht ausschließlich auf historische Kursverläufe (Discretionary Traders), sondern fällt seine Entscheidungen auf Grund seines Fachwissens.[1261]

III. Aufsichtsrechtliche Grundlagen der Hedgefonds nach dem Investmentgesetz

Vor dem In-Kraft-Treten des Investmentmodernisierungsgesetzes unterlagen Investmentfonds in Deutschland bestimmten Anlagebeschränkungen, die Teile der oben dargestellten Anlagestrategien von Hedgefonds ausschlossen. Unter anderem waren z.B. Leerverkäufe sowie die Aufnahme von Fremdkapital in Höhe von mehr als zehn Prozent des Anlagevolumens des Fonds nach dem Kapitalanlagegesellschaftsgesetz (KAGG) ausgeschlossen.[1262] Aus diesem Grunde wurden Hedgefonds vornehmlich im Ausland errichtet. Gleichzeitig konnten in Deutschland ausländische Hedgefondsstrukturen lediglich im semitransparenten[1263] Bereich vertrieben werden („grauer Markt“). Eine Vertriebszulassung durch die Bundesanstalt für Finanzdienstleistungsaufsicht (BaFin) wurde nur erteilt, wenn die Hedgefonds den für inländische Fonds geltenden Anlagebeschränkungen folgten. Schon daher wurde ein Vertrieb von Hedgefonds in Deutschland nahezu unmöglich.

1261 *Ricke,* BKR 2004, 60 (62).

1262 *Pütz/Sonntag/Fock,* Absolutreport Nr. 15, 2003, 26 (27).

1263 Vgl. oben Kapitel 3, D, III, 2, a - d.

1. Errichtung und Zulassung von Hedgefonds nach dem Investmentgesetz

Nach den Bestimmungen des Investmentgesetzes dürfen in Deutschland seit dessen In-Kraft-Treten erstmalig Sondervermögen mit zusätzlichen Risiken (Hedgefonds) aufgelegt werden. Aus § 114 InvG ergibt sich, dass Hedgefonds nicht abgetrennt von anderen Investmentfonds beurteilt werden, sondern dass vielmehr die allgemeinen Regeln und Vorschriften für das Sondervermögen ebenso für Hedgefonds Anwendung finden. Demnach müssen bestimmte Anforderungen an die Verkaufsprospekte, Vertragsbedingungen und Rechnungslegung erfüllt sein.[1264] Letztlich können Hedgefonds sowohl als Sondervermögen einer Kapitalanlagegesellschaft als auch als Investmentaktiengesellschaft errichtet werden. Die nächsten Erörterungen beziehen sich hauptsächlich auf die aufsichtsrechtlichen Besonderheiten für Hedgefonds.

2. Anlagebestimmungen für Hedgefonds nach dem Investmentgesetz

Das Investmentgesetz unterscheidet zwischen Single-Hedgefonds entsprechend § 112 InvG und Dach-Hedgefonds nach § 113 InvG. Für diese unterschiedlichen Strukturformen gelten verschiedene Anlagevorschriften.

a. Single-Hedgefonds

Die nach § 112 InvG ausgestalteten Single-Hedgefonds müssen den Grundsatz der Risikomischung beachten und sich im Rahmen der Anlagestrategien auf die Vermögensgegenstände beschränken, die in § 2 Abs. 4 Nr. 1 bis 4 und Nr. 7 bis 9 InvG genannt sind.[1265] Um Investmentfonds als Single-Hedgefonds qualifizieren zu können, müssen in den Vertragsbedingungen des Sondervermögens über die bereits erwähnten Voraussetzungen weitere Bedingungen erfüllt sein. Dabei reicht es alternativ aber aus, wenn in den Vertragsbedingungen eine „Leverage“ oder „Leerverkauf“ (Short Position) Bestimmung enthalten ist. Leverage bedeutet in diesem Sinne, eine Hebelwirkung mit Hilfe von aufgenommenen Krediten für gemeinschaftliche Rechnung der Anleger oder über den Einsatz von Derivaten zu erzielen.[1266] Als Leerverkäufe bezeichnet das InvG solche Geschäfte, die zum Zeitpunkt des Geschäftsabschlusses zum Verkauf von Vermögensgegenständen für gemeinschaftliche Rechnung verpflichten, obwohl diese Gegenstände nicht zum Sondervermögen gehören.[1267]

1264 *Pütz/Sonntag/Fock,* Absolutreport Nr. 15, 2003, 26 (27); vgl. auch oben Kapitel 2, A, I, 1, a.

1265 *Spindler/Bednarz,* WM 2006, 553, 557.

1266 Vgl. Kapitel 4, A, I.

1267 Vgl. bereits oben Kapitel 4, A, II, 2.

Wenn § 112 Abs. 1 Satz 3 InvG nun bestimmt, dass die Vertragsbedingungen vorsehen müssen, dass die Anlage in Beteiligungen an Unternehmen, die nicht an einer Börse zugelassen oder in einen organisierten Markt einbezogen sind, auf 30 Prozent des Wertes des Sondervermögens beschränkt ist, dient dies der Abgrenzung der Hedgefonds zu Private Equity Fonds.[1268]

Für Single-Hedgefonds besteht darüber hinaus in Deutschland die Besonderheit, dass diese wegen der zahlreichen Anlagemöglichkeiten gem. § 112 Abs. 2 InvG nicht öffentlich und somit nur an institutionelle Anleger vertrieben werden dürfen.[1269] Sowohl für Single- als auch für Dach-Hedgefonds können die Vertragsbedingungen entsprechend § 116 InvG vorsehen, dass die Anteilspreisermittlung und die Rücknahme von Anteilen nur zu bestimmten Rücknahmeterminen, jedoch mindestens einmal in jedem Kalendervierteljahr erfolgt. Der Anleger muss die Anteilsrückgabe bei Single-Hedgefonds bis zu 40 Kalendertagen und bei Dach-Hedgefonds bis zu 100 Kalendertagen vor dem Rückgabetermin erklären.

b. Dach-Hedgefonds

Ein entscheidender Unterschied der Dach-Sondervermögen mit zusätzlichen Risiken (Dach-Hedgefonds) gem. § 113 InvG besteht im Vergleich zu den Sondervermögen mit zusätzlichen Risiken (Single-Hedgefonds) i.S. des § 112 InvG in der Möglichkeit, dass Dach-Hedgefonds in Deutschland auch an Privatanleger öffentlich vertrieben werden können.[1270] Dies soll nach dem Willen des Gesetzgebers deswegen möglich sein, weil das Risiko durch verschiedene Maßnahmen für den einzelnen Privatanleger minimiert wird (Risikodiversifikation).[1271]

Erreicht wird dies gem. § 113 Abs. 1 Satz 3 InvG durch das Verbot, Leerverkäufe oder kreditfinanzierte Käufe (Leverage) zu tätigen.[1272] Des Weiteren dürfen gem. § 113 Abs. 2 Satz 2 InvG nur zur Währungskurssicherung von in Fremdwährung gehaltenen Vermögensgegenständen Devisenterminkontrakte sowie Verkaufsoptionsrechte auf Devisen oder auf Devisenterminkontrakte erworben werden. Darüber hinaus dürfen nach § 113 Abs. 2 Satz 1 InvG lediglich 49 Prozent des Wertes des Dach-Sondervermögens mit zusätzlichen Risiken in Bankguthaben und Geldmarktinstrumente angelegt werden. Ferner schreibt das Investmentgesetz in § 113 Abs. 3 i.V.m. Abs. 1 InvG vor, dass inländische

---

1268 *Pütz/Sonntag/Fock,* Absolutreport Nr. 15, 2003, 26 (28).
1269 *Pütz/Sonntag/Fock,* Absolutreport Nr. 15, 2003, 26 (28).
1270 *Pütz/Schmies,* BKR 2004, 51 (54).
1271 Vgl. hierzu *Spindler/Bednarz,* WM 2006, 553, 558.
1272 *Pütz/Schmies,* BKR 2004, 51 (54).

Dach-Hedgefonds nur in deutsche Single-Hedgefonds oder Anteilen von ausländischen Investmentvermögen investieren dürfen, deren Anlagepolitik Anforderungen unterliegt, die denen eines inländischen Single-Hedgefonds entsprechen (Ziel-Hedgefonds). Weiterhin ist die Anlage durch das Investmentgesetz in einen Zielfonds gem. § 113 Abs. 4 Satz 1 InvG auf 20 Prozent des Wertes eines Dach-Hedgefonds beschränkt. Gleichzeitig ist es untersagt, dass die Dach-Hedgefondsanlage in mehr als zwei Zielfonds des gleichen Emittenten oder Fondsmanagers investiert. Zudem darf sich eine Kapitalanlagegesellschaft gem. § 113 Abs. 4 Satz 2 InvG nicht an Zielfonds beteiligen, die ihrerseits in andere Zielfonds investieren. Weiterhin müssen Dach-Hedgefonds sicherstellen, dass ihnen gem. § 113 Abs. 5 Satz 1 InvG sämtliche für die Anlageentscheidung notwendigen Informationen über die Zielfonds, in die sie anlegen wollen, vorliegen. In diesem Rahmen müssen mindestens der letzte Jahres- und Halbjahresbericht, die Vertragsbedingungen und Verkaufsprospekte, Informationen zum Management, zur Anlagepolitik sowie Angaben zu Anlagebeschränkungen, zur Liquidität, zum Umfang des Leverage und zur Durchführung von Leerverkäufen i.S. des § 113 Abs. 5 Satz 1 Nr. 1 - 4 InvG vorhanden sein. Schließlich haben Dach-Hedgefonds die Ziel-Hedgefonds, in die sie anlegen, im Rahmen der Anlagerestriktionen in Bezug auf die Einhaltung der Anlagestrategien und Risken nach § 113 Abs. 5 Satz 2 InvG laufend zu überwachen.

Die zuvor genannten Restriktionen werden teilweise in der Praxis nur schwer umzusetzen sein und Probleme verursachen.[1273] Der Gesetzgeber wird aller Voraussicht nach in naher Zukunft die Restriktionsbestimmungen nachbessern müssen, um nicht ein Engagement in Hedgefonds zu erschweren. Vor allem erscheint die Regelung in § 113 InvG wegen des bestehenden strukturellen Informationsgefälles zwischen Dach- und Ziel-Hedgefonds problematisch.

Ein Dach-Hedgefonds wird nicht immer den Anforderungen und den Restriktion des Investmentgesetzes in der Hinsicht nachkommen können, dass nicht in mehr als zwei Ziel-Hedgefonds des gleichen Fondsmanagers angelegt werden darf. Denn in der Praxis ist es nicht immer möglich, den hinter dem jeweiligen Fonds stehenden Manager zu identifizieren. Teilweise werden Single-Hedgefonds auch von Teams geleitet. Wenn ein solches Teammitglied einen anderen Hedgefonds betreut, wäre laut Gesetz eine Anlage in den zweiten Fonds dann ausgeschlossen, wenn der Manager im Team des ersten Hedgefonds entscheidenden Einfluss hätte. Dies ist jedoch nicht immer nachzuvollziehen. Es kann jedoch nicht

1273 Einige der Problemfelder, die sich auf Grund der Bestimmung des § 113 InvG nach Ansicht des Verfassers für Dach-Hedgefonds ergeben, sollen im Folgenden nur kurz dargelegt werden. Eine eingehende Erörterung erfolgt nicht, da dies nicht Schwerpunkt der vorliegenden Arbeit ist. Jedoch müssen diese Probleme durch Literatur und Rechtsprechung geklärt werden.

im Sinne des Gesetzgebers gewesen sein, dass eine Anlage im Zweifelsfall ausgeschlossen sein soll.

Bedeutendere Probleme wirft allerdings die Verpflichtung des Dach-Hedgefonds zur Einholung von Informationen des Single-Hedgefonds zu Anlagebeschränkungen, zur Liquidität, zum Umfang des Leverage und der Durchführung von Leerverkäufen auf.[1274] Es darf bezweifelt werden, dass Single-Hedgefonds diese Informationen bereitstellen werden, da aus den Angaben Rückschlüsse auf deren jeweilige Strategie geschlossen werden könnten. Dies würde aber gerade ein Gelingen der Strategie gefährden, da von entsprechenden Dritten Gegenmaßnahmen zur eigenen Sicherung der Werte eingeleitet würden. So würde z.B. im Fall des Bekanntwerdens eines groß angelegten Leerverkaufs eines bestimmten Aktienwerts durch einen Hedgefonds von dem betroffenen Unternehmen Wertstabilisierungsprogramme eingeleitet werden, um den Börsenkurs zu halten. Dieses entspräche aber nicht der Anlage des Hedgefonds, der gerade auf fallende Kurse durch den Leerverkauf setzt. Aus den gleichen Gründen wird es den Dach-Hedgefonds wohl nicht gelingen, der Forderung des § 113 Abs. 5 Satz 3 InvG nachzukommen, die Anlagestrategien und Risiken der Ziel-Hedgefonds zu überwachen.

IV. Steuerrechtliche Behandlung der Hedgefonds

Die steuerrechtliche Behandlung von Hedgefonds richtet sich im Wesentlichen nach den allgemeinen Besteuerungsregeln, die für alle Investmentfonds und deren Anleger gelten.[1275] Weder enthält das Investmentsteuergesetz besondere Bestimmungen nur für Hedgefonds, noch stellen die Erträge daraus eine vollkommen neue Einkunftsart dar.[1276] Im Vordergrund der Besteuerung der Hedgefonds steht wiederum das Transparenzprinzip, nach dem der einzelne Anleger so gestellt werden soll, als habe er die jeweiligen Geschäfte des Hedgefonds selbst vorgenommen.[1277] Dazu müssen die oftmals komplexen Handelsstrategien eines Hedgefonds für die steuerrechtliche Beurteilung aber in einzelne Geschäfte zerlegt werden. Die Besteuerung erfolgt dann nach dem für dieses Geschäft geltenden Regeln. Im Ergebnis können wirtschaftlich ähnliche Geschäfte steuerrechtlich unterschiedlich behandelt werden (z.B. Long Position über Aktien oder Futures).

1274 Andeutend ebenfalls *Pütz/Sonntag/Fock,* Absolutreport Nr. 15, 2003, 26 (29).

1275 *Wagner,* Stbg 2005, 298 (310); zu der steuerrechtlichen Behandlung von Investmentfonds und eventuell vorhandener Problemfelder vgl. bereits Kapitel 3.

1276 Vgl. *Schmitt/Hagen,* DStR 2004, 837 (837).

1277 Aus diesem Grund wird die Besteuerung auf Seiten der Hedgefondsanleger betrachtet; vgl. zum Transparenzprinzip Kapitel 2, A, III, 6, ebenso zum doppelten Transparenzprinzip bei Dach-Fonds-Konstruktionen Kapitel 3, H, I und II.

1. Steuerrechtliche Einordnung von Hedgefonds ins System der Besteuerung nach dem Investmentsteuergesetz

Wie bereits in Kapitel 3[1278] aufgezeigt, ist die Besteuerung des Investmentanlegers sowohl bei einer Investition in inländische als auch in ausländische Investmentfonds davon abhängig, inwieweit der Fonds seinen Bekanntmachungs- und Veröffentlichungspflichten nachkommt. Diese Verpflichtung trifft somit auch in- und ausländische Publikums-Hedgefonds, die im Geltungsbereich des Investmentsteuergesetzes vertrieben werden. Das Investmentsteuergesetz unterscheidet zwischen transparenten, semi-transparenten und intransparenten Fonds.[1279] Sofern diese Verpflichtungen nicht erfüllt werden, erfolgt eine pauschale Strafbesteuerung nach § 6 InvStG,[1280] die allerdings nicht auf Spezial-Sondervermögen i.S. des § 2 Abs. 3 InvG anzuwenden ist. Nach § 15 Abs. 1 InvStG ist für inländische und gem. § 16 InvStG für ausländische Spezial-Sondervermögen die Anwendbarkeit des pauschalen Strafbesteuerungstatbestands des § 6 InvStG ausgenommen. Der Gesetzgeber begründet diese Ungleichbehandlung mit dem Argument, dass bei Spezial-Sondervermögen nur eine begrenzte Zahl von institutionellen Anlegern investieren können und damit eine Durchsetzung von Steueransprüchen gegenüber diesen wenigen Anlegern ohne besondere Erschwernisse weiterhin möglich sei.[1281] Diese Begründung weist Ähnlichkeiten zu den Argumenten der der Quellensteuer (Kapitalertragsteuer) auf.[1282]

2. Steuerrechtliche Probleme bei Single-Hedgefonds

Wie bereits in der Einführung zur Besteuerung von Hedgefonds angeklungen ist, richtet sich die Besteuerung im Grundsatz nach den allgemeinen steuerrechtlichen Regelungen, die ausführlich im dritten Kapitel vorgestellt wurden. An dieser Stelle werden im Folgenden nur besonders relevante Anlagestrategien[1283] und Anlagemittel dargestellt, die in der Praxis Probleme bei der Beurteilung aufwerfen und gegebenenfalls einer anderen steuerrechtlichen Einordnung bedürfen, als sie das Investmentsteuergesetz vorsieht.

a. Leerverkäufe

Bei der bereits erfolgten Darstellung der Anlagestrategien von Hedgefonds wurden Short Positions beschrieben und hierbei auf die Bezeichnung „Leerver-

---

1278 Vgl. bereits oben Kapitel 3, B, H, II.
1279 Vgl. bereits oben Kapitel 3, D, III, 2, a – d.
1280 Vgl. bereits oben Kapitel 3, D, III, 2, c.
1281 BR-Drucks. 609/03 vom 28.08.2003, S. 323f.
1282 Vgl. oben Kapitel 2, A, III, 2 und insbesondere Kapitel 3, E.
1283 Vgl. zu den grundsätzlich möglichen Anlagestrategien oben Kapitel 4, A, II.

kauf“ eingegangen.[1284] Dennoch ist an dieser Stelle klarzustellen, dass viele verschiedene Varianten existieren, die so genannten Leerverkäufe durchzuführen. Jedenfalls lassen sich folgende Grundfälle beschreiben:

Zum einen kann der Verkäufer einen Leerverkauf durch den Abschluss eines Verpflichtungsgeschäfts eingehen. Er verpflichtet sich zu einem bestimmten in der Zukunft liegenden Preis, ein bestimmtes Wirtschaftsgut zu einem bestimmten Preis an den Käufer zu liefern.[1285] Der Verkäufer setzt in aller Regel auf fallende Kurse hinsichtlich des Wirtschaftsguts, das er in der Zukunft verkaufen will. Durch die Bestimmung des festen Preises wird im Ergebnis der Gewinn des Verkäufers dadurch erhöht, dass der Kurs des zu beschaffenden Wirtschaftsguts fällt.

Zum anderen sind Leerverkäufe auch dadurch möglich, dass sich der Verkäufer Wirtschaftsgüter leiht, die sofort Kassa verkauft werden. Hierzu gehören z.B. Wertpapierleihen.[1286] Der Verkäufer muss zu einem bestimmten späteren Zeitpunkt diese geliehenen Wirtschaftsgüter zurückgeben.[1287] Hierfür „deckt“ er sich zu bestimmten Zeitpunkten am Markt damit ein. Der Gewinn entsteht durch die Differenz des Preises zum Zeitpunkt des Verkaufs der Wirtschaftsgüter im Vergleich zu dem Zeitpunkt des Neuerwerbs mit niedrigeren Kursen. In diesem Fall hat der Verkäufer ebenso auf fallende Kurse gesetzt.

Des Weiteren ist es im Rahmen der Leerverkäufe noch möglich, dass der Verkäufer eine Verpflichtung zu einem Barausgleich (Cash-Settlement) eingeht.[1288] Danach muss zu einem vereinbarten Termin - sofern der Preis des jeweils betreffenden Wirtschaftsguts fällt - die Differenz zwischen einem durch die Verpflichtung fixierten Preis zu dem in der Zukunft gültigen Preis bezahlt werden. Hingegen erhält der Verkäufer die Differenz, wenn der Preis steigt. Dieses Geschäft dient vornehmlich der Absicherung von Fremdwährungsrisiken, die durch Kursschwankungen entstehen können. Jedenfalls kommt es nicht zu einer Lieferung der Waren für die das Cash-Settlement abgeschlossen wurde.

(1) Leerverkäufe für den Privatanleger

Gewinne aus Leerverkäufen können sowohl an die Anleger ausgeschüttet als auch thesauriert werden. Zwar dürfen Single-Hedgefonds nach den Regelungen

---

1284 Vgl. oben Kapitel 4, A, II, 2.

1285 *Schmitt/Hagen,* DStR 2004, 837 (838).

1286 Vgl. zur Klassifizierung in steuerrechtlicher Hinsicht auch *Mertes/Schmitt/Hagen* in: Ernst & Young/ BDI, Steueränderungen 2003/2004, Teil III D, Rn. 185.

1287 *Schmitt/Hagen,* DStR 2004, 837 (838).

1288 *Schmitt/Hagen,* DStR 2004, 837 (838).

des Investmentgesetzes nicht direkt an die Privatanleger vertrieben werden, da aber über das bereits beschriebene doppelte Transparenzprinzip[1289] die Erträge auch eines Single-Hedgefonds über den Umweg eines Dach-Hedgefonds den Anlegern zugerechnet werden, besteht die Notwendigkeit, die Geschäfte der Single-Hedgefonds zu beurteilen. Schließlich besteht die Fiktion, dass der Privatanleger selbst über den Dachfonds und danach über den Single-Hedgefonds entsprechende Geschäfte selbst vornimmt.

(a) Behandlung von Gewinnausschüttungen auf Grund von Leerverkäufen für den Privatanleger

Gewinne aus Leerverkäufen durch Ausschüttungen sind für den Privatanleger gem. § 2 Abs. 3 Nr. 1 InvStG steuerfrei.[1290] Der Wortlaut der Vorschrift setzt entgegen dem Regierungsentwurf zum Investmentmodernisierungsgesetz für eine Steuerfreiheit nicht mehr voraus, dass Gewinne aus privaten Veräußerungsgeschäften i.S. des § 23 Abs. 1 Satz 1 Nr. 2 und Nr. 4 EStG vorliegen müssen. Es reicht einzig das Vorliegen von Termingeschäften aus.[1291] Damit werden auch Termingeschäfte erfasst, die gerade nicht auf einen Differenzausgleich i.S. des § 23 Abs. 1 Satz 1 Nr. 4 EStG gerichtet sind.[1292] Die beschriebenen Grundfälle von Leerverkäufen und deren Abwandlungen werden dementsprechend allesamt vom Begriff der Termingeschäfte in § 2 Abs. 3 Satz 1 Nr. 1 InvStG getragen. Dies stellt auch die Finanzverwaltung klar, wonach der Begriff der

---

1289 Vgl. oben Kapitel 3, H.

1290 Durch die Neufassung des § 2 Abs. 3 InvStG im Zuge der Unternehmensteuerreform 2008 ist die Steuerfreiheit für in den ausgeschütteten Investmenterträgen enthaltene Gewinn aus Wertpapierveräußerungsgeschäften und Termingeschäften entfallen. Nach § 2 Abs. 3 InvStG n.F. sind nur noch ausgeschüttete Investmenterträge steuerfrei, soweit sie Gewinne aus Grundstücksveräußerungsgeschäften außerhalb einer 10-jährigen Frist enthalten und keine betrieblichen Einnahmen darstellen. Im Ergebnis bedeutet dies einen erheblichen Privilegierungswegfall für Investmentfonds. Vgl. hierzu auch *Elser* in: Breithecker/Förster/Förster/Klapdor, UntStRefG, 2007, § 2 InvStG, Rn 13. Jedoch ist gem. § 18 Abs. 1 Satz 2 InvStG die alte Fassung des § 2 Abs. 3 Nr. 1 InvStG auf ausgeschüttete Gewinne aus der Veräußerung von Wertpapieren, Termingeschäften und Bezugsrechten auf Anteile an Kapitalgesellschaften, bei denen das Investmentvermögen die Wertpapiere oder Bezugsrechte vor dem 01.01.2009 angeschafft hat oder das Investmentvermögen das Termingeschäft vor dem 01.01.2009 abgeschlossen hat in der alten Fassung weiter anzuwenden.

1291 Zum Begriff des Termingeschäfts vgl. BMF-Schreiben vom 27.11.2001, – IV C 3 – S 2256 – 265/01, Ziff. 1, DStR 2002, 172 (172); *Lindemann,* FR 2003, 890 (891); ebenso zu einer älteren Herleitung *Köster,* Schutz der Kapitalanleger, 1974, S. 92.

1292 *Schmitt/Hagen,* DStR 2004, 837 (838); a.A. wohl *Kayser/Steinmüller,* FR 2004, 137 (140), die aber zu wirtschaftlich nicht vertretbaren Ergebnissen gelangen würden, weil dann eine Besserstellung von Cash-Settlements gegenüber anderen Leerverkäufen erfolgte, da diese auf einen Differenzausgleich gerichtet wären. Dieses Ergebnis ist aber nicht sinnvoll zu begründen.

Termingeschäfte im Investmentsteuergesetz entsprechend der vorgenannten Erörterungen weit zu verstehen ist und danach auch Optionsgeschäfte wie Stillhalterprämien,[1293] Glattstellungsgeschäfte, verfallene Optionen usw. sowie Swaps umfasst.[1294] Diese Klarstellung der Finanzverwaltung ist für die Praxis als positiv zu bewerten. Denn der Gesetzeswortlaut kann i.S. einer gleichartigen Besteuerung für den Bereich der Termingeschäfte nicht anders ausgelegt werden. Weiterhin sollen gerade Hedgefonds, die klassischer Weise regelmäßig mit Termingeschäftsstrategien arbeiten, nicht durch eine andere Auslegung benachteiligt werden.[1295]

(b) Behandlung von thesaurierten Gewinnen auf Grund von Leerverkäufen für den Privatanleger

Im Vergleich zu den Gewinnausschüttungen aus Leerverkäufen ergibt sich für Thesaurierungen eine andere Beurteilung. Nach § 1 Abs. 3 Satz 3 InvStG werden Gewinne aus Leerverkäufen nur dann nicht als thesaurierte Erträge mit der Folge der Steuerfreiheit erfasst, wenn sie aus Wertpapierveräußerungsgeschäften herrühren.[1296] Darüber hinaus sind Differenzgeschäfte i.S. des § 23 Abs. 1 Satz 1 Nr. 4 EStG nicht in der Definition der thesaurierten Erträge enthalten, so dass Cash-Settlements von der Steuerpflicht am Ende des Geschäftsjahres ausgenommen sind. Diese Steuerfreiheit wäre nicht einschlägig, wenn diese Art von Barausgleichsgeschäften unter die „sonstigen Erträge" gem. § 1 Abs. 3 Satz 3 InvStG subsumiert würde. Für die sonstigen Erträge sollte jedoch eine enge Auslegung vorgenommen werden, damit gerade Termingeschäftsgewinne nicht darunter gefasst werden können. Für die anderen Leerverkaufsfälle und deren Abwandlung bedarf es einer Prüfung, ob die Erträge aus Wertpapierveräußerungsgeschäften stammen. Bei den bereits angesprochenen Wertpapierleihen dürfte dies zweifelsfrei gegeben sein. Werden allerdings andere Wirtschaftsgüter als Aktien Kassa „leerverkauft", ist zu analysieren, ob diese Güter den Wertpapierbegriff erfüllen.[1297]

1293 Vgl. unten Kapitel 4, A, IV, 2, b.

1294 Vgl. das BMF-Schreiben zum Investmentsteuergesetz vom 02.06.2005, - IV C 1 – S 1980 – 1 87/05, Rn.15, BStBl. I 2005, 728 (733).

1295 So auch *Wassermann,* DB 2003, 2085 (2087).

1296 Das gleiche Ergebnis besteht ebenso nach der Neufassung des § 1 Abs. 3 Satz 3 InvStG durch das Unternehmensteuerreformgesetz 2008 fort. Hier heißt es: „Ausschüttungsgleiche Erträge sind die von einem Investmentvermögen nach Abzug der abziehbaren Werbungskosten nicht zur Ausschüttung verwendeten Kapitalerträge mit Ausnahme der Erträge aus Stillhalterprämien im Sinne des § 20 Abs. 1 Nr. 11 des Einkommensteuergesetzes, aus Termingeschäften im Sinne des § 20 Abs. 2 Satz 1 Nr. 3 des Einkommensteuergesetzes und aus Wertpapierveräußerungsgeschäften (...).

1297 Im Ergebnis ebenso *Schmitt/Hagen,* DStR 2004, 837 (839).

(2) Leerverkäufe für den betrieblichen Anleger

Ausschüttungen von Gewinnen aus Leerverkäufen sind für betriebliche Anleger nach § 2 Abs. 3 Nr. 1 Satz 1 InvStG nicht steuerbefreit.[1298] Dennoch sind das Halbeinkünfteverfahren nach § 3 Nr. 40 EStG[1299] bzw. die Steuerfreistellung nach § 8b KStG anzuwenden.[1300] Beim betrieblichen Anleger tritt lediglich ein Stundungseffekt bis zum Geschäftjahresende für thesaurierte Erträge gem. § 1 Abs. 3 Satz 3 InvStG für alle Gewinne aus Termingeschäften i.S. des § 23 Abs. 1 Satz 1 Nr. 4 EStG und für Leerverkäufe nach § 23 Abs. 1 Satz 1 Nr. 3 EStG ein, sofern es sich um Wertpapierveräußerungsgeschäfte handelt.[1301]

Wenn zwar im Grundsatz das Halbeinkünfteverfahren[1302] bzw. die Steuerfreistellung nach § 8b KStG anwendbar ist, stellt sich aber trotzdem die Frage, ob dies ebenso für Gewinnausschüttungen auf Leergeschäfte gilt. Durch diese Regelungen sollte sichergestellt werden, dass der Anleger vom Halbeinkünfteverfahren bzw. von Steuerfreistellungsprivileg profitiert, wenn die Wertsteigerungen der Fondsanteile auf Dividenden und realisierten oder unrealisierten Kursgewinnen aus Aktien oder Aktiengewinnen der Zielfonds hervorgehen.[1303] Jedoch ist die gesetzliche Regelung in § 2 Abs. 3 Satz 1 Nr. 1 InvStG deutlich. Systematisch bezieht sich der zweite Halbsatz dieser Vorschrift, der für betriebliche Anleger nicht anwendbaren Steuerfreiheit der Gewinnausschüttungen, auf Termingeschäfte. Damit ist aber klargestellt, dass die Steuerprivilegierungen für betriebliche Anleger gerade für den Fall gelten sollen, dass Termingeschäfte nicht schon dem Grunde nach steuerbefreit sind. Eine andere Auslegung ist nicht möglich.[1304] Für die oben beschriebenen Grundfälle von Leerverkäufen und

---

1298 Diese Folge ergibt sich auch nach der Neufassung des § 2 Abs. 3 InvStG durch die Unternehmensteuerreform 2008.

1299 Durch das Unternehmenssteuerreformgesetz hat der Gesetzgeber § 3 Nr. 40 EStG im betrieblichen Bereich insoweit abgeändert, als das ab dem Veranlagungszeitraum 2009 nicht mehr 50% der Einnahmen, sondern nur noch 40% steuerfrei sind. Das Halbeinkünfteverfahren wurde demnach zu einem so genannten Teileinkünfteverfahren fortentwickelt. Vgl. hierzu auch Kapitel 2, A, III, 4, b, (2).

1300 Vgl. auch das BMF-Schreiben zum Investmentsteuergesetz vom 02.06.2005, - IV C 1 – S 1980 – 1 87/05, Rn. 38, BStBl. I 2005, 728 (735).

1301 *Carlé,* KÖSDI 2004, 14300 (14307); *Schmitt/Hagen,* DStR 2004, 837 (839).

1302 Für Einnahmen aus Investmentanteilen, die im Privatvermögen gehalten werden ist das Halbeinkünfteverfahren nach der Unternehmensteuerreform 2008 nicht mehr anzuwenden. Vgl. auch oben Kapitel 2, A, III, 4, b, (2).

1303 *Mertes/Schmitt/Hagen* in: Ernst & Young/ BDI, Steueränderungen 2003/2004, Teil III D, Rn. 211ff.; vgl. auch oben Kapitel 2, A, III, 4, a und Kapitel 3, D, III, 1.

1304 Dagegen begründen *Schmitt/Hagen,* DStR 2004, 837 (839) das gleiche Ergebnis auf anderem Weg mit der Aussage, dass sich Angaben in der Kommentarliteratur nur für den Terminverkauf von Aktien mit effektiver Lieferung finden ließen, die aber unter

deren Abwandlungen gilt damit für betriebliche Anleger auf Grund der Qualifizierung als „Termingeschäfte“ sowohl das Halbeinkünfteverfahren als auch das Steuerfreistellungsprivileg.

b. Derivate, Options- oder Stillhalterprämien

Nach § 112 Abs. 1 Satz 2 Nr. 1 InvG zeichnen sich (Single-) Hedgefonds unter anderem durch den Einsatz von Derivaten aus. Im Gegensatz zur expliziten Steuerfreistellung für Gewinnausschüttungen aus Termingeschäften für Privatanleger sowie Thesaurierungen aus Termingeschäften sowohl für betriebliche als auch für private Anleger enthält das Investmentsteuergesetz aber keine Regelung, wie mit Derivatgeschäften und somit mit dem Verkauf von Optionen (Short Position) und die dafür erhaltenen Stillhalterprämien umzugehen ist.[1305] Das Gesetz verweist auf die allgemeinen Vorschriften des Einkommensteuergesetzes. Dort ist allerdings die Behandlung des Verkaufs von Optionen und der dafür erhaltenen Stillhalterprämien gerade umstritten.

Unter Optionen[1306] versteht man das Recht des Inhabers, Basiswerte wie Aktien, Anleihen, Devisen oder Derivate wie Terminkontrakte oder Swaps zu einem vereinbarten Basispreis am Ende oder während der Laufzeit der Option vom Verkäufer der Option zu kaufen (Kaufoption oder Call) oder an ihn zu verkaufen (Verkaufsoption oder Put).[1307] Ein Optionsschein ist die wertpapiermäßige Verbriefung eines Optionsrechts. Die Option erlischt, wenn diese ausgeübt wird, die Laufzeit beendet ist und somit verfällt oder aber durch eine so genannte Glattstellung wirtschaftlich entfällt.[1308] Die Glattstellung bedeutet im eigentlichen Sinne den Abschluss eines Gegengeschäfts, das die ursprüngliche Option aufhebt.

---

die Freistellung des § 8b KStG fallen würden. Daraus ziehen sie den Schluss, eine solche Lösung müsse daher gleichfalls für die anderen möglichen Leerverkäufe gelten.

1305 *Zeller,* DB 2004, 1522 (1522).

1306 Vgl. zu den vier möglichen Grundpositionen von Optionsgeschäften statt vieler *Stotz*, Besteuerung von Wertpapier-Investmentfonds, 1998, S. 36, dort vor allem Abbildung 7.; in der der Kauf einer Kaufoption (Inhaber eines Calls), der Kauf einer Verkaufsoption (Inhaber eines Puts) mit der Pflicht zur Optionsprämienzahlung sowie der Verkauf einer Kaufoption (Stillhalter eines Calls) und der Verkauf einer Verkaufsoption (Stillhalter eines Puts) beschrieben wurden. Die Stillhalter erhalten eine Prämienzahlung, sind dafür aber bei einer Optionsausübung zur Lieferung (Stillhalter eines Calls) bzw. Abnahme (Stillhalter eines Puts) des Basiswertes zum Basispreis verpflichtet.

1307 *Lindemann,* WM 2003, 1004 (1009).

1308 *Lindemann,* WM 2003, 1004 (1009).

(1) Optionsprämie als Entgelt für eine sonstige Leistung i.S. des § 22 Nr. 3 EStG

Nach Ansicht der Rechtsprechung aus dem Jahr 1990 und 2003 sowie der Finanzverwaltung und Teilen der Literatur[1309] sind Stillhalterprämien nach der Verkehrsauffassung als Einkünfte aus sonstiger Leistung i.S. des § 22 Nr. 3 EStG zu qualifizieren.[1310] Diese Ansicht gründet sich darauf, dass der Optionsgeber mit der Prämie für die Bindung und die Risiken, die er durch die Begründung des Optionsgeschäfts eingeht, entschädigt wird. Dementsprechend stelle sich die Options- oder Stillhalterprämie als ein Entgelt für die sonstige Leistung dar.[1311] Aus dieser Ansicht folgt die Steuerpflichtigkeit der Stillhalterprämien für alle Anlegergruppen sowohl bei Ausschüttungen als auch bei Thesaurierungen als sonstige Erträge i.S. des § 1 Abs. 3 Satz 2 und 3 InvStG.[1312]

(2) Optionsprämie als Termingeschäft i.S. des § 23 Abs. 1 Satz 1 Nr. 4 EStG

Eine weitere Möglichkeit, Stillhalterprämien steuerrechtlich zu beurteilen, besteht in der Qualifizierung des Verkaufs einer Option als steuerbaren Tatbestand i.S. von § 23 Abs. 1 Satz 1 Nr. 4 EStG (Termingeschäft).[1313] Dies ist vor allem seit der Neuregelung des § 23 EStG zum 01.01.1999 möglich, zu der Termingeschäfte, die auf einen Differenzausgleich oder einen durch den Wert einer veränderlichen Bezugsgröße bestimmten Geldbetrag oder Vorteil gerichtet sind, als steuerbar betrachtet werden. Wegen dieser Erfassung der Termingeschäfte sollten Optionsgeschäfte und Stillhalterprämien nunmehr unter diesen Tatbestand zu subsumieren sein.[1314] Die theoretische Möglichkeit, die Stillhalterprämie als sonstige Leistung i.S. des § 22 Nr. 3 EStG zu bewerten, ist neben dem Tatbestand des Termingeschäfts gem. § 22 Nr. 2 i.V.m. § 23 Abs. 1 Satz 1

1309 BFH vom 28.11.1990, BStBl. II 1991, 300 (300); DB 1991, 997 (997); BFH vom 24.06.2003, BStBl. II 2003, 752 (755); DB 2003, 1935 (1935); BMF-Schreiben vom 27.11.2001, IV C 3 – S 2256 – 265/01, BStBl. I 2001, 986 (986), Rn. 24; *Lindemann*, WM 2003, 1004 (1009); *Schlüter*, DStR 2000, 226 (228); *Wotschofsky/Thomas*, FB 2003, 31 (32).

1310 Nach dem Unternehmensteuerreformgesetz 2008 sind Stillhalterprämien ab dem Veranlagungszeitraum 2009 in § 20 Abs. 1 Nr. 11 EStG aufgenommen. Hierin heißt es: „Zu den Einkünften aus Kapitalvermögen gehören Stillhalterprämien, die für die Einräumung von Optionen vereinnahmt werden; schließt der Stillhalter ein Glattstellungsgeschäft ab, mindern sich die Einnahmen aus den Stillhalterprämien um die im Glattstellungsgeschäft gezahlten Prämien."

1311 BFH vom 28.11.1990, BStBl. II 1991, 300 (301); DB 1991, 997 (997); BMF-Schreiben vom 27.11.2001, IV C 3 – S 2256 – 265/01, BStBl. I 2001, 986 (986), Rn. 24, 27.

1312 *Schmitt/Hagen*, DStR 2004, 837 (839).

1313 Nach dem Unternehmensteuerreformgesetz 2008 sind Termingeschäfte nunmehr in den Tatbestand des § 20 Abs. 2 Nr. 3a EStG überführt worden.

1314 *Schmitt/Hagen*, DStR 2004, 837 (840).

Nr. 4 EStG subsidiär.[1315] Bei Optionsgeschäften auf Cash-Settlement liegt die Subsidiarität vor, da die Tatbestandsvoraussetzungen eindeutig unter § 23 Abs. 1 Satz 1 Nr. 4 EStG subsumiert werden können.[1316] Für die übrigen Optionsgeschäfte, die nicht auf einen Barausgleich (Cash-Settlement) gerichtet sind, wäre aber eine abweichende Beurteilung nicht erklärbar.[1317] Der Auffassung, Stillhalterprämien als Termingeschäfte i.S. des § 23 Abs. 1 Satz 1 Nr. 4 EStG anzusehen, schließt sich nunmehr ebenso die Finanzverwaltung an, nach der der Begriff der Termingeschäfte weit zu verstehen sei[1318] und darunter u.a. Optionsgeschäfte und Stillhalterprämien fielen.[1319] Diese Ansicht steht nicht mit der Rechtsprechung zu § 22 Nr. 3 EStG im Widerspruch, da die Urteile, die Optionsprämien noch als sonstige Leistung im Sinne dieser Vorschrift qualifizierten, zu Streitfällen in Veranlagungsjahren vor 1999 ergingen, als die Neuregelung des § 23 EStG noch nicht in Bezug zu der Steuerbarkeit von Termingeschäften existierte.[1320] Für die Besteuerung im Rahmen des Investmentsteuergesetzes hätte dies zur Folge, dass Privatanleger bei Ausschüttungen und Thesaurierungen von Gewinnen aus der Vereinnahmung von Stillhalterprämien steuerfrei wären, wenn diese Prämien bei Ausschüttungen als Gewinn aus Termingeschäften und bei Thesaurierungen im Hinblick auf eine enge Auslegung nicht als sonstige Erträge aufgefasst würden.[1321]

(3) Steuerbarkeit nach § 23 Abs. 1 Satz 1 Nr. 2 bzw. Nr. 3 EStG bei Glattstellungsgeschäften

Optionsgeschäfte können grundsätzlich steuerrechtlich erfasst werden, wenn der Verkauf einer Option als Veräußerung eines Wirtschaftsguts betrachtet würde. Denn dann wäre § 23 Abs. 1 Satz 1 Nr. 2 bzw. Nr. 3 EStG anzuwenden, sofern eine spätere Glattstellung durch eine Long Position erfolgt.[1322] Darüber hinaus wird weiter vertreten, dass die Stillhalterprämie nur dann steuerbar sei, wenn es tatsächlich zu einem Gegengeschäft und dem Ausgleich durch eine Long Position kommt, da im Ergebnis die Stillhalterprämie (Short Position) gleich zu besteuern sei, wie das Glattstellungsgeschäft. Ausgangspunkt der Short und der

---

1315 *Heuermann,* DB 2003, 1919 (1922); *Wendt,* FR 1999, 333 (352); wohl auch *Schmitt/Hagen,* DStR 2004, 837 (840).

1316 Vgl. bereits oben Kapitel 4, A, IV, 2, a.

1317 *Heuermann,* DB 2003, 1919 (1919); *Schultze/Grelck,* DStR 2003, (2103); *Schmitt/Hagen,* DStR 2004, 837 (840), dort Fn. 36.

1318 Vgl. bereits oben Kapitel 4, A, IV, 2, a, (1), (a).

1319 BMF-Schreiben zum Investmentsteuergesetz vom 02.06.2005, - IV C 1 – S 1980 – 1 87/05, Rn. 15, BStBl. I 2005, 728 (733).

1320 *Schmitt/Hagen,* DStR 2004, 837 (840).

1321 *Schmitt/Hagen,* DStR 2004, 837 (840).

1322 *Harenberg,* KFR 2003, F. 3, § 23 EStG, 429 (429); *Schultze/Grelck,* DStR 2003, (2104f.).

Long Position bilden damit § 23 Abs. 1 Satz 1 Nr. 2 EStG.[1323] Andererseits wird vertreten, dass sich die Steuerbarkeit nach § 23 Abs. 1 Satz 1 Nr. 3 EStG richte, da die Veräußerung der Wirtschaftsgüter vor dem Kauf im Sinne dieser Vorschrift erfolgt sei.[1324]

(4) Stellungnahme und Ergebnis

Die Rechtsprechung, die Stillhalterprämien als Entgelt für eine sonstige Leistung i.S. des § 22 Nr. 3 EStG qualifiziert, ist für Veranlagungszeiträume beurteilt worden, die vor der Neuregelung des § 23 EStG und damit vor der Modifizierung des Termingeschäftstatbestandes lagen.

Im Ergebnis überzeugt die Lösung die Stillhalterprämien als Termingeschäfte zu beurteilen. Denn Termingeschäfte, die auf einen Barausgleich (Cash-Settlement) gerichtet sind, können unter den Tatbestand des § 23 Abs. 1 Satz 1 Nr. 4 EStG (Differenzausgleich)[1325] subsumiert werden.[1326] Für eine andere Beurteilung weiterer Optionsgeschäfte ist kein Anhaltspunkt ersichtlich und wäre überdies auch nicht zu erklären. Für die Richtigkeit dieses Ansatzes spricht zudem die Absichtserklärung des Gesetzgebers, Hedgefonds, bei denen sich regelmäßig die beschriebenen Probleme stellen, nicht gegenüber Hedgefonds-Zertifikaten zu benachteiligen, denen ansonsten eine bessere steuerrechtliche Position zukäme.[1327] Bei Glattstellungsgeschäften einer Option kommt ebenso nur eine Besteuerung nach § 23 Abs. 1 Satz 1 Nr. 4 EStG in Betracht,[1328] da Glattstellungsgeschäfte Termingeschäfte abschließen und somit beenden. § 23 Abs. 1 Satz 1 Nr. 3 EStG kann daneben nur als subsidiär angesehen werden. Durch die Erweiterung der privaten Veräußerungsgeschäfte auch auf Termingeschäfte durch das Steuerentlastungsgesetz 1999/2000/2002 vom 24.03.1999 kommt der Wille des Gesetzgebers zum Ausdruck, Termingeschäfte anders zu behandeln als andere Veräußerungsgeschäfte.[1329]

1323 *Harenberg,* KFR 2003, F. 3, § 23 EStG, 429 (431f.).

1324 *Schultze/Grelck,* DStR 2003, (2104f.).

1325 Nach dem Unternehmensteuerreformgesetz 2008 sind Termingeschäfte nunmehr in den Tatbestand des § 20 Abs. 2 Nr. 3a EStG überführt worden und Stillhalterprämien ausdrücklich in § 20 Abs. 1 Nr. 11 EStG normiert.

1326 a.A. *Harenberg,* NWB, vom 29.05.2007, F.3, 14529 (14534).

1327 Begründung zum Investmentmodernisierungsgesetz zu Artikel 2 (Investmentsteuergesetz), Allgemeines, 2. Steuerpflichtige Erträge (§ 2 InvStG), S. 138; BT-Drucks. 15/1553; auch *Beckmann/Scholtz/Vollmer,* Investment-Handbuch, 2005, Ordnungsziffer 582.

1328 So auch *Heuermann,* DB 2003, 1919 (1921); *Wendt,* FR 1999, 333 (352); *Bacmeister,* IStR 2004, 176 (176f.).

1329 Ebenso *Schultze/Grelck,* DStR 2003, (2105); a.A. aber ohne eingehende Begründung *Zeller,* DB 2004, 1522 (1523).

Unter Zugrundelegung einer engen Auslegung der „sonstigen Erträge" in § 1 Abs. 3 Satz 3 InvStG und der Nichtaufführung von Termingeschäften in den thesaurierten Erträgen sind die entstandenen Gewinne und Verluste nicht steuerbar, sofern sie eben thesauriert werden.[1330]

Werden die Gewinne ausgeschüttet, sind sie für betriebliche Anleger steuerbar, da sich die Definition ausgeschütteter Erträge nach § 1 Abs. 3 Satz 2 InvStG „Gewinne aus Veräußerungsgeschäften" auf die privaten Veräußerungsgeschäfte gem. § 23 EStG bezieht. Andernfalls würden Stillhalterprämien schon tatbestandlich nie eine Ausschüttung im Sinne des Investmentsteuergesetzes sein können. Außerdem wird bereits durch die Begründung zum Investmentmodernisierungsgesetz[1331] klargestellt, dass Erträge des Fonds ausnahmslos zu erfassen sind. Dieses kann aber für Stillhalterprämien nur über die privaten Veräußerungsgeschäfte i.S. des § 23 EStG erreicht werden.[1332] Durch die Stillhaltergeschäfte eventuell entstehende Verluste können nach § 3 Abs. 4 InvStG bis zur Höhe der positiven Erträge gleicher Art[1333] mit diesen verrechnet werden, und

---

1330 Für diese enge Auslegung ebenso *Lindemann,* FR 2003, 890 (899).

1331 Begründung zum Investmentmodernisierungsgesetz zu Artikel 2 (Investmentsteuergesetz), Zu den Änderungen im Einzelnen, Zu § 1 Abs. 3 InvStG, S. 145; BT-Drucks. 15/1553; auch *Beckmann/Scholtz/Vollmer,* Investment-Handbuch, 2005, Ordnungsziffer 582.

1332 *Zeller,* DB 2004, 1522 (1524), dort Fn. 29, ist von diesem Ansatz nicht überzeugt. *Zeller* kann aber auch nicht über die wörtliche Auslegung des Gesetzestextes zu diesem Ergebnis gelangen, da er bei Termingeschäften i.S. von § 23 Abs. 1 Satz 1 Nr. 4 EStG nur im Fall der Glattstellung ein Veräußerungsgeschäft sieht, jedoch nicht bei einem Barausgleich (Cash-Settlement), da es sich dabei einzig um die Erfüllung des eingegangenen Vertrags handele. Dabei verkennt er aber, dass es nicht einer wörtlichen Verweisung bedarf. Schließlich können nur private Veräußerungsgeschäfte i.S. des § 23 EStG durch den Verweis in § 1 Abs. 3 Satz 2 InvStG gemeint sein. Insofern handelt es sich um einen Rechtsgrundverweis. Die Voraussetzungen müssen sodann beim jeweiligen Tatbestand separat geprüft und erfüllt werden, um einen Ausschüttungstatbestand i.S. des Investmentsteuergesetzes bejahen zu können.

1333 Die Worte „gleicher Art" wurden im Zuge des Richtlinien-Umsetzungsgesetzes (EURLUmsG) in das Investmentsteuergesetz eingefügt. Erträge „gleicher Art" sind solche, die beim Anteilscheininhaber hinsichtlich der Steuerbarkeit, des Umfangs der Steuerpflicht und des Erfassungszeitpunkts identisch behandelt werden. Daraus folgt, dass beispielsweise Veräußerungsverluste mit Veräußerungsgewinnen zu verrechnen sind, jedoch eine Ausgleichsfähigkeit der Veräußerungsverluste nicht mit Zinsen oder Dividenden besteht. Vgl. Begründung zu § 3 Abs. 3 Satz 2 Nr. 2 Satz 2 InvStG-E, BGBl. I 2004, S. 3310ff; BT-Drucks. 15/3677, S. 48; weitere Beispiele für die Gleichartigkeit nennt das BMF-Schreiben zum Investmentsteuergesetz vom 02.06.2005, - IV C 1 – S 1980 – 1 87/05, Rn. 69, BStBl. I 2005, 728 (738).

soweit negative Erträge auf diese Weise nicht ausgeglichen werden konnten, nur ins folgende Geschäftsjahr vorgetragen werden.[1334]

Ausschüttungen von Gewinnen auf Stillhalterprämien sind für Privatanleger gem. § 2 Abs. 3 Satz 1 Nr. 1 InvStG per Gesetz steuerfrei gestellt.

3. Steuerrechtliche Probleme speziell bei Dach-Hedgefonds

Die Zweifelsfragen, die bei den Single-Hedgefonds auftreten, spielen bei Dach-Hedgefonds keine große Rolle. Dies liegt vor allem daran, dass nach den Restriktionen für Dach-Hedgefonds i.S. des § 113 InvStG diese hauptsächlich nur in Ziel-Fonds investieren. Typische Hedgefondsgeschäfte wie Leerverkäufe oder Leverage dürfen von Dach-Hedgefonds nach der gesetzlichen Regelung nicht durchgeführt werden.

Nach § 10 Satz 1 InvStG werden die Erträge eines Dach-(Hedge-)Fonds[1335] von der pauschalen Strafbesteuerung i.S. des § 6 InvStG erfasst, wenn die Besteuerungsgrundlagen des Dach-Sondervermögens i.S. des § 5 Abs. 1 nicht nachgewiesen werden. Die Dach-Hedgefonds müssen daher die Bekanntmachungs- und Veröffentlichungspflichten auch in Bezug auf die Ziel-Fonds erfüllen. Dazu sind sie aber auf rechtzeitige und vollständige Informationen der Ziel-Hedgefonds angewiesen.[1336] Nach dem Wortlaut des Investmentsteuergesetzes hat jeder Ziel-Fonds eines Dach-Hedgefonds die Besteuerungsgrundlagen eigenständig zu ermitteln und zu veröffentlichen. Sofern einzelne Ziel-Fonds das Informationsbedürfnis der Dach-Fonds nicht erfüllen können, setzt die Strafbesteuerung ein. Dabei stellt § 10 Satz 2 allerdings klar, dass nicht die gesamten Erträge des Dach-Fonds der Strafbesteuerung unterliegen, sondern lediglich der Teil der Erträge der Strafbesteuerung, der aus den vorgenannten Zielfonds stammt. Insoweit findet keine „Infektion" der Strafbesteuerung auf den gesamten Dachfonds statt.[1337]

Problematisch erscheint, inwieweit Ziel-Hedgefonds und vor allem ausländische Ziel-Hedgefonds bereit sind, die entsprechenden Informationen zu liefern.

1334 *Sradj/Mertes*, DStR 2004, 201 (203); BMF-Schreiben zum Investmentsteuergesetz vom 02.06.2005, - IV C 1 – S 1980 – 1 87/05, Rn. 70, BStBl. I 2005, 728 (738); vgl. dazu ausführlich oben Kapitel 3, C, IV, 2.

1335 Das BMF-Schreiben zum Investmentsteuergesetz vom 02.06.2005, - IV C 1 – S 1980 – 1 87/05, Rn. 201., BStBl. I 2005, 728 (756), stellt klar, dass die Vorschrift des § 10 InvStG nicht nur für Dach-Sondervermögen, sondern für alle Anteile eines Investmentvermögens an einem anderen Investmentvermögen gelten.

1336 *Schmitt/Hagen,* DStR 2004, 837 (840).

1337 Ebenso die Klarstellung im BMF-Schreiben zum Investmentsteuergesetz vom 02.06.2005, - IV C 1 – S 1980 – 1 87/05, Rn. 203, BStBl. I 2005, 728 (756).

Dieses Problem wird aber die Praxis klären. Wenn Dach-Hedgefonds in Ziel-Hedgefonds investieren wollen, sind Rahmenvereinbarungen in diesem Engagement denkbar, nach denen die Ziel-Hedgefonds verpflichtet werden, entsprechende Informationen zur Verfügung zu stellen.

a. Offenlegungspflicht bei einem Ziel-Hedgefonds

Ein weiteres Problem ergibt sich in der Praxis bei der Dach-Hedgefondsbesteuerung auf Grund der Formulierung des § 10 Satz 2 InvStG, wonach die Strafbesteuerung nach § 6 InvStG einsetzt, soweit Zielfonds „die Voraussetzungen des § 5 Abs. 1 InvStG“ (Ermittlung und Veröffentlichung der Besteuerungsgrundlagen) nicht erfüllen.[1338] Denn gerade nach der Konzeption des Investmentgesetzes kann es vorkommen, dass Single-Hedgefonds als Ziel-Hedgefonds nur eines einzigen Dach-Hedgefonds aufgelegt werden und der Dach-Hedgefonds somit einziger Anleger des Zielfonds ist. Aufsichtrechtlich macht die Verpflichtung zur Veröffentlichung der Angaben im elektronischen Bundesanzeiger nach § 5 Abs. 1 Nr. 3 InvStG für den Fall, dass Dachfonds einzige Anleger der Zielfonds sind, aber keinen Sinn. Hintergrund der Vorschrift der Veröffentlichungspflicht ist der Anlegerschutz durch Zurverfügungstellung entsprechender Informationen, die im Grundsatz für alle zugänglich sind. Dieser Schutz ist aber in keiner Weise betroffen, wenn der Ziel-Hedgefonds nicht öffentlich vertrieben wird, was auch nach § 112 Abs. 2 InvG in Deutschland nicht gestattet ist. Die beschränkte Anzahl der Single-Hedgefondsanleger kann auch direkt vom Ziel-Hedgefonds über die Besteuerungsgrundlagen unterrichtet werden, ohne dass es einer zusätzlichen Veröffentlichung im elektronischen Bundesanzeiger bedarf. Wenn die Finanzverwaltung zudem im gleichen Zuge über die Besteuerungsgrundlagen unterrichtet wird, ergibt sich auch in steuerrechtlicher Hinsicht keine Notwendigkeit, die Strafbesteuerung wegen einer fehlenden Veröffentlichung i.S. des § 5 Abs. 1 Nr. 3 InvStG zu verlangen.[1339] Denn sowohl die Anleger als auch der Steueranspruch des Staates sind gesichert. Nach *Bacmeister* hat der Zielfonds durch Lieferung der für die Dachfonds notwendigen Daten die Voraussetzungen des § 10 Satz 2 InvStG sogar erfüllt, der nur verlange, dass die Besteuerungsgrundlagen „nachgewiesen“ werden, so dass eine Strafbesteuerung schon aus diesem Grunde ausscheide.[1340]

Trotz dieser Argumentation ist der Gesetzgeber weiterhin dazu aufgerufen, eine entsprechende Klarstellung in die Formulierung des § 10 Satz 2 aufzunehmen, indem die Nr. 3 des § 5 Abs. 1 InvStG von dem Verweis ausgenommen wird. Die Finanzverwaltung versäumt, zu dieser Problematik im BMF-Schreiben zum

---

1338 So auch *Schmitt/Hagen,* DStR 2004, 837 (840).

1339 Im Ergebnis ebenso *Bacmeister*, IStR 2004, 176 (177).

1340 *Bacmeister*, IStR 2004, 176 (177).

Investmentsteuergesetz vom 02.06.2005, - IV C 1 – S 1980 – 1 87/05 Stellung zu nehmen, obwohl ihr diese Fragestellungen inzwischen auch bekannt gewesen sein dürften.

b. Gefahr der Besteuerung nach dem AStG

Da durchaus die Möglichkeit besteht, dass sich Dach-Hedgefonds an ausländischen Ziel-Hedgefonds in Form einer Kapitalgesellschaft beteiligen, könnte sich dadurch ein weiteres Problem ergeben. Denn nach der Änderung des § 7 Abs. 7 AStG wird hauptsächlich durch *Eimermann*[1341] die Ansicht vertreten, dass die Änderung zwar den allgemeinen Vorrang des InvStG beibehalte, dies aber nur, wenn Erträge danach steuerpflichtig seien. Wenn hingegen die Erträge im Investmentsteuergesetz nach § 2 Abs. 3 InvStG[1342] freigestellt seien, verhindere dies nicht eine Hinzurechnung nach dem Außensteuergesetz.[1343] Dies werde sogar durch die Gesetzesänderung klargestellt.[1344] Die Frage nach der Subsidiarität des Außensteuergesetzes gegenüber dem Investmentsteuergesetz mit den damit verbundenen unterschiedlichen Ansichten existiert seit dem Bestehen der Gesetze. Die Auffassung *Eimermanns* ist dennoch nicht im Sinne des Gesetzgebers, da die Folge möglicherweise die Erfassung von Veräußerungsgewinnen durch das Außensteuergesetz wäre, obwohl diese bewusst durch das Investmentsteuergesetz freigestellt worden sind.[1345] Im Gegensatz zu dieser Ansicht ist im Ergebnis festzuhalten, dass keine Klarstellung durch den Gesetzgeber in § 7 Abs. 7 AStG aufgenommen wurde. Die Änderung des Außensteuergesetzes durch das Investmentmodernisierungsgesetz erstreckte sich einzig auf den Austausch des Verweises vom Auslandsinvestmentgesetz zum Investmentsteuergesetz. Eine Klarstellung, wie *Eimermann* sie sieht, ist darin nicht zu erkennen. Zudem würde darin eine Benachteiligung ausländischer Fonds liegen, die nach dem Willen des Gesetzgebers im Investmentsteuergesetz gerade abgeschafft werden sollte. Daher ist das Investmentsteuergesetz nach wie vor vorrangig hinsichtlich der Besteuerung von Investmentvermögen.[1346] Sollten danach

---

1341 *Eimermann,* NWB, vom 19.01.2004, F.3, 12721 (12723f.)

1342 Nach dem Unternehmensteuerreformgesetz 2008 sind durch § 2 Abs. 3 InvStG n.F. nur noch ausgeschüttete Erträge auf Investmentanteile steuerfrei, soweit sie Gewinne aus der Veräußerung von Grundstücken und grundstücksgleichen Rechten enthalten, es sei denn, dass es sich um Gewinne aus privaten Veräußerungsgeschäften im Sinne des § 23 Abs. 1 Satz 1 Nr. 1, Abs. 2 und 3 EStG handelt, oder dass die Ausschüttungen Betriebseinnahmen des Steuerpflichtigen sind. Dies bedeutet, dass die Steuerfreiheit für in den ausgeschütteten Investmenterträgen enthaltene Gewinne aus Wertpapierveräußerungsgeschäften und Termingeschäften entfallen ist.

1343 *Eimermann,* NWB, vom 19.01.2004, F.3, 12721 (12724).

1344 *Eimermann,* NWB, vom 19.01.2004, F.3, 12721 (12724).

1345 So auch *Schmitt/Hagen,* DStR 2004, 837 (840).

1346 *Schnitger/Schachinger,* BB 2007, 801 (803); *Fock,* IStR 2006, 734 (735).

also Erträge ausländischer Fonds nicht der Besteuerung unterliegen, ist davon auszugehen, dass eine Freistellung bewusst erfolgt ist und danach wiederum der Wille des Gesetzgebers zu beachten ist. Selbst für den Fall, dass tatsächlich eine ungewollte planwidrige Gesetzeslücke im Investmentsteuergesetz hinsichtlich der Besteuerung ausländischer Erträge vorliegt, ist zunächst über eine Auslegung der bestehenden Regelungen und sodann über eine mögliche analoge Anwendung investmentsteuerrechtlicher Vorschriften zu versuchen, die bestehende Regelungslücke wegen einer gleichwertigen Interessenlage zu schließen anstatt sofort auf das Außensteuergesetz zurückzugreifen.

c. Unterjähriger Kauf und Verkauf eines Ziel-Hedgefonds

Insbesondere in Zusammenhang mit Dach-Hedgefonds stellt sich ein Problem vor allem bei dem unterjährigen Kauf eines Zielfonds. Unterjährig heißt hier innerhalb eines Geschäftsjahres des entsprechenden Fonds. Fondserträge sind auf Seiten des Anlegers, gleich ob es sich bei diesem um einen betrieblichen, privaten oder Dachfonds-Anleger handelt, erst mit dem Zeitpunkt des Zuflusses (Ausschüttung oder Thesaurierung) der Fondserträge zu versteuern und nicht bereits mit der Vereinnahmung auf Fondsebene.[1347] Erwirbt ein Privatanleger nun auf der einen Seite unterjährig einen thesaurierenden Fonds, sind die bis dahin thesaurierten Erträge bei ihm mit der Zuflussfiktion am Geschäftsjahresende des Fonds steuerpflichtig, obwohl die thesaurierten Erträge bereits in den Kaufpreis der einzelnen Anteile eingerechnet waren.[1348] Bei einem unterjährigen Verkauf der Fondsanteile an einem thesaurierenden Fonds sind auf der anderen Seite die bis dahin im Veräußerungs- bzw. Rückgabepreis enthaltenen Erträge für den Privatanleger steuerfrei, sofern kein Spekulationsgeschäft i.S. des § 23 EStG[1349] vorliegt.[1350]

Dies ist nun vor allem für Dachfondskonstruktionen wichtig, da die Einkünfteermittlung für Dachfonds wegen des Transparenzprinzips der der Anleger folgt. Demnach ist es nach geltender Gesetzeslage für Dachfonds und Dach-Hedgefonds nachteilig, Fonds unterjährig zu erwerben, gleichwohl aber vorteil-

---

1347 Vgl. oben Kapitel 3, D, III, 1.

1348 Dieser Aspekt wirkt sich besonders in Dachfondskonstellationen aus, weshalb es erst an dieser Stelle für die nachfolgende Problematik aufgezeigt wird. Vgl. für das Parallelproblem der Ertragsausgleichsbeträge bereits oben Kapitel 3, D, III, 1, a, (3), (d).

1349 Durch die Unternehmensteuerreform 2008 werden ab dem 01.01.2009 nahezu alle Wertzuwächse unabhängig von etwaigen Haltefristen für Privatanleger (§ 23 EStG a.F.) mit der Folge erfasst, dass es keine so genannten Spekulationsfristen mehr gibt und bei Privatanlegern grundsätzlich der Abgeltungssteuer mit einem Steuersatz von 25% unterfallen. Vgl. hierzu auch oben Kapitel 2, A, III, 4, b, (4), (a).

1350 *Mertes/Schmitt/Hagen* in: Ernst & Young/ BDI, Steueränderungen 2003/2004, Teil III D, Rn. 197.

haft, diese in laufenden Geschäftsjahren zu veräußern.[1351] Da diese Benachteiligung beim Erwerb thesaurierender Fonds in laufenden Geschäftsjahren vom Gesetzgeber nicht beabsichtigt sein kann, bedarf es der Nachbesserung. Dadurch sollte der unterjährige Erwerb mit dem Verkauf eines thesaurierenden Fonds gleichgestellt werden.

Eine Lösung, wie bei den Ertragsausgleichsbeträgen zu verfahren[1352] und die Bildung eines Ertragsausgleichskontos oder ein separates Erträgniskonto auf steuerrechtlicher Ebene vorzunehmen, ist nicht möglich. Dies scheitert in der Praxis daran, dass die verkaufenden Anleger nicht dazu angehalten werden können, einen Steuersatz für die neu eintretenden Anleger zu bezahlen. Allerdings könnte durch den Gesetzgeber der Zuflusszeitpunkt im Fall des Erwerbs bzw. der Veräußerung anders fingiert werden, als es bisher in § 2 Abs. 1 Satz 2 InvStG der Fall ist. Es bestünde die Möglichkeit, zu normieren, dass im Fall der Veräußerung oder Rückgabe von Anteilen an thesaurierenden Fonds der Zuflusszeitpunkt abweichend von der Geschäftsjahresregelung zu diesem Zeitpunkt unterstellt wird. Somit müssten die ihre Anteile veräußernden oder zurückgebenden Anleger die bisher aufgelaufenen Erträge in entsprechender Höhe versteuern. Für den Erwerb der Anteile kann es bei der bisherigen Regelung bleiben, wobei klargestellt werden sollte, dass die im Geschäftsjahr generierten Erträge erst ab Erwerbszeitpunkt zu beachten sind.

Problematisch an dieser Lösung ist allein der Verwaltungsmehraufwand für thesaurierende Fonds, der aber wegen des ohnehin von den Kapitalanlagegesellschaften gem. § 36 InvG auf der Grundlage der Tageskurse der Fondswerte börsentäglich errechneten und ermittelten Preises der Investmentanteile[1353] zu vernachlässigen ist.

d. Beurteilung des Gewinns beim Verkauf eines Zielfonds

Inländische Zielfondsanteile werden als Wertpapiere klassifiziert. Als Folge ergibt sich daraus, dass es sich bei einem Gewinn aus dem Verkauf oder der Rückgabe dieser Anteile weder um Teile thesaurierter Erträge handelt noch der Anleger bei einer Ausschüttung mit diesen Erträgen steuerpflichtig ist.[1354]

Bedeutsam wird dies bei der Anlage in ausländische Ziel-Hedgefonds, die oftmals in der Rechtsform einer Personengesellschaft oder einer der GmbH

1351 Ebenso *Schmitt/Hagen,* DStR 2004, 837 (841).

1352 Vgl. oben Kapitel 3, D, III, 1, a, (3), (d).

1353 *Claussen*, Bank- und Börsenrecht, 2003, S. 450, Rn. 192; *Abdala*, Investmentfonds, 2001, S. 125; vgl. oben Kapitel 2, A, I, 1, c.

1354 Vgl. dazu § 1 Abs. 3 Satz 3 InvStG und § 2 Abs. 3 Nr. 1 InvStG a.F.

vergleichbaren Kapitalgesellschaft betrieben werden. Das Gesetz regelt nicht, dass es sich bei derartigen Beteiligungen und deren Veräußerungen um Wertpapiere handelt. Hieraus entsteht ein Gegensatz zu anderen (inländischen) Fonds, die nur in inländische Zielfondsanteile investieren dürfen und damit ohne größere Probleme Wertpapiere sind.[1355] Dem Grundsatz nach bedürfte es daher in allen Fällen der Beteiligung von Dach-Hedgefonds an ausländischen Ziel-Hedgefonds einer Einzelfallprüfung, ob die ausländischen Fondsanteile als Wertpapiere qualifiziert werden können. Den Erfordernissen der Praxis würde damit allerdings nicht Rechnung getragen werden, da neben der Ermittlung des zugrunde zu legenden Sachverhalts die Vielzahl der Gestaltungsmöglichkeiten seitens der Zielfonds die Einzelfallprüfung erschweren und über Maß aufwendig werden ließe. Daher sollten alle Verkäufe sowohl von in- als auch von ausländischen Zielfondsanteilen als „Wertpapier-" Verkäufe betrachtet werden. Außerdem spricht für diese Auffassung, dass kein Grund erkennbar ist, unterschiedliche Steuerfolgen an die Veräußerung von Zielfondsanteilen durch einen Dachfonds, je nach Rechtsform des jeweiligen Zielfonds, zu knüpfen.[1356]

Vollständigkeitshalber sei an dieser Stelle nochmals erwähnt, dass sich weder für einen Privatanleger noch für einen institutionellen Anleger bei dem Verkauf von Hedgefondsanteilen (Dach-Hedgefonds oder auch Single-Hedgefonds für institutionelle Anleger) Unterschiede in der Besteuerung gegenüber herkömmlichen Investmentfonds ergeben.[1357]

B. Besteuerung von Hedgefonds-Zertifikaten im Betriebs- und Privatvermögen

Im Zusammenhang mit der Besteuerung von Hedgefonds bedarf es einer zusammenfassenden Darstellung der Besteuerung von Hedgefonds-Zertifikaten, obwohl diese beiden Anlageinstrumente bis auf die Absicht, Kapital für die eigene Anlage einzuholen, kaum Gemeinsamkeiten aufweisen.[1358]

Dennoch bedarf es der Erörterung, weil vor dem In-Kraft-Treten des Investmentmodernisierungsgesetzes eine Anlage in Hedgefonds, die nach oben genannten Strategien investieren, in Deutschland nicht möglich war. Für Anleger bestand die Möglichkeit, sich über Zertifikate, die Hedgefonds abbilden, indirekt an solchen Fonds zu orientieren. Eine solche Möglichkeit ergibt sich aus der Natur der (Index-)Zertifikate. Darunter werden Wertpapiere verstanden,

---

1355 *Schmitt/Hagen,* DStR 2004, 837 (841).
1356 *Schmitt/Hagen,* DStR 2004, 837 (841).
1357 Vgl. ausführlich dazu bereits oben Kapitel 4, A, IV.
1358 *Oho/Remmel,* BB 2002, 1449 (1449).

deren Kurs sich unmittelbar vom Kursverlauf eines zugrunde gelegten Index ermittelt. Durch die Zertifikate wird daher im Ergebnis ein Recht auf Zahlung eines Geld- oder Abrechnungsbetrags verbrieft, dessen Höhe vom Wert des zu Grunde liegenden Index am Fälligkeitstag abhängt.[1359] Bei dem Index handelt es sich mithin um ein künstlich erschaffenes Gebilde (Abbild eines zugrunde gelegten Wertes) und nicht um eine reale Größe.[1360]

Die Laufzeit der Zertifikate ist üblicherweise mehrjährig, wobei während der Laufzeit im Regelfall keine laufenden Erträge, periodische Zinszahlungen oder Ausschüttungen vorgenommen werden.[1361] Für Hedgefonds-Zertifikate bedeutet dies, dass über die Zertifikate an der Entwicklung der Hedgefonds partizipiert werden kann, ohne die Wertpapiere oder Fondsanteile einzeln erwerben zu müssen.[1362]

I. Grundsätzliche Anwendbarkeit verschiedener Steuergesetze auf Hedgefonds-Zertifikate

Damit ein Vergleich der Besteuerung von Zertifikaten und Hedgefonds mit einer Analyse eventueller Benachteiligungen von Hedgefonds durch das Investmentsteuergesetz gezogen werden kann, bedarf es zunächst der Klärung, welche Steuergesetze überhaupt auf Hedgefonds-Zertifikate anzuwenden sind.

1. Anwendbarkeit des AStG auf Hedgefonds-Zertifikate

Es besteht grundsätzlich die Möglichkeit, die Gewinne ausländischer Einkünfte aus Hedgefonds-Zertifikaten durch das Außensteuergesetz zu erfassen und der deutschen Steuerschuld hinzuzurechnen.

Dies gilt jedoch nur, soweit eine Beteiligung an ausländischen Kapitalgesellschaften vorliegen würde, die ansonsten der deutschen Steuerbarkeit entzogen wären. Die Voraussetzungen der Hinzurechnungsbesteuerung ergeben sich aus § 7 Abs. 1 AStG. Notwendig ist insofern jedoch eine unmittelbare oder mittelbare mehrheitliche Beteiligung an einer ausländischen Gesellschaft. Des Weiteren darf es sich nicht um Einkünfte aus den in § 8 Abs. 1 Nrn. 1-9 AStG genannten Tätigkeiten handeln. Da dort ausschließlich aktive Tätigkeiten aufgeführt sind, bedarf es in erster Linie passiver Einkünfte, die gem. § 8 Abs. 3 AStG einer Ertragsteuerbelastung von weniger als 25% unterliegen.[1363] Diese Voraussetzungen sind jedoch für Anleger in Hedgefonds-Zertifikate nicht erfüllt, da diese

1359 *Beike,* Index-Zertifikate, 1999, S. 97.
1360 *Harenberg,* NWB, vom 13.12.1999, F.21, 1381 (1381).
1361 *Oho/Remmel,* BB 2002, 1449 (1449).
1362 *Harenberg,* NWB, vom 13.12.1999, F.21, 1381 (1382).
1363 *Wassermeyer,* IStR 2001, 193 (197).

noch nicht einmal mittelbar i.S. des § 7 Abs. 1 AStG an den ausländischen Gesellschaften beteiligt sind. Wie bereits oben erläutert, bilden Zertifikate lediglich einen zugrunde gelegten Index ab, ohne mit den jeweiligen dahinter stehenden Gesellschaften unmittelbar oder auch nur mittelbar in Verbindung zu stehen. Es besteht vielmehr nur ein schuldrechtliches Vertragsverhältnis zwischen dem Anleger in Zertifikate und dem jeweiligen Emittenten. Da darüber hinaus auch keine Beteiligung am Nennkapital an einer ausländischen Gesellschaft über die Zertifikate erfolgt,[1364] ist im Ergebnis das Außensteuergesetz auf Hedgefonds-Zertifikate nicht anwendbar.

Seit dem In-Kraft-Treten des Investmentmodernisierungsgesetzes ist es möglich, einen inländischen Single- oder Dach-Hedgefonds durch Index-Zertifikate abzubilden. Da diese Gesellschaften aber keine ausländischen Gesellschaften sind, ist für diese das Außensteuergesetz nicht anwendbar. Aber selbst wenn diese Möglichkeit bestünde, würde es an den übrigen Voraussetzungen fehlen.

2. Anwendbarkeit des Investmentsteuergesetzes auf in- und ausländische Hedgefonds-Zertifikate

Die Anwendbarkeit des Investmentsteuergesetzes richtet sich nach § 1 Abs. 1 Nr. 1 und 2 InvStG. Hiernach ist dieses Gesetz nach § 1 Abs. 1 Nr. 1 InvStG sowohl auf inländisches Investmentvermögen in Form von inländischen Investmentgesellschaften als auch auf inländische Investmentanteile anwendbar.

Damit Hedgefonds-Zertifikate unter die Voraussetzungen des Investmentsteuergesetzes fallen, müssten auch die Zertifikate unter inländisches Investmentvermögen oder inländische Investmentanteile subsumiert werden können. Das Investmentsteuergesetz legt hinsichtlich inländischer Investmentvermögen einen formellen Investmentbegriff an.[1365] Danach sind im Wesentlichen ein inländisches Investmentvermögen oder inländische Investmentanteile dann gegeben, wenn eine Kapitalanlagegesellschaft nach dem Grundsatz der Risikomischung eine kollektive Geldanlage vornimmt. Diese Voraussetzung ist jedoch bei Zertifikaten wiederum nicht erfüllt, da durch die Schuldverschreibungen keine Kapitalanlage einer Kapitalanlagegesellschaft nach dem Grundsatz der Risikomischung vorgenommen wird. Index-Zertifikate orientieren sich nur an einem zugrunde gelegten Wert. Eine Risikomischung ist darin nicht zu sehen. Zusammenfassend kann so festgestellt werden, dass für Zertifikate an inländischen Hedgefonds das Investmentsteuergesetz nicht anzuwenden ist.[1366]

1364 *Oho/Remmel,* BB 2002, 1449 (1450).

1365 Vgl. oben Kapitel 3, A.

1366 Im Ergebnis auch *Haisch/Danz,* DStR 2005, 2108 (2114).

Das gleiche Ergebnis gilt für Hedgefonds-Zertifikate, durch die sich Anleger an ausländischen Hedgefonds beteiligen. Das Investmentsteuergesetz legt bei der Beurteilung, ob ausländische Investmentanteile i.S. des § 1 Abs. 1 Nr. 2 InvStG unter das Investmentsteuergesetz fallen, einen weiten wirtschaftlichen Investmentbegriff an.[1367] Danach ist es unerheblich, in welcher Rechtsform ausländische Investmentfonds auftreten, vielmehr kommt es auf die Ausgestaltung der Anlage selbst an.[1368] Jedoch ist in diesem Rahmen ebenso zu beachten, dass ein „Investmentanteil" vorliegen muss, um die Anwendbarkeit des Investmentsteuergesetzes im Hinblick auf ausländisches Investmentvermögen zu eröffnen. Folglich müsste der Anleger in Hedgefonds-Zertifikate wirtschaftlich am Hedgefonds-Sondervermögen anteilig beteiligt sein.[1369] Wie jedoch mehrfach beschrieben besteht allerdings nur eine schuldrechtliche Beziehung des Anlegers in Zertifikate zu dessen Emittenten. Da es sich bei den Zertifikaten gerade um künstliche Gebilde handelt, besteht auch keine direkte Beteiligung an den Hedgefondsanteilen. Der einzelne Hedgefonds-Zertifikatanleger ist nicht am (Sonder-)Vermögen des Hedgefonds beteiligt,[1370] so dass die Besteuerung von Index-Zertifikaten nicht aus dem Investmentsteuergesetz folgt.[1371]

3. Anwendbarkeit des Einkommensteuergesetzes auf Hedgefonds-Zertifikate

Hedgefonds-Zertifikate können, nachdem klargestellt wurde, dass die speziellen investmentsteuerrechtlichen Regelungen nicht auf diese anzuwenden sind, nur noch nach den allgemeinen Regeln des Ertragsteuerrechts einer Besteuerung unterworfen sein.

a. Besteuerung von Hedgefonds-Zertifikaten nach § 20 Abs. 1 Nr. 7 EStG

Grundsätzlich können Hedgefonds-Zertifikate nach § 20 Abs. 1 Nr. 7 EStG der Besteuerung unterworfen sein. Voraussetzung dafür ist jedoch, dass die Rückzahlung des Kapitalvermögens oder ein Entgelt für die Überlassung des Kapitalvermögens zur Nutzung zugesagt oder gewährt worden ist.[1372] Dies wird jedoch meist durch Index-Zertifikate nicht erfüllt werden. Denn die Rückzahlung des Kapitals oder ein Entgelt für die Überlassung des Kapitals zur Nutzung hängt bei Zertifikaten immer von der Entwicklung des zugrunde gelegten Indexes ab.

1367 Vgl. oben Kapitel 3, A.

1368 *Oho/Remmel,* BB 2002, 1449 (1450).

1369 *Oho/Remmel,* BB 2002, 1449 (1451).

1370 Vgl. zur Ausgestaltung der Sondervermögen auch oben Kapitel 2, A, 2.

1371 Im Ergebnis ebenso mit weiteren Argumenten *Oho/Remmel,* BB 2002, 1449 (1452, 1456).

1372 *Haisch/Danz,* DStR 2005, 2108 (2109).

Erst zu den Einlösungszeitpunkten ist festzustellen, ob es zu einer Rückzahlung des eingesetzten Kapitals kommt. Dann müsste der Indexstand des zugrunde gelegten Werts mindestens die gleiche Höhe haben wie zum Emissionszeitpunkt. Darüber hinaus kommt es zu einer Entgeltzahlung nur, wenn nach Abzug der Anschaffungs- und Veräußerungskosten der zugrunde gelegte Wert zum Einlösungszeitpunkt höher ist als zum Emissionszeitpunkt.[1373] Jedenfalls kann in der ungewissen Möglichkeit einer Rückzahlung oder Entgeltzahlung keine Zusage oder Gewährung i.S. des § 20 Abs. 1 Nr. 7 EStG gesehen werden. Gerade bei Hedgefonds, die auf Grund ihrer Anlagepolitik höchst spekulativ sein können, ist es nicht vorher bestimmbar, ob der Index dieses Hedgefonds zum Einlösungszeitpunkt mindestens auf dem gleichen Indexstand wie zum Zeitpunkt der Emission liegt. Wird entgegen der gängigen Praxis unabhängig vom Verlauf des zugrunde gelegten Indexes die Rückzahlung des Kapitals oder die Zahlung eines Entgelts in den Emissionsbedingungen vereinbart, ist darin eine Kapitalforderung des § 20 Abs. 1 Nr. 7 EStG zu sehen. Die Besteuerung selbst würde über § 20 Abs. 2 Satz 1 Nr. 4 Satz 4 EStG erfolgen.[1374]

b. Besteuerung von Hedgefonds-Zertifikaten nach § 20 Abs. 2 Satz 1 Nr. 4 Satz 4 EStG

Darüber hinaus kommt es nicht zur Erfassung der Gewinne aus Zertifikaten gem. § 20 Abs. 2 Satz 1 Nr. 4 Satz 4 EStG, da sich Gewinne aus Hedgefonds-Zertifikaten nicht unter diese Vorschrift fassen lassen.[1375]

c. Termingeschäfte i.S. des § 23 Abs. 1 Nr. 4 EStG bei Hedgefonds-Zertifikaten

Nach § 23 Abs. 1 Nr. 4 Satz 2 EStG gelten nur Zertifikate, die Aktien vertreten, als Termingeschäfte[1376] im Sinne dieser Vorschrift.[1377] Auf Grund dieser klaren gesetzgeberischen Vorgabe bedeutet dies für Hedgefonds-Zertifikate in der Vielzahl der Fälle, dass kein Termingeschäft i.S. des Termingeschäftstatbestandes vorliegt.[1378] Hedgefonds werden nicht ausschließlich in Aktien investieren, sondern auf Grund der Vielzahl der strategischen Möglichkeiten versuchen, eine

---

1373 *Oho/Remmel,* BB 2002, 1449 (1453).

1374 *Oho/Remmel,* BB 2002, 1449 (1454).

1375 So auch *Oho/Remmel,* BB 2002, 1449 (1453); a.A. *Haisch,* DStR 2002, 247 (249); *Schultz,* in: Linklaters Oppenhoff & Rädler, DB Beilage 1/2002, 9 (10). Eine ausgiebige Diskussion des Streitstands erfolgt nicht, da Hedgefonds-Zertifikate nicht vertieft behandelt werden sollen.

1376 Nach dem Unternehmensteuerreformgesetz 2008 sind Termingeschäfte nunmehr in den Tatbestand des § 20 Abs. 2 Nr. 3a EStG überführt worden.

1377 *Delp,* INF 1999, 584 (586).

1378 Vgl. auch *Haisch/Danz,* DStR 2005, 2108 (2112f.).

hohe Rendite zu erwirtschaften.[1379] In den zumindest theoretisch möglichen Fällen, dass durch Hedgefonds-Zertifikate ausschließlich Aktien vertreten werden, kommt ebenfalls § 23 Abs. 1 Nr. 2 EStG zur Anwendung. Voraussetzung in tatbestandlicher Hinsicht ist aber, dass ein Veräußerungsgeschäft vorliegt. Darüber hinaus müsste dann die zivilrechtliche Veräußerung[1380] innerhalb der Spekulationsfrist von einem Jahr liegen. Dazu können herkömmliche Einlösungsfälle aber nicht gezählt werden.

II. Besteuerung von Hedgefonds-Zertifikaten im Vergleich zu Hedgefonds

Die vorangegangenen Erörterungen zeigen bereits einen bedeutenden Unterschied zwischen Hedgefonds und Hedgefonds-Zertifikaten im allgemeinen Ertragsteuerrecht auf:

Während Hedgefonds in aller Regel die tatbestandlichen Voraussetzungen von Termingeschäften erfüllen und damit der grundsätzlichen Steuerpflicht unterliegen, sind auf Grund des klaren Gesetzeswortlauts des § 23 Abs. 1 Nr. 4 Satz 2 EStG[1381] Zertifikate nur unter diesen Tatbestand zu fassen, wenn sie ausschließlich Aktien repräsentieren. Da dies aber bei Hedgefonds wohl nicht vorkommen wird, sind Zertifikate nur steuerbar, wenn sie innerhalb eines Jahres veräußert würden. Damit entsteht jedoch eine erhebliche steuerrechtliche Benachteiligung bei der Beteiligung an Hedgefonds gegenüber dem Erwerb von derartigen Zertifikaten.[1382] Dies hat der Gesetzgeber bei der Umsetzung des Investmentmodernisierungsgesetz erkannt und Gewinne aus Termingeschäften gem. § 2 Abs. 3 Satz 1 Nr. 1 InvStG bei Privatanlegern steuerfrei gestellt.[1383] Vor allem sollte die durch das Investmentmodernisierungsgesetz eingeführte Möglichkeit der Anlage von Privatanlegern in Dach-Hedgefonds durch eine ansonsten bestehende steuerrechtliche Benachteiligung gegenüber Zertifikaten vermieden werden.[1384]

1379 *Oho/Remmel,* BB 2002, 1449 (1455); hingegen vertritt *Lohr,* Kapitalanlage nach der Unternehmensteuerreform (Steuersenkungsgesetz), 2001, S. 162f., die Ansicht, dass Zertifikate lediglich von § 23 Abs. 1 Satz 1 Nr. 2 EStG erfasst würden.

1380 *Oho/Remmel,* BB 2002, 1449 (1455); a.A. *Dahm/Hamacher,* WM 1994, Sonderbeilage Nr. 3/1994, 1 (20).

1381 Nach dem Unternehmensteuerreformgesetz 2008 sind Termingeschäfte nunmehr in den Tatbestand des § 20 Abs. 2 Nr. 3a EStG überführt worden.

1382 *Lindemann,* FR 2003, 890 (898).

1383 Nach der Unternehmensteuerreform 2008 fallen Zertifikate unter die Wertzuwachsbesteuerung des § 20 EStG. In diesem Zusammenhang ist die Steuerfreiheit des § 2 Abs. 3 Nr. 1 InvStG a.F. für in den ausgeschütteten Investmenterträgen enthaltene Gewinne aus Wertpapierveräußerungsgeschäften und Termingeschäften entfallen.

1384 Begründung zum Investmentmodernisierungsgesetz zu Artikel 2 (Investmentsteuergesetz), Steuerpflichtige Erträge, S. 138; BT-Drucks. 15/1553; auch *Beckmann/Scholtz/Vollmer,* Investment-Handbuch, 2005, Ordnungsziffer 582.

III. Zusammenfassung und Ergebnis

Hedgefonds-Zertifikate sind im Privatvermögen nur dann gem. § 23 Abs. 1 Satz 1 Nr. 2 EStG steuerbar, wenn ihre Veräußerung innerhalb der Jahresfrist dieser Vorschrift erfolgt.[1385] Der Veräußerungstatbestand ist jedoch zivilrechtlich zu beurteilen, so dass eine Einlösung für die Anwendbarkeit dieser Vorschrift unerheblich ist. Ebenso sind Hedgefonds-Zertifikate in aller Regel nicht über den Tatbestand der Termingeschäfte zu erfassen, da sie auf Grund der klaren Vorschrift nur zu diesen zählen, wenn sie ausschließlich Aktien vertreten. Auf Grund der vielfältigen Anlagestrategien für Hedgefonds wird dieser Fall selten auftreten.

Um eine mögliche Benachteiligung in steuerrechtlicher Hinsicht gegenüber der Anlage in Hedgefonds zu vermeiden, sind die Erträge des Hedgefonds aus Termingeschäften für die Anleger nach § 2 Abs. 3 Satz 1 Nr. 1 InvStG steuerfrei gestellt worden. Damit haben Hedgefondsstrukturen die gleichen Systemvoraussetzungen wie Zertifikat-Emissionen. An dieser Stelle hat sich der Gesetzgeber also dafür entschieden, herkömmliche Hedgefonds in ihren Entwicklungsmöglichkeiten zu unterstützen. Dieser Markt muss sich nach der erstmaligen Zulassungsmöglichkeit durch das Investmentmodernisierungsgesetz erst entwickeln. Diese Situation ist für die Hedgefondsbranche als durchaus positiv zu beurteilen. Zertifikate werden dadurch nicht unangemessen behandelt, da der Anleger, unabhängig von steuerrechtlichen Vorgaben, entscheiden kann, welcher Anlageform er sich bedient.

C. Ergebnis

Die rechtlichen Rahmenbedingungen für Hedgefonds haben sich seit dem In-Kraft-Treten des Investmentmodernisierungsgesetzes erheblich verbessert.[1386]

So ist es möglich, bestimmte Anlagestrategien zu verfolgen, die zuvor durch den Gesetzgeber ausgeschlossen waren und das eigentliche Hedgefondsgeschäft blockierten. Hedgefonds wurden daher im Ausland aufgelegt, in Deutschland konnten sie nur im „grauen Markt“ vertrieben werden. Ein Vertrieb hatte zudem

---

1385 Nach der Unternehmensteuerreform 2008 sind Zertifikate unter die Wertzuwachsbesteuerung des § 20 EStG zu subsumieren. In diesem Zusammenhang ist die Steuerfreiheit des § 2 Abs. 3 Nr. 1 InvStG a.F. für in den ausgeschütteten Investmenterträgen enthaltene Gewinne aus Wertpapierveräußerungsgeschäften und Termingeschäften entfallen.

1386 Die Ergebnisse dieses Kapitels werden in den inhaltlichen Aussagen in Kapitel 5, dort ab These 22 zusammenengefasst, so dass an dieser Stelle auf eine eingehende Darstellung verzichtet wird.

gegenüber „weißen Fonds“ wegen des Ansatzes einer Pauschalbesteuerung für den jeweiligen Anleger und damit indirekt für die Fondsgesellschaften erhebliche Nachteile. Die Öffnung des Hedgefondsmarkts bedeutet für die inländische Investmentbranche, dass zuvor bestehende Wettbewerbsnachteile gegenüber ausländischen Investmentanlagen nivelliert werden.

Insgesamt lässt sich sowohl für die Entscheidung des Gesetzgebers, den grundsätzlichen Vertrieb von Hedgefonds in Deutschland zuzulassen, als auch für die Regelungen der Besteuerung von Hedgefonds ein durchaus positives Résumé ziehen. Die Zulassung stärkt nationale Fonds gegenüber internationaler Konkurrenz. Dennoch ist in aufsichtsrechtlicher Hinsicht zu hoffen, dass vergangene Diskussionen um einige Hedgefonds[1387] nicht zu einer Verschärfung der rechtlichen Rahmenbedingungen führen.[1388] Deren liberale Ausgestaltung ist für eine Konkurrenzfähigkeit im internationalen Wettbewerb wichtig und stärkt letztlich den Finanzstandort Deutschland.

1387 So z.B. der TCI (The Children´s Investment Fund), der durch seinen Einfluss für die Ablösung des Vorstandsvorsitzenden der Deutschen Börse AG sorgte.

1388 Vgl. zum Stand der Reformdiskussion insbesondere *Spindler/Bednarz,* WM 2006, 601, 601ff.

5. Kapitel: Zusammenfassung der wichtigsten Ergebnisse

Zur Verdeutlichung der Ergebnisse aller Kapitel sollen die wesentlichen Aussagen der Arbeit in Thesenform zusammengefasst werden:

1. Die Bildung eines vom übrigen Vermögen einer Kapitalanlagegesellschaft getrennten Sondervermögens im Sinne des § 30 Abs. 1 InvG ist notwendig, um einen umfassenden Anlegerschutz der Investmentsparer zu gewährleisten. Die Bildung eines derartigen Sondervermögens setzt jedoch zivilrechtlich voraus, dass dieses Fondsvermögen „rechtsunfähig" ist.

a. Durch diese Rechtsunfähigkeit wird ein Haftungszugriff Dritter auf die geschützte Vermögensmasse verhindert.

b. Gleichzeitig dient der Schutz des eingelegten Vermögens dem Vertrauen der Anleger, die in aller Regel mit ihrer Anlage keine erhöhten und zusätzlichen „zivilrechtlichen" Risiken eingehen wollen.

c. Die Bildung des geschützten Sondervermögens ist in Deutschland strukturell ausschließlich über die Vertragsgestaltung möglich, wonach die Beziehungen innerhalb des Investmentdreiecks auf Grund schuldrechtlicher Verträge geprägt werden.

2. Als Grundsätze der Fondsbesteuerung können die Vermeidung von Mehrfachbesteuerungen des Fondsvermögens sowohl auf nationaler als auch auf internationaler Ebene, das Transparenzprinzip, das Gleichheitsgebot, das Leistungsfähigkeitsprinzip, nicht aber das Gebot der Anwenderfreundlichkeit genannt werden.

3. Das der Investmentbesteuerung immanente und wichtige Transparenzprinzip ist nicht durchgängig konsequent umgesetzt. Der Hintergrund hierfür ist, dass im Investmentsteuerrecht steuersystematisch eine Kombination des Trennungsprinzips und des Transparenzprinzips zu beachten ist.

a. Der Gesetzgeber geht zunächst von der Geltung des Trennungsprinzips aus, um dann in bestimmten Fällen das Transparenzprinzip anzuordnen.[1389] Schließlich sieht § 11 Abs. 1 Satz 1 InvStG unter Verweis auf § 1 Abs. 1 Nr. 5 KStG vor, dass das Sondervermögen durch die Zweckvermögensfiktion selbst zum Steuerpflichtigen wird. Dies hat gleichzeitig eine „Abschirmwirkung" des

1389 Vgl. Kapitel 2, A, 6, a, (2), (b).

Sondervermögens für die Anteilsscheininhaber zur Folge. Aus diesem Grund kann im Rahmen der Investmentbesteuerung auch nur von einem eingeschränkten Transparenzprinzip ausgegangen werden, da das Transparenzprinzip nicht unmittelbar gilt.

b. Die Abschirmwirkung des Fondsvermögens bewirkt, dass den Anteilsscheininhabern das Sondervermögen steuerrechtlich nicht zugerechnet werden kann. Die steuerrechtliche Zurechnungsvorschrift des § 39 AO findet insoweit keine Anwendung.

c. Die Rechtsprechung des BFH[1390] legt entsprechend des Investmentsteuerrechts das eingeschränkte Transparenzprinzip zu Grunde. Jedoch fehlt in den Entscheidungen eine Klarstellung dahingehend, dass in den Fällen, in denen eine Auslegung des Gesetzes zu erfolgen hat oder aber eine Regelungslücke besteht, das Transparenzprinzip als Auslegungshilfe heranzuziehen ist. Diese Rechtsprechung stellt aber insoweit richtig dar, dass Analogien nur dort herzustellen sind, wo auch planwidrige Regelungslücken im Gesetz bestehen. Sofern vom Gesetzgeber in einzelnen Vorschriften bewusst auf die Umsetzung einer völligen Gleichstellung des Investmentsparers mit dem Direktanleger verzichtet wurde, kommt dort überhaupt keine Auslegung nach dem Transparenzprinzip in Betracht. Insoweit ist das Transparenzprinzip nicht analogiefähig.

d. Den insgesamt positiven Wirkungen des Transparenzgedankens stehen einzelne Durchbrechungen nicht entgegen. Außerdem würde ein Wegfall der Transparenz zu steuer- und verfahrensrechtlichen Praxisproblemen führen, die die positiven Einflüsse des Investmentsparens gefährden würden. Eine sinnvolle und in sich schlüssige Investmentbesteuerung wäre kaum möglich.

e. Eine (begrenzte) Gleichstellung der Investmentanlage mit dem Direktanleger, die den Erfolg des Investmentsparens begründet, ist nur durch das Transparenzprinzip zu erreichen. Kritisiert werden muss daher der Referentenentwurf zum Entwurf eines Gesetzes zur Reform der Unternehmensbesteuerung und zur Senkung der Steuersätze (Unternehmensteuerreform- und Steuersenkungsgesetz – URefSenkG) vom 10.01.2000, auch wenn er keinen Eingang ins Gesetz gefunden hat. Eine Einbettung des Sondervermögens in das Körperschaftsteuersystem bei den Kapitalanlagegesellschaften führt zu den beschriebenen Problemen und schadet damit dem Finanzstandort Deutschland.

1390 Vgl. BFH vom 04.03.1980 BStBl. II 1980, 453 (455); BFH vom 07.04.1992 BStBl. II 1992, 786 (786ff.); BFH vom 11.10.2000 BStBl. II 2001, 22 (23); BFH vom 27.03.2001 BFH/ NV 2001, 1539 (1541).

4. Die Besteuerung der Investmentgesellschaften erfolgt nach den ertragsteuerrechtlichen Vorschriften für Kapitalgesellschaften. Betriebseinnahmen der Gesellschaften sind vom Sondervermögen zu trennen und unabhängig davon steuerrechtlich zu beurteilen.

5. Eingehende Ertragsströme auf Seiten der Investmentgesellschaften werden nicht der Gesellschaft, sondern zur Verwirklichung des Transparenzprinzips den jeweiligen Investmentanlegern zugerechnet.

6. Die Kapitalertragsteuer wird bei Entstehung am Ursprung eines steuerpflichtigen Tatbestandes erhoben und ist als Quellensteuer keine besondere Steuerart, sondern lediglich eine besondere Erhebungsform der Einkommensteuer. Dementsprechend stellt sie eine Vorauszahlung dar und wird auf die Einkommensteuer gem. § 36 Abs. 2 Nr. 2 EStG angerechnet. Auch die Kapitalertragsteuer ist im Rahmen der Investmentbesteuerung vom Transparenzgedanken getragen. Der Investmentanleger soll durch ihre Erhebung nicht schlechter gestellt werden als der Direktanleger.

7. Seit In-Kraft-Treten des Gesetzes zur Umsetzung der Protokollerklärung der Bundesregierung zur Vermittlungsempfehlung zum „Steuervergünstigungsabbaugesetz vom 22.12.2003 (Korb II)“ umfasst die Steuerfreistellung nach § 8b Abs. 1 KStG nur noch 95% der Dividenden, da nach § 8b Abs. 5 KStG 5% als nichtabziehbare Betriebsausgaben gelten. Durch diese Vorschrift werden jedoch lediglich „Dividendeneinkünfte“ erfasst, so dass die Einschränkungen der Anwendbarkeit der Privilegierungen in § 2 Abs. 2 InvStG zugunsten dieser „Dividendeneinkünfte“ ausgenommen sind. Im Ergebnis wird durch diese komplizierte Gesetzestechnik auf Ausschüttungen seit dem In-Kraft-Treten des StSenkG vom 23.10.2000 folgendes sichergestellt: Nach der Normenkette der § 2 Abs. 2 InvStG i.V.m § 43 Abs. 1 Nr. 1, § 20 Abs. 1 Nr. 1, § 3 Nr. 40 EStG (§ 8b KStG) sind das Halbeinkünfteverfahren[1391] und die Steuerprivilegierung nur anzuwenden, soweit Ausschüttungen oder Thesaurierungen „Dividendeneinkünfte“ enthalten. Diese Vorgehensweise entspricht der Besteuerung des Direktanlegers und damit dem Transparenzprinzip.

1391 Durch das Unternehmenssteuerreformgesetz hat der Gesetzgeber § 3 Nr. 40 EStG im betrieblichen Bereich insoweit abgeändert, als das ab dem Veranlagungszeitraum 2009 nicht mehr 50% der Einnahmen, sondern nur noch 40% steuerfrei sind. Das Halbeinkünfteverfahren wurde demnach zu einem so genannten Teileinkünfteverfahren fortentwickelt. Für Einnahmen aus Investmentanteilen, die im Privatvermögen gehalten werden ist das Halbeinkünfteverfahren nach der Unternehmensteuerreform 2008 sogar gänzlich nicht mehr anzuwenden. Vgl. hierzu oben Kapitel 2, A, III, 4, b, (2).

8. Ein Vortrag des Fonds von laufenden Erträgen eines Geschäftsjahres auf das nächste Geschäftsjahr ist steuerrechtlich unbeachtlich.

a. Bei Ausschüttungen vorgetragener Erträge müssen diese im neuen Geschäftsjahr nicht erneut versteuert werden, da sie bereits im alten Geschäftsjahr gem. § 2 Abs. 1 Satz 2 InvStG als zugeflossen galten und dort als thesaurierte Erträge der Besteuerung unterlagen. Eine erneute Steuerpflicht tritt nicht ein, da keine Doppelbesteuerung zu Lasten des Fonds erfolgen soll.

b. Das Gleiche gilt für Vorträge aus Rumpfgeschäftsjahren. Vorträge sind dort nicht im Rahmen einer Ausschüttung zu versteuern, wenn sie bereits als thesaurierte Einnahmen erfasst wurden.

c. Allerdings erfolgt für Spitzenbeträge, die als kaufmännisch gerundete Bruchteilsbeträge eines Cents im Rahmen der Ausschüttung oder Zurechnung einen Ergebnisvortrag für das nächste Geschäftsjahr darstellen, eine andere Beurteilung. Im Laufe eines Geschäftsjahres entstandene Spitzenbeträge sind immer erst im darauf folgenden Jahr zu versteuern, da diese Bruchteile in laufenden Jahren weder thesaurierten noch ausgeschütteten Erträgen zugerechnet werden können. Ein Zufluss der Bruchteilsbeträge kann daher beim Anleger für das Jahr der Entstehung dieser besonderen Bruchteilserträge nicht hergestellt werden.

9. Ertragsausgleichsbeträge entstehen durch die Bemühung, allen am Fonds beteiligten Investmentanlegern bei Ausschüttungen und Thesaurierungen einen identischen Betrag, unabhängig vom Zeitpunkt des Erwerbs der Anteile, zukommen zu lassen.

a. Dazu wird der im Ausgabepreis der Anteilsscheine enthaltene Ertragsausgleichsbetrag auf ein spezielles Ertragsausgleichskonto oder auf ein separates Erträgniskonto verbucht, die die Neu-Anteilscheininhaber durch die Ausschüttung zurückerhalten. Für die hinzugekommenen Investmentanleger handelt es sich allerdings um zuvor eingezahlte Fondssubstanz, die steuerrechtlich so behandelt wird wie die ursprünglichen Erträge, so dass hinsichtlich dieser Einlagen eine Mehrfachbelastung besteht.

b. Durch die i.S. des § 9 InvStG angeordnete Steuerbarkeit von Ausgleichsbeträgen und somit der Fondssubstanz liegt für neu hinzutretende Anteilscheininhaber eine Verletzung des Leistungsfähigkeitsprinzips vor, da die Ertragsausgleichsbeträge keine Wertgewinne des Investmentfonds darstellen, über die der Anteilscheininhaber verfügen kann. Es müssen nie erzielte Gewinne versteuert werden, wodurch unter Verstoß gegen das Leistungsfähigkeitsprinzips eine nicht am disponiblen Einkommen orientierte Besteuerung erfolgt, da eine objektive

Bereicherung und Vermögensmehrung des Anlegers nicht durch die Ertragsausgleichsbeträge gegeben ist.

c. In der unterschiedlichen Besteuerung der Neu- und Alt-Anleger ist hingegen aber keine Verletzung des Gleichheitsgebots aus Art. 3 Abs. 1 GG zu sehen, da ein rechtfertigender Grund in dem Bemühen einer gleichen Besteuerung aller Investmentanleger gegeben ist.

10. Die Vorschrift des § 2 Abs. 1 InvStG umfasst die Besteuerung thesaurierter Erträge sowohl im Privat- als auch im Betriebsvermögen. Dies ist das Ergebnis des Transparenzprinzips, da ebenso ein betrieblicher wie privater Direktanleger ohne Zwischenschaltung eines Investmentfonds ihm zugeflossene Erträge zu versteuern hat.

11. Durch § 3 InvStG wurde im Rahmen des Investmentmodernisierungsgesetzes eine Vorschrift geschaffen, die Regelungen zur Ermittlung von Fondserträgen sowie Verweisungen ins allgemeine Ertragsteuerrecht enthält. Nach § 3 Abs. 1 InvStG werden die Fondserträge durch eine Einnahmen-Überschussrechnung i.S. des § 2 Abs. 2 Nr. 2 EStG ermittelt, wonach Einkünfte der Überschuss der Einnahmen über die Werbungskosten sind. Dies entspricht weitgehend dem Transparenzprinzip, da auch ein Direktanleger nach dieser Vorschrift seinen Gewinn zu ermitteln hat.

12. Der § 3 Abs. 3 InvStG enthält detaillierte Regelungen hinsichtlich der Abzugsfähigkeit der nicht in unmittelbarem wirtschaftlichen Zusammenhang mit den Einnahmen stehenden Werbungskosten (Allgemeinkosten).

a. Der Werbungskostenabzug für das Investmentvermögen i.S. des § 3 Abs. 3 Satz 2 InvStG ist durch eine dreistufige Regelung ausgestaltet.

b. Durch die pauschal nicht abzugsfähigen Werbungskosten i.S. des § 3 Abs. 3 Satz 2 Nr. 2 InvStG (zweite Stufe) ist eine Verschlechterung der Position der Anteilscheininhaber eingetreten. Diese ergibt sich für die Investmentsparer sowohl daraus, dass in der bisherigen Rechtslage im Kapitalanlagegesellschaftsgesetz eine pauschale Nichtabzugsfähigkeit von bestimmten Werbungskosten nicht vorgesehen war, als auch aus der Tatsache, dass es bei der Direktanlage Beschränkungen hinsichtlich des Werbungskostenabzugs nur für ganz oder teilweise steuerfreie Einnahmen gibt. Jedoch wird dadurch weder das Leistungsfähigkeitsprinzip noch das objektive Nettoprinzip verletzt.

c. Die Regelung des Werbungskostenabzugs gem. § 3 Abs. 3 Satz 2 Nr. 3 InvStG (dritte Stufe), die gem. § 18 Abs. 2 InvStG erstmals auf das Geschäftsjahr des Investmentvermögens anzuwenden ist, das nach dem 31.12.2004 folgt, stellt durch die Streichung der Abzugsbeschränkung eine dem Transparenzprinzip entsprechende Gleichstellung des Fondsanlegers mit dem Direktanleger her. Mit dieser Neu-Regelung hat der Gesetzgeber sowohl die Werbungskostenregelung des Investmentsteuergesetzes verbessert, als auch die Asymmetrie des Halbeinkünfteverfahrens durch Beseitigung der Unterschiede auf Fonds- und Anlegerebene, jeweils bei Anteilscheininhabern, die natürliche Personen sind, geklärt. Keine Verbesserung ist indes bei Investmentanlegern, die juristische Personen sind, im Vergleich zum Direktanleger eingetreten.

13. Nach § 3 Abs. 4 InvStG sind negative Erträge des Investmentvermögens bis zur Höhe der positiven Erträge gleicher Art mit diesen zu verrechnen. Für den Fall, dass negative Erträge auf diese Weise nicht ausgeglichen werden konnten, sind sie ins folgende Geschäftsjahr vorzutragen. Danach ist eine Verrechnung zwischen negativen und positiven Erträgen nur zwischen gleichen Ertragsarten des Investmentvermögens möglich. Verluste des Sondervermögens werden nicht an die Anteilscheininhaber „ausgeschüttet“, so dass diese die negativen Erträge nicht selbst nutzen können. Dies ergibt eine Besonderheit in Publikumsfonds mit fluktuierenden Investmentanlegern. Auf Grund des Vortrags werden die positiven Erträge des neuen Geschäftsjahres mit den vorgetragenen Verlusten des alten Jahrs saldiert, so dass sich die Steuerlast mindert. Die neu hinzutretenden Investmentanleger erhalten damit den Vorteil eines vor ihrem Anteilsscheinerwerb liegenden geminderten Ertrages zur Berechnung der Bemessungsgrundlage, obwohl diese die Verluste wirtschaftlich nicht zu tragen hatten. Dies stellt aber sowohl eine Verletzung des Transparenzprinzips als auch des Leistungsfähigkeitsprinzips dar.

14. Die mit dem Investmentmodernisierungsgesetz zunächst abgeschaffte Zwischengewinnbesteuerung ist durch das Richtlinien-Umsetzungsgesetz (EURLUmsG) vom 09.12.2004 wieder eingeführt worden und ist in § 1 Abs. 4 InvStG n.F. geregelt. Diese Regelung entspricht inhaltlich den Vorschriften, die zuvor in KAGG und AuslInvmG galten.

15. Durch die im Investmentmodernisierungsgesetz angestrebte grundsätzliche Gleichbehandlung in- und ausländischen Investmentvermögens entfällt für ausländische Fonds die Unterscheidung zwischen „weißen“, „grauen“ oder „schwarzen“ Investmentfonds.

a. Die Besteuerung der Erträge eines Investmentvermögens richtet sich beim Anleger sowohl für inländische als auch für ausländische Fonds einzig danach, ob und in welchem Umfang die Gesellschaften die Vorgaben zu den Besteuerungsgrundlagen gem. § 5 InvStG erfüllen und die ermittelten Werte bekannt machen. Je nach dem Grad der Erfüllung der Pflichten durch die Investmentgesellschaften erzielen die Anteilscheininhaber Einkünfte aus transparenten Fonds, die der Regelbesteuerung entsprechen, aus semi-transparenten Fonds oder aber aus strafbesteuerten intransparenten Fonds. Die Regelbesteuerung ist nur für transparente Fonds nach dem Investmentsteuergesetz vorgesehen.

b. Investmentfonds, die den steuerrechtlichen Nachweis- oder Veröffentlichungspflichten über dem in § 5 Abs. 1 Satz 1 Nr. 1 lit. c und f InvStG genannten Umfang hinaus nicht entsprechen, unterliegen beim Anleger einer Pauschalbesteuerung nach § 6 InvStG. Dabei handelt es sich um eine Strafbesteuerung, da nicht nur die Privilegierungen wie bei semi-transparenten Fonds wegfallen, sondern der Anleger darüber hinaus neben der Ausschüttung zusätzlich 70% des Kursanstiegs seines Investmentanteils im Kalenderjahr zu versteuern hat. Es müssen jedoch immer mindestens 6% des am Kalenderjahresende festgesetzten Rücknahmepreises versteuert werden, wenn die Besteuerung von 70% aus dem Kursanstieg diesen Wert nicht erreicht.

16. Es gilt der materielle Investmentbegriff nach dem Investmentmodernisierungsgesetz trotz anders gerichteter Überlegungen vorerst für ausländische Anlagen weiter. Die Schaffung eines formellen Investmentbegriffs wird von der Einführung einer umfassenden Wertpapierveräußerungsgewinnbesteuerung abhängig gemacht.

17. Investmentanteile werden zum Betriebsvermögen des jeweils Steuerpflichtigen gerechnet, wenn es sich bei den Erträgen aus dem Sondervermögen um Betriebseinnahmen handelt.

a. Die Anteile sind daher regelmäßig in der Handelsbilanz zu erfassen, da sie für Zwecke der Rechnungslegung als Wertpapiere anzusehen sind. Aus gleichem Grund sind Investmentanteile grundsätzlich über das Maßgeblichkeitsprinzip des § 5 Abs. 1 EStG ebenso in der Steuerbilanz anzusetzen, in der diese jedoch nach der Vorschrift des § 6 EStG bewertet werden. Investmentsteuerrechtliche Vorschriften gelten gegenüber allgemeinen ertragsteuerrechtlichen Vorschriften als leges speciales, sofern diese mit den Regeln des Investmentsteuerrechts kollidieren.

b. Ausschüttungen und Thesaurierungen sind in einer Bilanz als Betriebseinnahme zu erfassen.

c. Unselbstständige Teile des Ausgabepreises, wie z.B. der Ausgabeaufschlag, werden nicht getrennt als Anschaffungsnebenkosten, sondern sogleich als Anschaffungskosten bewertet. Daneben sollen typische Anschaffungsnebenkosten aus Gründen der Wirtschaftlichkeit gleich aufwandswirksam verbucht werden, wenn sie im Verhältnis zum Anschaffungspreis unbedeutend sind. Tatsächliche und wirtschaftliche Unterschiede zwischen unselbstständigen Teilen des Ausgabepreises und typische Anschaffungskosten für Wertpapiere sind kaum erkennbar.

d. Wenn Investmentanteilsscheine für den Betrieb eines Unternehmens entbehrlich und somit überflüssig sind, kann der Rücknahmepreis im Gegensatz zum Ausgabepreis der Anteile in der Bilanz angesetzt und somit eine Teilwertabschreibung vorgenommen werden. Sind die Anteile unentbehrlich für den Betrieb ist eine Teilwertabschreibung hingegen ausgeschlossen. Die Einführung einer zeitlichen Komponente durch den BFH, durch die die Anteile im Falle der Anschaffung zeitlich nahe dem Bewertungsstichtag (noch) unentbehrlich sein sollen, schafft Rechtsunsicherheit, da die zeitliche Komponente nicht näher bestimmt wird und lediglich eine Vermutung darstellt, die den Anteilsscheinen eine Funktion für den Betrieb in einem gewissen zeitlichen Rahmen zuerkennt.

e. Sofern Ertragsausgleichsbeträge in Ausschüttungen enthalten sind, handelt es sich um eingezahlte Fondssubstanz, die steuerfrei sein müsste. Gleichwohl werden diese Beträge steuerrechtlich so behandelt wie die ursprünglichen Erträge, auf Grund derer eine Ausschüttung erfolgt. Um nun aber eine Mehrfachbelastung und Doppelbesteuerung des gleichen wirtschaftlichen Substrats und Verletzung des Leistungsfähigkeitsprinzips zu vermeiden, muss Neuanlegern die Möglichkeit einer „ausschüttungsbedingten Teilwertabschreibung“ zum Zeitpunkt der Ausschüttung gegeben werden, womit eine periodengerechte Versteuerung des Ertrags zu erreichen wäre. Allerdings führt dies wegen § 8 Abs. 2 InvStG nur dann zum vollständigen Erfolg, sofern keine Ausschüttung mit „Dividendenanteilen“ gegeben ist, da ansonsten § 3c Abs. 2 EStG und § 8b KStG zu berücksichtigen sind, die mögliche Vorteile von Vermögensminderungen einschränken. Aus § 3c Abs. 2 EStG folgt zugleich aber, dass eine ausschüttungsbedingte Teilwertabschreibung für den bilanzierende Einzelunternehmer oder die Personengesellschaft auch bei Ausschüttungen mit einem Dividendenanteil zumindest in hälftiger Höhe möglich bleibt, da auch nur der hälftig gezahlte Ertragsausgleich wegen des Halbeinkünfteverfahrens mit den ausgeschütteten Dividenden i.S. des § 3 Nr. 40 EStG privilegiert ist.

f. Bei Veräußerungen bzw. Rückgaben von Investmentanteilen muss beachtet werden, dass thesaurierte Erträge auf Grund der Zuflussfiktion den Anteilsinhabern zugerechnet worden sein können und dementsprechend bereits versteuert wären. Um eine Doppelbesteuerung auch in diesem Fall zu vermeiden und den Gewinn um die thesaurierten Erträge zu mindern, können aktive Ausgleichsposten gebildet werden, die bei Rückgabe bzw. Veräußerung ertragswirksam auszubuchen sind.

18. Eine Besteuerung von Erträgen aus der Rückgabe bzw. Veräußerung von Investmentanteilen wird durch § 8 InvStG bestimmt. Für Einnahmen aus der Rückgabe oder Veräußerung von Anteilen im Betriebsvermögen gilt danach das Halbeinkünfteverfahren oder das Schachtelprivileg.

a. Privatanleger sind entgegen der ursprünglichen Absicht nicht in die gesetzliche Regelung des § 8 Abs. 1 InvStG aufgenommen worden.

b. In- und ausländische Investmentfonds werden bei der Rückgabe oder Veräußerung bezüglich der steuerrechtlichen Behandlung des „Aktiengewinns" durch das Investmentmodernisierungsgesetz gleichgestellt.

c. Unter den Begriff des „Aktiengewinns" fallen realisierte Kursgewinne in- und ausländischer Aktien sowie die von Genussscheinen, die an den Investmentanleger bisher nicht ausgeschüttet oder diesem auf Grund der Zuflussfiktion noch nicht zugerechnet wurden. Zudem fallen ebenso nicht realisierte Kursgewinne unter die Veräußerungs- und Rückgabegewinne im Sinne des Investmentsteuergesetzes.

d. Zur Besteuerung von „Aktiengewinnen", die an der Leistungsfähigkeit des Steuerpflichtigen orientiert ist, bedarf es der Bestimmung der Höhe der steuerrechtlich relevanten Einnahmen. Diese ermittelt sich nach der Netto-Methode, bei der sich der steuerrechtlich relevante Anteil (netto) unter Abzug aller anteiligen Kosten bestimmt. Dieses Verfahren ist durch das Investmentsteuergesetz in § 8 Abs. 3 InvStG aufgenommen worden. Danach muss der besitzzeitanteilige Aktiengewinn als Differenz zwischen dem Aktiengewinn zum Zeitpunkt der Veräußerung und dem Aktiengewinn zum Zeitpunkt der Anschaffung gebildet werden. Damit der steuerpflichtige Teil der Einnahmen aus den Veräußerungs- bzw. Rückgabegewinnen zu bestimmen ist, müssen die erzielten Einnahmen dann um den besitzzeitanteiligen Aktiengewinn gekürzt werden.

e. Durch § 8 Abs. 2 InvStG ist der negative Aktiengewinn eingeführt worden. In diesem Zusammenhang sind bei Vermögensminderungen, die sich auf den Verkauf oder die Rückgabe von Investmentanteilen zurückführen lassen, Abzugsbeschränkungen i.S. des § 3c Abs. 2 EStG bzw. § 8b KStG zu beachten. Die im gleichen Zuge vorgenommene rückwirkende Änderung des § 40a Abs. 1 KAGG a.F. durch das Gesetz zur Umsetzung der Protokollerklärung der Bundesregierung zur Vermittlungsempfehlung zum Steuervergünstigungsabbaugesetz vom 22.12.2003 (Korb II) erklärte ausdrücklich die Anwendbarkeit des § 8b

Abs. 3 KStG in § 40a KAGG a.F.. Dies ist jedoch nach dem Grundsatz des Verbots echter Rückwirkungen verfassungswidrig.

f. Verluste von Alt-Aktiengewinne sind nach der derzeitigen Gesetzeslage für den Steuerpflichtigen unbeachtlich. Der Investmentanleger wird zum 01.01.2002 mit dem In-Kraft-Treten der Aktiengewinnvorschriften für inländische Investmentfonds so gestellt, als wenn er diese Verluste nicht gehabt hätte. Es kommt zu einer nachträglichen Versteuerung dieser Alt-Aktiengewinne des Fonds, die dem Anleger niemals zur Verfügung gestanden haben. Dies lässt sich darauf zurückführen, dass die Alt-Aktiengewinne nie ausgeschüttet wurden, obwohl dies vor In-Kraft-Treten der Aktiengewinnregelung Voraussetzung für die Besteuerung war.

g. Da Privatanleger entgegen der ursprünglichen Absicht nicht mit in die Aktiengewinnregelung aufgenommen worden sind, müssen die Vorschriften des allgemeinen Ertragsteuerrechts für deren Besteuerung herangezogen werden. Hiernach ist für private Direktanleger die Veräußerung von Wertpapieren gem. § 23 Abs. 1 Satz 1 Nr. 2 EStG steuerpflichtig, wenn die Veräußerung innerhalb eines Jahres nach Anschaffung erfolgt.[1392]

h. Während für den betrieblichen Anleger das Halbeinkünfteverfahren[1393] bzw. das Schachtelprivileg anzuwenden ist, wurde für private Anleger das Halbeinkünfteverfahren[1394] ausdrücklich durch das Richtlinien-Umsetzungsgesetz (EURLUmsG) vom 09.12.2004 durch die Schaffung des § 8 Abs. 5 InvStG ausgeschlossen. Der Gesetzgeber hat in den Anwendungsvorschriften diese Anwendbarkeit wegen seiner klarstellenden Funktion mit dem In-Kraft-Treten des Investmentsteuergesetzes zusammengelegt. Dieses ist verfassungsrechtlich nicht haltbar. § 8 Abs. 5 InvStG kann nur soweit gelten, als das Halbeinkünfteverfahren lediglich für die Zukunft ausgeschlossen wird.

1392 Durch die Unternehmensteuerreform 2008 werden ab dem 01.01.2009 nahezu alle Wertzuwächse unabhängig von etwaigen Haltefristen für Privatanleger (§ 23 EStG a.F.) mit der Folge erfasst, dass es keine so genannten Spekulationsfristen mehr gibt und bei Privatanlegern grundsätzlich der Abgeltungssteuer mit einem Steuersatz von 25% unterfallen. Vgl. hierzu auch oben Kapitel 2, A, III, 4, b, (4), (a).

1393 Durch das Unternehmenssteuerreformgesetz hat der Gesetzgeber § 3 Nr. 40 EStG im betrieblichen Bereich insoweit abgeändert, als das ab dem Veranlagungszeitraum 2009 nicht mehr 50% der Einnahmen, sondern nur noch 40% steuerfrei sind. Das Halbeinkünfteverfahren wurde demnach zu einem so genannten Teileinkünfteverfahren fortentwickelt. Vgl. hierzu auch Kapitel 2, A, III, 4, b, (2).

1394 Für Einnahmen aus Investmentanteilen, die im Privatvermögen gehalten werden ist das Halbeinkünfteverfahren nach der Unternehmensteuerreform 2008 nicht mehr anzuwenden. Vgl. auch oben Kapitel 2, A, III, 4, b, (2).

19. Die steuerrechtliche Behandlung von Dach-Sondervermögen richtet sich nach dem Transparenzprinzip. Ohne Berücksichtigung der Anzahl der beteiligten Fondskonstruktionen an einer Anlage soll der Investmentfondsanleger so behandelt werden, als wenn er die erforderlichen Geschäfte selbst vorgenommen hätte. Dementsprechend wird auch bei mehreren Fondskonstruktionen durch diese hindurchgeschaut (doppeltes oder mehrfaches Transparenzprinzip).

20. Nach dem Wortlaut des § 8 Nr. 5 Satz 1 Halbsatz 1 GewStG werden Ausschüttungen und Thesaurierungen erfasst und sind dementsprechend gewerbesteuerrechtlich als „Dividenden“ voll hinzuzurechnen. Eine Kürzung dieser Zurechnung über § 9 Nr. 2a, 7 GewStG kommt nicht in Betracht.

21. Die Neuerungen und angebotenen Lösungen, die durch das Investmentmodernisierungsgesetz vorgenommen wurden, sind positiv zu bewerten. Die Umsetzung hatte an einigen Stellen zur Folge, dass neue Probleme hinzugekommen sind. Daneben bestehen bereits existierende Probleme fort. Für eine Ausbesserung dieser problematischen Punkte hat der Gesetzgeber zu sorgen. Es muss ein widerspruchsfreies und praxisgerechtes Investmentsteuerrecht geschaffen werden, um gerade dadurch das Vertrauen der Anleger zu stärken und den Finanzstandort Deutschland zu fördern.

22. Die rechtlichen Rahmenbedingungen für Hedgefonds haben sich seit dem In-Kraft-Treten des Investmentmodernisierungsgesetz erheblich verbessert.

23. Erstmals in der Geschichte der Investmentfonds sind in Deutschland Hedgefonds unter bestimmten Bedingungen zu einem öffentlichen Vertrieb zugelassen.

24. Für Anleger ist es daher möglich, nunmehr bestimmte Anlagestrategien über die Hedgefonds zu verfolgen, die zuvor durch den Gesetzgeber ausgeschlossen waren und das eigentliche Hedgefondsgeschäft blockierten.

25. Die Öffnung des Hedgefondsmarkts bedeutet für die inländische Investmentbranche, dass dadurch Wettbewerbsnachteile gegenüber ausländischen Hedgefonds eingeebnet werden.

26. Auf Grund der Vielzahl unterschiedlicher Anlageformen und Strategien existiert kein allgemeingültiger Begriff der Hedgefonds oder aber eine umfassende Definition dieses Begriffs. Vielmehr ist der Begriff „Hedgefonds“ als Sammelbegriff der unterschiedlichsten Anlagestrategien zu verstehen, die zumeist in einem großen Umfang auf Termin-, Risiko- oder Fehlbewertungsgeschäfte setzen.

27. Aufsichtsrechtlich sind Hedgefonds i.S. des § 114 InvG nach den allgemeinen Regeln genauso zu beurteilen wie andere Investmentfonds. Danach können Hedgefonds sowohl als Sondervermögen einer Kapitalanlagegesellschaft als auch als Investmentaktiengesellschaft errichtet werden.

28. Bei der Beurteilung aufsichtsrechtlicher Fragestellungen ist zwischen Single-Hedgefonds gem. § 112 InvG und Dach-Hedgefonds gem. § 113 InvG zu unterscheiden.

a. Single-Hedgefonds dürfen im Gegensatz zu Dach-Hedgefonds in Deutschland (§ 112 Abs. 2 InvG) nicht öffentlich vertrieben werden. Dieses liegt v.a. an den meist unbeschränkten Anlagemöglichkeiten eines Single-Hedgefonds.

b. Dach-Hedgefonds können gegenüber Single-Hedgefonds in Deutschland öffentlich an Privatanleger vertrieben werden, da auf Grund der für sie geltenden Anlagerestriktionen der Anlegerschutz umfassender ist. Die vorgegebenen Restriktionen entsprechen jedoch nicht den Anforderungen der Praxis, weshalb es diesbezüglich weiterer Verbesserungen durch den Gesetzgeber bedarf.

29. Für die Besteuerung von Hedgefondserträgen gelten die allgemeinen Besteuerungsregeln. Wie bei der Besteuerung anderer Investmentfonds steht auch im Rahmen der Besteuerung von Hedgefonds das Transparenzprinzip im Vordergrund. Der Anleger in Hedgefonds wird demgemäß so behandelt, als ob er die entsprechenden Geschäfte selbst getätigt hätte. Die Besteuerung folgt den für das jeweilige Geschäft geltenden Regelungen.

a. Die Besteuerung der Hedgefondsanleger ist davon abhängig, inwieweit der Fonds seinen Bekanntmachungs- und Veröffentlichungspflichten nachkommt.

b. Bei Single-Hedgefonds sind für die Beurteilung der Besteuerung die einzelnen Anlagestrategien zu untersuchen und ertragsteuerrechtlich einzuordnen. Hierbei bedarf es regelmäßig einer Differenzierung zwischen den unterschiedlichen Anlegergruppen.

(1) Für die Privatanleger sind die entstandenen und ausgeschütteten Gewinne aus Leerverkäufen gem. § 2 Abs. 3 Nr. 1 InvStG steuerfrei.[1395] Dabei reicht nach

1395 Nach dem Unternehmensteuerreformgesetz 2008 sind durch § 2 Abs. 3 InvStG n.F. nur noch ausgeschüttete Erträge auf Investmentanteile steuerfrei, soweit sie Gewinne aus der Veräußerung von Grundstücken und grundstücksgleichen Rechten enthalten, es sei denn, dass es sich um Gewinne aus privaten Veräußerungsgeschäften im Sinne des § 23 Abs. 1 Satz 1 Nr. 1, Abs. 2 und 3 EStG handelt, oder dass die Ausschüttungen Betriebseinnahmen des Steuerpflichtigen sind. Dies bedeutet, dass die Steuerfrei-

dem Wortlaut der Vorschrift das Vorliegen von Termingeschäften aus, ohne das ein Differenzausgleichsgeschäft nach § 23 Abs. 1 Satz 1 Nr. 4 EStG gegeben sein muss.

(2) Thesaurierte Gewinne aus Leerverkäufen sind nur dann nicht steuerbar, wenn sie aus Wertpapierveräußerungsgeschäften stammen. Dabei sollte der Begriff „sonstige Erträge" im Rahmen des § 1 Abs. 3 Satz 3 InvStG eng ausgelegt werden, damit zumindest Termingeschäftsgewinne nicht unter diesen Begriff subsumiert werden können.

(3) Nach § 2 Abs. 3 Nr. 1 Satz 1 InvStG a.F. sind bei der Besteuerung von Gewinnen aus Leerverkäufen für den betrieblichen Anleger im Vergleich zum Privatanleger andere Vorgaben zu beachten. Gewinne aus Ausschüttungen von Leerverkäufen sind beim betrieblichen Anleger nicht steuerbefreit. Allerdings ist das Halbeinkünfteverfahren[1396] anzuwenden. Ferner besteht für betriebliche Anleger bei thesaurierten Erträgen nach § 1 Abs. 3 Satz 3 InvStG aus Wertpapierveräußerungsgeschäften, die Gewinne aus Termingeschäften i.S. des § 23 Abs. 1 Satz 1 Nr. 4 EStG und Leerverkäufe nach § 23 Abs. 1 Satz 1 Nr. 3 EStG darstellen, ein Steuerstundungseffekt bis zum Jahresende.

(4) Nach § 23 Abs. 1 Satz 1 Nr. 4 EStG sind Stillhalterprämien (Optionsprämien) steuerrechtlich unter den steuerbaren Tatbestand der Termingeschäfte zu fassen.[1397] Die Möglichkeit, Optionsgeschäfte und Stillhalterprämien unter den Begriff der sonstigen Leistung i.S. des § 22 Nr. 3 EStG zu ordnen, ist neben dem Tatbestand des Termingeschäfts gem. § 22 Nr. 2 i.V.m. § 23 Abs. 1 Satz 1 Nr. 4 EStG subsidiär. Ebenso sind Glattstellungsgeschäfte einer Option unter den Tatbestand des § 23 Abs. 1 Nr. 4 EStG zu subsumieren, da diese Termingeschäfte abschließen und beenden. Der § 23 Abs. 1 Satz 1 Nr. 3 EStG ist daneben nicht anzuwenden.

30. Nach § 10 Satz 1 InvStG werden die Erträge eines Dach-(Hedge-)Fonds von der pauschalen Strafbesteuerung i.S. des § 6 InvStG erfasst, wenn die Besteue-

---

heit für in den ausgeschütteten Investmenterträgen enthaltene Gewinne aus Wertpapierveräußerungsgeschäften und Termingeschäften entfallen ist.

1396 Durch das Unternehmenssteuerreformgesetz hat der Gesetzgeber § 3 Nr. 40 EStG im betrieblichen Bereich insoweit abgeändert, als das ab dem Veranlagungszeitraum 2009 nicht mehr 50% der Einnahmen, sondern nur noch 40% steuerfrei sind. Das Halbeinkünfteverfahren wurde demnach zu einem so genannten Teileinkünfteverfahren fortentwickelt. Vgl. hierzu auch Kapitel 2, A, III, 4, b, (2).

1397 Nach dem Unternehmensteuerreformgesetz 2008 sind Stillhalterprämien ab dem Veranlagungszeitraum 2009 in § 20 Abs. 1 Nr. 11 EStG aufgenommen.

rungsgrundlagen des Dach-Sondervermögens i.S. des § 5 Abs. 1 nicht nachgewiesen werden können.

a. Dach-Hedgefonds müssen ihre Bekanntmachungs- und Veröffentlichungspflichten ebenso in Bezug auf die Ziel-Fonds erfüllen. Dazu sind sie auf deren rechtzeitige und vollständige Informationen angewiesen. Kommt der Dach-Hedgefonds oder aber der Ziel-Hedgefonds diesen Verpflichtungen nicht nach, kommt es zur pauschalen Strafbesteuerung.

b. Sofern ein Ziel-Hedgefonds dem Dach-Hedgefonds nicht die notwendigen Informationen zur Verfügung stellt, damit dieser seinen Bekanntmachungs- und Veröffentlichungspflichten nachkommen kann, kommt es nicht zu einer Infektion sämtlicher Erträge des Dachfonds. Dies bedeutet, dass nicht alle Erträge der Strafbesteuerung unterliegen, die der Dach-Hedgefonds vereinnahmt. Vielmehr stellt § 10 Abs. 2 InvStG klar, dass sich diese Folge nur auf Erträge aus dem Zielfonds erstreckt, der die notwendigen Angaben nicht beigebracht hat.

b. Die pauschale Strafbesteuerung setzt nach dem Gesetzeswortlaut des § 10 Satz 2 InvStG auf der Ebene des Dachfonds dann ein, wenn der Zielfonds die Voraussetzungen der Ermittlung und Veröffentlichung i.S. des § 5 Abs. 1 InvStG nicht erfüllt. Diese umfassende Feststellung ist jedoch nicht in allen Fällen gerechtfertigt. An den entscheidenden Stellen sollte der Gesetzgeber nachbessern und eine Klarstellung einfügen.

31. Das Außensteuergesetz ist auch dann nicht anzuwenden, wenn sich ein Dach-Hedgefonds an ausländischen Ziel-Hedgefonds in Form von Kapitalgesellschaften beteiligt.

32. Das Investmentsteuergesetz wird als lex specialis angesehen, selbst wenn Erträge nach dem Investmentsteuergesetz von der Steuerpflicht frei gestellt sind.

33. Der unterjährige Erwerb eines thesaurierenden Ziel-Hedgefonds durch einen Dach-Hedgefonds ist auf der einen Seite auf Grund der geltenden Rechtslage nachteilig. Auf der anderen Seite ist es für den Fonds von Vorteil, wenn der Zielfonds noch im laufenden Geschäftsjahr veräußert wird.

34. Die Besteuerung von Hedgefonds-Zertifikaten im Privatvermögen erfolgt nach § 23 Abs. 1 Satz 1 Nr. 2 EStG,[1398] wenn deren Veräußerung innerhalb der

---

1398 Nach der Unternehmensteuerreform 2008 sind Zertifikate unter die Wertzuwachsbesteuerung des § 20 EStG zu subsumieren. In diesem Zusammenhang ist die Steuerfreiheit des § 2 Abs. 3 Nr. 1 InvStG a.F. für in den ausgeschütteten Investmenterträgen

Jahresfrist dieser Vorschrift erfolgt.[1399] Durch die im Investmentsteuergesetz geregelte Ausnahme der Besteuerung von Termingeschäfte werden Hedgefonds gegenüber Hedgefondszertifikaten in der Besteuerungsfolge gleichgestellt.

---

enthaltene Gewinne aus Wertpapierveräußerungsgeschäften und Termingeschäften entfallen.

1399 Durch die Unternehmensteuerreform 2008 werden ab dem 01.01.2009 nahezu alle Wertzuwächse unabhängig von etwaigen Haltefristen für Privatanleger (§ 23 EStG a.F.) mit der Folge erfasst, dass es keine so genannten Spekulationsfristen mehr gibt und bei Privatanlegern grundsätzlich der Abgeltungssteuer mit einem Steuersatz von 25% unterfallen. Vgl. hierzu auch oben Kapitel 2, A, III, 4, b, (4), (a).

Literaturverzeichnis

Abdala, Martin Eugenio: Das Recht der Investmentfonds. Ein Vergleich der Deutschen Investmentgeschäfte und der amerikanischen Mutual Funds. Dissertation 2000, Frankfurt am Main 2001.
(zitiert: *Abdala*, Investmentfonds, 2001, Seite)

Albrod, Peter/ Friele, Klaus: Der Teilwert von Investmentanteilen. Kritische Anmerkungen zur Rechtsprechung des Bundesfinanzhofs. FR 1975, Seiten 235 – 238.
(zitiert: *Albrod/Friele,* FR 1975, Seite)

Altfelder, Stefan: Investmentfonds – endlich verständlich? – Plädoyer für ein prinzipiengeleitetes Steuerrecht –. FR 2000, Seiten 299 – 314.
(zitiert: *Altfelder*, FR 2000, Seite)

Ammelung, Ulrich/ Lindauer, Ralf: Besteuerung von Dachfonds. Einführungsschreiben des BMF zum InvStG hat Zweifelsfragen offen gelassen. NWB vom 22.05.2006, Fach 3, Seiten 14025 – 14032.
(zitiert: *Ammelung/Lindauer,* NWB, vom 22.05.2006, F.3, Seite)

Arndt, Hans-Wolfgang/ Schumacher, Andreas: Einkommensbesteuerung und Grundrechte. AÖR 118 (1993), Seiten 513 – 590.
(zitiert: *Arndt/ Schumacher*, AÖR 118 (1993), Seite)

Arndt, Hans-Wolfgang: Gleichheit im Steuerrecht. NVwZ 1988, Seiten 787 – 794.
(zitiert: *Arndt,* NVwZ 1988, Seite)

Arndt, Hans-Wolfgang: Praktikabilität und Effizienz. Mainz, Köln 1983.
(zitiert: *Arndt*, Praktikabilität und Effizienz, Köln 1983, Seite)

Assmann, Heinz-Dieter/ Schütze, Rolf A.: Handbuch des Kapitalanlagerechts. 3. Auflage, München 2007.
(zitiert: *Verfasser* in: Assmann/Schütze, Handbuch des Kapitalanlagerechts, 2007, §, Randnummer)

Assmann, Heinz-Dieter/ Schütze, Rolf A.: Handbuch des Kapitalanlagerechts. 2. Auflage, München 1997.
(zitiert: *Verfasser* in: Assmann/Schütze, Handbuch des Kapitalanlagerechts, 1997, §, Randnummer)

Bacmeister, Friedrich: Erfahrungen rund um die Bescheinigung von Investmentfonds. IStR 2007, Seiten 169 – 174.
(zitiert: *Bacmeister,* IStR 2007, Seite)

Bacmeister, Friedrich: Aktiengewinn – Analyse und Anwendung von § 8 InvStG. BB 2004, Seiten 2787 – 2796.
(zitiert: *Bacmeister,* BB 2004, Seite)

Bacmeister, Friedrich: Komplexität der Ertragsrechnung – Simplizität des Aktiengewinns. Eine Analyse des neuen Investmentsteuerrechts am Beispiel eines Dach-Hedgefonds. IStR 2004, Seiten 176 – 181.
(zitiert: *Bacmeister,* IStR 2004, Seite)

Barocka, Egon: Investment-Sparen und Investment-Gesellschaften. Eine volkswirtschaftliche und rechtspolitische Betrachtung. Stuttgart 1956.
(zitiert, *Barocka,* Investment-Sparen, 1956, Seite)

Baumbach, Adolf/ Hueck, Alfred: GmbH-Gesetz: Gesetz betreffend die Gesellschaften mit beschränkter Haftung. 18. Auflage, München 2005.
(zitiert: *Verfasser* in: Baumbach/Hueck, § GmbHG, Randnummer)

Baumbach, Adolf/ Hopt, Klaus J.: Handelsgesetzbuch (Kommentar). 31. Auflage, München 2003.
(zitiert: *Baumbach/Hopt,* §, HGB, Randnummer)

Baur, Anke: Das Investmentsteuergesetz. Besteuerung von Anteilen im Betriebsvermögen. Saarbrücken 2006.
(zitiert: *Baur,* Das Investmentsteuergesetz, 2006, Seite)

Baur, Jürgen: Investmentgesetze (Kommentar). Gesetz über Kapitalanlagegesellschaften (KAGG) und Gesetz über den Vertrieb ausländischer Investmentanteile und über die Besteuerung der Erträge aus ausländischen Investmentanteilen (Auslandinvestment-Gesetz – AuslInvestmG). 1. Teilband, Einleitung nebst Länderübersicht; §§ 1 – 25j KAGG. 2. Auflage, Berlin und New York 1997.
(zitiert: *Baur,* Investmentgesetze, 1. Teilband, Einl. I, bzw. §, Randnummer)

Baur, Jürgen: Investmentgesetze (Kommentar). Gesetz über Kapitalanlagegesellschaften (KAGG) und Gesetz über den Vertrieb ausländischer Investmentanteile und über die Besteuerung der Erträge aus ausländischen Investmentanteilen (Auslandinvestment-Gesetz – AuslInvestmG). 2. Teilband, §§ 26 – 55 KAGG; AuslInvestmG; Anhang; Stichwortverzeichnis. 2. Auflage, Berlin und New York 1997.
(zitiert: *Baur,* Investmentgesetze, §, Randnummer)

Beck'scher Bilanz-Kommentar: Handels- und Steuerrecht - §§ 238 bis 339 HGB. 5. Auflage, München 2003.
(zitiert: *Verfasser* in: Beck'scher Bilanzkommentar, § HGB, Randnummer)

Beckmann, Klaus/ Scholtz, Rolf-Detlev/ Vollmer, Lothar: Investment. Ergänzbares Handbuch für das gesamte Investmentwesen. Loseblattsammlung, Berlin 2005.
(zitiert: *Beckmann/Scholtz/Vollmer,* Investment-Handbuch, 2005, Ordnungsziffer, evt. §, Randnummer)

Behrens, Stefan: Abgeltungssteuer ab 2009 – Handlungsmöglichkeiten des Privatanlegers im Übergangszeitraum. DStR 2007, Seiten 1998 – 2002.
(zitiert: *Behrens,* DStR 2007, Seite)

Beike, Rolf: Index-Zertifikate – optimal vom Börsentrend profitieren. Stuttgart 1999.
(zitiert: *Beike,* Index-Zertifikate, 1999, Seite)

Beinert, Stefanie/ Mikus, Rudolf: Das Abzugsverbot des § 3c Abs. 1 EStG im Kapitalgesellschaftskonzern. DB 2002, Seiten 1467 – 1472.
(zitiert: *Beinert/Mikus,* DB 2002, Seite)

Berger, Hanno/ Lübbehüsen, Dieter: Nichtanwendbarkeit des Investmentsteuergesetzes auf ausländische Personengesellschaften. FR 2006, Seiten 126 – 131.
(zitiert: *Berger/Lübbehüsen,* FR 2006, Seite)

Birk, Dieter: Steuerrecht. 8. Auflage, Heidelberg 2005.
(zitiert: *Birk*, Steuerrecht, Seite, Randnummer)

Birk, Dieter: Das Leistungsfähigkeitsprinzip in der Unternehmensteuerreform. StuW 2000, Seiten 328 – 336.
(zitiert: *Birk*, StuW 2000, Seite)

Bischoff, Friedrich: Zulässigkeit und Existenz von Sondervermögen. DVBl 1956, Seiten 187-189.
(zitiert: *Bischoff*, DVBl 1956, Seite)

Bischoff, Werner: Die Besteuerung von Investmentgesellschaften und deren Zertifikatinhaber in der Bundesrepublik Deutschland. Dissertation 1967. Reinheim 1967.
(zitiert: *Bischoff*, Besteuerung, von Investmentgesellschaften, 1967, Seite)

Bölter, Hendrik/ Linner, Corinna/ Otto, Lieselotte: Handbuch für die Besteuerung von ausländischen Fondsvermögen. Neuwied und Kriftel 1998.
(zitiert: *Bölter/Linner/Otto*, Handbuch, 1998, Seite)

Bonin, Christoph: BB-Forum: Der Aktiengewinn im Entwurf des Investmentsteuergesetzes. BB 2003, Seiten 2545 – 2548.
(zitiert: *Bonin,* BB 2003, Seite)

Bordewin, Arno/ Brandt, Jürgen: Kommentar zum Einkommensteuergesetz EStG. Band 8, Loseblatt.
(zitiert: *Verfasser* in: *Bordewin/Brandt*, EStG, §§ InvStG, Rn. [Stand]).

Breithecker, Volker/ Förster, Guido/ Förster, Ursula/ Klapdor, Ralf: UntStRefG. Kommentar zum Unternehmensteuerreformgesetz 2008. Berlin 2007.
(zitiert: *Verfasser* in: Breithecker/Förster/Förster/Klapdor, UntStRefG, 2007, § EStG/InvStG, Rn.)

Briese, André: Zur steuersystematisch gebotenen Behandlung von Veräußerungsgewinnen und -verlusten nach § 8b Abs. 2 und 3 KStG. StuB 2003, Seiten 440 – 448.
(zitiert: *Briese,* StuB 2003, Seite)

Brockmann, Kai/ Hörster, Ralf: Jahressteuergesetz 2008. Weitere Änderungen im Überblick. NWB, vom 14.01.2008, Fach 2, Seiten 9657 – 9670.
(zitiert: *Brockmann/Hörster,* NWB, vom 14.01.2008, F. 2, Seite).

Buciek, Klaus: Anmerkung zum BFH-Urteil vom 11.10.2000, I R 99/96, DStZ 2001 Seite 50f. DStZ 2001, Seiten 52 – 53.
(zitiert: *Buciek,* DStZ 2001, Seite)

von Caemmerer, Ernst: Kapitalanlage- oder Investmentgesellschaften. JZ 1958, Seiten 41-50.
(zitiert: *von Caemmerer,* JZ 1958, Seite)

Canaris, Claus – Wilhelm: Bankvertragsrecht. Handelsgesetzbuch, Großkommentar, Band 3, 3. Teil, 2. Bearbeitung. 3. Auflage, Berlin und New York 1981.
(zitiert: *Canaris,* Bankvertragsrecht, Randnummer)

Carlé, Thomas: Das Verfahrensrecht im Investmentsteuergesetz. AO-StB 2007, Seiten 44 – 46.
(zitiert: *Carlé,* AO-StB 2007, Seite)

Carlé, Thomas: Zwischengewinnbesteuerung und Halbeinkünfteverfahren bei Investmentanteilen. Die Änderungen durch das Richtlinien-Umsetzungsgesetz (EURLUmsG). ErbStB 2005, Seiten 108 -110.
(zitiert: *Carlé,* ErbStB 2005, Seite)

Carlé, Thomas: Die Besteuerung von Kapitalerträgen nach dem Investmentsteuergesetz. DStZ 2004, Seiten 74 – 77.
(zitiert: *Carlé,* DStZ 2004, Seite)

Carlé, Thomas: Die Besteuerung von Kapitalerträgen nach dem Investmentsteuergesetz. – Duplik zu Carlé, DStZ 2004, 74 – . DStZ 2004, Seiten 341 – 342.
(zitiert: *Carlé,* DStZ 2004, Seite)

Carlé, Thomas: Die Besteuerung von Kapitalerträgen nach dem Investmentsteuergesetz. KÖSDI 2004, Seiten 14300 – 14309.
(zitiert: *Carlé,* KÖSDI 2004, Seite)

Claussen, Carsten Peter: Bank- und Börsenrecht. 3. Auflage, München 2003.
(zitiert: *Claussen,* Bank- und Börsenrecht, 2003, Seite, Randnummer)

Consbruch, Johannes: Investmentsparen gesetzlich geschützt. DB 1957, Seiten 337 – 341.
(zitiert: *Consbruch,* DB 1957, Seite)

Cox, Helmut: Strukturen der Investmentgesellschaft. Ein Beitrag zur Morphologie und Typologie des Kapitalwertsicherungsbetriebs. In: Investment Handbuch. Hrsg. von Leo Schuster, Seiten 39-68. Stuttgart 1971.
(zitiert: *Cox*, Investment Handbuch, 1971, Seite)

Crezelius, Georg: Dogmatische Grundstrukturen der Unternehmensteuerreform. DB 2001, Seiten 221 – 229.
(zitiert: *Crezelius,* DB 2001, Seite)

Dahm, Joachim/ Hamacher, Rolfjosef: Neues Einkommensteuerrecht für moderne Finanzinstrumente. WM 1994, Sonderbeilage Nr. 3/1994 vom 28. Mai 1994, Seiten 1 – 24.
*(*zitiert: *Dahm/Hamacher,* WM 1994, Sonderbeilage Nr. 3/1994, Seite)

Dannecker, Achim: Wesentliche Ertragsteueränderungen 2004 – Schwerpunkt Unternehmensbesteuerung. DStZ 2004, Seiten 67 – 73.
(zitiert: *Dannecker* DStZ 2004, Seite)

Delp, Udo A.: Erste Anwendungs- und Zweifelsfragen bei der Besteuerung von Termingeschäften privater Personen nach dem Steuerentlastungsgesetz 1999/2000/2002. INF 1999, Seiten 584 – 587.
(zitiert: *Delp,* INF 1999, Seite)

Dietrich, Jörg: Teilwertabschreibung, Wertaufholungsgebot und „voraussichtlich dauernde Wertminderung“ im Spiegel des BMF-Schreibens vom 25.2.2000. DStR 2000, Seiten 1629 – 1635.
(zitiert, *Dietrich,* DStR 2000, Seite)

Dötsch, Ewald/ Pung, Alexandra: § 8b Abs. 1 bis 6 KStG: Das Einführungsschreiben des Bundesfinanzministeriums. DB 2003, Seiten 1016 – 1027.
(zitiert: *Dötsch/Pung,* DB 2003, Seite)

Dötsch, Ewald/ Pung, Alexandra: Die geplante Reform der Unternehmensbesteuerung. DB 2000, Sonderbeilage Nr. 4/2000 zu Heft Nr. 11 vom 17.03.2000, Seiten 1 – 19.
(zitiert: *Dötsch/Pung,* DB 2000, Sonderbeilage Nr. 4/2000, Seite)

Dötsch, Ewald/ Eversberg, Horst/ Jost, Werner F./ Pung, Alexandra/ Witt, Georg: Die Körperschaftsteuer. Kommentar zum Körperschaftsteuergesetz, zum Umwandlungsteuergesetz und zu den einkommensteuerrechtlichen Vorschriften der Anteilseignerbesteuerung. Loseblatt Köln, Stuttgart Stand März 2005.
(zitiert: *Dötsch/Pung* in: Dötsch/Eversberg/Jost/Witt, § KStG/EStG n.F.)

Durchlaub, Wolfgang: Einlage von Wirtschaftsgütern – insbesondere von Wertpapieren – in das gewillkürte Betriebsvermögen. BB 1989, Seiten 949 – 953.
(zitiert: *Durchlaub,* BB 1989, Seite)

Eberstadt, Georg: Investment Trusts im Ausland und in Deutschland. Manuskript des Vortrags im Institut für Wirtschaftswissenschaft der Universität Frankfurt a.M., Abtlg. Bankwesen und Finanzierung, 10. Januar 1930. (zitiert: *Eberstadt*, Investment Trusts, 1930, Seite)

Ebner, Christian: JStG 2008 und Investmentfonds. Einführung eines formellen Auslandsfondsbegriffs. NWB vom 28.01.2008, Fach 3, Seiten 14927 – 14938.
(zitiert: *Ebner,* NWB, vom 28.01.2008, F.3, Seite)

Ebner, Christian: Abgeltungssteuer und Investmentfonds. Folgen der Neuregelung für private und institutionelle Anleger. NWB vom 20.08.2007, Fach 3, Seiten 14709 – 14720.
(zitiert: *Ebner,* NWB, vom 20.08.2007, F.3, Seite)

Ebner, Christian: Verschmelzung von Sondervermögen nach dem InvStG. DStZ 2007, Seiten 68 – 74.
(zitiert: *Ebner,* DStZ 2007, Seite)

Ebner, Christian: Steuerliche Behandlung von Dach-Investmentvermögen nach dem neuen InvStG. BB 2005, Seiten 295 – 301.
(zitiert: *Ebner,* BB 2005, Seite)

Ebner, Christian: Einzelfragen zur Besteuerung von Investmenterträgen. Veräußerungs- und Verschmelzungstatbestände bei betrieblichen Anlegern. NWB vom 08.08.2005, Fach 3, Seiten 13611 – 13620.
(zitiert: *Ebner,* NWB, vom 08.08.2005, F.3, Seite)

Ebner, Christian: Zwischengewinn und Ersatzwert bei Investmentanteilen. StuB 2005, Seiten 870 -878.
(zitiert: *Ebner,* StuB 2005, Seite)

Ebner, Christian: Wiedereinführung des Zwischengewinns bei Investmentanteilen: Geplante Änderungen des InvStG durch das Richtlinien-Umsetzungsgesetz. DB 2004, Seiten 2495 – 2499.
(zitiert: *Ebner,* DB 2004, Seite)

Eckert, Ralf: § 50c Abs. 10 EStG zur Vermeidung des Dividendenstripping verfassungsgemäß? DB 1995, Seiten 62 – 66.
(zitiert: *Eckert,* DB 1995, Seite)

Ed, Lynne J./ Bongaarts, Paul J.M. : Generalbericht zum 51. IFA-Kongress in Neu Delhi 1997. Die Besteuerung von Investmentfonds. In: Cahiers de droit fiscal international, by the International Fiscal Association, 51st Congress of the International Fiscal Association, Volume LXXXIIb, Seiten 107- 153 (deutscher Text).
(zitiert: *Ed/Bongaarts,* Generalbericht IFA-Kongress 1997, Seite)

Eimermann, Dieter: Änderungen des Außensteuergesetzes. „Korb II" – und Investmentmodernisierungsgesetz. NWB vom 19.01.2004, Fach 3, Seiten 12721 – 12724.
(zitiert: *Eimermann,* NWB, vom 19.01.2004, F.3, Seite)

Ernst & Young/ BDI: Steueränderungen 2003/2004. Erläuterungen, Analysen und Empfehlungen. Dernbach, Rheinbreitbach 2004.
(zitiert: *Verfasser in:* Ernst & Young/ BDI, Steueränderungen 2003/2004, Teil III D, Randnummer)

Feyerabend, Hans-Jürgen A./ Meinhardt, Sebastian: Neues Investmentsteuerrecht. StB 2004, Seiten 293 – 298.
(zitiert: *Feyerabend/Meinhardt,* StB 2004, Seite)

Fischer, Elke: Wechselwirkungen zwischen der Einkommen- und Körperschaftsteuer und der Gewerbesteuer bei Anteilen im Streubesitz nach dem UntStFG. DStR 2002, Seiten 610 – 616.
(zitiert: *Fischer, DStR 2002, Seite)*

Fischer, Lutz/ Warneke, Perygrin: Internationale Betriebswirtschaftliche Steuerlehre. 3. Auflage, Berlin 1988.
(zitiert: *Fischer/Warneke,* Steuerlehre, 1988, Seite)

Fischer, Michael: Besteuerung von inländischen Wertpapierinvestmentfonds und ihrer Anteilinhaber. WM 2001, Seiten 1236- 1245.
(zitiert: *Fischer, WM 2001, Seite)*

Fischer, Peter: Steuergesetz und richterliche Wertung. Eine Studie zu teleologischen Lücken, Wertlücken und Anordnungslücken im Steuerrecht. StuW 1979, Seiten 347 – 364.
(zitiert: *Fischer,* StuW 1979, Seite)

Fleischmann, Hans Gunnar/ Meyer-Scharenberg, Dirk: Der neue § 15b EStG: Der endgültige Tod der Steuersparmodelle. DB 2006, Seiten 353 – 355.
(zitiert: *Fleischmann/Meyer-Scharenberg,* DB 2006, Seite)

Fock, Till Henning: Investmentsteuerrecht und Einkommensteuergesetz am Beispiel von Garantiefonds. DStZ 2006, Seiten 503 – 509.
(zitiert: *Fock,* DStZ 2006, Seite)

Fock, Till Henning: Ausländische Investmentvermögen und deutsches Transparenzprinzip. FR 2006, Seiten 369 – 372.
(zitiert: *Fock,* FR 2006, Seite)

Fock, Till Henning: Investmentsteuerrecht und Außensteuergesetz. IStR 2006, Seiten 734 – 739.
(zitiert: *Fock,* IStR 2006, Seite)

Fock, Till Henning: Investmentbesteuerung im künftigen Recht. BB 2003, Seiten 1589-1593.
(zitiert: *Fock,* BB 2003, Seite)

Fock, Till Henning: Investmentanlage und Doppelbesteuerungsschutz. RIW 2003, Seiten 118 – 131.
(zitiert: *Fock,* RIW 2003, Seite)

Fock, Till Henning/ Stoschek, Uwe: Die Auswirkungen des geplanten Steuersenkungsgesetzes auf die Besteuerung von Investmentfonds und ihrer Anteilinhaber. FR 2000, Seiten 591 – 600.
(zitiert: *Fock/Stoschek*, FR 2000, Seite)

Forst, Paul/ Frings, Thomas: Das neue Investmentsteuergesetz. Abgrenzungsprobleme bei ausländischen Private Equity Fonds bestehen fort. EStB 2004, Seiten 85 – 88.
(zitiert: *Forst/Frings,* EStB 2004, Seite)

Friauf, Karl Heinrich: Verfassungsrechtliche Anforderungen an die Gesetzgebung über die Steuern vom Einkommen und vom Ertrag. in: Friauf (Hrsg.), VDStJG 12 (1989), Seiten 3 – 32.
(zitiert: *Friauf*, VDStJG 12, Seite)

Frotscher, Gerrit/ Maas, Ernst: Kommentar zum Körperschaft- und Umwandlungssteuergesetz /Praxiskommentar. Loseblatt Köln, Stand Mai 2006.
(zitiert: *Frotscher* in: Frotscher/Maas, KStG/UmwStG, Freiburg 1978 ff., § Randzeichen)

Frotscher, Gerrit: Körperschaftsteuer. München 2004.
(zitiert: *Frotscher,* Körperschaftsteuer, 2004, Seite, Randnummer)

Geißelmeier, Werner/ Gemmel, Heiko: Neuerungen des Investmentsteuergesetzes im Rahmen des Richtlinien-Umsetzungsgesetzes. DStR 2005, Seiten 45 – 49.
(zitiert: *Geißelmeier/Gemmel,* DStR 2005, Seite)

Gemmel, Heiko/ Hoffmann-Fölkersamb, Peter: Die Abgeltungssteuer. Ein neues System der Besteuerung von Kapitaleinkünften und Veräußerungsgewinnen. NWB vom 20.08.2007, Fach 3, Seiten 14695 – 14708.
(zitiert: *Gemmel/Hoffmann-Fölkersamb,* NWB vom 20.08.2007, F. 3, Seite)

Gericke, Karlheinz: Rechtsfragen zum Investmentsparen. DB 1959, Seiten 1276 – 1278.
(zitiert: *Gericke,* DB 1959, Seite)

Geßler, Ernst: Das Recht der Investmentgesellschaften und ihrer Zertifikatinhaber. WM 1957, Sonderbeilage Nr. 4/1957 zu Teil IV B Nr. 20 vom 18. Mai 1957, Seiten 10 – 28.
(zitiert: *Geßler,* WM 1957, Sonderbeilage Nr. 4/1957, Seite)

Goldschmidt, Rudolf F.: Investment Trusts in Deutschland. Mannheim, Berlin, Leipzig 1932.
(zitiert: Goldschmidt, Investment Trusts, 1932, Seite)

Gosch, Dietmar: Tarifbegrenzung bei gewerblichen Einkünften gemäß § 32 c EStG verfassungswidrig? DStR 1999, Seiten 752 – 754.
(zitiert: *Gosch,* DStR 1999, Seite)

Grabbe, Jan H./ Lübbehüsen, Dieter: Halbeinkünfteverfahren im Investmentsteuerrecht – Korrektur tut not! DStR 2004, Seiten 981 – 984.
(zitiert: *Grabbe/Lübbehüsen,* DStR 2004, Seite)

Grotherr, Siegfried: Das neue Körperschaftsteuersystem mit Anteilseignerentlastung bei der Besteuerung von Einkünften aus Beteiligungen. BB 2000, Seiten 849 – 861.
(zitiert: *Grotherr*, BB 2000, Seite)

Haisch, Martin/ Danz, Thilo: Grundsätze der Besteuerung von Zertifikaten im Privatvermögen. DStR 2005, Seiten 2108 – 2114.
(zitiert: *Haisch/Danz,* DStR 2005, Seite)

Haisch, Martin: Steueränderungsgesetz 2001 – Auswirkungen auf die Besteuerung von Finanzinnovationen. DStR 2002, Seiten 247 – 251.
(zitiert: *Haisch,* DStR 2002, Seite)

Hallerbach, Dorothee: Die Personengesellschaft im Einkommensteuerrecht. Zivilrechtliche Einordnung und einkommensteuerliche Fragen. Dissertation 1999. München 1999.
(zitiert: *Hallerbach,* Die Personengesellschaft im Einkommensteuerrecht, 1999, Seite)

Hamacher, Rolfjosef/ Hahne, Klaus D.: Aspekte der Anrechnung von Körperschaftsteuern auf ausländische Dividendenerträge. - Auswirkungen des EuGH-Urteils vom 7.9.2004 Rs. C-319/02, Manninen –. DB 2004, Seiten 2386 -2389.
(zitiert: *Hamacher/Hahne,* DB 2004, Seite)

Hammer, Markus/ Thees, Christina: Realiserungszeitpunkt von Investmentfondserträgen in der Bilanz. DStZ 2006, Seiten 338 – 339.
(zitiert: *Hammer/Thees,* DStZ 2006, Seite)

Hammer, Markus: Die Besteuerung von Kapitalerträgen nach dem Investmentsteuergesetz. – Replik zu Carlé, DStZ 2004, 74 – . DStZ 2004, Seiten 340 – 341.
(zitiert: *Hammer*, DStZ 2004, Seite)

Hammer, Markus: Funktion und Bedeutung des § 40a KAGG oder: Was ist der Aktiengewinn? DStZ 2002, Seiten 519 – 525.
(zitiert: *Hammer,* DStZ 2002, Seite)

Harenberg, Friedrich E.: Optionsprämien als sonstige Einkünfte nach § 22 Nr. 3 EStG steuerpflichtig. Anmerkungen zum Urteil des FG Niedersachsen v. 8.8.2006 – 13 K 463/02. NWB vom 29.05.2007, Fach 3, Seiten 14529 - 14534.
(zitiert: *Harenberg,* NWB, vom 29.05.2007, F.3, Seite)

Harenberg, Friedrich E./ Intemann, Jens: Zweifels- und Auslegungsfragen zur Besteuerung von Investmenterträgen. Zwischengewinne sind wieder steuerpflichtig. NWB vom 11.07.2005, Fach 3, Seiten 13529 – 13544.
(zitiert: *Harenberg/Intemann,* NWB, vom 11.07.2005, F.3, Seite)

Harenberg, Friedrich E.: Anmerkung zu BFH, U. v. 24.06.2003 - IX R 2/02 - (Glattstellung von Optionsgeschäften als Veräußerung eines Wirtschaftsgutes), (Fach 3, § 23 EStG). KFR 2003, Seiten 429 – 432.
(zitiert: *Harenberg,* KFR 2003, F. 3, § 23 EStG, Seite)

Harenberg, Friedrich E.: Die Aufteilung von Werbungskosten bei Kapitaleinkünften, die teilweise dem Halbeinkünfteverfahren unterliegen. FR 2002, Seiten 768 – 770.
(zitiert: *Harenberg,* FR 2002, Seite)

Harenberg, Friedrich E.: Funktionsweise und Risiken von Index-Zertifikaten (participation units). NWB vom 13.12.1999, Fach 21, Seiten 1381 – 1384.
(zitiert: *Harenberg,* NWB, vom 13.12.1999, F.21, Seite)

Hauck, Michael: The Equity Market in Germany and its Dependency on the System of Old Age Provisions. in: *Baums, Theodor/ Buxbaum, Richard M./ Hopt, Klaus J.* Institutional Investors and Corporate Governance, Seiten 555- 564. Berlin und New York 1994.
(zitiert: *Hauck*, The Equity Market in Germany, Seite)

Häuselmann, Holger/ Ludemann, Matthias: Die Besteuerung des Zwischengewinns bei im Betriebsvermögen gehaltenen Investmentanteilen. FR 2005, Seiten 415 – 422.
(zitiert: *Häuselmann/Ludemann, FR 2005, Seite)*

Häuselmann, Holger: Zur Bilanzierung von Investmentanteilen, insbesondere von Anteilen an Spezialfonds. BB 1992, Seiten 312 – 321.
(zitiert: *Häuselmann,* BB 1992, Seite)

Helios, Marcus/ Link, Matthias: Zweifelsfragen der Abgeltungssteuer auf Kapitalerträge aus Finanzinnovationen und offenen Fonds. DStR 2008, Seiten 386 – 392.
(zitiert: *Helios/Link,* DStR 2008, Seite)

Heller, Birgit: Investmentrechtliches Ziel und steuerrechtliche Wirkung des Ertragsausgleichs bei inländischen Publikums-Sondervermögen. FR 2003, Seiten 261 – 265.
(zitiert: *Heller,* DStZ 2003, Seite)

Heller, Birgit/ Hammer, Markus: Auswirkungen des Steuersenkungsgesetzes auf den Aktienfondsmarkt. DStZ 2001, Seiten 118 – 122.
(zitiert: *Heller/Hammer,* DStZ 2001, Seite)

Hellner, Thorwald/ Steuer, Stephan: Bankrecht und Bankpraxis. Band 5. Loseblatt Köln, Stand August 2001.
(zitiert: *Hellner/Steuer,* Bankrecht und Bankpraxis, Band 5, Stand 2001, Randnummer)

Henkel, Karl-Joachim: Die steuerliche Behandlung der Investmentgesellschaften in Deutschland. Dissertation 1961. Frankfurt am Main 1961.
(zitiert: *Henkel*, Steuerliche Behandlung, 1961, Seite)

Hennig, Hans Jürgen/ Bengard, Bodo: Steuerliche Änderungen des Investmentrechts durch das „Steuerentlastungsgesetz 1999/2000, 2002". BB 1999, Seiten 1901 – 1905.
(zitiert: *Hennig/Bengard,* BB 1999, Seite)

Herrmann, Carl/ Heuer, Gerhard/ Raupach, Arndt: Einkommensteuer- und Körperschaftsteuergesetz. Band 4, Band 5. Loseblatt Köln, Stand Juli 2005.
(zitiert: *Verfasser in*: Hermann/Heuer/Raupach, EStG, Anmerkung)

Herrmann, Carl/ Heuer, Gerhard/ Raupach, Arndt: Einkommensteuer- und Körperschaftsteuergesetz. Sonderlieferung zu den Steuergesetzänderungen des Jahres 2003. Jahresband 2004. 21. Auflage, Köln 2004.
(zitiert: *Verfasser in*: Hermann/Heuer/Raupach, EStG, InvStG, Anmerkung [April 2004])

Herzog, Roman: Leitlinien und Entwicklungstendenzen der Rechtsprechung des Bundesverfassungsgerichts in Steuerfragen. StJB 1985/86, Seiten 27 – 45.
(zitiert: *Herzog,* StJB 1985/86, Seite)

Heuermann, Bernd: Das Glattstellen von Aktienoptionsgeschäften als privates Veräußerungsgeschäft i.S. von § 23 Abs. 1 Satz 1 Nr. 2 EStG. Zugleich Anmerkung zu BGH, U. v. 24.06.2003 - IX R 2/02 –. DB 2003, Seiten 1919 – 1922.
(zitiert: *Heuermann,* DB 2003, Seite)

Hilbertz, Martin: Wegfall der Zwischengewinnbesteuerung: Renditeoptimierung mit Investmentfonds. NWB vom 12.07.2004, Fach 3, Seiten 12935 – 12938.
(zitiert: *Hilbertz,* NWB, vom 12.07.2004, F.3, Seite)

Hörster, Ralf: BB-Gesetzgebungsreport: Gesetz zur Umsetzung der Protokollerklärung der Bundesregierung zur Vermittlungsempfehlung zum Steuervergünstigungsabbaugesetz („Korb II") und Gesetz zur Änderung des Gewerbesteuergesetzes und anderer Gesetze. BB 2004, Seiten 245 – 247.
(zitiert: *Hörster,* BB 2004, Seite)

Hübschmann/ Hepp/ Spitaler (HHSp) Hrsg.: Abgabenordnung Finanzgerichtsordnung (Kommentar). Band II, Band V. Loseblatt Köln, Stand August 2004.
(zitiert: *Verfasser* in: *Hübschmann, Hepp, Spitaler* (HHSp), § AO (FGO), Randnummer)

Hueck, Alfred/ Canaris, Claus-Wilhelm: Recht der Wertpapiere. 12. Auflage, München 1986.
(zitiert: *Hueck/Canaris,* Recht der Wertpapiere, 1986, Seite)

Hundertmark, Dedo: Zur Ertragsbesteuerung ausländischer Investment-Zertifikate nach dem neuen Investmentgesetz. BB 1969, Seiten 1262 – 1265.
(zitiert: *Hundertmark,* BB 1969, Seite)

Intemann, Jens: Besteuerung privater Wertpapierveräußerungsgeschäfte ab 1999 verfassungsgemäß! Anmerkungen zum BVerfG-Beschluss v. 10.1.2008 – 2 BvR 294/06. NWB vom 17.03.2008, Fach 3, Seiten 14985 – (14990). (zitiert: *Intemann,* NWB vom 17.03.2008, F. 3, Seite).

Intemann, Jens: Spekulationsgeschäfte. Besteuerung auch ab dem Veranlagungszeitraum 1999 verfassungsrechtlich bedenklich. NWB vom 28.01.2008, Beratung Aktuell, Seiten 311 – 313. (zitiert: *Intemann,* NWB vom 28.01.2008, Beratung Aktuell, Seite).

Jachmann, Monika: Zur Anwendung typisierender Verwaltungsvorschriften im Steuerrecht. StuW 1994, S.347 – 353. (zitiert: *Jachmann*, StuW 1994, Seite)

Jacob, Werner / Geese, Thomas / Ebner, Christian: Handbuch für die Besteuerung von Fondsvermögen. 3. Auflage, Neuwied 2007. (zitiert: *Jacob/Geese/Ebner,* Handbuch für die Besteuerung von Fondsvermögen, 2007, Seite)

Jacobs, Otto H.: Unternehmensbesteuerung und Rechtsform. Handbuch zur Besteuerung deutscher Unternehmen. 3. Auflage, München 2002. (zitiert: *Jacobs,* Unternehmensbesteuerung und Rechtsform, 2002, Kapitel)

Jacobs, Otto H.: Internationale Unternehmensbesteuerung. Handbuch zur Besteuerung deutscher Unternehmen mit Auslandsbeziehungen. München 1995. (zitiert: *Jacobs*, Internationale Unternehmensbesteuerung, 1995, Seite)

Jarass, Hans-D./ Pieroth, Bodo: Grundgesetz für die Bundesrepublik Deutschland (Kommentar). 8. Auflage, München 2006. (zitiert: *Jarass/Pieroth*, Art., Randnummer)

Kanzler, Hans-Joachim: Problematik der steuerlichen Behandlung von Veräußerungsgewinnen. FR 2000, Seiten 1245 – 1255. (zitiert: *Kanzler,* FR 2000, Seite)

Kayser, Joachim/ Bujotzek, Peter: Die steuerliche Behandlung offener Immobilienfonds und ihrer Anleger. FR 2006, Seiten 49 – 66. (zitiert: *Kayser/Bujotzek,* FR 2006, Seite)

Kayser, Joachim/ Steinmüller, Jens: Die Besteuerung von Investmentfonds ab 2004. FR 2004, Seiten 137 – 146. (zitiert: *Kayser/Steinmüller,* FR 2004, Seite)

Kayser, Joachim/ Steinmüller, Jens: Hedge-Fonds im Überblick - Funktionsweise, aufsichts- und steuerrechtliche Behandlung aus Investorensicht - . FR 2002, Seiten 1269 – 1279. (zitiert: *Kayser/Steinmüller,* FR 2002, Seite)

Kempf, Tillman/ Lauterfeld, Marc: Die Wiedereinführung des Zwischengewinns. BB 2005, Seiten 631 – 635. (zitiert: *Kempf/Lauterfeld,* BB 2005, Seite)

Kessler, Wolfgang/ Kahl, Ilona: Gewerbesteuer auf Nicht-Schachteldividenden –Ausgabe i. S. des § 3c EStG n.F.? DB 2002, Seiten 1017 – 1020.
(zitiert: *Kessler/Kahl,* DB 2002, Seite)

Kirchhof, Paul: EStG KompaktKommentar Einkommensteuergesetz. 3. Auflage, Heidelberg 2003.
(zitiert: *Verfasser* in: Kirchhof, EStG KompaktKommentar, §, Randnummer)

Klein, Manfred: Besteuerung ausländischer Investmentfonds. PISTB 2006, Seiten 291 – 295.
(zitiert: *Klein,* PISTB 2006, Seite)

Klein, Manfred: Neue Regelungen zur Besteuerung ausländischer Investmentfonds in Deutschland. New regulations pertaining to the taxation of foreign investment funds in Germany. SWI 2004, Seiten 612 – 618.
(zitiert: *Klein,* SWI 2004, Seite)

Klenk, Friedrich Ernst: Die rechtliche Behandlung des Investmentanteils. Köln 1967.
(zitiert: *Klenk,* Rechtliche Behandlung, 1967, Seite)

Köndgen, Johannes/ Schmies, Christian: Die Neuordnung des deutschen Investmentrechts. WM 2004, Sonderbeilage Nr. 1/2004 vom 13.03.2004, Seiten 1 – 26.
(zitiert: *Köndgen/Schmies,* WM 2004, Sonderbeilage Nr. 1/2004, Seite)

Köndgen, Johannes: Investmentgeschäft in: *Schimansky, Herbert/ Bunte, Hermann-Josef/ /Lwowski, Hans-Jürgen* (Hrsg.). Bankrechts-Handbuch, 3. Band, § 113. München 1997.
(zitiert: *Köndgen,* in: Schimanski/Bunte/Lwowski, Bankrechts-Handbuch, § 113 Randnummer)

Korn, Klaus: Einkommensteuergesetz (Kommentar). Loseblatt, Stand Dezember 2004.
(zitiert: *Verfasser* in: *Korn*, EStG, §§ InvStG, Rn. [Stand])

Köster, Heiner: Der Schutz der Kapitalanleger im deutschen und nordamerikanischen Wertpapier-Investmentrecht. Dissertation, München 1974.
(zitiert: *Köster,* Schutz der Kapitalanleger, 1974, Seite)

Kronat, Oliver: Die Internationale Besteuerung von Wertpapier-Investmentfonds. Dissertation 2001. Frankfurt am Main 2002.
(zitiert: *Kronat*, Besteuerung von Wertpapier-Investmentfonds, 2002, Seite)

Kühn, Rolf/ Hofmann, Ruth/ Hofmann, Gerda: Abgabenordnung Finanzgerichtsordnung (Kommentar). 17. Auflage Stuttgart 1995.
(zitiert: *Kühn/ Hofmann,* § AO (FGO), Seite)

Kümpel, Siegfried: Bank- und Kapitalmarktrecht. 3. Auflage, Köln 2004.
(zitiert: *Kümpel*, Bank- und Kapitalmarktrecht, 2004, Randnummer)

Kuhn, Steffen/ Schaber, Matthias: Zur Sacheinlage in Investmentfonds gem. § 21 Abs. 1 KAGG-E. StuB 2002 Seiten 128 – 132.
(zitiert: *Kuhn/Schaber,* StuB 2002, Seite)

Laux, Manfred/ Päsler, Rüdiger: Wertpapier-Investmentfonds. Frankfurt am Main 1992.
(zitiert: *Laux/Päsler,* Wertpapier-Investmentfonds, 1992, Seite)

Lechner, Humbert: Steuerliche Gestaltung mit offenen Investmentfonds. BB 2005, Seiten 1771 – 1774.
(zitiert: *Lechner,* BB 2005, Seite)

Leistikow, Michael/ Ellerkmann, Dirk: BB-Gesetzgebungsreport: Neuerungen nach dem Investmentgesetz. BB 2003, Seiten 2693 – 2701.
(zitiert: *Leistikow/Ellerkmann,* BB 2003, Seite)

Lindemann, Alexander: Auswirkungen der EuGH-Verfahren Manninen/Meilicke für die Investmentbesteuerung. BB 2005, Seiten 1931 – 1935.
(zitiert: *Lindemann,* BB 2005, Seite)

Lindemann, Alexander: Besteuerung von Aktienfonds nach der Unternehmenssteuerreform. Dissertation 2004. Berlin 2004.
(zitiert: *Lindemann,* Besteuerung von Aktienfonds nach der Unternehmensteuerreform, 2004, Seite)

Lindemann, Alexander: Gewerbesteuerliche Fragen bei inländischen Investmentfonds einschließlich Hedgefonds. DStZ 2003, Seiten 559-565.
(zitiert: *Lindemann,* DStZ 2003, Seite)

Lindemann, Alexander: Anmerkungen zum Diskussionsentwurf eines modernen Investmentsteuergesetzes. FR 2003, Seiten 890 – 903.
(zitiert: *Lindemann,* FR 2003, Seite)

Lindemann, Alexander: Derivatgeschäfte inländischer Investmentfonds in der Besteuerung. WM 2003, Seiten 1004 – 1013.
(zitiert: *Lindemann,* WM 2003, Seite)

Linklaters Oppenhoff & Rädler: Steueränderungen zum 1.1.2002 im Unternehmensbereich. - Unternehmensteuerfortentwicklungsgesetz, Steueränderungsgesetz 2001, Steuerverkürzungsbekämpfungsgesetz und Gesetz zur Eindämmung illegaler Betätigung im Baugewerbe -. DB 2002, Beilage Nr. 1/2002 vom 15.02.2002, Seiten 1 – 72.
(zitiert: *Verfasser* in: Linklaters Oppenhoff & Rädler, DB Beilage 1/2002, Seite)

Littmann, Eberhard/ Bitz, Horst/ Pust, Hartmut: Das Einkommensteuerrecht (Kommentar zum Einkommensteuerrecht). Band 5, §§ 34c – 99, Nebengesetze, Stichwortverzeichnis. Loseblatt Stuttgart, Stand Februar 2007.
(zitiert: *Verfasser* in: Littmann/Bitz/Pust, EStG, §§ InvStG, Rn. [Stand])

Lohr, Jörg-Andreas: Aktuelles Beratungs-Know-how Besteuerung von Kapitalvermögen. DStR 2004, Seiten 442 – 446.
(zitiert: *Lohr,* DStR 2004, Seite)

Lohr, Jörg-Andreas: Kapitalanlage nach der Unternehmensteuerreform (Steuersenkungsgesetz): ein Leitfaden für Anleger und ihre Berater. München 2001.
(zitiert: *Lohr,* Kapitalanlage nach der Unternehmensteuerreform (Steuersenkungsgesetz), 2001, Seite)

Lohr, Jörg-Andreas/ Graetz Jörg: Die Besteuerung von Erträgen aus ausländischen Investmentanteilen bei privaten Kapitalanlegern nach dem Steuerentlastungsgesetz 1999/2000/2002. DB 1999, Seiten 1341 – 1346.
(zitiert: *Lohr/Graetz,* DB 1999, Seite)

Lübbehüsen, Dieter/ Schmitt, Rainer: Investmentsteuergesetz – Änderungen gegenüber dem Regierungsentwurf. DB 2004, Seiten 268-273.
(zitiert: *Lübbehüsen/Schmitt,* DB 2004, Seite)

Lübbehüsen, Dieter: in: *Brinkhaus, Josef/ Scherer, Peter* (Hrsg.). Gesetz über Kapitalanlagegesellschaften. Auslandinvestment-Gesetz. München 2003.
(zitiert: Lübbehüsen in: Brinkhaus/Scherer, KAGG, §, Randnummer)

Lübbehüsen, Dieter/ Schmitt, Rainer: Geplante Änderungen bei der Besteuerung der Investmentanlage nach dem Referentenentwurf zum neuen Investmentsteuergesetz. DB 2003, Seiten 1696-1701.
(zitiert: *Lübbehüsen/Schmitt,* DB 2003, Seite)

Lüdicke, Jochen/ Naujok, Jan-Peter: Beschränkung der Verlustverrechnung im Zusammenhang mit Steuerstundungsmodellen. DB 2006, Seiten 744 – 748.
(zitiert: *Lüdicke/Naujok,* DB 2006, Seite)

Maier, Peter/ Wengenroth, Thomas: Besteuerung von Anteilen an Investmentvermögen. Die Änderungen durch das Richtlinien-Umsetzungsgesetz (EURLUmsG). ErbStB 2005, Seiten 79 – 80.
(zitiert: *Maier/Wengenroth,* ErbStB 2005, Seite)

Maier, Peter/ Wengenroth, Thomas: Das Investmentsteuergesetz. Eine systematische Einführung. ErbStB 2004, Seiten 56 – 61.
(zitiert: *Maier/Wengenroth,* ErbStB 2004, Seite)

Maul, Karl-Heinz: Die Wertpapiere des Umlaufvermögens und die flüssigen Mittel. Köln 2004.
(zitiert: *Maul,* Wertpapiere des Umlaufvermögens, in: Handbuch des Jahresabschlusses (HdJ), Abt. II/7, Randnummer)

Maurer, Hartmut: Allgemeines Verwaltungsrecht. 15. Auflage, München 2004.
(zitiert: *Maurer,* Allgemeines Verwaltungsrecht, §, Randnummer)

Meinhardt, Sebastian: Steuerliche Gestaltungsmöglichkeiten bei Investmentfonds. DStR 2003, Seiten 1234-1239.
(zitiert: *Meinhardt,* DStR 2003, Seite)

Melchior, Jürgen: Überblick über das Richtlinien-Umsetzungsgesetz. DStR 2004, Seiten 2121 – 2128.
(zitiert: *Melchior,* DStR 2004, Seite)

Mensching, Oliver/ Strobl, Stefan: Zur Wiedereinführung des Zwischengewinns unter besonderer Berücksichtigung von Dach-/ Zielfondskonstellationen. BB 2005, Seiten 635 – 639.
(zitiert: *Mensching/Strobl, BB 2005, Seite)*

Mössner, Jörg Manfred: Die Methoden zur Vermeidung der Doppelbesteuerung - Vorzüge, Nachteile, aktuelle Probleme - . In: *Vogel, Klaus* Grundfragen des internationalen Steuerrechts, herausgegeben im Auftrag der Deutschen Steuerjuristischen Gesellschaft e.V. Seiten 135 – 170. Köln 1985.
(zitiert: *Mössner*, Methoden, 1985, Seite)

Müller-Franken, Sebastian: Das Verbot des Abzugs der „Zuwendung von Vorteilen“ nach dem Jahressteuergesetz 1996 - Verfassungsprobleme einer Durchbrechung des objektiven Nettoprinzips. StuW 1997, Seiten 3 – 23.
(zitiert: *Müller-Franken*, StuW 1997, Seite)

Münch, Ingo von/ Kunig, Philip: Grundgesetz-Kommentar. Band 1, Präambel bis Art. 19. 5. Auflage, München 2000.
(zitiert: *Münch/Kunig,* Art., Randnummer.)

Neumark, Fritz: Grundsätze gerechter und ökonomisch rationaler Steuerpolitik. Tübingen 1970.
(zitiert: *Neumark,* Grundsätze gerechter und ökonomisch rationaler Steuerpolitik, 1970, Seite)

Neyer, Wolfgang: Zur Reichweite des Halbeinkünfteverfahrens – Gewerbesteuer. GmbHR 2002, 153 – 157.
(zitiert: *Neyer,* GmbHR 2002, Seite)

Ohl, Karl: Die Rechtsbeziehungen innerhalb des Investment-Dreiecks. Dissertation 1987. Berlin 1989.
(zitiert: *Ohl*, Rechtsbeziehungen, 1989, Seite)

Oho, Wolfgang/ Remmel, Matthias: Die Besteuerung von Hedge-Fonds-Zertifikaten im Privatvermögen. BB 2002, Seiten 1449 – 1456.
(zitiert: *Oho/Remmel,* BB 2002, Seite)

Oho, Wolfgang/ Ottenthal, Stefan: Die Konsequenzen der Reform für Fondsbeteiligungen privater Kapitalanleger. In: Arthur/ Andersen, Steuerreform 2001, Seiten 172 – 183. Rheinbreitbach 2001.
(zitiert: *Oho/Ottenthal* in: Arthur/Andersen, Steuerreform 2001, Seite (Fn.))

Oldenburg, Alexander: Ein Marktprozeßansatz in der Analyse des Gesetzes über Kapitalanlagegesellschaften (KAGG) – insbesondere bei Publikums-Immobilienfonds. Dissertation 1999. Berlin 1999.
(zitiert: *Oldenburg*, Marktprozeßansatz, 1999, Seite)

Otterbach, Armin: Verwaltung und Besteuerung von Spezialfonds nach dem KAGG. Dissertation 2004. Tübingen 2004.
(zitiert: *Otterbach,* Verwaltung und Besteuerung von Spezialfonds nach dem KAGG, 2004, Seite)

Paukstadt, Maik/ Luckner, Markus: Die Abgeltungssteuer ab 2009 nach dem Regierungsentwurf zur Unternehmensteuerreform 2008. DStR 2007, Seiten 653 – 657.
(zitiert: *Paukstadt/Luckner,* DStR 2007, Seite)

Petersen, Sven A.: Steuerbilanzielle Erfassung der Erträge aus Investmentfonds. DStR 2006, Seiten 1674 – 1678.
(zitiert: *Petersen,* DStR 2006, Seite)

Petersen, Sven A.: Ausschüttungsgleiche Erträge nach Investmentsteuergesetz. FR 2006, Seiten 1065 – 1071.
(zitiert: *Petersen,* FR 2006, Seite)

Philipowski, Rüdiger: Verausgabte Stückzinsen und gezahlte Zwischengewinne – Rechtsfolgen und Gestaltungsmöglichkeiten bei ESt und ZASt. DStR 1994, Seiten 1593 – 1598.
(zitiert: *Philipowski,* DStR 1994, Seite)

Prager, Walter K.: Marktstrategie der Investmentgesellschaft. Der Wettbewerb zwischen deutschen und ausländischen Investmentgesellschaften. Frankfurt am Main 1971.
(zitiert: *Prager,* Marktstrategie der Investmentgesellschaft, 1971, Seite)

Prinz, Ulrich/ Simon, Stefan: Kuriositäten und Ungereimtheiten des UntStFG: Ungewollte Abschaffung des gewerbesteuerlichen Schachtelprivilegs für Kapitalgesellschaften? DStR 2002, Seiten 149 – 152.
(zitiert: *Prinz/Simon,* DStR 2002, Seite)

Pütz, Achim/ Schmies Christian: Die Umsetzung der neuen rechtlichen Rahmenbedingungen für Hedgefonds in der Praxis. BKR 2004, Seiten 51 – 60.
(zitiert: *Pütz/Schmies,* BKR 2004, Seite)

Pütz, Achim/ von Sonntag, Albrecht/ Fock, Till Henning: Hedge Fonds in Deutschland nach dem Investmentmodernisierungsgesetz. Absolutreport Nr. 15 08/2003, Seiten 26 – 35.
(zitiert: *Pütz/Sonntag/Fock,* Absolutreport Nr. 15, 2003, Seite)

Reuter, Gerhard: Investmentfonds und die Rechtsstellung der Anteilinhaber. Dissertation. Frankfurt am Main 1965.
(zitiert: *Reuter*, Rechtsstellung, 1965, Seite)

Ricke, Markus: Stichwort: Hedge Fonds. BKR 2004, Seiten 60-65.
(zitiert: *Ricke,* BKR 2004, Seite)

Rödder, Thomas: Unternehmensteuerreform 2001 – Eine erste Analyse des Regierungsentwurfs aus Beratersicht. DStR 2000, Seiten 353 – 368.
(zitiert: *Rödder*, DStR 2000, Seite)

Rose, Gerd: Grundzüge des Internationalen Steuerrechts. Betrieb und Steuer, 5. Buch. Wiesbaden 1991.
(zitiert: *Rose,* Grundzüge des Internationalen Steuerrechts, 1991, Seite)

Rosenbaum, Gerlinde: Das Mißbrauchsbekämpfungs- und Steuerbereinigungsgesetz (StMBG) im Überblick. DStZ 1994, Seiten 97 – 110.
(zitiert: *Rosenbaum,* DStZ 1994, Seite)

Roth, Günter H.: Das Treuhandmodell des Investmentrechts. Eine Alternative zur Aktiengesellschaft? Frankfurt am Main 1972.
(zitiert: *Roth*, Das Treuhandmodell des Investmentrechts, 1972, Seite)

Ruppe, Hans-Georg: Steuergleichheit als Grenze der Steuervereinfachung in: Fischer (Hrsg.). VDStJG 21 (1998), Seiten 29 – 65.
(zitiert: *Ruppe*, VDStJG 21, Seite)

Rutkowsky, Stefan: Probleme der Besteuerung von Investmentanteilen. NJW 1971, Seite 1348 – 1349.
(zitiert: *Rutkowsky,* NJW 1971, Seite)

Sarrazin, Viktor: Bekämpfung unerwünschter Steuergestaltungen. DStZ 1994, Seiten 289 – 295.
(zitiert: *Sarrazin,* DStZ 1994, Seite)

Schäcker, Hanns-Erhard: Entwicklung und System des Investmentsparens. Frankfurt am Main 1961.
(zitiert: *Schäcker,* Entwicklung und System des Investmentsparens, 1961, Seite)

Scheurle, Florian: Unstimmigkeiten im Besteuerungssystem des Investmentrechts. - illustriert an der Besteuerung des Zwischengewinns – . DStZ 1995, Seiten 646 – 648.
(zitiert: *Scheurle,* DStZ 1995, Seite)

Scheurle, Florian: Besteuerung des Zwischengewinns aus Investmentanteilen. NWB vom 22.08.1994, Fach 3, Seiten 9101 – 9114.
(zitiert: *Scheurle,* NWB, vom 22.08.1994, F.3, Seite)

Schick, Rainer/ Bickert, Cora: Besteuerung des negativen Aktiengewinns – Inkonsistenz oder Umsetzung des Transparenzprinzips? BB 2006, 1999 – 2004.
(zitiert: *Schick/Bickert,* BB 2006, Seite)

Schlüter, Wulff: Der Anwendungsbereich des § 23 Abs. 1 S. 1 Nr. 4 EStG bei der Besteuerung von Optionsgeschäften. DStR 2000, Seiten 226 – 230.
(zitiert: *Schlüter,* DStR 2000, Seite)

Schmidt, Ludwig: Einkommensteuergesetz (Kommentar). 24. Auflage, München 2005.
(zitiert: *Verfasser* in: Schmidt, § EStG, Randnummer, Anm.. „Stichwort“.)

Schmidt, Volker/ Wänger, Manuela: Änderungen bei der Abgeltungssteuer durch das Jahressteuergesetz 2008. Die erste, aber sicherlich nicht letzte Gesetzeskorrektur. NWB, vom 04.02.2008, Fach 3, Seiten 14939 – 14954.
(zitiert: *Schmidt/Wänger,* NWB, vom 04.02.2008, F.3, Seiten).

Schmitt, Bernd/ Hagen, Alexander: Steuerliche Aspekte von Hedgefonds. DStR 2004, Seiten 837-841.
(zitiert: *Schmitt/Hagen,* DStR 2004, Seite)

Schmitt, Bernd: Strafbesteuerung „schwarzer" Fonds gemäß § 18 Abs. 3 AIG verfassungs- und europarechtswidrig? DStR 2002, Seiten 2193-2199.
(zitiert: *Schmitt,* DStR 2002, Seite)

Schnitger, Arne/ Schachinger, Oliver: Das Transparenzprinzip im Investmentsteuergesetz und seine Bedeutung für das Zusammenwirken mit den Vorschriften über die Hinzurechnungsbesteuerung nach den §§ 7ff. AStG. BB 2007, Seiten 801 – 810.
(zitiert: *Schnitger/ Schachinger,* BB 2007, Seite)

Schön, Wolfgang: Die Abzugsschranken des § 3 c EStG zwischen Verfassungs- und Europarecht. FR 2001, Seiten 381 -392.
(zitiert: *Schön,* FR 2001, Seite)

Schön, Wolfgang: Die Steuerbilanz zwischen Handelsrecht und Grundgesetz. StuW 1995, Seiten 366 – 377.
(zitiert: *Schön,* StuW 1995, Seite)

Scholtz, Rolf-Detlev: Der Ertragsausgleich. DStZ 1972, Seiten 334 – 339.
(zitiert: Scholtz, DStZ A 1972, Seite)

Scholz, Burkhard: Hedge Fonds. Herausforderungen für den Finanzplatz Deutschland. Hamburg 2004.
(zitiert: *Scholz,* Hedge Fonds, Seite)

Schuhmann, Helmut: Zwischengewinn und Zuflussprinzip. FR 1997, Seiten 371 – 372.
(zitiert: *Schuhmann,* FR 1997, Seite)

Schultz, Florian/ Halbig, Uwe: Steuerliche Behandlung von Teilwertabschreibungen auf Aktienfondsanteile. DStR 2005, Seiten 1669 – 1672.
(zitiert: *Schultz/Halbig,* DStR 2005, Seite)

Schultze, Oliver: Steuerfreiheit von Veräußerungsgewinnen bei Investmentfonds?- Replik zu Meinhardt, DStR 2003, 1234 - . DStR 2003, Seiten 1475 – 1476.
(zitiert: *Schultze,* DStR 2003, Seite)

Schultze, Oliver/ Grelck, Michael: Steuerpflicht bei Optionsgeschäften an der EUREX. Anmerkung zu BFH, U. v. 24.06.2003 - IX R 2/02 –. DStR 2003, Seiten 2103 – 2105.
(zitiert: *Schultze/Grelck,* DStR 2003, Seite)

Schulz, Andreas/ Petersen, Sven/ Keller, Claudia: Offene Fragen bei der Besteuerung von Immobiliensondervermögen und deren Anlegern. DStR 2004, Seiten 1853 – 1858.
(zitiert: *Schulz/Petersen/Keller,* DStR 2004, Seite)

Seithel, Rolf: Zum Teilwert von Investmentanteilen. FR 1973, Seite 169 – 169.
(zitiert: *Seithel,* FR 1973, Seite)

Söhn, Hartmut: Neuordnung des Einkommensteuerrechts zur Beseitigung von Ungleichbehandlungen und zur Vereinfachung. ZRP 1988, Seiten 344 – 348.
(zitiert: *Söhn*, ZRP 1988, Seite)

Söhn, Hartmut: Betriebsausgaben, Privatausgaben und gemischte Aufwendungen. in: Söhn (Hrsg.). VDStJG 3 (1980), Seiten 13 – 102.
(zitiert: Söhn, VDStJG 3, Seite)

Sorgenfrei, Ulrich: Private Vermögensverwaltung contra gewerblicher Wertpapierhandel. FR 1999, Seiten 61 – 76.
(zitiert: *Sorgenfrei,* FR 1999, Seite)

Sorgenfrei, Ulrich: Steuerlicher Transparenzgrundsatz und DBA – Berechtigung deutscher offener Investmentfonds. IStR 1994, Seiten 465 – 473.
(zitiert: *Sorgenfrei,* IStR 1994, Seite)

Spindler, Gerald/ Bednarz, Sebastian: Die Regulierung von Hedge-Fonds im Kapitalmarkt- und Gesellschaftsrecht. - Teil I: Die Rechtslage -. WM 2006, Seiten 553 – 560.
(zitiert: *Spindler/Bednarz,* WM 2006, Seite)

Spindler, Gerald/ Bednarz, Sebastian: Die Regulierung von Hedge-Fonds im Kapitalmarkt- und Gesellschaftsrecht. - Teil II: Der Stand der Reformdiskussion -. WM 2006, Seiten 601 – 607.
(zitiert: *Spindler/Bednarz,* WM 2006, Seite)

Sradj, Martina/ Mertes, Horst: Neuregelungen bei der Besteuerung von Investmentvermögen. DStR 2004, Seiten 201-207.
(zitiert: *Sradj/Mertes*, DStR 2004, Seite)

Sradj, Martina/ Mertes, Horst: Steuerliche Aspekte des Investmentmodernisierungsgesetzes. DStR 2003, Seiten 1681-1686.
(zitiert: *Sradj/Mertes*, DStR 2003, Seite)

Steenken, Ulf: Die Zulässigkeit gesetzlicher Pauschalierungen im Einkommensteuerrecht am Beispiel der Entfernungspauschale. Dissertation 2002. Berlin 2002.
(zitiert: *Steenken,,* Zulässigkeit gesetzlicher Pauschalierungen, 2002, Seite)

Steinlein, Fabian: Zweifelsfragen bei der Besteuerung privater Veräußerungsgeschäfte nach § 23 Abs. 1 Satz 1 Nr. 2 EStG – Anmerkungen zum BMF-Schreiben vom 25.10.2004. DStR 2005, Seiten 456 – 461.
(zitiert: *Steinlein,* DStR 2005, Seite)

Storg, Alexander: Die Besteuerung von Investmentvermögen. Steuerliche Behandlung von Investmenterträgen im Privat- und Betriebsvermögen von Einzelunternehmern, Personen- und Kapitalgesellschaften. NWB vom 30.08.2004, Fach 3, Seiten 12999 – 13010.
(zitiert: *Storg,* NWB, vom 30.08.2004, F.3, Seite)

Stoschek, Uwe/ Peter, Alexander F./ Bittner, Ben; Teilwertabschreibung auf Anteilsscheine am Sondervermögen von Kapitalanlagegesellschaften. FR 2003, Seiten 941 – 954.
(zitiert: *Stoschek/Peter/Bittner,* FR 2003, Seite)

Stotz, Jörg W: Besteuerung von Wertpapier-Investmentfonds. Dissertation 1997. Bielefeld 1998.
(zitiert: *Stotz*, Besteuerung von Wertpapier-Investmentfonds, 1998, Seite)

Strahl, Martin: Gleichheit und Gerechtigkeit der Besteuerung durch Typisierung? BB 1997, Seiten 341 – 343.
(zitiert: *Strahl*, BB 1997, Seite)

Streck, Michael: Körperschaftsteuergesetz (Kommentar). München 2003.
(zitiert: *Streck/Alvermann* in: *Streck,* Kommentar zum Körperschaftsteuergesetz, 2003, ABC, Seite, Ziffer)

Stuhrmann, Gerd: Die Steuergesetzgebung Ende 2005. NJW 2006, Seiten 465 – 469.
(zitiert: *Stuhrmann,* NJW 2006, Seite)

Tanzer, Michael: Das „Analogieverbot" im Steuerrecht. - Eine Wertbetrachtung auf der Grundlage des kritischen Rechtspositivismus -. StuW 1981, Seiten 201 – 219.
(zitiert: *Tanzer,* StuW 1981, Seite)

Täske, Jochen: Landesbericht zum 51. IFA-Kongress in Neu Delhi 1997. Deutschland. In: Cahiers de droit fiscal international, by the International Fiscal Association, 51st Congress of the International Fiscal Association, Volume LXXXIIb, Seiten 449 – 467.
(zitiert: Täske, Landesbericht Deutschland IFA-Kongress 1997, Seite)

Thiel, Jochen: Der fortschreitende Einfluss des EuGH auf die Ertragsbesteuerung der Unternehmen – Aktuelle Urteile und anhängige Verfahren. DB 2004, Seiten 2603 – 2609.
(zitiert: *Thiel,* DB 2004, Seite)

Thiel, Jürgen: Der Schutz der Anleger von Wertpapierfonds im deutschen und amerikanischen Recht. Dissertation 1982. Frankfurt am Main und Bern 1982.
(zitiert: *Thiel*, Schutz der Anleger, 1982, Seite)

Thorn, Arnd/ Otto, Lieselotte/ Geese, Thomas: Handbuch für die Besteuerung von Fondsvermögen. 2. Auflage, Neuwied und Kriftel 2002.
(zitiert: *Thorn/Otto/Geese*, Handbuch für die Besteuerung von Fondsvermögen, 2002, Seite)

Tibo, Frank: Steuersenkungsgesetz – Besteuerung von Erträgen aus Wertpapier-Investmentfonds. DB 2000, Seiten 2291 – 2294.
(zitiert: *Tibo*, DB 2000, Seite)
Tipke, Klaus/ Lang, Joachim: Steuerrecht. 18. Auflage, Köln 2005.
(zitiert: *Tipke/Lang,* Steuerrecht, 2005, §, Seite, Randnummer)
Tipke, Klaus/ Lang, Joachim: Steuerrecht. 17. Auflage, Köln 2002.
(zitiert: *Tipke/Lang,* Steuerrecht, 17. Auflage 2002, §, Seite, Randnummer)
Tipke, Klaus/ Kruse, Heinrich Wilhelm: Abgabenordnung Finanzgerichtsordnung. Kommentar zur AO und FGO. Loseblatt Köln, Stand März 2003.
(zitiert: *Tipke/Kruse*, § AO (FGO), Randnummer)
Tipke, Klaus: Die Steuerrechtsordnung. Band I, Wissenschaftsorganisatorische, systematische und grundrechtlich-rechtsstaatliche Grundlagen. 2. Auflage, Köln 2000.
(zitiert: *Tipke,* Die Steuerrechtsordnung, Band I 2000, Seite)
Tipke, Klaus: Die Steuerrechtsordnung. Band II, Steuerrechtfertigungstheorie, Anwendung auf alle Steuerarten, sachgerechtes Steuersystem. 2. Auflage, Köln 2003.
(zitiert: *Tipke,* Die Steuerrechtsordnung, Band II 2003, Seite)
Tipke, Klaus: Grenzen der Rechtsfortbildung durch Rechtsprechung und Verwaltungsvorschriften im Steuerrecht. Köln 1982.
(zitiert: *Verfasser* in: Grenzen der Rechtsfortbildung, 1982, Seite)
Tormann, Wolfgang: Die Investmentgesellschaften. 4. Auflage, Frankfurt am Main 1972.
(zitiert: *Tormann*, Investmentgesellschaften, 1972, Seite)
Tullius, Hein: Neue steuerrechtliche Vorschriften zu Investmenterträgen. DB 1969, Seiten 1715 – 1723.
(zitiert: *Tullius,* DB 1969, Seite)
Uhrmann, Karl: Unterschiede zwischen verbuchten und zu versteuernden Erträgen aus inländischen Investmentfonds und ihre steuerliche Behandlung. StBp 1986, Seiten 155 – 159.
(zitiert: *Uhrmann,* StBp 1986, Seite)
Vogelsang, Arnd: Investmentfonds für die private Altersvorsorge. Hamburg 2002.
(zitiert: *Vogelsang*, Investmentfonds für die private Altersvorsorge, 2002, Seite)
Volkens, Hans Volkert/ Panzer, Andreas: Die Auswirkungen des Einführungsschreibens zum Investmentsteuergesetz auf das Investmentgesetz. IStR 2005, Seiten 449 – 450.
(zitiert: *Volkens/Panzer*, IStR 2005, Seite)

Wagner, Siegfried: Die Teilnahme von Investmenterträgen am Halbeinkünfteverfahren. DStZ 2006, Seiten 257 – 262.
(zitiert: *Wagner,* DStZ 2006, Seite)

Wagner, Siegfried: Bilanzielle und steuerliche Behandlung von Investmentanteilen nach dem InvStG. INF 2005, Seiten 420 – 424.
(zitiert: *Wagner,* INF 2005, Seite)

Wagner, Siegfried: Die formellen und materiellen Neuerungen bei der Investmentbesteuerung. Stbg 2005, Seien 298 – 312.
(zitiert: *Wagner,* Stbg 2005, Seite)

Wassermeyer, Wolf: Der zweite Entwurf des Investmentsteuergesetzes vom 20.8.2003. DB 2003, Seiten 2085 – 2090.
(zitiert: *Wassermeyer*, DB 2003, Seite)

Wassermeyer, Wolf: Ausländische Investmentfonds im Internationalen Steuerrecht. IStR 2001, Seite 193 – 203.
(zitiert: *Wassermeyer,* IStR 2001, Seite)

Weber, Klaus: Rechtsformwahl. Auswirkungen der Unternehmensteuerreform 2008. NWB vom 27.08.2007, Fach 18, Seiten 4509 – 4540.
(zitiert: *Weber,* NWB, vom 27.08.2007, F.18, Seite)

Wendt, Michael: Steuerentlastungsgesetz 1999/2000/2002. Änderungen bei betrieblichen und privaten Veräußerungsgeschäften. FR 1999, Seiten 333 – 355.
(zitiert: *Wendt*, FR 1999, Seite)

Wendt, Michael: Übergang zum Dauer(un)recht? Vom langen Leben des gespaltenen Einkommensteuertarifs. FR 1997, Seiten 298 – 301.
(zitiert: *Wendt,* FR 1997, Seite)

Wengenroth, Thomas: Besteuerung von Investmentanteilen im Betriebsvermögen. Bilanzielle Probleme bei Anschaffung, laufenden Erträgen und Veräußerung. ErbStB 2004, Seiten 319 – 323.
(zitiert: *Wengenroth,* ErbStB 2004, Seite)

Winnefeld, Robert: Bilanz-Handbuch, Handels- und Steuerbilanz. Rechtsformspezifisches Bilanzrecht, Bilanzielle Sonderfragen, Sonderbilanzen, IAS/ US-GAAP. 2. Auflage, München 2000.
(zitiert: *Winnefeld,* Bilanz-Handbuch, Kapitel, Randnummer)

Witt, Sven-Christian/ Tiede, Kai: Veräußerung von Investmentanteilen durch Privatanleger: Keine umfassende Sperrwirkung des Investmentsteuergesetzes! DStR 2004, Seiten 1021-1024.
(zitiert: *Witt/Tiede,* DStR 2004, Seite)

Wöhe, Günter: Bilanzierung und Bilanzpolitik, Betriebswirtschaftlich - Handelsrechtlich – Steuerrechtlich. 9. Auflage, München 1997.
(zitiert: *Wöhe,* Bilanzierung und Bilanzpolitik, Seite)

Wöhe, Günter: Die Handels- und Steuerbilanz, Betriebswirtschaftliche, handelsrechtliche und steuerrechtliche Grundsätze der Bilanzierung. 5. Auflage, München 2005.
(zitiert: *Wöhe,* Handels- und Steuerbilanz, Seite)

Wotschofsky, Stefan/ Thomas, Michael: Besteuerung von Termingeschäften. FB 2003, Seiten 31 – 37.
(zitiert: *Wotschofsky/Thomas,* FB 2003, Seite)

Zeller, Florian: Einkünfteermittlung bei Investmentfonds. DStR 2005, Seiten 899 – 902.
(zitiert: *Zeller,* DStR 2005, Seite)

Zeller, Florian: Die steuerliche Behandlung von Stillhalterprämien bei Investmentfonds nach dem InvStG. DB 2004, Seiten 1522 – 1524.
(zitiert: *Zeller,* DB 2004, Seite)

Zimmermann, Reimar/ Reyher, Ulrich/ Janetzko, Annette/ Hottmann, Jürgen: Einkommensteuer. 16. Auflage, Stuttgart 2004.
(zitiert: *Zimmermann/Reyher/Janetzko/Hottmann,* Einkommensteuer, 2004, Seite)

Zinkeisen, Klaus: Die erfolgsneutrale „Fusion" von Spezialfonds. DB 1996, Seiten 497 – 503.
(zitiert: *Zinkeisen,* DB 1996, Seite)

Zollikofer, Ulrich: Entwurf für eine Liechtensteiner Anlagefonds-Gesetzgebung. Dissertation 1972. Zürich 1972.
(zitiert: *Zollikofer*, Entwurf, 1972, Seite)

Zöllner, Wolfgang: Wertpapierrecht. 14. Auflage, München 1987.
(zitiert: *Zöllner,* Wertpapierrecht, 1987, Seite., §, Textziffer)

Schriften zum Wirtschafts- und Medienrecht, Steuerrecht und Zivilprozeßrecht

Herausgegeben von Jürgen Costede und Gerald Spindler

Band 1 Reiner Fu: Die stille Gesellschaft im internationalen Steuerrecht aus deutscher Sicht. 1997.

Band 2 Kirsten Forsblad: Restschuldbefreiung und Verbraucherinsolvenz im künftigen deutschen Insolvenzrecht. 1997.

Band 3 Vassilios Tountopoulos: Die Reichweite der registerrechtlichen Gründungsprüfung einer AG. Eine Untersuchung unter rechtsvergleichendem Aspekt. 1998.

Band 4 Franc Pfahl: Die Maßgeblichkeit der Handelsbilanz, ein dem Steuerbilanzrecht vorgegebenes Grundprinzip? Von der Notwendigkeit einer steuerrechtlichen Begründung der durch § 5 Abs. 1 EStG in das Steuerrecht übernommenen handelsrechtlichen Vorschriften der Gewinnermittlung. 1999.

Band 5 Michael Schröder: Die Wertpapierhandelsaufsicht nach dem Zweiten Finanzmarktförderungsgesetz. 1998.

Band 6 Daniela Hasche: Die Sachgründung der GmbH. 1999.

Band 7 Oliver Wendt: Die rechtliche Problematik von Strahlenschäden. Rechtliche und rechtstatsächliche Aspekte der Haftung für Strahlenschäden unter Einbeziehung der Vorfälle in der strahlentherapeutischen Abteilung des Universitäts-Krankenhauses Eppendorf. 2000.

Band 8 Susanne Matussek: Zum Werbungskostenbegriff im Einkommensteuerrecht. 2000.

Band 9 Klaas Ziervogel: Rufausbeutung im Rahmen vergleichender Werbung. Veränderungen im Zuge der gesetzlichen Regelung vergleichender Werbung. 2002.

Band 10 Sven Wortberg: Lösungsklauseln und Insolvenz. 2003.

Band 11 Eva Ullrich: Die Zurechnung von Buchgutschriften. Zufluß und Leistungsfähigkeit im Einkommensteuerrecht. 2004.

Band 12 Carmen Werner: Einkommensteuerrechtliche Zurechnungen bei mittelbaren Beteiligungen an Personengesellschaften. 2003.

Band 13 Ulf Andreas Nissen: Die Online-Videokonferenz im Zivilprozess. 2004.

Band 14 Oliver Wiegmann: Grund, Grenzen und Wirkungsweise des § 105 InsO. 2004.

Band 15 Holger Seidler: Eigene Aktien. Eine Analyse des Aktien-, Handelsbilanz- und Kapitalmarktrechts zur Ermittlung von Deregulierungspotential und Regulierungsbedarf. 2004.

Band 16 Stefan Eck: Providerhaftung von Konzernunternehmen. Rechtliche Zusammenschau von Konzernunternehmen bei der Verbreitung rechtsverletzender Informationen im Internet. 2004.

Band 17 Frauke Fasold: Die einkommensteuerliche Problematik der Buchwertfortführung. Übertragung stiller Reserven und Gewinnrealisierung im Einkommensteuerrecht. 2005.

Band 18 Thomas Linke: Selbstregulierte Streitlösung für deutsche Domains. 2005.

Band 19 Malte Abel: Pfändungsschutz nach § 851 ZPO. Speziell die Pfändung zweckgebundener Forderungen. 2005.

Band 20 Harriet Eidam: Typische Risiken des elektronischen Rechtsgeschäftsverkehrs. 2005.

Band 21 Katharina Schmitz: Haftung für Links. Zur Verantwortlichkeit des Hyperlinksetzers und Suchmaschinenbetreibers unter besonderer Berücksichtigung von Verkehrs- und Garantenpflichten. 2006.

Band 22 Thomas Miserre: Rundfunk-, Multimedia- und Telekommunikationsrecht. Abgrenzung der Anwendungsbereiche von Art. 5 I 2 GG, Rundfunkstaatsvertrag, Teledienstegesetz, Mediendienstestaatsvertrag und Telekommunikationsgesetz. 2006.

Band 23 Mona Bandehzadeh: Jugendschutz im Rundfunk und in den Telemedien. Eine Würdigung des Staatsvertrages über den Schutz der Menschenwürde und den Jugendschutz in Rundfunk und Telemedien unter verfassungsrechtlichen Aspekten. 2007.

Band 24 Judith Volkmann: Mediation im Zivilprozess. Rechtliche Rahmenbedingungen für ein gerichtsinternes Mediationsangebot. 2006.

Band 25 Tino Grattenthaler: Die Vergütung von Vorstandsmitgliedern in Aktiengesellschaften. Eine grundlegende Betrachtung mit ausgesuchten Schwerpunkten aus rechtswissenschaftlicher Sicht. 2007.

Band 26 Till Dunckel: Online-Auktionen und Wettbewerbsrecht. 2007.

Band 27 Lena Katharina Landsmann: Die stille Gesellschaft in der Insolvenz. 2007.

Band 28 Jan Riebeling: Der Einsatz von Informations- und Kommunikationstechnologie im Insolvenzverfahren. 2007.

Band 29 Daniela Stiegel: Aktienoptionen als Vergütungselement aus arbeitsrechtlicher Sicht. Eine Vergütungsform an der Schnittstelle von Arbeits- und Gesellschaftsrecht. 2007.

Band 30 Jia Li: Nutzungen und Nutzungsrechte im Einkommensteuerrecht. 2007.

Band 31 Olaf Koglin: Opensourcerecht. Die urheber- und schuldrechtlichen Beziehungen zwischen Lizenzgeber und Lizenznehmer bei Open Source Software am Beispiel der General Public License (GPL). 2007.

Band 32 Katharina Padberg: Die Bedeutung des Börsenkurses für die Höhe von Barabfindungen. 2008.

Band 33 Karl Friedrich Balz: No-Shop-Vereinbarungen nach amerikanischem und deutschem Recht. 2008.

Band 34 Sascha Teichert: Die Besteuerung in- und ausländischer Investmentfonds nach dem Investmentsteuergesetz. Unter besonderer Beachtung der steuerrechtlichen Behandlung der Veräußerungs- bzw. Rückgabegewinne i.S. des § 8 InvStG sowie des Sondervermögens mit zusätzlichen Risiken (Hedgefonds) i.S. der §§ 112 ff. InvG. 2009.

www.peterlang.de

www.ingramcontent.com/pod-product-compliance
Ingram Content Group UK Ltd.
Pitfield, Milton Keynes, MK11 3LW, UK
UKHW021916290926
8980IPUK00015B/1303

9 783631 579930